제4판

한국정치론

UNDERSTANDING KOREAN POLITICS

강원택

박영사

제 4 판을 내면서

이번의 개정판은 원래 예정했던 시기보다 앞당겨 나오게 되었다. 세 번째 개정판을 낸 것이 2023년 2월이었는데 불과 2년 반만에 새 개정판을 내게 되었다. 그렇게 된 이유는 2024년 12월 3일 윤석열 대통령의 예기치 않은 비상계엄 선포와 뒤이은 탄핵으로 정국이 급변했고, 그에 따라 2025년 6월 조기 대선이 실시되어 이러한 정치적 변화를 책에 담아내야 했기 때문이다.

하지만 그 이전부터도 개정의 필요성은 느끼고 있었다. 야당이 주도하는 국회와 대통령이 극단적으로 대립하면서 민주화 이후 이어져 온 정치적 관행과 흐름에 큰 변화가 발생했기 때문이다. 예컨대, 야당의 단독 입법, 각종 공직자에 대한 탄핵과 대통령의 빈번한 거부권 행사는 그 이전에는 겪어보지 못한 현상이다. 이런 변화된 상황을 책에 반영하고 그것이 갖는 정치적 의미를 해석해야 할 필요가 생겼다. 또한 이런 일련의 정치적 변화가 한국 민주주의에 주는 함의도 살펴봐야 했다.

이번 개정판에서는 이와 함께 2024년 국회의원 선거 등 그 사이에 있었던 여러 정치적 사건의 내용과 결과를 추가했고, 정치 양극화 등 한국 정치의 변화를 논의한 연구자들의 최신 연구 결과물도 담고자 했다. 이 때문에 짧은 시차를 두고 낸 개정판이지만 고쳐 쓰거나 추가해야 할 내용이 적지 않았다.

앞선 제 3 판 개정의 서문에서 '한국 정치가 반드시 좋은 방향으로만 가고 있지 않다는 우려'가 든다고 지적하면서, 세계적으로 민주주의의 후퇴 현상이 나타나고 있는데 우리나라 역시 그런 위기 징후에서 자유롭지 않다고 썼다. 그런 우려가 불과 2년만에 현실로 나타났다. 시민의 저항과 군의 자제, 그리고 정치제도가 제대로 작동하면서 다행히 한국 민주주의는 복원되었다. 하지만 이런 위기는 언제라도 또 다시 찾아올 수 있다. 정치적 대립과 갈등이 극한적인 수준으로까지 나아가지 않도록 이를 제어하고 완화할 수 있는 방향으로 정치제도의 개혁이 필요한 상황이다. 또한 적대와 배제가 아니라 공존과 관용의 가치가 중시되는 시민 의식의 제고 역시 민주주의를 지키기 위해 필수적인 조건이다.

이번에 경험한 대로, 정치는 우리 삶에 직접적이고도 지대한 영향을 미친다. 우리 정치에 대해 제대로 알아야 한다. 우리 정치의 기원, 제도, 작동 방식에 대한 지식과 올바른 이해를 갖는 것은 그런 점에서 매우 중요한 일이다. 이번 개정판 작업을 하면서 『한국정치론』 교과서가 갖는 그런 무게감이 더욱 크게 느껴졌다.

2025년 8월

제 3 판을 내면서

『한국정치론』 제 2 판을 낸 지 3년여의 시간이 흘렀다. 그리 오랜 시간이 지나지 않았지만, 그새 한국 정치에는 상당한 변화가 있었다. 그 기간 중 2020년 국회의원 선거, 2022년 대통령 선거와 지방선거 등 세 차례 전국적 선거가 있었다. 2021년에는 정치적으로 의미가 큰 서울과 부산 시장 보궐선거가 실시되기도 했다. 선거는 그 시점의 한국 사회의 상황과 변화의 요구를 드러낸다는 점에서 정치적으로 언제나 중요한 의미를 갖는다. 선거에서의 민심은 때로는 미래지향적 기대감을 반영하기도 하지만 또 한편으로 이전 시기에 대한 회고적 평가를 담기도 한다. 이번에 개정판을 내기로 한 데에는 무엇보다 그간 몇 차례의 선거를 통해 확인된 한국 정치의 변화를 정리해야 할 필요성 때문이었다.

이와 함께 주목할 만한 사회적 변화도 나타났다. 과거 대북정책은 이념 갈등의 중요한 요인으로 작용했지만 최근 들어 20－30대 젊은 세대의 북한에 대한 태도는 이전 세대와는 확연하게 다른 특성을 보인다. 또한 시민사회는 그간 여러 차례의 촛불집회가 보여주듯이 제도권 정치가 제대로 대표하지 못하는 중요한 정치적, 사회적 요구를 표출해 왔지만, 최근 들어서는 오히려 정파적으로 동원되면서 양극적으로 분열되는 모습을 보여주고 있다. 이러한 변화가 한국 정치에 미치는 영향에 대해서도 살펴보고자 했다.

또한 2022년 1월부터 전면 개정된 지방자치법이 시행되었다. 1988년 이후 33년 만에 지방자치법이 전부 개정된 것이다. 오랜만에 대폭 개정된 지방자치법의 내용과 그 의미에 대해서 논의할 필요가 있었다. 이외에도 그동안 제도적으로나 상황적으로 한국 정치에서 나타난 변화를 이 책에 반영해야겠다고 생각했다. 이런 이유로 새로운 개정판을 내게 되었다.

개정판을 준비하면서, 짧은 기간이었더라도 그간의 한국 정치의 변화를 세심하게 들여다볼 기회를 가졌던 것은 즐거운 일이었다. 하지만 동시에 한국 정치가 반드시 좋은 방향으로만 가고 있지 않다는 우려도 갖게 되었다. '제3의 물결'로 불린 세계적 민주화 현상 속에 자유민주주의 체제에 대한 낙관론이 강했던 30여 년 전과 달리 최근에는 민주주의 후퇴나 쇠퇴 현상이 여러 나라에서 나타나고 있다. 민주주의 후퇴가 명백한 나라들에 비해서 다소 나은 편이기는 하지만, 우리나라 역시 그런 위기 징후에서 완전히 자유롭다고 볼 수는 없다. 이런 현상은 민주주의는 완성된 모습으로 존재하는 것이 아니라 끊임없는 도전에 직면하면서 원칙과 가치를 지켜나가려는 노력 속에서만 유지될 수 있다고 하는 교훈을 우리에게 주고 있다. 우리 민주주의가 건강하게 작동하기 위해서는 한국 정치의 기원, 제도, 작동 방식에 대한 올바른 이해와 그것을 토대로 한 애정 어린 비판과 성찰이 필요하다. 이 책이 그것을 위한 조그마한 도움이 되기를 기대한다.

2023년 2월

개정판을 내면서

『한국정치론』을 출간하고 나서 생각보다 많은 오자와 탈자가 발견되어 독자들에게 몹시 미안한 마음을 갖고 있었다. 한두 군데는 연도와 내용이 잘못된 채 들어 있는 것도 책이 나온 후에야 알게 되었다. 교정을 나름대로 꼼꼼히 몇 차례나 했지만, 처음에 안 보였던 오탈자는 몇 차례의 수정 과정에서도 결국 찾아내지 못한 채 그대로 출간되었다. 최대한 빨리 이런 문제점을 해결하고 싶었는데 마침 책을 다시 찍겠다는 출판사의 전갈을 받고서 이번 기회에 이 책에 대한 마음의 빚을 갚고 싶었다. 또 한편으로는 초판을 낼 때 정신이 없어 간단하지만 중요하다고 생각되는 내용을 빠뜨린 것도 있었는데 이번 기회에 그 부분도 채워 넣었다.

이 책이 나오고 난 후 여러분들로부터 송구스러울 만큼 많은 격려의 말씀을 들었다. 이 자리를 통해 모든 분들께 감사하다는 말씀을 드리고 싶다. 또한 적지 않은 분들이 이 책을 꼼꼼히 읽으시고 직접 오탈자에 대해 일일이 지적을 해주셨다. 그 분들의 성의에 깊이 감사드린다. 이번의 개정판 작업에는 서울대학교 대학원 정치학 박사과정의 윤왕희, 김인균에게 큰 도움을 입었다. 감사의 뜻을 전한다. 또한 이 책의 첫 작업부터 많은 관심과 도움을 준 박영사 이영조 팀장께도 감사를 전하고 싶다.

이 책이 주요 행위자, 기구, 제도, 사건을 중심으로 한국정치를 설명하고자 하는 것인 만큼 향후 의미 있는 정치적 변화가 생기거나 중요한 제도의 개정이 이뤄지면 그 내용을 충실히 보완해 갈 것이다. 초판의 서문에서도 말했던 것처럼 그저 비판하고 불신하는 것보다 관심과 애정을 가질 때 한국정치의 발전이 가능하다고 믿고 있다. 이 책이 그것을 위한 조그마한 길잡이가 될 수 있기를 소망해 본다.

2019년 10월

책을 내면서

한국정치는 이해하기 어렵다는 점에서 매력적이다. 한국정치를 학생들에게 가르치면서 매번 갖게 되는 느낌이다. 일상에서 만나는 정치는 시끄럽고 혼란스러워 보이지만 뒤돌아보면 한국정치는 안정적으로 민주주의의 공고화의 과정을 밟아왔고, 세상이 뒤집힐 것 같은 불만과 저항이 표출되지만 대통령 탄핵과 같은 정치적 위기도 헌정적 질서에 따라 평화적으로 해결되어 왔다. 급격한 변화를 겪는 것 같으면서도 지속성을 갖는 관행이 존재하고, 변혁이 불가능해 보일 때도 어떤 계기가 마련되면 예상치 못한 큰 변화가 발생했다. 이 때문에 한국정치는 변화무쌍해서 변화를 따라잡기가 힘들게 느껴지기도 하고, 바뀌어야 할 것이 너무 변하지 않아 답답하게 느껴지기도 한다. 이와 같은 한국정치의 특성을 제대로 이해하기 위해서는 현장에서 한걸음 떨어져 객관적이고 폭넓은 관점에서 바라볼 필요가 있다는 것이 나의 생각이다. 이 책은 이런 문제의식으로부터 한국정치에 대한 이해를 돕기 위해 쓰여졌다.

이 책은 역사적 전개과정에 유독 주목하거나 혹은 제도적 특성만을 강조하기보다는, 주요 행위자, 기구, 제도, 사건 등을 중심으로 한국정치를 설명하고자 했다. 이 책에서는 통치구조, 국회, 정당, 선거, 행정부, 사법부, 지방정치, 민주화, 시민사회와 정보화, 통일과 북한 등 10개의 주제를 통해 한국정치의 여러 측면에 대해 논의하고 있다. 이런 방식으로 논의를 전개한 것은 기존의 접근법과는 조금 다른 시각에서 한국정치를 기술하고 싶었기 때문이다. 우선, 한국 정치의 다양성과 역동성을 강조하고 싶었다. 그동안 언론이나 일반 시민들이 중요하게 생각한 한국정치의 주요 행위자는 대체로 대통령, 국회, 정당 등에 국한되어 있었다. 그러나 오늘날의 한국정치는 이들 이외에도 다양한 요인들의 영향을 받고 있다. 예컨대, 사법부는 정치와 무관해 보이지만, 법원이나 헌법재판소가 정치에 미치는 영향은 매우 커졌다. 중앙정부의 역할에만 주목하기 쉽지만 지방자치의 진전과 함께 지방정치 역시 우리의 삶에 상당한 영향을 미치고 있다. 또한 정보화 시대의 도래는 여러 차례의 촛불집회에서 보듯이 전통적 정치 참여의 방식을 변화시키고 있다. 북한 역시 남북관계, 국제관계에서뿐만 아니라 한국 국내 정치에 직간접적으로 영향을 미쳐 왔다. 이처럼 이 책에서는 한국 정치에 영향을 미쳐 온 다양한 행위자, 제도의 역동적이고 다양한 특성들에 대해 폭넓게 다루고자 했다.

둘째, 이 책에서는 비교정치적 시각에서 한국정치를 논의하고자 했다. 한국정치는 비교정치적인 관점에서 살펴보아야 한다는 것이 나의 오랜 지론이다. 한국정치를 한국의 고유한 역사적 경험이나 문화적 특성에서 찾게 되는 경우, 보편적이고 비교 가능한 범주에서 우리 정치의 특성을 파악하기 어렵다. 우리 정치가 현재 어디에 위치해 있는지 알기 위해서는 비교정치적 시각에서의 논의가 중요하다. 그런 관점에서 이 책에서는 다른 민주주의 국가와 비교 가능한 열 개의 주제를 선정하여 논의했다.

셋째, 이 책에서는 종합적인 시각에서 한국정치를 이해하도록 했다. 우선 역사적인 전개 과정에 대해 서술했다. 오늘날의 한국정치가 형성되어 온 역사적 과정에 대한 이해가 중요하기 때문이다. 이와 함께 제도적, 법적으로 주어진 권한, 역할, 기능에 대해서 살펴보았다. 그리고 역사적 과정과 제도적 역할 간의 상호관계 속에서 형성되어 온 운영과 작동의 특색에 대해서 논의했다. 즉, 역사, 제도, 운영이라는 세 가지 차원이 종합된 관점에서 한국정치의 특성과 변화에 대해 이해할 수 있도록 했다.

한편 이 책은 한 학기 강의용 교재로 기획되었다. 이 책은 10개의 장으로 구성되어 있지만, 통치구조, 국회, 정당, 선거 등 4개 장은 다뤄야 할 분량이 상대적으로 많아서 한 주 이상의 강의시간이 필요할 것으로 예상했다.

이 책의 원고를 마무리하면서 적지 않은 아쉬움이 남았다. 무엇보다 시간의 부족으로 그 사이 우리 정치학계에서 이뤄낸 수많은 연구 성과를 충분히 담아내지 못한 점이 안타깝다. 또한 한국정치에 대한 다양한 주제를 다루면서 나의 학문적 역량의 부족함도 절감했다. 여러 가지 아쉬움과 부족함이 있지만, 일단은 첫걸음을 떼는 것이 더 중요하다고 생각했다. 부족한 부분은 차후 보완해 나갈 것이다.

이 책의 막바지 작업을 했던 이번 여름은 정말 더웠다. 언론은 이 더위를 111년만의 폭염이라고 했다. 에어컨의 찬바람이 싫어 켜고 끄기를 반복하며 글을 썼지만, 그래도 이 책을 쓰는 작업은 즐거움이었고 제법 흘린 땀도 상쾌했다. 특히 이 책을 쓰면서 그동안 상대적으로 관심이 소홀했던 주제나 잘 알지 못했던 내용에 대한 선배, 동료, 후배 연구자들의 훌륭한 연구 성과를 만날 수 있었던 것은 큰 기쁨이었다. 이 책을 내면서 오랫동안 마음의 짐으로 남아 있던 큰 숙제를 마무리한 기분이다.

이 책이 한국정치의 다양성과 역동성에 대한 이해를 높이고, 우리 정치가 한걸음 더 발전할 수 있도록 관심과 애정을 갖게 할 수 있다면 나에게는 매우 큰 기쁨이 될 것이다. 이 책 속의 부족한 점에 대해 강호제현의 질정(叱正)을 부탁드린다.

유난히 더웠던 2018년 여름 염천(炎天) 속
학송재(壑松齋)에서

차례

제1장 통치 형태

제2장 국회

제3장 정당

제4장 선거

제5장 행정부

제6장 사법부

제7장지방정치

제8장 민주화

제9장 시민사회, 정보화

제10장 남북관계와 통일 정책

01

통치 형태

민주주의 정체라고 해도 국민으로부터 통치자에게 권력이 위임되는 방식은 다양하다. 한국정치에서 가장 익숙한 통치형태는 대통령제이다. 1948년 대한민국 정부 수립 이후, 1960년 4.19 이후 수립된 제2공화국에서 1년이 채 안 되는 짧은 기간 동안 내각책임제를 실시했던 때를 제외하면 대통령제가 유지되어 왔다. 한국의 대통령제하에서 대통령은 정치의 중심이며 강력한 권력을 행사한다. 제도로서의 한국 대통령제는 외형적인 유사성에도 불구하고, 미국 등 다른 대통령제 국가와는 다른 원인과 과정을 겪으며 도입되었고 변화되어 왔다. 이러한 특성은 그 이후 한국정치의 전개 과정에 상당한 영향을 미쳤다.

1. 역사적 기원

1945년 해방과 함께 일본의 지배에서 벗어난 한반도는 그동안 경험해 보지 못한 전혀 새로운 정체(政體)를 창출해 내야 하는 어려움에 처했다. 일본의 식민지배 이전까지는 국왕이 통치하는 왕조(王朝)가 이어져 왔지만, 해방과 함께 근대적인 민주주의 국가, 공화제라고 하는 새로운 정치 시스템을 도입해야 했다.

통일된 근대 민족국가의 수립이 절실했지만 해방 이후 한반도는 남북으로 분단되었다. 미국과 소련의 한반도 분할 점령, 북한에서 공산주의 체제의 수립, 남한 내부에서의 좌우익 간 이념 대립의 격화, 그리고 미소 간 냉전의 격화 등의 요인이 모두 통일국가 수립을 어렵게 만들었다. 결국 한반도 문제는 UN으로 이관되었고 UN은 1947년 11월 선거가 가능한 지역에서의 총선거를 결정했다. 북한은 선거를 거부했고 선거감시를 위한 UN 감시단의 입국도 불허했기 때문에 선거는 남한 지역에서만 실시되었다. UN 한국임시위원단의 감시하에 1948년 5월 10일 제헌국회 선거가 실시되었고 그 해 8월 15일 대한민국 정부가 수립되었다.

그런데 당시 남한만의 단독선거를 바라보는 시각은 정파적 입장에 따라 각기 달랐다. 이승만, 김성수 등의 우파는 총선을 '조선을 정통적으로 대표할 주권국가를 구성할 비상적 정치 조치'이며 '즉각적 선거만이 국권회복의 길'이라고 주장했다. 그러나 공산주의자 등 좌파는 '국제연합위원단의 철수, 외국 군대의 철수, 남조선 미군정의 즉시 폐쇄, 북조선과 같은 인민위원회 구성' 등을 주장하며 선거 반대 투쟁을 벌였다. 김구, 김규식 등의 중도파는 '강토와 민족을 영구 분단하는 반쪽 정부를 반대'하며 '미소 양군 철퇴 후 남북지도자회의를 연 후에 전국적 총선거를 실시할 것'을 주장했다(서희경, 2012: 265). 이처럼 좌파와 중도파는 남한만의 단정(單政)에 반대해서 5.10 선거에 불참하였기 때문에, 제헌 국회는 대체로 우파를 중심으로 구성되었다. 5.10 선거 결과 무소속이 85석(42.5%)으로 가장 다수를 차지했고, 독립촉성국민회(독촉)가 55석(27.5%), 한국민주당(한민당)이 29석(14.5%), 그리고 대동청년당이 12석(6%)을 각각 얻었다. 그러나 실제 의정활동 성향과 그 이후의 원내교섭단체 가입 등을 고려하면 한민당 65~70석(33~35%), 독촉 60~65석(30~33%), 중도파를 포함한 무소속 55~60석(23~30%) 정도의 세력 분포였다(서희경, 2012: 275).[1]

제헌국회가 구성되면서 어떤 통치 형태를 마련할 것인가에 대한 논의가 시작되었다. 제헌국회는 헌법과 정부조직법 제정을 위해 기초위원 30명을 선발했다. 기초위원 구성에서는 한민당, 독촉, 무소속 의원 등 세 그룹이 대체로 수적인 균형을 이뤘지만, 한민당계 기초위원들의 정치적 무게감이 다른 정파 소속 의원들에 비해서 월등히 높았다. 김구 계열의 한독당은 완전히 배제되었고 혁신 그룹도 거의 배제되었다(서희경, 2012: 275−282).

그런데 제헌국회는 헌법을 제정해야 하는 임무뿐만 아니라, 거기서 만들어진 헌법에 따라 정부를 구성해야 하는 역할도 동시에 담당했다. 즉 헌법 제

---

1 김일영(2004: 90)은 이승만 세력이 55~60석, 한민당이 65~70석, 그리고 무소속이 50석 정도를 차지한 것으로 보았다.

정과 정부 구성을 담당할 기구가 제헌국회로 일원화되었던 것이다. 미국의 경우에는 헌법 제정과 정부 구성이 분리되어 이뤄졌다. 미국에서는 필라델피아에서 열린 헌법제정회의(the Constitutional Convention)에서 헌법을 제정하고, 거기서 제정된 헌법에 따라 대통령과 상하 양원 의원을 선출하였다. 헌법 제정과 정부 구성의 책임을 동시에 맡게 된 한국의 제헌국회는 현실 정치적 이해관계가 헌법 제정 과정에 개입될 수 있는 여지가 훨씬 더 많았다(서희경, 2012: 258). 따라서 제헌국회에서의 논의는 당시 정치세력 간 정치적 이해를 둘러싼 역학관계가 반영될 수밖에 없었다.

제헌국회 내 헌법기초위원회가 구성되면서 본격적으로 헌법 제정에 대한 논의가 시작되었다. 제헌국회의 헌법기초위원회에서 작성한 헌법 초안은 의원내각제였다. 헌법 초안 작성에 영향을 준 유진오-행정연구회 안(案)이나 권승렬 안 모두 의원내각제를 전제로 하고 있었다. 내각제는 당시 전국적인 명성을 지닌 인물은 없지만 국회 내 다수파를 형성할 수 있었던 한민당이 선호하는 통치 형태이기도 했다. 당시 구상된 의원내각제의 주요 내용은 다음과 같았다. 대통령은 상징적인 최고 지도자이고, 실질적으로 국무 전반에 대해서는 총리가 이끄는 내각이 이끌도록 했다. 국회는 민의원과 참의원의 양원제로 구성되며 내각수반인 총리는 대통령이 임명하고 민의원의 승인을 얻도록 했다. 대통령은 국회 양원 합동회의에서 선출되며, 민의원에 대한 해산권을 갖도록 했다. 국무위원은 총리가 제청하고 임명은 대통령이 하도록 했다. 헌법기초위원회는 만장일치로 내각제를 통치 형태로 채택하기로 결정했다.

그러나 당시 유력한 대통령 후보였던 이승만은 내각제에 반대했다. 해방 정국에서 최고의 정치적 명망가는 이승만이었다. 구한말 개혁세력의 일원이었고, 상해 임시정부의 초대 대통령이었던 그가 항일구국의 오랜 망명생활에서 돌아왔을 때, 정치성향의 좌우를 막론하고 그의 명망을 따를 수 있는 지도자는 없었다. 그리고 이승만이 원했던 것은 모든 정파 위에 군림하는 강력한 국가적 지도자였다(황수익, 1996: 84). 이승만은 6월 15일 헌법기초위원회에 출석하여 직접선거에 의한 대통령제가 현 정세에 적합다고 처음으로 공식적인 입장을 표명했다. 그러나 그 주장은 받아들여지지 않았다. 그러자 이승만은 6월 21일 국회 본회의 16차 회의에서 전원위원회 개최를 주장하고 여기서 통치 형태에 관해 논의하자고 제안했다. 이 제안을 표결에 부친 결과 재적 175명 중 가 12표, 부 130표로 부결되었다. 여러 차례 반대 의견을 개진했음에도 불구하고 자신의 주장이 받아들여지지 않자 이승만은 헌법 초안이 국회 본회의에 상정되기 하루 전인 21일 오후, 헌법기초위원회에 나타나 내각책임제 헌법하에서는 '어떠한 지위에도 취임하지 않고 민간에 남아서 국민운동을 하겠다'고 선언했다. 이는 정치적 협박이었다. 단순한 반대가 아니라, 여기까지에 이른 정치적 협약을 모두 무효로 하고 새로운 정치운동, 사실상 반정부 운동을 전개하겠다고 위협했던 것이다. 만일 그렇게 된다면 5.10 선거로 천신만고 끝에 도달한 정치적 협약이 붕괴되면서 새로운 정치적 분열의 소용돌이에 휘말리게 될 것이었다. 당시 이승만이 국민 사이에서 지니고 있는 정치적 권위와 영향력을 고려할 때 이는 새로운 정치적 분열과 혼란의 초래를 의미하는 것이었다. 더욱이 좌파는 물론 김구, 김규식 등 민족주의 세력마저 단정 수립에 불참한 상황에서 이승만마저 참여를 거부한다는 것은 정치적 정당성의 면에서 심각한 한계를 드러낼 수 있는 일이었다. 또한 한민당은 새로운 총선거에서 김구, 김규식을 만나고 싶지 않았다. 그 경우 다수의석을 차지하는 것이 어려워지며, 더구나 일제 강점기 활동에 대한 김구 계열의 강경한 방침이 부담스러웠을 것이기 때문이다(서희경, 2012: 295-297).

결국 한민당은 이승만의 주장을 받아들이기로 했다. 1948년 6월 22일 헌법기초위원회 제16차 회의에서 장시간에 걸친 토론 끝에 내각제로 기초된 통치형태를 대통령중심제로 수정한 헌법 초안을 통과시켰다. 그러나 통과된 대통령제는 미국형 대통령제와는 애당초 다른 것이었다. 헌법기초위원회가 이승만의 주장을 받아들였지만 동시에 내각제적 요소를 상당 부분 남겨두었기 때문이다. 한민당으로서는 대통령제를 받아들이더라도 국무위원과 국무회의에 의해 제도적으로 제약을 받는 대통령제를 원했던 것이다. 즉 한국의 대통령제는 한민당과 이승만 간의 정치적 타협에 의해 처음부터 혼합형 대통령제로 출발했다.

최종적으로 확정된 통치 형태는 내각제 요소였던 대통령의 국회해산권, 국회의 국무원 불신임권을 삭제했다. 대통령과 함께 부통령을 두도록 했으며, 모두 임기 4년으로 국회에서 간선으로 각각 선출하도록 했으며 중임까지 허용

제헌헌법 제정 과정에 대한 유진산의 회고

헌법은 제정과정에서 벌써 특정인의 강압적인 요구와 간섭으로 말미암아 본래의 안이 크게 변질되었다. 특히 정부의 권력 구조가 내각책임제 헌법이 대통령 중심제 헌법으로 하룻밤 사이에 바뀐 것이다. 그것은 내각책임제로 된 헌법 초안에 대하여 초안 심의가 끝날 무렵에 이승만 박사가 "내각책임제하의 정부 형태 아래서는 대통령에 취임할 수 없다"는 것을 밝혔기 때문에 정부 형태는 프랑스식 내각책임제와 미국식 대통령 중심제를 혼합한 결과를 가져왔다. 당시의 국내 정세에서 볼 때 이 박사가 가장 강력하고 거의 절대적 입장에 서 있는 대통령 후보였다는 것은 누구든지 추측할 수 있는 일이었다. 따라서 이 박사 자신도 이런 길을 위하여 민주 진영을 결정적으로 통합하는 방향에서 지도력을 발휘하여 온 것도 사실이다. 그러나 특정인의 영향력이 회의체의 다수 의견을 뒤집어엎을 수 있었다는 것과 국가 만년의 기초를 닦는 헌법 개정에까지 적용되는 전례를 남겼으니 이 일은 그 뒤에 전개될 한국 민주주의 험난한 전도를 예고하는 중대사라 하지 않을 수 없다. 여기에서 헌법 조문 그 자체를 비판할 여지는 없으나 당시 약 60석을 움직일 수 있는 한국민주당이 이 박사의 요구를 수용하게 되었다는 사실이다. 특히 한민당 출신의 김준연 씨는 수십 분 내외로 원안을 대통령 중심제로 파기하고 개조했다. 친밀한 관계인 서상일 위원장은 그 뒷날 나와의 개인적인 사담에서 이 박사로부터 받은 당시 서면 압력 쪽지 내용을 암송하고 있을 정도로 당시의 일을 흥분해서 술회하고는 했다(유진산, 1972: 42-43).

하도록 했다. 그러나 이와 동시에 내각제적인 요소도 남겨 두었다. 국무총리직은 원안대로 유지했는데, 대통령이 국회의 동의를 얻어 국무총리를 임명하도록 했다. 또한 내각제의 내각회의에 해당하는 국무회의라는 '합의제' 의결기구도 그대로 두었다. 더욱이 국정의 중요한 사항은 반드시 국무회의의 의결을 거치도록 했으며 의결은 과반의 결정으로 하도록 했다. 또한 대통령의 국무에 관한 행위는 문서로 해야 하며, 모든 문서에는 반드시 국무총리와 관계 국무위원이 부서(副署)하도록 했다. 또한 국무총리, 국무위원은 국회에 출석하여 국무에 관한 발언 및 답변을 하도록 했다. 또한 국회의원이 장관직인 국무위원을 겸할 수 있도록 했으며, 내각제에서처럼 정부의 법률안 및 예산안 제출권도 허용했다. 대통령제를 기본으로 하지만 실제 운영방식에는 내각제적 요소가 많이 포함되어 있었던 것이다.

이는 '한국형 대통령제'의 출발이었다. 이승만의 요구로 마지막 순간에 대통령제로 통치 형태가 바뀌었지만, 그 내용은 순수한 대통령제와는 다른 것이었다. 한국 대통령제는 현실 정치적 이해관계의 산물이었다. 그리고 제헌국회에서 만들어진 한국의 대통령제는 애당초 견제받는 대통령을 의도했다. 내각제적 요소를 남겨 둔 것은 국무회의에 의해 제도적으로 견제받을 수 있는 대통령을 원했기 때문이다. 합의제 의결기구로서의 국무회의, 국무위원의 부서, 국회에서의 대통령 간선 등이 그것을 위한 제도적 장치였다. 그러나 이승만은 대통령이 된 이후 국회를 무시하고 자신에게 권력이 집중되도록 통치구조를 변화시켜 나갔다.[2]

이처럼 한국의 대통령제는 처음부터 다른 나라와는 상이한 역사적 경험과 논의의 구조 속에서 탄생했다. 미국의 헌법 제정자들이 견제와 균형, 3권 분립을 중요한 정치적 가치로 삼았다면, 우리나라의 헌법 제정 과정에서 중요했던 것은 한민당과 이승만 간의 타협, 혹은 제도(institution)와 인격(personality)의 경쟁(서희경, 2012: 259)이었다. 이승만의 요구를 막판에 한민당이 수용함으로써, 내각제적 속성을 지닌 대통령제라는 혼합형으로 한국의 대통령제가 만들어지게 되었다.

이처럼 그 당시 상이한 정치적 이해관계가 충돌했고 이들 간의 갈등과 타협의 산물로 한국의 통치 형태가 결정되었지만, 이러한 합의를 반드시 부정적으로만 평가할 필요는 없을 것 같다. 예컨대, 미국 헌법 제정 과정에서도 연방주의자와 반(反)연방주의자, 그리고 큰 주와 작은 주 간의 이해관계가 충돌했고 이들 간의 정치적 절충과 합의를 통해 미국 헌법이 최종적으로 만들어졌기 때문이다. 이러한 우리나라의 대통령제는 그 뒤 군사쿠데타 등 헌정의 단절을 겪으면서 적지 않은 변화의 과정을 거치지만, 그럼에도 불구하고 제헌헌법에서 만들어진 헌정적 틀은 근본적인 특성의 변화 없이 오늘날까지 이어져 오고 있다.

2 사실 제헌 국회의 논의 과정에서도 현실적으로 대통령으로의 권한 집중을 막는 것이 쉽지 않을 수 있다는 우려도 제기되었다. 예컨대, 신성균 의원은 "국무원에서 결의 안 되면 대통령의 권한이 없는 것처럼 말씀을 하셨는데, 그것은 그렇게 해석할 수 있지만 국무위원 전부를 대통령이 임면할 권한이 있는 이상 자기 말을 안 듣는 사람이 있으면 오늘 파면시키고 내일 결의에 자기가 제정한 대로 할 수도 있을 것입니다"라고 대통령 견제가 쉽지 않을 것임을 지적한 바 있다. 그 이후의 역사는 이 지적이 옳다는 것을 보여주고 있다(이영록, 2006: 166－167).

제헌 과정에서의 논의를 살펴보면, 한국의 대통령제는 처음부터 강한 대통령을 염두에 둔 형태로 고안된 것은 아니었다. 그러나 그 이후 권력을 잡은 이승만, 박정희, 전두환 등 권위주의적 통치자의 개인적 정치적 야심에 의해서 대통령의 권력은 끊임없이 강화되어 온 것이다.[3] 제헌국회에서 헌법이 만들어진 이후 1987년까지 모두 아홉 차례 헌법이 개정되었다. 이 가운데 4.19 혁명 이후 반민주행위자에 대한 소급 처벌을 가능하도록 한 1960년 11월의 4차 개정을 제외하면, 여덟 번의 헌법 개정은 통치구조의 변경과 관련이 있었다. 그리고 1960년 4.19 혁명 이후, 1987년 6월 민주화 항쟁 이후의 민주적 절차에 따른 헌법 개정을 제외하면, 나머지 여섯 번의 헌법 개정은 권위주의 통치자의 권력 장악, 권력 연장, 권력 강화를 위한 것이었다. 그리고 이러한 권위주의 시대의 유산은 민주화 이후에도 사라지지 않고 영향을 미치고 있다.

헌법 초안의 최종 수정 과정에서 중요한 역할을 담당한 김준연 의원의 토론 내용

"합의체로서 대통령도 일원이 되여가지고 대통령이 의장이 되여가지고 다수결로 결정한 이상에 설령 대통령 의사에 불만이 있다고 하더라도 대통령은 합의체의 의장으로 그것에 복종하지 않으면 안 될 줄로 생각합니다. 이것이 우리나라 대통령 중심제와 미국 헌법에 있는 대통령 중심제와는 다른 것입니다. 미국에서는 국무부, 내무성 등등 장관이 있지만 대통령의 보좌관이라는 것 그것은 서기에 지나지 않습니다 … 미국의 예입니다만 그것은 「세크레타리」, 즉 보좌관에 지나지 않은 것입니다. 우리의 헌법과 대단히 달은 것입니다. 대통령을 국무회의의 일원으로 국무회의 의장으로 만드러졌다. 그러므로 대통령도 그 결의에 복종해야 한다는 것이 기초위원의 의견이라고 나는 생각합니다."(국회속기록 1회 19호, 10-11쪽)

3 서희경(2012: 300)은 이에 대해 "의원내각제는 당대의 정치를 합의제 권력을 통해 운영하려는 것을 의미했다. 그러나 결과적으로 이승만 이래 한국 현대 정치사는 정치적 인격이 정치제도를 지배하고, 헌법 역시 사회보다는 정치적 인격에 적합하도록 형성되어 왔다"고 평가했다.

2. 대통령제의 변천 과정

(1) 이승만 정권: 개인의 지배와 장기독재

1948년 헌법 제정 이후 국회에서 대통령과 부통령을 선출하면서 대한민국이 공식적으로 출범하게 되었다. 국회에서의 표결을 통해 이승만은 재적의원 198명 중 180표라는 압도적인 지지로 초대 대통령으로 당선되었다. 그러나 그 이후의 역사는 견제받는 대통령 혹은 합의적 통치 형태로서의 대통령제이기보다, 대통령 개인에게 권력이 집중되는 형태로 정체가 왜곡되는 과정을 거쳐 왔다. 즉, 제헌국회에서 의도한 통치 형태는 견제 받는 대통령제였지만 그 이후 한국 대통령제는 전혀 다른 방향으로 나아갔다.

> 1948년 최초의 헌법에서 제도화한 바 있었던 매우 약한 대통령의 권력은 매우 강한 대통령제로의 변화라는 궤적을 밟았다. 권력은 대통령직을 장악한 최정상의 1인에게 집중되었고 국가 권력은 사인화(私人化)되었다. 국가의 행정 권력을 가진 대통령은 모든 것을 가지며 의회 권력, 즉 국회에 대해 절대적인 영향력을 행사했다. 대통령은 자신의 정당을 위로부터 창출하고 그것을 자신의 의지와 명령을 통하여 관리하였으며, 다른 한편으로는 최소한의 민주주의의 제도를 유지하지 않으면 안 되는 조건이 냉전체제하에서 미국에 의해 밖으로부터 부과되었기 때문에 야당을 해체시킬 수는 없었지만, 그것을 최소한의 역할로 한정시키는 야당 탄압을 주저하지 않았다. 따라서 정치의 제도권 내에서는 대통령의 전횡적 권력에 대항할 어떠한 대항 세력도 존재하기 어려웠다(최장집, 1996: 42–43)

최초의 헌정 왜곡은 1952년 이승만에 의해 시도되었다(이하 강원택, 2015a: 21–71). 이승만의 헌정 왜곡은 그의 권력욕과 관련된 것이었다. 제헌국회에서 압도적 표 차이로 대통령에 당선되었지만, 당시 국회 내에 이승만의 지지세력은 많지 않았다. 1950년 5월 30일 2대 국회의원 선거가 실시되었는데,[4] 선거 결과 국회 내 이승만의 지지세력은 더욱 줄어들었다. 국회에서 대통령을 선출하는 간선제가 계속되는 한, 이승만의 재선은 불가능해 보였다. 일반 대중에

4 당시 대통령의 임기는 4년이었지만 국회의원은 제헌국회 의원에 한해 임기가 2년이었다.

인기가 있었던 이승만은 집권 연장을 위해 대통령 직선제로 바꾸고 싶었다. 그러나 이를 위해서는 국회에서 헌법 개정이 이뤄져야 했다. 이승만은 1951년 11월 28일 대통령 직선제와 양원제를 골자로 하는 개헌안을 국회에 제출했다. 그러나 국회에서의 표결 결과, 찬성 19, 반대 143, 기권 1표로 부결되었다. 투표 결과를 볼 때 국회를 통한 헌법 개정의 가능성은 사실상 무망한 것이었다.

이승만은 강압적인 방법을 동원하여 직선제 개헌을 관철하기로 했다. 그 이전까지 정당의 필요성을 인정하지 않았던 이승만은 자신의 지지세력을 결집하고 동원할 목적으로 자유당을 만들었다. 이와 함께 관제 시위를 조직하고, 민족자결단, 백골단, 땃벌떼 등 정치 깡패를 동원하여 국회의원들을 위협했다. 1952년 5월 14일 이승만 대통령은 부결된 직선제 개헌안을 약간 수정하여 다시 국회에 제출했다. 그리고 5월 25일 0시를 기해 전시 임시 수도인 부산 일원과 경상남도, 전라남도, 전라북도 지역에 계엄령을 선포했다. 그 다음날 헌병대는 약 50여 명의 국회의원을 태운 통근 버스를 강제로 연행했고, 국회의원 10명을 '국제공산당'에 연루되어 있다는 이유로 체포했다. 이와 같은 험악한 분위기 속에서 직선제 개헌안[5]이 국회에서 상정되었다. 의원들의 피신으로 의결 정족수를 채우지 못하자 국제공산당 관련 혐의로 구속 중이던 10명의 국회의원까지 일시적으로 석방하여 국회 표결에 참석시켰다. 1952년 7월 4일 밤 재적의원 183명 중 166명이 참석했다. 이승만이 제출한 개헌안에 대해 토론 없이 기립 방식으로 표결하였고, 결국 찬성 163명, 기권 3명으로 통과되었다. 계엄령을 선포하고 경찰과 헌병이 국회의사당을 포위한 위압적인 상황에서 대통령 직선제 개헌안이 통과된 것이다. 제헌국회에서 마련된 통치구조가 불과 4년 만에 이승만의 집권 연장을 위해 강압적인 방식으로 변경되었다. 그리고 이와 함께 군이 권력자의 정치적 목적을 위해 동원되는 선례를 남겼다. 1952년 8월 5일 실시된 직선 대통령 선거에서 이승만은 재선에 성공했다.

그러나 장기집권에 대한 욕망은 여기서 그치지 않았다. 1954년 3대 국회

---

5 6월 21일 장택상이 이끄는 신라회와 자유당은 내각제와 대통령제 개헌안의 내용을 절충한 '발췌개헌안'을 합동으로 제출하였다. 타협을 모색한다는 명분이었다. 그러나 핵심은 대통령 직선이었다. 그 내용은 대통령과 부통령을 국민 직선으로 선출하지만, 내각제적 요소인 국무총리를 두며 총리의 요청에 의해 국무위원을 임명, 면직하도록 하며, 국회가 국무위원에 대해 불신임 결의를 할 수 있으며, 양원제를 구성한다는 것이다.

의원 선거가 실시되었다. 선거에서 자유당은 203석 중 114석을 얻었다. 민국당은 15석을 얻는 데 그쳤다. 무소속이 68명이 당선되었다. 선거 결과만 놓고 보면 자유당의 압승으로 보이지만, 실제로 자유당의 득표율은 36.8%에 그쳤다. 이런 결과가 나온 것은 야당 후보가 난립한 탓도 있었지만, 보다 중요한 이유는 경찰이 선거에 깊이 개입한 때문이었다. 국회의원 선거에 경찰이 깊숙이 개입한 까닭은 3선 개헌을 위한 것이었다. 1952년 강압적 방식으로 헌법을 개정했지만, 대통령의 임기는 두 번으로 제한되어 있었다. 집권 연장을 위해서는 또 다시 헌법을 개정해야 했다. 자유당이 114석을 얻었지만 개헌 정족수인 재적 의원 203명의 2/3를 넘기 위해서는 136석을 채워야 했다. 회유와 협박을 통해 무소속 의원들을 끌어들였다.

자유당은 1954년 11월 20일 초대 대통령에 한해서 중임 제한을 폐지하는 것을 골자로 하는 개헌안을 국회에 상정했다. 11월 27일 개헌안에 대한 국회 투표가 실시되었다. 재적의원 203명 중 의원 202명이 표결에 참여했고, 이에 개헌에 필요한 의결정족수는 136명이었다. 투표 결과 찬성이 135표, 반대가 60표, 기권이 7표로 나타났다. 개헌안 통과에 한 표가 부족했고, 따라서 부결이 선포되었다.

그러나 자유당은 개헌안 부결을 번복했다. "재적의원 203명의 3분의 2는 정확하게 135.333…인데, 자연인을 정수가 아닌 소수점 이하까지 나눌 수 없으므로 사사오입의 수학적 원리에 의해 가장 근사치의 정수인 135명임이 의심할 바 없으므로 개헌안은 가결된 것"(민주화운동기념사업회 연구소, 2008: 48－49)이라는 논리를 제시했다. 11월 28일 열린 국회에서 야당이 반발하여 퇴장한 가운데 자유당 의원 125명만으로 번복 가결 동의안을 상정하여 개헌안 통과를 결정했다. 사사오입(四捨五入)이라는 주장을 펼친 것이나, 부결된 개헌안을 번복하여 가결시킨 일 모두 정상적 결정이라고 보기 어려웠다. 그러나 이제 이승만은 종신 집권을 제도적으로 보장받게 되었다.

1956년 5월 15일로 예정된 정부통령 선거에서는 이승만의 장기 집권과 헌정 유린에 대한 국민의 불만과 피로감이 강하게 나타나기 시작했다. 선거운동 구호로 민주당은 '못 살겠다 갈아보자'를 내세웠다. 그런데 선거일을 불과 열흘 앞두고 민주당 대통령 후보인 신익희가 서거했다. 이제 야당의 주요 후보는 조봉암만이 남게 되었다. 이승만의 손쉬운 승리가 예상되었다. 그러나 선거 결과는 그렇게 일방적이지 않았다. 선거 결과, 이승만 대통령의 공식 득표율은 70.0%이지만, 사망한 신익희에 대한 무효표를 함께 계산하면 55.6%에 불과했다. 한편, 신익희의 죽음으로 사실상 유일한 야당 후보가 된 조봉암은 216만여 표를 얻었다. 부통령 선거에서는 큰 이변이 생겼다. 자유당의 이기붕을 누르고 민주당의 장면이 부통령으로 당선된 것이다. 민주당의 장면 후보는 401만여 표를 얻어 380만여 표를 얻은 이기붕을 누르고 부통령으로 당선되었다. 1956년 정부통령 선거는 이승만의 장기집권과 헌정 유린에 대한 국민의 불만이 매우 심각한 수준에까지 올라 있다는 사실을 잘 드러내 보여 주는 것이었다. 이처럼 선거를 통해 드러난 민심의 이반은 결국 오래가지 않아 권력의 붕괴로 이어지게 되었다. 4년 뒤 1960년 3.15 선거 이후 이승만 정권은 부정선거를 규탄하는 국민의 저항에 의해 결국 몰락하고 말았다.

이승만은 견제 받는 대통령으로 의도된 제도적 틀에서 대통령이 되었지만 그러한 의도는 현실 정치에서 실현되지 않았다. 제1공화국에서는 "헌법기관들이 헌법상의 지위를 제대로 실현하지 못하고 대통령 개인과 그 추종 세력의 카리스마적 지배가 횡행했던 시기였다. 의결기관인 국무원을 무력화했을 뿐만 아니라, 경찰 등 다양한 권력기관과 사회단체를 이용하여 국회와 같은 국가기관의 정상적 작동을 어렵게" 만들었다(김종철, 2012a: 222). 제헌 헌법에 포함된 내각제적인 요소는 대통령이 강력한 권한을 행사하는 데 오히려 도움을 주기도 했다. 특히 제1공화국에서 "이승만의 지지 세력으로 자유당이 창당된 이후부터는 서구 의원내각제에서와 같이 행정부와 입법부의 권한이 실제로는 융합되어 있는 강력한 대통령 중심제"로 변모되어 간 것이다(이정복, 2008: 33). '제왕적'으로 불리게 된 한국 대통령제는 이승만 때부터 그 특성을 보이기 시작했다.

(2) 제2공화국: 의원내각제

자신의 장기집권을 위해 헌법을 유린하고 선거를 조작한 이승만 정권에 대한 분노와 저항은 자연히 대통령제가 아닌 다른 통치구조에 대한 선호로 이어졌다. 더욱이 자유당의 몰락으로 집권이 유력해진 민주당은 내각제를 선호했다. 당시 민주당은 대통령의 권력 집중과 독재화를 방지하기 위해, "권력의 중심을 강력한 대통령을 정점으로 하는 행정부로부터 대의기구인 국회로 옮겨오는 내각제 권력 구조를 아예 창당 강령"으로 삼았다. 따라서 내각제 개헌은 "이승만 정권의 권위주의화를 제도적으로 봉쇄할 수 있는 유일한 대안"으로 받아들여졌다(최장집, 1996: 44). 1950년 제헌국회 임기 후반에 야당은 이미 내각제 개헌을 시도한 바 있었다. 야당뿐만 아니라, 4.19혁명 이후에는 대통령제의 폐단에 대한 실망감과 함께 내각제 도입에 대한 사회적 합의가 존재했다.

> 금차(今次) 개헌에 있어서 대통령제를 버리고 내각책임제를 채택한다 함은 거의 밤이 지나면 아침이 오는 것이나 다름이 없을 정도로, 말하자면 지정된 코오스를 밟아나가는 셈이다… 대통령제의 지옥으로부터 우선 벗어나야 하겠으니 내각책임제를 채용하여야 하겠다는 것이 국민의 공통된 감정인 것이다(유진오, 1963: 144).

이승만 정권이 무너지고 난 이후 허정을 수반으로 하는 과도정부가 구성되었고, 국회는 헌법개정기초위원회를 구성하여 헌법개정안을 마련하였다. 그리고 6월 15일 국회 본회의에서 헌법 개정안이 찬성 208 대 반대 3으로 통과되었다. 이 헌법은 기존 헌법에서 마련한 절차에 따라 구 헌법을 '개정'하는 형식을 취했지만,[6] 내용적으로는 의원내각제와 양원제를 골자로 한다는 점에서 이전의 것과는 크게 다른 것이었다.

의원내각제인 만큼 제2공화국에서는 총리가 행정수반으로서 국정 운영과 관련하여 가장 중요한 역할을 담당하게 되었다. 대통령은 국가원수로서 정파를 초월한 입장에서 국민 통합의 상징으로 존재할 수 있도록 정당 가입을 금지했다. 대통령은 간선으로 선출했는데, 참의원 민의원 양원 합동회의에서 재적 국회의원 2/3 이상의 득표로 선출하도록 했다.[7] 대통령의 임기는 5년이며 한 차

---

6 4.19 혁명으로 인한 정치적 격변에도 불구하고, 기존 헌법을 부정하지 않고 기존 헌법의 개정 절차에 따랐다. 그러나 5.16 군사정변 이후 제3공화국 헌법, 유신헌법, 제5공화국 헌법, 그리고 87년 민주화 이후 헌법 등은 모두 헌법을 전문까지 포함해서 전면적으로 다시 쓴 헌법이었다(이정복, 2008: 44).

7 당시 내각책임제 개헌 기초위원회 위원장이었던 정헌주는 "4.19의 원인이 이승만 대통령의 독재에서 기인하였고, 또한 이로 인하여 정치적 부정부패가 발생하였기 때문에 이 부분을 해결하기 위하여 내각책임제 통치구조하에서의 대통령은 의례적 권한만을 가지게 하는 것이라고 하였다. 즉 내각책임제 개헌을 통하여 대통령에게 권한이 집중되는 것을 방지하는 데

례 중임할 수 있도록 했다. 대통령은 국무총리 지명권과 감형, 면책특권에 대한 권리, 헌법재판소 심판관 등 공무원 임명권, 그리고 정부 계엄 선포의 요구에 대한 거부권 등의 권한이 부여되었다.

행정권은 국무원에 두도록 했으며, 국무원을 구성하는 국무총리와 국무위원의 과반은 국회의원으로 하도록 했으며, 국무위원의 수는 8~15인으로 했다. 국무위원은 총리가 임면하도록 했다. 국정의 기본 계획과 정책, 주요 대외정책, 헌법개정, 예결산안, 계엄안, 사면, 복권, 감형, 정당 해산의 소추 등은 모두 국무회의의 의결에 따르도록 했다.

새로운 통치 구조가 마련되었지만, 집권당인 민주당 내의 신파와 구파 간 갈등으로 제2공화국의 내각제는 효과적으로 작동하지 못했다. 당내 심각한 분열로 무엇보다 내각제에서 가장 중요한 정치적 안정의 조건인 의회 내 다수 의석의 확보가 어려웠다. 또한 상징적 국가원수였지만 실제로 윤보선 대통령은 구파의 리더처럼 행동했고, 신파인 장면 총리에 대해 정치적 경쟁의식을 갖고 있었다. 실제로 윤보선 대통령은 정치적으로 민감한 사안에 대해서 종종 자신의 의견을 개진해 왔으며, 이는 민주당 내 신파와 구파 간의 정치적 갈등을 더욱 악화시켰다(강원택, 2009a: 55-60). 당시는 이승만 장기집권 중 억눌려졌던 정치적 욕구가 폭발하면서 사회적으로 적지 않은 혼란이 있었다. 집권당이 분열하면서 안정적인 리더십이 만들어지지 못했고, 정치적 위기에 대한 대응도 적절하게 이뤄지지 못했다. 그러나 제2공화국의 붕괴는 내부적인 분열이나 갈등에 의해서가 아니라, 군사쿠데타라고 하는 외부로부터의 충격에 의해 이뤄졌다.

(3) 제3공화국: 강력한 대통령제의 부활

제2공화국은 일 년이 채 못 되는 기간 동안 존속했다. 그러나 제2공화국의 단명을 운명적인 것이라고만 보기는 어렵다. 박정희, 김종필 등은 이미 오래전부터 군사쿠데타를 계획하고 있었다.[8] 이들에게 제2공화국의 불안정은 체

개헌의 초점을 맞추었기 때문에 국회에서 간선으로 대통령을 선출하도록 한 것은 그러한 개헌의도의 일환이었다"(이병규, 2003: 188)고 했다.

8 그(박정희)는 "자네, 지금 준비하는 거 본격화하자"고 말했다. 내(김종필)가 "뭘 말입니까?"라고 묻자 박 소장은 빙그레 웃으면서 "자네가 하려고 하는 거, 그거 하자고!"라고 했다…

제 전복의 좋은 명분이 되었다. 1961년 5월 16일 박정희 소장이 이끄는 군이 쿠데타를 일으켰다. 쿠데타 이후 군정을 실시하면서 정치적 자유도 일시적으로 제한되었다. 정치인들의 정치 활동도 금지되었다. 이런 상황에서 헌법 개정이 추진되었다. 제3공화국에서는 대통령제가 다시 도입되었다. 1962년 11월 5일 헌법개정안 제안에 즈음한 담화문에서는 대통령제를 다시 채택한 이유를 설명하고 있다.

> 국가 질서를 유지하고 조속한 국민경제의 부흥을 도모하기 위하여, 우리는 안정되고 일할 수 있는 정부 형태를 가져야 하겠습니다. 그래서 정부형태는 대통령제를 택하여서 대통령에게 행정의 모든 책임을 귀일(歸一)시키는 동시에 정국의 안전을 기하였습니다."(대통령비서실 1965: 310)

쿠데타를 이끈 군 출신 지도자가 강한 권력을 선호한다는 것은 당연한 일이었다. 강력한 대통령제가 도입되었다(이완범, 2000). 정치적 활동이 제한된 군정 기간 동안 5.16 세력에 의해 새로운 헌법이 마련되었고 이는 1962년 11월 국가재건최고회의의 의결을 거쳐 12월 17일의 국민투표를 통해 확정되었다. 국민투표를 통해 헌법을 개정한 첫 사례이기도 했다. 개정된 헌법에서는 대통령의 임기를 4년으로 하고 중임할 수 있도록 했다. 부통령제를 폐지했으며, 국무총리는 대통령이 임명하지만 국회의 동의를 필요로 하지는 않도록 했다. 국무총리의 국무위원 제청권은 그대로 두었다. 또한 행정부의 법률안 제출권, 예산안도 유지했다. 대통령의 법률안 거부권을 부활시켰으며, 국회의 재적의원 과반 출석, 2/3 가결로 대통령의 거부권이 재의결하도록 했다. 반면 국회의 권한은 전반적으로 약화되었다. 양원제를 폐지하고 단원제로 복귀했다. 국회의원의 장관 겸임도 금지했다. 다만 국회에 국무총리나 국무위원 해임건의안을 부여했고, 대통령은 특별한 사유가 없는 한 이에 응하도록 했다. 헌법 개정은 이전에 비해 요건을 강화했다. "박정희 국가재건최고회의 의장은 제3공화국 헌법안을 공고하면서 발표한 담화문에서 대통령의 임기 만료 때마다 헌법을 뜯어

나는 조그만 소리로 말했다. "다른 방법이 없으면 혁명을 해야지요"… 나와 그가 혁명이란 말을 나눈 최초의 대화였다. …1960년 6월 9일 '혁명의 언약'은 서로의 가슴 깊은 곳에 숨어 있다가 1961년 2월 내가 군에서 쫓겨난 뒤 '혁명의 결의'로 구체화되었다(김종필, 2016: 38).

고치는 악습을 막기 위해 헌법 개정은 국회 재적의원 2/3 이상의 찬성뿐만 아니라, 국민투표에서의 과반수 지지를 획득해야만 가능하도록" 했다고 밝혔다(이정복, 2008: 58-59). 이승만 대통령이 부산정치파동이나 사사오입 개헌 등 임기 말이 될 때마다 헌법을 고쳐온 폐습을 지적한 것이었지만, 결과적으로 박정희 역시 그 폐습에서 벗어나지 못했다.

1963년 10월 15일 실시된 제3공화국의 첫 대통령 선거에서 박정희는 야당의 윤보선과 치열한 접전을 벌였고 선거 결과 15만 표라는 근소한 차이로 대통령에 당선되었다. 그리고 그 해 11월 16일 실시된 국회의원 선거에서 민주공화당이 175석 중 110석을 얻으면서 쿠데타 주도 세력은 마침내 제3공화국을 주도해 갈 수 있게 되었다.

그런데 1967년이 되면서 권력 연장을 위한 움직임이 정권 내에서 나타나기 시작했다(이하 강원택, 2015a: 82-96). 1967년에는 대통령 선거와 국회의원 선거가 예정되어 있었다. 한일협정 비준 반대 투쟁과 관련해서 분열되었던 야당은 1967년 2월 마침내 통합하여 신민당을 창당했다. 대통령 후보는 신한당 출신의 윤보선이 맡기로 하고, 민중당의 유진오가 당 대표를 맡기로 했다. 민주공화당에서는 박정희 대통령이 재선에 도전했다. 대통령 선거는 1967년 5월 3일 실시되었다. 1963년과 달리 박정희는 비교적 손쉬운 승리를 거두었다. 박정희는 116만 표의 차이로 승리했으며, 서울, 부산 등 대도시 지역에서도 4년 전에 비해 지지율이 크게 올랐다. 1967년 대선 승리로 박정희는 헌법에 규정된 대로 중임을 위한 마지막 대선을 치렀다. 박정희가 1967년 대선을 마지막 선거로 받아들였다면 우리나라의 민주주의는 이때부터 자리 잡을 수도 있었을 것이다. 그러나 두 번째 대선 승리와 함께 박정희 정권은 곧바로 3선 개헌을 향해 달려갔다.

1967년 6월 8일 국회의원 선거가 예정되어 있었다. 1963년과 달리 1967년 총선에서 야당은 신민당으로 사실상 단일화되어 있었기 때문에 공화당으로서는 오히려 의석이 줄어들 것을 걱정해야 하는 상황이었다. 그러나 박정희 정권은 3선 개헌을 염두에 두고 있었기 때문에 전체 의석의 2/3 이상의 의석이 필요했다. 자연히 무리한 방법이 동원될 수밖에 없었다. 노골적인 관권 개입이 시작되었다. 중앙정보부와 내무부가 공무원을 동원하여 선거운동에 개입했고,

박정희는 지방행정 시찰 명목으로 전국을 순회하며 공화당 후보에 대한 지원 유세를 벌였다. 경찰서장과 군수, 구청장이 직접 선거운동에 가담했고, 동장과 경찰들에게 현금과 쌀, 밀가루를 나눠주며 살포하도록 독려했다. 선거일에도 각종 부정선거 행태가 나타났다. 야당 참관인이나 운동원이 곳곳에서 폭력을 당했고 투표장에서 쫓겨나기도 했다. 이처럼 1967년 국회의원 선거는 전례 없는 금품, 향응의 제공, 노골적인 관권개입, 폭력, 흑색선전이 행해진 부정선거였다. 선거 결과 공화당은 개헌에 필요한 정족수 117석을 훨씬 넘는 130석을 차지했다.

선거 다음날부터 전국 각지에서 부정선거에 항의하는 시위가 발생했다. 야당 역시 선거 결과에 크게 반발했다. 신민당은 부정선거 선거구에 대한 선거 무효와 재선거, 그리고 관련자에 대한 인책을 요구했고, 뒤이어 장외투쟁을 선언했다. 부정적 여론과 야당의 강한 반발에 대해 민주공화당은 일부 지역에서의 부정선거를 인정하고 일부 당선자를 당에서 제명했다. 또한 박정희 대통령이 직접 나서 '6.8 총선거가 유종의 미를 거두지 못한 데 대해' 유감의 뜻을 표했다. 선거 이후 거의 6개월 만인 11월 국회가 정상화되었다. 그러나 여야 합의에도 불구하고 국회 내 '6.8 부정선거조사 특별위원회'는 결국 설치되지 않았다.

6.8 부정선거에 대한 논란에서 벗어나게 되면서 박정희 정권은 이제 본격적으로 3선 개헌을 추진하기 시작했다. 그런데 1968년 5월 '국민복지회' 사건이 발생했다. 국민복지회는 농촌 부흥과 사회개량을 표방한 모임이었는데, 이 모임이 문제가 된 것은 국민복지회가 김종필을 후계자로 옹립하는 작업을 준비한다는 의심을 받았기 때문이다. 이 때문에 국민복지회의 김용태 의원은 중앙정보부에 끌려가 고문 끝에 조작된 혐의를 시인했고 공화당에서 제명되었다. 김종필은 이에 반발하여 당 의장직을 사퇴하고 탈당하였다. 김종필이 물러나고 백남억, 길재호, 김성곤, 김재호 등 반(反)김종필 4인이 부상하면서 당내에서 3선 개헌을 주도했다. 이와 함께 이후락 청와대 비서실장, 김형욱 중앙정보부장이 3선 개헌 작업을 이끌었다.

1969년이 되면서 3선 개헌이 공론화되기 시작했다. 그러나 40여 명에 달하는 김종필계 의원들은 여전히 결속되어 있었으며 3선 개헌을 저지하고자 했다. 그런데 1969년 4월 8일 국회에서 신민당이 제출한 권오병 문교부 장관 해임건의안에 대한 표결이 있었다. 3선 개헌에 반대하는 김종필계 의원들은 개헌 저지를 위한 세를 과시하기 위해 야당에 동조하여 해임안에 찬성표를 던졌고, 해임건의안은 통과되었다. 이에 대해 박정희는 격노했고 이후 공화당은 양순직, 예춘호, 김달수, 박종태, 정태성 등 5명의 의원을 반당 행위자로 규정하여 제명하였다. 이러한 강경 대응으로 인하여 개헌 반대 세력은 위축될 수밖에 없었다.

1969년 7월 25일 박정희는 3선 개헌에 대한 입장을 밝히면서, 개헌 국민투표를 통해 자신의 신임을 묻겠다고 했다. 그러나 국민투표로 가기 위해서는 우선 국회에서 개헌안이 통과되어야 했다. 야당인 신민당은 이를 저지하기로 결의했다. 당내에는 당 총재를 위원장으로 하는 대통령 3선 개헌 저지 투쟁 위원회를 구성했고 원외에는 3선 개헌 반대 범국민투쟁위원회를 결성했다.

1969년 9월 13일 3선 개헌안 투표가 국회에서 예정되어 있었다. 신민당은 표결을 저지하기 위해 본회의장을 점거하였다. 이날 자정 이효상 국회의장은 본회의의 유회를 선언하고 14일이 일요일이므로 15일에 본회의를 속개하겠다고 공지했다. 그러나 공화당은 9월 14일 새벽 2시 반 야당 의원들에게는 통고조차 하지 않은 채, 국회 본회의장이 아닌 제3별관 특별회의실로 소속 의원들과 회유한 의원들을 집결시켰다. 그리고 전격적으로 표결을 감행했다. 공화당 107명, 정우회 11명, 무소속 4명 등 총 122명이 참석하여 전원의 찬성으로 개헌안을 통과시켰다.

개헌안의 핵심은 대통령의 연임 조항을 삭제하고 3선을 가능하게 한 것이다. 대통령 탄핵 발의 요건도 의원 30인에서 50인으로 늘리고 탄핵 가결 요건 역시 과반수에서 3의 2 이상으로 높였다. 국회의원의 장차관 겸직도 허용하도록 했으며 국회의원의 정수도 200명에서 250명으로 늘렸다. 3선 개헌의 날치기 통과에 대한 야당의 거친 항의가 이어졌고 학생들을 비롯한 시민의 반발도 거셌지만, 3선 개헌안은 10월 17일 국민투표를 통해 투표율 77.1%, 찬성율 65.1% 로 확정되었다. 박정희는 이승만에 이어 또다시 비정상적인 방식에 의해 집권 연장을 추구했다. 그리고 이는 이후 이어지게 될 장기집권의 서막이었다. 더욱이 3선 개헌은 그동안 공화당 내에서 파벌 간의 대립의 형태로나마 유지되던 당내 민주주의와 정당 정치의 공간마저 닫아버리는 시발점이 되었다. 의회와 정당이 정치로부터 소외되었고 행정적 효율성이 정치를 추월하기 시작했다(김일영, 2011: 215－219).

3선 개헌으로 다시 대통령 선거에 출마할 수 있게 된 박정희는 1971년 선거에 다시 출마했다. 야당인 신민당에서는 '40대 기수론'을 들고 나온 김영삼, 김대중, 이철승이 대통령 후보 선출을 위한 경선에서 경쟁했고, 결국 김대중이 대통령 후보가 되었다. 1971년 대통령 선거는 박정희－김대중 간 치열한 접전이 펼쳐졌고 박정희는 94만 여 표의 차이로 신승했다. 선거 막판 박정희는 "앞으로 여러분에게 표를 달라는 것은 이번이 마지막"이라고 공약했고, 그 이후 한국정치는 그의 말처럼 전개되어 갔다.

(4) 유신체제: 1인 종신집권체제

1971년 대통령 선거에서 승리하기는 했지만 그 무렵에는 박정희 정권에 대한 민심의 이반을 곳곳에서 확인할 수 있었다(이하 강원택, 2015a: 100－148). 1971년 총선에서 신민당은 44.4%를 득표하였고 공화당은 48.8%를 득표했다. 두 당 간 득표율의 차이는 4.4%에 불과했다. 의석수에서는 총 204석 중 민주공화당이 113석을 차지했고, 신민당은 89석을 차지했다. 신민당은 개헌 저지선인 69석을 훨씬 뛰어넘는 약진을 했다. 1971년 국회의원 선거 결과를 보면서, 많은 이들이 박정희의 또 다른 집권은 이제 현실적으로 어렵게 되었다고 생각하게 되었다. 야당이 개헌 저지선을 확보하게 되었고 대중들의 박정희에 대한 지지도 크게 약화되었다. 공화당 의원들이 판단하기에도 1975년 대선에서 여당의 대통령 후보는 박정희가 아닌 다른 이가 될 가능성이 커보였다.

그러나 박정희는 '표를 달라고 하지 않는 방식'의 종신 집권을 꾀하고 있었다. 박정희는 1971년 12월 6일 갑자기 국가비상사태를 선포했다. 비상사태 선포의 이유는 북한의 침략 위협과 한반도를 둘러싼 국제정세의 변화를 명분으로 내세웠다. 아시아의 방위는 아시아가 책임지라고 한 닉슨 독트린은 사실 한반도 안보 환경의 커다란 변화였다. 그러나 닉슨 독트린은 대선 2년 이전인 1969년 7월에 선언되었다. 1971년 8월 15일에는 박정희 대통령은 남북대화를 제안하기도 했다. 그런 점에서 국가비상사태 선언은 매우 의외였다. 더욱이 여야 중진 회담 등으로 새해 예산안이 법정 기일 내에 통과되는 등 여야 관계도 안정되어 있었기 때문이다.

박 대통령의 비상사태 선언에 뒤이어, '국가보위에 관한 특별조치법'이 국회에 제출되었다. 국가보위법안은 대통령이 국가비상사태를 선포할 수 있고, 경제규제를 명령하고 국가 동원령을 선포할 수 있으며, 집회와 시위를 규제할 수 있고, 언론출판에 대한 특별조치를 취할 수 있으며, 근로자의 단체행동권을 제약할 수 있다는 것이었다. 명백히 자유민주주의의 기본 원칙을 무시한 법안이었다. 야당은 이 법안에 대해 거세게 반대했고 본회의 통과를 막기 위해 본회의장을 점거했으며, 가두시위, 단식 농성을 벌이기도 했다. 그러나 이 법안은 12월 27일 국회 본회의장이 아니라 국회 제4별관에서 여당 및 무소속 의원들에 의해 날치기로 단독 처리되었다. 국가보위법의 통과로 이제 자유민주주의가 규정한 기본적인 정치적 자유와 권리는 제약을 받게 되었다. 1961년 쿠데타 이후 이때까지 부정선거, 개헌안과 법안의 날치기 처리, 중앙정보부에서의 고문 등의 문제는 있었지만 직접적으로 모든 국민의 자유와 권리를 법적으로 통제한 적은 없었다. 국가보위법의 제정과 함께 한국의 민주주의는 심각한 도전에 직면하게 되었다. 그러나 국가보위법의 제정은 길고 어두운 터널로 들어가는 입구에 불과했다.

1972년 10월 17일 박정희의 보다 대담하고 노골적인 장기집권을 위한 시도인 10월 유신이 선언되었다. 사실 당시 상황에서 박정희의 재집권을 가능하게 할 어떠한 합법적 수단도 존재하지 않았다. 당시 헌법은 대통령의 임기를 3선으로 제한하고 있었고 1971년 총선에서 야당은 개헌 저지선을 확보했다. 따라서 장기집권을 위해서는 국회를 통하지 않으면서, 국민의 심판과 선택 없이도 계속 집권할 수 있는 통치제도를 만들어 내는 일 이외에는 방법이 없었다. 국가보위법이 이미 만들어져 있었지만 이는 헌법에 규정된 것이 아닌 만큼 구조적이고 장기적인 강압통치의 방식으로는 미흡한 것이었다.

10월 17일 저녁 박정희 대통령은 비상계엄령을 선언했다. 서울 곳곳에 탱크를 포함한 무장병력이 배치되었다. 비상계엄 선언과 함께 6개 항의 특별조치가 내려졌다. 국회를 해산하고 정당과 정치활동을 금지시켰다. 헌법 일부 조항의 효력이 정지되고 그 기능은 비상국무회의가 대행하며, 향후 새로운 헌법 개정안을 공고하여 국민투표를 통해 확정하고, 개헌안이 확정되면 1972년 말까지는 정치상황을 정상화한다는 것이었다. 이는 명백히 헌정 질서를 무너뜨리는 친위 쿠데타였다. 당시 헌법 규정에는 헌법을 정지시킬 수 있는 권한이 대통령에게 부여되어 있지 않았으며, 헌법을 비상국무회의가 대신할 수도 없는 것이었다.

그러나 열흘 뒤인 10월 26일 새로운 헌법 개정안이 비상국무회의에서 심의되었다. 열흘 만에 헌법 개정안이 제출되었다는 사실로 짐작해 볼 때 유신체제에 대한 준비는 오래전부터 이미 이뤄지고 있었던 것이다. 헌법 내용은 '1인 독재 체제의 완성'이었다.

대통령에게 모든 권한이 집중되었다. 대통령에게는 국회를 해산할 권한이 부여되었다. 그러나 국회의 대통령 탄핵권은 폐기되었다. 국회의 국정감사제도 역시 폐지되었다. 대통령은 국회의원의 1/3을 지명할 수 있는 권한이 부여되었다. 국회 개회 일수도 줄여서 정기국회 회기는 90일, 임시국회 회기는 30일을 넘을 수 없었고, 연간 국회 개원일은 150일을 넘지 못하도록 했다. 그러나 대통령이 국회를 소집하는 경우에는 회기일에 제한을 두지 않았다. 사법부에 대해서도 3공화국 헌법에서 규정한 법관추천회의를 폐지하고 대통령에게 대법원장과 대법원 판사 및 모든 법관들의 임명권을 부여했다. 대법원장은 대통령이 국회의 동의를 얻어 임명하도록 했고, 대법원 판사는 대법원장이 제청하여 대통령이 임명하는 것으로 했다. 일반 판사에 대한 임명 및 보직 부여도 모두 대통령이 직접 하도록 했다. 대법원장은 6년, 일반 법관은 10년의 임기를 부여했고 연임을 위해서는 재임용 절차를 밟아야 했다. 법관이 현직에 머무르기 위해서는 대통령의 눈치를 살피도록 한 것이다. 실제로 유신체제 출범 직후인 1973년 3월 법관 재임용 절차를 거치면서 46명의 법관을 탈락시켰다. 입법, 사법, 행정의 모든 권한이 대통령 1인에게 집중되었다.

대통령과 국회의원 선출 방식도 대통령에게 유리하게 바꿨다. 대통령 선거는 직선제를 폐지하고 통일주체국민회의 대의원 선거에 의한 간선 방식으로 대통령을 선출하도록 했다. 선거 횟수를 줄이기 위해 대통령과 국회의원 임기를 6년으로 늘렸으나, 대통령 지명에 의한 유신정우회 의원의 임기는 일반 국회의원의 절반인 3년으로 정했다. 대통령에 대한 충성도를 재임 여부와 연계시킨 것이다. 대통령이 지명한 1/3의 의원들은 통일주체국민회의의 형식적인 동의를 얻도록 했다. 국회의원 선거제도 역시 한 선거구에서 2인의 국회의원을 선출하도록 했다. 지방행정조직, 정보기관과 여당 조직의 영향력을 고려할 때 모든 선거구에서 최소한 한 명의 여당 후보는 당선될 수 있었다. 따라서 대통령은 유신정우회 1/3과 함께 언제나 국회 의석의 2/3 정도를 확보할 수 있게 된 것이다.

개헌은 대통령이 제안하는 경우에는 국회의 동의 과정 없이 곧바로 국민투표에 회부할 수 있도록 했다. 그러나 국회에서 개헌을 제안하는 경우에는 과반수의 동의로 발의하고 재적 2/3의 찬성으로 가결해야 하며, 통일주체국민회의에서 동의를 얻어야만 국민투표로 회부될 수 있었다. 통일주체국민회의가 대통령의 뜻과 다른 개헌에 동의해 줄 것으로 기대할 수 없는 것이었기 때문에, 이는 사실상 국회가 주도하는 개헌을 불가능하게 만드는 것이었다. 이처럼 유신헌법은 박정희 1인에게 입법, 사법, 행정의 모든 권한을 집중시킴으로써, 종신 통치를 가능하게 하는 것이었다.

유신헌법에서 대통령에게 부여한 권한 중에서 국민의 기본권과 관련해서 볼 때 가장 무시무시한 것은 긴급조치권이었다. 이는 유신체제에 반대하는 세력을 탄압할 수 있는 가장 강력하고 무서운 통제 수단이었고, 실제로 반대자를 억압하는 수단으로 널리 활용되었다. 유신헌법에는 대통령이 위기 상황이라고 판단하면 국민의 자유와 권리를 정지시킬 수 있지만 이는 사법 심사의 대상이 되지 않는다고 규정했다. 국회는 재적의원 과반수의 찬성으로 긴급조치의 해제를 건의할 수 있도록 했으나, 대통령이 1/3을 임명하고 나머지 여당 의원 역시 독재 대통령의 영향력하에 놓인 국회가 긴급조치의 해제를 요구할 가능성은 전무했다. 결국 대통령의 자의적 판단에 따라 국민의 자유와 권리는 언제라도 침해될 수 있었다.

유신체제하에서 긴급조치는 9호까지 공표되었다. 긴급조치 9호는 유언비어 날조와 전파 금지, 사전에 허가 받지 않은 집회와 시위, 정치 관여 행위 금지 등의 내용을 담고 있었다. 이는 유신헌법과 관련된 어떠한 비판이나 반대도 허용하지 않겠다는 것이었다. 유언비어 여부는 결국 권력이 판단하게 되는 것이므로 이 조치는 자유민주주의의 가장 기본적인 권리인 표현과 언론의 자유를 사실상 박탈한 것이다.

이러한 개헌안은 비상국무회의 심의 다음날인 27일 공고되었고, 11월 21일 계엄하에서 개헌안에 대한 국민투표가 실시되었다. 억압적이고 살벌한 분위기 속에서 개헌 국민투표가 이뤄졌다. 총 유권자의 91.9%가 참여했고 그 중 91.5%의 찬성으로 확정되었다. 투표율과 찬성률이 모두 비정상적으로 매우 높다는 것을 알 수 있다. 계엄령하에서 모든 정치활동이 봉쇄되면서 개헌안에 대한 반대 의견이 정치적으로 개진되기 어려웠고 언론 역시 계엄하에서 엄격한 사전검열을 받아야 했다. 계엄령과 함께 정당 활동이 금지된 상황에서 투표나 개표 과정에 정당인의 참관은 불가능한 일이었다. 투개표의 공정성이 의심갈 수밖에 없었다. 이때부터 한국의 민주주의는 질식 상태에 놓이게 되었다.

개헌안이 통과된 후인 12월 13일 계엄령이 해제되었고 12월 15일에는 통일주체국민회의 대의원 2,359명을 선출하는 선거가 실시되었다. 그리고 마침내 12월 23일 서울 장충체육관에서 대통령 선출을 위한 통일주체국민회의가 열렸다. 토론 없이 대통령 선출을 위한 투표만을 거행했다. 사실 후보자가 한 명인 상황에서 토론을 한다는 것 자체가 무의미한 일이었다. 투표 결과 찬성 2,357표, 무효 2표로 박정희 후보가 당선되었다. 투표 결과를 보면 북한에서의 투표 결과와 비슷하게 느껴질 만큼, 이때 한국의 민주주의는 사실상 작동하지 않았다. '체육관 선거'는 이렇게 시작되었다. 나흘 뒤인 27일 박정희는 8대 대통령으로 취임하였다. 대한민국 정치사에서 가장 억압적인 독재의 시기였던 유신시대는 이렇게 출범했다. 유신체제는 "입헌민주제를 부정하는 사실상의 총통제"(김종철, 2012a: 223)였다. 그리고 이와 함께 한국의 자유민주주의 체제는 완전히 그 모습을 감추게 되었다.

(5) 제5공화국: 박정희 없는 유신체제의 연장

박정희를 위한 1인 철권 통치체제는 그 내부에서의 갈등과 분열로 붕괴되었다(이하 강원택, 2015a: 141–201). 1979년 10월 26일 궁정동의 안가에서 중앙정보부장 김재규에 의해 박정희가 살해되면서 유신체제는 무너져 내렸다. 박정희 1인을 위한 독재체제였던 유신체제는 박정희 없이는 지속될 수 없는 것이었다. 유신체제의 붕괴와 함께 시민들은 민주주의의 복원을 희망했다. 그러나 유신체제 붕괴의 직접적 원인은 대중 봉기가 아니라 체제 내부의 분열이었다. 이런 특성은 유신체제 붕괴 이후 형성된 새로운 정치 공간에서 분명한 주도 세력의 존재를 애매하게 만들었다. 구체제는 무너졌지만 새 질서를 이끌어 낼 정치적 위임을 받은 세력은 명백하게 존재하지 않았던 것이다. 유신체제가 주도세력을 갖춘 "민중의 봉기에 의해 무너지지 않고 지배블록 내의 한 권력자의 암살에 의해 무너짐으로써 이후 상황은 사실 '독재자 없는 독재체제' 내지 '박정희 없는 유신체제'로 귀결"될 가능성이 컸다 (손호철, 2011: 337). 이러한 갑작스러운 권력의 공백은 유신체제 이후 생성된 '서울의 봄'을 매우 혼란스럽게 만들었다.

1979년 12월 12일 이후 정국의 흐름에 심각한 변화가 발생했다. 박정희 죽음 이후 제주를 제외한 전 지역에 계엄령이 선포되었고 당시 육군참모총장이던 정승화가 계엄사령관이 되었다. 그런데 박정희 시해 사건을 수사하던 보안사령관 전두환과 그를 따르는 육사 11기를 비롯한 이른바 '신군부'가 정승화를 체포하고 군권(軍權)을 장악하는 사건이 발생했다. 당시 대통령이었던 최규하의 사전승인을 받지 않은 명백한 군사반란이었다. 그러나 12.12 사건을 통해 군사력을 장악한 전두환은 이후 1980년 4월 14일 보안사령관직에 더해 당시 공석이던 중앙정보부장 서리직까지 겸직하게 되었다. 전두환은 이제 정치적으로 중요한 핵심 정보기관마저 장악하게 된 것이다. 이와 함께 군이 정치의 전면에 나서기 시작했다. 1980년 5월 17일 비상계엄이 제주도를 포함한 전국으로 확대되는 조치가 행해졌다. 비상계엄의 확대와 함께 신군부는 국회의 기능을 정지시켰고, 주요 정치인과 전직 관료, 재야인사 등을 연행했다. 대학은 휴교조치가 이뤄졌고 전국 각 대학에는 계엄군이 배치되었다. 5.17 비상계엄확대조치는 12.12 이후 지속되어 온 신군부에 의한 쿠데타의 완성이었다. 그리고 5월 18일 광주에서 일어난 시민 저항을 전두환은 군을 투입하여 잔인하게 진압했다. 광주항쟁은 수많은 사상자가 발생한 비극적인 사태로 막을 내렸다.

10.26 이후 유신체제의 청산과 민주화를 열망하는 국민의 염원을 억누르고 12.12 군사반란, 5.17 계엄 확대, 그리고 광주항쟁의 유혈 진압 과정을 통해 권력을 장악한 전두환과 신군부는 그 권력 획득 과정에서 어떠한 정당성도 가질 수 없었다. 특히 광주에서의 무자비한 진압은 이후 전두환 정권을 거부하는

민주주의 투쟁의 주요한 원동력이 되었다.

광주 항쟁을 무력으로 진압한 직후인 5월 31일 신군부는 국가보위비상대책위원회(국보위)를 설치했다. 실권을 장악한 신군부가 직접 통치를 담당하기 위해 사실상의 군사정부를 세운 것이다. 강압적인 방식으로 공포 분위기 조성하며 반대세력을 처단한 전두환은 드디어 직접 권력을 장악하는 데까지 나아갔다. 1980년 8월 16일 마침내 최규하 대통령은 하야를 발표했다. 최규하를 강제로 물러나게 한 후, 1980년 8월 27일 유신체제하에서 만들어진 통일주체국민회의를 통해 전두환은 대통령으로 당선되었다. 전두환은 취임 이후 새로운 헌법을 준비했다. 5공화국의 새로운 헌법은 1980년 9월 29일 공고되었고 10월 22일 국민투표를 통해 확정되었다.

10월 27일 개정 헌법에 따라 국회, 정당, 통일주체국민회의를 해산시키고, 국회의 기능을 대신할 국가보위입법회의를 설치했다. 81명으로 구성된 국가보위입법회의는 신군부가 원하는 형태로 법률 개정이나 정치 질서 개편을 이끌어 내기 위한 '그들의 입법부'였다. 국가보위입법회는 우선 '정치풍토쇄신을 위한 특별조치법'을 제정하여, 대부분의 야당 정치인이 포함된 835명을 정치활동 규제 대상자로 발표했다.

5공화국 헌법은 통일주체국민회의를 폐지했지만, 대신 '대통령 선거인단' 제도를 도입하였다. 대통령 선거인단으로 명칭만 바뀌었을 뿐 사실상 유신 시대의 통일주체국민회의와 유사한 형태로 '체육관 선거'는 여전히 유지되었다. 대통령 임기는 7년으로 늘이는 대신 단임으로 규정했고, 대법원장과 대법관의 임기는 이전의 6년, 10년에서 5년으로 단축했다. 전두환 재임 중 법관들에 대한 영향력이 유지될 수 있도록 한 조치였다. 대통령이 국회의원의 1/3을 지명하는 유신정우회 제도는 폐지했지만, 전체 의석의 1/3을 전국구 의원으로 할당했고, 배분 방식을 집권당에 유리하게 만들었다. 전국구 의석 중 2/3의 의석을 제1당이 배분받고 나머지 1/3은 지역구에서 5석 이상 획득한 정당들이 의석 비율에 따라 배분받도록 한 것이다. 선거제도는 유신 때와 마찬가지로 한 선거구에서 2명의 의원을 선출하도록 했다. 지역구에서 절반의 의석을 얻고 전국구 의석 중 2/3를 가져오면 집권당은 언제나 안정적 다수의석을 확보할 수 있었다.

1981년 1월 15일 민주정의당이 창당되었고 전두환은 총재에 취임했다. 민정당이 창당된 이틀 뒤에는 유치송을 총재로 하는 '제1야당' 민주한국당(민한당)이 창당되었고, 그 일주일 뒤에는 김종철을 총재로 하는 '제2야당' 한국국민당(국민당)이 창당되었다. 정치적 활동이 자유롭지 못한 시절에 이처럼 열흘 간의 시차를 두고 정당들이 생겨난 것은 전두환 정권이 여당뿐만 아니라 야당까지 '만들어 냈기' 때문이다. 과거 박정희 시대에 정권의 반대세력이 신민당이라는 단일 야당을 중심으로 결집했던 것을 보면서, 전두환 정권은 야당을 두 개로 만들었다. 민정당은 보안사에서 창당을 주도했고, 민한당과 국민당 두 야당은 중앙정보부가 실질적으로 창당을 주도했다. 이처럼 민한당과 국민당은 전두환 정권에 의해 만들어진 관제 야당으로 출범했다.

1981년 2월 11일 대통령 선거인단 선거가 실시되었고, 2월 25일 이들에 의한 대통령 선거가 실시되었다. 들러리 후보들과의 또 다른 '체육관 선거'를 통해 당선된 전두환은 1981년 3월 3일 대통령 취임식을 가졌다.

대통령 선거 한 달 뒤인 3월 25일 국회의원 선거가 실시되었다. 의원 정수는 276명으로 지역구에서 184명, 전국구에서 92명을 선출하도록 했다. 이 선거에서 민정당은 지역구 90석, 전국구 61석 등 151석을 얻어 국회의원 총의석 276석의 과반의석을 확보했다. 민한당은 지역구 57석, 전국구 24석으로 81석, 국민당은 지역구 18명, 전국구 7석으로 25석을 얻었다. 이 밖에 민권당, 민주사회당, 신정당이 각각 2명씩, 민주농민당과 원민당이 각각 1명씩, 그리고 무소속이 11명 당선되었다. 소수 야당이 얻은 의석조차도 모두 권력에 의해 '배려된' 의석이었다.

이렇게 전두환 정권은 출범했다. '서울의 봄'으로 상징되는 민주주의를 향한 움직임이 일어났지만 또 다른 군부 권위주의 정권이 들어서게 된 것이다. 유신정권이라는 호칭으로 부르지만 않았을 뿐 사실상 '또 다른 유신정권, 유사유신정권'이 들어선 것이다(김종철, 2012a: 223). 제5공화국 헌법도 유신헌법처럼 자유민주주의를 부정하는 헌법이었다. 유신체제처럼 입법, 사법, 행정의 3권이 대통령에게 집중된 체제였고, 군부의 지지에 기반을 둔 군부 권위주의 체제였다. 이처럼 제5공화국 체제는 '유신체제와 기본적으로 그 운영원리가 같은 신유신체제'(이정복, 2008: 89)였다. 의회 해산권이 없다는 것을 제외하면 대통령에게 부여된 권력이 유신체제와 큰 차이가 없었다.

표 1-1 헌법개정과 한국대통령제의 변화

헌법	정부형태	대통령 선출	국무회의 (국무원) 법적 성격	제·개정 이유	비고
제헌헌법 48. 7. 17	대통령제	국회 간선	의결 기관	건국	-
1차 개정 52. 7. 7	대통령제	국민 직선	의결 기관	대통령 직선 개정	'발췌 개헌'
2차 개정 54. 11. 29	대통령제	국민 직선	의결 기관	대통령 3선 허용	'사사오입 개헌'
3차 개정 60. 6. 15	의원내각제	양원 합동 회의 간선	행정권 귀속 기관	이승만 몰락, 제2공화국	-
4차 개정 60. 11. 29	의원내각제	양원 합동 회의 간선	행정권 귀속 기관	반민주행위자에 대한 소급처벌	-
5차 개정 62. 11. 29 (전면 개정)	대통령제	국민 직선	심의 기관	5.16 군사정변	-
6차 개정 69. 10. 21	대통령제	국민 직선	심의 기관	대통령 3선 허용	'3선 개헌'
7차 개정 72. 11. 27 (전면 개정)	대통령제	통일주체국민회의 간선	심의 기관	1인 장기 집권	'유신 개헌'
8차 개정 80. 10. 27 (전면 개정)	대통령제	대통령 선거인단 간선	심의 기관	신군부 쿠데타 이후 권력 장악	'5공 헌법'
9차 개정 87. 10. 29 (전면 개정)	대통령제	국민 직선	심의 기관	대통령 직선제 등 민주화 요구	'87년 헌법'

자료: 김종철(2012a: 220) <표 1>에 의거, 부분 수정.

전두환 정권이 출범했지만, 국민의 거부감은 매우 컸다. 집권 초부터 매우 강한 반발에 직면했다. 전두환 정권이 지녔던 근본적인 한계는 시대에 역행하는 군부 통치의 연장과 그로 인한 정통성의 결여였다. 유신의 붕괴로 군부통치가 끝났어야 했을 시점에 폭력으로 군부가 다시 권력을 무리하게 연장하려고 했기 때문에(김영명, 2013: 231) 처음부터 강한 반대와 저항에 직면하게 되었다. 더욱이 신군부의 권력 장악을 위해서 수많은 사상자를 낸 광주 민주화 운동에 대한 무력 진압은 도저히 용서할 수 없는 일이었다. 전두환 정권은 태어나서는 안 될 '잉여군사 정권'이었고(김영명, 2013: 224), 출범부터 심각한 정통성의 위기를 겪을 수밖에 없었다.

전두환 정권의 억압 속에서도 민주주의를 향한 투쟁은 끊이지 않았고 결국 1987년 6월 항쟁과 함께 한국정치에서 오랜 기간 동안 지속되어 온 권위주의 체제는 마침내 종식되었다.[9] 한국 대통령제의 변화를 헌법 개정과 관련해서 정리한 것이 <표 1-1>이다.

(6) 제6공화국: 민주화와 '87년 체제'의 수립

민주화를 향한 국민의 여망은 1987년 6월 항쟁으로 이어졌고 결국 6.29 선언을 통해 민주화가 이뤄졌다. 6월 항쟁에서 민주화 세력을 하나로 묶어낸 중요한 목표는 대통령 직선제 개헌이었다. 6.29 선언은 이러한 민주화의 요구를 권위주의 체제가 수용한 것이다. 민주화가 이뤄지면서 제5공화국 헌법을 개정하기 위한 작업이 시작되었다.

6.29 선언 이후 대략 한 달 뒤인 7월 24일 민정당과 통일민주당은 개헌 협상을 위한 기구로 부총재급의 '8인 정치회담'을 구성하기로 합의하고 그 일주일 뒤 첫 회의를 가졌다(이하 강원택, 2017a). 민정당에서는 권익현, 윤길중, 최영철, 이한동 의원이, 통일민주당에서는 이용희, 이중재(김대중계), 박용만, 김동영(김영삼계)이 참여했다. 87년 헌법 개정은 이 '8인 정치회담'에서 주요한 사안이 모두 논의되고 합의되었다. 그런 점에서 87년 헌법 개정은 민정당과 통일민주당, 보다 정확하게 말하면 노태우와 김영삼, 김대중 3인을 중심으로 이뤄졌다. 8인 정치회담은 매우 효율적으로 진행되었다. 7월 31일부터 시작된 8인 정치회담은 한 달 뒤인 8월 31일에는 헌법의 시행일과 국회의원 총선 시기 등에 관한 부칙을 제외한 110여 개의 쟁점에 관해 대체적인 합의를 도출했다. 한편, 국회에서는 8인 정치회담의 진행 상황에 맞춰 1986년 구성되었던 개헌특위를 재가동했다. 1987년 8월 14일 채문식 의원을 위원장으로 하는 헌법개정특별위원회가 구성되었고, 8월 31일에는 개헌에 대한 실무 작업을 담당할 헌법개정안기초소위원회를 구성했다. 10인 소위원회에서 만든 개정안은 9월 17일 개헌특위 안으로 채택되었고 1987년 10월 12일 국회 본회의를 통과했다. 그리고 보름 뒤 국민투

9 1980년대 민주화 과정에 대해서는 제8장을 참고할 것.

표를 통해 최종 확정되었다. 이렇게 단기간에 헌법 개정이 가능했던 것은 가장 중요한 이슈였던 대통령 직선제에 대해서는 6.29 선언으로 합의가 이뤄져 있었고, 그 이외의 쟁점은 유신헌법 이전인 제3공화국 헌법을 참조하여 이견이 해결되었기 때문이다. '87년 체제'의 헌법 개정을 이뤄낸 이들은 당시의 민주화를 유신체제 이전의 상태로 복귀하는 것으로 이해하고 있었다.

개정 헌법의 가장 중요한 내용은 역시 대통령 직선제 도입이었다. 대통령의 임기는 5년으로 하고 단임만을 허용했다. 이와 함께 유신체제와 제5공화국 시대의 권위주의적 요소를 제거해야 했다. 대통령으로의 권력 집중을 견제하고, 장기집권을 막기 위한 제도적 장치가 도입되었다. 유신체제 이후 대통령이 가졌던 비상조치권, 국회해산권을 폐지하고, 국회의 권한을 강화하여 국회의 국정감사, 국정조사를 부활시켰다. 사법부의 독립을 위해 법관의 임명 절차를 개선했고, 헌법재판소를 신설했다.[10] 언론 출판, 집회 결사에 대한 허가 검열을 금지했고, 구속적부심사 청구권의 전면 보장, 형사 보상제도의 확대, 범죄 피해자에 대한 국가 구조제 등의 방안이 도입되어 국민 기본권을 신장하는 방향으로 개정이 이뤄졌다.

1987년 개정된 헌법이 통과되면서 대한민국은 길고 어두웠던 권위주의 체제, 독재의 억압에서 벗어나서 민주적인 사회로 나아가기 위한 첫 발을 내딛게 되었다. 개정 헌법은 '국민 기본권의 강화, 권위주의적 통치의 종식, 그리고 과거 헌정사에 드러났던 절차적 위헌성을 극복한 민주적 개정헌법이라는 긍정적인 의미를 지닌 것'(지병문 외, 2014: 281)이었다. 그러나 동시에 이는 당시의 정치 질서 수립의 주체였던 이른바 '1노 3김'의 정치적 이해가 반영된 타협책이기도 했다(강원택, 2017a: 20–23; 김종철, 2012a: 224). 1987년 개정 헌법은 10월 27일 실시된 국민투표에서 유권자 78.2%의 투표와 93.1%의 찬성으로 가결되었다. 국민투표에서 압도적인 지지로 가결된 '87년 체제'는 '한국 헌정 사상 가장 안정된 체제'(김종철, 2012a: 224)라는 평가를 받고 있다.

민주화 이후 한국정치는 우여곡절을 겪으면서도 나름대로 의미 있는 민주적 발전을 이뤄왔다(이하 강원택, 2015f: 10–15). 민주화 이후 모든 대통령에 대해서 퇴임 후에는 예외 없이 '실패한 대통령'이라는 비판을 받아왔지만 사실 각

10 87년 헌법 개정에서 헌법재판소가 신설된 배경에 대해서는 강원택(2017a)을 참조할 것.

대통령의 재임 시기마다 의미 있는 진전이 이뤄져 왔다. 민주화 이후 첫 대통령인 노태우 대통령은 구 권위주의 체제 출신이라는 점에서 그 한계를 지적 받기도 하지만, 광주 민주화 운동 청문회 등 5공 청산을 위해 나름대로 노력했고, '탈권위적인 보통 사람의 시대'를 위해 애썼다. 또한 구 소련, 동구권과의 외교관계 정상화를 추구한 '북방정책'은 오늘날 대한민국의 외교적, 경제적 영토를 넓히는 데 커다란 기여를 했다. 국내적으로는 권위주의 체제에서 민주주의로, 대외적으로는 냉전시기에서 탈냉전 시기로 옮겨 가는 전환기에 노태우 정부는, 일정한 한계에도 불구하고, 뚜렷한 역사적 족적을 남겼다(강원택, 2012d).

김영삼 대통령은 1961년 박정희의 군사쿠데타 이후 처음으로 민간인으로서 대통령이 되었다. 스스로를 '문민정부'라고 불렀던 것처럼 김영삼 대통령은 그러한 역사적 의미와 중요성을 잘 알고 있었다. 취임 후 얼마 되지 않은 1993년 3월 8일 그때까지도 정치적 영향력을 지니고 있던 육군참모총장과 기무사령관을, 그리고 이어 수방사령관, 특전사령관 등 군 주요 지휘관을 해임시키고 그 자리에 새로운 인물을 기용함으로써 민주화 이후 새로운 체제에 대한 군의 충성심을 강화시켰다. 그리고 얼마 지나지 않아 전두환 중심의 군 내부의 사조직이자 정치화된 군의 요체였던 하나회를 해체시켰다. 또한 금융실명제를 실시하여 금융거래의 투명성을 높였고 이는 부정부패와 정경유착의 문제를 해결하는 데 기여했다. 그리고 전두환과 노태우 전 대통령을 비롯한 5공 주도 세력을 법정에 세워 12.12 군사반란과 광주 민주화 운동에 대한 유혈 진압의 책임을 물었다. 이에 따라 전두환은 무기징역, 노태우는 17년 형을 선고받고 복역 중 김영삼 대통령 퇴임 무렵 사면, 복권되었다. 그러나 이러한 사법적 징계는 '성공한 쿠데타'라고 하더라도 국가의 헌정체제를 유린하는 경우 법적인 처벌을 받아야 한다는 중요한 선례를 남겼다. 임기 말 외환위기의 초래로 김영삼 대통령에 대한 평가가 낮은 편이지만, 정치적 민주화의 측면에서 매우 중요한 업적을 남겼다.

김대중 대통령은 사실 그 당선만으로도 한국정치의 발전이나 민주주의의 진전에서 의미가 있다. 호남은 1960~70년대 고도 경제성장 시기에 소외되었다. 당시 조성된 공업단지는 부산, 마산, 창원, 울산, 포항, 구미, 대구 등 대다수가 경상도 지역에 몰려 있었고 호남 지역은 공업화된 도시의 노동자들에게 식량을 공급하는 배후지로 남아 있어야 했다. 또한 박정희 정권 하에서의 고위 엘리트의 충원에서 호남은 상대적으로 불이익을 받았다(김만흠, 1991: 52-95). 호남 지역주의를 폭발시킨 가장 결정적인 계기는 역시 1980년 5월의 광주였다. 군의 무자비한 진압으로 많은 사상자를 낸 광주의 경험은 호남인을 정치적으로 결속시킬 수밖에 없었던 비극적 사건이었다. 그 자신이 1980년 광주 민주화 항쟁과 관련하여 사형수가 되었던 김대중의 대통령 당선은 호남의 오랜 차별과 피해의식을 넘어서게 하는 중요한 계기가 되었다. 이제 호남인들은 더 이상 권력에서 소외된 '정치적 2등 시민'이 아니라 실제로 대통령을 배출한 권력의 기반이 되었다. 그래서 김대중 집권 이전의 호남 지역주의와 그 이후의 호남 지역주의는 동일한 차원에서 말할 수 없는 것이다. 또한 김대중 대통령은 재임 중 분단 이후 한국 사회를 억눌러 왔던 대북 문제에서도 '햇볕정책'이라는 정책의 패러다임의 전환을 이끌어 냈으며, 2000년 김정일 국방위원장과의 역사적인 남북정상회담을 이뤄냈다. 그리고 외환위기로 인해 국가적으로 난국에 빠진 상황에서 경제개혁, 재벌개혁, 행정개혁 등을 추진하며 위기상황을 넘어섰다.

노무현 대통령은 해방 이후의 한국정치의 맥락을 고려할 때 매우 특별한 존재로 보인다. 노무현은 우리 정치에서 비주류였고, 오랫동안 지역주의 정치에 저항해 왔다. 2002년 대선에서 노무현 후보의 진보성에 대해 이른바 '386세대'와 20대가 호응하면서 이념과 세대에 따른 새로운 정치균열이 형성되었다. 한편, 여중생 장갑차 사망 사건과 노무현 정부의 출범은 오랜 기간 동안 불평등한 조건하에 이뤄져 있던 한미주둔군지위협정(SOFA)의 개정을 이뤄냈다. 또한 집권 기간 중 논란에도 불구하고 한미자유무역협정(FTA)의 정부 간 합의를 이뤄냈다. 지역주의에서 벗어나기 위한 열린우리당이라는 새로운 정당의 실험을 했고, '제왕적 당 총재'를 벗어나기 위해 당정분리도 추구했다. 그러나 당정분리는 한국정치의 현실과는 맞지 않는 '실험'이었고 이는 노무현 대통령의 지지도 하락과 권력의 약화로 이어지기도 했다. 그러나 오랜 권위주의 체제하에서 살아온 한국정치 사회에서 노무현 대통령은 가히 파격적이라고 할 만한 탈권위주의의 조치를 행했다. 또한 오늘날 우리 사회의 심각한 문제점이라고 할 수 있는 '격차'의 문제를 해결하기 위해서 노력했다. 양극화로 인한 사회 계층 간의 격차와 국토의 불균형 발전으로 인한 서울(혹은 수도권)과 지방 간의 격차는 심각한 사회적 문제가 되었다. 노무현 정부 시기에 추진된 지역균형발전 정책이나 복지 정책은 그런 점에서 큰 의미를 지니는 것이었다.

2007년경 과거 고속 성장 시대에 대한 회상적 분위기가 나타나면서 이른바 '박정희 신드롬'이 불었다. 이런 상황 속에서 실시된 2007년 대통령 선거에서는 '경제 대통령, CEO 대통령'을 내세운 이명박 후보가 대통령으로 당선되었다. 이전의 대통령과는 달리 정치적 경험이 많지 않은 기업인 출신이었고 서울시장 재직 시절 청계천 복원, 버스 전용차선 도입 등으로 큰 주목을 받았다. 이명박 대통령은 당선 직후 미국 발 세계 금융 위기를 비교적 무난하게 극복했고 대외적으로도 2010년 G20 정상회의, 2012년 핵안보정상회의의 개최로 국제적 위상을 높였다. 또한 녹색성장 정책을 폈고, 이는 국제적으로도 상당한 공감을 얻었다. 임기 중반 이후에는 중도실용과 동반성장 정책을 내세웠다. 그러나 4대강 사업을 둘러싼 환경 이슈를 둘러싸고 사회적 갈등을 겪었고, 임기 초반 미국산 쇠고기 수입 문제로 인한 대규모 촛불집회로 인해 거의 100일 가까이 국정이 사실상 마비되는 상황을 맞기도 했다. 또한 미네르바 사건[11]이나 국무총리실의 민간인 사찰 사건처럼 인권, 자유 등 민주주의의 측면에서는 후퇴하는 모습을 보이기도 했다.

2012년 대통령 선거에서는 새누리당의 박근혜 후보가 대통령으로 당선되었다. 한국정치사에서 최초의 여성 대통령이었다. 박정희 대통령의 딸이라는 후광이 적지 않게 작용했지만 과거 한나라당이 어려움에 처할 때마다 비상대책위원장으로 보여준 리더십이 기대감을 갖게 했다. 그러나 대통령이 된 이후 박근혜는 폐쇄적이고 권위주의적인 리더십을 보였다. 또한 집권당인 새누리당과의 소통도 원활하지 않았다. 특히 2014년 4월 16일 인천에서 제주로 향하던 여객선이 전남 진도군 부근 해상에서 침몰하여 승객 304명이 사망하거나 실종된 세월호 사건과 그에 대한 미흡한 대처는 박근혜 대통령의 리더십에 큰 타격을 주었다. 이런 상황에서 비선 측근인 최순실의 국정농단과 부패 사건이 언론에 의해 폭로되면서 박근혜 대통령의 탄핵을 요구하는 대규모 촛불집회로 이어지게 되었다. 결국 2016년 12월 국회에서 박근혜 대통령에 대한 탄핵이 소추

11 2008년 하반기에 다음 아고라 토론방에 미네르바라는 필명의 한 논객이 당시 세계적 경제위기의 가능성과 한국 경제에 미칠 영향을 예측하는 글을 잇달아 올렸다. 그 예측이 맞으면서 사회적 주목을 받았으나, 검찰이 허위사실 유포혐의로 그를 구속하였다. 그러나 최종적으로는 법원에서 무죄로 석방되었다.

되었고 이듬해 3월 헌법재판소에서 탄핵이 인용되면서 대통령직에서 파면되었다.

박근혜 대통령 탄핵으로 조기 대선이 실시되었다. 2017년 5월 실시된 대통령 선거에서는 더불어민주당의 문재인 후보가 대통령에 당선되었다. 이로써 세 번째 정권교체가 이뤄졌다.

문재인 대통령은 2017년 5월 임기를 시작했다. 문재인 대통령은 전임 대통령의 갑작스러운 탄핵으로 인해 이전과 달리 대통령직 인수위원회를 구성하여 사전에 취임 준비를 할 수 없었다. 문재인 대통령은 자신의 정부에 특정한 명칭을 붙이지는 않았지만 '촛불 정부'로 자처했다. 이전 정부에 대한 국민의 불만으로 대규모 촛불집회가 발생했고 그것이 탄핵과 정권교체로까지 이어진 상황을 염두에 둔 것이었다. 문재인 정부는 취임 후 이른바 '적폐 청산'을 내세웠는데 제도적 개혁보다는 전임 정부의 인사에 대한 공세로 이어져 논란을 낳았다. '촛불 정부'라고 칭했지만 '제왕적 대통령제'의 문제점을 해소하기보다 오히려 청와대 중심의 국정운영으로 '청와대 정부'라는 평을 듣기도 했다(박상훈 2018). 1980년대 학생 운동을 주도한 이른바 '86세대'의 운동권 출신 정치인들이 문재인 정부에서 중용되었는데, 이념 편향에 대한 논란과 함께 정파적 양극화가 심각해졌다. 특히 조국 법무부 장관 임명을 둘러싸고는 사회적 갈등이 격화되기도 했다. 문재인 정부는 2017년 대통령 선거 승리 이후 2018년 지방선거, 2020년 국회의원 선거에서 압승을 거두면서 행정 권력, 입법 권력, 지방 권력을 장악했다. 이처럼 문재인 대통령은 매우 강력한 통치력을 위임받았지만, '소득주도성장'의 경제정책, 부동산 가격 폭등과 일자리 정책의 실패 등으로 2022년 대통령 선거에서 정권 재창출에 실패했다. 민주화 이후 10년마다 정파 간 권력 교체가 발생한 것에 비해 2022년에는 5년 만에 권력 교체가 이뤄졌다.

2022년 대통령 선거에서는 더불어민주당의 이재명 후보와 국민의힘의 윤석열 후보가 경쟁했다. 이재명 후보는 성남시장, 경기도지사를 역임했지만 중앙정치의 경험은 없었고, 윤석열 후보는 정치 경험이 전무한 전 검찰총장이었다. 선거 결과 윤석열 후보가 48.56%를 득표했고, 이재명 후보는 47.83%를 득표하여 윤석열 후보가 20대 대통령으로 당선되었다. 두 후보 간 득표 차이는 247,077표로 득표율로는 0.73%였다. 윤석열 대통령은 근소한 차이로 당선되었지만, 집권 후 승자독식의 정치를 펼쳤고 일방적이고 독단적인 방식으로 국정을 이끌었다. 윤 대통령은 임기 내내 여소야대였지만, 야당과 대화와 타협을 시도하지 않았다. 이로 인해 윤 대통령과 야당이 지배하는 국회 간 격렬한 갈등이 발생했고, 야당의 일방적 입법과 대통령의 거부권이 맞부딪치는 대립의 정치가 이어졌다. 이러한 대립은 극단의 상태로까지 악화했다. 윤 대통령은 야당을 억압하기 위해 2024년 12월 3일 비상계엄을 선포했다. 그러나 야당과 반대자를 억압하기 위한 위헌적 계엄 선포는 시민의 반발과 저항, 군의 자제, 그리고 국회의 신속한 조치로 해제되었다. 이후 윤석열 대통령은 2024년 12월 14일 국회의 탄핵 소추 결의와 함께 그 직이 정지되었고, 2025년 4월 4일 헌법재판소가 재판관 전원일치의 판결로 탄핵을 인용하면서 임기를 3년도 채우지 못하고 파면되었다.

이에 따라 2025년 6월 3일 21대 대통령 선거가 실시되었다. 더불어민주당 이재명 후보가 49.42%를 득표하면서, 41.15%를 얻은 국민의힘 김문수 후보를 누르고 대통령에 당선되었다.

3. 지위와 권한

일반적인 대통령제에서처럼 우리나라 대통령은 국가수반(head of state)이면서 동시에 행정수반(head of government)이다. 내각제 국가에서는 국가수반과 행정수반이 분리되어 있다. 영국이나 일본 등 입헌군주제에서는 국왕이, 독일과 같은 공화국에서는 별도로 선출된 대통령이 국가수반을, 그리고 의회에서 선출된 총리가 행정수반을 맡는다. 우리 헌법 제66조에는 '대통령은 국가의 원수이며, 외국에 대하여 국가를 대표한다'(1항)라고 규정하고 있고, '행정권은 대통령을 수반으로 하는 정부에 속한다'(4항)라고 규정하고 있다.

대통령은 매우 폭넓은 인사권을 행사할 수 있다. 청와대 비서실 구성은 물론 국무총리와 장관(국무위원) 및 차관 인사를 임면하는 권한을 가지고 있다. 이밖에도 대법원장, 헌법재판소장, 감사원장, 대법관, 헌법재판관, 검찰총장, 국가정보원장, 경찰총장, 국세청장, 고위공직자범죄수사처장 등 주요 기관의 장에 대한 인사권을 갖고 있다. 또한 한국은행 총재, 방송통신위원장, 합동참모본부의장, 한국방송공사사장, 국가인권위원장, 중앙선거관리위원장, 금융위원장, 공정거래위원장 등에 대한 인사권을 갖고 있다. 또한 3급 이상 정부 부처 고위공무원, 노사정위원회와 같은 위원회, 공기업, 공공기관 및 준정부기관의 기관장에 대한 인사권도 갖는다. 군에 대해서도 대통령은 군 통제권인 군령권(軍令權)뿐만 아니라 군정권(軍政權)을 통해 주요 군 보직과 인사에 대한 권한을 행사할 수 있다. 대통령이 임명한 보직 가운데 일부는 국회의 동의를 필요로 한다.[12]

대통령이 장관을 임명할 때 국무총리가 제청하도록 되어 있다. 그러나 대통령이 국무총리를 임명하므로 현실적으로는 국무총리의 제청권이 실질적인 효력을 발휘하기 어렵다.

그런데 현실적으로 대통령은 장관급 공직 이외에도 차관급이나 그 이하 고위공무원들에 대한 인사에도 영향력을 행사할 수 있다(이하 이선우 2022: 96-100). 국가공무원법 32조 1항에 따르면, 행정기관 소속 5급 이상 공무원 및 고위공무원단에 속하는 일반직공무원은 소속 장관의 제청으로 인사혁신처장과 협의를 거친 후에 국무총리를 거쳐 대통령이 임용하도록 규정하고 있다. 대통령령으로 임용권의 일부를 소속 장관에게 위임할 수도 있지만, 대통령이 하겠다고만 하면 각 중앙행정기관의 실국장급 인사에도 언제든 개입할 수 있는 것이다. 더욱이 행정부뿐만 아니라 300여 개가 넘는 공공기관 전반에 대한 인사에도 대통령은 사실상 견제받지 않는 영향력을 행사할 수 있다. 이와 같은 광범위한 인사권의 행사는 한국 대통령이 '제왕적'이라는 평가를 받는 한 원인이라고 할 수 있다.

한편, 입법권은 제도적으로 입법부인 국회의 권한이지만, 대통령 또한 입법과 관련된 일부 권한을 갖는다. 입법과 관련하여 한국 대통령제가 갖는 중요한 특성은 행정부가 직접 법안 제출권을 갖는다는 점이다. 이러한 권한 역시 제헌헌법에서부터 규정되어 있던 조항이다. 또 다른 대통령의 입법권은 법률안 거부권이다. 국회를 통과한 법률이 정부에 이송되면 대통령이 15일 이내에 이를 공포해야 하지만, 이의가 있을 경우에 대통령은 국회를 통과한 법안에 대해 거부권을 행사할 수 있다. 대통령의 거부권은 해당 법률안에 대한 이의서를 붙여 15일 이내에 국회로 환부하여 재의를 요구하도록 하는 것이다. 대통령의 거부권은 법안 전체를 대상으로 하며(package veto), 법안 일부를 대상으로 하는

12 이에 대해서는 '제2장 국회'를 참고할 것.

표 1-2 역대 대통령의 거부권 행사

	거부권 행사 횟수	비고
이승만	45	제헌국회 14회, 2대 국회 25회, 3대 국회 3회, 4대 국회 3회
박정희 (1963-1672)	4	제3공화국
박정희 (1972-1979)	1	유신
전두환	0	
노태우	7	
김영삼	0	
김대중	0	
노무현	6	노무현 대통령 탄핵 소추로 직무 정지된 상태에서 고건 권한대행에 의한 거부권 행사 2회 포함
이명박	1	
박근혜	2	
문재인	0	
윤석열	42	윤석열 대통령 탄핵 소추로 직무 정지된 상태에서 한덕수 (8회), 최상목 권한대행(9회)에 의한 거부권 행사 17회 포함

* 제5대 국회는 의원내각제 정부 형태였기 때문에 대통령의 법률안 거부권 제도는 없었다. 다만 상원인 참의원이 하원인 민의원과 의견이 일치되지 않을 때, 이를 민의원에 환부하여 재의하도록 하였다. 이런 경우가 모두 여덟 번 있었다.[13]

부분적 거부권(partial veto)은 인정되지 않는다. 국회는 대통령이 거부한 법안에 대해 재의결을 결정하여 대통령의 거부권을 기각할 수 있다. 대통령의 거부권 행사를 무력화하기 위해서는 재적의원 과반수의 출석과 출석의원 3분의 2 이상의 찬성이 필요하다.[14] 이승만 대통령은 무려 45번이나 거부권을 행사했다. 정당 정치가 활성화되지 못했던 초기 국회라는 상황적 요인의 탓도 있겠지만, 자신을 국부(國父)로 간주하고 대통령을 국회보다 훨씬 우월한 존재로 간주한 이승만 대통령의 인식도 또 다른 원인이었을 것이다.[15] 현실 정치적으로 본다

13 이에 대한 구체적 사례에 대해서는 다음 자료를 참고할 것. 법제처, "대통령 법률안 거부권 사례조사 및 분석" http://www.moleg.go.kr/knowledge/legislation;jsessionid=zuaUvyCx0G0MvfidBHBJIbqHBzw9125kHo11pp6KKL1J0M6BZy3isblME19G1X3r?pstSeq=44285 (검색일 2017. 5. 10.)

14 우리나라 대통령의 거부권 행사에 대한 자세한 논의는 박현지(2018) 참조.

15 전형철·함성득(2005: 73) 역시 이런 특성을 지적하고 있다. "이러한 그의 거부권 행사는 그가 헌법적 기관으로서의 대통령이 아닌 '국부(國父)로서의 가부장적 사고방식을 가졌음을 잘 보여주는 것이다."

면, 초대 국회, 2대 국회 모두 이승만 대통령이 국회 내에서 소수파였다는 점도 중요한 원인이었다. 이승만은 대통령이 되고 난 이후 자신의 집권을 도왔던 한민당을 배제하면서 국회 내에서 충분한 지지세력을 확보할 수 없었다. 이승만이 자유당을 창당하고 국회 내 다수파를 형성한 3대 국회 이후에는 거부권 행사의 횟수가 크게 줄어들었다.[16] 민주공화당이 계속해서 과반의석을 차지한 제3공화국에서도 거부권 행사는 그다지 빈번하게 이뤄지지 않았다. 박정희 대통령은 재임 18년 동안 5번 거부권을 행사했는데, 유신체제 시기에는 단 한번 거부권이 행사되었다.[17]

민주화 직후인 노태우 대통령 시절에는 제1공화국 이후 가장 많은 7번의 거부권 행사가 있었다. 이는 1988년 13대 국회의원 선거에서 여소야대 정국이 형성되었다는 것과 긴밀한 관련이 있다. 과반의석을 차지한 야 3당은 공조를 통해 정국을 주도해 갔으며, 여당의 반대 속에 야 3당이 통과시킨 법률에 대해 대통령이 거부권을 행사했던 것이다. 그러나 1990년 3당 합당으로 집권당이 의석의 2/3를 넘는 거대의석을 차지한 이후로는 거부권 행사가 없었다. 김영삼, 김대중 대통령 때는 거부권 행사가 없었다. 노무현 대통령 때는 거부권 행사가 6번으로 비교적 잦았는데, 이 역시 당시 여소야대 정국이라는 상황과 관련이 깊다.[18] 한편, 이명박 대통령 때 한 차례, 그리고 박근혜 대통령 때 두 차례 거부권이 행사되었다. 문재인 대통령 때는 거부권 행사가 없었다.

그런데 윤석열 대통령 시기에 거부권 행사가 크게 늘었다. 탄핵으로 인해

---

16 여소야대였던 16대 국회에서 "노무현 대통령의 측근 최도술, 이광재, 양길승 관련 권력형 비리 사건 등의 진상규명을 위한 특별검사의 임명 등에 관한 법률안"에 대해 노무현 대통령은 거부권을 행사했다. 그러나 국회는 재석 266명 중 209명의 찬성으로 이 법안을 재의결했다. 제헌국회와 2대 국회를 제외하고 거부권에 대한 유일한 재의결의 사례이다.

17 독재 시기였던 유신체제하에서 대통령이 거부권을 행사했다는 것은 흥미롭다. 박정희 대통령이 1975년 거부권을 행사한 법률은 "국회에서의 증언, 감정에 관한 법률"이다. 본래 야당이 제안했던 이 법안은 여당이 제안한 사회안전법, 민방위법, 방위세법 등과 함께 일괄 통과되었다. 이 중 나머지 법은 모두 공포되었고 이 법안만 국회에 환부되었고, 국회에서의 재의결 과정을 통해 폐기되었다(전형철·함성득, 2005: 77−78).

18 노무현 정부가 출범한 2003년 2월부터 2004년 5월까지는 새천년민주당과의 결별로 여소야대였다. 2004년 4월의 17대 국회의원 선거에서 열린우리당이 152석의 과반을 얻은 후인 2004년 5월부터 2005년 3월까지는 여대야소가 이어졌다. 그러나 2005년 3월부터는 선거법 위반 판결 등으로 의석을 잃게 되어 다시 여소야대 상황이 되었다(康元澤, 淺羽祐樹, 2015: 51).

윤 대통령의 재임 기간이 3년이 채 안 되었다는 점을 고려할 때, 모두 42번 거부권이 행사되었다는 것은 이 시기에 여야 간 정치적 대립과 갈등이 매우 심각했음을 알 수 있다. 윤석열 대통령이 국회의 탄핵 소추로 직무가 정지된 상태에서도 직무대행에 의해 열일곱 차례 거부권이 행사되었다. 윤석열 대통령 시기의 '거부권 정치'는 극단적 사례로 볼 수 있지만, 그만큼 입법 과정에서 어느 일방의 독주가 아니라 대통령과 국회라는 두 기구 간의 상호작용과 협력이 매우 중요하다는 사실을 말해주는 것이다.

한편, 유신체제와 제5공화국 헌법에서는 대통령이 국회를 해산할 수 있었으나, 1987년 민주화 헌법에서는 대통령의 국회해산권이 삭제되었다.

대통령은 입법권과 관련해서 긴급명령권도 갖는다. 대통령은 비상시에 긴급명령을 내릴 수 있다. 대통령은 "내우·외환·천재·지변 또는 중대한 재정·경제상의 위기에 있어서 국가의 안전보장 또는 공공의 안녕질서를 유지하기 위하여 긴급한 조치가 필요하고 국회의 집회를 기다릴 여유가 없을 때에 한하여 최소한으로 필요한 재정·경제상의 처분을 하거나 이에 관하여 법률의 효력을 가지는 명령을 발할 수 있다."(헌법 제76조 1항) 또한 "국가의 안위에 관계되는 중대한 교전 상태에 있어서 국가를 보위하기 위하여 긴급한 조치가 필요하고 국회의 집회가 불가능한 때에 한하여 법률의 효력을 가지는 명령을 발할 수 있다."(헌법 제76조 2항) 하지만 대통령의 이러한 비상권한은 국회의 승인을 얻어야 한다. 명령을 발한 후 지체 없이 국회의 승인을 얻어야 하며, 만약 승인을 얻지 못하면 명령은 효력을 상실한다. 이와 같이 대통령의 긴급명령을 국회의 승인을 얻도록 제한한 것은 유신시대 대통령의 무소불위의 권력 행사의 기반이었던 긴급조치와 같은 권력의 남용을 막기 위한 것이다.

민주화 이후 대통령의 긴급명령은 한 차례 이뤄졌다. 1993년 8월 12일 김영삼 대통령은 금융실명제 실시를 긴급재정경제명령의 방식으로 발표했다. 금융실명제를 대통령의 긴급명령으로 처리한 것은 국회를 통한 일반적인 입법 과정을 거치는 경우 상당한 시간이 소요되어 실효를 거두기 어렵고 또한 많은 부작용이 예상되었기 때문이다. 김영삼 대통령의 긴급명령은 그 이후 국회에서 승인을 받았다. 국회는 8월 19일 본회의를 개최하여 「금융실명거래 및 비밀보장에 관한 긴급재정경제명령안」을 승인, 의결했다.[19]

또한 대통령은 예산안 편성의 권한도 갖는다. "정부는 예산안을 편성하여 회계연도 개시 90일 전까지 국회에 제출하고, 국회는 회계연도 개시 30일 전까지 이를 의결"하도록 규정하고 있는데(헌법 제54조 2항), 행정부의 수장이 대통령인 만큼 대통령이 예산 편성의 권한을 갖는 셈이다. 이 조항 역시 제헌헌법 제정 때 만들어진 것이다. 더욱이 "국회는 정부의 동의 없이 정부가 제출한 지출예산 각항의 금액을 증가하거나 새 비목을 설치할 수 없다."(헌법 제57조) 즉, 전액을 삭감하거나 비목을 삭제하는 것 이외에는 국회가 예산편성에 간여할 수 없도록 되어 있다. 예산 편성에 대한 독점적 권한이 대통령과 행정부에 주어져 있으며, 이에 대한 국회의 권한은 매우 제한적이다. 이는 중요 정책을 기획하고 추진할 수 있는 의제 설정권을 대통령이 갖고 있음을 의미하는 것이다.

또한 대통령은 '필요하다고 인정할 때에는 외교·국방·통일 기타 국가안위에 관한 중요정책'을 국민투표에 붙일 수 있다(헌법 제72조). 대통령이 제안하는 헌법 개정 역시, 국회의 의결을 거쳐, 국민투표에 붙일 수 있다. 1954년 이른바 사사오입 개헌 때 처음으로 대통령의 국민투표 부의권이 도입되었고, 1960년 내각제 개헌에서는 삭제되었으나 5.16 군사정변 이후인 1962년 제3공화국 헌법에서 다시 도입되었다. 지금까지 모두 여섯 차례 국민투표가 실시되었다. 그러나 여섯 차례 국민투표 중 다섯 차례가 헌법 개정에 대한 것이었다. 정부 신임을 물은 1975년의 국민투표 역시 유신헌법 철폐 요구를 무마하기 위해 유신헌법 유지와 박정희 대통령의 신임을 연계하여 실시한 것이므로 이 또한 헌법 개정과 관련된 것으로 볼 수 있다. 민주화 이후에는 1987년 민주화 헌법 개정을 위해서 단 한 차례만 시행되었다.[20] 국민투표는 대통령이 판단하여

---

19 김영삼 대통령은 이에 대해 다음과 같이 말하고 있다. "금융실명제를 실시하기 위해서는 몇 가지 방법이 있었다. 국회에서 논의해 법제화하는 방법이 그 하나였다. 그러나 국회의 공개적 토론과정에 부칠 경우 심각한 부작용이 발생할 것은 뻔했다. 대규모 자금 이탈과 이에 따른 경제적 위기를 명분으로 기득권층이 반발, 금융실명제는 도입될 수 없게 될 것이다. 음성적 정치자금 수수에 익숙해 있는 국회의원들 역시 그럴 듯한 빌미를 잡아 금융실명제를 통과하지 못하도록 할 것이 뻔했다. 나는 실명제 추진 방법을 강구하기 위해 그동안 직접 헌법을 샅샅이 뒤져보았다. 헌법을 외우다시피 연구한 끝에 헌법 제76조 '대통령의 긴급명령권' 조항을 찾아내고 이에 의거, 금융실명제를 실시하겠다고 결심했다. 긴급명령은 법률과 똑같은 효력을 가지는 것이었다(김영삼, 2001: 169).
민주화 이전에도 한 차례 긴급명령이 내려진 바 있다. 1972년 8월 3일 박정희 대통령은 「경제의 안정과 성장에 관한 긴급명령」을 내렸다. 기업에 대한 사채(私債)를 동결하는 조치였다.

20 국민투표의 실시 현황에 대해서는 제4장 '선거'를 참조할 것.

그 실시를 결정할 수 있지만, 잦은 국민투표의 실시는 바람직하다고 보기 어렵다. 국회에서의 토론과 결정을 우회하여 대통령의 의지를 관철할 수 있는 수단으로 국민투표가 활용될 수 있기 때문이다.

또한 대통령은 전시·사변 또는 이에 준하는 국가비상사태에 있어서 병력으로써 군사상의 필요에 응하거나 공공의 안녕질서를 유지할 필요가 있을 때에는 계엄을 선포할 수 있다. 대통령이 계엄을 선포하거나 변경하고자 할 때에는 국무회의의 심의를 거쳐야 한다. 하지만 계엄을 선포한 때에는 대통령은 지체 없이 국회에 통고하여야 하며, 국회가 재적의원 과반수의 찬성으로 계엄의 해제를 요구한 때에는 대통령은 이를 해제하도록 했다.

계엄령은 모두 11차례 선포되었다. 이 중 부마항쟁 이후의 두 차례 계엄령은 이미 실시 중인 계엄의 관할 지역을 확대하는 것이었다. 11차례 계엄령 가운데 이승만 대통령 때 4번, 박정희 대통령 때 4번 내려졌다. 민주화 이후에는 2024년 12월 3일 윤석열 대통령이 비상계엄을 선포했다. 계엄은 부분 계엄과 전국 계엄으로 구분된다. 1979년 10월 26일 박정희 대통령 시해 사건 이후에 내려진 계엄은 제주도를 제외한 부분 계엄이었지만, 1980년 5월 17일 전두환이 이를 전국 계엄으로 확대했다. 전국 계엄의 경우 정부의 모든 행정기관이 계엄사령관의 지시를 받게 되고 계엄사령관은 대통령의 명령만을 받게 된다. 그러나 부분 계엄의 경우 계엄사령관은 국방장관의 통제를 받게 되고 행정부처 역시 계엄사령관으로부터 자율성을 유지할 수 있다(계엄법 6조). 국가 위기 상황에서 계엄령이 내려져야 하지만, <표 1-3>에서 보듯이, 대부분의 경우 통치자 개인의 권력 유지나 강화를 위해 계엄이 사용되었다. 민주화 이후 유일하게 계엄을 선포한 윤석열 대통령에 대해 헌법재판소는 "국회를 무력화시킬 목적으로 이 사건 계엄 선포를 하고, 국회를 봉쇄하고 국회의원 등을 체포하려 하였으며, 국군을 자신의 이익을 위해 동원하였는바, 국민의 신임에 대한 배반이 국정을 담당할 자격을 상실할 정도에 이르렀다."고 지적하며 윤 대통령의 탄핵안을 인용했다.[21]

21 2024헌나8 대통령(윤석열) 탄핵(대통령에 대한 탄핵심판 사건) 종국일자 2025. 4. 4.

표 1-3 역대 계엄령 선포

	관련 사건	기간	지역	사유
1	여수, 순천 사건	1948. 10. 21 - 1949. 2. 5	여수, 순천	여순 사건 진압
2	제주 4.3 사건	1948.11. 17 - 1948. 12. 31	제주	4.3 사건 진압
3	부산정치파동	1952. 5. 25 - 1952. 7. 28	부산, 경남, 전라	이승만 대통령 직선제 개헌 도모
4	4.19 혁명	1960. 4. 19 - 1960. 7. 16	서울 일대	4.19 혁명 진압
5	5.16 군사정변	1961. 5. 16 - 1962. 12. 6	전국	박정희 주도 쿠데타
6	한일회담 반대 시위	1964. 6. 3 - 1964. 7. 29	서울 일대	한일회담 반대시위 진압
7	10월 유신	1972. 10 17 - 1972. 12. 13	전국	유신체제 수립
8	부마항쟁	1979. 10 18 - 1981. 1. 24	부산	부마항쟁 마산, 창원-위수령
9	10.26 사건	1979. 10. 27 - 1981. 1. 24	제주 제외한 전국	박정희 서거 이후 질서 유지
10	5.17 계엄 확대	1979. 5. 17 - 1981. 1. 24	전국	전두환 이끄는 신군부 권력 장악
11	12.3 비상계엄 선포	2024. 12. 3 - 2024. 12. 4	전국	윤석열의 친위 쿠데타 시도

4. 한국 대통령제 운영의 특성

(1) 역할의 갈등

앞서 언급한 대로, 대통령은 국가수반이며 동시에 행정수반의 역할을 담당한다. 그러나 이 두 역할은 종종 충돌하기도 한다. 헌법 66조는 대통령의 역할에 대해 정의를 내리고 있는데, 그 조항은 ① 대통령은 국가의 원수이며 외국에 대하여 국가를 대표한다. ② 대통령은 국가의 독립, 영토의 보전, 국가의 계속성과 헌법을 수호할 책무를 진다. ③ 대통령은 조국의 평화적 통일을 위한 성실한 의무를 진다. ④ 행정권은 대통령을 수반으로 하는 정부에 속한다고 되어 있다 등이다. 일반적으로 볼 때 ①항, ②항, ③항의 규정이 국가수반으로서의 역할에 대한 규정이라면, ④항은 행정수반으로서의 대통령의 지위를 규정하고 있다. 그런데 문제는 이러한 두 가지 역할이 대통령제에서 종종 충돌할 수 있다는 사실이다(이하 논의는 강원택, 2006: 80–86).

그러한 갈등이 생겨나는 까닭은 근본적으로 두 역할이 대표하는 정치적 대상이 다를 수 있기 때문이다. 즉 국가수반으로서 대통령은 국가 통합의 상징으로 전 국민을 대표하는 역할이 기대되는 반면, 행정수반으로서 대통령의 역할은 정파적인 특성에서 완전히 벗어나기 어려운 것이 사실이다. 이러한 문제점은 특히 선거라는 대통령의 선출 절차를 고려할 때 더욱 분명하게 드러난다. 대통령 선거에서는 각 정당에서 공천한 후보가 선거 과정에서 여러 가지 정책 공약을 제시하고 이를 통해 유권자의 지지를 추구하게 된다. 그런데 각 후보가 제시하는 선거 공약은 기본적으로 '국민 모두'를 만족시킬 수 있는 것은 아니다. 정치가 사회적인 가치의 권위적 배분이라는 고전적인 정의를 생각해 볼 때, 희소한 가치에 대한 배분 방식이나 우선순위의 설정은 기본적으로 갈등적일 수밖에 없기 때문이다. 어느 정책을 우선시하거나 중시하게 되면 다른 정책은 그만큼 경시될 수밖에 없다. 저소득층이나 사회적인 약자를 우선시하면 그만큼 '가진 자'들의 부담은 커질 것이고 국방을 강조하게 된다면 복지나 교육에 부여되는 예산액은 그만큼 줄어들 수밖에 없다. 따라서 이러한 과정을 통해 선출된 대통령 당선자는 다른 경쟁 후보와 구분되는 정책적인 차별성을 지니고 있을 뿐만 아니라 이념적, 계층적, 세대적, 지역적으로 구분되는 특정 정당(후보)에 대한 정파적 지지에 의해 그 자리에 오르게 된 것이다.

그런데 문제는 일단 대통령이 되고 나면 선출 과정에서의 정파성과 무관하게 '모두의 대통령'으로 국정을 이끌어 주기를 기대하게 된다는 점이다. 선출 과정에서는 행정수반의 역할에 관심이 집중되었던 반면, 당선 후에는 국가수반으로서의 역할이 강조되면서 생겨나게 된 문제인 것이다. 미국 대통령은 선거 유세 때 자기 정당 소속 후보의 지원 유세를 하거나 정치자금 모금행사를 지원할 수 있지만, 우리나라 대통령은 그와 같은 정파적 입장 표명에 대해서는 정치적 부담을 져야 하며 노무현 대통령의 경우처럼 공무원의 정치중립 위반으로 탄핵의 명분까지도 줄 수 있다. 선출직 공직자 가운데 국회의원과 지방의회 의원의 정파성은 인정하면서도 대통령은 그러면 안 되는 것으로 간주하는 것은 모순적이다. 이런 인식은 대통령이 사실상 집권당의 지도자로 기능해 온, 즉 정당정부적 속성을 갖는 우리의 정치 현실과도 배치되는 것이다.

우리나라에서 이러한 인식이 생겨나게 된 한 원인은 이승만, 박정희, 전두환으로 이어지는 권위주의 정권 시기에 지배자 1인의 정치적 목적을 위해 내각과 행정 조직이 봉사해 왔다는 사실과 관련을 갖는다(강원택, 2005a: 315). 즉, 과거 권위주의 시대에는 행정조직이나 기타 공공조직이 선거 때 여당 후보의 당선을 위해 선거에 개입하거나 선심 행정을 펴는 일이 잦았다. 따라서 공정한 정치적 경쟁을 위해서는 대통령의 정치적 중립이 확보되어야 했고, 이는 비정파적 존재로서의 대통령에 대한 강조로 이어지게 된 것이다. 그러나 선거에서의 강한 정파성과 당선 이후의 '정파적으로 중립적이고 불편부당한 대통령'에 대한 기대감은 근본적으로 상충하는 것이다.

오히려 최근에는 정치적 양극화가 심해지면서 대통령이 통합의 상징이기보다 오히려 정치적 갈등의 중심에 놓이는 현상이 나타나고 있다. 이 때문에 정치적 대립과 사회적 분열을 완화하고 해소해 주는 국민 통합과 체제 지속의 상징으로서 국가수반의 역할에 대한 중요성이 커지고 있다.

(2) 국회와의 관계: 이원적 정통성

대통령제의 운영 방식과 관련하여 가장 중요하게 들 수 있는 제도적 특성은 '이원적 정통성(dual legitimacy)'이다(이하 강원택, 2005a: 333-380). 대통령제에서는 국민이 직접 대통령을 선출하고 또 국회 역시 국민의 직선에 의해 구성된다. 다시 말해, 대통령과 국회라는 두 기구 모두 국민들로부터 직접적인 권한의 위임을 받고 있다. 그런데 이처럼 정통성을 갖는 이 두 기구가 경쟁적이고 적대적인 관계가 되면, 안정적이고 효과적인 통치에 부정적인 영향을 미칠 수 있다. 그런데 민주화 이후에도 국회와 대통령의 관계는 대립과 교착의 반복이라는 부정적 유산을 버리지 못하고 견제와 균형을 통한 국정운영의 효율성을 제고하지 못하고 있다. 대통령과 국회의 반대당은 서로가 상대방이 발목 잡기에만 급급하다는 반사 이미지를 갖고 있다(박찬욱, 2004a: 174).

특히 문제가 되는 경우는 야당이 국회의 다수당이 되는 경우, 즉 여소야대(與少野大), 혹은 분점정부(divided government)가 발생할 때이다. 대통령의 정당이 국회 내 다수의석을 차지하는 여대야소(與大野少) 혹은 단점정부(unified government)인 경우에는, 대통령이 국회 다수파의 지지와 협조를 받을 수 있기 때문에 대통령과 국회 간의 갈등이나 마찰은 그다지 크지 않다. 그러나 분점정

표 1-4 민주화 이후 여소야대 상황

	대통령	시기	발생 원인	해결책
1	노태우	1988. 5 - 1990. 1	1988년 총선 결과	3당 합당
2	노태우	1992. 4	1992년 총선 결과	의원 영입
3	김영삼	1996. 4	1996년 총선 결과	의원 영입
4	김대중	1998. 2 - 1998. 8	여소야대 상황에서 당선	자민련 공조, 의원 영입
5	김대중	2000. 5 - 2001. 4	2000년 총선 결과	자민련, 민국당 공조
6	김대중	2001. 9 - 2003. 2	자민련 공조 파기	-
7	노무현	2003. 2 - 2003. 9	여소야대 상황에서 당선	-
8	노무현	2003. 9 - 2004. 5	열린우리당으로 분당	2004년 총선 과반 확보
9	노무현	2005. 3 - 2008. 2	선거법 등 의석 상실	-
10	이명박	2008. 2 - 2008. 4	2004년 총선 결과	2008년 총선 과반 확보
11	박근혜	2016. 4 - 2017. 3	2016년 총선 결과	-
12	문재인	2017. 5 - 2020. 4	여소야대 상황에서 당선	2020년 총선 과반 확보
13	윤석열	2022. 5 - 2024. 4	여소야대 상황에서 당선	-
14	윤석열	2024. 4 - 2025. 4	2024년 총선 결과	

부 상황이 되면 국회를 장악한 야당(들)이 대통령의 정책 추진이나 인사에 반대하는 경우에는, 그 사안을 두고 대통령과 국회가 대립하게 되고 그로 인해 중요한 정책 결정이 지연되고 정치적 교착상태가 장기간 이어질 수 있다.

민주화 이전 권위주의 시대에는 분점정부의 등장은 생각하기 어려웠다. 선거의 공정성과는 무관하게 제도적으로 여당의 다수의석을 보장하거나, 다수의석 확보에 유리한 방식의 선거제도를 도입하거나, 혹은 광범위한 관권 개입 등 부정한 방식으로 여당의 과반의석을 확보했다. 유신 시대에 대통령이 국회의원 정수의 3분의 1을 임명하도록 하고, 한 선거구에서 두 명의 국회의원을 선출하도록 한 선거제도를 도입한 것이 그 예가 될 수 있다. 그러나 민주화 이후에는 여소야대가 종종 생겨났다. 우리나라 정치사에서 처음 분점정부가 생겨난 것은 민주화 이후 첫 국회의원 선거였던 1988년 13대 국회의원 선거였다.

13대 국회의원 선거에서 민주정의당은 전체 의석 299석 가운데 125석을 차지하여 41.8%의 의석을 차지하는 데 그쳤다. 이에 비해 평화민주당, 통일민주당, 신민주공화당 등 세 야당은 70석, 58석, 30석 등 158석으로 절반 이상의 의석을 차지했다.[22] 첫 여소야대가 생겨나면서 노태우 대통령은 국정운영에 적지 않은 어려움을 겪었다. 5공 청산을 위한 광주 민주화 운동 진상조사 특위, 5공비리 특위 등이 집권당의 반대에도 불구하고 야 3당의 공조로 이뤄졌고, 국정감사 및 조사에 관한 법률안과 국회에서의 증언, 감정 등에 관한 법률 개정안도 야 3당의 공동 제안으로 이뤄졌다. 더욱이 1988년 7월 2일에는 노태우 대통령이 지명한 정기승 대법원장에 대한 국회 동의안이 우리 정치사에서 최초로 부결되기도 했다. 국정운영에 어려움을 느낀 노태우 대통령은 1990년 1월 통일민주당, 신민주공화당과 합당하여 민주자유당을 결성했다.

1997년 대통령 선거에서 김대중 후보가 당선되었을 때 그의 소속 정당이던 새정치국민회의는 국회에서 소수당이었다. 다시 말해 김대중 정부는 처음부터 여소야대의 상황에서 출발했다. 자유민주연합의 김종필과 이른바 'DJP 연합'을 통한 공동정부를 구성했지만, 1996년 국회의원 선거에서 새정치국민회의는 79석을 얻어 신한국당의 139석에 크게 미치지 못했다. 김대중 정부는 자유민주연합의 50석을 합해도 과반의석을 차지할 수 없어 정치적으로 적지 않은 어려움을 겪었다. 새 정부 출범 후 당시 다수당이던 한나라당이 김종필 국무총리 지명자에 대한 동의안 처리를 거부하여 167일 간 정식으로 총리를 임명하지 못했다. 또한 자유민주연합이 공동정부에서 이탈한 직후인 2001년 9월 임동원 통일부 장관에 대한 해임건의안이 국회에서 통과되기도 했다.

분점정부하에서 나타날 수 있는 대통령과 국회 간 갈등의 가장 극단적인 경우는 국회에 대한 대통령의 위헌적, 초법적 권한의 행사와 대통령에 대한 국회의 탄핵이다.

> 분점정부의 출현이 의회를 장악하고 있는 야당과 대통령 간 극단적인 힘겨루기로 이어질 때 두 기구 간 정면충돌로 인한 갈등의 최종적 종착지는 정치 활동의 중단이 될 수도 있다. 대통령 쪽에서는 계엄령이나 비상조치 선언, 혹은 군부에 의한 쿠데타 등 비정상적이거나 초법적인 수단을 통해 의회를 압박할 수 있다. 한편 의회 쪽에서는 대통령을 압박하기 위해 탄핵을 시도할 수 있다 (강원택 2022c: 64).

실제로 이런 일이 윤석열 대통령 시기에 발생했다. 여소야대 상황에서 야

22 이외에 무소속 9석, 한겨레민주당 1석 등이다.

당과 격한 대립과 갈등을 빚어온 윤 대통령은 2024년 12월 3일 비상계엄을 선포하고 국회에 군대를 보내 의원들의 체포를 시도했다. 그러나 대통령의 이런 극단적인 조치는 국회의 계엄 해제 결의로 무산되었고 윤 대통령은 국회에 의해 탄핵되었다. 이 사건은 대통령제에서 대통령과 국회가 정치적으로 충돌하고, 그 대립이 극한으로 치닫게 되는 경우 어디까지 그 갈등이 격화될 수 있는지 잘 드러내 보인 사례이다.

사실 어떤 대통령제에서도 분점정부의 상황은 발생할 수 있다. 문제는 우리나라의 경우에 이러한 이원적 정통성 간의 갈등을 해결할 수 있는 제도적 장치가 마땅치 않다는 점이다(이하 강원택, 2005a: 335-349). 미국 대통령제에서 의회와 대통령 간의 갈등은 대체로 대통령의 주도에 의해 해소되어왔다. 의회와 갈등을 빚을 때 대통령은 정책 사안별로 개별 의원들을 접촉하고 설득하여 그들의 지지를 확보하는 형태로 원하는 법안을 통과시킬 수 있다. 예를 들면, 공화당 소속 대통령이 특정 법안에 반대하는 민주당 의원 중 법안으로 인한 지역구 이해관계가 크지 않은 이들을 설득해서 정치적 대가를 제공하고 그들의 찬성표를 이끌어내는 것이다. 이런 방식이 가능한 것은 미국 정당 정치가 정당 규율이 약하고 조직적으로 느슨한 특성을 가졌기 때문이다.[23]

이에 비해 프랑스 대통령제에서 이원적 정통성으로 인한 문제는 의회를 중심으로 해결한다. 대통령과 의회간 분점정부의 형성으로 인해 갈등이 생겨나는 경우 의회 다수의석을 차지한 정치세력에게 실질적인 행정권을 부여함으로써 두 기구 사이의 갈등을 해소한다. 대통령의 정당이 의회 다수당인 경우에는 강력한 대통령제가 구현되지만, 야당(들)이 의회 다수의석을 차지하게 되면 총리와 내각은 야당(들)이 담당하게 된다. 대통령이 원하는 인물을 총리로 임명하고 싶어도 의회가 총리 불신임 권한을 갖고 있기 때문에 정치적으로 생존할 수 없다. 이 때문에 국정을 이끄는 대통령과 총리가 서로 다른 정당 소속인 '동거정부(cohabitation)'가 생겨난다. 동거정부는 프랑스 대통령제에서 이원적 정통성으로 인한 대립과 파국을 피하기 위한 문제해결 방식이라고 할 수 있다. 우리나라의 대통령제는 미국과 달리 정당 기율이 강해서 대통령이 설득하더라도 개별 야당

23 최근 들어서는 미국 정치의 양극화 현상이 가속화되면서 정당 노선에 따른 투표가 보다 일반화되는 경향이 나타나고 있다. 예컨대, Layman,. Carsey, and Horowitz (2006) 참조.

의원의 협조를 구하기가 어렵다. 그렇다고 해서 프랑스와 같은 해결책을 활용할 수도 없다. 이 때문에 우리 대통령제에서 분점정부가 생겨나면 여야 간 정치적 갈등의 심화와 장기간의 교착상태가 생겨나기 쉽다.

여소야대라고 해도 법안 통과에는 대체로 큰 문제가 없다는 연구 결과도 있다(이하 강원택, 2016a: 96－102). 메이휴(Mayhew, 1991)는 1947년부터 1990년까지 미국 의회에서 법안의 입법을 검토한 결과, 분점정부 시기에 법안의 처리가 줄어들지 않았다고 주장했다. 그러나 문제는 쟁점법안이다. 쟁점 법안은 대통령이 많은 관심을 표하거나 중요하게 생각하는 정책인 경우가 많다. 대통령 선거 때 유권자들로부터 주목을 받은 공약이거나, 대통령이 내세우고 싶은 대표 정책(flagship policy)이 쟁점 법안이 된다. 입법교착에 대한 경험적 조사를 행한 전진영(2011: 190)의 연구에 의하면, 입법교착을 보인 법안은 노동정책이나 조세정책처럼 정당 간의 정책적·이념적 차별성이 두드러진 법안도 있지만, 상당수의 법안이 대통령과 집권당이 주도하는 정책의제를 뒷받침하고 추진하기 위한 법안들이라는 것이다. 야당은 이런 대표적인 공약에 대해서는 보다 철저하게 검증하고 문제를 제기하고 싶어 한다. 일반적인 상황에서도 이런데 야당이 국회 내 다수의석을 차지하는 여소야대의 경우라면, 대통령의 법안처리는 더욱 힘들어질 수밖에 없다.

사실 분점정부가 아니더라도 국회와의 갈등은 피하기 어렵다. 어느 나라를 막론하고 대통령제 국가에서 나타나는 가장 심각한 제도적 문제점은 이원적 정통성에서 비롯된다. 즉 대통령제의 성공적인 작동을 위해서는 대통령과 의회의 관계가 대단히 중요한 조건이 된다. 미국 대통령제는 권력에 대한 불신에서 출발하고 있다. 견제 받지 않은 권력, 집중화된 권력은 시민의 자유와 재산을 침해할 수 있다는 것이다. 따라서 미국 대통령제에서 가장 중요한 가치는 권력 간의 견제와 균형이다. 그런 의미에서 미국 대통령제에서 대통령과 의회의 관계는 기본적으로 갈등적, 대립적이다.

그런데 우리나라의 대통령제는, 앞서 논의한 대로, 미국 헌법처럼 처음부터 권력 간 견제와 균형을 의도하고 만들어지지는 않았다. 우리나라에서 견제와 균형이 중요하게 된 것은 이승만, 박정희, 전두환 등 권위주의 체제하에서 권력의 집중과 독재를 경험하고 난 이후부터이다. 민주화 이후에야 우리 대통령제에서 대통령 권력에 대한 견제가 중요한 의미를 갖게 된 것이다. 우리나라에서 대통령이 의회와의 관계 설정이 쉽지 않은 또 다른 이유는 대통령－집권당의 관계에서 찾을 수 있다. 원래 한국정치에서 여당의 역할은 애매했다. 권위주의 시대에 여당은 사실상 독자성을 갖지 못했고 대통령의 국회 내 친위대와 같은 역할만을 담당했다. 민주화 이후에도 김영삼, 김대중 대통령 시절 집권당은 대통령으로부터 독자성을 갖지 못했다.

그러나 그 이후부터 여당과 대통령 간의 관계는 이중적인 특성이 나타나기 시작했다. 대통령이나 행정부에 대한 입법부의 자율성이 강조되면서, 여당 의원들은 행정부를 견제하는 입법부의 일원이면서도 동시에 대통령의 국정운영을 지원하는 여당 의원이라는 이중적 위치에 놓이게 되었다. 과거에 무게중심이 국정운영의 지원이었다면, 최근 들어서는 독자성, 자율성에 점차 무게가 실리게 된 것이다. 집권당 의원이라도 정부 정책의 문제점이 심각하거나 정책 추진이 효과적이지 않다면 행정부를 질타하고 법안 처리도 소극적이거나 부정적인 태도를 보이게 되었다. 특히 여론의 반응이 나쁜 사안에 대해서는 일방적으로 대통령을 옹호하거나 지원하기를 주저하는 모습도 보이고 있다. 즉 대통령은 예전처럼 '언제나 충성스러운' 여당을 갖기 어렵게 된 것이다.

이런 상황으로 인해 대통령과 집권당 간의 관계는 더욱 중요해졌다. 한국 대통령제에서 당정 간의 협의는 권위주의 체제하에서도 중요했다. 정무수석이나 비서실장, 혹은 정무장관이 대통령과 당의 의견을 조율하고 원내 전략을 협의해 왔다. 청와대와의 상호 협의를 통해 정부－여당 간 입장을 사전에 조정하고, 야당과의 협상에서 이를 관철시키는 방식이었다. 이는 사실 내각제에 좀 더 가까운 방식이라고 할 수 있다. 그러나 당정 분리의 시도, 혹은 대통령의 여당 무시 등으로 당청 관계에 잡음이 계속해서 생겨났고, 이는 법안 통과 과정에서 대통령에게 어려움을 주게 되었다. 특히 이른바 '당정 분리' 담론이 노무현 대통령 시절 정치적으로 수용되고 시행되면서 집권당과 대통령 간의 유기적이고 조율된 협력 관계가 이뤄질 수 없었다. 이로 인해 이라크 파병안 등 각종 법률 처리에서 대통령은 어려움을 겪을 수밖에 없었다. 또 한편으로는 당정 분리에 따른 집권당의 자율성 증대로 인해 예전과 달리 당－정 협의가 이뤄지는 경우라고 해도 '정'에 대한 '당'의 간섭과 견제가 강해졌다.

표 1-5 대통령 법안의 국회 통과 비율 및 소요 시간

	제출된 대통령 법안: 1,582개 통과된 대통령 법안: 1,209개		
	국회 통과율(%)	통과 소요 시간(일)	원안 통과율(%)
전체 평균	76.4	92.01	30.9
김영삼	90.7	64.77	41.9
김대중	82.7	69.33	27.6
노무현	58.0	159.42	20.4

자료: 신현기(2012: 248)

여소야대가 아니더라도 대통령의 법안이 처리되는 데는 오랜 시간이 소요된다. 실제로 법안을 분석한 결과, 김영삼, 김대중, 노무현 대통령 기간 대통령 법안[24]이 국회에 제출된 이후 통과까지의 소요 시간은 평균 92.01일이었다. 대통령별로는 김영삼 대통령 시기에 평균 64.77일로 가장 짧았고, 김대중 대통령 재임 시에는 평균 69.33일, 그리고 노무현 대통령 시기에는 평균 159.42일이었다. 여당이 의회의 과반을 차지하고 여당과 청와대의 협력이 공고할수록 대통령이 의회의 협조를 얻기가 쉬웠다. 또한 임기 초반일수록 대통령 법안의 국회 통과 가능성이 높았다(신현기, 2012: 253). 즉 임기가 경과할수록 대통령의 영향력이 감소함에 따라 대통령 법안의 소요 시간이 증가하는 현상이 나타났다는 것이다. 또한 원안의 통과 비율도 크게 낮아졌다. 이러한 분석 결과는 한국 대통령이 국회와의 관계에서 이미 상당한 고충을 겪고 있음을 보여주고 있다.

(3) 제왕적 대통령 대 레임덕 대통령

한국의 대통령제에 대한 또 다른 논란은 이른바 '제왕적 대통령'의 문제이다. 과거 권위주의 체제에서 대통령은 군부나 정보기관 등의 물리적 강제력에 의존하여 제왕과 같은 막강한 권력을 휘둘렀다. 그런데 문제가 되는 것은 민주화 이후에도 한국의 대통령은 제왕적이라는 인식이 지속되고 있다는 점이다.

민주화 이후에도 한국 대통령의 권한이 '제왕적'인 것처럼 보였던 까닭은 제도상으로 대통령에게 '지나치게 강한' 권한을 부여했기 때문이 아니라 민주적 통치의 관행이 제대로 자리 잡지 못했기 때문이거나 상황적이고 비제도적인 요

24 정부 제출 법안 중 대통령 연설에 나타난 정책 목표를 반영한 법안, 즉 대통령이 자신의 정책 목표를 담은 법안을 대통령 법안이라고 불렀다.

인의 영향 때문이라고 할 수 있다. '제왕적 대통령'의 평가가 생겨나게 된 비제도적 원인은 크게 두 가지 정도로 요약해 볼 수 있다. 하나는 여당을 비민주적으로 장악하였기 때문이고 다른 하나는 야당을 압박하는 권위주의적 행태를 보였기 때문이다. 구체적으로 살펴보면, 첫째, 과거에 소위 '제왕적 대통령'은 김영삼, 김대중이라고 하는 정치인 개인의 카리스마적 리더십과 긴밀한 관계를 갖고 있다. 김영삼과 김대중 대통령은 모두 특정 지역에서의 열광적 지지를 기반으로 정당을 장악함으로써 당을 사실상 사유화하였다. 지역으로 정당 지지가 갈려져 있는 상황에서 '여당 총재'인 대통령에 대한 충성심이 당의 공천과 당선에 결정적인 영향을 미칠 수밖에 없으며 따라서 여당 의원들은 국회의원으로서의 자율성과 독립성을 상실한 채 당 총재인 대통령의 의지를 '받드는' 거수기 역할을 할 수밖에 없었다. 다시 말해 김영삼, 김대중과 같은 '제왕적 당 총재'가 당을 좌지우지하는 상황에서 당 총재이자 행정부의 수반인 대통령을 고리로 하여 행정부와 의회가 결합되었고 그 결과 의회의 자율성은 크게 훼손될 수밖에 없었다(강원택, 1999). 현실적으로 대통령이 여당 공천에 직·간접적으로 영향을 미칠 수밖에 없다는 점에서 최근에도 대통령에 대한 여당의 자율성이나 독립성은 제한적일 수밖에 없다.

두 번째로 '제왕적 대통령'을 가능하게 한 원인은 여전히 남아있는 권위주의적 통치의 관행과 관련된 것이다. 대통령의 권한이 의회에 비해 우월하게 보인다면 그것은 제도적으로 강한 권한이 부여되었기 때문이라기보다는 국정원, 검찰, 국세청, 경찰 등과 같은 소위 '권력기관'을 통한 영향력 행사 때문이다. 이러한 '권력기관들'은 그동안 여소야대나 정치적 교착상태에서 야당을 압박하고 대통령의 정치적 의지를 관철하기 위한 효과적인 수단으로 동원되어 온 것이 사실이다. 실제로 제왕적 대통령을 언급할 때 이러한 경우를 염두에 두는 경우가 많았다. 특히 정치자금의 투명성이 낮고 선거법이 각종 규제로 가득한 상황이라면 현역 의원들은 '약점'을 갖기 쉽다. 이러한 제도적 허점과 과거 권위주의 시대의 통치 관행은, 분점정부로 인한 대결정국에서 대통령이 야당을 압박하기 위해 이들 권력기관을 동원하려는 유혹에 쉽게 빠지게 했다.

또한 앞서 살펴본 대로, 공직자뿐만 아니라 공공기관 인사에까지 폭넓은 영향력을 행사한다는 점도 제왕적 대통령으로 불리는 또 다른 이유이다.

'제왕적' 대통령이 된 또 다른 요인은 민주화 전환과정에서 찾아볼 수 있다(이하 강원택, 2022a: 69-77). 1987년 한국 민주화는 권위주의 체제를 거치면서 강화되어 온 권력구조 전반에 대한 해체 작업이기보다, 대통령을 선출하는 선거제도의 개정, 즉 절차적 민주주의에 초점이 맞춰져 있었다. 1987년 6월 항쟁의 핵심적 요구는 대통령 직선제를 수용하라는 것이었고, 권위주의 체제가 그 요구를 수용했을 때 우리는 그것을 민주화로 간주했다.

이러한 특성은 헌법 개정 과정에서도 확인할 수 있다. 앞서 살펴본 대로, 1987년 헌법 제정 과정은 6.29 선언 한 달 후 여당인 민정당 측 4인, 그리고 제1야당인 통일민주당 측 4인 간의 '8인 정치회담'을 통해 본격화되었다. 그런데 이들 간 협의는 불과 한 달 만에 마무리되었다. 이처럼 87년 헌법 개정이 이토록 신속하게 마무리될 수 있었던 것은 대통령 직선제라고 하는 핵심적 쟁점에 대해 이미 합의가 이뤄졌기 때문이며, 다른 사안은 유신 이전인 제3공화국 헌법 조항을 기본으로 했다. 대통령의 국회 해산권이나 비상조치권 등 명백한 악법은 1987년 헌법 개정 과정에서 삭제되었지만, 권위주의 체제를 거쳐오면서 '축적되어 온' 대통령의 권력 약화에 대한 논의는 제대로 이뤄지지 않았다.

이 때문에 유신 때 새로이 추가된 일부 조항이 87년 헌법에서도 그대로 유지되었다. <표 1-6>은 유신체제 성립 이후 변화된 조항이 민주화 과정에서 그대로 반영된 일부 사례이다. 우선 대통령의 지위에 대해 살펴보면, 1962년 헌법에서 대통령은 '행정권은 대통령을 수반으로 하는 정부에 속한다'고 하여, 행정부의 수장으로의 의미가 강조되고 있다. 또한 대외적으로 대통령은 외국에 대하여 국가를 대표한다. 이는 제헌헌법 51조 "대통령은 행정권의 수반이며 외국에 대하여 국가를 대표한다"는 조항과 일치한다. 그런데 유신헌법에서 대통령은 단지 행정권의 수반이 아니라 '국가의 원수'가 되었다. 유신헌법의 대통령 조항은 입법권·행정권·사법권에 앞설 뿐만 아니라 그들보다 우월한 지위에 있으며, 입법·행정·사법으로 국가 권력이 분립되기 이전의 '국가'라는 통일체의 지도자로 대통령의 책무를 규정했다(김선택 2021: 27).

더욱이 평화 통일에 대한 의무 역시 대통령에게 부여되어 있다. 대통령의 통일에 대한 의무는 당연한 것으로 간주될 수도 있지만, 유신체제라는 일종의 친위 쿠데타를 정당화한 명분이 '조국의 평화적 통일'이었다. 즉 이 조항은 평화통일이

표 1-6 대통령, 국민투표, 대법원장 선출에 대한 헌법 조문 비교

	1962년 헌법	유신헌법	제 5 공화국 헌법	87년 헌법
대통령	63조 1) 행정권은 대통령을 수반으로 하는 정부에 속한다. 2) 대통령은 외국에 대하여 국가를 대표한다.	43조 1) 대통령은 국가의 원수이며 외국에 대하여 국가를 대표한다. 2) 대통령은 국가의 독립, 영토의 보전, 국가의 계속성과 헌법을 수호할 책무를 진다. 3) 대통령은 조국의 평화적 통일을 위한 성실한 의무를 진다. 4) 행정권은 대통령을 수반으로 하는 정부에 속한다.	유신 헌법과 동일	5공 헌법과 동일
대법원장 선출	99조 1) 대법원장인 법관은 법관추천회의의 제청에 의하여 대통령이 국회의 동의를 얻어 임명한다. 대통령은 법관추천회의에 제청이 있으면 국회에 동의를 요청하고, 국회의 동의를 얻으면 임명해야 한다.	103조 1) 대법원장인 법관은 대통령이 국회의 동의를 얻어 임명한다.	105조 1) 대법원장은 국회의 동의를 얻어 대통령이 임명한다.	5공 헌법과 동일 104조 1항
국가 배상 청구	이전 관련 조항 없음	第26조 ② 군인 · 군속 · 경찰공무원 기타 법률로 정한 자가 전투 · 훈련 등 직무 집행과 관련하여 받은 손해에 대하여는 법률이 정한 보상 이외에 국가나 공공단체에 공무원의 직무상 불법행위로 인한 배상은 청구할 수 없다.	28조 ② 군속 --> 군무원 국가나 공공단체에 --> 국가 또는 공공단체에 이외는 유신헌법과 동일	29조 2항 5공 헌법과 동일

라는 명분으로 독재체제를 구축한 유신체제와 긴밀한 관련을 갖는다.

유신헌법에서 대통령을 국가 원수로 만든 조항은 제5공화국 헌법을 거쳐 현행 1987년 헌법에도 그대로 남아 있다. 행정부 수반이 아니라 국가의 최고 영도자로서의 대통령 규정은 민주화 이후까지 이어지면서 입법부나 사법부 위에 군림하는 존재라는 인상을 주고 있다.

대법원장 임명 역시 제3공화국 헌법의 법관추천회의가 제청하는 방식으로부터 대통령 임명으로 개정한 유신헌법 이후의 규정을 오늘날에도 그대로 유지하고 있다. 국회의 동의를 얻는 과정을 거친다고 해도, 사법부의 수장을 대통령이 지명하는 체제에서는 대법원장이 대통령의 영향으로부터 전적으로 자유롭기는 어렵다.

군인, 경찰 등의 국가 배상 청구권을 제한하고 있는 조항도 유신헌법 때 포함되었다. 박정희 정부는 베트남 파병 등으로 사상자가 늘어나면서 배상금으로 인한 국고 부담이 늘어나자 이들의 소송 권한을 제한하도록 1967년 2월 국가배상법을 개정했다. 그런데 1971년 6월 대법원은 군인, 군속, 경찰 등의 국가배상 청구권을 제한하는 국가배상법을 위헌으로 판결했다. 이 판결에 대해 박정희 정권은 크게 반발했고, 이후 유신체제가 수립되면서 국가배상법 판결에서 위헌의견을 밝혔던 대법원 판사들을 재임용에서 전원 탈락시켰다. 그리고 군인 등의 국가배상을 제한하는 조항을 아예 헌법 조항에 포함했다. 이렇게 해서 만들어진 이 규정은 제5공화국을 거쳐 87년 개정 헌법에도 그대로 남아 있다. 이러한 헌법 조항들은 역사적 과정을 거치면 축적, 강화되어 온 대통령의 권력이 민주화 과정을 거치면서도 해체되거나 본질적으로 약화되지 않은 채 지속되어 왔다는 사실을 알게 한다.

이상에서 살펴본 대로, 민주화 이후에도 권위주의적 통치의 유습이 계속되어 온 것은 상황적 요인의 영향도 크기 때문에 제도적인 요인만으로 '제왕적 대통령제'가 확립된 것으로 보기는 어렵다. 즉, 대통령과 국회, 또는 대통령과 사법부의 관계를 규정하는 헌법 조항만 가지고서는 현행 헌법이 초(超)대통령제(hyperpresidentialism) 혹은 절대적 대통령제를 조장한다는 판단을 내릴 수 없다(박찬욱, 2004a: 179). 더욱이 민주화 이후 한국의 대통령제는 과거 권위주의 정권 시기에 남아 있던 대통령의 권한들을 제한하고, 국회의 권한과 자율성을 신장시켜 대통령과 행정부를 견제하는 방향으로 제도적 개혁이 이루어져 왔다(박경미 외, 2012; 장훈, 2010).

그러나 '제왕적'이라고 하지만 사실 한국의 대통령은 정책 추진과 관련해서는 상당한 어려움을 겪는다. 앞에서 살펴본 대로, 여소야대인 경우라면 야당의 반대에 부딪혀 대통령이 공약했거나 의도한 정책이 법제화되는 데 어려움을 겪을 수밖에 없고, 여대야소라고 하더라도 일방적으로 여당이 법안 통과를 주도하는 경우에는 '날치기'라는 비판을 받는다. 특히 대통령이 추진하는 정책에 대한 여론의 지지가 높지 않은 경우라면 그 법안이 국회를 통과하는 데는 더욱 큰 어려움을 겪을 수밖에 없다.

더욱이 임기 말에 가까워지면 가까워질수록 대통령의 권한은 급속도로 약화된다. 사실 대통령의 통치력은 여론의 지지도에 따라 큰 영향을 받는다. 대통령에 대한 여론의 지지도가 높다면 이를 기반으로 의회를 압박하여 의회가 주저하는 사안에 대해서도 동의를 이끌어 낼 수 있는 반면, 대통령의 인기가 낮아지게 되면 대통령의 의지를 관철하기가 쉽지 않다. 그런데 임기 말이 되면 대통령에 대한 지지도는 대체로 낮아지는 것이 어느 나라를 막론하고 일반적이다. 임기가 고정된 대통령제에서는 집권 후반기로 갈수록 정책의 추진력도 낮아지고 새로운 정책에 대한 기대감도 떨어질 수밖에 없다. 이를 두고 "필연적 지지도 하락의 법칙(the law of inevitable decline)"(Marra, Ostrom, Jr.and Simon 1990)이라고 부르기도 한다. 선거 때의 공약이 제대로 실현되지 않거나 대통령의 국정 운영방식에 실망해서 지지를 철회하는 이들이 많아지기 때문이다.

이와 함께 우리나라 전임 대통령들에게서 나타난 것처럼 임기 중반의 선거에서 집권당이 크게 패배하거나, 측근이나 가족이 개입된 비리가 밝혀지거나 정책상의 실패가 임기 후반에 겹치게 되면 대통령의 통치력은 급속도로 떨어지게 된다. 모든 대통령에게서 이런 특성이 나타났지만 특히 박근혜 대통령의 경우가 이런 특성을 잘 보여준다. 세월호 사건에서 보여준 정책대응 실패, 2016년 국회의원 선거에서의 여소야대, 그리고 그 이후의 국정농단 및 부패 스캔들의 폭로로 인해 통치력은 급속하게 약화되었고 결국 탄핵에까지 이르게 되었다. 이처럼 임기가 정해진 대통령제에서는 "오늘 그들(대통령들)은 신의 뜻에 의해 나타난 인물로 칭송을 받지만, 내일은 마치 추락한 신들처럼 저주를 받게 되는"(Linz and Valenzuela, 1994: 29) 경우가 종종 생겨나는 것이다. 따라서

> 한국 대통령제의 기본적인 성격은 제왕적 대통령이 아니다. 그보다는 제왕적 대통령과 레임덕 대통령의 급격한 순환이 우리 대통령제의 핵심적인 특징이다. 한국 대통령제의 최대의 문제는 대통령직의 양면성에 있다. 한국 대통령제의 정상화 문제는 제왕적 대통령제에 대한 견제라는 일차 목표와 조기 레임덕을 방지하고 임기 중후반에도 대통령의 통치력을 유지하는 이차 목표라는 이중과제에 달려있다. 이러한 상황에서 어떻게 대통령은 리더십을 유지하고 국정 운영을 원활하게 할 수 있을까에 대한 고민이 필요하다(장훈, 2010: 210－229).

이상에서 논의한 대로 오늘날 한국의 대통령제에서 제기되는 핵심적인 문제는 '비제도적 수단'에 의한 '제왕적' 대통령의 등장을 막는 것뿐만 아니라, 대통령이 임기 전반에 걸쳐 심각한 통치위기를 겪지 않으면서 안정적이고 효율적으로 국정 운영을 할 수 있도록 만드는 것에 있다. 이 때문에 '레임덕' 대통령이 되지 않도록, 혹은 최소한 그러한 권력의 약화를 늦추기 위해서는 무엇보다 국민의 지지도를 일정하게 유지할 필요가 있는 것이다. 대통령에 대한 지지도는 대통령이 추진하고 수행하는 국정 업무와 그 수행 능력에 대하여 국민들이 얼마만큼의 지지를 보내는가를 직접적으로 보여주기 때문에 민주적 대통령제 하에서 대통령의 가장 중요한 권력자원이 된다.

(4) 대통령 비서실의 영향력 증대

한국 대통령제에서 최근 들어 두드러지게 나타나는 현상은 대통령 비서실의 영향력 증대이다. 대통령 비서실은 그 명칭 그대로 대통령의 개인적인 참모조직이다. 따라서 비서들과 대통령의 관계는 기본적으로 대통령의 신임이라고 하는 개인적 관계에 기초해 있다.

대통령 비서실은 1948년 7월 24일 이승만 대통령이 취임하면서 비롯되었다. 이기붕이 초대 비서관장이었으며 비서관장 아래 정무, 공보, 서무, 문서 담당 기능과 경무대로 구성되었다. 그러나 당시 비서실 규모는 매우 작아서 1949년 1월 당시 비서관실 인원은 모두 7인이었다. 법적으로 대통령을 보좌하기 위

한 제도는 1949년 1월 6일 '대통령 비서관 직제'가 마련되면서 시작되었다. 그 뒤 제2공화국에서는 오늘날과 같은 '대통령 비서실 직제'가 1960년 8월 25일 제정되었다. 그런데 제2공화국은 내각책임제였기 때문에 윤보선 대통령 비서실은 비서실장 아래 대변인, 국방, 공보 담당만을 두었고 인원도 14명에 불과했다. 대통령 비서실의 규모는 1963년 박정희가 집권한 이후부터 급격하게 늘어나기 시작했다(김정해, 2003: 232). 박정희 집권 기간 동안 대통령 비서실의 규모는 227명으로까지 늘어났고 주요 구성원들의 직급도 장차관급으로 격상시켰다. 1963년 말 대통령 선거 후 청와대를 운영하게 된 박정희 정부는 1964년 한 해 동안 비서실 예산을 533.9% 증대시켰다. 1969년 3선 개헌 무렵에는 이 예산이 다시 5배 가까이 증대되었고, 유신체제 시기였던 1972년부터 1979년 사이 비서실 예산은 6배가량 증가했다. 즉 박정희가 집권한 1963년부터 1979년 사이 비서실 예산은 100배 증가했다(박상훈, 2018: 65). 박정희 사후 권력을 장악한 전두환 정권에서 그 규모는 354명으로 더욱 확대되었다. 그런데 사실 박정희, 전두환 집권 시기에는 정원 이외에도 각 부처에서 파견한 공무원이 청와대에서 근무한 경우가 적지 않았기 때문에 실제 비서실 인원은 이보다 훨씬 더 많았다(김정해, 2003: 232). 이처럼 권위주의 통치기에 대통령 비서실의 규모가 대폭 증가했다.

민주화 이후에도 대통령 비서실 규모는 계속해서 늘어났다. 노태우 대통령 때는 384명으로 늘었고, 김영삼 대통령 시절 375명으로 소폭 줄었다가, 김대중 대통령 시기에 405명으로 다시 증가했다. 특히 노무현 대통령 시기에 531명으로 비서실 규모가 크게 늘어났다. 이후 다소 수가 줄어들어서 이명박 대통령 때는 456명, 박근혜 대통령 때는 443명이 되었고, 이 숫자는 대체로 지금도 유지되고 있다. 그동안 인력뿐만 아니라 비서실 예산도 큰 폭으로 증가했다. 1963년 2천 5백만 원 정도였던 비서실 예산은 2019년에는 거의 930억 원대로 크게 증가했는데, 이는 3,823배 늘어난 것이다. 인원과 예산이 확대되었다는 것은 그 사이 대통령 비서실의 역할과 영향력이 그만큼 증가했음을 보여주는 것이다. 노무현 정부 이후에는 대통령 비서실이 인사 기능과 감찰 기능까지 직접 담당하면서 이전보다 권한과 기능 면에서 더욱 강화되었다.

대통령 비서실의 역할의 확대는 각종 정책 사안에 대해 직접 이끌고 나가겠다고 하는 대통령의 의지를 반영한다. 그런 점에서 강하고 확대된 비서실은 곧 강한 대통령제를 나타내는 증거이기도 하다(이하 강원택, 2018). 그러나 대통령 비서실의 비대화가 대통령의 업무수행 능력을 향상시킨다는 것을 의미하지는 않는다. 비서실이 강화된 만큼 대통령에게 권한이 집중되고, 실제로 정책을 실행하고 추진해야 할 내각에는 권한이 충분히 주어지지 않게 되기 때문이다.

박정희 대통령 때 비서실의 규모가 크게 확대되었지만 처음부터 비서실이 국정을 주도해갔던 것은 아니었다. 제3공화국 시기 박정희의 국정운영은 대통령 비서실의 기획, 경제기획원을 중심으로 한 내각의 정책 주도와 집행, 그리고 민주공화당과 내각 간의 긴밀한 당정협의라는 틀 속에서 이뤄졌다. 대통령을 중심으로 비서실, 내각, 집권당이 유기적으로 연계된 통치 방식이었다. 그러나 대통령 1인에게 권력을 집중시킨 유신 이후 집권당의 역할은 사실상 사라졌고, 정책 주도와 관련해서도 비서실의 역할이 보다 중요해지기 시작했다. 이렇게 유신 이후 형성된 대통령 비서실 중심의 국정운영 방식은 또 다른 권위주의 체제였던 전두환 정권에서도 유사한 형태로 계승되었다. 민주화 이후의 대통령제 역시 이러한 기반 위에서 출발했다. 민주화 이후에도 이러한 관행이 지속될 수 있었던 것은 일차적으로는 김영삼, 김대중과 같은 카리스마적 통치자의 집권과 관련이 있다. 민주화 운동의 지도자였지만 이들 역시 매우 권위적인 통치자였고 '대통령 개인의 지배'로서의 대통령제를 선호했다.

한국 대통령제에서 청와대의 영향력은 미국의 대통령제와 비교해 보면 그 차이를 알 수 있다(신현기, 2015: 365-366). 미국 대통령의 참모조직은 대통령 업무지원실(Executive Office of President: EOP)과 백악관 비서실(White House Office: WHO)로 이원화되어 있다. 이 두 가지 조직을 합쳐 '대통령부(presidential branch)'라고 한다. 업무지원실(EOP)은 대통령이 여러 행정부처를 조정, 통제할 수 있도록 기획, 정책, 조직 등을 지원하는 기관이며, 백악관 비서실(WHO)은 대통령의 개인적 참모조직으로 볼 수 있다. 그런데 우리나라의 대통령 비서실은 원래 백악관 비서실과 같은 역할로 시작되었고, 미국의 대통령 업무지원실에 해당하는 역할은 국무총리실이 담당하고 있다. 그러나 참모조직이었던 대통령 비서실의 역할과 영향력이 점차 증대되어 오면서 국무총리실, 내각과 역할 갈등이 생겨나고 있다. 현실적으로 대통령의 비서관들은 행정부의 관료들보다 강한 권력 자원을 갖는다.

민주화 이후에도 대통령 비서실의 규모와 영향력이 계속 확대되는 데에는 다음과 같은 이유를 들 수 있다. 첫째, 5년 단임제 하에서 대통령은 짧은 임기 내에 자신의 치적이 될 수 있는 구체적인 성과를 내고 싶어 한다. 이를 위해서는 장관들에게 맡기거나 관료조직에 의존하기보다 비서실을 통해 주요 정책을 직접 챙기면서 주도적으로 이끌고 가겠다는 생각을 하기 쉽다. 두 번째 이유는 대통령 선거에서 후보자의 선거운동이 캠프 중심으로 이뤄진다는 사실과 관련이 있다. 대통령 후보 경선 과정을 거치면서 정당은 일시적으로 지지 후보에 따라 내부 분열을 겪게 된다. 따라서 경선 이후 당의 대통령 후보는 선거운동 과정에서 정당에 의존하기보다 '내 사람들'이 모여 있는 선거캠프를 중심으로 선거운동을 전개하게 된다. 그리고 대통령 당선 후에는 개인적 관계를 맺은 이들을 중심으로 국정을 운영하게 된다. 대통령 선거캠프 출신 중 다수가 대통령 비서실의 요직에 등용된다. 세 번째는 관료제에 대한 불신이다. 과거 박정희는 종신 대통령이었기 때문에 관료들이 열심히 일해서 대통령에게 인정을 받게 되면 고위직으로 승진할 수 있었다. 그러나 이제는 5년 단임 대통령이고, 더욱이 빈번한 정권 교체로 인해 그와 같은 기대감을 가질 수 없게 되었다. 또한 국회나 언론이나 이익단체의 눈치를 봐야 할 예민한 사안에 대해서는 관료들이 소극적으로 대처하는 경향도 나타나고 있다. 이 때문에 관료제에 의존하기보다 청와대를 중심으로 정책을 이끌고 나가려는 경향이 생겨나게 되었다.

그러나 대통령 비서실은 대통령을 보좌하는 것이 그 기능이기 때문에 총괄적인 국가 정책에 대한 고려나 정책의 효율성보다 대통령의 개인적 선호의 관철, 대통령의 지지도 관리가 보다 중시되기 쉽다. 더욱이 비서실의 구성이 대통령과의 개인적 관계에 따른 동질적인 집단에 의해 이뤄질 때 폐쇄적인 속성을 지니게 되고 외부의 의견이나 비판이 제대로 전달되기 어렵게 된다. 대통령 비서실이 권위주의 체제하에서 급격하게 영향력이 증대되어 왔다는 데서 알 수 있듯이 비서실의 강화는 강한 대통령제를 의미한다. 대통령 비서실의 강화 추세는 바람직하지 않으며 행정부와 집권당과의 유기적인 역할의 분담이 필요하다.

5. 소결

한국의 대통령제는 제헌헌법부터 채택되었지만, 그것은 외국의 모델을 그대로 수입한 형태가 아니라 우리의 고유한 역사적 특성이 반영된 혼합형 대통령제의 형태로 만들어졌다. 그리고 그 이후 군사쿠데타, 독재 등 여러 가지 우여곡절을 겪었고 지금까지 아홉 차례의 개헌 과정을 거쳤지만, 제헌헌법에서 만들어진 대통령제의 특성은 상당 부분 그대로 이어져 왔다. 국무총리, 국무회의, 정부의 예산안, 법률안 제출권 등이 그러한 사례 중 일부이다. 한국 대통령제가 대통령제 일반의 특성을 가지면서도 동시에 한국적 특수성을 갖는 이유는 바로 이 때문이다.

우리나라에서 대통령은 매우 강한 권력을 가진 존재, 무엇이든 할 수 있는 존재로 생각하는 경향이 있다. 근본적으로 대통령제가 권력의 위임이 대통령 1인에게 집중된 체제이기 때문일 것이다. 또한 역사적으로 이승만, 박정희, 전두환 등 권위주의 체제의 억압적 대통령제의 경험과, 민주화 이후에도 김영삼, 김대중과 같이 지역주의에 기반하여 강한 권력을 행사한 대통령의 존재 때문일 것이다.

그러나 권력의 분립을 원칙으로 하는 대통령제하에서 대통령은 제도적으로 견제를 받도록 되어 있고, 민주화 이후 특히 국회 권한의 강화, 사법부의 영향력 확대, 시민사회의 성장 등 대통령의 권한 행사가 '제왕적'이 되지 않도록 하기 위한 많은 개선조치가 이뤄져 왔다. 더욱이 민주화 이후의 모든 대통령에게 공통으로 나타나듯이 5년 단임 대통령제에서 임기 후반으로 갈수록 권력 약화의 현상은 피할 수 없는 것이 되었다.

이와 함께 생각해 볼 점은 한국 대통령제의 안정성의 약화이다. 임기가 정해져 있더라도 내각 불신임이나 의회 해산으로 임기 중 권력을 교체할 수 있는 의회제와 달리, 대통령제에서는 임기의 고정성을 그 특징으로 한다. 따라서 당선된 대통령은 미국에서라면 4년, 우리나라나 프랑스라면 5년 임기 동안 국정을 이끌어야 한다. 미국에서는 1789년 조지 워싱턴이 대통령으로 취임한 이후 지금까지 탄핵으로 물러난 대통령은 한 명도 없다. 반면 우리나라에서는 2004년부터 모두 세 번의 대통령 탄핵안이 국회를 통과했고, 이 가운데 박근혜 대통령과 윤석열 대통령은 탄핵으로 물러났다. 정치적 책임성이 구현되었다고 볼 수도 있지만, 이런 잦은 탄핵으로 향후 또 다른 대통령이 탄핵을 당하더라도 별로 놀랍지 않은 일이 되었다. 이런 현상은 우리나라 대통령제의 안정성이 약화되었음을 보여주는 것이다. 이제는 '87년 체제'를 넘어서는 새로운 통치 형태에 대해 진지하게 고민해야 할 시점이다.

02

국회

"본 의원은 조국 재건과 자주 독립을 완수하기 위하여 헌법을 제정하고 국민 정부를 수립하며 남북통일의 대업을 완수하여 국가 만년의 기초를 확립하고 국리민복을 도모하며 국제 친선과 세계평화에 최대의 충성과 노력을 다할 것을 이에 하느님과 순국선열과 삼천만 동포 앞에 삼가 선서함"[1]

— 제헌국회 개회 선서

1. 기원과 역사적 전개

제헌국회는 1948년 5월 31일 중앙청에서 개원하였다. 5월 10일 역사상 처음으로 국민이 자신의 대표자를 선출하는 선거가 실시되었고, 거기서 선출된 198명의 의원으로 제헌국회가 구성되었다. 제헌국회의 가장 중요한 임무는 헌법을 제정하고 그에 의해 대한민국 정부를 구성하는 것이었다. 임기는 2년이었다. 개원 후 가진 제1차 회의에서 임시의장단을 구성했는데, 국회의장에 이승만(독촉), 부의장 신익희(독촉), 김동원(한민당)을 선출했다.[2] 국회는 1948년 5월 31일 헌법과 정부조직법 기초위원 30인의 국회의원과 전문위원 10인의 선임을 결의했다. 6월 1일 국회는 기초위원을 선정하기 위한 전형위원 10인을 뽑았는

1 김도연(1967: 189)

2 이보다 앞선 5월 27일 당선자 141명이 모인 가운데 신익희의 사회로 진행된 제2차 준비회의에서 국회 임시 준칙을 통과시켰다. 이 임시 준칙안에는 헌법 제정을 위해 헌법 및 정부조직법 기초위원회 30명과 국회법 및 국회규칙기초위원 15인을 선출하도록 했고, 이들을 선출하기 위한 10인의 전형 위원을 선출하도록 했다. 그리고 각 위원회에 5~10인의 전문위원과 3인의 서기를 두도록 했다(이영록, 2006: 95－96).

데, 각 도(道)별 1인씩 선정했다.[3] 이들은 6월 3일 헌법 및 정부조직법 기초위원 30인과 전문위원 10인을 선정했다.[4]

제헌국회는 이런 과정을 거쳐 법안 기초 및 심의를 한 끝에 1948년 6월 10일 국회법을 제정하였고, 7월 1일에는 국호를 '대한민국'으로 결정하였다. 그리고 7월 12일 헌법안을 가결하였고 7월 17일 국회의장 이승만이 서명, 공포하였다. 7월 20일에는 국회에서 대통령, 부통령을 선출했고, 8월 2일에는 이범석 국무총리 임명동의안이 가결되어 정부 주요 직책에 대한 인선을 마무리했다. 이승만의 대통령 선출로 공백이 된 국회의장에는 신익희, 부의장에는 김약수가 선출되었다. 8월 5일에는 김병로 대법원장에 대한 국회의 임명동의가 이뤄졌다. 제헌국회는 임기 중 헌법 이외에도 국회법, 정부조직법 등 149건에 달하는 법률을 제정했다(김현우 2001: 120－165).

제헌국회 이전의 입법 기구

미 군정 시기에 만들어진 최초의 자문기구는 고문회의이다. 미 군정은 1945년 10월 5일 김성수, 전용순, 김동원, 이용설, 오영수, 송진우, 김용무, 강병순, 윤기익, 여운형, 조만식 등 11명을 고문으로 임명했다. 고문회의는 당시 해방 정국에서 대표성이 약했고 그 역할도 미미했다.

그 이후 미 군정은 1946년 2월 14일 남조선대한국민대표민주의원(약칭 민주의원)을 개원시켰다. 이는 정권 인수를 목표로 하여 임시정부 측 등 우익 진영에서 결성한 비상국민회의의 활동을 견제하고 미소공동위원회의 협의대상이 될 우익 진영의 통일 기구를 설치하려는 하지 중장의 의도하에 설립되었다. 민주의원은 총 28명으로 구성되어 있었

---

3 선정위원 명단은 다음과 같다. 이윤영(서울), 신익희(경기), 유홍렬(충북), 이종린(충남), 윤석구(전북), 김장렬(전남), 서상일(경북), 허정(경남), 최규옥(강원), 오용국(제주)

4 헌법 및 정부조직법기초위원(30인)
위원장: 서상일
부위원장: 이윤영
기초위원: 김준연, 이청천, 유성갑, 김옥주, 오석주, 윤석구, 신현돈, 백관수, 최규옥, 김경배, 오용국, 유홍렬, 이종린, 연병호, 조헌영, 김익기, 김상덕, 정도영, 허정, 이강우, 김효석, 구중회, 박해극, 홍익표, 서성달, 김병회, 조봉암, 이훈구
전문위원(10인): 유진오, 권승렬, 한근조, 고병국, 임문항, 노진설, 차윤홍, 노용호, 김용근, 윤길중 (대한민국국회사무처, 1971: 19－20)

고, 의장에 이승만, 부의장에 김구, 김규식이 취임하였다. 민주의원의 회의는 매주 3회(화, 목, 토) 창덕궁 인정전에서 개최되었다. 그러나 이승만은 1946년 3월 20일 제1차 미소공동위원회 개최와 때를 같이 하여 민주의원의 의장직을 사임하였고 김규식이 의장 대리에 취임하였다. 여운형과 조선인민당계는 불참을 선언했다. 민주의원(民主議院)은 그 이름과 달리 애당초부터 입법기구가 아니었고 미 군정의 자문 역할에 그쳐 별다른 성과를 거두지 못했으며, 1946년 12월 12일 남조선과도입법의원이 개원하면서부터 민주의원은 유명무실한 존재가 되었다.

한편, 남조선과도입법의원은 1946년 5월 8일 제1차 미소공위가 결렬된 이후 미 군정이 설치한 기구이다. 이 기구는 모스크바 협정에 따라 조선 전체의 임시정부가 수립될 때까지 "정치적, 경제적 및 사회개혁의 기초로 사용될 법령초안을 작성하여 군정장관에게 제출"하는 데 그 목적을 두고 있었다. 입법기관은 1946년 8월 24일 미 군정 법령 제118호 '조선과도입법의원의 창설에 관한 법령'을 통하여 구체화되기 시작했다. 남조선과도입법의원은 그 이전의 고문회의나 민주의원과 비교할 때 상당한 정도로 입법기관의 성격을 지녔다.

의원의 수는 90명으로 반은 관선(官選)으로 반은 민선(民選)으로 뽑도록 되어 있었고 이들 의원들은 대법원 대법관과 동등한 보상을 받도록 되어 있었다. 민선 의원 45명에 대한 선출은 동, 촌, 리-> 면-> 군-> 도 순의 다단계식 간접선거였는데, 좌익계는 이 선거를 전면적으로 거부하였다. 또한 하지 장군에 의해 관선 의원으로 임명된 의원 중 여운형, 홍명희, 조완구, 장건상, 엄항섭 등은 취임을 거부하였고 사노당(社勞黨)과 민주주의민족전선은 자파 구성원의 관선 의원 취임을 금지하였다. 입법의원은 법무사법, 내무경찰, 재정경제, 산업노동, 외무국방, 문교후생, 운수체신, 청원징계위원회의 8개 상임위원회와 자격 심사, 임시헌법 및 선거법 기초, 행정조직법 기초, 식량물가 대책, 적산(敵産) 대책, 부일(附日) 협력·민족반역자·전범·간상배에 대한 특별 법률 조례 기초위원회의 6개 특별위원회를 두었다. 의장 1인과 부의장 2인을 두었고 의장에는 김규식이 선출되었다. 그러나 과도입법의원에서 결의한 내용이라도 군정이 여기에 구속되지는 않았다는 점에서 처음부터 한계가 있었다. 5.10 선거 이후인 1948년 5월 20일 해산될 때까지 입법의원은 33건의 법령을 심의하여 18건을 통과시켰으나 군정장관이 서명, 공표하여 효력을 발한 법안은 13건이었고, 보류된 것이 5건이었다. 또한 입법의원이 발의한 법안은 13건이었는데 이 중 효력이 발생한 것은 4건에 불과했다. 입법의원에서 제정되어 군정장관의 인준을 받은 법률들은 선거법을 제외하면 그다지 중요하지 않은 것들이었기 때문에 그 역할은 매우 제한적이었다. 입법의원 출신 중 제헌국회 선거에 출마한 사람은 43명이었는데 이 중 15명이 당선되었다(이정복, 1993: 37-39; 김현우, 2001: 109-115; 손희두, 2001: 130-160).

1950년 5월 30일 실시된 선거에 의해 구성된 2대 국회에서는 신익희가 국회의장에, 부의장에 장택상, 조봉암이 선출되었다. 국회의장과 부의장의 임기는 1951년 2월 24일 개정된 국회법에서 2년으로 규정하였다. 오늘날 국회가 2년마다 원 구성을 하는 관행은 이때 마련되었다.[5] 2대 국회에서는 1952년 이승만 대통령이 계엄령을 선포하고 의원을 구속하는 등 부산정치파동을 통해 강압적으로 헌법을 개정하여 대통령 선출을 국회 간선에서 국민 직선으로 개정했다.

부산정치파동을 통해 개정된 1952년 개정 헌법에서는 민의원과 참의원의 양원을 규정했지만 1954년 5월 20일 민의원 선거만이 실시되었고, 제1공화국 내내 참의원은 구성되지 않았다. 3대 국회 기간인 1954년 11월 27일 이승만의 3선 허용을 주요 골자로 하는 헌법 개정안이 표결에 부쳐졌는데, 가결에 필요한 재적의원 2/3에서 한 표가 모자라 부결되었다. 그러나 '사사오입'이라는 논리로 자유당은 부결된 개헌안을 가결시켰다. 이에 대한 반발로 호헌동지회라는 야당이 등장하게 되었다. 그리고 1954년에는 민법을 제정했다.

4대 국회는 1958년 5월 2일 민의원 선거로 구성되었다. 반공체제 강화를 명분으로 하는 국가보안법 개정안을, 1958년 12월 24일 무술경관을 국회 본회의장에 투입하여 농성 중인 야당의원들을 끌어내고, 자유당 단독으로 통과시켰다. 4대 국회는 1960년 4.19 혁명의 발발과 함께, 선 개헌 후 해산을 결정하고 1960년 6월 15일 내각책임제 개헌안을 의결하고 7월 25일 해산하였다.

제2공화국 출범과 함께 1960년 구성된 5대 국회는 민의원과 참의원의 양원제였다. 민의원의 임기는 4년, 참의원의 임기는 6년으로 하고 3년마다 의원의 1/2씩 개선하도록 했다. 그러나 1961년 5.16 군사정변의 발생으로 5대 국회는 강제해산 당했다.

6대 국회는 5.16 군사정변과 그 이후의 군정 기간을 거치고 난 1963년 11월 26일 선거를 통해 구성되었다. 지역구 131인과 함께 처음으로 비례대표격인 전국구 의원 44인을 선출했다. 여당인 민주공화당이 175석 중 110석을 차지했으며, 민정당이 41석, 민주당이 13석, 자유민주당이 9석, 그리고 국민의 당이 2석을 차지했다. 6대 국회 기간 중인 1965년 8월 베트남 파병 동의안과 한일협정 비준동의안을 야당의 거센 반대 속에 민주공화당 단독으로 통과

5 의원 임기가 6년이었던 유신헌법에서는 3년마다 원 구성을 했다.

시켰다.

7대 국회는 1967년 6월 8일 실시된 국회의원 선거에 대한 부정선거 논란으로 4개월간 공전되었다. 여권은 박정희의 3선 개헌을 염두에 두고 광범위한 선거 부정을 행했으며 야당은 이에 대한 반발로 당선자 등록과 국회 등원을 거부했다. 여야 간의 협상을 통해 1967년 11월 29일에 국회가 정상화되었다. 그러나 1969년이 되면서 3선 개헌 문제로 여야 간 갈등이 심화되었으며 9월 14일 새벽 2시 30분 국회 본회의장이 아닌 제3별관 특별회의실에서 민주공화당이 날치기로 3선 개헌안을 통과시켰다.

제8대 국회는 1971년 박정희−김대중 간의 대결이었던 대통령 선거 직후인 1971년 5월 25일에 실시되었다. 전체 204석 중 공화당이 113석을 얻었고, 신민당이 89석을 차지했다. 1971년 10월 신민당이 제출한 국무위원 해임건의안 가운데 오치성 내무장관에 대한 해임건의안이 길재호, 김성곤 등 일부 민주공화당 의원의 가세로 통과된 이른바 10.2 항명파동이 일어났다. 1971년 12월 21일에는 유신의 전조라고 할 수 있는 '국가보위에 관한 특별조치법안'이 통과되었고, 이듬해 1972년 10월 17일에는 전국에 비상계엄 선포와 함께 국회가 해산되었다. 유신체제가 등장하게 된 것이다.

9대, 10대 국회는 유신체제 하에서 구성되었다. 유신헌법은 대통령이 국회의원의 1/3을 지명하고 통일주체국민회의라는 형식적 절차를 거쳐 임명하도록 했다. 이들은 유신정우회라고 불렸다. 나머지 2/3의 의석은 한 선거구에서 2명을 동반 선출하도록 했다. 9대 국회 시기인 1975년 10월 8일에는 신민당의 김옥선 의원이 본회의 발언을 통해 유신체제를 비판하는 발언을 했고 이로 인해 국회에서의 징계가 논의되었으며 결국 본인이 의원직을 사임해야 했다. 10대 국회에서는 선명야당을 내걸고 신민당 총재로 선출된 김영삼이 뉴욕타임즈와의 인터뷰에서 박정희 정권을 비판한 것을 빌미로 삼아 1979년 10월 4일 민주공화당과 유신정우회 소속 의원들만으로 현직 야당 총재의 의원직을 제명했다. 이에 대한 반발로 신민당의원 66명 전원과 민주통일당 의원 3인 등 야당의원들이 의원직 사퇴서를 제출했다. 그 해 10월 26일 박정희 대통령 시해 사건이 발생했고, 이듬해 5월 17일 신군부에 의한 계엄 전국 확대 조치와 함께 10대 국회는 강제로 해산되었다.

신군부는 1980년 10월 27일 국회 기능을 공식적으로 정지시키고 국회를 대신할 기구로 국가보위입법회의를 설치했다. 국가보위입법회의는 구 정치인들의 정치 활동을 금지시키기 위한 정치풍토쇄신을 위한 특별조치법을 제정했고, 대통령선거법, 국회의원선거법, 정당법, 정치자금법, 언론기본법 등 제5공화국 골격을 이루는 법안을 가결했다. 11대 국회는 1981년 3월 25일 실시된 국회의원 선거 결과 구성되었고 4월 11일 개원했다. 제5공화국의 억압적 분위기와 권력에 의해 만들어진 여당과 야당으로 인해 11대 국회에서는 특기할 만한 일이 발생하지 않았다.

오히려 주목할 만한 정치적 사건은 원외에서 일어났다. 1979년 10.26 사건 이후 분열되었던 김영삼계와 김대중계 정치인들이 다시 뭉쳐 민주화추진협의회(민추협)를 결성했다. 민추협은 신당을 창당하여 12대 국회의원 선거에 나서기로 했다. 이에 따라 1985년 2월 21일 총선을 한 달 남짓 남긴 1월 18일 신한민주당이 창당되었다. 신한민주당은 12대 국회의원 선거에서 돌풍을 일으켜 제1야당으로 등장했다. 그리고 1년 후인 1986년 2월부터 천만인 개헌 서명 운동을 전개했고 1986년 7월 여야는 국회에 헌법개정특별위원회를 발족시켰다. 그러나 6.29 선언 이전까지 개헌특위는 유명무실한 존재였다. 12대 국회에서 특기할 만한 또 다른 사건은 국시(國是) 논쟁이다. 1986년 10월 14일 국회 본회의에서 대정부 질문을 하던 신한민주당 유성환 의원이 대한민국의 국시는 '반공'이 아니라 '통일'이어야 한다는 내용의 발언을 했다. 국회의원의 면책특권이 무시된 채, 유성환 의원체포 동의안이 국회에서 가결되었고 유 의원은 구속되었다. 12대 국회는 87년 민주화 헌법을 개정했고, 1989년까지인 임기를 1년 단축하여 해산했다.

1988년 4월 26일 국회의원 선거를 통해 13대 국회가 구성되었다. 13대 국회의원 선거에서는 한국정치 역사상 처음으로 여소야대 국회가 탄생했다. 여당인 민주정의당이 125석으로 과반에 못 미쳤고, 평화민주당이 70석, 통일민주당이 59석, 그리고 신민주공화당이 35석으로 4당 체제가 마련되었다. 국정감사, 청문회가 부활했고, '제5공화국의 정치 권력형 비리조사 특별위원회' 등을 구성하여 삼청교육대, 언론통폐합, 광주민주화운동 등에 대한 진상조사와 청문회를 개최했다. 그러나 여소야대의 4당 체제는 1990년 1월 민주정의당, 통일민주당, 신민주공화당 3당이 합당을 통해 민주자유당을 창당하면서 양당체제로 변모되었다.

1992년 3월 24일 실시된 14대 국회의원 선거는 민주자유당의 과반의석 상실, 민주당의 약진, 그리고 현대그룹을 기반으로 하는 통일국민당의 돌풍이라는 결과를 낳았다. 그해 12월 대통령 선거에서 1961년 이후 첫 문민 대통령으로 김영삼이 당선되었다. 이런 분위기 속에서 14대 국회는 국가보안법과 국가안전기획부법을 개정했고, 또한 각 선거마다 별도로 마련되어 있던 여러 선거법을 통합한 공직선거및선거부정방지법(이른바 통합선거법), 정치자금법, 지방자치법 등 정치관계법을 개정하였다. 또한 김영삼 대통령이 긴급재정명령으로 공포한 금융실명제 법안도 마련했다. 한편, 14대 국회에서는 과거 청산과 역사바로잡기를 위한 법적 토대로서 5.18 특별법을 제정했는데, 소급입법이라는 문제 제기가 있었으나 헌법재판소가 위헌으로 판단하지 않았다.

15대 국회는 1996년 4월 11일 실시한 국회의원 선거를 통해 구성되었다. 1997년 말 외환위기가 발생하면서 국회는 외환위기 극복을 위한 기업 구조 조정, 정부조직 개편 관련 법률 등을 처리했다. 또한 1999년 1월 7일 "IMF 환란 원인규명과 경제위기진상 조사를 위한 국정조사특별위원회"를 구성하여 외환위기를 초래한 경제정책, 기아, 한보 사건, 금융 감독 부실 문제에 대한 국정조사를 실시하였다. 15대 국회에서는 인사청문회 제도의 도입, 전원위원회 부활, 예산결산특별위원회의 상설화, 국회의 상시개원 등 여러 가지 의미 있는 국회 개혁이 이뤄졌다. 또한 사회 각 영역에서 구조조정을 겪는 것과 관련하여 국회의원 정수를 299명에서 273명으로 축소했다.

16대 국회는 시민단체의 낙천, 낙선 운동 속에 실시된 2000년 4월 13일 총선을 통해 구성되었다. 2003년 노무현 정부의 출범 이후 상당한 갈등이 국회 내에서 빚어졌다. 2004년 3월에는 사상 처음으로 대통령에 대한 탄핵소추안이 통과되었다. 그러나 국회의 탄핵은 여론의 강한 반대에 부딪혔고 헌법재판소는 5월 14일 탄핵안을 기각했다. 2003년 3월에는 국군부대의 이라크 파병을 둘러싸고 전원위원회가 열렸고 논란 속에 표결을 통해 찬성 179, 반대 68, 기권 9표로 파병을 승인하였다. 2004년 2월 16일에는 칠레와의 자유무역협정(FTA)에 대한 비준동의안이 가결되었다.

양원제

우리나라에서도 제2공화국 시절 양원제를 채택한 바 있다. 제1공화국 때인 1952년 발췌개헌으로 양원제를 규정했지만 상원격인 참의원 선거는 실시하지 않았다. 제2공화국의 양원제는 하원에 해당하는 민의원(民議院)과 상원에 해당하는 참의원(參議院)을 두었는데, 권한은 하원이 우월한 형태였다. 내각 불신임권은 민의원에게만 주어졌고 예산 및 법률의 최종 결정권도 하원이 가졌다. 상하 양원의 의사가 일치하지 않을 때에는 민의원이 최종적으로 결정할 수 있도록 했다. 민의원의 임기는 4년, 참의원의 임기는 6년인데 참의원의 경우 3년마다 절반의 의석을 다시 선출하도록 했다. 제2공화국 당시 헌법 조항 중에서 양원제와 관련된 몇 가지 조항을 살펴보면 다음과 같다.6

제31조

입법권은 국회가 행한다. 국회는 민의원과 참의원으로써 구성한다.

제32조

① 양원은 국민의 보통, 평등, 직접, 비밀투표에 의하여 선거된 의원으로써 조직한다.

② 누구든지 양원의 의원을 겸할 수 없다.

③ 민의원 의원의 정수와 선거에 관한 사항은 법률로써 정한다.

④ 참의원 의원은 특별시와 도를 선거구로 하여 법률이 정하는 바에 의하여 선거하며 그 정수는 민의원 의원 정수의 4분지 1을 초과하지 못한다.

제33조

① 민의원 의원의 임기는 4년으로 한다. 단, 민의원이 해산된 때에는 그 임기는 해산과 동시에 종료한다.

② 참의원 의원의 임기는 6년으로 하고 3년마다 의원의 2분지 1을 개선(改選)한다.

제37조

① 각 원은 헌법 또는 국회법에 특별한 규정이 없는 한 그 재적 의원의 과반수의 출석과 출석의원의 과반수로써 의결을 행한다.

② 국회의 의결을 요하는 의안에 관하여 양원의 의결이 일치하지 아니할 때에는 의안을 민의원의 재의(再議)에 부(付)하고 각 원에서 의결된 것 중 민의원에서 재적 의원 과반수의 출석과 출석의원 3분지 2 이상의 찬성으로 다시 결의된 것을 국회의 의결로 한다.

③ 예산안에 관하여 참의원이 민의원과 다른 의결을 하였을 때에는 민의원의 재의에 부하고 그 새로운 의결을 국회의 결의로 한다.

노무현 대통령의 탄핵 여파 속에 2004년 4월 15일 치러진 17대 국회의원 선거에서는 열린우리당이 152석으로 과반의석을 차지했다. 또한 이 선거에서는 처음으로 1인 2표제 방식에 의한 정당명부식 비례대표제가 시행되었고, 이 제도의 도움으로 민주노동당은 10석을 얻어 국회에 입성했다. 17대 국회의원 299명 중 211명이 초선이었다. 개원 후 노무현 정부에서 추진한 이른바 4대 개혁입법, 즉 국가보안법, 사립학교법, 과거사진상규명법, 언론관계법 등을 둘러싸고 여야 간에 큰 갈등을 빚었다. 이 밖에 17대 국회에서는 선거연령을 20세로 낮췄고, 영주체류자격 취득 후 3년이 경과한 외국인에게도 지방선거의 참정권을 부여했다. 또한 2005년 3월 호주제 및 동성동본 금혼제도를 폐지하였다. 노무현 대통령의 선거공약이었던 신행정수도 건설에 대해 헌법재판소가 위헌을 선언함에 따라 신행정수도 후속대책을 위한 「연기·공주지역 행정중심복합도시 건설을 위한 특별법안」을 제정했다.

18대 국회는 임기 초부터 상당한 진통을 겪었다. 미국산 쇠고기 수입 문제와 관련하여 여야 간에 갈등이 생겼고 이로 인해 야당이 개원을 거부하여 한 달 여 늦어진 2008년 7월 10일에야 첫 본회의가 개최되었다. 2009년 7월에는 이른바 미디어법안이 직권상정되었고 야당의 격렬한 반대 속에 한나라당에 의해 일방적으로 처리되었다. 또한 한미FTA 비준을 둘러싸고 물리적 충돌이 발생하기도 했다. 2008년 12월에는 외교통상통일위원회에서 한나라당이 회의장 문을 걸어 잠그고 한미FTA 비준동의안을 일방적으로 상정시키려고 하는 데 대해 야당이 반발하여 전기톱과 해머, 소화기 등으로 문을 부수고 들어가는 사태가 발생했다. 2011년 11월 본회의 비준 과정에서는 이를 저지하기 위해 민주노동당 김선동 의원이 국회 본회의장에서 최루탄을 뿌리는 일이 발생했다. 결국 한미FTA 비준안은 2011년 11월 22일 한나라당 단독으로 표결 처리하였다. 18대 국회는 미디어법, 한미FTA 등 쟁점 법안의 처리과정에서 일방적인 강행 처리, 회의장 점거, 고성, 몸싸움 등의 모습을 보였고 이로 인해 여론의 큰 비난을 받았다. 이에 따라 18대 국회는 국회 운영의 개선을 위해 18대 국회 마지막 날인 2012년 5월 2일 이른바 국회선진화법을 통과시켰다.

---

6 http://kids.ccourt.go.kr/home/document/a12.jsp 검색일 (2011. 2. 3)

표 2-1 역대 국회 현황

	시기	재임 기간	의원 정수	비고
제헌	1948. 5. 31 - 1950. 5. 30	2년	200	제헌국회
2대	1950. 5. 31 - 1954. 5. 30	4년	210	부산정치파동
3대	1954. 5. 31 - 1958. 5. 30	4년	203	3선 개헌
4대	1958. 5. 31 - 1960. 7. 28	2년 2개월	233	4.19 이후 자신 해산
5대	1960. 7. 29 - 1961. 5. 16	9개월	233	5.16으로 강제 해산
6대	1963. 12. 17 - 1967. 6. 30	3년 7개월	175	
7대	1967. 7. 1 - 1971. 6. 30	4년	175	3선 개헌
8대	1971. 7. 1 - 1972. 10. 27	1년 3개월	204	유신으로 강제해산
9대	1973. 3. 12 - 1979. 3. 11	6년	219	
10대	1979. 3. 12 - 1980. 10. 27	1년 7개월	231	5.17계엄확대로 강제해산
11대	1981. 4. 11 - 1985. 4. 10	4년	276	
12대	1985. 4. 11 - 1988. 5. 29	3년 1개월	276	민주화 헌법 개정으로 임기 자진축소
13대	1988. 5. 30 - 1992. 5. 29	4년	299	1990년 1월까지 사상 첫 여소야대
14대	1992. 5. 30 - 1996. 5. 29	4년	299	
15대	1996. 5. 30 - 2000. 5. 29	4년	299	
16대	2000. 5. 30 - 2004. 5. 29	4년	273	노무현 탄핵
17대	2004. 5. 30 - 2008. 5. 29	4년	299	
18대	2008. 5. 30 - 2012. 5. 29	4년	299	국회선진화법 제정
19대	2012. 5. 30 - 2016. 5. 29	4년	300	
20대	2016. 5. 30 - 2020. 5. 29	4년	300	박근혜 탄핵
21대	2020. 5. 30 - 2024. 5. 29	4년	300	
22대	2024. 5. 30 - 2028. 5. 29	4년	300	윤석열 탄핵

19대 국회 역시 정치적으로 큰 진통을 겪었다. 2012년 4월 11일 실시된 선거로 구성된 19대 국회는 5월 30일 임기 개시 후 원 구성을 둘러싼 여야 간의 갈등으로 33일 만에 개원했다. 2014년 4월 16일 세월호 참사가 발생한 이후 진상규명 등을 위한 세월호 특별법 제정을 둘러싸고 여야 간 격렬한 갈등을 빚어 국회는 5개월 동안 한 건의 법안도 처리하지 못했다. 또한 2016년 2월에는 테러방지법이 국회의장에 의해 직권상정되었고 이에 대해 야당은 2월 23일부터 3월 2일까지 9일간 38명이 참여한 필리버스터(filibuster)로 맞섰다. 필리버스터는 1969년 3선 개헌을 막기 위해 야당이 행한 이후 처음 시도되었다. 한

편, 2013년 9월 5일에는 통합진보당의 이석기 의원이 내란 음모와 국가보안법 위반 혐의로 구속되었고, 2013년 11월 5일 박근혜 정부는 통합진보당에 대한 위헌정당 해산심판을 헌법재판소에 청구했다. 헌법재판소는 2014년 12월 19일 정당해산 심판을 내려 통합진보당을 해산시켰고, 소속 의원들의 의원자격도 무효화했다.

20대 국회는 2016년 4월 13일 선거를 통해 구성되었다. 여소야대의 결과가 나타났고 신생 국민의당이 제3당으로 부상했다. 2016년 후반기에 박근혜 대통령과 측근 최순실의 이른바 '국정농단 스캔들'이 터져 나왔다. 이에 대한 항의로 전국적으로 대규모의 촛불집회가 이뤄졌고 국회는 2016년 12월 9일 박근혜 대통령에 대한 탄핵소추안을 가결했다. 그리고 2017년 3월 10일 헌법재판소는 국회의 탄핵소추안을 인용했다. 이에 따라 예정보다 빨리 대통령 선거가 5월 실시되어 더불어민주당의 문재인 후보가 당선되었다. 한편, 국회는 30년 만에 처음으로 헌법개정특별위원회를 구성했지만 개정안을 만들어내지는 못했다.

20대 국회에서는 또한 선거권자의 연령 기준을 18세로 낮추었다. 또한 선거제도를 개정하여 비례대표 47석 중 30석을 지역구 당선자 수와 정당 득표율 등에 따라 배분하는 이른바 '준연동형 비례대표제'를 도입하였으나, 21대 국회의원 선거에서 더불어민주당과 미래통합당이 '위성정당'을 창당하여 비례 의석을 대부분 차지함으로써 많은 비판을 받았다. 한편, 고위공직자의 직무 비리 수사를 위한 고위공직자범죄수사처(공수처) 설치를 위한 법안이 신속처리안건(패스트트랙)으로 지정되었고 여야 갈등 속에 입법되었다.

21대 국회는 2020년 4월 15일 선거를 통해 구성되었다. 법사위원장 자리를 둘러싼 여야 갈등으로 원 구성은 지체되었고, 결국 여당인 더불어민주당은 상임위원장을 모두 차지했다. 여당의 상임위원장 독점은 민주화 이후 처음 있는 일이었다. 이러한 파행은 1년 2개월 이후인 2021년 7월에야 해결되었다. 한편, 21대 국회는 2022년 1월 선거법을 개정하여 피선거권 연령을 이전의 25세에서 18세 이상으로 낮췄고, 정당법을 개정하여 정당 가입 연령도 이전의 국회의원 선거권자 연령 기준에서 16세 이상으로 하향 조정했다. 이러한 정치 관계법 개정사항은 2022년 5월 지방선거부터 적용되었다. 또한 검찰의 직접 수사권 폐지, 축소를 내용으로 하는 검찰청법, 형사소송법 개정안이 2022년 4월 국회를 통과했다.

한편, 21대 국회에서는 장관뿐만 아니라 국무총리에 대한 해임건의안이 통과되었다. 총리에 대한 해임건의안은 정치사상 처음 있는 일이었다. 해임건의안을 넘어 국무위원과 검사에 대한 탄핵안도 통과되었다. 또한 후반기 국회의 여소야대 상황에서 여야의 갈등으로 야당이 단독으로 법안을 통과시키고 이에 대해 대통령이 거부권을 행사하는 거부권 정국이 발생했다.

2024년 5월 30일 개원한 22대 국회에서도 21대 국회 후반기와 비슷한 극심한 정치적 갈등이 지속되었다. 21대 국회 때와 같은 여소야대의 상황에서 야당은 여러 공직자에 대한 탄핵과 독자적인 입법을 강행했고, 대통령은 거부권을 행사하는 상황이 반복되었다. 2024년 12월 3일 윤석열 대통령의 비상계엄 선포와 함께 군인들이 국회에 진입했지만, 국회는 12월 4일 비상계엄 해제 결의안을 재석 190인 중 전원의 찬성으로 통과시켰다. 또한 2024년 12월 14일 비상계엄 선포와 관련하여 윤석열 대통령 탄핵안을 재석 300인 중 찬성 204, 반대 85, 기권 3, 무효 8로 통과시켰다. 또한 2024년 12월 27일에는 헌법재판소 재판관 임명 거부, 비상계엄 묵인 또는 동조 등의 명목으로 야당 단독으로 한덕수 국무총리의 탄핵안을 가결했다. 2025년 6월 선거에서 야당이던 더불어민주당의 이재명 후보가 대통령에 당선되면서 국회는 여소야대에서 여대야소로 바뀌었다.

2. 제도와 조직

(1) 원 구성

국회의원 선거 후 새로이 국회가 소집되면, 국회를 대표하고 회의와 행정을 담당할 국회의장, 부의장을 선출해야 하고, 또 각 상임위원회의 위원 및 위원장을 선출해야 한다. 이처럼 국회가 입법기구로서 제대로 활동할 수 있도록 조직을 갖추는 일을 원(院) 구성이라고 한다.

1994년 국회법 개정 이전까지는 개원 국회를 임기 개시일로부터 30일 이내에 소집하도록 규정했지만, 개정 이후인 15대 국회부터는 의원의 임기 개시 후 7일이 되는 날 원 구성을 위한 임시 회의를 소집하도록 하고 있다.[7] 그리고 그 최초의 임시국회에서 국회의장과 부의장을 선출하도록 했으며, 그 이후 3일 이내에 상임위원장을 선출하도록 했다. 국회의장, 부의장, 상임위원장 및 상임위원의 임기는 2년으로, 선거 후 최초의 원 구성 2년 후 또다시 원을 구성하게 된다. 이처럼 원 구성을 국회법에 규정한 것은 여야 간 갈등으로 원 구성이 종종 지연되었기 때문이다. 국회의장단과 상임위원장 선출은 여야 간 협의에 의해 결정되는데, 특히 상임위원장 자리 배분을 두고 여야 간 갈등과 마찰이 생기는 경우가 잦았다. 과거에는 집권당이 상임위원장직을 독점했지만, 민주화 이후인 13대 국회부터는 여당뿐만 아니라 야당도 협의에 의해 상임위원장 자리를 배분받게 되었다.

국회에서의 회기는 정기회와 임시회로 구분된다. 정기국회는 매년 9월 1일 개회하고 100일간 계속된다. 정기국회에서 국정 전반에 대한 국정감사, 예산안 심의 확정, 교섭단체 대표들의 대표 연설, 대정부 질문 등을 행한다. 임시회는 정기회를 제외하고 국회가 소집되는 경우를 말하는데, 임시국회는 대통령이 요구하거나 국회 재적의원 1/4 이상의 요구로 소집된다. 2000년 국회법 개정 이후 2월, 4월, 6월에 30일간의 임시국회를 열도록 법으로 규정하고 있다. 유신체제 시절이었던 9대, 10대 국회, 그리고 제5공화국 시절이던 11, 12대 국회에서는 정기회는 90일, 임시회는 30일을 넘지 못하게 했고 회기일수도 일 년에 150일을 넘지 못하게 했다. 회기연장은 가능했지만 회기일수의 제한으로 사실상 무의미한 것이었다. 그러나 민주화 이후 회기일수 제한은 폐지되었다.

한국에서의 장기 국회

3대 국회는 1954년 6월 9일 개원하였는데 그 개원회의였던 19회 임시국회는 8차례 회기를 연장하여 1955년 2월 10일까지 247일 간 회기가 계속되었다. 또한 1956년 2월 20일 소집된 22회 정기국회는 회기를 8회 연장하여 316일 동안 회기를 가졌다(대한민국국회사무처 1971: 1061, 1300).

7 그 날이 공휴일이나 일요일인 경우에는 그 다음날 개회하도록 했다.

표 2-2 역대 국회의 회기

<table>
<tr><th></th><th>정기회
시작일</th><th>정기회
일수</th><th>회계연도
개시일</th><th>임시회
일수</th><th>회기일수
제한</th><th>회기 연장</th></tr>
<tr><td>제헌, 2대</td><td>12월 20일</td><td>90일</td><td>4월 1일</td><td rowspan="6">양원 일치
의결(5대)
5대 이외에는
모두 30일 이내</td><td rowspan="3">없음</td><td rowspan="3">의결로 제한
없이 연장 가능
(제헌-5대)</td></tr>
<tr><td>3대
(55-56년)</td><td>12월 20일</td><td>90일</td><td>7월 1일</td></tr>
<tr><td>3-8대
(57-72년)</td><td>9월 1일</td><td>120일
(5-8대)</td><td rowspan="4">1월 1일</td></tr>
<tr><td>9-12대</td><td>9월 20일</td><td>90일</td><td>정기회,
임시회 합해
150일 이내</td><td rowspan="3">법정 기간의
범위 내에서
의결로
연장가능</td></tr>
<tr><td>13-15대</td><td>9월 10일</td><td rowspan="2">100일</td><td rowspan="2">없음</td></tr>
<tr><td>16대 이후</td><td>9월 1일</td></tr>
</table>

자료: 신명순 (2011: 390. 표 13-2)에 의거 작성.

(2) 국회의 조직

1) 원내교섭단체

원내교섭단체를 중심으로 국회 운영이 이뤄진다. 국회의장이 원내교섭단체 대표와 협의를 통해서 원 구성 및 의사일정을 결정한다. 의석의 배정, 국회 운영 일정, 상임위원회 위원, 특별위원회 위원 선임, 본회의 발언시간의 결정 및 발언자 수 배정, 예결위 구성, 인사청문회 등은 모두 원내교섭단체 대표들과의 회의를 통해 이뤄진다.

원내교섭단체는 20인 이상의 의원으로 구성되는데 반드시 하나의 정당 소속이어야 할 필요는 없다. 따라서 원내교섭단체는 단일 정당, 혹은 복수의 정당 간 연합 또는 무소속 의원의 연합 등이 모두 가능하다(이하 박찬욱, 2004a: 243-245 참조). 원내교섭단체에 대한 규정은 1949년 7월 29일 제1차 국회법 개정에서 '의사 진행에 관한 중요한 안건을 협의하기 위하여 국회에 단체교섭회'를 두기로 하면서 만들어졌다. '단체교섭회'는 국회 내 각 단체 대표의원으로 구성하는데, 각 단체의 구성원의 수는 20인으로 규정하는 조항이 이때 신설되었다. 이 조항은 그 이후 유지되어 오다가 4.19 혁명 이후 양원제로 구성된 5대 국회에서 1960년 9월 26일 국회법 개정을 통해 참의원은 10인 이상, 민의원은

20인 이상으로 개정했다. 국회법에서 '교섭단체'라는 용어가 처음 사용된 건 제3공화국 때부터이다. 1963년 11월 22일 공표된 개정 국회법에서는 10인 이상으로 그 요건이 완화되었지만, 유신체제하였던 1973년 2월 7일 개정된 국회법에서는 현행과 같은 20인 이상으로 환원되었다. 교섭단체 구성 요건인 20인은 국회의원 정수가 300인이므로 전체 의석의 6.7%에 해당한다. 이는 제헌국회 때부터 유지되어 온 수적 기준이지만, 외국의 경우와 비교할 때 구성 조건이 다소 높은 편이라고 할 수 있다.[8]

원내교섭단체를 중심으로 국회 운영이 이뤄지기 때문에, 원내교섭단체로 국회법상의 공식적 지위를 부여받게 되면 여러 가지 혜택을 받을 수 있다. 국회에서의 의원 발언, 위원회 배정 등 의정 활동 참여가 용이하며, 의원 사무실이나 정책연구위원 등에 대한 행정적, 재정적인 지원을 받게 된다. 또한 원내교섭단체를 구성한 정당은 국고 보조금 수령에서 유리한 입장에 놓인다. 이 때문에 정치적 색채가 다른 정당들이 합쳐 교섭단체를 구성하기도 하고, 교섭단체 의석을 채우기 위해 의원을 꿔주는 일까지 일어났다. 1963년 총선 이후 13석의 민주당, 9석의 자유민주당, 그리고 6석의 국민의당 등 세 야당은 공동으로 교섭단체인 삼민회(三民會)를 구성한 바 있다. 2008년 국회의원 선거에서는 보수 성향 자유선진당은 18석을 얻어 교섭단체 요건에 2석이 모자랐다. 자유선진당은 당시 3석을 가진 온건 진보 성향의 창조한국당과 연합하여 '선진과 창조의 모임'이라는 교섭단체를 구성했다. 또한 2000년 16대 총선에서 자유민주연합은 17석을 획득하여 원내교섭단체 요건을 채우지 못했다. 그런데 당시 자민련은 새천년민주당과 이른바 'DJP 연합'에 기반한 공동정부를 구성하고 있었다. 2000년 7월 24일 새천년민주당과 자유민주연합은 국회 운영위원회에서 야당인 한나라당의 반대를 무릅쓰고 교섭단체 구성 요건을 10석으로 낮추는 국회법 개정안을 날치기 처리했다. 그러나 그 해 12월 18일 정기국회 중 양당은 국회법 개정안을 본회의에 상정하려고 했지만 결국 실패로 그치고 말았다. 결국 새천년민주당은 자기 정당 소속 의원 3인을 자유민주당에 '꿔주었다'. 이후 8개월 여 동안 자민련은 교섭단체를 구성하여 활동할 수 있었다. 2018년에는 14명의 의

8 독일은 30석이 교섭단체 구성 비율이지만 전체 의석 수 대비 5%이며, 프랑스와 이탈리아는 우리와 같은 20석이지만 전체 의석 수 대비 3.5%, 3.2%이다(가상준, 2010: 150).

원내교섭단체에 대한 국고 보조금 지급 (정치자금법 27조)

제27조(보조금의 배분) ① 경상보조금과 선거보조금은 지급 당시「국회법」제33조(교섭단체) 제1항 본문의 규정에 의하여 동일 정당의 소속의원으로 교섭단체를 구성한 정당에 대하여 그 100분의 50을 정당별로 균등하게 분할하여 배분·지급한다.

② 보조금 지급 당시 제1항의 규정에 의한 배분·지급대상이 아닌 정당으로서 5석 이상의 의석을 가진 정당에 대하여는 100분의 5씩을, 의석이 없거나 5석 미만의 의석을 가진 정당 중 다음 각 호의 어느 하나에 해당하는 정당에 대하여는 보조금의 100분의 2씩을 배분·지급한다.

1. 최근에 실시된 임기만료에 의한 국회의원선거에 참여한 정당의 경우에는 국회의원선거의 득표수 비율이 100분의 2 이상인 정당
2. 최근에 실시된 임기만료에 의한 국회의원선거에 참여한 정당 중 제1호에 해당하지 아니하는 정당으로서 의석을 가진 정당의 경우에는 최근에 전국적으로 실시된 후보 추천이 허용되는 비례대표 시·도의회의원선거, 지역구시·도의회의원선거, 시·도지사 선거 또는 자치구·시·군의 장 선거에서 당해 정당이 득표한 득표수 비율이 100분의 0.5 이상인 정당
3. 최근에 실시된 임기만료에 의한 국회의원선거에 참여하지 아니한 정당의 경우에는 최근에 전국적으로 실시된 후보추천이 허용되는 비례대표 시·도의회의원선거, 지역구시·도의회의원선거, 시·도지사선거 또는 자치구·시·군의 장 선거에서 당해 정당이 득표한 득표수 비율이 100분의 2 이상인 정당

③ 제1항 및 제2항의 규정에 의한 배분·지급액을 제외한 잔여분 중 100분의 50은 지급 당시 국회의석을 가진 정당에 그 의석수의 비율에 따라 배분·지급하고, 그 잔여분은 국회의원선거의 득표수 비율에 따라 배분·지급한다.

④ 선거보조금은 당해 선거의 후보자등록마감일 현재 후보자를 추천하지 아니한 정당에 대하여는 이를 배분·지급하지 아니한다.

⑤ 보조금의 지급시기 및 절차 그 밖에 필요한 사항은 중앙선거관리위원회 규칙으로 정한다.

원을 가진 민주평화당과 6명의 정의당이 공동교섭단체를 구성하여 '평화와 정의의 모임'을 구성했다. 2020년 20대 국회에서도 민생당 의원 18명과 무소속의원 4명이 공동으로 '민주통합의원모임'이라는 교섭 단체를 구성했다.

교섭단체 조항을 두는 것은 소속 의원들의 의사를 사전에 수렴, 집약하여

의회 운영을 원활하게 하기 위한 목적 때문이다. 즉 국회 운영의 효율성을 높이기 위한 차원에서 도입되었다. 그러나 원내교섭단체를 구성할 수 없는 정당이나 무소속 의원들의 경우에는 상대적으로 불이익을 감수해야 할 수밖에 없다는 문제점도 갖는다. 1948년 9월 11일 제헌국회에서의 국회법 개정안 논의 과정에서 권태희 의원은 "교섭단체가 성립이 되는 때에는 확실히 발언권을 무시할 뿐 아니라 정당한 민의를 반영할 수 있을까, 혹은 어떠어떠한 다수를 점하고 있는 단체의 의견이 의회를 지배하려고 하는 이러한 의사가 있지 않을까 하는 의심을 아니 가질 수가 없습니다." 그리고 신현돈 의원은 "내가 교섭단체에 들어가겠다고 작정할 수 있다. 이로 말미암아 나는 어떠한 단체에 고정적 한 의사 표시 기관이 되어 가지고 개인의 행동에 많은 구속을 당할 염려가 또 있지 않습니까?"(국회속기록 1회 63차)라고 말했는데, 이는 의원 개인의 자율성 침해, 원내 소수 세력의 불이익 우려를 지적한 것이다.

그런데 당시 부결되었던 교섭단체에 관한 조항은 이듬해 1949년 7월 8일 국회법 개정을 통해 반영되었다. 그때 논의 과정에서 1년 전 반대 입장을 보였던 권태희 의원은 "우리 국회의원은 200명밖에 되지 않습니다. 그러나 이상하게도 200명 밖에 안 되는 국회의원이 어떤 때에 숫자를 계산해 볼 때 어느 표(票)에는 250명이 되고 어느 표를 보면 300명이 되는 기현상을 나타내고 있습니다. 만일 이 국회법을 개정하지 아니하고 그대로 둔다고 하면 이 200명이 또는 300명 또는 400명 기이한 숫자로 변경될 수 있으리라고는 단언하지 못할 것입니다. 하기 때문에 단체교섭권을 두어 가지고 분명하게 자기의 소속을 나타낸다고 할 것 같으면 우리 국회는 금후 명랑하게 또한 시간적으로 보아서 신속하게 의사가 진행될 것을 확신하는 바입니다."(국회속기록 4회 5호)라고 발언했다. 이처럼 1년 만에 의원들의 태도가 변화된 것은 교섭단체가 부재한 경우에 국회 운영에 어려움이 생겨날 수밖에 없다는 현실을 깨달았기 때문이다.

국회에서 교섭단체는 실제 운영과정에서 매우 중요한 역할을 담당한다. 민주화 직후 성립된 13대 국회는 4당 체제로서 여소야대였다. 따라서 예전과 같이 단독 과반 의석을 차지한 집권당이 마음대로 국회를 운영할 수 없는 상황이 되었다. 또한 민주화라는 시대적 분위기 역시 과거와 같은 여당의 일방적인 국회 운영에 대한 거부감이 적지 않았다. 이 때문에 13대 국회 이래로 원내교섭단체 대표, 즉 각 당의 원내대표 간 협의는 국회 운영의 기본 원리로 자리 잡았다. 원내교섭단체 대표 회의의 협상 대상에는 원 구성뿐만 아니라 의사일정, 상임위원회에서 처리하고 논의할 의제도 포함된다. 따라서 원내교섭단체 대표 간의 협상이 결렬되면 국회 입법 과정은 마비되고 입법은 교착상태에 빠지기 쉽다(전진영, 2010: 207-208). 여야 간 협상보다 다수당의 일방주의적 국회 운영의 모습을 보인 21대 국회와 22대 국회에서 이런 특성이 두드러지게 나타났다.

2) 국회의장단

국회의장단은 1명의 국회의장과 2명의 국회부의장으로 구성된다. 새 국회의 임기 개시 7일째에 열리는 첫 임시국회에서 의원들의 무기명 투표로 의장단을 선출한다. 국회의장 및 부의장은 각각 재적의원 과반수의 득표로 당선되는데, 1차 투표에서 과반수의 득표자가 없을 때에는 2차 투표를 실시한다. 2차 투표에서도 과반수의 득표자가 없을 때에는 최고득표자가 1인이면 최고득표자와 차점자에 대하여, 최고득표자가 2인 이상이면 최고득표자에 대하여 결선 투표를 하되, 재적의원 과반수 출석과 출석의원 다수득표자를 당선자로 한다. 또한 국회의장 또는 부의장이 궐위된 때에는 지체 없이 보궐선거를 실시하도록 하고 있다. 임기는 2년이다.

국회부의장은 2명인데, 통상적으로 여당에서 1명, 야당에서 1명을 선출한다. 그러나 다당 체제가 되는 경우에는 야당이 모두 부의장을 차지할 수도 있다. 민주화 직후 4당 체제하에서 여소야대였던 13대 국회에서는 여당인 민주정의당에서 국회의장을, 야당인 평화민주당과 통일민주당에서 각각 부의장을 차지했다. 2007년 16대 국회 후반기의 박관용 의장, 2016년 20대 국회 전반기의 정세균 의장, 그리고 2022년 21대 국회 후반기의 김진표 의장은 모두 야당 출신으로서 국회의장이 되었다. 2020년 21대 국회 전반기에는 더불어민주당의 김상희 의원이 우리 의회 역사에서 처음으로 여성으로 국회부의장으로 선출되었고, 2022년 후반기 국회에서는 또 다른 여성 부의장으로 김영주 의원이 선출되었다.

과거에는 대체로 대통령이나 야당 대표가 국회의장이나 부의장을 사전에 내정하고 형식적으로 투표를 통해 선출하는 관행이 있었지만, 최근 들어서는 당내 경선을 통해 선출하는 방향으로 변화되었다.

국회의장은 관리자적 역할과 당파적 역할이라는 이중성을 지닐 수 있지만, 한국 국회에서는 중립적 중재자로서의 국회의장의 역할을 중시한다. 2003년 7월 국회법 개정을 통해서는 국회의장의 당적 보유를 금지했다(이현우, 2010: 159). 다만 차기 국회의원 선거에 출마하려고 하는 경우에는 의원 임기만료 90일 전부터 당적 보유가 가능하다. 당적 보유를 금지했다고 해도 현실적으로는 정파적으로 완전히 중립적이라고 보기 힘든 경우도 적지 않다. 특히 2년 임기를 마치고 나서도 계속 정치를 하겠다면 복당(復黨)을 해야 하기 때문에 소속 정당으로부터 완전히 자유로울 수는 없다.

국회의장은 국회를 대표하고 의사진행 권한, 질서유지 권한, 사무 감독의 권한을 갖는다. 국회의장은 위원회에 출석하여 발언할 수는 있지만, 표결에는 참가할 수 없다. 입법 과정에서 해당 상임위원회의 의결을 거치지 않고 직권으로 본회의에 법안을 상정할 수 있는 권한도 갖고 있다. 과거에는 여야 간 갈등을 빚는 쟁점 법안의 경우 국회의장의 직권상정의 권한을 이용해서 본회의에 회부하는 경우가 적지 않았다. 그러나 국회선진화법으로 인해 직권상정의 요건은 제한을 받게 되었다.

3) 위원회

의회가 집합적 의사결정을 내리기 위한 운영방식은 크게 본회의 중심주의와 상임위원회 중심주의라는 두 가지 방식으로 구분이 된다(이하 조진만, 2010: 112). 본회의 중심주의를 채택하고 있는 국가에서는 의원 전원이 모인 본회의장에서 토론과 심의를 거쳐 의회의 집합적 결정이 이루어진다. 한편 상임위원회 중심주의를 채택하고 있는 국가에서는 전문성을 갖춘 소수의 의원들을 중심으로 분야별 상임위원회를 구성하여 일차적으로 관련 사안들에 대한 의사결정을 내린 다음 그 결정을 본회의에서 승인하는 과정을 거쳐 의회의 집합적 의사결정이 이루어진다.

우리나라는 1963년 6대 국회 이후 상임위원회 중심주의를 택하고 있다. 국회 활동과 관련된 핵심적 실무 업무는 상임위원회 수준에서 이뤄지고 있다.

상임위원회는 의원들의 전문성을 이용하여 특정 분야별 법안 작성과 의사 결정의 효율성을 높이기 위한 목적에서 고안되었다. 사회의 다양한 요구를 효율적이고 전문적으로 입법화하기 위한 필요성에서 상임위원회 제도가 발전되어 왔다. 즉 효율적으로 입법 및 행정부 감독활동을 하기 위해서는 '분업'이 필요하다는 것이다. 300명의 의원 전원이 의회에 제출되는 모든 입법 의제를 제대로 심의하는 것은 기술적으로나 현실적으로 불가능하다. 따라서 정책 영역별로 구분된 위원회에서 해당 분야에 대한 전문성과 경력을 가진 의원들이 법안을 심의함으로써 입법 효율성을 높일 수 있다(전진영, 2010: 190). 그러나 박정희 정권에서 상임위원회 중심주의를 도입하게 된 것은 이와 다른 정치적 의도가 있었다는 평가도 있다. 본회의를 중심으로 한 요란스러운 국회 운영 방식을 탈피하는 것이 정치적으로 유리할 수 있으며, 법안을 소규모의 상임위원회에서 심의, 처리하는 것이 '막후 조정'을 보다 용이하게 할 수 있다는 것이다(박재창, 2003: 438; 조진만, 2010: 116).

위원회는 상임위원회, 특별위원회, 전원위원회 등 세 가지로 구분된다. 상임위원회는 안건의 유무와 무관하게 상설되어 있는 위원회로서 소관 부문에 따라 각 위원회가 관장하는 입법 자료의 수집, 생산, 입안을 담당한다. 특별위원회는 특별히 필요하다고 인정한 안건을 심사하기 위해 설치되고 그 안건이 본회의에서 의결될 때까지 존속한다. 전원위원회는 보다 많은 의원들에게 법안 심의에 참여할 기회를 부여하는 제도이다(김현우, 2001: 302). 상임위원회의 구성은 대체로 정부조직에 따라 그에 상응하는 형태로 구성된다. 따라서 대통령이 바뀌어 행정부서의 조직이 달라지면 상임위원회 명칭도 그에 따라 변화하는 것이 일반적이다.

제헌국회 당시에는 법제사법위원회, 외무국방위원회, 내무치안위원회, 재정경제위원회, 산업위원회, 문교사회위원회, 교통체신위원회, 징계자격위원회 등 8개의 상임위원회가 존재했다. 22대 국회는 <표 2-3>에서 보듯이 17개의 상임위원회가 구성되어 있다. 제헌국회 때는 '필요에 의하여 두 개의 상임위원회에' 가입할 수 있다는 규정이 존재했지만 실제로 두 개의 상임위원회에 가입한 의원은 존재하지 않았다. 1963년 6대 국회부터는 하나의 상임위원회에만 참여하도록 했고, 2000년 국회법 개정으로 현재는 '필요에 의한'이라는 단서 조항이 없어진 상태에서 복수의 상임위원회 가입을 허용하고 있다.

표 2-3 국회의 상임위원회와 그 소관부서(22대 국회)

상임위원회	소관 사항
국회운영위원회	- 국회운영에 관한 사항 - 국회법, 기타 국회규칙에 관한 사항 - 국회사무처 소관에 속하는 사항 - 국회도서관 소관에 속하는 사항 - 국회예산정책처 소관에 속하는 사항 - 국회입법조사처 소관에 속하는 사항 - 대통령비서실, 국가안보실, 대통령경호실 소관에 속하는 사항 - 국가인권위원회 소관에 속하는 사항
법제사법위원회	- 법무부 소관에 속하는 사항 - 법제처 소관에 속하는 사항 - 감사원 소관에 속하는 사항 - 헌법재판소 사무에 관한 사항 - 법원·군사법원의 사법행정에 관한 사항 - 탄핵소추에 관한 사항 - 법률안, 국회규칙안의 체계·형식과 자구의 심사에 관한 사항
정무위원회	- 국무조정실, 국무총리비서실 소관에 속하는 사항 - 국가보훈처 소관에 속하는 사항 - 공정거래위원회 소관에 속하는 사항 - 금융위원회 소관에 속하는 사항 - 국민권익위원회 소관에 속하는 사항
기획재정위원회	- 기획재정부 소관에 속하는 사항 - 한국은행 소관에 속하는 사항
교육위원회	- 교육부 소관에 속하는 사항
과학기술정보방송통신 위원회	- 과학기술정보통신부 소관에 속하는 사항 - 방송통신위원회 소관에 속하는 사항 - 원자력안전위원회 소관에 속하는 사항
외교통일위원회	- 외교부 소관에 속하는 사항 - 통일부 소관에 속하는 사항 - 민주평화통일자문회의 사무에 관한사항
국방위원회	- 국방부 소관에 속하는 사항
행정안전위원회	- 행정안전부 소관에 속하는 사항 - 인사혁신처 소관에 속하는 사항 - 중앙선거관리위원회 사무에 관한 사항 - 지방자치단체에 관한 사항
문화체육관광위원회	- 문화체육관광부 소관에 속하는 사항
농림축산식품해양수산 위원회	- 농림축산식품부 소관에 속하는 사항 - 해양수산부 소관에 속하는 사항

상임위원회	소관 사항
산업통상자원중소벤처기업위원회	- 산업통상자원부 소관에 속하는 사항 - 중소기업벤처부 소관에 속하는 사항
보건복지위원회	- 보건복지부 소관에 속하는 사항 - 식품의약품안전처 소관에 속하는 사항
환경노동위원회	- 환경부 소관에 속하는 사항 - 고용노동부 소관에 속하는 사항
국토교통위원회	- 국토교통부 소관에 속하는 사항
정보위원회	- 국가정보원 소관에 속하는 사항 - 국가정보원법 제3조 제1항 제5호에 규정된 정보 및 보안업무의 기획·조정 대상부처 소관의 정보예산안과 결산심사에 관한 사항
여성가족위원회	- 여성가족부 소관에 속하는 사항

자료: 국회[9]

상임위원회의 임기는 2년으로 제한되어 있다. 이것은 의원들이 선호하는 상임위원회를 순환적으로 가입할 수 있도록 보장해 주는 동시에 특정 상임위원회의 위원으로 오랜 기간 머물러 있는 경우 발생할 수 있는 유착 및 부패 등의 문제를 피할 수 있다는 점을 고려한 것이다. 하지만 상임위원회의 임기가 짧기 때문에 의원들이 전문성을 제고할 수 있는 충분한 시간과 경험을 쌓기 어렵다는 문제점도 있다.

상임위원회는 특정한 안건의 심사를 위하여 소위원회를 둘 수 있다. 정보위원회를 제외한 각 상임위원회는 소관사항을 분담하고 심사하기 위하여 3개의 상설 소위원회를 두고 있다. 상임위원회 내부 기관인 소위원회는 국회가 폐회 중일 때에도 활동할 수 있고, 그 의결로 의안의 심사와 직접 관련된 보고 또는 서류의 제출을 정부 및 행정기관 등에 요구할 수 있다. 또한 의안 심사와 관련하여 증인, 감정인, 참고인의 출석을 요구할 수 있다(조진만, 2010: 118－119).

전체적으로 볼 때, 상임위원회는 국회에 제출된 많은 법안 중에서 심사를 진행할 가치가 있는 법안을 취사선택하는 문지기(gatekeeper)의 역할을 한다. 그런데 각 상임위원회에서 심사를 마치거나 입안된 법률안은 곧바로 본회의로 상정되는 것이 아니라 법제사법위원회(법사위)를 거치도록 하고 있다. 그 이유는 법사위에 부여되어 있는 "법률안, 국회규칙안의 체계·형식과 자구의 심사"

9 https://www.assembly.go.kr/portal/cnts/cntsCont/dataA.do?cntsDivCd=CMMIT&menuNo=600238.

권한 때문이다. 체계 심사는 법률안의 위헌 여부, 다른 법률과의 저촉 여부, 자체 조항 간의 모순 유무 등과 관련된 사항이며, 자구 심사는 법규의 정확성, 용어의 정확성, 통일성 등을 심사하여 법률 사이에 용어의 통일성을 위한 것이다. 이 조항은 1960년 9월 제2공화국에서의 국회법 개정으로 도입된 것이다.[10]

법률안에 대한 기술적인 심사라는 이유로 해당 상임위원회를 통과한 법률을 다시 법제사법위원회에서 심의하도록 한 것은 적절치 않다는 지적이 많다. 이 때문에 법사위가 다른 상임위원회보다 우위에 놓인 상원 같다는 비난을 받기도 한다.[11] 또 한편으로는 정치적으로 논란이 된 법안이 해당 상임위원회를 통과한 이후 법사위에서 논란이 재연되는 일이 일어나기도 한다.

체계·자구심사 절차를 둘러싼 논란에서 가장 큰 쟁점은 체계·자구심사에서 법안의 내용에 대한 수정이 어디까지 가능한가라는 것인데, 이에 대한 일반적 견해는 체계·자구 심사는 어디까지나 법률의 체계 및 형식과 자구의 심사에 제한되며, 법안의 정책적 내용까지 심의할 수는 없다는 것이다(이하 전진영, 2017). 그러나 현실적으로는 반드시 그렇게만 되지는 않았다. 19대 국회(2013년 5월)에서 「유해 화학 물질 관리법 전부개정안」의 사례는 법사위 월권 논란을 잘 보여준다. 소관위원회인 환경노동위원회는 화학물질 유출사고로 중대한 피해를 일으킨 기업에 대해 전체 매출액의 10%에 해당하는 과징금을 부과하는 안을 의결하였다. 그러나 법사위 체계·자구심사 단계에서 과징금 부과기준이 '사업장' 매출의 5%로 하향 조정되었고, 이 하향된 조정안은 본회의에서 그대로 의결되었다. 이에 대해 환경노동위원회는 법사위의 월권이라고 강하게 반발한 바 있다.

정당 간 입장차이가 첨예한 쟁점법안의 경우 소관위원회를 통과하더라도 필수절차인 법사위의 체계·자구심사는 입법과정에서 또 다른 비토지점(veto point)으로 기능한다. 이로 인해 체계·자구심사 절차를 야당이 반대하는 쟁점법안의 처리를 지연시키는 수단으로 이용하려 한다는 비판도 제기되고 있다.

---

10 1948년 10월 제정된 국회법에서는 41조 4항으로 "제3독회를 마칠 때에 수정 결의의 조항과 자구의 정리를 법제사법위원회 혹은 의장에게 부탁할 수 있다"고 규정하고 있다. 이 조항은 1960년 6월 국회법 개정 때까지 유지되었다.

11 http://m.weekly.khan.co.kr/view.html?med_id=weekly&artid=201503021750381&code=115 주간경향 2015. 3. 2. 법사위는 상임위의 '상원인가'

표 2-4 특별위원회 종류 및 소관

특별위원회	소관 사항
예산결산위원회	- 예산안·기금운용계획안 및 결산 심사
윤리특별위원회	- 의원의 자격심사·징계에 관한 사항
인사청문특별위원회	- 헌법에 의하여 그 임명에 국회의 동의를 요하는 대법원장·헌법재판소장·국무총리·감사원장 및 대법관과 국회에서 선출하는 헌법재판소 재판관 및 중앙선거관리위원회 위원에 대한 인사청문, 대통령 당선인이 인사청문의 실시를 요청하는 국무총리 후보자에 대한 인사청문
기타 특별위원회	- 수개의 상임위원회 소관과 관련되거나 특히 필요하다고 인정한 안건 - 구성할 때에 정해진 활동기한이 종료하거나 그 안건이 본회의에서 의결될 때까지 한시적으로 존속

자료: 국회[12]

결국 법사위에서 쟁점법안을 둘러싼 당파적인 대립과 이로 인한 입법교착은 입법지연을 초래할 수 있다. 실제로 19대 국회에서도 원내 대표 간 법안처리에 합의되었던 쟁점법안이 법제사법위원장의 심사거부로 처리되지 못한 사례도 있었다(전진영, 2017).

이런 이유로 제17대 국회부터 법사위 위원장은 관례적으로 제1야당에서 맡고 있다. 21대 국회에서는 원 구성 협상 과정에서 법사위 위원장직을 두고 여야 간 대립이 격화되었다. 야당이 법사위원장을 맡아 온 그간의 관례를 깨고 여당인 더불어민주당이 맡겠다고 나서면서 갈등이 커졌다. 야당이 원 구성을 거부하면서 1년 2개월 동안 여당이 모든 상임위원장직을 독점했다. 2021년 5월 여야 간 협상이 타결되어 전반기 2년은 여당인 더불어민주당, 후반기 2년은 야당인 국민의힘이 법사위 위원장을 맡는 것으로 합의했다.

한편, 상임위원회와 별도로 본회의의 의결로 특별위원회를 둘 수 있다. 특별위원회는 상설특별위원회와 비상설특별위원회로 나뉜다. 상설특별위원회는 예산결산특별위원회, 윤리특별위원회이며, 비상설특별위원회는 수 개의 상임위원회 소관과 관련되거나 특히 필요하다고 인정한 안건을 심사하기 위해 조직된다. 비상설특별위원회는 활동기한 종료 시까지 존속하며, 심사한 안건이 본회의에서 의결될 때까지를 존속하는 것으로 본다.

전원위원회는 상임위원회의 의결과는 별도로 본회의에서도 법안을 수정할

12 http://www.assembly.go.kr/views/cms/assm/assembly/assorgani/assorgani0302.jsp

수 있도록 하기 위한 제도이다. 제헌국회에서는 전원위원회 제도를 도입하여 본회의 중심으로 국회를 운영하였다. 이것은 당시 국가의 조속한 재건이라는 지상과제를 앞에 두고 의원 전체가 참여하는 본회의를 중심으로 기본적인 국론을 통합해 나가는 것이 무엇보다 중요하다는 인식이 작용한 결과였다. 전원위원회는 1960년 제2공화국에서 폐지되었다. 5.16 이후인 1963년 구성된 6대 국회부터 상임위원회 중심주의를 본격적으로 채택하여 운영하다가, 본회의를 활성화시키기 위한 방안으로 2000년 국회법 개정으로 전원위원회 제도가 다시 도입되어 오늘에 이르고 있다(조진만, 2010: 115).

그런데 전원위원회에서 다루는 사안은 상임위원회의 심사를 거치거나 상임위원회가 제안한 의안 중 정부 조직에 관한 법률안, 조세 또는 국민에게 부담을 주는 법률안 등으로 제한되어 있다. 주요 의안에 대하여 본회의 상정 전이나 본회의 상정 후에 재적의원 4분의 1 이상의 요구가 있는 때에 전원위원회를 열 수 있다. 그러나 국회의장은 주요 의안의 심의 등 필요하다고 인정하는 경우 각 교섭단체 대표의원의 동의를 얻어 전원위원회를 개회하지 않을 수 있다. 전원위원회의 위원장은 의장이 지명하는 부의장이 맡게 된다. 심사대상이 되는 주요 의안에 대해 수정안을 제출할 수 있으며 이 경우 제출자는 전원위원장이 된다. 전원위원회 의사 정족수는 재적위원 5분의 1 이상 출석이며, 의결

이라크 전쟁 파병 전원위원회

16대 국회 후반기인 2003년 3월 28일과 29일 양일 간에는 이라크 파병안 논의를 위한 전원위원회가 개정 국회법으로 도입된 이후 처음으로 개최되었다. 71명의 의원이 전원위원회 소집 요구서에 서명하였고, 실제로 약 100여 명의 의원이 토론에 참석하였다. 그러나 운영에 있어서 몇 가지 문제점이 노출되었다. 우선 의원들의 질의가 구체적인 내용보다는 개인 소신으로 이루어졌고 국무위원들의 답변도 시간 부족으로 구체성을 담지 못했다. 2시간으로 제한된 회의 시간이 약 10여 명 이상 의원의 질의와 국무위원들의 일괄답변으로 구성되어 충분한 토론이 이루어지지 못했다는 한계도 보여주었다. 또한 전원위원회 제도는 상임위 법률안에 대한 수정안을 만들어내기 위한 과정인데 수정안 토론이 불가능한 동의안에 대해 전원회원회가 열렸다는 문제점도 지적될 수 있다(윤종빈, 2003: 24).

은 재적위원 4분의 1 이상 출석, 출석위원 과반수 찬성으로 이뤄진다. 2003년 3월 이라크 전쟁 파병 동의안 논의를 위해 전원위원회가 개최된 바 있다(글상자 참조). 2023년 4월에도 전원위원회가 열렸다. 정치개혁특별위원회가 제안한 2024년 국회의원 선거에 적용할 세 가지 선거제도 개편안을 놓고 100명의 의원이 7분씩 발언하는 방식으로 진행되었으나 합의를 만들어내지는 못했다.

4) 본회의

본회의는 재적의원 전원으로 구성되며 국회의장의 주재로 국회의 의사를 최종적으로 결정하는 회의를 말한다(김현우, 2001: 344). 본회의는 공개를 원칙으로 하지만, 의장의 제의 또는 의원 10인 이상의 연서에 의한 동의로 본회의의 의결이 있거나 의장이 각 교섭단체 대표의원과 협의하여 국가의 안전보장을 위하여 필요하다고 인정할 때에는 공개하지 않을 수 있다. 본회의는 재적의원 5분의 1 이상의 출석으로 개의한다.

국회가 상임위원회 중심주의를 채택하고 있기 때문에 본회의가 입법과정에서 차지하는 비중은 상임위원회에 비해서는 낮다고 할 수 있다(전진영, 2010: 201). 그러나 의원 전원의 참석으로 입법 과정에서 최종적인 결정을 내리는 곳이라는 점에서 상징적인 의미는 크다. 법률안, 예산안, 결산안, 예비비 지출의 승인, 조약, 선전포고, 국군의 외국 파견, 외국 군대의 주둔에 대한 동의, 헌법 개정안, 탄핵소추 등이 모두 본회의에서 이뤄진다. 또한 의안 심사뿐만 아니라 대정부 질문, 교섭단체 대표 연설, 긴급 현안 질문 모두 본회의에서 이뤄진다. 대통령의 시정연설도 본회의장에서 이뤄진다.

5) 지원 기구[13]

민주 국가에서 의회는 기본적으로 경쟁적인 선거를 통해 선출되는 대표자들로 구성되기 때문에 전문성보다는 사회적 대표성을 더욱 중시한다. 또한 의원들은 재선을 위해 지역구 활동 등 많은 노력을 한다. 따라서 의원들은 입법 활동과 행정부 견제 활동을 하는 데 전문성을 갖기 어려운 점이 있다. 의회에 비해 행정부는 상대적으로 비교할 수 없을 만큼의 많은 정보와 각종 조직,

13 여기서의 논의는 조진만(2010: 120－124) 참조.

전문 인력을 갖고 있다. 이처럼 전문성과 정보가 부족한 상황에서는 의회가 행정부를 감독하고 견제하기 어려울 뿐만 아니라 사회의 다양한 입법 요구들을 적절하게 수용하기도 어렵다. 행정부와의 관계에서 전문성의 부족과 정보의 비대칭성의 문제를 해소하기 위해서는 의회를 지원하는 기구의 존재가 필수적이다.

현재 우리 국회에서의 지원 기구는 국회사무처, 국회도서관, 국회예산정책처, 국회입법조사처가 있다. 국회사무처는 국회의장의 지휘와 감독을 받아 국회 및 국회의원의 입법 활동을 지원하고, 국회의 각종 행정업무를 처리하는 기능을 수행한다. 구체적으로 국회사무처는 국회의 회의 운영, 의사중계방송, 민원과 방문 처리, 정보공개 업무, 홈페이지 관리, 의원외교활동 지원, 의정연수 등의 업무와 행정처리를 담당하고 있다.

국회도서관은 국회의 도서 및 입법 자료에 관한 업무처리를 수행한다. 국회도서관은 1952년 6.25 전쟁 중 피난지 부산에서 처음 신설되었다. 국회입법조사처가 설립되기 전까지는 국회도서관이 의원 및 관계 직원에게 입법 활동과 국정 심의에 필요한 각종 정보를 수집, 정리, 분석하여 제공하는 기능을 수행하기도 했다.

국회예산정책처는 국가의 예산, 결산과 기금 및 재정 운용과 관련된 사항에 관하여 분석, 평가함으로써 국회의 의정활동을 지원하는 기능을 수행하고 있다. 재정 분야의 전문 인력들이 예산, 결산 관련 심의를 지원하는 역할을 행한다. 구체적으로 국회예산정책처는 예산, 결산, 기금운용계획안, 기금 결산에 대한 연구 및 분석, 예산 또는 기금상의 조치가 수반되는 법률안 등에 대한 소요 비용의 추계, 국가 재정 운용 및 거시경제동향 분석 및 전망, 국가의 주요 사업에 대한 분석, 평가, 중장기 재정소요 분석, 국회의 위원회 또는 의원이 요구하는 사항에 대한 조사 및 분석 등의 기능을 한다.

국회입법조사처는 국회의 입법 및 정책 개발 역량을 강화하기 위해 설립된 국회의 입법, 정책 조사 연구기관이다. 국회의 위원회와 의원이 요구하는 사항에 대해 조사, 분석하여 그 결과를 제공하는 조사 회답 업무, 다양한 입법 및 정책 현안을 조사, 연구하여 의원의 입법 및 정책개발 활동을 지원한다.

국회미래연구원은 공식적인 국회 소속 기관은 아니지만, 미래 환경의 변화를 예측, 분석하고, 국가의 중장기 발전 전략 연구를 통해 국회의 정책역량 강화를 목적으로 2018년 5월 개원했다.

3. 기능과 권한

(1) 입법

국회는 입법부로 법을 만드는 것이 고유한 권한이자 기능이다. 미국 대통령제는 3부(府)의 역할을 엄격하게 분리해 놓았기 때문에 입법의 기능을 맡는 의회 의원들만이 법안 제출의 권한을 갖는다. 물론 실제로는 행정부를 대신하여 의회 의원들이 법안을 제출하는 경우도 많다. 예를 들면 대통령이 특정 정책의 입법을 제안하고 이 제안을 의원들의 이름으로 제출하는 경우이다(최명·백창재, 2000: 324).

이에 비해 우리나라는 제헌국회부터 정부의 법률안과 예산안 제출권을 인정해 왔다. 따라서 한국 국회에서 법안의 발의는 정부와 국회의원이 모두 그 권한을 가지고 있다. 의원 발의안에는 국회 위원회에서 소관 영역에 대해 위원장의 명의로 발의할 수 있는 경우도 포함된다. 국회의원이 법안을 발의하기 위해서는 발의자를 포함하여 10인 이상의 서명을 구하면 된다. 2003년 국회법 개정 이전까지는 법안 발의에 필요한 인원은 20인 이상이었다.[14]

과거에는 행정부가 법안 발의의 대다수를 차지했고 가결율도 훨씬 높았다. 강력한 대통령을 중심으로 행정부가 주도해 온 발전국가 체제에서는 정책결정에서도 민주성보다는 신속성과 효율성을 요구하였다. 또한 행정부의 기술관료들은 정보와 전문성의 면에서 국회의원보다 유리한 입장에 있었다(전진영, 2010: 187). 더욱이 권위주의 시대에는 정권 교체의 가능성이 거의 없었기 때문에, 여당은 권력자의 의도를 법안으로 만들어내는 데 주력했고, 야당은 의사당 점거, 등원 거부 등 투쟁적인 형태로 이에 맞섰다. 이런 상황에서 여야가 국회에서 정책을

14 미국, 영국, 프랑스 의회는 의원이 단독으로 법안을 발의할 수 있다. 이에 비해 독일과 일본에서는 우리와 같은 필요 요건이 존재한다. 독일 의회에서는 재적의원 5% 이상의 서명을 필요로 하고, 일본에서는 중의원은 20인 이상, 참의원은 10인 이상의 찬성이 필요하다. 그런데 예산이 수반되는 법안의 경우에는 중의원 50인 이상, 참의원 20인 이상의 찬성으로 법안 발의가 가능하다(전진영, 2010: 184).

중심으로 경쟁한다는 것은 생각하기 어려웠다. 민주화 이후에도 지역주의 정당 정치가 부상하면서 개별 의원이나 정당은 정책적 유능함을 보이기보다 지역주의 정서에 호소하는 것이 득표와 당선에 보다 유리했다.

<표 2-5>에서 보듯이, 15대 국회, 16대 국회를 전환점으로 해서 의원의 법안 발의 건수가 큰 폭으로 증가함을 알 수 있다. 이처럼 의원 발의 법안의 수가 급증하게 된 것은 발의 요건을 10인 이상으로 완화한 것에 더해, 언론이나 시민단체가 의원별로 의정 활동을 평가하기 시작했고 거기에 법안 발의 건수를 중요한 지표로 선정하였기 때문이다(전진영, 2010: 188). 16대 국회에 비해 17대 국회에서는 3배 이상, 17대 국회에 비해 18대 국회에서는 거의 2배 의원발의 법안의 수가 늘어났다. 13대 국회 때의 의원 법안 발의 수와 19대 국회의 법안 발

표 2-5 민주화 이후 국회의 법안 제출 건수와 가결율

	의원 발의			정부 발의		
	발의(건)	가결(건)	가결률(%)	발의(건)	가결(건)	가결률(%)
13대 (1988-1992)	570	171	30.0	368	321	87.2
14대 (1992-1996)	321	119	37.1	581	537	92.4
15대 (1996-2000)	1,144	461	40.3	807	659	81.7
16대 (2000-2004)	1,912	514	26.9	595	431	72.4
17대 (2004-2008)	6,387	1,350	21.1	1,102	563	51.1
18대 (2008-2012)	12,220	1,663	13.6	1,693	690	40.8
19대 (2012-2016)	16,729	2,414	14.4	1,093	379	34.7
20대 (2016-2020)	21,594	1437	6.7	1,094	305	27.9
21대 (2020-2024)	23,655	1,395	5.9	831	212	25.5

자료: 국회 의안정보시스템[15]
21대 국회 자료는 전진영, 김현아(2024).

15 http://likms.assembly.go.kr/bill/stat/statFinishBillSearch.do

의 수를 비교하면 거의 30배 가까이 그 수가 증가했음을 알 수 있다. 그러나 이에 비해 의원 법안의 가결률은 점차 낮아지고 있다. 18대, 19대 국회에서 의원의 법안 가결률은 13~14% 수준에 머물렀다. 의원발의안의 급증이 의원의 입법 활동이 예전보다 활발해진 증거로 볼 수는 있을 것이다. 하지만 양적 증가에도 불구하고 가결율이 점차 낮아지고 있는 것은 내용과 형식에서 졸속 발의되는 법안이 늘어나고 있기 때문이다. 즉 유사한 내용의 법안이 이미 발의되어 있음에도 불구하고 법안의 자구를 몇 개 수정하거나 비현실적인 비용 추계서를 첨부하는 등의 문제를 보이는 것이다(전진영, 2010: 188).

그런데 주목할 점은 정부에서 제출한 법안의 가결율 역시 낮아지고 있다는 점이다. 13대에서 16대 국회까지는 최소한 70% 이상의 가결율을 보였지만, 그 이후에는 50% 혹은 그보다 낮은 비율을 보이고 있다. 여기에는 여러 가지 요인이 있을 수 있지만, 국회의 자율성, 특히 대통령으로부터의 집권당의 자율성이 상대적으로 높아지면서 과거처럼 대통령의 뜻에 따라 정부 법안을 그대로 통과시키는 경우가 줄어들었기 때문이다. 또한 법안에 대한 여론의 반응에도 국회가 민감해졌기 때문에 여론이 부정적이거나 대통령에 대한 여론의 지지가 낮은 경우에는 국회에서의 법안 통과에 부정적 영향을 받게 된다(유현종, 2010).

법안의 처리과정은 다음과 같다(전진영, 2010: 190-202). 의원이나 정부에 의해 법안이 제출되면 국회의장은 본회의에 보고한 후 소관 상임위원회에 회부한다. 법안의 내용이 다른 위원회의 소관 사항과 관련이 있다고 판단될 경우 2개 이상의 위원회에 복수로 회부할 수 있다. 법안이 상임위원회에 회부되면 '법안 제안자의 취지 설명 → 전문위원의 검토 보고 → 대체토론[16] → (공청회) → 소위원회 심사 → 축조 심사[17] → 찬반토론 → 표결'의 순서로 법안 심사가 이뤄진다. 법안이 위원회를 통과하는 경우는 원안가결과 수정가결로 구분할 수 있다. 최근 들어서는 위원회 논의 단계에서 수정된 수정가결의 비율이 높아지고 있다. 법안이 해당 위원회를 통과하면, 앞서 언급한 대로, 체계·자구심사를

16 대체(大體)토론은 "안건 전체에 대한 문제점과 당부(當否)에 관한 일반적 토론을 말하며 제안자와 질의·답변을 포함한다"(국회법 58조 1항).

17 축조(逐条)는 조문을 하나씩 순서대로 좇아간다는 의미로, 축조 심사는 법안을 조목별로 검토한다는 뜻이다.

위해 법사위원회의 심사를 거쳐야 한다. 법사위원회를 거친 법안은 본회의에 상정된다. 상임위원회의 심의를 거치지 않고 국회의장이 본회의에 법안을 직권 상정할 수도 있다. 또한 법안이 본회의에 상정되기 전이나 상정된 이후에 재적 의원 1/4의 요구가 있으면 전원위원회를 개최할 수 있다.

의안이 본회의에 상정되면 위원장의 심사보고 이후 의원들의 질의와 찬반 토론이 가능하지만, 대부분의 경우에는 이러한 절차 없이 의결되는 것이 일반적이다. 본회의에서도 수정안 제출이 가능한데 예산안의 경우 50인 이상, 그 이외에는 의원 30인의 찬성이 필요하다. 본회의의 심의를 마친 법안은 표결에 부쳐진다. 일반적으로 법안은 재적의원 과반수의 출석과 출석의원 과반수의 찬성으로 의결한다. 그러나 국회의장, 부의장 선거, 계엄 해제요구, 국무총리 및 국무위원 해임건의안, 국무총리 및 국무위원에 대한 탄핵소추 의결은 재적의원 과반의 찬성이 필요하며, 헌법 개정, 의원 제명, 대통령에 대한 탄핵소추, 의원 자격 상실 등을 결정하기 위해서는 재적의원 2/3의 찬성이 필요하다. 대통령의 거부권 행사로 환부된 법안의 재의결, 그리고 번안동의(飜案動議), 즉 본회의에서 일단 의결한 사항을 다시 심의하는 경우에는 재적의원 과반수의 출석과 출석 의원 2/3 이상의 지지로 확정된다.

표결은 전자표결로 이뤄지고 있어 대부분의 경우 각 의원의 찬반 입장을 확인할 수 있다. 1999년 3월 9일 약사법 개정 법률안에 대해 처음으로 전자표결을 사용한 바 있고, 2002년 2월 16일 국회법 개정으로 일반적으로 사용하게 되었다. 그러나 국회 내에서의 선거, 대통령의 거부권 행사로 환부된 법안의 표결, 인사에 관한 안건, 국무총리와 장관에 대한 해임건의안, 이 밖에 의장의 제의나 의원의 동의로 본회의 의결이 있는 경우, 재적의원 1/5 이상의 요구가 있는 경우에는 무기명으로 표결이 이뤄질 수 있다. 본회의에서 의결된 법안은 정부에 이송되며 대통령이 15일 이내에 공포한다. 대통령이 이의가 있는 경우에는 15일 이내에 이의서를 첨부하여 국회로 환부한다. 거부권으로 환부된 법안에 대해 재적의원 과반수의 출석과 출석의원 2/3의 지지를 얻으면 법률로 확정되고 그 조건을 충족하지 못하면 폐기된다.

(2) 예산, 결산

서구 정치사에서 의회 정치의 발전에는 세금 문제가 중요한 요인이 되었다. '대표 없이 과세 없다(no taxation without representation)'는 표현은 의회 정치에서 예산, 결산 권한의 중요성을 잘 나타내고 있다. 그만큼 의회 정치에서 예산의 편성과 결산은 큰 의미를 갖는다. 예산의 편성, 심의, 집행과 결산 및 회계의 네 단계에서 예산의 편성과 집행의 권한은 행정부가 갖고, 심의와 결산 및 회계는 입법부가 갖는다. 행정부는 예산안을 회계연도 개시 120일 전까지 국회에 제출하고 국회는 회계연도 30일 전까지 의결해야 한다. 행정부가 국회에 예산안을 제출할 때는 본회의에서의 시정연설을 하도록 국회법에 규정되어 있다. 1948년 9월 30일 이승만 대통령이 국회에서 최초로 '대통령 시정 방침 연설'을 했다. 권위주의 시대에는 총리가 대독(代讀)하는 것이 일반적이었으나, 민주화 이후에는 대통령이 직접 국회를 찾아 시정연설을 하는 경우가 잦아졌다. 예산안 제출은 1962년 제3공화국 헌법에서는 회계연도 개시 120일 전까지였으나 1972년 유신헌법을 만들면서 90일 전으로 바뀌었고 이는 오늘날까지도 이어지고 있다.

우리나라에서는 예산법률주의를 택하고 있지 않아서, 국회가 예산법이 아니라 '예산안'을 심의, 의결한다. 예산 심의 과정에서 국회가 예산안의 삭감 등의 조치는 가능하지만 예산항목의 변경, 조정, 총예산을 초과한 예산의 증액은 허용되지 않고 있다.

예산안 확정은 행정부가 예산안을 편성하여 국회에 제출하면, 국회 각 상임위원회에서의 예비심사를 거쳐, 예산결산특별위원회(예결특위)에서의 종합적인 심사와 의결을 하고 나면, 본회의로 넘겨져 재적의원 과반수의 출석과 출석의원 과반수의 찬성으로 의결된다. 국회의 예결산 과정은 이처럼 상임위원회에서의 예비심사와 예결특위에서의 본심사로 이원화되어 있다. 상임위원회의 예비심사 기능을 부여한 것은 심의의 분야별 전문성을 높이고, 여론 수렴의 폭을 확대하며, 의원들의 참여를 확대함으로써 민주적인 의사결정을 가능하게 하기 위함이다. 또 다른 현실적 문제는 예산심사라는 국회의 가장 중요한 권한을 단일 위원회에 전담시키는 것은 부당하기 때문에 위원회 간 균형 유지라는 차원에서 상임위원회의 예비심사권을 부여했다(박찬표, 2002: 52－53). 예결특위가 상임위원회 예비심사 내용을 존중하도록 되어 있지만, 그것이 법적 구속력을 갖는 것은 아니다. 따라서 예결특위의 심사와 의결은 상임위원회에서의 심사와 무관하게 이뤄지는 경우가 대부분이며, 그런 점에서 예산심사에서 실질적인 권한은 예결위에 부여되어 있다.

그런데 의회의 재정 통제권이라는 관점에서 볼 때 우리 국회의 예산, 결산 심의 과정에서 본래의 기능이 충분히 수행되어 왔다고 보기는 어렵다. 과거 권위주의 체제에서 국회는 행정부에 의해 입안된 예산을 통과시키는 역할에 그쳤고, 국회 스스로도 예결산 심의권을 경시하거나 지역구 이익 챙기기의 수단이나 정치적 협상의 수단으로 삼는 등 스스로의 권능을 폄하시켜 왔다. 이러한 양상은 민주화 이후에도 근본적으로 바뀌지 않았다(박찬표, 2002: 50).

예산 심의와 관련된 또 다른 문제는 짧은 심사기간이다. 회계연도(매년 1월 1일) 120일 전, 곧, 9월 2일까지 예산안을 제출하면 회계연도 30일 이전, 즉 12월 2일까지 국회는 이를 의결해야 한다. 이처럼 현행법상 국회의 예산 심의 기간은 60일에 불과하다. 게다가 2001년 기금관리기본법 제정으로 60여 개의 기금의 운영계획안이 국회의 심의 대상으로 추가되어 예결특위가 담당해야 할 업무는 더욱 늘어났다. 한편 50명으로 구성되는 예결위원의 임기는 1년으로, 잦은 교체로 인해 심의의 계속성이나 전문성 축적은 쉽지 않다. 의정활동의 경험이 많지 않은 초선의원의 비율도 높은 편이다. 또한 예결특위에 소속된 의원들은 다른 상임위원회 위원을 겸임하고 있기 때문에 정기국회 기간 중 실시되는 국정감사 및 소관 상임위원회 활동에도 상당한 시간을 써야 하는 입장이다. 겸직으로 인해 소속 상임위원회나 관련 부처로부터의 압력도 받을 수밖에 없다(전혜원, 2010: 227－231).

예산안 처리는 정책을 집행해야 하는 행정부 입장에서 볼 때 매우 중대한 사안이다. 여당은 대체로 사전에 당정협의를 통해 조율을 거치기 마련이다. 여당은 예산안과 관련해서 정부를 지원해야 하는 입장이다. 이에 비해 야당에게 예산안은 정부－여당에 대한 공세를 펴기가 좋은 대상이 된다. 이 때문에 국회에서 예산안 처리는 항상 여야 간 정쟁의 대상이 되어 왔고, 이 때문에 법정 예산안 처리 일자를 지키지 못한 경우가 많았다. 예산안 심사 파행이 반복되어 온 이유는 그것을 쟁점법안의 처리나 정치 투쟁과 연계시켜 온 정치적 관행 때문이다. 다른 의안 심사와 마찬가지로 예산안 심사 역시 원내교섭단체 간 협의를 통해서 이루어지는데, 야당은 예산안 심사를 쟁점법안의 처리에서 유리한 위치를 선점하기 위한 협상 카드로 이용해 온 것이다(박경미 외, 2012: 82). 2012년 국회법 개정, 이른바 국회선진화법에서는 예산안과 예산 부수법안 심사가 11월 30일까지 완료되지 않을 경우, 12월 1일 본회의에 자동 부의되도록 했다. 다만 국회의장과 교섭단체대표들이 합의할 경우 조정할 수 있도록 했다.[18]

그런데 2024년 정기국회에서 국회 다수 의석을 차지한 야당인 더불어민주당은 감액만 반영한 예산안을 예산결산위원회와 본회의에서 단독으로 처리했다. 대통령비서실과 국가안보실, 검찰·경찰 특수활동비를 전액 삭감했고, 정부 예비비를 절반으로 줄였다. 여야 합의 없이 예산안이 통과된 것은 우리 헌정사에서 처음 있는 일이었다.[19]

결산은 조기결산심사제도의 도입을 통하여 국회는 정부 결산을 다음 회계연도 5월 31일까지 제출하도록 법제화하였으며, 국회의 결산에 대한 심의·의결은 정기회 개회 전까지 완료하도록 하였다. 종전에는 정부가 결산 안을 정기국회의 개회 전에 제출하고, 각 상임위원회가 국정감사 실시 전까지 결산예비심사를 마치도록 함으로써 국회의 실제 결산 심사시간은 3~5일에 불과하였으나, 조기결산심사제도을 통해 국회는 약 3개월의 결산심사기간을 확보하게 되었다(김준석, 2006: 6-7). 정부가 국회에 결산 보고서를 제출하면, 예산심의와 마찬가지로, 각 상임위원회에서 국정감사 이전에 예비심사를 하고, 그 후 예결특위에서 종합심사를 거친 후 본회의에 부의되어 의결하도록 하고 있다. 한편, 감사원은 정부의 결산검사 의뢰를 받아 결산검사를 하고, 그 결과를 정부에 통보하고 국회에 결산검사보고서를 제출한다. 2003년 개정된 국회법은 결산에 대한 국회의 권한을 다소 강화했다. 결산의 심사결과 위법 또는 부당한 사항이 있는 때에 국회는 본회의 의결 후 정부 또는 해당기관에 변상 및 징계조치 등 그 시정을 요구하고, 정부 또는 해당기관은 시정요구를 받은 사항을 지체 없이

18 국회선진화법을 만든 이후에도 2018년 예산안의 경우 법정기일을 나흘 지난 2017년 12월 6일 통과되었다.

19 "우려스러운 사상 초유의 야당 단독 예산안 통과" (중앙일보 2024.12.11.) https://www.joongang.co.kr/article/25298985

처리하여 그 결과를 국회에 보고하도록 했다. 또한 국회는 그 의결로 감사원의 직무범위에 속하는 사항 중 사안을 특정하여 감사를 요구할 수 있게 했다. 즉 결산 결과 문제가 있다고 판단되는 사안에 대해서는 감사원에 감사를 청구할 수 있는 것이다. 이 경우 감사원은 감사 요구를 받은 날부터 3월 이내에 감사 결과를 국회에 보고하여야 한다.

최근 들어 국회의 재정통제권은 다소 개선되고 있다. 우선 2000년의 국회법 개정으로 예결위는 상설특별위원회로 변경되었다. 과거와 달리 정기국회 때가 아니더라도 예결위의 회의를 열 수 있게 되었다. 또한, 앞서 언급한 대로, 2001년의 법 개정은 국회가 예산안을 포함하여 기금운용계획안과 기금결산 또한 심의하고 확정할 수 있도록 권한을 확대하였다. 그리고 감사원에 대한 감사청구제도도 도입되었다. 또한 2004년 국회예산정책처의 설립으로 예산 심의에 대한 국회의 전문성을 높일 수 있게 되었다(김준석, 2006: 7-9).

(3) 국정조사, 국정감사

국정감사 제도는 국회가 매년 정기적으로 정기국회 기간 중 국정 전반에 걸쳐 감사하는 제도이다. 국정감사는 행정 전반에 대한 감시를 통해 국회가 행정부의 정책 집행을 가장 직접적으로 파악하고 견제할 수 있는 수단이다(최정인·김지, 2010: 1). 외국의 경우 의회가 국정조사 기능은 수행하지만 별도의 국정감사 제도를 갖추고 있지는 않다는 점에서 우리 국회가 갖는 고유한 기능이다. 우리나라에서 국정감사 제도는 매우 오랜 역사를 갖고 있다. 국정감사는 제헌헌법에서 규정된 것으로, 최초의 국정감사는 1949년 12월 5일부터 5개 위원회에서 15일 간 진행되었다.[20] 우리나라의 '강한' 대통령제하에서 국정감사는 국회가 대통령과 행정부를 견제할 수 있는 중요한 제도적 장치였다. 그러나 박정희 정권이 유신헌법을 만들면서 폐지했다.[21] 전두환 정권에서도 폐지된 채로 있었고, 1987년 민주화가 되면서 국정감사 제도가 부활하게 되었다.

---

20 제헌헌법 제43조 국회는 국정을 감사하기 위하여 필요한 서류를 제출케 하며 증인의 출석과 증언 또는 의견의 진술을 요구할 수 있다.

21 1972년 10월 17일 박정희 대통령이 유신과 관련한 특별선언을 하고 국회를 해산했던 그 날은 국회의 국정감사 중이었다.

국정감사의 대상은 국정 전반으로 포괄적으로 규정하고 있으나 그 대상 기관은 해당 상임위원회가 자체적으로 선정할 수 있는 위원회 선정 대상 기관과 본회의의 승인을 받아야 하는 본회의 승인 대상 기관으로 나눌 수 있다(이현출, 2010: 303). 국정감사는 원칙적으로 매년 9월 10일부터 20일 간 각 상임위원회에서 주관하여 실시하는 것으로 규정되어 있지만, 본회의 의결에 의하여 실시 시기를 변경할 수 있다. 실제로는 매년 9월 중순에서 10월 초순 사이에 국정감사가 시작되고 있다. 그런데 국정감사 기간이 예산안 및 법률안 심사와 중복되어 국정감사에 역량을 집중하기 어렵고, 짧은 기간 동안 많은 피감기관에 감사를 진행해야 하기 때문에 심도 있는 논의와 심층적인 감사를 행하기 어렵다는 문제점이 있다. 또한 국정감사가 행정부에 대한 국회의 감사라는 측면보다, 대통령과 집권당에 대한 야당의 비판과 공세라는 특성이 강해서, 정책과 제도의 개선을 위한 '정책 감사'라기보다 정치적 현안과 주요 정책에 대한 정치적 공세인 '정치 감사'의 경향도 나타나고 있다(최정인·김지, 2010: 10-13).

한편, 국정조사는 국회가 입법권, 재정에 관한 권한, 국정통제권 등을 행사하기 위하여 특정의 국정 사안에 관하여 조사하는 것이다. 우리 국회의 국정조사제도 역시 제헌국회에서부터 운영되어 왔다. 1948년 제정된 「국회법」 제72조에 따르면 "국회는 의안 기타 국정에 관한 사항을 심사 또는 조사하기 위하여 의원을 파견할 수 있다"고 규정하였다. 이후 1973년에 유신헌법의 후속조치로 개정된 「국회법」에서는 국정조사 관련 조문이 삭제되었다가, 1975년 제9대 국회에서 개정된 「국회법」에 다시 법적 근거가 마련되었다. 1980년 제5공화국 헌법에서는 국회의 국정조사권에 대한 헌법적 근거가 마련되었다. 1987년 개정된 헌법에서는 '국회는 국정을 감사하거나 특정한 국정사안에 대하여 조사'할 수 있도록 규정하고 있다(전진영·최정인, 2014; 1).

국정조사는, 정기국회 때 국정 전반에 대하여 감사하는 국정감사와 달리, 특정한 사안을 대상으로 부정기적으로 조사가 이뤄진다. 국정조사는 국회 재적의원 1/4 이상의 조사 요구서 제출로 개시되고, 상임위원회 또는 조사특별위원회가 조사를 수행하게 된다. 조사위원회가 제출한 국정조사 계획서는 본회의 의결을 거쳐야 국정조사가 이뤄질 수 있다. 가결을 위해서는 재적의원 과반수의 출석과 출석 의원 과반수의 찬성이 필요하다. 그동안 행해진 국정조사의 사

표 2-6 각 국회별 주요 국정조사 사례

국회	연도	국정조사 주제
13대	1988	제5공화국에서의 정치 권력형 비리 조사
	1988	5.18 광주 민주화운동 진상조사
14대	1993	평화의댐 건설 국정조사
	1993	12.12 쿠데타적 사건 및 율곡사업 국정조사
	1995	삼풍백화점 붕괴 사건에 대한 국정조사
15대	1997	한보사건 국정조사
	1998	한국조폐공사 파업유도 진상조사
	1999	IMF 환란위기규명과 경제위기 진상조사를 위한 국정조사
16대	2000	한빛은행 대출관련 의혹사건 등의 진상조사를 위한 국정조사
	2000	공적자금의 운용 실태 규명을 위한 국정조사
17대	2004	이라크 내 테러집단에 의한 한국인 피살 사건 관련 진상조사를 위한 국정조사
	2005	쌀 관세화 유예 연장 협상의 실태규명을 위한 국정조사
18대	2008	미국산 쇠고기 수입 위생조건 개정 관련 한미기술협의의 과정 및 협정내용의 실태규명을 위한 국정조사
	2011	저축은행 비리 의혹 진상 규명을 위한 국정조사
19대	2014	세월호 침몰사고의 진상 규명을 위한 국정조사
	2015	정부 및 공공기관의 해외자원개발 진상 규명을 위한 국정조사
20대	2016	가습기 살균제 사고 진상 규명과 피해구제 및 재발방지 대책 마련을 위한 국정조사
	2016	박근혜 정부의 최순실 등 민간인에 의한 국정농단 의혹 사건 진상규명을 위한 국정조사
21대	2022	용산 이태원 참사 진상 규명과 재발방지를 위한 국정조사

례를 보면, 특정한 국가 정책에 대해 실시되기보다 정치적으로 논란이 큰 비리나 의혹 사건이 발생한 경우 그 진상을 국회 차원에서 규명하기 위해 실시되어 온 경향이 강했다. 이 때문에 국정조사는 종종 여야 간의 정치적 갈등으로 확산되고 결국 국정조사 결과보고서를 국회가 채택하지 못한 경우도 많았다.

(4) 인사청문회

인사청문회는 대통령의 인사권에 대한 견제 기능을 국회가 수행하는 것이다. 인사청문회는 대통령이 임명한 행정부의 고위 공직자를 대상으로 국회가 국정수행 능력과 자질 등을 검증하는 제도로 2000년 6월 도입되었다. 국회는 인사청문회를 통해 중요한 국가 공직자의 임명 전 후보자의 자질과 업무적합성 등을 검증할 목적으로 공직 후보자를 국회에 출석시켜 질의하고 답변과 진술 등을 듣는 청문회를 개최할 수 있다. 대의기관으로서 국회가 고위 공직후보자가 해당 직위에 적합한 인물인지를 검증하는 절차를 거침으로써 고위공직자 임명의 정당성을 확보하고, 또 한편으로는 국회가 대통령의 인사권이나 사법부의 구성을 견제하는 기능을 수행한다고 할 수 있다(전진영·김선화·이현출, 2009).

인사청문회 제도 도입 이전에 대통령은 어떠한 제도적, 정치적 견제도 받지 않았기 때문에 자의적으로 고위공직자를 임명할 수 있었다. 그런데 이런 경우 전문성이나 능력보다 정치적 충성도 혹은 지연, 학연 등으로 인한 정실인사 혹은 편중 인사가 자주 이뤄져 왔다. 자격이 미달된 인사가 고위직에 임명됨으로써 행정부의 효율적이고 효과적인 업무수행이 이뤄지지 못하거나 정치적 논란의 대상이 되는 일도 종종 발생했다. 이러한 문제를 해결하기 위해서 국회가 대통령이 정한 내정자의 자격과 자질 등에 대해 심의하는 절차를 공직 임명 과정에 도입하게 되었다(최준영, 2010: 275－276).

인사청문회법이 제정되기 전에는 대통령이 주요 헌법 기관의 공직자에 대한 임명동의를 요청하면 국회 본회의에서 의원들의 표결에 의해 가부가 결정되었다. 하지만 2000년 2월 16일 국회법 개정을 통해 헌법에 의하여 국회의 임명동의를 요하는 대법원장, 헌법재판소장, 국무총리, 감사원장 및 대법관과, 국회에서 선출하는 헌법재판소 재판관 및 중앙선거관리위원회 위원에 대해 인사청문특별위원회를 구성하도록 했다. 2003년 2월 국회법 개정에서는 국가정보원장, 국세청장, 검찰총장, 경찰청장에 대해 소관 상임위원회별로 인사청문회를 실시하도록 인사청문회 대상을 확대했다. 또한 2005년 7월에는 대통령과 대법원장이 요청한 헌법재판소 재판관과 중앙선거관리위원회 위원, 그리고 국무위원에 대해서까지 인사청문 대상을 다시 확대했다. 2006년 12월 국회법 개정에서는 합동참모본부 의장, 2008년 2월 개정에서는 방송통신위원회 위원장을, 그리고 2014년 제정된 특별감찰관법에서는 특별감찰관[22]을 인사청문회 대상으로 포함했다. 2019년 12월 '고위공직자범죄수사처 설치 및 운영에 관한 법

22 대통령 측근과 친인척 비리를 감시하는 역할을 담당하는 차관급 정무직 공무원이다, 감찰 대상은 대통령의 배우자와 4촌 이내 친족, 대통령 비서실의 수석비서관급 이상이다.

표 2-7 국회 인사 청문 대상

청문주체	구분	직책	인원
인사청문 특별위원회	국회 동의 대상	국무총리, 대법원장, 헌법재판소장, 감사원장, 대법관 13명	17명
	국회 선출 대상	헌법재판관 3명, 중앙선거관리위원 3명	6명
소관 상임위원회	주요 기관장	국정원장, 국세청장, 검찰총장, 경찰총장, 합동참모본부 의장, 방송통신위원장, 공정거래위원장, 금융위원장, 국가인권위원장, 한국은행 총재, 특별감찰관, 한국방송공사 사장 고위공직자범죄수사처장	13명
	헌법재판소 재판관	대통령 임명 2명, 대법원장 지명 3명	5명
	중앙선거관리위원회 위원	대통령 임명 3명, 대법원장 지명 3명	6명
	국무위원	국무위원	19명
합계			66명

률안'이 국회를 통과한 이후에는 고위공직자범죄수사처장도 인사 청문 대상에 포함되었다.

국회의 인사 검증은 임명동의안이 국회로 제출되면, 국회는 임명동의안이 회부된 날로부터 15일 이내에 인사청문회를 마쳐야 하는데, 인사청문회의 기간은 3일 이내이다. 그리고 국회의 인사청문은 20일 이내에 완료해야 한다. 청문회 준비과정에서 해당 위원회는 국가 기관이나 지방자치단체, 그 밖의 기관에 공직후보자와 관련된 자료를 부탁할 수 있고 해당 기관은 5일 이내에 자료를 제출하여야 한다.

인사청문회를 마친 후 위원회는 3일 이내에 심사경과보고서 혹은 인사청문경과보고서를 작성하여 국회의장에게 제출해야 한다. 국회의 동의가 필요한 경우에는 국회의장은 이를 본회의에 상정하고 재적의원 과반수의 출석과 출석의원 과반수의 찬성에 의해 임명동의안이 인준된다. 국회의 임명동의가 필요하지 않은 공직의 경우에는 인사청문회를 제대로 마치지 못했거나, 혹은 인사청문경과보고서가 작성되지 못했더라도 대통령 혹은 대법원장이 그 후보를 임명할 수 있다. 하지만 인사청문회를 통해 드러난 공직 후보자의 역량이나 도덕성에 대한 비판 여론이 크다면, 국회의 임명동의가 필요한 경우가 아니더라도, 대통령이 공직 후보 지명을 철회하는 일도 생겨나고 있다.

그런데 대통령의 자의적 임명권을 제한하고 공직 후보자의 자질과 능력을 검증한다는 본래의 취지와는 달리 인사청문회는 정파적 이해관계의 영향을 많이 받고 있다. 집권당 의원들은 대통령이 내정한 공직 후보자를 보호하기 위해 애쓰고, 야당 의원들은 비판하고 흠집 내려는 모습을 보이고 있다. 이로 인해 공직 후보자의 정책관이나 역량에 대한 검증보다 사적인 측면이나 도덕성을 중심으로 한, 이른바 '신상털기'식 인사청문회가 이뤄지는 경향도 나타나고 있다.

국회의 인준과정에서 부결되는 사례도 민주화 이후에는 종종 발생하고 있다.[23] 13대 국회에서 노태우 대통령이 지명한 정기승 대법원장 임명동의안이 1988년 7월 2일 사상 처음으로 부결되었다. 여소야대의 4당 구도였던 당시 투표에 참여한 295명 중 찬성 141, 반대 6, 기권 134, 무효 14로 과반에서 7표가 모자라 부결되었다. 김대중 정부에서도 장상, 장대완 총리 지명자에 대한 인준안이 부결되었다. 장상 총리 후보자의 경우 2002년 7월 31일 표결에서 찬성 100표, 반대 142표, 기권 및 무효 각 1표로 부결되었고, 장대완 총리 후보 역시 2002년 8월 28일 표결에서 찬성 112표, 반대 151표, 기권 3표로 부결되었다. 노무현 대통령이 임명한 윤성식 감사원장 후보자에 대한 2003년 9월 26일의 표결에서도 투표자 229명 중 찬성 87명, 반대 136명 기권 3명으로 부결되었다. 한편, 문재인 대통령이 지명한 김이수 헌법재판소장 후보자에 대한 2017년 9월 11일의 표결에서 293명 중 찬성 145표, 반대 145표, 무효 2표, 기권 1표 등으로 가결에서 2표가 부족하여 부결되었다.

2023년 10월 6일에는 윤석열 대통령이 지명한 이균용 대법원장 후보자에 대한 국회 임명동의안이 부결됐다. 국회 표결에서 출석의원 295명 가운데 찬성 118표, 반대 175표, 기권 2표로 부결됐다. 대법원장 임명 동의안의 부결은 두 번째로 노태우 대통령 때 이후 35년 만의 일이다.

23 제1, 2공화국 시기에 총리 인준이 일곱 차례 부결된 바 있다. 이윤영은 1948년 7월, 1950년 4월, 1952년 4월과 8월 네 차례 이승만에 의해 총리로 지명되었지만 국회 인준에서 모두 부결되었다. 또한 1950년 11월 지명된 백낙준, 1952년 11월 지명된 이갑성도 모두 국회에서 총리 인준이 거부되었다. 내각제였던 제2공화국 시기의 첫 총리로 김도연이 1960년 윤보선 대통령에 의해 지명되었지만 국회 인준에 실패했다. 5.16 군사정변 이후 개정된 1962년 헌법에서는 국회의 총리 인준 요건을 폐지했다.

(5) 국무총리, 국무위원 출석요구 및 대정부 질문

국회는 행정부 견제, 통제 기능 중 하나로 회기 중 기간을 정하여 국무총리와 국무위원을 국회에 출석하게 하여 국정 전반 또는 국정의 특정 분야를 대상으로 질문할 수 있다. 대정부질문은 각 질문마다 답을 하게 하는 일문일답의 방식으로 하도록 하고 있으며, 의원의 질문시간은 답변 시간을 제외하고 20분을 초과할 수 없도록 하고 있다. 의제별 질문 의원 수는 교섭단체별로 그 소속 의원수의 비율에 따라 국회의장과 원내대표들 간의 협의에 따라 배정하며, 교섭단체에 속하지 않는 의원의 질문자수는 의장이 각 교섭단체 대표의원과 협의하여 정한다.

일반적으로 대정부질문은 의원내각제 국가에서 활성화되어 있는 제도이지만, 우리나라에서는 제헌헌법에서부터 이러한 제도가 마련되었다. 제헌헌법 제44조에는 "국무총리, 국무위원과 정부위원은 국회에 출석하여 의견을 진술하고 질문에 응답할 수 있으며 국회의 요구가 있을 때에는 출석 답변하여야 한다."고 규정하고 있다. 이러한 조항이 포함된 것은 한국의 대통령제가 내각제와 대통령제의 혼합형으로 마련된 것과 관련이 있다. 1981년 11대 국회부터는 서면 질문제도가 도입되었다. 국회의원은 정부에 서면으로 질문하려고 할 때에는 질문서를 의장에게 제출하여야 하며, 정부는 질문서를 받은 날로부터 10일 이내에 서면으로 답변하여야 한다. 그 기간 내에 답변하지 못할 때에는 그 이유와 답변할 수 있는 기한을 국회에 통지하도록 했다. 또한 1994년 14대 국회 때는 '긴급현안질문제도'가 추가로 도입되었다. 긴급현안질문제도는 20인 이상 의원의 찬성으로 회기 중 현안이 되고 있는 중요한 사항을 정부에 질문하는 것이다. 국회의장의 결정 또는 본회의의 의결로 국회는 국무총리 또는 국무위원에 대한 출석 요구를 할 수 있다.

정기회 및 임시회 기간 중 일정 기간을 정하여 대정부질문을 정례적으로 실시하고 있으나, 질문과 답변이 형식적으로 흐르는 경우가 적지 않으며, 대정부 질문이 현안 정책에 대한 질문보다 정치적 목적에 의해 여야 간 정쟁의 장으로 변질되는 경우가 많았다. 또한 의원의 질문 방식도 논리적으로 따지기보다 '호통 치는' 형태로 이뤄지는 경우도 적지 않았다(이현출, 2010: 307). 한편, 과거 권위주의 시절에는 야당 의원들이 '국회에서 직무상 행한 발언'에 대한 면책특권을 이용하여 대정부 질문 때 정치적으로 민감한 사안을 제기하기도 했다.[24]

(6) 탄핵소추권

대통령을 비롯한 행정부의 고위직 공무원과 법관 등이 직무상 헌법이나 법률을 위배하여 중대한 비위를 범한 경우에 국회가 헌법이나 법률이 정한 절차에 따라 탄핵을 소추하는 권리를 갖고 있다. 국회가 탄핵소추를 행하면, 헌법재판소에서 이에 대한 최종 결정을 내리게 된다.

대통령, 국무총리, 국무위원, 행정각부의 장, 헌법재판소 재판관, 법관, 중앙선거관리위원회 위원, 감사원장, 감사위원 기타 법률이 정한 공무원이 그 직무집행에 있어서 헌법이나 법률을 위배한 때에는 국회는 탄핵의 소추를 의결할 수 있다(헌법 제65조 1항). 대통령에 대한 탄핵소추는 국회 재적의원 과반수의 발의와 재적의원 2/3 이상의 찬성이 필요하며, 다른 경우에는 재적의원 1/3 이상의 발의와 재적의원 과반수의 찬성으로 결정된다.

국회의 탄핵소추는 2004년 이전까지는 한 차례도 행해지지 않았다. 2004년 사상 처음으로 대통령에 대한 탄핵소추가 이뤄졌는데 최근에는 총리, 장관, 판사 등 다양한 공직자를 대상으로 국회의 탄핵소추가 빈번해졌다. 2004년 3월 12일 노무현 대통령이 '정치적 중립성 위반'했다는 이유로 새천년민주당과 한나라당, 자유민주연합 등 세 야당의 주도하에 탄핵 표결을 강행하여, 찬성 193표,

---

24 그러나 5공화국 시절 유성환 의원은 면책특권조차 인정받지 못했다.
「제12대 국회 때인 1986년 10월 14일, 정기국회 대정부질문 둘째 날로 정치에 관한 질문이 이어지고 있었다. 총리의 답변과 의사진행 발언, 여당 의원의 대정부 질문에 이어 야당인 신민당 유성환 의원이 등단하면서 여야 간에는 팽팽한 전운이 감돈다. 유성환 전 의원이 총리를 상대로 8분가량 질문을 이어갔고 곧이어 본회의장은 아수라장으로 변한다… 그날 발언의 일부는 다음과 같다. "총리, 우리나라의 국시가 반공입니까? 반공을 국시로 해두고, 올림픽 때 동구 공산권이 참가하겠습니까?… 나는 반공정책은 오히려 더 발전시켜야 된다고 보는 사람입니다. 그러나 이 나라의 국시는 반공이 아니라 통일이어야 합니다… 국가의 모든 정책, 사회기풍, 모든 역량을 통일에 집중할 때가 왔습니다. 우리가 추구하는 가장 위대하고 영원한 화해는 통일입니다." 유성환 전 의원의 발언은 좀 더 이어지다 강제로 중단된다. 곧이어 3일간 가택연금에 들어갔고 국회에서 여당 단독으로 체포동의안이 통과되어 10월 17일 영등포 교도소에 구속, 수감된다. 죄목은 국가보안법 위반이었다.」
"이 나라의 국시는 통일이다"–'통일 국시 사건'을 증언한다 – 유성환 전 의원" [국회보 2012년 10월호] (2012. 10. 9)

반대 2표로 탄핵소추안이 통과되었다. 그러나 노 대통령에 대한 탄핵에 대한 여론은 대단히 부정적이었으며, 이에 반대하는 대규모 촛불집회가 열렸다. 4월 15일 실시된 17대 국회의원 선거는 탄핵에 대한 국민투표 성격을 가졌다. 여당인 열린우리당이 152석으로 단독 과반 의석을 차지하며 선거에 승리했고, 그 해 5월 14일 헌법재판소에서 탄핵소추안이 기각되며 노무현은 다시 대통령 직무에 복귀하였다.

한편, 박근혜 대통령은 비선 측근인 최순실의 국정농단과 부패 사건이 언론에 의해 폭로되면서 박근혜 대통령의 탄핵을 요구하는 대규모 촛불집회로 이어지게 되었다. 결국 2016년 12월 국회에서 박근혜 대통령에 대한 탄핵소추가 투표자 299명 중 찬성 234명, 반대 56명, 기권 2명, 무효 7명으로 가결되었다. 이듬해 2017년 3월 10일 헌법재판소에서 재판관 전원 일치로 탄핵소추안이 인용되면서 박근혜는 대통령직에서 파면되었다.

법관에 대한 탄핵도 이뤄졌다. 2021년 2월 1일 당시 여당인 더불어민주당 등 국회의원 161명은 임성근 부장판사가 다른 법관의 재판에 관여했다는 이유로 '법관 탄핵소추안'을 발의했고, 2월 4일 국회 표결에서 찬성 179, 반대 102, 기권 3, 무효 4로 가결되었다. 헌정사상 처음으로 법관에 대한 탄핵소추가 이뤄졌다. 그러나 2021년 10월 28일 헌법재판소는 탄핵 심판에 회부된 임 전 부장판사가 임기 만료로 퇴직한 상태라는 점을 들어 각하 결정을 내렸다.

그런데 2022년 윤석열 정부 출범 이후에 야당이 주도하는 국회의 탄핵이 매우 빈번해졌다. 더불어민주당이 주도한 범야권은 윤석열 정부 출범 이후 2년 7개월 동안 모두 30번 탄핵안을 발의했고, 이 가운데 13건을 본회의에서 통과시켰다. 헌법 제65조 제3항은 "탄핵 소추의 의결을 받은 자는 탄핵 심판이 있을 때까지 그 권한 행사가 정지된다."라고 규정하고 있다. 해임에 대한 강제력이 없는 국무위원 해임건의안과 달리, 이처럼 탄핵 소추는 대통령의 인사에 대한 개입과 도전이 될 수 있다(강원택 2025: 49). <표 2-8>에서 보는 것처럼, 탄핵의 대상은 대통령뿐만 아니라, 국무총리, 장관, 검사, 감사원장, 경찰청장 등 다양한 공직을 포함하고 있다. 그러나 국회에서의 잦은 탄핵 소추는 정치적으로 그리 바람직한 현상으로 보기는 어렵다.

표 2-8 윤석열 정부 시기에 국회에서 탄핵 소추된 고위 공직자

시기	이름, 부서
2023. 2. 8	이상민 행정안전부 장관
2023. 9. 21	안동완 검사
2023. 12. 1	손준성 검사
	이정섭 검사
2024. 8. 1	이진숙 방송통신위원장
2024. 12. 5	최재해 감사원장
	이창수 서울중앙지방검찰청장
	조상원 차장 검사
	최재훈 부장검사
2024. 12. 12	박성재 법무부 장관
	조지호 경찰청장
2024. 12. 14	윤석열 대통령
2024. 12. 27	한덕수 권한 대행 겸 국무총리

자료: 매일신문(2024.12.30.)

(7) 국무위원 해임건의

국회는 국무위원에 대한 해임건의 권한도 갖고 있다. 국회는 국무총리와 국무위원의 해임을 대통령에게 건의할 수 있다. 해임건의안은 재적 의원 1/3 이상의 발의에 의해 이뤄지며, 본회의에 보고된 때로부터 '24시간 이후 72시간 이내'에 무기명투표로 표결해야 하며, 이 시간 안에 표결하지 못하면 폐기된 것으로 본다. 해임건의안이 통과하려면 재적의원 과반수의 찬성이 필요하다.

대통령제에서 내각은 대통령이 임명하는 대통령 개인의 보좌조직이다. 따라서 국회의 장관 해임건의는 개별 각료가 대통령에게 책임을 지는 대통령제의 운영 원리에 부합하지 않을 수 있지만, 우리나라에서 국회의 이런 권한은 오랜 역사를 갖고 있다. 제헌헌법에서는 국회의 국무위원 해임건의권이 규정되지 않았다. 국무총리, 국무위원에 대한 탄핵소추 제도만 두고 있었다. 그러나 국무위원 해임건의 조항은 이승만이 국회의 반대를 무릅쓰고 강행한 1952년 부산정치파동과 함께 헌법에 포함되었다. 당시 내각제를 선호하던 국회의원 다수의 입장을 고려한 인상을 주기 위해 양원제와 일부 내각제 요소를 담은 이른바 발췌개

헌안에서 국무원 전체에 대한 민의원(民議院)의 불신임 제도를 포함했다. 그리고 이 조항은 1954년 3선 출마를 허용하도록 한 이른바 사사오입(四捨五入) 개헌에서 개별 국무위원에 대한 불신임 결의를 가능하도록 수정했다. 내각제였던 1960년 제2공화국 헌법에서는 당연히 내각불신임 권한이 포함되어 있었다. 그리고 이 권한은 5.16 군사정변 이후 대통령제로 회귀하면서 1962년 개정 헌법에서는 국무총리 또는 국무위원에 대한 해임건의로 수정되었고, 해임건의가 있으면 특별한 사유가 없는 한 해임해야 한다고 규정했다. 유신헌법과 5공 헌법에서는 국무위원에 대해 개별적으로 해임을 의결하도록 했지만 국무총리에 대한 해임 의결은 국무총리와 국무위원 전원을 해임하도록 했다. 민주화 이후인 87년 헌법에서는 1962년 헌법과 같이 해임건의로 수정되었지만, 당시처럼 '특별한 사유가 없는 한 해임해야 한다'는 규정은 삭제했다. <표 2-9>에서 보듯이, 지금까지 아홉 차례 국무위원 해임 결의 혹은 건의가 국회를 통과했다.

이승만, 박정희 대통령 때는 해임 결의를 수용하도록 규정되어 있었기 때

표 2-9 국회의 역대 국무위원 해임건의

시기	이름	부서	이유	대통령	비고
1955년 (3대 국회)	임철호	농림부	양곡, 비료 정책 실패, 쌀값 밀가루 가격 폭등	이승만	-
1969년 (7대 국회)	권오병	문교부	중학교 무시험 입학제 실패 등	박정희	3선 개헌 반대 친김종필 계 반발
1971년 (8대 국회)	오치성	내무부	실미도 사건 등 치안 문제, 경찰 간부 인사	박정희	김성곤 등 민주공화당 4인방 가결 주도, 몰락
2001년 (16대 국회)	임동원	통일부	햇볕정책 등 대북 정책 책임	김대중	김대중-김종필 공동정부 붕괴 직후
2003년 (16대 국회)	김두관	행정자치부	한국대학총학생회연합의 반미 시위 통제 못한 책임	노무현	여소야대. 한나라당 단독 처리
2016년 (20대 국회)	김재수	농림축산식품부	국회 인사청문회 부적격 의견에도 임명 강행	박근혜	국회의 해임건의 거부
2022년 (21대 국회)	박진	외교부	대통령의 영국, 미국 순방 중 논란	윤석열	국회의 해임 건의 거부
	이상민	행정안전부	이태원 참사 책임	윤석열	국회의 해임 건의 거부
2023년 (22대 국회)	한덕수	국무총리	이태원 참사 및 잼버리 파행 논란, 일본 후쿠시마 원전 오염수 방류 문제, 해병대 채상병 사망 사건 수사 관련 논란 등	윤석열	국회의 해임 건의 거부

문에 국회의 결의가 법적 구속력을 가졌다. 민주화 이후에는 법적 구속력은 규정하지 않았고 다만 정치적인 의미만을 갖는다. 다시 말해, 해임건의안이 통과되어도 해당 국무위원은 그 직을 유지할 수 있지만, 야당은 해당 국무위원과 관련된 논란이나 정책적 문제 등을 정치적으로 부각시킬 수 있었다.

국회에서 야당이 다수를 차지한 분점정부 상황이라면 국회를 장악한 야당에 '밉보이거나,' 김대중 정부에서 '햇볕정책'을 이끌었던 임동원 장관처럼 그 정부의 상징적인 정책을 추진하는 각료들은 언제나 야당의 해임건의의 대상이 될 수 있다. 그러나 대통령에게 의회 해산권을 부여하지 않는 상황에서 국회가 각료 해임권을 갖는 것은 대통령제하에서 제도적으로 적절한 방식이라고 보기 어렵다. 사실 21대 국회 이전까지 국무위원 해임 건의안은 사용은 매우 제한적이었다. 그만큼 과거에 야당은 대통령의 인사에 영향을 주는 행동에 대해 자제하는 모습을 보였다. 그러나 21대 국회에 들어서 2년 사이에 세 차례 국무위원 해임건의안이 통과되었다. 더욱이 그 이후에는 강제력이 없는 해임건의안 대신 탄핵소추안을 통과시키는 형태로 야당이 주도하는 국회는 대통령의 인사에 보다 직접적인 영향을 미치기 시작했다.

4. 한국 국회의 특성

(1) 정부-여당 대 야당, 입법부 대 행정부

미국형 대통령제에서 3권 분립은 매우 중요한 헌정의 원칙이다. 의회 의원들은 입법부의 일원으로 대통령이 이끄는 행정부의 활동을 견제하고 감시, 감독하는 기능을 수행한다. 그러나 한국 대통령제에서 국회의 역할은 미국과는 다소 다른 특성을 갖는다. 국회에서 의원들의 역할은 행정부 대 입법부라는 관계에서 수행되는 것이라기보다 오히려 정부–여당 대 야당이라는 틀 속에서 국회활동이 이뤄진다. 즉 국회의원들은 국회의 일원으로서 행정부로부터 독립된 기능을 하는 것이 아니라, 여당 의원들은 오히려 정부와 일체감을 가지면서 의정 활동을 한다(신명순, 1993: 337).

이러한 특성을 갖는 데는 몇 가지 이유가 있다. 우선 과거 권위주의 시대의 역사적 경험과 관련이 있을 것이다. 민주화 이전 시기에 한국의 여당은 정권 창출의 원동력이라기보다는 권력을 장악한 지도자의 손발 역할을 하는 "지원부대" 내지 "정치적 도구"에 불과하였다(김용호, 1996: 460). 즉 권위주의 정권은 지배의 형식적 정당성을 확보하기 위해 의회를 필요로 하였고, 여당은 그 안에서 야당을 무력화시키고 권위주의 통치를 관철하기 위한 첨병의 역할을 담당해 왔다. 하지만 민주화 이후에도 이런 경향은 계속되고 있다. 대통령이 여당의 총재를 겸임하고 당을 이끌었던 시기에, 여당 의원들은 입법부의 일원이지만 자기 당의 총재인 대통령의 국정 운영을 지원하는 역할이 보다 중요할 수밖에 없었다. 더욱이 김영삼, 김대중 대통령처럼 지역주의에 기반하여 공천권 행사 등 막강한 영향력을 갖는 당 총재인 대통령의 뜻과 다른 행동을 하기란 불가능했다(강원택, 1999: 269).

그러나 보다 본질적인 이유는 우리나라의 대통령제가 갖는 역사적 특성과 관련이 있다. 제1장에서 살펴본 대로, 한국의 대통령제는 대통령제와 내각제가 혼합된 특성을 갖고 있다. 이 때문에 행정부가 법안이나 예산안을 제출할 수 있는 권한을 갖고 있으며, 여당 의원이 장관으로 입각할 수 있다는 점에서 '정당정부(party government)'적인 특성도 지니고 있다.

이와 함께 정부-여당 대 야당의 특성을 갖게 한 또 다른 역사적 원인은 민주공화당의 창당과 그 역할 설정과 관련이 있다. 5.16 군사정변 이후의 군정기간 동안 김종필은 비밀리에 민주공화당 창당 작업을 하면서, 당 사무국이 인사, 재정, 공천 등을 모두 책임지는 강력한 사무국 중심체제의 정당 조직을 만들었다(김용호, 2013: 9-10). 이른바 '김종필 플랜'의 핵심은 당이 국가 운영의 중심적 역할을 하도록 하려는 것이었다. 이로 인해 박정희 집권 초 당정 간에 강력한 연계가 만들어졌고, 당정협의회는 중요한 기능을 했다. 제3공화국 출범 이후에는 김종필에 대한 견제 등으로 원래 계획보다는 당의 영향력이 축소되었지만, 당정협의회는 한국정치에서 매우 중요한 관행으로 그 이후 계속 남아 있게 되었다. 정부-여당의 긴밀한 협의가 정책 결정과 추진에 중요했으며, 의회 정치 역시 정부-여당 대 야당의 구도가 확립되었다.

우리나라에서 행정부가 제출한 법안은 가운데는 여당의 정강, 정책을 실현하거나 혹은 대통령의 선거 공약을 실현하기 위한 경우가 작지 않다. 더욱이 법안 제출 이전에 당정협의나 당내 협의를 거치기 때문에 국회에 제출된 정부안에 대해 여당은 통과에 주력할 것이고 야당은 이를 저지하거나 반대하는 입장에 놓이게 되는 것이다(박찬표, 2002: 100). 그런 점에서 우리 국회가 정파적 관계를 초월하여 '행정부 대 입법부'간의 대립이라는 형태로 변화할 것으로 보기는 어렵다.[25] 민주화 이후 국회의 권한이 꾸준히 강화되어 왔지만, "입법, 재정통제, 행정부 감독 등 본래의 목적대로 기능하지 못하고 여야 정당 간의 정치적 대결의 수단으로 활용됨으로써 '의회 기능의 강화'가 아닌 '여야 간 갈등 격화'라는 의도하지 않은 결과"(박찬표, 2002: 92)를 초래한 것도 바로 국회가 행정부를 견제하는 입법부로서의 기능보다 정부－여당과 야당 간의 정치적 경쟁의 장으로 기능해 왔기 때문이다.

노무현 정부 시기에 시도되었던 이른바 '당－정 분리'는 실패로 끝이 났다(이하 논의는 강원택, 2011c: 28－31). 이른바 '3김 시대'의 당정 관계는 대통령이 집권당을 도구화하면서 국회를 무력화시키려 한다는 비판을 받았다. 이 때문에 3김 이후의 첫 대선이었던 2002년 선거에서 당선된 노무현 대통령은 당정 분리의 원칙을 임기 내내 고수했다. 당 총재직을 갖지 않았으며 공천 과정에도 개입하지 않았다. 또한 당정 관계의 고리가 되는 청와대 비서실의 정무수석직도 임기 초반 이후 없애 버렸다.

그러나 노 대통령이 고수해 온 당정 분리는 그다지 긍정적인 결과를 낳지 못했다. 우선 여당이 주요 국정 운영 과정에서 소외되었다. 한나라당에 대한 대연정 제안이나 한미FTA 추진 등 정치적으로 매우 중요한 정책 결정에서 집권당은 철저하게 배제되었다. 특히 위에서 언급한 두 가지 정책은 매우 논란이 컸고 여당 지지층의 거부감이 컸던 정책이었는데 대통령은 여당과 사전에 협의 없이 일방적으로 추진했다. 당정 분리는 결국 노 대통령에게도 상당한 부담

---

25 이러한 행정부 대 입법부간의 관계는 미국을 벗어나게 되면 매우 다양한 특성을 보이고 있다. 영국 정치를 대상으로 한 킹(King, 1976)의 연구는 입법부와 행정부간의 대립 대신 입법부와 행정부의 관계를 다양한 수준에서 나누어 설명하였다. 킹은 입법부와 행정부간의 관계를 정당 내부의 관계(intra－party mode), 즉 특히 집권당에서 각료직을 맡고 있는 의원들과 평의원들간의 관계, 여당과 야당의 관계(opposition mode), 3당 이상의 여러 정당이 존재하는 경우의 정당간 관계(inter－party mode), 집권당의 각료들과 여야를 막론한 일반 의원간의 관계(non－party mode), 그리고 개별 정당을 교차하는 관계(cross－party mode) 등으로 나누어 보았다. 이러한 킹의 연구는 이후 여러 연구자들에 의해 다소 변형된 형태로 주로 유럽 국가들의 입법부－행정부 관계를 설명하는 데 적용되어 왔다(박찬표, 2002: 93－98).

이 되었다. 집권당 내의 불만이 쌓여가면서 집권당과 노 대통령 간의 관계가 악화되어 갔다. 이로 인해 당정 분리는 '당과 정치, 당과 청와대가 따로 놀았다'[26]는 비판을 받았다. 노무현 대통령 스스로도 임기 말 당정 분리에 대한 문제점을 다음과 같이 토로했다.

> 당정 분리, 저도 받아들였고 또 그 약속을 지키기 위해서 노력했습니다만… 앞으로는 당정 분리도 재검토해 봐야 합니다 … 대통령 따로 당 따로, 대통령이 책임집니까, 당이 책임집니까? … 책임 없는 정치가 돼 버리는 것이지요. 정치의 중심은 정당입니다. 개인이 아니고요, 대통령 개인이 아니고요. 대통령의 정권은 당으로부터 탄생한 것입니다. 당정 분리라는 것도 재검토해 볼 필요가 있다, 이제는 지난번까지는 부득이했지만 이제는 넘어설 때가 된 거 아니냐, 왜냐하면 당을 지배하는 제왕적 권리는, 이제 권력의 부작용은 많이 해소됐다고 봐야 하지 않겠습니까?[27]

특히 정치적으로 논란이 큰 정책에 대해서는 당정 분리로 인해 집권 세력 내부의 갈등이 부각됨으로써 이들 정책의 추진력이 크게 약화되었고 이는 노무현 대통령의 지지도 하락으로 이어졌다. 그 대표적인 사례가 2003년 4월의 이라크전 파병 동의안 처리, 2005년 8월의 대연정 제안, 2006년 6월의 사립학교법 재개정안 등이다. 이라크전 파병 동의안 표결의 경우 임기 초였음에도 불구하고 당시 집권당이었던 민주당의 표결 참가자 가운데 절반에 가까운 43명이 반대표를 던지기도 했다.

이런 결과가 나타난 것은 정치적으로 예민하거나 논란을 불러올 수 있는 사안임에도 불구하고 대통령과 집권당 사이에 사전에 충분한 교감이나 협의가 없었을 뿐만 아니라 대통령이 집권당 소속 의원들을 설득하려는 노력도 없었기 때문이다. 이 때문에 대통령의 리더십이 상처를 받는 일도 생겨났다. 사학

---

26 국민일보(2007. 2. 25.)
http://news.kukinews.com/article/view.asp?page=1&gCode=kmi&arcid=0920822115&cp=nv (검색일 2009. 8. 9)

27 2007. 6. 8. 노무현 대통령의 원광대 명예정치학박사 학위 수여식 연설.
http://news.naver.com/main/read.nhn?mode=LSD&mid=sec&sid1=001&oid=078&aid=0000033821& (검색일 2009. 8. 9).

법 재개정에 대한 대승적 협조를 부탁한 노무현 대통령의 제안은 집권당에 의해 공개적으로 거부되었고 원포인트 개헌이나 대연정에 대한 대통령의 제안도 집권당으로부터 지지를 얻어내지 못했다. 이처럼 노무현 정부 시절 시도된 당정 분리는 애당초 그 취지의 순수성에도 불구하고 바람직한 결과를 이끌지 못했다.

대통령이 집권당의 일거수일투족을 관리하고 통제하는 등 당을 장악해 온 관행은 개선되어야 하는 것이지만, 당정 분리처럼 대통령과 집권당 간의 유기적 관계가 사실상 단절되는 것은 우리 정치에 바람직하지 않다. 대통령뿐만 아니라 집권당 역시 집권의 공동 책임자이기 때문에 청와대와 여당 간의 긴밀하고 공고한 협력 관계를 유지하는 것은 효율적인 국정운영과 안정적인 정책 추진을 위해 매우 중요하다는 사실을 보여준다.

당정 관계가 중요하다면 정책 형성 과정에서 여당의 역할이 보다 강화될 필요가 있다. 정책 형성 과정부터 당이 여론을 수렴하여 대통령에게 전달하고 정책의 정치적 결과나 평가 등에 대한 피드백의 기능을 할 수 있도록 보다 적극적인 역할을 수행해야 한다. 그런 점에서 대통령이 집권당과 소통할 수 있고 협의할 수 있는 제도적인 장치의 마련은 대단히 중요하다. 당정 간의 의사소통을 담당하는 대통령 비서실 정무수석의 역할은 물론이고, 당 정책위원회와 행정부 내 주요 각료 간의 협의체 역시 중요하다고 할 수 있다. 당정 관계가 과거처럼 일방적이고 상의하달 식의 의사소통으로 이어지거나 대통령의 의사를 관철하기 위한 도구로 이용되어서는 안 되겠지만, 국정운영의 두 축이라고 할 수 있는 대통령과 집권당 간의 효율적인 의사소통과 협의의 채널의 구축은 현실적으로 매우 중요한 의미를 지닌다고 할 수 있다.

(2) 정치적 통제와 정책적 견제

비교정치적으로 의회의 정책 결정권을 갖는 정도에 따라 여러 가지 형태로 나누어 볼 수 있다(이하 강원택, 2004c: 161-166). 의회의 법안 심의 기능이나 정책 권한의 독자성을 연속선(continuum)상에서 다양하게 자리매김할 수 있다. <그림 2-1>에서 보듯이, 맨 왼쪽의 '대통령 주도'는 입법과정에서 의회가 행정부의 입장에 전적으로 따르게 되는 경우를 가리키는 것이며, 맨 오른쪽의 '국정주도'는 의회가 독자적으로 행정부의 정책을 대신하는 정책 대안을 입법할 수 있는 권한을 갖는 경우, 즉 의회가 국정운영의 주도권을 갖는 경우를 의미한다. '심의 토론'은 입법 과정에서 의회가 심의를 통해 그 사안의 문제점을 지적하고 이에 대한 정치적 비판을 제기할 수는 있지만 실질적으로는 별다른 영향력을 발휘하지 못하는 경우이다. '소폭 변형'과 '대폭 변형'은 의회가 입법 과정에 실질적으로 참여하지만 개정의 폭에 대한 권한이 각기 다른 경우를 말하는 것이다.

그림 2-1 정책 형성과 의회의 독자성 정도

정책 결정의 입법권과 관련해서 보면, 그동안 우리나라의 국회는 과거에 비해 그 권한이 상대적으로 크게 증대되는 경향을 보였다. 그런데 국회 권한의 정도는 각 정당의 의석 분포와 관련하여 커다란 편차를 보였다. 여당이 과반 의석을 차지한 상황에서 강력한 대통령이 존재한다면, 집권당이 수적 다수에 의존하여 야당의 반대에도 불구하고 일방적으로 대통령의 주요 정책을 처리하게 될 것이다. 그러나 여소야대가 되면 야당(들)이 주요 정책을 주도해 나갈 수도 있다. 예컨대, 여소야대의 4당 체제였던 1988년 13대 국회에서 제5공화국 비리 조사나 광주민주화운동 진상 조사, 지방자치법 등 야 3당의 공조로 주요한 정책을 주도하면서 정부-여당을 압박했다.

그런데 앞에서 논의한 대로, 우리나라 국회의 운영은 행정부 대 입법부라기보다는 정부-여당 대 야당이라는 정파적 갈등이 축을 이뤄왔기 때문에 의회의 권한 확대는 곧 제도로서의 의회의 기능 강화라기보다는 야당의 정치적 영향력의 확대를 의미하는 것이었다. 따라서 우리나라 국회에서의 국정주도는 '정책적 사안'에 대한 것이라기보다 '정치 공세'와 관련된 사안에 집중되기 마련이다. 실제로 우리 국회는 그동안 행정부와의 관계에서 '정책적 통제의 취약함'과 '정치적 통제의 강력함'이라는 특성을 보여왔다(박찬표, 2002: 92). 정치적 사안과 관련해서는, 특히 여소야대인 경우, 야당이 주도권을 갖고 실질적인 '변형' 기능 이상의 역할까지 수행해 왔지만 정책과 관련된 전문적인 분야에 대해서는 상당한 취약성을 보였다. 권위주의 체제하에서 의회의 역할은 미미했기 때문에 우리 의회의 정책역량은 행정부에 비해 비교할 수 없을 정도로 열악했다. 특히 야당은 역시 법안 심의나 결정 과정에서 보조적인 존재에 불과했다. 따라서 야당은 입법부의 한 부분이라는 책임의식보다는 대여 투쟁의 공간으로 국회를 활용해 왔다. 이러한 상황에서는 의회 권한의 증대가 실질적인 법안 형성 능력의 증대보다 정치적 갈등의 확대로 이어지기 쉽다.

한편, 의회의 독자성이나 자율성 확립이 중요하다고 해도, 대통령제하에서 야당이 주도하는 국회가 '국정 주도'와 같은 강력한 권한을 행사하는 것은 현실적으로 적지 않은 문제를 낳을 수 있다. 프랑스에서는 의회를 장악한 정당이 내각을 차지하게 되므로 여소야대가 되면 대통령과 총리의 소속 정당이 서로 다른 동거정부(cohabitation)를 구성하게 된다. 이렇게 되면 사실상 의회가 주도적으로 국정을 이끌어 가게 되는 셈이다. 그러나 프랑스와 같은 형태가 아니라면 의회가 행정부를 이끄는 대통령을 배제한 채 독자적으로 국정을 끌고 나가기란 현실적으로 어렵다. 따라서 우리 국회의 역할은 대통령과 행정부의 국정 운영을 견제하고 제약하는 기능에 국한될 수밖에 없다. 국회가 '대통령 주도'에 수동적으로 따르게 되거나 의회가 직접 '국정주도'를 책임지는 것과 같은 극단적인 상황은 모두 바람직하지 않다. 그보다는 의회가 행정부의 활동을 견제할 수 있는 실질적인 '변형' 능력을 갖도록 하는 일이 중요하다.

그런 점에서 의회가 실질적이고 전문적인 심의를 통해 행정부가 제출한 법안의 문제점을 지적하고 수정할 수 있도록 하는 전문 지원 조직의 확대와 의원들의 전문성 증대가 중요하다. 즉 의회의 행정부 통제의 질적 수준을 높일 수 있는 방안의 마련이 필요하다. 또한 정당 간 정책적 차별성을 높이고 정당의 정책 연구 분석 기능을 강화하는 것도 의회의 변형 능력 제고에 도움이 될 것이다.

(3) 당론과 의원의 자율성

국회의원의 정치적 대표성은 다음과 같은 세 가지로 구분해서 생각해 볼 수 있다(Heywood, 2013: 197-202; Harrop and Miller, 1987: 245-247). 첫째는 수탁자 모델(trustee model)이다. 일단 선거에서 선출되면 유권자들은 임기 동안 의원의 자율적 판단에 맡기고, 다음 선거에서 임기 중의 역할과 활동에 대한 평가를 내리는 것이다. 이 경우 의원이 사안마다 유권자의 뜻을 매번 고려할 필요는 없다. 두 번째는 대리인 모델(delegate model)이다. 마치 남북회담의 대표단처럼 주어진 권한의 범위 내에서 역할을 해야 하고 자신을 파견한 이들의 의사를 전달해야 하는 것이다. 즉 선출된 국회의원은 독자적인 판단과 선호에 따라 결정하는 것이 아니라, 자신이 대표하는 이들의 견해를 전달하는 역할에 그쳐야 하는 것이다. 이 경우 선거는 뽑아준 유권자의 정치적 견해와 이해관계를 그대로 의정에 반영할 대리자를 선출하는 것이 된다. 상향식 의사전달이라는 관점에서 본다면 이상적이지만 의원이 사안마다 지역구 주민들의 눈치를 봐야 하고 국가 이익보다 지역구 이해관계가 우선시되는 문제가 발생할 수 있다. 세 번째는 정당위임 모델(party model)이다. 선거에서 유권자는 개별 후보자가 아니라 정당을 보고 선택한다는 것이다. 즉 정당이 제시한 정책이나 공약, 정당이 대표하는 이념 등을 보고 유권자들이 선택하게 된다는 것이다. 유권자의 권한 위임은 정치인 개인이 아니라 집합체로서 정당에 주어지는 것이다. 이 경우 개별 의원들은 '정당의 보병(a foot soldier for the party)'과 같은 존재가 된다. 이러한 분류는 국회의원의 대표성을 이해하는 데 도움을 주지만, 현실적으로는 어느 하나의 특성만을 배타적으로 갖는다고 보기 어렵다.

이 가운데 한국 의회 정치와 관련해서 생각해 볼 부분은 정당과의 관련성이다. 일반적으로 수탁이든 대리이든 국회의원의 개별적 대표성이 많이 이야기되지만, 국회에서의 법안 처리과정에서는 정당이 매우 중요한 역할을 담당하기 때문이다. 우리 정당의 기율은 강한 편이다(이하 강원택, 2004c: 151-156). 과거 권위주의 시절이나 '3김 정치' 때에는 정치자금과 공천권을 당 총재가 장악하고 있었기 때문에 당의 요구를 거부하는 것은 정치 생명에 치명적인 영향을 미칠 수 있었다. 그러나 그 이후에도 정당의 기율은 여전히 강하다. 정당의 기율이 여전히 강한 것은 과거의 관행으로부터의 관성 때문이라고 볼 수도 있지만, 선거 때 유권자의 선택에 정당이 매우 중요한 고려사항이 되기 때문이다. 지역주의 정치는 민주화 이후 선거 때마다 강력한 영향력을 행사해 왔고, 이후 보수−진보의 이념 역시 중요한 투표 결정 요인이 되었다. 이런 상황에서 후보자가 어느 정당의 공천을 받았느냐 하는 것은 후보자 개인 요인보다 투표선택에서 더 중요하게 작용해 왔다. 앞에서 본 대표성의 세 모델 가운데 정당위임 모델을 한국정치에서 소홀하게 볼 수 없는 이유이다. 더욱이 제도적으로 한국 선거제도는 정당투표를 별도로 두고 있다. 이처럼 정당이 선거 때 유권자 선택의 중요한 고려사항이 된다면, 국회에서의 의정활동에서도 정당은 중요한 활동의 단위가 되어야 할 것이다. 국회에서 정당이 하나의 단위로 활동하기 위해서는 당의 기율은 불가피하다.

더욱이 앞서 논의한 대로, 우리 국회는 교섭단체 중심의 원내 활동 관행에서 보듯이 그동안 정당을 중심으로 의회 운영이 이뤄져 왔고, 특히 정당을 평가의 대상으로 하는 정당투표제가 도입되었다는 점에서 정당은 일체감과 결속력을 갖는 집단으로 남아 있어야 한다. 즉 정당은 국민들에게 책임정치를 구현하는 중요한 정치적 행위자이므로 정당은 일정한 정도 소속 의원들에게 동일한 정치적 신념과 이념적 정체성을 유지시켜야 할 필요성을 갖는다.

그러나 과거에는 잦은 당론의 설정이 여야 간 타협과 합의를 어렵게 만드는 부정적인 결과를 낳기도 했다. 따라서 국회 활동에서 정당의 기율을 '합리적으로 조정'해야 할 필요가 있다. 즉, 의회 내에서 토론과 타협이 활성화되기 위해서는 의원들의 소신이 자유롭게 표출될 수 있는 환경을 마련하는 것이 중요하다. 당론 결정이나 당 기율을 부과하는 데 있어 다음의 두 가지 조건을 고려해 볼 수 있다. 첫째는 당론으로 정할 수 있는 구체적인 경우를 몇 가지 원칙에 따라 한정하도록 하는 일이다. 예컨대, 당의 선거 공약과 관련된 사안, 당헌이나 당규에 포함된 당 이념과 관련된 사안, 당 대표의 당내 경선 공약과 관련된 사안 등과 같이 당의 정체성과 관련된 사안이나 당내 의견 수렴의 절차를 거친 사안에 한해서는 당 지도부가 당론으로 결정할 수 있도록 하고, 나머지 모든 정책 사안에 대해서는 원칙적으로 의원들의 자율성에 맡기도록 하는 방안을 생각해 볼 수 있다. 두 번째는 당 지도부의 일방적인 결정이 아니라, 의원

총회의 결의나 표결 과정을 통해 결정하도록 함으로써 당론 결정의 민주성을 확보하는 일이다. 이와 함께 개별 의원의 자율성이 늘어나기 위해서는 무엇보다 공천 과정의 변화가 필요하다. 당 지도부가 공천에 강한 영향력을 행사할 수 있는 상황에서는 개별 의원의 자율성 확보는 쉽지 않기 때문이다.

(4) 합의제, 다수결제와 국회선진화법[28]

권위주의 시절의 국회 운영은 파행과 대립으로 점철되었다. 여당은 언제나 국회 내 과반 의석을 확보할 수 있었다.[29] 유신체제나 제5공화국에서는 선거제도를 고쳐 집권당은 다수 의석을 확보했고, 이승만 때나 제3공화국 시절에는 부정선거를 시도하거나 경찰, 공무원의 선거 개입, 금품 살포나 향응 등의 수단으로 여당은 과반의석을 차지했다. 즉 민주화 이전의 선거에서는 야당이 다수당이 될 가능성은 사실상 전무했다. 이런 상황에서 여당은 국회 내에서의 수적인 우세를 이용하여 중요 법안이나 예산안을 일방적으로 통과시키거나 야당의 물리적 저항에 직면하면 '날치기' 처리했다. 따라서 당시 국회는 대통령의 정치적 아젠다를 정당화시켜주기 위한 '통법부(通法府)'나 '거수기'로서의 기능만이 요구되었다(박경미 외, 2012: 35-36). 구조적으로 국회 내 소수파로 존재할 수밖에 없었던 야당 의원들이 할 수 있는 견제 활동은 "의원직 사퇴, 의사진행 방해나 퇴장, 등원 거부, 장외투쟁과 같은 실력 행사"(이정복, 2008: 61)뿐이었다. 이러한 야당의 비의회적 방식에 의한 대응은 여당의 다수 의석 확보가 반드시 공정한 선거의 결과라고만 보기 힘들다는 점에서 더욱 합리화되었다. 즉 여당의 과반의석은 유권자의 정당한 선택의 결과이기보다 관권 개입, 금품 살포 때문이거나 혹은 더 나아가 부정선거를 했거나 비민주적 방식의 제도 때문으로 간주되었다.

---

28 민주주의 체제에서 결정 방식은 크게 다수결제 모델과 합의제 모델로 나눠볼 수 있다. 다수결제(majoritarian model)는 다수의 선택에 의해 의사가 결정되는 방식이며, 합의제(consensual model)는 다수의 일방적 결정보다 다양한 방식을 통해 소수의 의사가 반영되도록 함으로써 합의를 도출해 내는 결정방식이다. 전자는 승자독식의 형태로, 후자는 권력의 공유, 분산의 특성을 갖는다(Lijphart, 1999).

29 '여당'인 자유당이 만들어지기 이전인 제헌국회, 2대 국회는 예외적인 경우이다.

이처럼, 과거 권위주의 시기의 한국의 정당 정치는 집권당이 사실상 '제도적으로' 국회 내 다수 의석을 확보하고, 정권 유지의 차원에서 권력의 의지를 법제화하고 야당의 반발을 적절한 수준에서 '관리'하는 형태로 진행되어 왔다. 집권당은 의회 내 다수 의석을 차지하고 있었기 때문에 법안의 통과나 의사일정을 결정하는 데 있어 야당의 협조와 동의를 구해야 할 필요는 없었고, 야당의 주장에 귀 기울여 타협하기보다는 종종 힘으로 자신들의 의지를 관철하려는 행태를 보여 왔다. 따라서 야당의 선택은 집권당의 힘에 굴복하여 순응하거나 혹 의회 내에서의 물리적 대결이나 장외 투쟁을 포함한 극한적 대결도 불사하곤 했다. 따라서 과거 권위주의 시대의 국회는 물리적 대립과 파행으로 이어졌다(강원택, 2005a: 140－141).

> 다수의 횡포와 소수의 극력 저지가 적나라하게 벌어지고 작용과 반작용이 누선적으로 상향, 확대되었다. 결국 국회 과정은 마비되기에 이르렀다. 다수당의 구체적 갈등 행위를 열거하면 의사일정의 단독결정, 야당 질의의 일방종결, 유인물에 의한 제안 설명의 대치, 토론 등 논의 절차의 돌연한 생략, 회의 중 집단퇴장, 회의 불참 및 소집 불응, 단독 비밀회의의 소집, 경위를 동원한 회의장으로부터 야당 의원 추방, 의안의 전격 날치기 통과 등이다. 소수 상대당의 행위는 완력에 의한 의사 진행 방해(의사봉과 마이크 탈취, 발언대 및 의장석 점거), 회의장과 복도 점거, 농성 및 단식투쟁, 회의 중 집단퇴장, 회의 불참 및 소집 불응이다. 이와 같은 여야 대결은 종종 의사당의 난투극으로 비화되고 산회 후 국회가 공전되었다(김종림·박찬욱, 1985: 89).

그런데 문제는 민주화 이후에도 이런 관행이 사라지지 않고 있다는 것이다. 절차적 민주주의가 확립되어 공정하고 투명한 선거가 실시되고 있지만, 선거 결과 어느 한 정당이 단독으로 과반의석을 확보했다고 하더라도 다수결주의에 의해 국회를 이끌어 가지 못한다. 특히 여당이 단독 과반을 차지한 경우에 다수결주의의 강조는 날치기 처리나 일방통행식 국정운영으로 비판을 받는 것이 보통이다. 야당은 소수 의석을 차지한 경우라고 해도 의사당 점거, 장외투쟁, 단식투쟁과 같은 비의회적이고 물리적인 방안에 의존하는 일이 잦다. 이와 같은 여당의 일방주의와 야당의 물리적 반대가 맞부딪히면 위에서 인용한 것과 같은 극한의 갈등으로까지 이어지게 되는 것이다. 다시 말해 여당이 다수의석을 차지하면 다수결적 방식으로 쟁점 법안을 처리하려고 하는 반면, 야당은 소수의석이라고 해도 비제도적 수단을 동원하여 이를 막으려고 하는 것이다.

이런 일이 계속되는 것은 민주화라는 시대적 변화에도 불구하고 국회 내 관행이 그대로 이어져 오고 있기 때문이다. 정치적 경쟁은 1987년의 민주화를 통해 새로운 단계로 접어들었지만, 의회 정치는 사실상 권위주의 시절로부터의 단절 없이 이어져 왔다. '87년 체제' 출범의 두 주역인 신한민주당과 민주정의당은 그 이전 시기의 의회 정치에 기반해 있는 정당들이며, 정당 지도자들이나 그 구성원 모두 크게 변화하지 않은 채 민주화 이후의 정치로 이어져 왔다. 따라서 정치적 외부 환경은 변화했지만, 권위주의 시대의 의회 정치의 관행은 크게 변화하지 않은 채 지속되어 온 것이다. 말하자면, 선거의 공정성은 확립되었지만, 국회 내 다수결주의에 대한 거부감은 여전한 것이다.

국회 운영이 합의제적 특성을 갖게 된 또 다른 요인은 민주화 직후에 구성된 13대 국회에서 만들어진 관행이다. 우리 정치사상 처음으로 여소야대가 성립되었고, 당시의 민주화라는 정치 상황과 맞물리면서 노태우 대통령과 집권당인 민주정의당은 야당들과 합의제적 방식으로 국회를 운영했다. 1988년 5월 30일 국회 개원식에서 노태우 대통령은 "수적 우위에 의한 집권당의 일방적 독주와 강행이 허용되던 시대도, 소수당의 무조건 반대와 투쟁의 정치가 합리화되던 시대도 지났다"고 연설했다. 이러한 태도는 당시 과반의석을 차지한 야 3당 공조의 위력 때문에 불가피한 것이기도 했다. 국회의 원 구성에서부터 합의제적 특성이 나타났다. 과거 여당이 독차지했던 상임위원장직은 여야에 고루 분배되었다. 국회의장은 여당이 차지했지만, 부의장 두 자리는 모두 야당에게 돌아갔다. 법안 처리 과정에서도 여야 간 협상이 중시되었다. 예컨대 민정당이 반대한 '국정감사 및 조사에 관한 법률안'은 야 3당의 합의로 국회를 통과했다. 국회를 통과한 국정감사 법안에 대해서 노태우 대통령은 일단 거부권을 행사했지만, 야당과의 재협상을 통해서 이견을 조정했고 법안은 여야 합의로 국회를 통과했다. 또한 1989년 3월에는 야 3당이 주도하여 지방자치법 등 4개 법안을 통과시켰다. 노 대통령은 이 법안들 모두에 대해 거부권을 행사했다. 이 중 지방자치법은 야 3당이 거부권을 무력화하기 위해 재의결을 시도할 만큼 중요한 정치적 쟁

표 2-10 국회선진화법 주요 내용

국회선진화법 주요 내용	
국회의장 직권상정 요건 강화	천재지변, 전시, 사변, 또는 이에 준하는 국가비상사태, 혹은 의장이 교섭단체 대표와 합의한 경우로 제한
안건신속처리제 (패스트트랙)	재적의원 5분의 3 이상 또는 안건의 소관 위원회 재적위원 5분의 3 이상의 찬성 신속처리안건으로 지정, 신속처리대상안건에 대한 심사 기간은 180일 이내, 심사를 마치지 못하면 자동 법사위 회부. 법사위 회부 후 90일 이내 심사. 그 기간 내에 심사를 못 마치면 본회의에 자동 부의
예산안 법정 처리	매년 11월 30일까지 위원회 심사 완료, 기한 내 종료 안 되면 본회의 자동 상정
법사위 신속 처리	법사위에서 120일 이내에 심사를 마치지 않으면, 이의 없는 경우 국회의장에게 본회의 부의를 요구. 이의가 있는 경우 해당 위원회 재적위원 5분의 3 이상의 찬성으로 의결
의안 자동 상정	의안이 위원회에 회부된 이후 숙려 기간 후 30일이 경과한 이후 최초로 개회되는 위원회 의사일정에 상정된 것으로 간주
무제한 토론 (필리버스터)	재적의원 1/3 이상의 요구로 최장 100일까지 무제한 토론, 종료는 3/5의 찬성으로 가능
안건 조정 위원회	여야 간 이견을 조정할 필요가 있는 경우 위원회 재적위원 3분의 1 이상의 요구로 안건조정위원회를 구성. 최대 활동기한은 90일. 조정위원회는 회부 안건에 대해 조정위원 3분의 2 이상의 찬성으로 의결.
국회 폭력 방지	의장석, 상임위원장석 점거, 회의장 출입 방해 시 징계

점이었다. 노 대통령은 지방자치법에 대해 야당과 재협상을 시도했고 12월 31일 여야 합의로 통과시켰다. 13대 국회 초에 만들어진 합의제적 국회 운영의 관행은 그 이후에도 이어지고 있다. 예컨대, 13대 국회 후반기 원 구성 때 3당 합당으로 거대 여당이 된 민주자유당은 당시 의석의 79.2%를 차지하고 있었지만, 상임위원장 자리의 25%를 야당인 평화민주당에 할당했다. 이러한 관행이 지켜지지 않은 것은 2020년 21대 국회 첫 번째 원 구성 당시 압도적 다수 의석을 차지했던 더불어민주당이 야당과 협상이 결렬되자 모든 상임위원장 자리를 독차지한 경우가 유일하다.

이러한 국회 운영의 합의제적 관행은 이른바 '국회선진화법'을 통해 제도화되었다. 국회선진화법은 여야 합의를 거쳐서 18대 국회 마지막 본회의였던 2012년 5월 2일 통과한 국회법 개정안을 말한다. 국회선진화법의 입법 목적은 '대화와 타협을 통한 심의', '소수 의견의 개진 기회보장', '효율적인 법안 심의', '예산안 법정기한 내 처리', '의장석 또는 위원장석 점거 금지 등 질서유지'를 통하여 국회 운영에서의 여당 단독처리와 야당의 물리적 대응을 차단하겠다는 데에 있다. 국회선진화법은 다수당의 단독처리 수단이 된 국회의장의 직권상정 권한을 크게 제한하고, 야당의 물리적 의사방해 수단을 합법적·제도적 의사방해 수단으로 바꿔준 것이다(이현출, 2014: 11－12).

국회선진화법의 방향은 크게 두 가지로 대별된다(이하 전진영, 2015). 하나는 소수당의 반대로 인해 기약 없이 입법이 지연되는 것을 막기 위한 절차를 도입한 것이다. 이는 입법과정에서 다수제적인 성격을 강화한 것으로, 의안상정간주제와 안건신속처리제, 법사위 체계·자구심사 지연 본회의 자동부의 제도, 예산안 등 세입예산안 부수법률안의 본회의 자동 부의제도 등이 여기에 속한다. 다른 하나는 입법 과정에서 소수당의 권한을 강화하고 입법 참여를 제도적으로 보장하기 위한 입법 절차를 도입한 것으로, 이는 입법 과정에 합의제적인 성격을 강화하기 위한 절차들이다. 국회의장의 직권상정 요건을 보다 엄격화해서 소수당과의 합의 없이는 직권상정을 어렵게 했고, 위원회 안건 조정제도와 본회의 무제한토론제도(필리버스터, filibuster)를 신설한 것이 여기에 속한다. 이처럼 국회선진화법은 일관된 정치개혁 방향성을 가진 통일된 제도가 아니라, 서로 상이한 내용과 방향을 가진 일련의 개혁적 의사절차의 패키지이다.

구체적인 내용을 보면 다음과 같다. 첫째, 국회의장의 직권상정 요건을 어렵게 했다. 제19대 국회 이전까지 쟁점법안을 둘러싼 여야 정당 간의 입장 차이로 인한 입법 교착이 발생했을 때 이를 타개하는 수단으로 이용된 것이 국회의장의 직권상정이었다. 제18대 국회의 경우 국회의장의 직권상정이 97차례나 있었다. 직권상정 제도의 법률적 용어는 '심사기간 지정 제도'로, 국회법 제85조에서 국회의장이 위원회에 회부된 안건에 대해서 심사기간을 지정할 수 있다고 규정되어 있다. 국회의장이 지정한 심사기간 내에 위원회가 심사를 마치지 않으면 해당 안건을 본회의에 바로 부의할 수 있도록 함으로써 위원회가 이유 없이 입법을 지연시키는 것을 막기 위한 제도였다(전진영, 2015: 106). 국회의장이 안건 심사기간을 지정하기 위해서는 천재지변이나 전시 사변 또는 이에 준하는 국가비상사태의 경우이거나, 각 교섭단체 대표의원 간 합의가 있는 경우로 제한되었다. 그런데 교섭단체 대표의원 간 합의에 도달한 의안의 경우에는 통상적인 입법과정을 통해서 의안을 처리하면 되지, 굳이 직권상정 절차를 동원할 필요가 없을 것이다. 따라서 국회의장의 직권상정 요건이 엄격해짐에 따라 앞으로 직권상정이 신속 입법을 위한 우회적 절차로 활용되는 일은 어려워졌다(전진영, 2015: 108).

둘째, 안건신속처리제가 도입되었다. 흔히 패스트트랙제도라고 불리는 것이다. 위원회에 회부된 안건을 신속처리대상안건으로 지정하고자 하는 경우, 소관 위원회 재적위원 과반수 서명이 필요하다. 신속처리대상안건이 되기 위해서는 무기명투표로 표결하되 재적의원 5분의 3 이상 또는 안건의 소관 위원회 재적위원 5분의 3 이상의 찬성으로 의결한다. 그리고 해당 위원회는 신속처리대상안건에 대한 심사를 그 지정일부터 180일 이내에 마쳐야 하고, 심사를 마치지 못하면 자동으로 법사위에 회부된다. 법사위에서는 회부된 후 90일 이내에 심사를 마쳐야 하고, 그 기간 내에 심사를 못 마치면 본회의에 자동으로 부

안건신속처리제의 실제 사례

더불어민주당과 바른미래당, 정의당, 민주평화당 등 여야 4당은 지난 4월 30일 정개특위에서 공직선거법 개정안을 패스트트랙에 올린 데 이어 지난 8월 29일 정개특위에서 이 법안을 의결했다. 법안은 체계·자구 심사를 위해 법제사법위원회에 회부됐지만 체계·자구 심사 기간이 전날 종료돼 이날 본회의에 자동 부의됐다.

국회법상 패스트트랙에 오른 법안은 상임위·특위 심사(최장 180일)와 법사위 체계·자구 심사(최장 90일)를 거쳐야 한다. 법사위가 기간 내에 패스트트랙 법안에 대한 심사를 마치지 못할 경우 법안은 최종 단계인 국회 본회의에 부의된 것으로 간주된다. 이후 본회의에 바로 법안이 상정되지 못하더라도 최장 60일이 지나면 이후 처음 열리는 본회의에 자동으로 상정된다. '부의(附議)'는 본회의에서 안건을 심의할 수 있는 상태로 만드는 것을 뜻하고, '상정(上程)'은 본회의에 부의된 안건이나 본회의 단계에서 회부된 안건을 당일 회의에서 심의·의결할 수 있도록 하는 것을 의미한다. 부의가 상정의 전 단계인 셈이다.

다만 실제 본회의 표결은 공직선거법 개정안과 사실상 연동된 고위공직자범죄수사처 신설 법안과 검·경 수사권 조정안 등 검찰개혁 법안이 본회의로 넘어오는 다음 달 3일 이후 이뤄질 것으로 전망된다. 현재 문희상 국회의장은 검찰개혁 법안을 다음 달 3일 본회의에 부의하기로 방침을 정한 상태다. 검찰개혁 법안에 대한 여야 합의를 당부한 문의장은 여야 합의가 이뤄지지 않을 경우 '신속 처리' 방침을 분명히 하기도 했다.[30]

30 "공직선거법 패스트트랙안, 국회 본회의 자동 부의… '여야 대립' 고조: 검찰개혁 법안과 내달 3일 이후 동시 상정 전망." (법률신문 2019..11.27)

의된다. 본회의에 부의된 안건은 60일 이내에 본회의에 상정되어야 하고 그 기간 이후에는 처음으로 개의되는 본회의에 자동으로 상정된다.

안건신속처리제는 여야 간 대립으로 법안이 제대로 처리되지 못하는 것을 막기 위한 방안이지만, 신속처리대상안건이 되기 위해서는 소관 위원회 재적의원의 3/5 이상의 찬성이 필요하다는 점에서 일반 과반의결보다 높은 기준을 요구하고 있다. 소수파의 견해가 중요해진 것이다. 한편, '안건신속처리제'라고 하지만, 법적으로 규정된 모든 일정, 예컨대 180일의 위원회 심사, 90일의 법사위 심사, 본회의 부의 후의 60일을 다 합치면 최대 330일이 걸리게 된다. 그런데 18대 국회에서 법안이 국회에 제출되어서 처리되기까지 걸린 평균기간은 282.1일이었다. 이런 점을 고려하면, 안건신속처리제가 과연 신속 입법의 수단으로 기능할 수 있을지에 대한 의문이 생기지만, 정쟁의 대상이 되는 쟁점 법안의 경우에는 갈등으로 인한 지연을 막을 수 있다(전진영, 2015: 114).

셋째, 예산안의 법정 기한 처리를 강화했다. 11월 30일까지 예산결산위원회가 예산안 심사를, 상임위원회가 조세관련 법안의 심사를 마치지 못하더라도 12월 1일이 되면 해당 안건들은 모두 자동으로 본회의에 상정된다. 예산안 자동부의 제도는 예산안 처리가, 앞서 본 대로, 여야 간 정쟁의 대상이 되어 온 과거의 관행을 고치기 위한 방안이라고 할 수 있다. 그러나 예산안 자동부의 제도가 국회의 행정부에 대한 재정 통제권을 매우 약화시키는 결과를 낳을 수 있다는 우려도 있다(이하 전진영, 2015: 110－111). 조세 관련 법안의 소관 위원회가 기획재정위원회이고, 기획재정위원회의 위원장은 다수당이 맡는다는 점을 고려하면 집권당이 국회 다수당일 경우 본회의에 자동부의되는 예산안 부수 법률안은 정부안이 될 가능성이 크다. 또한 심사 과정에서 상임위원회와 예산결산특별위원회의 심사권이 무력화될 수 있다. 예산안이 본회의에 자동부의되면 예산안 심사는 본회의에서 수정동의안의 형태로 상임위원회를 거치지 않고 수정될 수 있다. 원내 지도부가 본회의에 상정된 예산안을 두고 협상을 통해서 여야 간 이견을 해소할 경우, 예산안 부수 법안의 소관 상임위원회의 법안 심사는 형식적인 것에 그칠 수 있다.

넷째, 법제사법위원회에서 체계·자구 심사를 명분으로 법안을 지연시키는 것을 막도록 했다. 해당 상임위의 의결을 거쳐 법사위에 체계·자구 심사를 위해 회부된 법안에 대해 법사위가 이유 없이 회부된 날부터 120일 이내에 심사를 마치지 않으면, 소관 위원회 위원장은 간사와 협의하여 이의가 없는 경우에는 국회의장에게 해당 법률안의 본회의 부의를 요구할 수 있도록 했다. 이의가 있는 경우에는 무기명투표로 표결하되 해당 위원회 재적위원 5분의 3 이상의 찬성으로 의결하도록 했다. 여기서도 이의가 있는 경우에는 3/5의 초다수결주의가 규정되었다.

다섯째, 의안 자동 상정제가 도입되었다. 의안이 위원회에 회부되고 난 이후에 상정되지 않은 법안은 숙려 기간[31]이 지난 후 30일이 경과한 날 이후에 최초로 개회되는 위원회 의사일정에 상정된 것으로 간주하도록 했다. 이는 쟁점법안이 위원회에 상정되는 것 자체를 두고 위원회 회의장에서 점거나 물리적 충돌이 빈발했던 전례를 막기 위해서 신설된 제도이다. 예컨대, 18대 국회였던 2008년 12월 외교통상통일위원회에서 벌어졌던 전기톱, 해머, 소화기가 동원된 물리적 충돌은 한미FTA 비준동의안의 상정을 둘러싸고 벌어진 일이었다. 일정한 기간이 지나면 자동적으로 해당 상임위원회에 상정되도록 함으로써 이와 같은 물리적 충돌은 피할 수 있게 되었다. 상임위원장이 간사와 합의하는 경우에는 의안자동상정제를 적용하지 않을 수 있다.

여섯째, 무제한 토론제도가 도입되었다. 즉 필리버스터(filibuster) 제도가 도입되었다. 본회의에 부의된 안건에 대하여 시간의 제한을 받지 아니하는 토론을 하려는 경우 재적의원 3분의 1 이상의 서명으로 요구할 수 있다. 이 경우 의원 1인당 1회에 한정하여 토론할 수 있다. 무제한토론의 종결 요구는 재적의원 3분의 1 이상의 서명으로 할 수 있다. 무제한 토론의 종결동의는 동의가 제출된 때부터 24시간이 경과한 후에 무기명투표로 표결하되 재적의원 5분의 3 이상의 찬성으로 의결하도록 했다. 2016년 2월 23일부터 3월 2일까지 9일간 이어진 제340회 국회(임시회) 본회의는 테러방지법안에 대한 반대를 위한 필리버스터가 이뤄졌다. 38명의 야당 의원이 참여한 무제한 토론은 192시간 27분간 계속되었다.

---

31 의안이 위원회에 회부된 후 일정 기간이 경과되기 이전까지 상정을 금지하고 있는 제도로서, 의안에 대한 최소한의 심사기간을 확보하기 위한 제도이다. 숙려기간은 개정안의 경우 15일, 전부개정이나 제정안은 20일, 체계자구심사를 위해 법사위에 회부된 법안의 경우에는 5일, 그리고 법안 외의 의안 및 폐지 법률안의 경우 20일이다. (국회법 59조)

제3공화국에서의 필리버스터 사례

「국회 스냅: 소란 이틀째, 수(數)와 끈기의 대결」(동아일보 1964. 4. 21)

6대 국회 개원 이래 20, 21일 본회의는 최대의 혼란과 여야 충돌 및 노호(怒號)로 점철됐다. 김준연 의원에 대한 구속동의요청안 처리 문제는 여의 「수(數)」와 야의 「끈기」가 맞서 어느 쪽이 상대방을 물리치느냐를 시험하는 줄기찬 무대로 화(化)하여, 「즉각 표결강행」과 「구속동의안상정저지」의 불꽃 튀는 대결은 41회 회기 말을 흥분의 도가니로 몰아넣었다.

구속동의안상정 자체를 봉쇄하려는 야당의 각가지 전략은 드디어 발언독점을 통한 「필리버스터」(의사방해)로 나타났다. "우리는 오늘 여기서 아마 개원 이래 가장 불행한 사태에 직면해 있다"로 시작된 김대중 의원의 의사일정변경동의안의 제안 설명은 20일 하오 2시 37분부터 산회가 된 하오 7시 56분까지 5시간 19분 동안 계속되어 6대 국회 최고의 발언기록까지를 수립했다. 연설은 장장 8만 5천 여자(字)에 달하니 내구력도 이쯤 되면 대단, 물론 의장의 발언제지 때문에 가끔 중단되기도 했고, 「구룬산」과 엽차가 동원되기도 했지만…

일곱째, 안건조정위원회 제도를 도입했다. 이는 여야 간 이견을 조정할 필요가 있는 안건에 대해 위원회 재적위원 3분의 1 이상의 요구로 안건조정위원회를 구성하도록 했다. 조정위원회의 최대 활동기한은 그 구성일부터 90일로 한다. 조정위원회의 위원은 6명으로 하고, 구성은 원내 제1당과 그 이외의 정당 소속 의원 수가 같도록 했다. 조정위원회는 회부된 안건에 대해 조정위원 3분의 2 이상의 찬성으로 의결한다. 그리고 위원회는 조정위원회의 조정안이 의결된 날부터 30일 이내에 그 안건을 표결한다.

여덟째, 국회에서의 물리적 폭력이나 점거 등을 막는 규정을 강화했다. 국회법 148조의 2에는 "의원은 본회의장 의장석 또는 위원회 회의장 위원장석을 점거하여서는 안 된다", "누구든지 의원이 본회의 또는 위원회에 출석하기 위하여 본회의장 또는 위원회 회의장에 출입하는 것을 방해하여서는 아니 된다"는 규정을 신설했다. 그리고 의원의 본회의장 또는 위원회 회의장 출입을 방해한 때에는 윤리특별위원회의 심사를 거치지 아니하고 바로 본회의에 부의하여 신속하게 처리하도록 했다. 그동안 국회의사당 내에서 여야 간 물리적 충돌이 잦았다는 점에서 이를 개선하기 위한 조치라고 할 수 있다.

국회선진화법 도입의 결과에 대한 평가는 다소 양면적이다. 국회선진화법이 시행된 이후 타협적 방식에 의한 법안 처리가 두드러졌고 입법을 둘러싼 폭력이나 물리적 갈등도 감소하였다(이한수, 2014). 따라서 다수의석을 가진 여당의 일방적 처리보다는 야당이나 소수당의 입장에 대한 고려도 증진되었다. 그러나 법안 처리의 효율성 측면에서는 문제점을 드러냈다(이현출, 2014: 29). 그런 점에서 합의제적 특성이 강화된 국회선진화법 하의 국회 운영은 대통령, 여당, 야당 간 합의를 도출해 내려는 정치력을 보다 요구하게 되었다. 단순 과반수로는 소수당의 협조 없이 어떤 법안의 통과도 도모하기 어렵기 때문에 대통령과 여당관계뿐만 아니라 대통령－야당 관계도 새롭게 정립되어 야당이 국정의 파트너로 책임 있게 참여할 수 있도록 유도하는 노력이 필요하다는 것이다(이현출, 2014: 21－24).

그럼에도 불구하고 국회선진화법은 국회 운영의 파행과 교착을 막기 위한 일종의 대증 처방이라고 할 수 있다. 즉, 국회선진화법은 과거 국회 운영과 입법과정에서 드러난 다양한 개별 문제점들에 대한 처방에 초점을 맞추고 있기 때문이다. 국회선진화법이 입법 지연이나 갈등 해소에 어느 정도 도움을 준다고 해도, 이러한 처방책이 국회의 권한을 스스로 제약하고 '토론과 숙의'라는 의회 정치의 가치를 훼손할 위험이 있다. 이런 제도들이 국회의 입법권과 예산심의권을 제약하지는 않는지, 숙의민주주의라는 의회 정치의 가치를 훼손하지는 않는지에 대한 진지한 고민이 필요하다(전진영, 2015: 121). 또한 국회선진화법이 과연 국회에서의 파행과 갈등에 대한 만병통치약이 될 수 있는지에 대해서도 논의가 필요하다. 국회선진화법 제정 이후에도 국회에서 입법교착이 나타나는 이유는, 입법 절차의 문제 때문이 아니라 근본적으로는 한국 정당들의 이념적, 정파적 양극화 현상과 깊은 관련이 있다(이상신, 2015). 아무리 국회선진화법과 같은 제도적 개선책을 마련하더라도 이념적, 정파적 양극화가 의회 정치를 주도하는 한 원만한 국회 운영은 어렵다.

그런데 최근 들어 13대 국회 이후 유지되어 온 합의제 관행이 약화하는 모습이 나타나고 있다. 앞서 언급한 잦은 탄핵 소추나 다수당에 의한 일방적인 예산안 처리는 과거 의회 정치에서 볼 수 없었던 모습이다. 선거법과 같은 정치적 경쟁 규칙을 개정하는 일을 상대 정당의 반대에도 일방적으로 처리하는 것도 없었던 일이다. 아래 글에서 보듯이 상임위원회의 법안심사소위원회에서의 결정을 만장일치로 하던 관행도 사라졌다.

> 상임위 소관 법안심사소위원회의 '만장일치' 관행도 13대 국회 때부터 생긴 관행이다. 법안소위는 상임위에 앞서 법안을 심사하는 기관이다. 법안소위 국회법 조항을 보면 '위원회에 관한 규정을 준용한다'(국회법 제57조)고 되어 있다. 재적위원 과반수 출석에 출석위원 과반수가 찬성(국회법 제54조)하면 법안 심사를 의결할 수 있다는 뜻이다. 하지만 법안소위는 그동안 줄곧 '만장일치'로 운영됐다. 18~20대 국회가 법률안 5만 5,876건을 처리하는 동안 법안소위에서 만장일치가 아닌 다수결로 처리한 법안은 8건뿐이다.[32]

합의제 관행의 약화는 국회 내 대립과 갈등의 격화로 이어졌다. 그런 점에서 볼 때 제도보다 타협과 합의를 중시하는 정치적 관행과 문화가 의회 정치의 원만한 작동을 위해 더욱 중요하다.

5. 소결

국회의 역사는 한국정치의 전개와 변화 과정을 그대로 반영해 왔다. 권위주의 체제에서 여당은 대통령이 추진하는 정책과 뜻을 입법화하는 거수기의 역할을 수행해 왔고, 이는 민주화 이후에도 지속되었다. 반면 권위주의 체제하에서 야당은, 비록 한계가 있었다고 해도, 국회를 통해 정권을 비판하고 견제하는 역할을 수행해 왔다. 그러나 야당의 저항은 종종 비의회적이고 물리적인 방식이 수반되었고 이러한 관행은 정치 상황의 변화에도 불구하고 사라지지 않았다. 민주화 이후 국회의 권한은 예전에 비해 크게 신장되었고, 인사청문회 등에서 보듯이 제도적 견제 방식도 강화되었다. 하지만 국회는 여전히 그 내부적으로 갈등과 파행을 극복하는 데 부족해 보인다. 국회가 사회적 갈등을 제도

32 "법규정 없는 상임위원장 배분, 13대 이후 여야 타협의 산물." (동아일보 2020.6.13.) https://www.donga.com/news/Politics/article/all/20200613/101489545/1

적으로 해소하기보다 오히려 갈등을 부추긴다는 비판까지 받고 있다. 이런 문제를 해결하기 위해 국회선진화법 등 그간 국회 내에서 입법 절차를 보다 합리화하기 위한 많은 제도적 개선이 이뤄졌지만 근본적으로 정치적 갈등과 교착의 문제가 사라지지 않고 있다. 그 이유는 현재의 국회 입법 절차는 법안을 법률로 만들어가는 '게임의 규칙'으로서 별 손색이 없지만, 게임의 규칙 자체가 잘 지켜지지 않고 있기 때문이다. 이와 같은 문제는 국회법 개정과 같은 제도 개혁만으로는 잘 해결되지 않는다. 여야 정당들이 상호 신뢰하는 정치문화를 만들어가야 하는 노력이 제도 개선만큼이나 중요하다(전진영, 2010: 208). 최근의 극심한 정치적 갈등과 대립은 여야 정당 간 상호 존중과 신뢰, 자제의 부족에서 비롯된 것이기도 하다.

또한 국회는 정치적 대표성과 책임성을 높여야 하는 과제를 갖고 있다. 국회는 여전히 남성, 고학력, 전문직, 상류층 등 제한된 영역에 속하는 의원들이 대다수를 차지하고 있다. 여성의원들의 수는 그간 꾸준히 늘어났지만 남성의원들은 전체 의석 중 압도적인 다수를 차지하고 있다. 또한 민주화의 진전에도 불구하고 국회를 구성하는 정당의 정치적 대표성은 여전히 지역에 머물러 있다. 사회 내의 다양한 세력과 이해관계가 의회라는 제도적 틀 속에서 논의될 수도록 국회의 사회적 대표성을 높이기 위한 보다 비례성 높은 선거제도의 도입, 국회의원 정수의 확대 등 다양한 개선 방안이 도입될 필요가 있다.

03

정당

1. 정당의 기원과 발전

(1) 해방 직후

한국의 정당 정치는 해방 이후 미 군정 시기부터 시작되었다. 해방 이전에도 정치 결사체가 없었던 것은 아니지만, 독립운동 단체나 공산당 조직 같은 비밀 결사적 특성을 가졌고, 대중적 지지 기반도 결여되어 있었다. 해방이 되면서 본격적으로 정당이 등장하기 시작했다. 특정 정치 지도자를 중심으로 하는 정치 집단이기는 하지만 이념적 속성이 강한 정당들이 나타났다.

제일 먼저 결성된 정당은 공산당이었다. 1945년 8월 15일 해방된 그날 저녁 이영, 정백, 이승엽 등 일군의 공산주의자들이 결집하여 이른바 '장안파 공산당'을 결성했고 8월 20일에는 박헌영, 김삼룡, 이현상 등을 중심으로 하는 '재건파 공산당'이 결성되었다. 그리고 9월 11일 재건파가 장안파를 제압하고 박헌영이 주도하는 조선공산당이 만들어졌다. 이처럼 해방 초기 좌익 세력의 움직임이 빨랐고 대중적 영향력도 컸기 때문에 이에 위기감을 느낀 우익 정치 세력은 다양한 정치단체 결성으로 맞섰다.

이 중 가장 주목되는 정당이 한국민주당(한민당)이다. 한민당은 해방 공간의 주요 정치 엘리트들이 대거 참여한 가장 대표적인 우익 정당이었다. 한민당은 김성수, 송진우 등 동아일보 계열이 주도하여 김병로, 이인, 이극로, 조병옥, 원세훈 등을 포함하여 지주, 자본가 중심의 엘리트 명사 정당의 성격을 지녔다(황병주, 2014: 19). 한국민주당은 1945년 9월 16일 송진우, 김성수 등의 국민대회준비회,[1] 김병로, 김약수, 조병옥 등의 조선국민당, 윤보선, 허정 등의 한국국민당, 원세훈의 고려민주당 등이 통합하여 한국민주당을 결성했다.

그러나 당시 정당은 지금과 같은 체계적 조직을 갖추고 있지 못했다. 1946년 미 군정청 공보국 및 각 도청에 등록된 주요 정당 수는 107개에 달했고, 1947년에는 394개나 되었다(김석준, 1996: 343). 이 당시 정당은 크게 네 부류로 나눠볼 수 있다. 한국민주당으로 대표되는 우파 정당, 좌파인 박헌영 등의 조선공산당, 중도 우파인 안재홍의 국민당, 그리고 중도 좌파인 여운형의 조선인민당 등이다. 해방 이후 한반도가 미국과 소련에 의해 분할 지배되고 있고 냉전으로 향하고 있던 시절, 이러한 정당들은 새로운 국가 건설의 방향을 둘러싸고 매우 치열한 경쟁을 벌였다. 그러나 이들 정당의 경쟁은 민주적인 게임의 룰이 만들어지기 이전이었기 때문에 비제도적 경쟁이었다. 즉 해방으로 생긴 정치적 공백을 메울 새로운 정치 질서를 만들어 내기 위한 상황에서 정당 간 경쟁이 이뤄졌기 때문에, 특히 좌익과 우익 간 매우 폭력적인 특성을 보이게 되었다. 따라서 해방 직후의 정치는 제도정치라기보다는 대중동원, 대중의 직접행동과 정당의 정치활동이 결합되는 양상이 지배적이었다. 특히 미군정의 집중 탄압 대상이었던 좌익 정치세력들은 비합법과 반합법 활동을 더 중요시했고 대중을 인민이라는 혁명적 집단주체로 전화시키고자 했다. 따라서 해방공간의 기본적인 정치행위는 폭력과 테러까지 포함된 대중정치에 기반한 것이었다. 좌우를 막론하고 정치는 안전한 투표행위가 아니라 목숨을 건 투쟁, 계급 전쟁의 양상을 띠었다. 정당 또한 선거를 목표로 한 조직이라기보다 대중의 직접 행동을 지도 또는 추수하는 조직이었다(황병주, 2014: 13-14).

또 한편으로 정당 경쟁은 해방 이후 남한 지역의 통치자였던 미 군정의 영향을 크게 받았다. 시간이 흐르면서 미 군정은 좌파 정당의 활동을 견제하고 억압하기 시작했다. 1946년 2월 23일 미 군정령 55호로 공포된 법령의 핵심은 정당 등록제, 비밀 정당 및 비밀 당원의 금지, 그리고 행정 처분에 의한 정당 해산 등이었다. 법령의 주요 내용으로 미뤄볼 때 이는 좌파 정치세력을 겨냥했던 것이다. 제1차 미소공동위원회가 1946년 3월에 열렸고, 탁치를 둘러싼 좌우

---

1 국민대회준비위원회는 해방 이후 여운형 등이 주도한 건국준비위원회의 참여를 거부하고, 중국 충칭의 대한민국 임시정부를 중심으로 결집해야 한다는 '임정 봉대론'을 주장하는 송진우, 김성수, 김준연, 장택상 등이 결성한 단체이다.

익 간의 치열한 갈등으로 2차 미소공위가 결렬되었던 것이 그해 5월이었다. 따라서 시기적으로 볼 때 제1차 미소공위 직전에 군정청령 55호가 공표된 것이다. 미소공위가 열리는 동안 미군정에 의한 대대적인 좌익 탄압이 전개되었는데, 그 명분은 정당 등록을 하지 않았다는 것이다(박찬표, 2007: 173; 강원택, 2015: 8-9).

1947년 중반부터 미 군정은 단정노선 수립으로 나아가게 되는데 그것은 정당 정치의 측면에서 본다면, 좌파 세력의 전면적 배제 위에서 우파 세력이 최종적으로 국가 권력을 장악하도록 하는 과정이었으며 또한 우파 세력의 안정적 권력 장악을 보장하기 위한 국가 기구의 강화 및 제도적 틀을 마련하는

우리나라 정당의 기원

우리나라 정당의 기원은 일반적으로 어떻게 설명할 수 있을까. 뒤베르제(Duverger, 1964)는 서구 정당의 기원을 선거권 확대, 의회와 같은 제도적(institutional) 관점에서 찾았다. 즉 선거권 확대 이전 의회에 존재하던 의회 집단이 선거권 확대를 통해 지역구 조직을 만들면서 정당이 생성된 의회 내부 기원과, 선거권 확대로 인해 노조, 교회 등 기존에 존재하던 사회 조직이 정당으로 변모해 간 의회 외부 기원으로 설명했다. 그러나 우리나라는 정당이 생성된 맥락이 서구와 달라 뒤베르제와 같은 제도적 관점에 의한 설명이 잘 적용되기 어렵다. 뒤베르제보다는 역사적-상황적(historic-situational) 요인에 주목하는 라팔롬바라와 웨이너(LaPalombara and Weiner, 1966: 14-19)의 위기 이론이 보다 설명에 적합할 수 있다. 라팔롬바라와 웨이너는 역사적, 상황적으로 발생한 정치 체제의 위기(crises in political system)가 정당의 출현으로 이어진다고 보았다. 이들은 특히 정통성(legitimacy), 통합(integration), 참여(participation)의 위기가 정당 형성에 미치는 영향에 주목했는데, 정통성의 위기는 기존의 권위구조가 정치적 위기나 정치적 격변에 제대로 대응하지 못할 때 나타난다고 보았고, 통합의 위기는 분열되어 있는 인종 집단들이 하나의 영토로 통합될 때 발생하며, 참여의 위기는 거대한 사회적, 경제적 변혁이 기존의 사회 계층 구조(stratification systems)에 큰 충격을 주면서 발생한다고 보았다. 해방 직후 한국 사회는 기존의 일본 식민통치구조의 정통성과 권위의 해체, 단정(單政)과 통일 정부라는 국가 통합을 둘러싼 위기, 그리고 식민, 봉건 사회로부터 근대국가로의 이행이라는 시대적 과제 등을 둘러싼 각 정치 세력의 노선과 이념의 차이로부터 다양한 성향의 정당들이 출현한 것으로 볼 수 있다(강원택, 2018a: 8-9).

것이었다(박찬표, 2007: 271-272). 3년의 미 군정 기간을 거쳐 1948년 자유민주주의 국가로 대한민국이 출범했다. 보통선거권이 도입되었고 주기적 선거가 제도화되었지만, 정치 경쟁은 반공 체제의 틀 내로 제한되었고 자발적 결사와 자유로운 의견 표출도 제약을 받았다. 이 시기의 한국 민주주의는 체제 선택을 둘러싼 정치적 갈등이 분단과 함께 축소되었고, '반체제적'인 요구의 표출과 조직화를 억압하는 '냉전 자유주의'와 '보수적 민주주의'로 귀결되었다(박찬표, 2007: 430-433). 더욱이 민족주의 우파를 대표하는 김구와 중도파 김규식 등은 제헌국회 선거에 참여하지 않았고, '국회 프락치 사건'으로 중도파가 사라지면서 국회라는 제도화된 정치공간을 대표하는 정당들은 강한 반공주의에 기반한 강경 우파로 국한될 수밖에 없었다.

(2) 자유당의 창당과 야당 정치의 등장

제헌국회 선거에서는 대한독립촉성국민회 55명, 한국민주당 29명, 대동청년단 12명. 조선민족청년단 6명 등 정당이나 그와 유사한 정치단체에서 당선자를 배출했지만[2] 사실 이 시기 정당 정치는 활성화되어 있지 않았다. 200명의 제헌국회 의원 중 85명이 무소속이기도 했다. 더욱이 이승만은 특정한 정파의 지도자이기보다는 정파를 뛰어넘는 '국부(國父)'로 추앙받고 싶어 했다. 이승만은 해방 정국 때부터 한민당으로부터 많은 도움을 받았지만, 대통령에 당선된 이후에는 한민당을 멀리했다. 한민당은 초대 내각에서 김성수의 총리직을 기대했지만 이승만은 한민당 소속 인사의 기용을 꺼렸다. 이로 인해 한민당은 이승만과 멀어지기 시작했고 1949년 2월 10일 김성수와 신익희가 연대하여 반이승만 성향의 민주국민당(민국당)을 결성했다. 2대 국회 선거가 1950년 실시되었지만 39개 정당, 단체가 참여했으며 <표 3-1>에서 보듯이 무소속 후보가 124명이 당선되는 등 여전히 이 시기에도 정당 정치는 제대로 자리 잡지 못했다.

초대 대통령의 임기가 끝나갈 무렵 이승만은 재선을 원했지만, 당시 국회에서의 간선 방식을 통한 이승만의 재선 가능성은 희박했다. 이승만이 권력을 유지할 수 있는 길은 직선제 개헌뿐이었다. 이승만은 직선제 개헌 추진과 향후

2 중앙선거관리위원회 통계시스템(http://info.nec.go.kr/)

표 3-1 제헌국회부터 4대 국회까지의 정당 정치 개요

	당선자 배출 정당 수*	제1당	제2당	무소속	총의석수
제헌국회 (1948-1950)	16	대한독립촉성국민회 55석	한국민주당 29석	85석	200
2대 (1950-1954)	13	민주국민당 27석	대한국민당 17석	124석	204
3대 (1954-1958)	5	자유당 111석	민주국민당 16석	70석	203
4대 (1958-1960)	3	자유당 125석	민주당 79석	26석	232

자료: http://info.nec.go.kr/
* 1인 이상 당선자 배출 정당 수

선거 승리를 위해 지지층을 조직하고 동원할 정당의 창당을 추진하게 되었다. 이승만은 1951년 8월 15일 광복절 담화에서 '농민과 노동자의 지위를 향상시키는 새 정당'을 결성할 필요가 있음을 언급했으며, 8월 25일에는 '신당 조직에 관한 담화'를 발표하고 새로운 정당은 일민주의(一民主義)에 기반을 두고, 노동자, 농민을 중심으로 하여 지방조직까지 갖춘 전국적인 규모의 대중정당이어야 한다는 점을 강조했다(손봉숙, 1985a: 166). 이승만의 이러한 신당 조직 의사 표명 이후 활발한 창당의 움직임이 생겨났다. 12월 23일 이갑성, 김동성, 이재학, 홍익표, 이상철, 오위영 등이 국회 내에서 당의장을 공석으로 둔 채 이갑성과 김동성을 부의장으로 하는 자유당을 결성했다. 이른바 '원내 자유당'이다. 이러한 움직임과는 별도로 12월 17일 원외 세력은 이승만과 이범석을 당수, 부당수로 하는 자유당을 결성했다. 이는 '원외 자유당'으로 불렸다. 그런데 이승만은 1951년 11월 30일 대통령 직선제와 양원제를 골자로 하는 개헌안을 국회에 제출했지만, 1952년 1월 18일 실시된 국회 표결에서 찬성 14, 반대 143, 기권 1표로 부결되었다. 원내 자유당 의원 중 다수도 직선제 개헌에 반대했던 것이다. 이 때문에 이승만은 원내 자유당을 버리고 원외 자유당을 정치적 기반으로 삼게 되었다.

자유당은 출범하자마자 전국적으로 지방당부까지 조직하는 데 성공했는데 이는 바로 이범석의 조선민족청년단(족청)의 기존 조직을 이용했기 때문이었다(이하 손봉숙, 1985a: 169). 창당 과업의 중책을 맡은 이범석은 족청 조직을 일

거에 자유당 조직으로 전환해 갔다. 따라서 자유당은 위로는 부당수로부터 아래로는 최말단 지방당부에 이르기까지 족청의 이념과 강령에 따라 잘 훈련된 족청계 인사들로 충원된 것이다. 원외 자유당은 창당된 지 불과 3개월 만인 1952년 3월 20일에 개최된 제1차 전당대회에서 이미 당원 수가 2,654,568명이라고 발표했다. 이처럼 자유당은 당원 충원에서 자발적인 결사에 의한 정당 조직이라기보다는 동원에 의한 관제조직으로 출발했다. 대한국민회, 대한청년단, 대한노동조합총연맹, 농민조합총연맹, 대한부인회 등의 조직들도 이른바 '자유당의 기간단체'로 참여했다. 이처럼 자유당은 민의의 소재를 파악하기 위한 민의의 탐지기구로서의 정당이 아니라 집권자의 명령과 지시에 의해 집권자의 장기집권을 위한 도구로서 또는 반대당을 조직의 힘으로 타도하려는 의도에서 조직되었던 것(윤용희, 1990: 278)이었다.

이승만은 1949년 입법화되었지만 시행을 보류하고 있던 지방선거를 1952년 초 실시했다. 1952년 4월 25일 시·읍·면의회 의원 선거, 5월 10일에는 도의회 의원 선거가 실시되었는데, 자유당은 이 지방선거를 당 조직의 성패를 시험하는 기회로 생각하고 전열을 가다듬었다. 그 결과 자유당은 지방선거에 승리를 거두었을 뿐만 아니라 당 세력 확장에도 크게 성공하였다(손봉숙, 1985a: 171). 그러나 자유당은 처음부터 권력자의 이해관계에 의해 만들어졌기 때문에 제도적으로 뿌리내릴 수가 없었다. 자유당 권력의 실질적인 핵심은 항상 최고 집권자인 이승만 개인에게 있었다. 그런 점에서 자유당은 이승만을 중심으로 한 인물정당, 개인 정당의 성격에서 벗어날 수 없었다(손봉숙, 1985a: 183).

한편, 미 군정하에서는 사실상의 여당처럼 활동해 온 한민당은 이승만이 대통령으로 당선된 이후 자신들을 소외시키자 야당으로서 반대세력을 규합해 나갔다. 이승만은 자신이 대통령으로 선출되는 데 도움을 준 한민당을 내각 구성에서 배제했다. 이승만이 등을 돌리자 한민당의 정치적 역량은 급격히 위축되기 시작했다. 이러한 정치적 위기에 대응하여 한민당은 스스로를 해체하고 반이승만 세력을 결집, 민국당을 결성하였다(김태일, 1990: 318). 1949년 2월 10일 한민당은 지청천의 대한국민당, 과거 한국독립당 소속이었던 대한국민회의 신익희 세력 등과 함께 민주국민당(민국당)을 창당했다. 민국당은 내각제 개헌을 추진했으나 1950년 3월 14일 민국당이 제출한 내각제 개헌안은 국회 표결에서 부결되었다.

민국당의 결성과 자유당의 창당에도 불구하고 정당 정치의 역할은 여전히 제한적이었다. 지지부진하던 정당 정치는 1954년 이른바 사사오입 개헌을 계기로 반이승만 세력이 결집하면서 새로운 단계로 접어들게 되었다.

사사오입 개헌에 대한 반발로 민국당 의원과 무소속 의원 60명은 1954년 11월 30일 호헌동지회라는 명칭으로 교섭단체를 구성했다. 민관식, 현석호 등 14명의 의원이 자유당을 탈당하여 합류했고, 장면 등 흥사단 세력도 참여했다. 이들은 신당을 추진하기로 했다. 그런데 신당 창당을 둘러싸고 김준연, 신익희, 조병옥 등 보수 성향의 자주민주파와 서상일, 신도성 등 혁신 성향의 민주대동파 간에 견해 차이가 생겼다. 갈등의 핵심은 조봉암의 참여와 관련된 것이었다. 결국 신당은 조직 요강에 "좌익 전향자와 악질 부역자를 제외한다"는 조항을 넣음으로써 조봉암의 참여는 거부되었다. 사사오입 파동이 일어난 지 거의 10개월 만인 1955년 9월 18일 민주당이 창당되었다(심지연, 2017: 92−96).

본격적인 야당이 출현되었지만 사실 민주당을 구성하는 이들의 정체성은 '반이승만'이라는 것 외에는 분명하지 않았다. 민주당 의원들은 미 군정 시기에 이승만과 노선을 같이 했던 한민당 계열이거나 호헌동지회 이전 자유당 소속이었다. 그런데 자유당과 민주당 간의 이념적 차이는 없었다. 조봉암의 참여 거부에서 보듯이, 이들은 모두 반공주의에 기반한 보수 정치인들이었다. 이 때문에 4.19 혁명으로 이승만 체제가 무너졌을 때, 민주당은 신파와 구파로 분열하여 극심한 파벌 다툼을 벌이게 되었던 것이다.

그럼에도 불구하고 한국 정당 정치사에서 1955년 민주당의 창당이 중요한 것은 이후 1987년까지 이어지는 절차적 민주주의 확립을 향한 정당 정치가 시작되었기 때문이다. 이승만의 독재와 불법, 의회 정치의 부정에 대한 반발로 민주당이 창당된 이래, 제2공화국의 짧은 시기를 제외하면, 권위주의 체제의 질서를 유지하고 독재자를 지원하려는 여당과 절차적 민주주의의 복원을 요구하는 야당 간의 오랜 대립과 갈등의 역사가 이 때부터 본격적으로 시작되었다. 이승만 체제에서 자유당과 민주당의 대립은, 박정희 집권 이후에는 민주공화당과 신민당의 대립으로, 그리고 전두환 체제에서도 민주정의당과 신한민주당의 대립으로 이어지게 되었다.

민주당의 창당이 중요한 또 다른 이유는 그 후 보수 양당체제가 공고화되었다는 점이다. 자유당－민주당, 민주공화당－신민당, 민주정의당－신한민주당 모두 공정하고 자유로운 선거 경쟁이라는 절차적 민주주의, 시민적 자유라는 관점에서 볼 때 입장과 정책의 차이가 있었을지 모르지만, 이념적으로 본다면 모두 보수 정당들이었다.

보수 양당 지배체제가 구축된 것은 1958년 4대 민의원 선거를 앞두고 두 정당 간의 정치적 합의와 그 결과에 크게 영향을 받은 것이다. 크게 두 가지 점을 지적할 수 있다. 첫째, 민주당은 1958년 국회의원 선거를 앞두고 진보당과 조봉암을 배제하는 데 자유당과 사실상 합의했다.[3] 1956년 정부통령 선거에서 200만 표 이상을 얻으면서 이승만의 강력한 도전자로 떠오른 조봉암 그리고 1956년 대통령 선거에서의 선전을 토대로 1958년 국회의원 선거에서 야당 성향 유권자의 표를 두고 민주당과 경쟁하게 된 진보당은 자유당이나 민주당 모두에게 매우 불편한 존재였다. 1958년 국회의원 선거를 앞두고 진보당 사건이 발생했다. 진보당은 미 군정기에 만들어진 군정청령 55호에 기초한 행정명령에 의해 해산되었고 조봉암은 국가보안법 위반으로 재판을 받고 1959년 처형되었다. 이로써 단정과 6.25 전쟁 이후 제도권 정치에서 생존한 진보세력은 자유당과 민주당 두 보수 정당에 의해 정치적으로 사실상 모두 제거되었다. 그리고 이후 2004년 국회의원 선거 이전까지 한국의 정당 정치는 여당이든 야당이든 보수 양당체제에 놓이게 되었다. 반공보수질서가 구획해 놓은 정책과 이슈 영역을 넘어서는 어떤 것도 그 표출이 허용되지 않았다. 민주당은 자유당과 더불어 이러한 정치 경쟁의 틀을 만들고 경영한 두 중심세력 중의 하나였다(최장집, 1996: 38).

둘째, 이때 선거운동의 규제를 강화한 선거법 개정이 이뤄졌다. 진보당의 거센 도전이 예상되던 상황에서 자유당과 민주당은 과거 제국주의 시대에 만들어진 일본 보통선거법의 규정을 빌려와서 새로운 정치세력의 출현을 매우 어렵게 하는 규제 중심적인 형태로 선거법을 개정했다(송석윤, 2005). 이러한 규

3 진보당에 참여했던 박기출(1977: 173－174.)에 따르면, "1957년 10월 9일 자유당의 책임자이며 국회의장인 이기붕과 민주당 대표최고위원 조병옥, 그리고 무소속의 중진 장택상은 비밀리에 회동했다. 이들은 이 자리에서 전 공산주의자인 조봉암과 남북협상파인 박기출에 의해 영도되고 있는 진보당은 옳지 않으며 그대로 방치할 수 없다는 점에서 의견을 같이 했다. 이들은 또한 진보당에 대해 어떤 조치를 강구해야 하며 적어도 1958년 5월에 실시될 예정인 국회의원 선거에 참가하지 못하게 해야 한다는 데 의견의 일치를 보았다"고 주장했다.

제 중심적 선거법은 당연히 조직이나 자금, 인지도에서 떨어지는 소수 정당이나 신생 정당에게 제도적 불리함을 줄 수밖에 없다. 실제로 이 선거법의 개정 이후 실시된 1958년 선거에서 민주당은 혜택을 보았다. 1958년 국회의원 선거의 총수는 233석인데 입후보한 사람은 841명이었다. 4년 전 1954년 총선에서는 203석의 의석을 두고 모두 1,207명이 입후보했었다. 선거운동이 어려워지면서 무소속 당선자 역시 크게 줄어들었다. 4년 전 67명의 무소속 당선자가 있었지만 1958년 총선에서는 그 수가 26명으로 줄었다 반면, 민주당은 79석을 얻었고 자유당은 126석을 얻었다. 민주당은 4년 전 3대 총선에서는 24석을 얻었다. 민주당은 선거법 개정과 진보당 해산으로 1958년 총선에서 이전에 비해 괄목할 만한 성장을 이뤘고 더욱이 이러한 정치적 성과를 안정적인 제도적 장치에 의해 보장받게 된 것이다(서복경, 2013: 126).

1958년 진보당 해산과 1959년 조봉암의 사형으로, 또 규제를 강화한 선거법 개정 등으로 보수 양당체제 구축을 위한 정치적, 제도적 장치를 완비하게 되었다. 이후 한국의 정당 정치는 자유당 대 민주당, 그리고 민주당 내 신파 대 구파(이후 신민당으로 분당), 민주공화당 대 신민당, 민주정의당 대 신한민주당 등 보수 양당 간 절차적 민주주의를 중심으로 한 경쟁 구도를 만들어 갔고, 민주화 이후에도 2004년 열린우리당 창당 이전까지 그 구도가 이어졌다.

한편, 민주당은 대중들과 조직적, 이념적, 정책적 연계를 결여한 이른바 명사정당(party of notables)의 특성을 뚜렷이 띠었다. 구지주 출신의 집결체였던 한민당과 그 후신 민국당에 관료 및 법조인 출신 인사들이 가세하여 결성된 민주당은 반독재와 내각책임제 실현이라는 투쟁 목표를 내걸고 이승만 정권과 대치했지만, 본질적으로 이승만과 동일한 이념적 기반 위에 서 있었을 뿐 아니라 출범 초기부터 지연과 인맥을 중심으로 한 붕당과 파벌화의 경향을 노정시켰다. 이 경향은 특히 1956년 대통령 후보 신익희가 급서한 이후 조병옥 중심의 인맥과 장면 중심의 인맥이 대립, 갈등하게 되었고(김수진, 1996: 163), 이는 제2공화국에서 집권당인 민주당 내의 신파, 구파 간 파벌 갈등으로 이어지게 되었다. 구파는 민주당이 창당되기 전에 민국당을 이루고 있던 야당 인사들로 구성되어 있고, 신파는 1955년 민주당 창당 때 새로이 합세한 인사들이었다. 구파의 주요 인물은 신익희, 조병옥, 김준연, 윤보선, 유진산 등으로 재산과 학식이 있는 지주 집안을 배경으로 한 이들이 많았으며, 일본, 미국 등 해외에서 교육 받은 이들도 적지 않았다. 지역적으로 서남부 지방 출신이 많았다. 신파의 주요 인물은 장면, 오위영, 조재천, 엄상섭 등으로 대부분 국내에서 교육을 받고 고등문관시험에 합격하여 일제 치하에서 법관 또는 관료를 지낸 이들이 많았으며, 흥사단 출신도 적지 않았다. 지역적으로 북서부, 남동부 출신이 많았다.

한편, 4.19 혁명 이후 자유당은 그들의 존립이 크게 위협을 받았으나, 민주당이 일단 현재의 국회에서 개헌을 한 이후 의회를 해산하기로 결정했기 때문에 협상 능력이 어느 정도 회복되었다. 그 때문에 개헌과정에서 구파와 협력하여 그들의 선호를 어느 정도 반영할 수 있었을 뿐만 아니라 반혁명 인사에 대한 처벌도 완화시킬 수 있었다. 이 과정에서 자유당은 혁신파로 불리며 자유당을 해산해야 한다는 공화동지회와 자유당을 그대로 두어 선거에 임해 야당으로 존속해야 한다는 재건파로 분열되었다. 한동안 주도권을 행사하던 비주류의 재건파는 이재학의 구속 이후 그 영향력이 감소했으며, 이승만의 망명 이후 자유당 138명의 의원 중 105명이 탈당함으로써 재건파가 요구하던 전당대회도 무산될 수밖에 없었다. 자유당 계열 인사들은 선거에서 자유당 소속으로 출마하든지 무소속으로 출마하든지 간에 대부분 기본적으로 반자유당의 입장을 취하고 있었다. 이들은 주로 이승만 정권 시절 그들이 1인 독재나 이기붕 등 주류의 전횡을 막고자 노력해 왔던 점을 강조하거나 또는 민주당, 특히 구파와의 협력 등을 내세웠다(이갑윤, 1996: 193).

6월 12일 치러진 마지막 전당대회는 이른바 재건파 소속의 주도로 진행되었는데 자유당은 여기서 54명의 민의원 후보를 지명했다. 7월 29일 개정 헌법과 선거법에 의해 치러졌던 총선거에는 자유당, 헌정동지회, 무소속 등으로 100여 명에 달하는 전 자유당 소속 의원들이 출마했다. 그러나 이들 중 오직 10여 명만이 당선되었고 그 중 자유당 소속 의원은 단 2명에 불과했다. 자유당은 1960년 11월 15일 일부 군소정당 또는 정파들과 연합하여 결성된 공화당에 합류함으로써 정치사회에서 완전히 소멸했다.

라팔롬바라와 웨이너(LaPalombara and Weiner, 1966: 6)는 현존 지도자의 정치 생명과 완전히 독립된 조직적 연속성을 확보하는 것을 현대 정당이 갖춰야 할 첫 번째 요건으로 보았다. 지도자의 퇴진과 권력 상실에 이은 조직의 와해

과정을 적나라하게 시현함으로써 자유당은 자신이 결코 진정한 의미의 현대 정당이 아니었음을 입증하고 역사의 뒤안길로 사라졌다(김수진, 1996: 170－171).

(3) 민주공화당과 신민당

1961년 5.16 군사정변 이후 군부는 관제 여당 건설을 위한 비밀결사체로 재건동지회를 결성했다. 중앙정보부가 주도가 되어 과거 정치에 관여하지 않았던 대학교수, 변호사, 언론인, 사회사업가, 관료, 기업인 중에서 5·16 군사혁명에 동조하는 젊은 사람을 중심으로 엄격한 심사를 거쳐 충원하였다.[4] 재건동지회는 1962년 3월까지 중앙에 약 120명을 충원한 후 나중에 11개 시도지부에서 평균 20명, 그리고 131개 선거구별로 평균 6명씩 충원하여 1962년 8월경에는 모두 약 1천 2백 명으로 늘어났다. 이들은 나중에 민주공화당의 핵심 엘리트가 되었다. 재건동지회는 1962년 4월부터 1주일 단위로 10여 명씩 핵심 당원에 대한 비밀교육을 실시하여 이들을 장차 관제 여당의 사무국 요원으로 충원하였다. 그리고 재건동지회는 신당의 조직, 당헌, 당규, 정강정책, 선거공약 등을 개발하였는데, 그 결과 당사무국이 인사, 재정, 공천 등을 모두 책임지는 강력한 사무국 중심체제의 정당조직을 만들었다(김용호, 2013: 9－10). 국회의원과 사무국을 분리하고 사무국이 강력한 영향력을 갖도록 했다. 국회 운영이나 국회의원 공천을 포함한 모든 당무와 당 재정 관리도 사무국이 맡도록 했다. 하지만 김종필의 독주와 강력한 사무국에 대한 반발이 커지면서 1963년 5월 10일 정당 등록 무렵 민주공화당은 중앙사무국이 대폭 축소되었고 유급 당직자 수도 1/4로 축소되었다.

또한 민주공화당은 대중정당적 구조를 도입했다(강원택, 2018a: 15－18). 이른바 '김종필 플랜'에 의한 신당 창당은 선거 때에만 조직이 일시적으로 가동되는 것이 아니라, 평상시에도 계속적으로 조직 활동이 이뤄지며 중앙당을 중심으로 하는 지도체계의 단일화, 강력한 통솔력 확립 등을 조직 원리로 삼았다.

---

4 당시 중앙정보부 산하의 특별팀은 나중에 정책연구실, 대외문제연구소 등으로 밝혀졌고, 위치는 회현동, 청파동 등이었다. 김영수, "민주공화당 사전조직," 『신동아』, 1964년 11월호, p.173.

즉 민주공화당은 사무국 조직이 지구당 수준에까지 하향적으로 조직되었을 뿐만 아니라 기간 당원에 대한 지속적인 교육을 실시했다는 점에서 일종의 대중정당적 당 조직 모델을 구축했다. 당 사무국이 인사, 재정, 공천 등을 모두 책임지는 강력한 사무국 중심체제의 정당조직을 만들었다(김용호, 2013: 9-10). 당의장, 정책위원회의장, 사무총장 등 당 지도부와 원내총무, 당 소속 국회부의장, 무임소 장관 등으로 구성되는 당무회의를 상설적 심의의결기구로 삼았다. 그리고 당무회의는 의장인 당 총재의 뜻이 반영되도록 했다. 1963년 선거 이후에는 지역구의 읍면동 단위에서부터 통, 반에 이르는 당 기간 조직을 마련했는데, 당 기간 조직은 관리장, 투표구관리차장, 활동장, 연락장의 단계로 구성되었다. 민주공화당은 1965년 이래 지속적으로 이들 당 기간 조직에 대한 교육을 실시했다(김용욱, 1996: 130-135). 1963년 8월 30일 박정희가 민주공화당에 입당할 당시 그는 706,611번째 당원이었다. 대선 후보 등록 직전에 민주공화당 당원 수는 이미 100만 명을 넘었고 10월 15일 대선일을 기준으로는 160만 명에 근접했다. 민주공화당은 대중조직 이외에도 방대한 규모의 전문 유급 당원을 두었다(박찬욱, 2013b: 15). 이러한 민주공화당의 당 조직은 이후 전두환 체제에서 민주정의당의 당 조직에는 물론이고, 당시 야당이던 신민당에도 상당한 영향을 미쳤다. 특히 정당법에서 창당의 조건을 지구당을 중심으로 규정하면서 우리 정당에서 최초로 대중동원형 정당 조직을 구축해 냈다.

민주공화당의 창당이 한국 정당 정치에 영향을 미친 또 다른 중요한 점은 당정협의회의 관행을 마련한 것이다. 원래 김종필 플랜은 당이 국정을 주도해 나가는 방식이었다. 공화당은 강력한 사무국을 지닌 조직 형태로, 국회 운영이나 국회의원 공천을 포함한 모든 당무와 당 재정 관리도 사무국이 맡도록 되어 있었다. 그리고 집권 초 당정 간에 빈틈없는 협조 기구가 구축됨으로써 공화당의 영향력은 국회를 넘어 행정부까지 확대될 정도였다. 위로는 청와대 연석회의부터 당무위원-국무위원 연석회의, 경제정책회의, 정책협의회 등의 각료와 당 간부 수준의 협의체를 거쳐 아래로는 시군 당정협의회에 이르기까지 긴밀한 당정협조체제가 구축되었다(김일영, 2011: 217) 박정희 역시 '당과 정부가 일체가 되어 정당의 책임정치를 다할 것'이라고 1964년 12월 28일의 전당대회에서 밝힌 바 있다. 그리고 국무총리를 비롯한 장관급 전원을 공화당에 입당시켰다. 중앙 차원의 당정협의회는 당의장과 행정부의 국무총리가 번갈아 회의를 주재하며 당의장, 중앙상임위원회의장, 정책위원회의장, 사무총장, 원내총무, 국회상임위원장, 정책위원회 부의장 등이 참석하고 당 사무차장이 간사를 맡았으며, 정부에서는 국무총리와 전체 국무위원이 참석하고 국무총리 비서실장이 간사를 맡았다(김용욱, 1996: 131－133). 이러한 당 중심의 정국 주도는 결국 박정희 임기 후반으로 갈수록 행정부 우위가 나타나면서 실패로 끝이 났다(김용호, 1991: 235－236). 그러나 제헌 과정에서 만들어진 한국의 대통령제가 내각제적인 요소를 갖고 있는 점을 감안할 때, 이러한 제3공화국의 당정협의회의 실시는 '정부－여당 대 야당'이라는 한국정치의 틀을 강화하는 데 영향을 끼쳤다. 그리고 오늘날까지도 당정협의는, 행정부와 집권당 간에 협력과 소통을 위한 중요한 관행으로 자리 잡고 있다.

민주공화당과 관련된 또 다른 중요한 점은 정당에 대한 법적 규제의 도입이다(이하 강원택, 2015: 14－19). 5·16 군사정변 이후 군정 시기에 처음으로 정당법이 만들어졌다. 1961년 5·16 군사정변 직후 정당과 사회단체를 해산시켰고, 1962년 3월 16일에는 '정치활동정화법'을 통해 주요 정치인의 정치 활동을 금지시켰다. 이런 상황에서 정당법이 1962년 12월 31일 제정, 공포되었다. 그리고 그 다음날인 1963년 1월 1일부터 정치규제를 받아온 정치인들의 정치 활동이 재개되었다. 즉 정당의 법적 규제는 독일에서처럼 자유민주주의 질서를 보호하고 강화한다는 차원보다는 민정 이양 이후 쿠데타 주도 세력에게 유리한 정치 질서를 마련한다는 차원에서 고안된 것이다. 군사정권은 선거에 출마하기 위해서는 정당의 추천이 있어야 한다는 규정을 헌법에 마련함으로써 정당을 중심으로 한 통치 형태를 염두에 두었다. 정당법은 겉으로는 정당 정치를 제도화하려는 것으로 보였지만, 이것들을 통해 반대세력의 정치 진출을 어렵게 하려는 의도도 있었다. 즉 정당법의 제정은 야당에게 정치적 규제와 부담을 가함으로써 향후 정국을 자신들에게 유리하게 주도해 가려는 목적 때문이었다.

우선 정당의 설립이 예전에 비해 까다로워졌다. 1962년 정당법의 제정과 함께 법정 지구당의 설립이 창당을 위해 반드시 필요한 조건이 되었다. 창당을 위해 필요한 법정 지구당의 수는 지역구 선거구의 1/3 이상, 지역적으로는 5개 이상 시도에, 그리고 각 지구당은 50명 이상의 법정 당원 수를 갖도록 했다.

"지구당 제도의 도입은 민주적인 대중정당의 조직형태로 나타났지만 상향식 민주화가 아니라 하향식 완전통제를 위한 것"(모슬러, 2013: 71)이었다. 또한 정당법에서는 대통령과 국회의원 후보가 되려는 자는 소속 정당의 추천을 받아야 한다고 규정하여 무소속 의원의 출현을 원천적으로 막았다. 또한 국회의원이 임기 중 합당이나 제명으로 소속이 달라지는 경우를 제외하고 당적을 이탈하거나 변경한 때, 그리고 소속 정당이 해산된 때에는 그 자격을 상실하게 된다고 규정했다. 정당 중심의 정치를 중시한 것이지만, 이는 동시에 당의 공천권을 장악한 이에게 당 소속 국회의원들이 철저히 복속될 수밖에 없음을 의미하는 것이기도 했다. 유신 이후에는 정당 소속이어야 한다는 규정이 폐지되어 무소속 후보의 출현도 가능해졌다.

정당법은 정당을 대중이 개방적으로 참여하게 되는 효과적인 통로로 만드는 거의 모든 자발적인 정치활동을 금지하였다. 오직 당원만이 선거운동을 할 수 있었고, 정당은 소속 당원을 제외한 다른 곳으로부터 선거운동을 위해 기부금을 권유하거나 수령함이 금지되었고, 선거운동을 위해서나 혹은 연설회의 통지를 위한 명목으로의 호별 방문이 금지되었다. 게다가 학생, 교직자, 국영·준국영기업체의 직원, 공무원, 군인 등은 정당 가입이 금지되었다. 이 법은 또한 노동운동 지도자와 같은 조직된 이익집단의 지도자가 정당에 가입하는 것을 금지했다(김정원, 1983b: 169). 이처럼 군사정권이 정당법을 제정하고자 한 이유는 정당의 이합집산을 막아 군정 이후의 정치를 효과적으로 규제하려는 의도 때문이었다. 정당의 수가 적을수록 정치적 혼란을 막기가 쉽고, 관제여당이 정치적 패권을 확보하기가 용이하다는 것이다(김용호, 1990: 74). 이들 군사정권이 구상한 정당체계는 정권을 주고받는 양당제라기보다는 자신들이 권력을 장기간 독식하는 "1.5 정당제"(김일영, 2004: 339)였다. 즉 정당법 등을 통한 군사정부의 정치적 목표는 근본적으로 비경쟁적 정당제도의 수립이었다(김용호, 1991: 236-237). 오늘까지도 영향을 미치고 있는 정당 설립을 위한 까다로운 법적 조건은 1.5당 정당체계를 통한 장기집권을 모색한 군사정권의 정치적 의도에 기초해 있다. 그러나 정당법의 제정과 강화로 국가가 법으로 정치 결사인 정당을 허가하고 해산시킬 수 있는 체제, 정당 조직의 형태와 규모까지 규제하고 관리할 수 있다는 것은 다원성과 경쟁을 전제로 하는 민주주의 체제의 작동에 부정적인 영향을 미쳐 왔다(서복경, 2014: 143).

한편, '정치활동정화법'을 통해 발이 묶여 있던 야당 정치인들은 1963년 1월 1일 정치 재개가 허용되면서 활동을 시작했지만, 한동안 여러 세력으로 분열되어 있었다. 민주당의 구파는 1963년 5월 14일 민정당을 창당하며 윤보선을 대통령 후보로 선출했다. 그런데 7월 5일 윤보선은 야당 단일 후보 실현을 위해 민정당 대통령 후보직을 사퇴한다고 발표하면서, 민정당과 이범석의 민우당, 허정의 신정당 등 3당 간 통합을 통한 국민의당 창당이 추진되었다. 윤보선은 국민의당 참여를 선언하면서 대통령 후보로 김도연을 지지한다고 밝혔다. 민주당 신파는 1963년 7월 18일 민주당 창당 대회를 개최하여 박순천을 당 총재로 선출했고, 이후 신정당의 허정을 대통령 후보로 지원했다. 그런데 9월 3일 김병로, 허정, 김도연, 백남훈, 장택상, 김준연 등 각 야당 대표가 참여한 재야 정치지도자회의와 야당 단일 대통령 추진협의회에서 김도연이 아닌 허정이 단일 후보로 결정되었다. 하지만 김도연은 윤보선이 대통령 후보가 되어야 한다고 주장했고, 이로 인해 윤보선이 민정당과 다른 야당들 간에 마찰이 생겼다. 9월 5일 3당의 통합 정당 국민의당 창당대회에서 민정당 계열과 반대파 간에 후보 선출 여부를 두고 갈등이 발생했다. 9월 10일 비(非)민정당 세력이 국민의당 창당 등록을 선거관리위원회에 신고하면서 야권 통합은 무산되었다. 민정당은 윤보선을 대통령 후보로 다시 지명했고, 국민의당은 허정을 대통령 후보로 선출했다. 이외에도 김준연, 소선규 등이 1963년 9월 3일 자유민주당을 창당하여 송요찬을 대통령 후보로 지명했다.[5]

1963년 10월 15일 대통령 선거에서 민주공화당의 박정희 후보는 민정당의 윤보선 후보에게 15만 여 표의 차이로 신승을 거두었다. 11월 26일에는 국회의원 선거가 실시되었는데, 민주공화당은 33.5%를 득표했지만 110석을 차지하여 전체 의석의 67.9%를 차지했다. 이런 결과가 나타난 것은 야권이 분열했기 때문이다. 국회의원 선거에서 야당들은 민정당 41석, 민주당 13석, 자유민주당 9석, 국민의당 2석을 차지했다. 선거 후 민주당, 자유민주당, 국민의당 등 3당은 공통으로 들어 있는 '민(民)' 자를 따서 삼민회라는 교섭단체를 결성했다. 이후 1964년 9월 17일 국민의당은 민주당에 흡수, 합당되었다. 이에 자극을 받

5 허정과 송요찬은 야권 단일화를 위해 중도에 대통령 후보직을 사임했다.

아 11월 16일 민정당이 자유민주당을 흡수 통합하면서, 민정당과 민주당의 두 야당으로 재편되었다.

이후 단일 야당을 만들기 위한 노력이 계속되었고 마침내 1965년 5월 3일 민정당과 민주당이 합당을 선언하고 민중당을 창당했다. 박순천을 대표최고위원으로, 허정과 서민호를 최고위원으로, 윤보선을 고문으로 선출했다. 당수 선출 선거에서 윤보선과 유진산의 갈등으로 민주당계 박순천이 대표로 당선되었다. 선거 결과를 두고 민정당계와 민주당계 두 계파 간 갈등이 생겨났다. 이러한 계파 갈등은 한일협정 비준 반대 투쟁을 둘러싸고 당의 분열로 이어졌다. 1965년 7월 14일 민주공화당이 한일협정 비준동의안과 베트남파병동의안을 전격적으로 상정시켰다. 민주당이 이를 저지하지 못한 것을 문제 삼아 윤보선계는 당 해체론과 탈당론 등을 강경 대응을 주장했다. 이러는 가운데 8월 11일 한일협정비준안이 민주공화당의 강행으로 원안 통과되었다. 민중당은 의원직 총사퇴를 의결했으나 국회에서 반려되었다. 당내 주류 온건파는 국회 복귀를 전제로 하는 투쟁을 염두에 두었지만 윤보선, 정일형, 서민호 등 탈당한 강경파는 1966년 3월 30일 결국 외부 인사들을 영입하여 윤보선을 당수로 하는 신한당을 창당했다. 야당이 다시 둘로 나뉘었다. 그러나 1967년 대통령 선거가 다가오면서 두 야당은 다시 통합 논의에 나섰다. 1967년 1월 22일 민중당의 대통령 후보인 유진오와 신한당의 대통령 후보인 윤보선은 야당 후보 단일화와 야당 통합을 논의하면서, 대통령 후보에 윤보선, 대표위원에 유진오의 역할 분담에 합의했다. 1967년 5월 3일 민중당과 신한당 간의 합당으로 신민당이 창당되었고, 이후 정당 정치는 1979년까지 민주공화당과 신민당 간의 양당체제로 이어졌다.[6]

---

6 신민당 이외에도 소규모 야당이 하나 더 존재했다. 민주통일당이다. 유신 이전인 1971년 국회의원 선거를 앞두고 신민당 당 대표였던 유진산이 갑작스럽게 서울의 지역구 공천을 포기하고 전국구 1번으로 등록하면서 이른바 '진산 파동'이 일었다. 그 지역구는 박정희의 조카사위였던 장덕진이 출마하는 곳이었다. 선거 결과 신민당은 서울에서 그 지역을 제외한 나머지 지역의 모든 의석을 차지했다. 진산 파동으로 신민당은 진산을 따르는 주류와 반대하는 비주류로 나뉘었다. 진산 파동으로 유진산은 당 대표직을 사퇴하고 전당대회장 김홍일 권한대행 체제로 총선을 치렀다. 총선 이후인 1972년 신민당 전당대회가 예정되어 있었다. 유진산계와 반대파는 대의원 선출 방식과 전당대회 일정을 두고 갈등을 빚었다. 유진산계는 1972년 9월 26일 단독 전당대회를 열어 유진산을 당수로 선출했다. 그러나 비주류는 전당대회의 무효를 선언하고 별도의 전당대회를 열어 김홍일을 대표로 선출했다. 이처럼 야당이 분열된 가운데 1972년 10월 유신이 선포되었다. 유신헌법이 확정되고 정당 활동이 재개되면

(4) 민주정의당과 신한민주당

박정희 사후 1979년 12.12 군사반란과 1980년 5.17 계엄 확대를 통해 권력을 장악한 전두환과 신군부는 자신들을 위한 새로운 정당을 만들었다. 구 정치인들의 정치 활동을 규제한 가운데 보안사령부가 주도가 되어 집권당인 민주정의당을 창당했다. 그리고 중앙정보부가 두 개의 관제 야당을 만들었다. 민주한국당(민한당)은 구 신민당계가 중심이 되는 야당이고, 한국국민당(국민당)은 주로 이전의 민주공화당과 유신정우회 출신이 중심이 되었다. 이 때문에 후일 민한당과 국민당은 민정당의 2중대, 3중대라는 비아냥을 들었다. 박정희 체제에서 신민당이라는 단일 야당이 반대세력 결집의 중심이 되는 것을 보고, 이를 피하기 위해 다당제를 구상한 것이다. 이외에도 사회당, 민주사회당, 신정당, 민권당 등 다른 색채의 정당도 신군부 도움을 받으며 창당되었다(신명순, 2011: 238). 유신시대에 마련된 한 선거구에서 2인을 뽑는 선거제도를 그대로 이어받은 1981년 국회의원 선거에서 민정당은 151석을 얻었고, 민한당은 81석, 국민당은 25석, 민권당, 신정당, 민주사회당이 각 2석씩, 민주농민당, 안민당이 각 1석씩을 얻었다. 신군부는 흥미롭게도 이른바 전략지역을 설정하여 혁신계 후보의 당선을 도왔다. 이는 혁신계 후보의 의회 진출을 통해 혁신정당이 포함된 다당 구도를 정착시킨다는 의도에서 나온 것으로, 예컨대, 신군부는 서울 강남구에는 민한당과 국민당이 후보를 공천하지 못하도록 하여 민정당 후보와 함께 민사당 후보가 동반 당선될 수 있게 했다(심지연, 2017: 344−345). 이렇게 하여 민정당, 민한당, 국민당과 기타 소수 정당이 포함된 다당제가 만들어졌다. 그러나 선거의 공정성은 의심스러웠다. 또한 1980년 5.17 계엄 전국 확대와 함께 대다수 정치인들은 정치 활동을 규제 받고 있었다.

그러나 전두환 체제에 대항하는 자생적인 야당 정치가 복원되기 시작했다(강원택, 2015b: 21−39). 1983년 이후 구 정치인들에 대한 정치 활동 규제가 조금씩 풀리기 시작했다. 1983년 2월 25일 정치활동 규제 정치인 555명 중 250

서 야당은 결국 두 개의 정당으로 분열되었다. 1973년 1월 27일 신민당에서 분리되어 나온 민주통일당이 창당되었다. 민주통일당은 양일동을 당수로, 김홍일과 윤보선을 상임고문으로 선출했다. 유진산이 유신체제에 타협적인 자세를 보인 것에 비해 민주통일당은 야당으로서의 선명성을 보다 강조했다(강원택, 2015a: 113−114).

명의 정치 활동이 허용되었고, 1984년 2월 25일 2차 해금으로 202명 해금, 그리고 그 해 11월 30일 84명이 3차로 해금되었다. 이와 함께 구 야당 정치인들의 활동도 활발해지기 시작했다. 1983년 5월 18일 김영삼 전 신민당 총재는 광주민주화운동 3주년을 맞아 단식투쟁을 시작했다. 단식투쟁은 23일 간 이어졌다. 김영삼의 단식투쟁은 1980년 '서울의 봄' 당시 분열되었던 이전의 야당 세력을 다시 통합하는 계기를 마련했다. 김대중은 미국에서 김영삼의 단식을 지지하는 시위를 개최했으며, 광복절인 8월 15일에는 김영삼, 김대중 두 사람이 공동명의의 성명서를 내기도 했다. 그리고 1984년 5월 18일 김영삼계와 김대중계 인사들이 함께 민주화추진협의회(민추협)를 구성했다. 구 야당 정치인들로 구성된 민추협은 사실상 준(準)정당 조직이었다. 1985년 초에는 전두환 체제 하에서 치러지는 두 번째 국회의원 선거가 예정되어 있었다. 선거 참여를 둘러싸고 격론을 벌인 끝에 민추협은 정당을 창당하여 선거에 나서기로 했다. 1984년 12월 20일 민추협을 기반으로 하는 신당인 신한민주당 창당 발기인 대회가 열렸고, 1985년 1월 18일 이민우를 총재로, 김녹영, 이기택, 조연하, 김수한, 노승환을 부총재로 하는 신한민주당이 정식 창당했다. 2월 12일로 예정된 국회의원 선거를 한 달도 채 앞두지 않은 상황에서 반체제 야당이 출현한 것이다.

1985년 2.12 총선에서는 놀라운 결과가 나타났다. 창당한 지 불과 25일 만에 신한민주당은 지역구 50석과 전국구 17석으로 모두 67석을 얻어 일약 제1 야당으로 부상했다. '관제야당'인 민주한국당은 지역구 26석, 전국구 9석으로 35석을 얻는 데 그쳤고, 한국국민당 역시 지역구 15석과 전국구 5석으로 도합 20석에 불과했다. 득표율에서도 신민당은 29.3%를 얻은 데 비해 민한당은 19.7%, 그리고 국민당은 9.2%를 얻었다. 집권당인 민주정의당은 148석(지역구 87석, 전국구 61석)을 차지하여 제1당의 지위를 유지했지만, 이제 전두환 체제가 만들어 놓은 인위적인 정당체계는 붕괴되었다.

특히 대도시 지역에서 신한민주당의 부상이 두드러졌다. 신한민주당은 6대 도시의 29개 선거구 가운데 한 석을 제외한 28석을 차지했고, 득표율에서도 서울에서 43.3%를 득표했고, 부산에서도 37.0%를 얻었다. 이에 비해 민정당은 서울에서 27.3%, 부산에서 28.0%의 득표에 그쳤다. 한겨울인 2월에 실시된 선거였지만 투표율은 1981년 선거 때보다 오히려 6.2%나 높아졌다. 선명성을 강조한 신생 야당의 출현과 함께 선거에 대한 유권자들의 정치적 관심이 커졌기 때문이다. 2.12 총선의 결과와 함께 야권은 급속도로 재편되었다. 선거 패배와 함께 민한당은 사실상 와해되었다. 선거 두 달 후인 4월 3일 민한당 소속 의원 35명 중 29명이 탈당하여 신한민주당으로 당적을 옮겼고, 또한 한국국민당에서 3명, 신민주당, 신정사회당 각 1명, 무소속 1명이 입당하면서 전체 의석의 1/3 넘는 103석을 갖는 거대야당이 되었다. 전두환 체제가 만들어 놓은 다당제 구도가 깨어지고 사실상 양당제로 정당체계가 재편되었다.

신한민주당은 이후 대통령 직선제 개헌을 내세우며 민주화 운동을 이끌어 갔다. 그런데 1986년 12월 24일 신한민주당 이민우 총재가 언론 및 집회·결사의 자유 등 기본권 보장, 공무원의 정치중립, 공정한 국회의원 선거법, 국민에게 뿌리내린 2개 이상의 정당제도 정착, 용공분자를 제외한 구속과 석방, 사면·복권 등 민주화 조치, 지방자치제 실시 등 7개 항의 민주화 요구를 수용한다면 전두환 정권에서 선호하는 내각제 개헌에 응할 용의가 있다는 이른바 '이민우 구상'을 발표했다. 이민우 구상은 당내 갈등을 야기했고, 이철승을 비롯한 당내 비(非)민추협계 세력은 이민우 구상에 호응하여 내각제 개헌 지지를 선언했다. 대통령 직선제 구호를 중심으로 민주화 운동을 이끌어 가던 김영삼, 김대중은 이를 받아들일 수 없었다. 이듬해 1987년 5월 1일 김영삼, 김대중계 의원 78명이 탈당하여 통일민주당을 창당했고, 김영삼이 당 총재직을 맡았다. 통일민주당은 학생, 재야, 시민 등과 협력하면서 직선제 개헌을 목표로 하는 민주화 운동을 이끌어 갔고 1987년 6월 항쟁에 전두환 정권이 굴복하면서 6.29 선언으로 민주화가 이뤄졌다. 그러나 민주화 이후 대통령 선거를 앞둔 1987년 11월 12일 김대중이 통일민주당에서 탈당하여 평화민주당을 창당하면서 야권은 다시 분열했다.

(5) 민주화 이후의 정당 정치

민주화 이후 실시된 1987년 대통령 선거, 1988년 국회의원 선거에서는 지역주의 정치 균열이 가히 '폭발적으로' 부상했다. 민주정의당이 대구, 경북지역에서, 통일민주당이 부산, 경남 지역에서, 평화민주당이 호남지역에서, 그리고 신민주공화당이 충남 지역에서 각 지역 유권자의 표를 휩쓸었다. 이러한 4당 체제의 형성은 1955년 민주당이 창당된 이래 한국 정당 정치에서 나타난 매우 주목할 만한 변화라고 할 수 있다. 민주화 이후 대다수 유권자들의 투표 행태는 지역주의에 좌우되었다. 정당 경쟁의 형태가 1955년 이후 처음으로 변화되었다. 즉 이전까지의 중요한 균열이었던 민주-반민주의 구도가 1987년 민주화와 함께 소멸되고, 이제 지역에 기반을 둔 정당들 간의 경쟁이라는 새로운 차원으로 변모한 것이다. 그런 점에서 1987년, 1988년 선거는 중대선거(critical election. Key, Jr., 1955)라고 부를 수 있다(이하 강원택, 2018a: 18-21).

민주화 직후 지역주의 균열이 등장한 것은 일차적으로는 민주-반민주 구도가 약화되었기 때문이다. 민주-반민주 구도가 강했을 때 지역균열은 부차적이고 덜 중요했지만, 1987년 6월 항쟁과 민주화와 함께 민주-반민주라는 중심 균열은 약화되었다. 직선제 개헌을 이루어낸 이후 국민들은 민주 진영의 승리가 목전에 왔다고 생각하고 있었고, 노태우 후보도 민주화의 결단을 내린 민주적 후보라는 이미지를 갖고 있었다. 김종필 후보 역시 신군부에 의하여 부당하게 탄압받은 정치인으로 간주되면서 민주-반민주의 구도는 크게 약화되었다. 이런 상황에서 출신지역의 후보를 뽑고자 하는 연대감이 작용했다(김진하, 2010: 107-108). 또한 민주화가 되면서 광주민주화 운동에 대한 전두환 정권의 잔인한 탄압으로 억눌렸던 호남 지역민들의 분노가 그 지역 출신인 김대중에 대한 강력한 지지로 나타났다. 이와 함께 노태우, 김영삼, 김대중, 김종필 등은 의도적으로 지역주의 경쟁 심리를 자극해서 지지 동원의 수단으로 활용했다.

지역주의 정당체계가 외형적으로는 그 이전과 커다란 차이를 보였지만, 실질적으로는 그 이전의 정당 정치와 사실상 별다른 차이가 없는 보수 일변도의 정당체계였다. 사실 지역주의라는 경쟁의 축 자체가 1차적 관계인 지역적, 향리적 특성을 대표하는 것이어서 구체적 정책의 비전이나 내용을 찾을 수 없는 것이다. 이처럼 민주화 이후 선거 경쟁에 들어온 모든 정당은 보수 이념 이외의 것을 대변하지 않았기 때문에, 조봉암의 진보당이 해산되고 자유당-민주당의 보수 양당제가 확립된 '1958년 체제'의 결빙을 깨트리는 변화는 일어나지 않았던 것이다(최장집, 2010: 134-140). 4당 체제가 1990년 1월의 3당 합당을 통해 양당제로 재편될 수 있었던 것도 정당 간 이념적 차이가 크지 않았다는 사실을 확인해 준다.[7] 더욱이 민주화 이전 적대적 관계였던 노태우와 김영삼의 3당 합당을 통한 결합은 이제 민주-반민주의 구도가 현실 정치적으로 큰 의미를 갖지 않게 되었음을 보여주는 것이었다.

지역주의 정당 균열의 등장이 미친 또 다른 영향은 이를 통해 권위주의 체제의 정당 정치의 관행이 민주화 이후에도 지속될 수 있게 되었다는 점이다. 예컨대 정당 정치와 관련해서는 정당의 폐쇄적 운영, 정당 내부 민주주의의 결여, 권위주의적 당 총재, 밀실 공천 등, 의회 정치와 관련해서는 장외투쟁, 단식, 농성, 몸싸움 등 비의회적 관행, 법안의 날치기 통과, 여당의 자율성 부재 등 권위주의 시대의 정당 정치, 의회 정치에서 형성된 부정적 관행이 민주화 이후에도 지속되도록 하는 징검다리의 역할을 행한 것이다.

1988년 13대 총선에서 만들어진 4당 체제는 1987년 대통령 선거를 통해 등장한 지역주의 정치의 위력을 다시 확인시켜 주었지만, 동시에 한국정치 사상 초유의 여소야대의 정국을 만들어 냈다(강원택, 2012c: 175-189). 국회 내 다수의석을 차지하게 된 야 3당은 대법원장의 임명동의안을 부결시키고 국정감사 및 조사에 관한 법률안, 국회에서의 증언·감정 등에 관한 법률 개정을 관철시켰고 전두환 전 대통령 등 16명에 대한 출국금지 요청안도 통과시켰다. 이처럼 노태우 정부는 야권이 주도하는 정국에 수동적으로 끌려 다니는 처지에 놓이게 되었다. 노태우 정부가 정당 구도를 개편하고자 한 것은 무엇보다 이런 불리한 정치 상황을 극복하기 위한 것이었다. 한편, 김대중의 평민당에게 제1야당의 지위를 빼앗기고 제2야당을 이끌게 된 김영삼은 차기 대선 경쟁에서 주도권을 되찾기 위해서는 현재의 4당 구조를 변화시켜야 할 필요성을 느끼고 있었다. 소수 정당을 이끌던 김종필도 정치적 영향력을 높이기 위해서는 합당에 참여할 필요가 있었다. 1990년 1월 22일 노태우, 김영삼, 김종필이 3당 통합에 합의하면서, 거대 여당 민주자유당이 탄생했다. 김대중의 평화민주당만이 야당으로 남게 되었다. 4당 체계가 양당제로 변모된 것이다. 3당 합당은 보수 대연합을 내세웠지만, 일차적으로는 비호남 연합 대 호남의 정당 구도를 만들었다.

---

7 노태우는 김대중에게도 합당의 의사를 타진한 바 있다(노태우, 2011: 484-485).

그림 3-1 민주화 이후 정당 당명의 변화

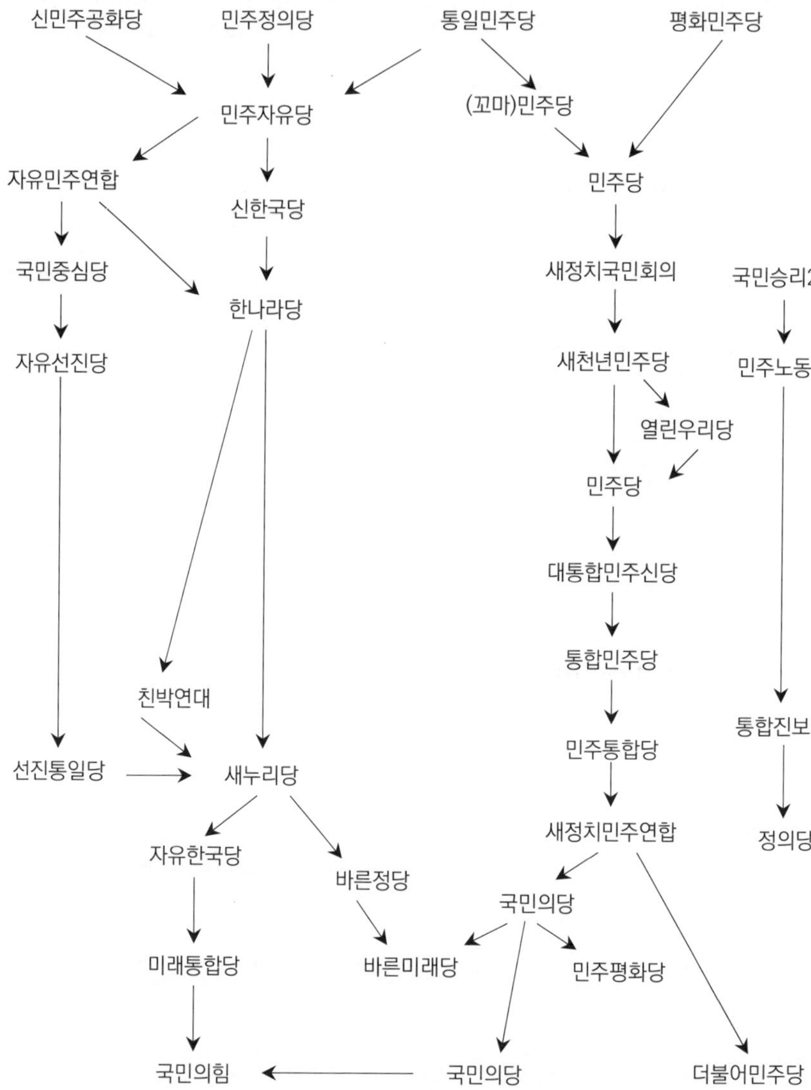

3당 합당 이후 정당체계(party system)는 본질적으로 변화하지 않은 채 장기간 지속되었다. 정당 명칭은 자주 변경되었지만, 양대 정당의 지역적 기반, 인적 구성, 조직적 특성은 크게 바뀌지 않은 채 지속되어 왔다. 양당제가 대표하던 비호남 연합 대 호남이라는 지역적 특성은 이후 이념적 속성이 강화되는 형태로 나아가, 한나라당계는 영남과 보수, 민주당계는 호남과 진보라는 특성을 갖게 되었다(그림 3-1 참조).

3당 합당 이후 정당체계의 연속성 속에서도 주목할 만한 정당은 열린우리당이다(강원택, 2018a: 21-25). 2002년 대통령 선거는 시기적으로 '3김 시대'를 청산하는 의미를 담고 있었다. 기존 정치권에서 비주류였던 노무현의 당선은 그런 점에서 커다란 의미를 갖는다. 이와 함께 2004년 노무현 대통령 탄핵 정국 속에서 실시된 17대 국회의원 선거에서 제1당으로 부상한 열린우리당의 창당 역시 중요한 의미를 갖는다. 열린우리당이 정당사적으로 특별한 의미를 갖는 것은 그 이전 정치세력과의 단절에 있다. 2003년 11월 11일 창당한 열린우리당은, 새천년민주당의 탈당파 40명과 한나라당 출신의 5명, 그리고 개혁신당 2명 등 47명의 의원으로 출발했다.[8] 전반적으로 개혁 성향이 강한 의원들이었으며, 대통령 선거 당시 노무현 후보의 진보성에 공감한 이들이었다. 그런데 보다 중요한 것은 2004년 국회의원 선거를 통해 이전과 정치적, 이념적 배경이 매우 다른 다수의 초선 의원들이 당선되었다는 점이다. 2004년 3월 노무현 대통령에 대한 탄핵을 한나라당, 새천년민주당, 자유민주연합 등 야 3당이 공동으로 의결했지만 이에 대한 강한 역풍이 불었다. 이러한 정치적 분위기는 그해 4월 실시된 17대 국회의원 선거로 이어졌다. 선거 결과 열린우리당이 152석을 얻어 과반 획득에 성공했다. 그런데 열린우리당 당선자 152명 가운데 108명이 처음 국회에 진입하는 새로운 인물들이었다. 탄핵 정국 이전까지 노무현 대통령의 지지율은 매우 낮은 상태였기 때문에,[9] 열린우리당은 선거를 앞두고 마땅한 후보자를 찾는 데 어려움을 겪었다. 이런 상황으로 인해 '기존 정치'에 익

8 열린우리당 창당 당시 소속 의원은 다음과 같다.
강봉균, 김근태, 김덕규, 김덕배, 김명섭, 김성호, 김원기, 김태홍, 김택기, 김희선, 남궁석, 문석호, 박병석, 배기선, 설송웅, 송석찬, 송영길, 송영진, 신계륜, 신기남, 유재건, 이강래, 이상수, 이원성, 이종걸, 이창복, 이해찬, 이호웅, 임종석, 임채정, 장영달, 정대철, 정동영, 정동채, 정세균, 정장선, 천용택, 천정배, 최용규, 홍재형(이상 새천년민주당에서 탈당); 김영춘, 안영근, 이부영, 이우재, 김부겸(이상 한나라당에서 탈당); 유시민, 김원웅(이상 개혁당)

9 한국갤럽 조사 결과에 의하면, 노무현 대통령의 임기 2년 차 1분기의 평균 지지도는 긍정 22%, 부정 57%였다.
https://panel.gallup.co.kr/Contents/GallupKoreaDaily/GallupKoreaDailyOpinion_295(20180223).pdf

숙했던 상당수의 유력 후보들은 열린우리당을 외면했고, 결국 새로운 인물로 후보 자리를 채우게 되었다. 이들 가운데는 진보적 이념에 기초하여 권위주의 체제에 대한 투쟁을 벌인 이른바 '386' 출신이나 시민운동가 출신이 적지 않았으며, 세대적으로 비교적 젊은 연령의 의원들이 적지 않게 탄생했다. 이념적으로나, 출신 배경에서나, 세대적으로나 열린우리당은 이전의 '주류 정당들'과는 상당한 차이를 보였다. 제17대 국회 초기 열린우리당 초선 국회의원들을 중심으로 서민·빈곤층 배려정책을 포함한 사회복지정책과 노사정책에서 차별성을 주문하는 목소리가 많아 진보적인 정책에 대한 기대를 불러일으키기도 했다(강병익, 2009: 123-124).

열린우리당뿐만 아니라 노무현 대통령의 측근 중에서도 이념적, 세대적으로 이전과 다른 정치적 특성을 갖는 이들이 부상했다. 대통령 주변의 파워 엘리트는 과거와 다른 특성을 보였는데, 무엇보다 두드러진 변화는 30~40대의 괄목할 만한 진출이었다. 전체 52명의 청와대 비서관과 보좌관들 중 65.4%가 30~40대였으며 60대 이상은 한 명뿐이었다. 젊은 층을 중심으로 한 개혁과 진보의 성격을 뚜렷이 볼 수 있다. 수석비서관의 90% 이상을 50~60대가 차지했던 김대중 정권 시절과 비교할 때도 매우 큰 변화라 할 수 있다(정병기, 2005: 75). 이처럼 노무현 정부의 엘리트 충원망은 권력의 변방에 위치했던 그룹들로 짜였다. 이 단체들은 대부분 각계의 소장파들이 주축이 된 개혁적 성향의 집단이라는 공통점을 갖고 있다(정병기, 2005: 80).

이후 한국 정당 정치는 기존의 지역주의 구도에 이념적 요인이 더해지기 시작했다. 탈지역주의를 주장한 열린우리당은 지역주의로부터 완전히 벗어날 수는 없었지만, 노무현의 당선과 열린우리당의 총선 승리 이후 이념적 대립, 그리고 이념에 기초한 세대 간 갈등은 점차 강화되어 가는 추세를 보이게 되었다.

2002년 노무현 대통령의 당선, 2004년 17대 국회의원 선거에서 열린우리당의 성공이 주는 정치사적인 의미는 한국정치의 맥락에서의 '개혁과 진보'를 주창하는 진보 정치가 출현한 것이라고 할 수 있다.[10] 2004년 국회의원 선거에

10 물론 계급정치적 관점에서 진보를 바라보는 입장에서 볼 때 열린우리당은 진보적이 아닐 수 있다. 예컨대 다음의 글을 참조할 것. "열린우리당의 강령과 정책을 볼 때 정당 스펙트럼에서 우익 자유주의에 위치해 있다. 열린우리당을 중도적 내지 진보적으로 인식하는 것은 여전히 민주-반민주 구도라는 담론에서 벗어나지 못했기 때문이다. 한나라당이 반민주 곧 독

서 민주노동당이 10석을 얻으며 제도권 정치에 진출했지만 사실 한국정치에서 노동자정당, 계급정당이 정국의 흐름을 주도해 가는 주류 거대 정당으로까지 성장하기는 쉽지 않다. 그런 점에서 계급적 의미에서의 '좌파' 정당이라고 부를 수는 없지만, 자유주의적이고 개혁적 성향, 그리고 반공주의에 맞선다는 의미에서의 '진보' 정당으로서 열린우리당을 자리매김할 수 있을 것이다. 김대중 정부의 출범과 그 이후 추진된 햇볕정책 등으로 이념적 차별성의 시작을 이 때로 볼 수도 있으나, 기본적으로 김대중 대통령과 '동교동계 정치인들'은 대체로 보수 정치인으로 보는 것이 더 적절하다. 민주-반민주 구도에서 이들은 진보적일 수 있었지만, 민주화 이후의 이념 경쟁에서는 보수적인 특성을 보였다.

이후 한국 정당 정치는 선거 공간에서나 의회 내에서 이러한 한국적 의미의 진보와 보수 정파 간의 대립으로 이어지게 되었다. 2004년 국회의원 선거 이후 열린우리당은 이념성이 강한 정책이었던 국가보안법 폐지 등 이른바 4대 개혁 입법을 적극적으로 추진했고, 이에 대해 한나라당이 보수성을 강화하면서 한국 정당 정치는 사실상 이념 경쟁의 형태로 나아가게 되었다. 한국 정당 정치가 더 이상 이념적으로 '협애한'(최장집, 2010: 134-135) 상황이라고 보기 어려운 이념적 정체성의 분화가 생겨난 것이다. 그리고 이는 유권자의 선택에도 영향을 미쳐 이념 성향이 정당 지지에 매우 중요한 결정 요인이 되었다.

2. 정당체계

정당체계(party system)는 정치적 경쟁에 기반한 정당간 상호작용의 체계이다. 정당체계는 정당들의 집합을 의미하면서 정치체계의 특성을 보여줄 수 있다. 사르토리(Sartori, 1976)는 정당체계를 정의하면서 정당의 수와 함께 정당들 간의 이념의 분포를 고려했다. 그러나 최근까지 한국 정당 정치가 대표하는 이념의 폭은 매우 좁았기 때문에, 민주화 이전의 경우 정당의 수를 중심으로 정당체계의 특성을 살펴보는 것이 적절하다. <표 3-2>는 민주화 이전의 정당

재의 잔영으로 인식되는 반면, 절대왕정 앞에서 자유주의자들이 진보적이었듯이 열린우리당이 독재-민주의 구도에서 진보로 보이는 것이다."(정병기, 2005: 87)

표 3-2 민주화 이전 정당 정치

		1948	1950	1954	1958	1960	1963	1967	1971	1972	1978	1981	1985
정당의 수	의회 진입	16	11	4	3	6	5	3	4	3	3	8	5
	선거 참여	48	39	14	14	6	12	11	6	3	4	12	9

자료: 박경미(2006: 122).

정치를 정당의 수를 중심으로 정리한 것이다.

선거에 참여한 정당의 수나 의석을 얻은 정당의 수를 기준으로 볼 때, 1948년, 1950년 두 차례 선거는 정당 정치가 제대로 자리 잡기 이전의 특성을 보여주고 있다. 1948년의 경우 무려 48개의 정당이 선거에 참여했고, 16개의 정당이 의석을 얻었다. 1950년 역시 39개 정당이 선거에 참여했고 11개 정당이 의석을 차지했다. 제1공화국 초기에는 사실상 정당 정치가 제대로 자리 잡지 못했던 상황이었다. 1954년 선거에서부터 양당적 경쟁의 모습이 나타나기 시작했으며, 본격적으로 양당제의 모습이 갖춰지기 시작한 것은 1954년 사사오입 개헌과 그 여파로 민주당이 창당되었고, 또한 1958년 진보당이 사라지면서 보수 양당제가 확립되었다.

1960년 제2공화국은 선거에서 민주당이 민의원 233석 중 171석을 차지했고, 무소속이 53석이었으며, 기타 정당들이 얻은 의석의 합은 9석에 그쳤다. 민주당의 일당우위제(predominant party system) 정당체계였다. 그러나 1960년 12월에 민주당 구파가 분당하여 신민당을 창당했기 때문에, 5.16 군사정변으로 제2공화국이 무너지지 않았다면 민주당, 신민당의 보수 양당제가 가능할 수도 있었다.

1963년 선거를 앞두고 군정 세력은 민주공화당을 창당했으며, 야당은 분열했다. 그러나 1967년 대통령 선거를 앞두고 신민당으로 통합했으며, 이후 박정희 정권이 붕괴할 때까지 대체로 양당제가 유지되었다.[11] 1981년 제5공화국에서는 정권이 의도적으로 다당제를 구성했다. 집권당인 민주정의당 이외에 민

11 신민당 내 반 유진산계 의원들이 1973년 1월 창당한 민주통일당도 존재했다. 그러나 1974년 선거에서 2명, 1978년 선거에서 3명이 당선되는 등 당세가 미약했고 당 노선은 신민당과 근본적으로 다르지 않았다.

주한국당, 한국국민당이라는 두 개의 야당을 만들어냈다. 그러나 1985년 국회의원 선거에서 신한민주당이 기존의 관제 야당들을 압도하면서, '관제 다당제'는 붕괴했고 그 이후에는 사실상 민정당과 신한민주당의 양당제로 회귀했다. 신한민주당은 민주화 운동 세력의 중심이 되었다. 이처럼 민주화 이전에는 대체로 양당제가 지속되어 왔다. 권위주의 체제 하에서 권위주의 대 민주화라는 대립 구도를 양당제가 대표해 왔다고 할 수 있다.

표 3-3 민주화 이후 우리나라 선거에서의 유효 정당 수

	1988	1992	1996	2000	2004	2008	2012	2016	2020	2024
의회 수준	3.5	2.7	3.2	2.4	2.4	2.9	2.2	2.9	2.0	2.1
선거-지역	4.3	3.8	4.5	3.4	3.0	3.6	2.3	3.3	2.2	2.2
선거-명부	-	-	-	-	3.4	4.3	3.1	3.9	4.1	3.8

유효정당 수는 Laakso and Taagepera(1979: 3-27)의 방식에 따른 것임. 무소속은 제외했음.
즉 유효정당 수(N) = $1/\sum p_i^2$(p_i: i 정당이 얻은 의석수 혹은 득표율).
의회 수준 - 선거에서의 당선자 비율을 기준
선거 - 지역구 투표 혹은 정당명부 투표에서 각 정당의 득표율 기준

그러나 민주화와 함께 정당체계에 변화가 발생했다. 민주화 직후 터져나온 지역주의 정당 구도로 인해 정당체계는 다당제로 변모했다. <표 3-3>에서 보듯이, 민주화 이후 선거 경쟁은 대체로 3~5개의 정당들이 의석을 두고 실질적인 경쟁을 벌여왔고, 국회 내 의석을 차지한 정당의 수는 3~4개임을 알 수 있다. 주목할 점은 민주화 이후 형성된 4당 체제가 1990년 1월의 3당 합당으로 다시 인위적으로 사실상의 양당제로 회귀해 갔지만, 그럼에도 불구하고 선거 때가 되면 항상 제3당이 출현했고 또 적지 않은 득표를 했다는 것이다. 예컨대, 3당 합당 이후인 1992년 실시된 국회의원 선거에서는 민주자유당과 민주당 간의 양당 경쟁이 예상되었지만, 뜻밖에 정주영의 통일국민당이 돌풍을 일으켰고 31석의 의석을 획득했다. <표 3-4>는 3당 합당 이후 국회에서 제3당 소속과 무소속 의원의 비율을 정리한 것이다. 2000년, 2004년, 2012년 세 선거에서는 거대 두 정당의 의석 점유율이 90%를 넘었지만, 1992년, 1996년, 2008년, 2016년 선거에서 제3당과 무소속이 대략 20% 전후를 차지하는 것으로 나타났다. 특히 1996년 선거에서는 그 비율이 27.1%에 달했다. 이처럼 민주화 이후 지역주의 정치에 기반한 한나라당 계열과 민주당 계열 정당이 주도해 오

표 3-4 1990년 이후 국회의원 선거에서 제3당과 무소속 의원 비율

	1992	1996	2000	2004	2008	2012	2016	2020	2024
제3당 의석점유율*	10.7	21.7	7.3	8.0	13.4	6.0	14.6	4.0	5.7
무소속 의석률	7.0	5.4	1.8	0.7	8.4	1.0	3.7	1.7	0
합계	17.7	27.1	9.1	8.7	21.8	7.0	18.3	5.7	5.7

* 1, 2당을 제외한 나머지 정당들의 의석점유율

는 가운데에서도, 다당제적인 경쟁 구도가 선거 때마다 마련되었다는 것을 알 수 있다. 다만 2020년 총선에서는 더불어민주당과 미래통합당의 거대 양당이 더불어시민당, 미래한국당이라는 '위성정당'을 만들어 대부분의 비례 의석까지 차지하면서 제3당의 의석 점유율이 역대 최저로 나타났다. 2024년 총선에서는 무소속으로 당선된 의원이 한 명도 없었다. 거대 양당의 의석 점유율이 2020년에 이어 94.3%에 달했다. 이러한 양당제 강화 경향은 정치적 양극화의 심화와도 깊은 관련이 있다.

정당체계와 관련해서 볼 때 문제로 지적해야 할 점은 정당체계의 제도화 문제이다(이하 강원택, 2007a). 민주화 이후 적지 않은 수의 제3당이 출현했지만, 동일한 정당이 한 선거를 넘어 계속해서 정치적으로 '생존해 있는' 경우는 그리 많지 않다. 최장집(2006: 110)은 이를 두고 '즉응(instantaneous)의 정치'라고 불렀는데, 이러한 현상이 발생하는 까닭은 사회적 변화나 선호의 변화의 탓이 아니라 새로운 정치엘리트의 출현과 신구 정치엘리트간의 이합집산의 결과 때문으로 보았다. 즉 정당체계가 유동적인 것이 구조적인 변화가 아니라 정당이 정치엘리트를 중심으로 이뤄졌기 때문이라는 것이다.

사실 그동안 우리나라의 정당은 인물을 중심으로 결집되거나 재편되어왔다. 자유당은 이승만과 운명을 같이 했고 공화당 역시 박정희 시대를 넘어서지 못했다. 민주화 이후에도 노태우 대통령이 민정당 대신 민주자유당을 창당했고, 김영삼 대통령은 이를 신한국당으로 바꿨다. 김영삼 대통령 임기 말이 되자 이회창 후보는 한나라당으로 다시 당을 재편했고, 이명박 대통령 임기 말 박근혜가 비상대책위원장이 되면서 당명을 새누리당으로 바꿨다. 그리고 박근혜 대통령 탄핵으로 자유한국당으로 당명이 다시 바뀌었다. <그림 3-1>에서 보듯이, 이러한 점은 민주당 계열 정당 역시 마찬가지다.

과거에는 정당의 잦은 재편이 지역적으로 강한 기반을 갖는 김영삼, 김대

중, 김종필 때문이라고 생각되었지만, '3김'이 정치적으로 퇴장한 이후에도 이러한 현상이 반복해서 나타나고 있다. 다시 말해 우리나라 정당 정치의 유동성은 인물과 관련된 상황적, 우연적 요인을 넘어서는 제도적, 구조적 원인이 존재한다고 볼 수 있다. 대통령 선거를 앞두고 사실상 5년마다 정당의 재편이 반복적으로 발생하는 현상은 단임 대통령제의 제도적 효과와도 관련이 있다. 내각제가 정당의 집단적 통치라면 대통령제는 대통령 개인의 지배 체제이다. 모든 결정의 권한과 책임이 모두 대통령 1인에게 놓인다. 따라서 미국에서 보듯이 선거운동 역시 정당보다는 후보자 중심으로(candidate-centered) 진행되는 경향이 강하다. 미국처럼 정당체계가 안정적이라면 후보자 중심으로 사람과 돈이 몰리는 현상이 정당체계의 불안정으로 이어지지 않겠지만, 정당체계의 유동성이 큰 곳에서는 후보자를 중심으로 일정한 시간마다 정당이 재편되는 현상이 반복적으로 나타나는 것이다. 즉 임기 초에는 정당을 대통령이 장악하지만 "임기 말에는 권력의 누수와 당적 포기로 정당 통제력이 약화되면서 정당의 빈번한 이합집산에 영향을" 미치게 되는 것이다(곽진영, 2007: 115).

정당체계의 안정성은 결국 정당의 생존력과 지속성을 강화시켜야 하는 것이다. 박경미(2006b)는 민주정의당과 평화민주당을 대상으로 정당 조직의 지속성에 대해 분석하면서, 그 원인을 수직적 조직화, 중앙권력 교체의 제도화, 그리고 의회 정치의 주도권 등 세 가지를 제시하였다. 수직적 조직화는 '조직으로서의 정당'의 강화를 의미하며, 중앙 권력 교체의 제도화는 정당이 특정 인물에 대한 의존도에서 벗어나야 한다는 것, 그리고 의회 정치의 주도권은 선거 승리처럼 유권자의 지지를 계속해서 받을 수 있어야 한다는 것으로 해석할 수 있다. 따라서 원내 정당화나 완전개방형 경선제처럼 당 기율이나 이념적 정체성을 약화시킴으로써 정당 자체를 약화시키는 것은 정당체계의 제도화라는 관점에서 볼 때 긍정적으로 보기 어렵다. 서구와 같은 대중정당 형태로의 전환은 시대 상황이나 현실 정치 조건을 고려할 때 가능해 보이지 않지만, 조직으로서의 정당을 강화하는 일은 정당체계의 제도화 수준을 높이는 데에 매우 중요하다. 정당체계의 안정을 위해서는 조직으로의 정당의 강화가 필수적인 전제 조건이 될 수밖에 없다.

3. 한국 정당 정치의 특성

일반적으로 정당의 활동 영역은 세 가지로 나눠 살펴볼 수 있다(Key, 1958: 180－182). 하나는 유권자 속의 정당(party－in－the－electorate) 활동으로 이는 일반 유권자들을 대상으로 하는 경우와 지지자, 당원들과의 관계와 관련된 것을 포함한다. 두 번째는 의회 수준(party－in－the－legislature)에서의 정당 활동으로 정당의 국회 원내 활동과 관련된 것이다. 세 번째는 정부 수준에서의 정당(party－in－the－government)으로, 특히 집권당의 역할, 당정 관계에 대한 것이다. 여기서는 이러한 키의 정당 활동 분류에 따라 한국 정당 정치의 특성을 세 활동 영역으로 나눠 살펴보기로 한다.

(1) 유권자 속에서의 정당

1) 후보자 공천

유권자 속의 정당 활동에서 역시 가장 중요한 점은 정당 후보의 공천과 관련된 것이다(이하 논의는 강원택, 2003a 참조). 한국 정당의 공직 후보 선출은 오랫동안 정치적으로 가장 후진적인 모습을 보여 왔다. 과거 우리나라 정당의 공직 후보 선출은 공개적이고 제도화된 절차와 일반 당원의 폭넓은 참여를 기반으로 한 경쟁을 통해서 이뤄지지 못하고 당수 1인 혹은 소수의 정당 지도자에 의해 사실상 자의적으로 결정되어 왔다. 그것은 우리나라의 정당이 정당 지도자 개인의 절대적 영향 하에 놓여 있었다는 사실과 관련을 갖는다. 자유당, 민주공화당, 민주정의당 등과 같이 권위주의 시대에 집권자에 의해 하향식으로 만들어진 정당이거나 민주화 이후 '3김'의 정당들처럼 특정 정치인의 집권을 위한 정치적 도구로 이용되어져 왔다.

우리나라에서 정당을 통한 공직 후보 선출은 1954년 3대 민의원 선거를 앞두고 자유당이 처음으로 도입하였다. 1, 2대 국회의원 선거 때와는 달리 자유당이 정당 공천제를 도입한 것은 이승만의 3선 개헌을 추진하기 위해 개헌에 찬성하는 인사들을 당선시키고 또 이승만에게 충성하지 않는 현역 의원의 재선을 막기 위한 의도 때문이었다. 다시 말해 정당을 통한 공직 후보 선출 방식의 도입은 이처럼 순수하지 못한 동기에서 비롯되었다. 처음 도입된 이 제도는 형식적으로는 상향식이었지만 실제로는 최고통치자가 결정하는 하향식 제도였다. 이러한 하향식 공천 방식은 박정희와 전두환의 군부 권위주의 시대를 거치면서 더욱 강화되었고 민주화 이후에는 지역주의로 인해 특정 지역을 '장악한' 정치 지도자가 지역의 배타적 지지에 기초한 정당을 이끌면서 본질적인 변화 없이 계속되었다(김용호, 2003: 8－12). 이처럼 우리나라 정당의 공직 후보 선출 절차가 폐쇄적이고 비민주적이었던 까닭은 정당의 창당과 운영에 특정 정치 지도자의 영향력이 강했던 탓도 있지만, 동시에 당원의 자발적 참여보다 동원에 의존하는 조직적 특성을 지니고 있었다는 사실과도 관련이 있다. 그러나 당내 경쟁을 통한 공직 후보 선출이 없었던 것은 아니다. 제3, 4공화국 시절 야당이었던 신민당은 대통령 후보 선출과 당 총재 선출을 위한 경선을 실시했다. 1970년 9월 20일 신민당 대통령 후보 지명 전당대회에서 김대중 후보의 선출이나 1979년 5월 30일 김영삼의 총재 당선은 모두 이와 같은 당내 경선을 통한 결과였다. 당시 신민당의 당 총재나 대통령 후보 선출에는 실질적 경쟁이 이뤄졌으나 참여의 폭은 지구당 대의원 수준으로 제한되어 있었다.

민주화 이후 점차적으로 당내 후보 경선 과정에서 참여의 폭이 확대되기 시작했다. 당내 경선에 참여의 폭이 증가된 것은 서구 정치에서도 마찬가지로 나타나고 있는데, 다음의 몇 가지 이유를 생각해 볼 수 있다(Ware, 1996: 266－269; 강원택, 2003a: 247－248). 첫째, 당원 확보의 필요성 때문이었다. 특히 의회에 기반한 명사 중심의 정당들은 선거 승리를 위해 선거운동에 필요한 당 인력을 확보하고 유지하기 위해 다수 당원들에 의존하는 대중정당적 특성을 취할 수밖에 없었으며, 이를 위해 일반 당원들에게까지 공직 후보 선출의 권한을 부여함으로써 참여의 동기를 높이고자 했다. 두 번째 요인은 과거에 비해 사회적인 위계 구조가 쇠퇴하였기 때문이다. 즉, 과거와 비교할 때 오늘날의 당원들은 일방적으로 시달되는 당의 결정에 그다지 순응적이지 않게 되었다. 과거에 비교할 때 자발적인 참여와 지지는 줄어들었으며 당의 규율보다 당의 정강 정책이 보다 중요하게 고려되기 시작했다. 더욱이 정당이 사회적 친교나 여가 활동을 위한 공간으로서의 매력을 잃어 가게 되면서, 일반 당원들에게 후보 선출의 권한을 부여함으로써 당원들의 참여와 지지를 회복하고 당내 갈등을 줄이고자 했다. 세 번째는 선거에서 승리를 위해 사회적으로 과소 대표된 집단 혹은 새로운 집단을 정치적으로 자기당의 지지층으로 동원하려는 의도를 가졌기 때문이었다. '포괄(catch-all)'적 선거 전략의 일환으로 정당들은 이러한 집단의 지지를 끌어낼 수 있는 광범위한 정책과 후보를 통해 이들의 호감을 얻고자 했다. 정당이 유권자들의 마음을 끌게 하는 한 가지 방법은 당의 정책 결정에 특정 이해관계를 공유하는 사람들을 포함시키는 것이며 그것을 위한 한 방법은 후보 선출 과정에 그들을 참여시키는 것이다. 네 번째는 선출의 적법성과 정당성을 높이기 위한 필요 때문이다. TV와 같은 대중 매체가 선거운동에서 결정적인 역할을 하는 시대에 후보들은 그 선출 과정이 공정하고 적법한 절차에 의해 등장한 것으로 보여야 할 필요가 있었다. '밀실' 속에서의 결정을 통해 등장한 후보들은 아무리 훌륭한 자격을 갖춘 후보라고 하더라도 정통성을 결여할 수 있기 때문이다. 1972년 미국 민주당의 맥거번-프레저 위원회(McGovern-Fraser Commission)의 제안에 의한 예비선거제도의 도입이 바로 여기에 해당하는 예이다. 이처럼 보다 개방적인 형태로 정당의 공직 후보 선출이 변모하게 된 것은 지지 기반의 확대를 원하고 사회경제적 변화에 적응하려는 정당의 노력 때문이라고 볼 수 있으며, 그것은 우리나라 정당의 경우에도 별로 다르지 않다고 할 수 있다.

민주화 이후의 첫 의미 있는 당내 경쟁은 1997년 대통령 후보 선출을 위한 신한국당의 경선이다. 당시 신한국당의 대의원의 구성은 1992년 전당대회 대의원의 약 2배에 이르는 12,430명으로 확대하고 지구당 대의원의 숫자를 과거 7명에서 35명으로 늘리는 등 과거에 비해 참여를 확대하고, 제한적이기는 하지만, 당 엘리트의 영향력을 약화시키려는 시도를 했다(이현출, 2003: 38). 신한국당을 이은 한나라당에서도 2003년 6월 대통령 선거 패배 이후 물러난 이회창을 대신할 새로운 당 대표 선출을 위한 경선을 실시하였는데 모두 23만 명에 달하는 대규모의 당원을 대상으로 하였다. 이 선거에는 우편투표자를 포함해 선거인단 22만 7천여 명 중 11만 9천여 명이 참가해 57%의 투표율을 기록했다. 선거인단의 규모로 볼 때 과거와 비교할 수 없을 정도의 많은 인원이 당 대표 선출에 참여했다는 점에서 진전이라고 평가할 수 있다. 그러나 참여 인원의 대폭 증대에도 불구하고 당 엘리트의 영향력 축소라고 하는 정당 민주화의 의미가 충실하게 반영된 사례라고 보기는 어렵다. 한나라당 대표 경선에 참여하는 선거인단 23만 명 가운데 20대는 0.05%, 30대는 5.19%, 40대는 17.6%인 반면 50대가 33.2%, 60대 이상이 43.9%인 것으로 나타났다(중앙일보, 2003. 6. 9). 일반적으로 보다 적극적이고 참여적인 성향을 갖는 젊은층 선거인단이 거의 없다는 점에서 자발적인 당원의 참여보다는 기존의 당 조직과 엘리트에 의한 동원에 보다 의존했음을 알 수 있다.

정당의 당내 민주화, 혹은 공직 후보 선출의 개방화와 관련하여 볼 때 '획기적인' 변화의 계기를 마련한 것은 2002년 실시된 새천년민주당의 국민참여경선제이다. 새천년민주당의 국민참여경선제는 총 7만 명의 선거인단을 구성하였는데 20%는 당의 대의원 가운데 배정하였고 30%는 일반 당원으로 그리고 나머지 50%는 일반 국민 가운데 공모를 통해서 참여하도록 하였다. 새천년민주당의 국민참여경선이 과거에 시도된 우리나라 정당의 공직 후보 선출 과정에 비해 참신했던 점은 우선 선출 과정에 참여하는 선출인단의 수가 과거에 비해 매우 큰 규모였다는 점이다. 또 한 가지는 그동안 사실상 현역 의원이나 당 지도부, 지구당 위원장 등 당내 엘리트의 영향력 하에 놓여 있었던 당원이나 대의원의 범위를 넘어서 일반 유권자의 참여까지 허용하는 형태로 개방성을 확대하였다는 점이었다.

전체 선거인단의 절반을 일반 유권자들에게 배정하였는데 16개 시도별 인구비례에 따라 선거인단의 정원을 배정하였다. 이에 따라 과거 호남에 편중되어 있던 대의원의 수를 줄이고 선출 과정의 지역적 대표성을 높였다. 실제로 전남북, 광주의 대의원의 비율은 13% 정도로 낮아졌으며 반면 영남 지역의 대의원의 비율은 인구비례에 따라 20.7%로 높아졌다. 이러한 지역별 인구비례에 의한 선거인단 배정은 지역별로 특정 후보에 대한 지지가 심하게 몰리는 '경선 과정의 지역주의'라는 부정적인 현상도 나타났지만 새천년민주당의 지역적 한계를 넘어서게 하는 긍정적인 결과를 낳았다고 평가할 수 있다(장훈, 2002: 192-193). 2002년 새천년민주당의 국민참여경선은 일반 국민들의 폭발적인 관심과 참여 속에 실시되었다. 참가를 희망한 유권자의 수가 184만 명에 달했고, 전체 참여율이 58.5%에 달했고 또 '노무현을 사랑하는 사람들의 모임(노사모)'과 같은 자발적인 결사 조직이 적극적으로 참여하였다는 것도 국민참여경선이 과거의 선출방식과 다른 점이었다.

그러나 정당의 공직 후보 선출 과정에, 당원이나 대의원뿐만 아니라, 일반 유권자의 참여에 크게 의존하게 되면, 정당의 결속과 기율을 약화시키는 결과를 낳을 수도 있다. 새천년민주당의 경선에서도 자발적인 지지 집단인 '노사모'의 역할이 매우 중요했지만 '노사모'가 새천년민주당의 지지 조직이라기보다 노무현 후보 개인의 지지자들이며 오히려 당과는 일정한 거리를 두었다. 이 때문에 일반 유권자에게까지 공직 후보 선출 과정이 확대되는 것이 새천년민주당의 당 조직의 확대나 강화로 이어지지는 않았다.

또 한 가지 문제점은 후보 선출 과정에서 여론조사의 과도한 활용이다(이하 강원택, 2009c). 2002년 새천년민주당의 국민참여경선이 성공을 거두면서 개방적 형태의 후보 선출은 거스를 수 없는 대세가 되었다. 그런데 그 이후부터 여론조사 방식이 추가로 도입되었다. 여론조사는 2002년 대통령 선거 과정에서 노무현－정몽준 간의 후보 단일화를 위한 방안으로 활용된 바 있다. 또한 2007년 대통령 선거를 앞두고 대통합민주신당은 9명의 후보를 대상으로 한 예비경선에서 여론조사를 통해 후보의 숫자를 줄였다. 일종의 컷오프(cut－off) 제도를 여론조사를 통해 실시한 것이다. 대통합민주신당은 일반 국민 2,400명을 대상으로 한 여론조사와 국민참여 선거인단 중 10,000명을 표본으로 추출한 여론조사 결과를 50% 대 50%로 적용하여 본 경선에 나갈 5명의 후보를 선정한 바 있다. 본 경선에서도 당원과 대의원이 중심이 되는 지역별 경선과 일반 국민들을 대상으로 한 모바일 투표, 그리고 여기에 일반 국민 5,000명을 대상으로 한 여론조사 결과를 10%의 비율로 최종 득표에 포함했다.

한나라당 역시 여론조사가 후보 선출 방식에 도입되었다. 한나라당의 선거인단 구성은 대의원이 2/8, 대의원이 아닌 일반 당원이 3/8, 그리고 일반 국민이 참여하는 선거인단이 3/8을 차지하도록 하였다. 이런 구성은 2002년의 새천년민주당의 국민참여경선과 비슷하다고 할 수 있지만 한나라당은 여기에 여론조사 방식을 추가하였다. 국민참여 선거인단의 비중을 80%로 정하고 나머지 20%는 여론조사 결과를 반영하도록 한 것이다. 이 때문에 전체적으로는 대의원이 20%, 당원 30%, 국민참여선거인단이 30%, 그리고 20%는 일반 유권자를 대상으로 한 여론조사 결과를 반영하는 것으로 구성되었다.

이와 같은 여론조사의 정치적 결과는 한나라당에서 매우 극적으로 나타났다. 2007년 대통령 선거 후보 선출을 위한 한나라당 경선에서 이명박 후보는 선거인단 득표수에서는 49.06%(64,216표)를 얻어 49.39%(64,648표)를 얻은 박근혜 후보에게 432표 차이로 뒤졌으나, 여론조사에서는 이명박 후보가 51.55%(16,868표)를 얻어 42.73%(13,984표)를 얻은 박근혜 후보에게 2,884표 앞서 근소한 차이로 당 후보로 당선되었다(<표 3-5> 참조). 여론조사 결과가 승부를 가른 것이다. 이런 결과는 그 이전에도 발생했다. 새로운 경선 방식이 도입된 첫 선거가 2006년 지방선거를 앞둔 서울시장 후보 경선이었다. 이 선거에서 당시 오세훈 후보는 선거인단 투표에서는 맹형규 후보에게 100표를 뒤졌지만 여론조사가 반영되면서 461표를 이겨 승부를 뒤집었다.

표 3-5 2007년 한나라당 대통령 선거 후보 경선 결과

	종합 결과		선거인단 투표		여론조사	
	득표율(%)	득표수	득표율(%)	득표수	득표율(%)	득표수
이명박	49.56	81,084	49.06	64,216	51.55	16,868
박근혜	48.06	78,632	49.39	64,648	42.73	13,984
원희룡	1.47	2,398	1.01	1,319	3.30	1,079
홍준표	0.92	1,503	0.54	710	2.42	793
선거인단 총 유효투표수 130,893표, 여론조사 표본 수 5,490표						

자료: 중앙일보(2007. 8. 21)

이처럼 여론조사는 이제 개방형 당내 경선의 매우 중요한 요소로 자리 잡았을 뿐만 아니라 한나라당의 사례에서 보듯이 경선 결과에 결정적인 영향을 미치고 있다. 개방적으로 나아가는 것은 제한된 숫자의 선출인단을 대상으로 하는 경우 경쟁 후보들의 '동원력'에 의해 승자가 결정될 수 있다는 점에서 경쟁의 공정성에 의구심을 갖기 때문이다. 따라서 여론조사 방식을 통해 '불특정 다수'의 의사를 묻는 것이 경쟁의 공정성을 위해 보다 낫다고 생각하는 것이다. 또 한편으로는 여론조사를 통해 국민들 사이에 높은 인기를 누리고 그로 인해 본선에서 보다 경쟁력 있는 후보를 선택하겠다는 정당의 바람이 반영된 것으로 볼 수 있다.

그러나 여론조사에 크게 의존한 방식으로 정당의 공직 후보를 선출하는 것은 적지 않은 문제점을 낳고 있다. 무엇보다 여론조사가 후보 선출 방식으로

적합하지 않은 것은 이 방식을 진정한 의미의 정치 참여로 볼 수 없기 때문이다. 참여할 자발적인 의사를 갖고 있고 그에 따라 수반하는 비용을 지불할 각오가 되어 있고 그 행위에 따른 결과를 수용할 태세가 되어 있는 경우를 정치 참여로 볼 수 있다. 그러나 여론조사에서의 응답은 단순한 의견 표명이나 인지도의 표현일 뿐, 그러한 의사 표현에 따른 결과를 의식하지 않는다. 여론조사가 후보 선출 과정에 도입되면서 생겨나는 문제는, 이 방식이 승자 결정에 중요한 영향을 미치지만 정작 그 과정에 참여하는 사람들은 그와 같은 정치적 중요성을 의식하지 못한 채 응답하는 경우가 많다는 점이다. 단순한 호감이나 관심, 인기가 그에 대한 지지로 과도하게 해석되는 것이다.

또한 여론조사의 방법론적 한계이다. 여론조사를 실시할 때 모집단을 올바르게 대표할 수 있는 표본을 추출하지 못한다면 표집오류가 생겨날 수 있다. 체계적이고 구조적으로 표본추출을 실시해서 표집오류를 줄인다고 해도, 비표집오류(non-sampling error)가 발생할 수 있다. 비표집오류의 한 가지 사례는 어떤 방식으로 질문하는가에 따라 응답이 달라질 수 있다는 것이다. 실제로 2007년 대통령 선거를 앞두고 한나라당 후보 경선 과정에서 첨예한 대립을 보였던 것 가운데 하나가 바로 질문 방식에 대한 것이었다. 이명박 후보 측은 '대통령 후보로 누구를 선호하는가'라는 선호도 방식을 취할 것을 요구한 반면, 박근혜 후보 측은 '오늘이 투표일이라면 누구를 지지할 것인가'라는 지지도 방식을 택할 것을 요구하며 대립했다. 두 후보 측이 이렇게 대립한 것은 여론조사 방식이 승자 결정 방식으로는 불완전하며 문제점이 많다는 것을 보여주는 것이기도 하다. 아무리 '객관적으로 보이는' 질문 문항을 만들어낸다고 해도 질문을 받는 사람의 입장에서는 응답할 때 다양한 기준이 적용될 수 있다.

더욱이 선정된 표본 중에는 그 정당을 지지하지 않거나 오히려 싫어하는 응답자들도 포함될 수밖에 없다. 정파적 양극화가 심하다면 이런 점은 응답 결과를 크게 왜곡시킬 수 있다.

여론조사 방식이 후보 선출 과정에 도입됨으로써 생겨날 수 있는 보다 심각한 문제는 이것이 정당 정치를 약화시킬 것이라는 점이다. 일반적으로 우리나라에서는 정치권에 머물렀던 인물들에 대해서는 비판적으로 바라보는 경향이 강해서, 선거를 앞두고 종종 '새롭고 참신한' 인물을 찾는다. 따라서 정치 경험이 쌓인 이들보다 정치권 외부에서 명망을 쌓은 이들에게 보다 큰 관심을 보인다. 여론조사의 중요성이 증대될수록 정치권 외부에 머물러 있는 이들이 상대적으로 유리한 입장이 될 수 있다. 여론조사가 정치인 개인에 대한 인기투표식 평가라는 특징을 갖고 있음을 생각할 때, '욕 먹기 쉬운' 정당 정치에 직접 가담하기보다는, 한걸음 물러서서 정당 외부에서 자신에 대한 호의적인 이미지를 유지시켜 나가는 것이 더욱 안전한 방법이 될 수 있다. 정치 활동 대신 TV 매체에 적극적으로 자신을 노출시키고 빈번하게 실시되는 각종 언론기관의 여론조사를 통해 높은 지지도를 계속해서 대중들에게 과시함으로써 자신의 '인기'를 유지해 나갈 수 있기 때문이다(강원택, 2003a: 374).

즉 정당을 통해서가 아니라 정당을 우회하여 정치 지도자로 나설 수 있는 통로를 여론조사가 열어주게 되는 것이다. 그러나 정치적 리더십에 대한 검증이 이뤄지지 않은 인물이 유력한 후보자로 나서게 되는 상황은 바람직하다고 보기 어렵다. 정치적 역량뿐만 아니라 추구하고자 하는 가치나 이념, 정책 방향에 대한 불확실성도 높을 수밖에 없다. 무책임하지만 대중적으로 높은 인기를 얻을 수 있는 언행을 일삼는 포퓰리스트가 유력한 정치적 후보로 등장할 수도 있다.

정당은 기본적으로 권력을 추구하는 집단이지만 이와 함께 이념적, 정책적인 측면에서 구성원들이 공유하는 정체성을 갖고 있다. 정당의 정체성은 당원과 지지자를 하나로 규합하게 하는 기본원리이며 그 정당이 구현하고자 하는 정책적 목표를 제시해 주는 것이다. 정당의 후보자가 된다는 것은 정당 구성원이 공동으로 추구하는 이념적, 정책적 목표를 권력 장악을 통해 실현해 줄 수 있는 적당한 인물로 뽑힌 것이다. 그런 만큼 당내 공직 후보 선출 과정에서 당원들의 의견이 충실히 반영되도록 하는 일은 중요하다. 후보 선출 과정에서 여론조사의 도입이 문제인 것은 정당을 대표하는 후보자를 선정하는 데 당과 무관한 일반 유권자의 뜻이 반영되는 반면, 당원들은 정치적으로 소외되는 현상이 생겨날 수 있기 때문이다. 여론조사의 도입은 당과 무관한 일반 유권자의 선호가 여론조사를 통해 승자 결정 과정에 반영될 뿐만 아니라 2007년의 한나라당의 경우처럼 당원의 선호를 뒤집어버리는 결과를 낳을 수 있다. 이러한 결과는 당원들의 정치적 소외감과 그로 인한 정당 내부 조직의 약화, 정당의 정치적 정체성의 약화라는 또 다른 문제로 이어진다. 일반 유권자에게 후보 자격과 후보 선출권을 포괄적으로 부여함으로써 당원들을 주변화할 수 있다는 문제를 고려하였을 때, 국민경선제가 오히려 정당 제도화를 저해할 수 있다(박경미 외, 2012: 106).

2) 지구당

정당은 유권자의 지지를 얻어내기 위해 당 조직을 만들어 상시적으로 활동한다. 가장 하위 지역 단위에서 활동하는 당 조직이 지구당이다. 우리나라에서 지구당은 1962년 정당법 제정과 함께 정당 설립의 공식 조건으로 등장하게 되었다. 당시 정당법은 전국 131개 지구당 중에서 3분의 1 이상을 창당해야만 정당 등록이 가능하도록 매우 엄격한 정당 등록 요건을 마련했다. 그런데 정당법에서는 동시에 지구당 창당에 필요한 최소 당원의 수를 50명으로 했기 때문에 신당 창당에는 최소한 2,250명의 당원을 확보해야 했다. 문제는 자발적인 정당 참여자가 거의 없는 상황에서 정당 창당을 위해서는 돈을 받고 당원이 되는 소위 '품삯 당원'에 의존할 수밖에 없었다는 점이다. 즉 엄격한 정당 창당 규정과 자발적 참여자의 결여가 지구당 조직이 '돈'과 연계되도록 한 중요한 이유였다. 지구당에 대한 법적 규정이 만들어지면서부터 지구당은 '고비용 정치'의 원인이 되었던 셈이다. 그리고 자발적 참여의 결여는 지구당 운영에서도 자발적 모금에 의한 운영을 어렵게 하였기 때문에 지구당 위원장은 항상 지구당 운영비, 인건비, 활동비 등을 마련하기 위해 애를 써야 했고 그 결과 '검은 돈'의 유혹에 취약해지거나 혹은 정당 보스나 거물 정치인 등의 영향에서 벗어나기 어렵게 되었다(김용호, 2008: 198－199). 그 이후에도 수십 년 동안 이러한 관행은 사실상 거의 변화 없이 계속되어 왔다.

지구당이 폐지된 중요한 이유는 이처럼 지구당은 과도한 정치 비용의 주범으로 비판을 받아 왔기 때문이다. 지구당이 '돈 먹는 하마'라는 평가를 받게 된 것은 바로 이러한 이유 때문이다. 그러한 거액의 비용을 마련하기 위해서는 또다시 은밀한 거래나 비리에 연루될 가능성이 커질 수밖에 없어서 지구당은 고비용 정치의 원인이며 동시에 정치적 비리의 온상으로 비판 받았다.

두 번째는 지구당의 사조직 성격 때문이다. 지구당 운영 경비의 조달을 지구당 위원장에 의존하면서 지구당이 사당(私黨)화하는 현상이 나타났다. 지구당 위원장은 지구당 수준의 모든 의사결정을 독식했으며 시도의원이나 기초단체장 후보 경선에 적극 개입하는 등 지역 수준의 정치에서 제왕처럼 군림하였다는 것이다. 따라서 지구당이 풀뿌리 민주주의 조직으로서 기능하지 못하고 현역 국회의원이나 정치 후보자의 선거조직 관리나 선거 동원의 수단으로 이용되어 왔다는 비판을 받았다(전진영, 2009: 177). 위원장으로의 권한 집중은 지구당에서 정당 활동이 비민주적으로 운영될 수밖에 없도록 만들었고 지구당 위원장 개인의 선거운동을 담당하는 사조직으로 변형되었던 것이다(이정진, 2008: 167).

이런 비판이 존재하는 가운데 1997년 외환위기가 발생하게 되면서 소위 '고비용, 저효율'의 정치는 국가적 위기를 초래한 중요한 원인 가운데 하나로 비판 받았고 이런 분위기 속에서 일차적으로 지구당 개혁이 시도되었다. 당시 개혁안은 지구당 조직은 그대로 유지하지만 상임 유급 당직자의 수를 축소하는 형태로 2000년 2월 개정되었다. 지구당 폐지가 본격화된 것은 2002년 대선 때 사용된 정치자금에 대한 수사를 통해 거액의 불법 정치자금 모금이 밝혀지면서부터이다. 소위 '차떼기'로 상징되는 불법 정치자금 모금에 대한 여론의 분노 속에 정치권은 정치개혁의 차원에서 지구당의 폐지를 추진했다. 특히 2004년 총선을 눈앞에 둔 상황에서 국민의 분노를 잠재우기 위한 '충격요법'이 필요했고 지구당 폐지 역시 그런 차원에서 결정되었다. 이런 과정을 통해 2004년 3월 13일 정당법 개정으로 지구당이 전격 폐지되었다.

이렇게 되기까지는 우리나라 정당 정치를 미국식 정당 구조로 변화시켜야 한다는 소위 '원내 정당론'의 주장 역시 상당한 논리적 근거를 제공했다. 당원들만의 폐쇄적인 정당 구조가 아니라 유권자 중심의 개방적인 정당으로 변모해야 하고 또한 상근 직원을 두는 상설적인 형태로 지구당을 유지하기보다 평상시에는 사실상 기능하지 않다가 선거 때가 되면 지지자와 당원의 자발적인 참여의 중심이 되도록 하는 것이 바람직하다는 것이다(정진민, 2003).

지구당이 폐지되면서 공식적인 하부 조직 단위는 시·도당이 되었다. 지구당을 폐지한 일 년 뒤인 2005년 정당법을 부분적으로 개정하면서 임의적인 최하위 조직으로 당원협의회를 둘 수 있도록 했다. 정당법 제37조 3항에는 "정당은 국회의원 지역구 및 자치구·시·군, 읍·면·동별로 당원협의회를 둘 수 있다. 다만 누구든지 시·도당의 하부조직의 운영을 위하여 당원협의회 등의 사무소를 둘 수 없다"고 규정하고 있다. 당원협의회가 지구당의 기능을 사실상 대체한 것이다. 그러나 법정 기구가 아니므로 과거 지구당과는 달리 중앙당을 중심으로 한 위계적, 수직적 구조에 편성될 수 없으며, 상설적인 사무실의 설치도 금지되었고 유급으로 활동하는 인력도 둘 수 없게 되었다. 지구당이 '돈 먹는 하마'였다는 비판을 의식한 조치인 것이다. 또한 지구당 위원장이 사실상 지구당을 사당화했다는 문제점을 해결하기 위해 당원협의회 의장은 선출되도록 했고 선출 후 1년 동안 공직선거 후보 혹은 예비후보자로 등록하지 못하도록 했다. 또한 3인 이상의 운영위원을 두도록 해서 한 사람에게 힘이 집중되는 것을 막도록 했다(이정진, 2008: 173).

지구당의 폐지로 인해 우선 사무실 운영이나 상주 직원 인건비 등 상시적으로 소요되는 많은 비용을 절감할 수 있게 되었다는 점에서 과거와 같은 고비용 정치의 문제점은 많이 완화되었다고 할 수 있다. 그러나 지구당 폐지로 인한 정치적 결과에 대해 반드시 긍정적인 평가만이 있는 것은 아니다. 다양한 측면에서 지구당 폐지로 인한 문제점에 대한 지적이 이뤄지고 있다. 전진영(2009: 189－191)은 지구당의 조직과 운영은 헌법에서 보장하고 있는 정당조직 구성의 자율성을 침해한다는 점에서 지구당 폐지는 위헌적 요소가 있다고 하면서 크게 세 가지로 지구당 폐지의 문제점을 지적하고 있다. 첫째, 지구당 폐지로 풀뿌리 민주주의라는 관점에서 정당이 유권자와 소통할 수 있는 공식적인 통로가 차단되었고 그로 인해 대의민주주의 실현에 근간이 되는 정당 정치가 후퇴하였다는 것이다. 즉 지구당이 폐지되면서 유권자들의 정치적 참여 기회는 더욱 제한 받게 되었고 정당은 유권자로부터 멀어졌다는 것이다. 두 번째, 당원협의회가 국회의원 지역구 단위로 설치 운영되고 있기 때문에 현역 국회의원이 있는 정당과 그렇지 못한 정당 간에 당원협의회 활동에서의 형평성 문제가 제기되고 있다. 의원 사무실을 지역구에 낼 수 있는 현역 의원에 비해 경쟁자는 조직적 불리함을 감수해야 한다는 것이다. 세 번째는 당원협의회는 법정 조직이 아니기 때문에 그 활동내역이나 회계내역이 중앙선거관리위원회의 감독 대상이 아니라는 문제점도 있다. 따라서 지구당의 폐지는 오히려 음성적이고 탈법적인 정당 활동을 양산할 수 있는 위험이 있다는 것이다. 한편, 당원협의회의 설치로 지역 수준에서 정당 활동은 가능해졌지만 사무소의 설치를 법으로 금함으로써 지역 주민들이 당원협의회의 존재를 알기 어렵고 결과적으로 주민들의 민원을 처리하거나 지역 언론 및 이익집단, 사회단체들과의 지속적인 연계를 유지하는 데 제약조건이 되고 있다는 점도 지적되고 있다(이정진, 2008: 173).

정연정(2009: 30-31)은 다음과 같은 다섯 가지로 지구당 폐지와 당원협의회 방식의 문제점을 지적하고 있다. 첫째, 당원협의회의 운영 책임을 지역의 선출직 공직자나 이전의 지구당위원장이 사실상 그대로 맡고 있어서 민주적인 하부조직 구조를 새롭게 정립하는 데 별다른 효과를 이끌어 내지 못했다. 둘째, 당원협의회장으로 선출되면 1년 동안 공직 후보로 출마할 수 없도록 하고 있지만, 1년의 기간 제한은 너무 짧다는 것이다. 이 때문에 지역 당 조직의 민주적 운영과 후보선출의 공정성 문제를 확보하는 데 어려움이 있으며, 당원협의회 회장의 사조직화 가능성도 여전히 존재한다는 것이다. 셋째, 공식적인 지구당이 폐지되었지만, 지역을 단위로 하는 사설 조직 또는 사무소 설치가 완전히 사라지지 않고 있다는 것이다. 지구당이 폐지된 이후 전국 선거에 출마한 입후보 예정자들의 사조직은 오히려 더욱더 급증하고 있다는 것이다. 넷째, 지방정치의 차원에서 지구당 폐지 이후에도 정당의 지역단위 후보자 공천과 지역 정치 신인들의 중앙당으로의 유입과정이 순기능적으로 이루어지지 못한 채 중앙당의 독주가 여전히 유지되고 있어서 이전과 별 차이가 없다는 것이다. 다섯째, 지역주의 정치로 인해 어떤 지역에서 특정 정당의 현역 의원이 하나도 존재하지 않는 경우 정당의 정책에 대한 지역주민의 지지와 반대 여론이 중앙당에 제대로 전달되지 못해서, 그 정당과 지역 유권자들 간의 거리감이 좁혀지지 않고 있는 실정이라는 것이다. 이처럼 지구당 폐지와 그것을 대신한 당원협의회의 운영 방식에 대해서는 대체로 비판적인 시각이 많다. 당원협의회가 의도한 것처럼 효과적인 대안이 되지 못할 뿐만 아니라 심지어 새로운 문제까지 만들어내고 있다는 것이다.

이런 점을 감안하면 우선 지구당의 설립이나 폐지를 굳이 법으로 엄격하게 규정하는 것 자체가 문제로 보인다. 다시 말해 법으로 지구당의 설립 요건이나 형식을 경직된 형태로 규정해서는 안 된다는 것이다. “정당 내부 조직을 어떻게 구성할 것인가의 문제는 본질적으로 정당이 스스로 결정해야 할 문제이며, 국가 기관이 아닌 정당의 당내 조직을 법으로 일률적으로 규정하는 것은 무리”라는 이현출(2005a: 109)의 지적은 매우 타당한 것이다. 지구당 폐지와 관련해서도 논란이 일었던 것은 당시 자발적인 참여자, 소위 진성 당원에 의해 운영되는 정당 하부 구조를 가진 민주노동당의 경우에도 무조건적으로 법적 규제를 통해 지구당을 폐지하도록 했기 때문이다. 따라서 지구당의 허용 여부나 지구당의 구성 요건 등 구체적인 사항에 대해서 정당법에 규정하는 대신 그러한 정당 하위 조직의 설립을 정당에게 일임하는 것이 보다 바람직하다. 더욱이 정당마다 반드시 동일한 형태로 지구당이 운영되어야 할 필요도 없다. 이런 유연성은 각 정당이 경쟁적으로 지역 유권자의 지지를 이끌어 내기 위한 보다 효율적인 하위 조직을 구축하려는 노력을 가능하게 할 것이다.

다만 정당 하위 조직의 부활이 과거 지구당의 문제들을 답습하는 결과를 낳을 수도 있는 만큼 이런 부분에 대한 통제 장치는 필요하다고 생각된다. 조직 운영에 소요되는 비용의 문제라든지 사조직화되는 문제 등은 중앙선거관리위원회의 직접적 통제를 받도록 하는 것이 중요하다. 이를 위해서는 정당 하위 조직이 설립되는 경우 중앙선관위에 신고하도록 하고 그 운영비, 인건비 등 경비 내역과 활동 내역에 대한 통제를 받도록 하는 것이 필요할 것이다. 한편 지구당의 운영이 특정 개인의 사조직 형태로 이뤄지지 않도록 하기 위한 제도적 규제는 필요하다. 지구당 운영이 반드시 다수의 참여, 민주적 운영, 투명성 확립 등의 원칙이 원론적인 형태로 법규상에 천명될 필요가 있다.

그러나 보다 중요한 점은 이러한 통제보다 정당 하위 조직이 자발적 참여의 공간이 될 수 있는 환경을 조성하는 일이다. 지역을 기반으로 한 시민사회 단체와 정당 하위 조직 간의 연대, 인터넷 공간 내의 지역 관련 단체와 지구당 간의 연계 등 지구당이 지역 공동체의 허브로 기능하는 개방적인 네트워크의 중심 역할을 할 수 있도록 설립 요건이나 활동 방식에 대한 규제를 완화하는 일이 필요하다. 또한 지구당이 관할하는 구역을 굳이 선거구와 일치해야 할 필요도 없어 보인다.

현실적으로 지구당이 정당 조직 내에서 행할 수 있는 매우 중요한 기능은 공직 후보 선출에 대한 것이다. 그러나 자발성에 기초한 참여가 전제되지 않는 상황에서 지구당은 공직 후보 공천 과정에서도 지구당 위원장의 영향력에서 자유롭지 못하게 될 우려가 있다. 따라서 지구당은 자율적인 참여가 가능하도록 개방된 체제로 운영되어야 한다. 무엇보다 자율적인 활동이 보장되어야 하는 정당의 내부 조직과 운영의 문제를 국가가 법으로 규제하려고 하는 것이 근본적인 문제이다. 정당의 자율성과 조직적 다양성이 보장되어야 한다.

(2) 정부 속의 정당

정부 속의 정당은 집권당과 대통령 간의 관계 속에서 살펴볼 수 있다. 집권당의 역할이 제도적으로 중요하게 부각되었던 것은 제3공화국 시절이다. 앞에서 논의한 대로, 당시 집권당인 민주공화당은 집권 초 당정 간에 긴밀한 협조 체제를 구축했다. 집권당과 정부 간의 협의체는 청와대 연석회의부터 지방의 시군 당정협의회까지 다양한 채널에서 긴밀하게 당정 협조체제를 구축했다. 이러한 제3공화국의 당정 체제는 유신 이전까지 활발하게 활동이 이뤄졌다.[12] 그러나 유신과 제5공화국 들어서면서 당정협의회는 형식적으로 이뤄지거나 집권당은 아예 제 역할을 하지 못했다.

집권당과 대통령의 관계는 2003년 노무현 정부가 들어선 이후에는 오히려 그 관계를 끊기 위한 이른바 '당정 분리'가 시도되었다. 당정 분리가 시도된 것은 민주화 이후에도 대통령이 집권당의 총재를 겸하면서 당을 장악함으로써 집권당의 자율성을 훼손하고 국회가 행정부를 제대로 견제하지 못하게 만들었다는 비판이 제기되었기 때문이다. 당정 분리를 통해 집권당에 대한 대통령의 영향력을 약화시킴으로써 여당을 포함한 입법부의 행정부 견제가 보다 효과적으로 이뤄질 수 있을 것으로 보았던 것이다. 실제로 노 대통령은 과거와 같이 대통령이 당을 지배하는 관계를 탈피할 것이며 필요하다면 당원의 한 사람으로서 의사표명만을 하겠다고 했다. 당 총재직을 갖지 않았으며 그동안 문제가 많

12 다음의 신문 기사를 보면 1970년대 초까지 당정협의회가 활발하게 이뤄졌다는 사실을 확인할 수 있다. "박정희 대통령은 공화당의 당정협의회에 대해 이중행정이나 공무원의 정치 간여와 전혀 무관하다고 말하고 『간담회의 동기는 민주헌정질서를 바로잡고 개발도상국에서 나타나기 쉬운 비합리적인 요소들을 시정해 보려고 대화의 광장을 마련하는 데 있다』고 설명했다(중앙일보, 1970.8. 31.).

았던 선거 공천 과정에도 개입하지 않았다. 또한 당정 관계의 고리가 될 수 있는 청와대 비서실의 정무수석직도 임기 초반 이후 없애 버렸다. 노무현 정부 때의 당정 분리는 그 의도의 순수성과 무관하게 행정부와 집권당 간의 효과적인 협력 관계를 형성하지 못했고 국정운영 역시 안정적인 형태로 이뤄지지 못하는 문제점을 낳았다. 집권당은 대통령의 주요 정책 결정 과정에서 소외되었고, 그로 인해 대통령 역시 집권당으로부터 체계적인 지원을 받을 수 없었다.

이처럼 당정 분리가 현실 정치적으로 많은 문제점을 낳았던 것은 앞 장에서 살펴본 대로 당정 분리를 통한 집권당의 자율성의 증대가 이뤄졌다고 해도 우리나라 국회가 정파적 관계를 뛰어 넘어 '입법부 대 행정부' 간의 대립과 견제라는 미국 대통령제의 원리를 구현해 낼 것으로 보기는 어렵기 때문이다. 즉 당정 분리가 이뤄진다고 해도 국회 내에서 여야 간의 관계는 여전히 갈등적으로 존재한다는 것이다. 그런 점에서 "국회의 입법 과정에서 나타나는 의원들의 역할은 행정부 대 입법부라는 관계에서 수행되는 것이라기보다는 오히려 정부－여당 대 야당이라는 틀 속에서 국회활동이 진행된다. 즉 국회의원들은 서로 간에 일체감을 가지면서 국회라는 집단의 일원으로서 행정부로부터 독립된 기능을 하는 것이 아니라 여당 의원들은 오히려 정부와 일체감을 가지면서 입법활동을"(신명순, 1993: 337) 해 오고 있다.

현실적으로 우리 정치에서 가장 분명하게 나타나는 입법부와 행정부 간의 관계는 당정 관계와 여야 관계인 셈이다. 사실 정당이 국회 활동의 중심적 행위자로 기능을 하는 한 '입법부 대 행정부'보다 '여－야'간의 관계 설정이 보다 현실적일 수밖에 없다. 또한 당 소속 의원의 정부 각료 진출이나 당정협의회 등 우리 정치의 오랜 관행을 고려할 때에도 정부－여당 간의 관계를 단절하고 입법부－행정부 간 견제 관계로 나아가게 될 것으로 보기는 어렵다. 또한 단임제 대통령제의 단점을 정당을 통한 정치적 책임성의 확보와 정책의 연속성을 통해 보완할 수 있다는 점에서 중요한 의미를 갖는다고 할 수 있다. 그렇다면 입법부와 행정부 간의 바람직한 관계 정립은 현실적으로 여야 관계, 당청 관계의 중요성을 인정하면서도 그것이 대통령의 지나친 권한 강화로 이어지지 않도록 하는 형태로 이뤄지는 것이 필요하다.

우리 정치에서 가장 기본이 되는 정치적 경쟁의 단위는 정당이다. 선거에서 유권자의 정치적 선택의 가장 중요한 기준도 정당이며, 국회 내에서 정파적 경쟁의 단위도 역시 정당이다. 더욱이 우리나라 정당은 지역적으로나 이념적으로 서로 구분되는 뚜렷한 정체성을 지니고 있으며 내부의 기율도 강하다. 따라서 대통령이 국회에서 정치적 동의나 지지를 얻고자 할 때 정당을 초월하여 개별 의원을 접촉하거나 설득하려고 하는 일은 쉽지 않다. 야당 의원에게 매력적인 제안을 하더라도 당 노선을 거슬러 가며 상대방 정파에 속한 대통령의 정책을 지지하기란 현실적으로 불가능한 일이다. 당내에서도, 유권자 수준에서도 모두 그런 '결단'을 긍정적으로 평가하지 않는다. 따라서 대통령이 자신의 정책을 입법화하기 위해서는 우선적으로 자기가 속한 정당 구성원의 지지와 동의를 구할 수밖에 없다.

그런데 집권당 의원들이라고 해도 대통령이 추진하는 정책에 대해서 언제나 쉽사리 동의할 것으로 볼 수는 없다. 때때로 대통령의 정책이 당의 정체성과 배치되는 것도 있고, 정치적으로 커다란 논란을 불러 올 수도 있으며, 지역구나 지지자의 이해관계와 상치되는 것도 있을 수 있다. 더욱이 그 정책에 대한 국민적 여론이 나쁘다고 한다면 집권당이라고 하더라도 그로 인한 정치적 부담을 지고 싶지는 않을 것이다. 이런 경우에 자신의 정책에 대한 지원을 얻기 위해서는 당정 간의 긴밀한 연계가 이뤄져야 하는 것이다. 또 한편으로는 대통령의 정책 추진이나 국정운영 철학 등을 국민에게 알리고 지지를 구하기 위해서라도 집권당과의 긴밀한 협력 관계는 언제나 중요한 것이다.

대통령이 당 총재로 있으면서 집권당의 일거수일투족을 관리하고 통제하거나 선거 때 공천권을 행사하는 등 당을 장악해 온 관행은 분명히 개선되어야 하는 것이지만, 당정 분리처럼 대통령과 집권당 간의 유기적 관계가 사실상 단절되는 것도 바람직하지 않다. 대통령뿐만 아니라 집권당 역시 집권의 공동 책임자이기 때문에 대통령 비서실과 여당 간의 긴밀하고 공고한 협력 관계는 효율적인 국정운영과 안정적인 정책 추진을 위해 매우 중요하다. 또한 단임 대통령제하에서 정치적 책임성을 확립한다는 차원에서도 집권당의 국정 참여는 중요한 의미를 갖는다.

당정 관계가 중요하다면 정책 형성 과정에서 여당의 역할이 보다 강화될 필요성이 있다. 대통령이나 행정부가 주도하는 정책을 입법화하기 위한 도구적 기능에서 벗어나 정책 형성 과정부터 당이 여론을 수렴하여 대통령에게 전달하고 정책의 정치적 결과나 평가 등에 대한 피드백의 기능을 할 수 있도록 보다 적극적으로 참여해야 한다. 이 때문에 대통령이 집권당과 소통할 수 있고 협의할 수 있는 제도적인 장치의 마련이 필요하다. 당정 관계가 과거처럼 일방적이고 상의하달 식의 의사소통으로 이어져서는 안 되며 대통령의 의사를 관철하기 위한 도구로 이용되어서도 안 된다. 국정운영의 두 축이라고 할 수 있는 대통령과 집권당 간의 효율적인 의사소통과 협의의 채널의 구축은 현실적으로 매우 중요한 의미를 지닌다고 할 수 있다.

(3) 국회 속의 정당

정당은 우리나라 국회 활동의 중심이 되고 있다. 특히 원내 20석 이상을 확보한 정당(들)이 원내 활동의 중심이 되고 있다. 그런데 그동안 정당의 당론이 국회의원의 입법 자율성을 지나치게 구속하는 방식으로 강제되고 있으며, 이러한 강한 정당 기율이 책임정당 정치의 확보보다 여야 간 정쟁을 증폭시키는 방향으로 영향을 미쳤다는 비판이 자주 제기되었다(박경미 외, 2012: 74). 특히 이른바 '3김'이나 이회창과 같은 권위주의적 당 대표가 정당을 이끌던 시절에는 당론 혹은 당의 결정에 개별 의원이 순응하지 않는 경우 정치적 생명에 부정적 영향을 미칠 수 있는 제재가 주어지기도 했다. 지역주의 정당 구도 하에서 공천권을 장악한 당 대표의 뜻이 곧 당론이었기 때문에, 당론의 거부는 차기 선거를 위한 공천에서 배제된다는 것을 의미했다. 다시 말해 임기 내 의원들의 정당 충성심 표출이 다음 선거에서 정당 공천 여부를 가늠하는 요인으로 작용하여, 소속 의원들은 자신들의 정치적 생존 가능성을 결정하는 중요한 요소로서 확실한 개인의 신념과 정책적 입장보다는 정당과 정당 지도부의 입장을 더 강하게 인식하는 경향이 있었다(박경미 외, 2012: 94).

이런 이유로 인해 '원내정당화론'이 제기되었고, 정당 민주주의를 강화하는 방향의 개혁이 이뤄졌다. 하나는 당 대표의 영향력 약화를 목적으로 기존의 당 대표의 권한을 당 대표와 원내대표 양자에게로 분산시키도록 했으며, 두 대표의 선출 역시 소수 지도부의 영향력을 배제하기 위해 경선을 제도화했다. 또

다른 하나는 의원총회의 기능과 역할을 강화했다. 이러한 정당 개혁은 당 대표의 권한이 이전에 비해 축소, 분산되었고 의원총회와 전당대회가 상대적으로 활성화되어 의원의 자율성 확대로 이어졌다는 점에서 긍정적으로 평가할 수 있다(박경미 외, 2012: 99－100). 2002년 국회법 개정안에서는 "의원은 국민의 대표로서 소속정당의 의사에 기속(羈束)되지 않고 양심에 따라 투표한다."(국회법 제114조 2항)는 항목을 신설하기도 했다.

하지만 '원내정당화'에도 불구하고 모든 사안을 국회의원 개개인의 판단에 맡기도록 하는 것은 현실적이지도 않고 바람직하지도 않다. 실제로 특정 이념과 정체성을 갖고 정치적으로 대표하는 기반을 가진 정치조직으로서의 정당보다 개별 의원들의 결합체로서의 정당이라는 속성이 강화되는 경향도 나타나고 있다. 그러나 앞서 살펴본 대로, 한국의 의회 정치는 정부－여당 대 야당의 구도로 움직이고 있다. 이런 상황에서 정치적 쟁점이 발생할 경우, 그 찬반에 대한 판단을 의원 각자에게 맡긴다는 것은 생각하기 어렵다. 여당은 여당대로, 야당은 야당대로 정치적 입장을 정하게 될 것이고, 그에 따라 소속 의원들이 함께 정치적으로 움직이는 것이 보다 현실적이다.

또한 정당이 의회 내에서도 일정한 기율과 통합의 모습을 보여야 하는 것은 책임 정치의 구현이라는 점에서도 의미를 찾을 수 있다. 우리나라 선거에서 유권자의 투표 선택에 가장 큰 영향을 미치는 것은 후보자의 소속 정당이다. 예컨대 2012년 대통령 선거 결과를 보면, 적극적으로 새누리당을 지지하는 이들 중 91.2%, 소극적으로 새누리당을 지지하는 이들 중 81.5%가 박근혜 후보에게 표를 던졌고, 적극적으로 민주통합당을 지지하는 이들 가운데 90.9%, 소극적으로 민주통합당을 지지하는 이들 가운데 75.5%가 문재인 후보에게 투표했다(박원호, 2013). 2012년 국회의원 선거에 대한 분석에서도 상당수 유권자들은 안정적인 당파심을 보이고 있으며 정당에 대한 정서적 호감도가 투표 결정에 중요하다는 사실이 입증되었다(장승진, 2012). 그리고 바로 이런 이유 때문에 선거 때마다 각 정당에서 공천을 둘러싼 갈등과 마찰이 끊이지 않는 것이다. 더욱이 우리나라 선거제도는 정당투표가 포함된 1인 2표제로서 정당이 정치적 선택의 직접적 대상이 되고 있다. 이처럼 특정 정당에 의해 공천 받고 소속 정당의 레이블(label)에 크게 힘입어 선출되었지만, 국회에서의 활동은 정당에 구속되지 않고 자율적으로 판단하겠다는 것은 정치적 책임성의 구현이라는 측면에서 상당한 문제점을 갖는다.

또 다른 측면에서 본다면, 최근 들어 한국 정당들 간의 정책적, 이념적 차별성이 분명해지고 있다. 과거에는 "의원들의 자율적 의견 개진이 허용되지 않는 강한 정당 기율이 작동하는 상황에서 정책 대결이 없는 정치적 반목의 지속"(박경미 외, 2012: 95)이었다면, 이제는 정당들 간 추구하는 이념, 가치, 세계관에서 차이가 뚜렷해진 것이다. 그런 점에서 정당 소속 의원들은 특정 이념, 가치, 정향을 공유하고 있는 집단이며, 원내 활동에서도 일정한 결속력과 일체감을 유지해야 하는 것이다.

의원의 자율성을 용인하지 않는 과거 '3김'식의 정당 운영이 재현되어서는 안 되겠지만, 그렇다고 해서 특정한 정치적 정체성을 갖는 집단으로서의 정당에 소속된 의원들의 일체감과 결속력이 약화되는 것도 바람직하다고 볼 수는 없다.

4. 소결

한국 정당 정치는 해방 직후부터 활발하게 이뤄져 왔으며, 권위주의 체제하에서도 정당은 통치에 중요한 역할을 해왔다. 분단과 한국전쟁을 거치면서 정당 정치가 보수 이념만이 대표되는 형태로 오랜 시간 이어져 왔지만, 민주화 이전에는 민주 대 반민주 구도 속에서 정당 정치는 활성화되어 왔다. 민주화 이후 지역주의에 기초한 정치적 경쟁이 정당 정치를 규정했지만, 최근 들어서는 정당 간 이념적, 정책적 차별성이 뚜렷하게 나타나고 있다. 또한 정당체계에서는 양당제적인 특성을 권위주의 체제하에서 보여줬고 민주화 이후에도 3당 합당으로 양당적 경쟁 구도가 마련이 되었지만, 선거 때마다 제3당이 약진하는 모습을 보여 왔다. 그런 점에서 민주화 이후 정당체계의 속성은 거대 양당을 기본으로 하고 제3당이 출몰하는 2+α의 형태를 보여 왔다. 그러나 여전한 지역주의 투표 성향과 소선거구 단순다수제 방식의 선거제도는 새로운 정당의 출현을 어렵게 하고 있고, 지역 수준에서 정당 간 사실상 정치적 경쟁이 없는 폐쇄적인 구도를 만들고 있다. 보다 개방적이고 경쟁적인 정당 정치가 이뤄질 수 있도록 이끌기 위한 선거제도의 개혁이 시급하다. 또한 최근 강화되는 양당제 경향은 정치적 양극화와 맞물려 사회적 갈등과 대립을 오히려 격화시키고 있다. 정치적 양보와 타협을 제도적으로 강제하는 다당제로의 전환이 갈등 해소를 위해 무엇보다 중요한 일이 되었다.

한편, 1987년 당시 신한민주당이 직선제 개헌이라는 의제를 주도하면서 민주화를 이끌어 내었던 때와 비교하면, 오늘날 주요 정치적 의제에서 정당의 영향력은 이전에 비해 크게 약화되었다. 정당 정치에 대한 불신과 불만 때문이기도 하지만, 정보화의 진전에 따라 정당을 통하지 않고도 일반 시민들이 대규모 시위와 조직을 만들어 낼 수 있는 시대가 되었기 때문이다. 이러한 시대적 변화는 시민들의 자유로운 참여를 증진시킨다는 점에서 바람직한 일일 수도 있지만, 2008년 광우병 집회에서 보여준 것처럼, 제도 정치를 통한 정치적 책임성을 확보할 수 없다는 점에서 문제가 되기도 한다. 정당이 국회 내에서의 활동에 보다 중요성을 부여하도록 한 정치개혁 역시 정당이 일상적인 정치에서 제 역할을 못하게 된 원인이기도 하다. 무엇보다 1962년 정당법 제정 이후 정당을 '시민사회에서 자유롭게 만들어지는 정치적 결사체'라기보다 국가가 관리하고 통제해야 하는 대상으로 삼으면서, 정당 활동에 부가되고 있는 각종 정치적 규제 역시 정당의 자유로운 활동을 제약하고 있다.

04

선거

1948년 이전까지 선거는 국민 일반에게 있어서나 정치 지도자들에게 있어서나 한 번도 체험해 본 적이 없는 생소한 제도였다. 하지만 처음부터 보통선거권이 확립되었고 우리 국민은 곧 선거 정치의 중요성을 깨닫게 되었다. 왜곡되고 파행적인 경우도 있었지만 거듭된 선거의 경험은 선거가 내포하는 정치적 원칙에 대한 국민적 합의를 강화해 갔다(황수익, 1996: 80). 민주화 이전에도 선거는 빠짐없이 실시되었고, 선거의 공정성에 의문이 제기되던 때라고 해도 권위주의 통치자들 또한 선거에 예민했다. 4.19 혁명, 6월 항쟁과 같은 정치적 격변 역시 선거 정치와 관련이 있었다. 이 장에서는 한국정치에서 선거의 역사, 선거제도의 특성, 투표 행태의 특성 등에 대해서 살펴볼 것이다.

1. 선거 정치의 기원과 전개

(1) 제헌국회 이전의 선거

우리나라 최초의 선거는 해방 이후 미 군정 시기에 처음 실시되었다. 1946년 10월 미 군정의 자문기구로 설립된 남조선과도입법의원을 구성하기 위해 실시된 선거가 우리나라 최초의 선거이다. 과도입법의원은 90명으로 구성되는데, 그 중 45명은 선출되고, 나머지 45명은 미 군정장관이 임명하도록 되어 있었다. 따라서 이는 완전한 대의기구라기보다는 당시 정책집행의 책임을 맡고 있던 미 군정에서 반관선 반민선(半官選半民選)의 준(準) 대의기구를 구성해서 선거법을 제정하고 이를 토대로 완전한 대의기구를 마련하겠다는 계획에 따른 것이었다(박찬표, 2007: 73). 선출직 45명에 대한 선거 방식도 간선제였다. 가장 하위의 각 리(里)와 정(町) 단위에서 2명씩의 대표를 선출하면, 이들이 상위 행정 단위인 면, 읍, 혹은 구 대표 2명을 선출하도록 했다. 그리고 면, 읍, 구 대표들은 상위 행정 단위인 군 또는 부의 대표 2명씩을 선출하며, 여기서 선출된 군 또는 부의 대표들이 각 도별 인구비례에 따라 할당된 도 대표를 뽑도록 했다. 그러나 선거인의 연령 제한을 포함한 유권자의 자격 조건에 대한 명확한 규정을 두지 않아서 선거과정에서 부정 시비가 제기되고 혼란을 초래할 여지가 있었다. 이 때문에 일제 시대의 법령에 의해 선거권을 행사하도록 했는데 그것은 납세자와 지주에게만 해당되는 것이었다. 일제 시대에는 부회(府會), 읍회(邑會), 면협의회(面協議會) 회원에 대해서만 선거가 실시되었다. 그 자격요건은 25세 이상으로 독립된 생계를 꾸리는 남자로서 1년 이내 부내(府內)에 주소를 지니고 납세액 5엔 이상을 납부한 자로 하고 있었다. 한편, 입법의원의 자격은 '직무에 취임하는 날 만 25세 이상이 된 조선인으로서 선거 직전 1년 이상 대표하는 도나 지역의 합법적 거주자'로서 '일제하에서 중추원 참의, 도회의원 또는 부회의원, 칙임관급 이상의 지위에 있었던 자와 자기의 이익을 위하여 조선 인민에게 손해를 끼치며 일본인과 협력한 자는 의원이 될 자격이 없다'고 규정하고 있다(손희두, 2001: 148-149).

1946년 10월 21일부터 31일까지 10일 간에 걸쳐 민선 의원 45명에 대한 선거가 완료되었으나 좌우합작위원회에서 파견한 선거감시위원의 건의에 따라 하지 중장은 서울과 강원도에 대해 재선거를 명령했다.[1] 민선 의원 선거가 끝나자 주로 좌우합작위원회의 추천을 중심으로 관선 의원 45명에 대한 인선을 12월 6일 마무리했다. 관선 위원 45명은 합작위원 6명, 좌우익정당 각각 12명, 종교계 4명, 여성계 4명, 변호사 1명, 언론계 1명, 기타 5명으로 되어 있다. 과

---

1 이 선거는 직접선거가 아닌 간접선거로 서울에서는 한민당이 "유권자(有權者) 자신(自身)의 투표권(投票權)을 박탈(剝奪)하여 세대주(世帶主) 또는(又는) 대표(代表) 등(等)이 자의(恣意)로 투표(投票)하거나 혹(惑)은 유권자(有權者)의 인장(印章)을 거더서 일인(一人)이 투표(投票)하는 등의 사이비 민주적(似而非 民主的)인 투표(投票)"를 했으며 다른 지역에서는 "사환(使喚)이 쪼차 다니면서 인장(印章)을 몽아 가지고 와서 이것을 관리(官吏)들이 투표용지(投票用紙)에 날인(捺印)하기도 한 선거였다.… 그리하여 서울에서 당선된 한민당의 김성수, 장덕수, 김도연의 당선이 무효로 되었고 1946년 12월 15일 민선 의원의 선거인단인 동(同) 대표의 선거가 다시 실시되었다(심지연, 1982: 96-97).

도입법의원 선거는 한국에서 최초로 실시된 선거였지만, 미 군정의 자문기구라는 역할의 한계, 그리고 구성이나 투표 방식에 있어서도 매우 제한적인 의미만을 지니고 있었다.

제헌국회 의원 선거를 위한 선거법은 남조선과도입법의원과 미 군정의 입법 과정을 거쳐 만들어진 선거법을 UN한국위원회가 수정하여 확정하는 형태로 이뤄졌다(서복경, 2011: 34-35). 1947년 공표된 '입법의원 선거법'은 원래 제2차 미소공위에 대비하여 남한 내 민선대의기구를 선출하기 위한 목적에서 만들어졌지만, 1947년 10월 2차 미소공위가 결렬되고 UN의 감시하에 선거 실시가 결정되면서 UN한국위원회의 개입에 의해 수정되는 과정을 거쳤다.

미소공위 결렬 후인 1947년 11월 14일 미국이 주장한 UN감시하의 총선거가 결정되었다. 그러나 북한이 입경을 거부하여 북한에서의 선거는 현실적으로 불가능하게 되었다. 이에 따라 1948년 2월 26일 유엔에서 한반도에서 선거가 가능한 지역에 한해서의 선거, 곧 남한만의 단독선거를 결정하자 미 군정은 선거를 위한 준비에 돌입했다. 1948년 3월 1일 하지 사령관 명의로 '조선 인민대표의 선거에 관한 포고'를 발표하고, 3월 3일에는 국회선거위원회를 발족했다. 선거일은 5월 10일로 정해졌다. 3월 30일부터 4월 16일까지 유권자 등록을 하도록 했다. 2대 국회부터는 지금과 같은 자동등록제였지만 제헌국회 선거 때는 유권자들이 스스로 등록해야만 했다(서복경, 2011: 37). 5.10 선거는 헌법을 제정할 제헌국회 의원을 선출하는 선거였다. 우리나라 역사상 실질적인 첫 선거였다. 이는 또한 최초의 보통선거였다. 성별, 종교, 재산, 신분 등에 따른 차별을 두지 않고 투표 가능 연령에 달한 모든 시민에게 투표권을 부여했다. 총유권자 중 96.4%가 선거인 명부에 등록했고, 그 가운데 95.5%의 유권자가 투표에 참여했다. 적극적인 참여 독려가 있었지만, 이와 같은 높은 투표율은 제헌국회 선거에 국민의 관심이 매우 컸음을 알게 한다. 국회의원의 정수는 원래 300명이었으나, 100명은 북한 지역을 위해 유보해 두어서 실제 선출된 의석은 200석이었다. 948명이 출마하여 평균 4.7 대 1의 경쟁률을 보였다(서복경, 2011: 50).

높은 투표율 속에 비교적 성공적으로 선거가 실시되었지만, 실제 선거 과정은 순탄치 않았다. 무엇보다 남한만의 단독선거에 반대하는 남조선노동당과 민족주의민족전선 등 좌파가 선거를 방해하기 위한 무력 공세를 펼쳤기 때문이다. 좌파의 선거 반대 투쟁인 소위 '2.7 구국 투쟁'이 시작된 이래 약 3개월 동안인 5월 14일까지 452명이 피살되었고 766명이 부상을 입었다. 선거사무소와 관공서에 대한 피습이 351건, 방화 및 파괴가 416건, 총기 탈취가 120건, 기관차 파괴 71건, 전화선 절단이 541건이었다(이영록, 2006: 39). 이런 와중에 제주에서는 4.3 사태가 발생하면서 제주에 할당된 두 의석에 대한 선거가 제대로 실시되지 못했고, 일 년 뒤에야 의원을 선출했다. UN한국임시위원단은 선거 이후 한국 국민이 선출한 대표들에 의해 국회가 구성되었음을 공식적으로 선포했다.

그런데 5.10 선거에 좌익 세력과 중간파는 참여하지 않았다. 남로당 등 좌익세력은 이미 사실상 불법화되어 있었고, 남한만의 단독선거에서 강경하게 반대하는 입장이었다. 한편, 김구, 김규식 등 남북협상에 참여했던 중간파 세력도 남한만의 단독정부 구성을 위한 선거에 참여하지 않기로 한 것이다. 신생 독립국가의 의회 구성에 다양한 정치 세력이 참여하지 못한 것은 정치적 대표성에 있어서 한계를 갖는 것이었다. 그러나 제헌국회 내의 '소장파'의 활동에서 보듯이 개별적 차원에서 무소속으로 출마한 중도파 인사들도 존재했다. 예컨대, 조봉암은 인천에서 무소속으로 당선되었다. 여러 논란에도 불구하고 5.10 제헌국회 선거는 한국인들이 자신의 정치적 운명을 스스로 결정하게 한 최초의 선거였다.

제헌국회의 당선자를 정파별로 보면, 무소속이 85명, 독립촉성국민회 55명, 한민당 29명, 대동청년단 12명 기타 정당 및 사회단체 18명이었다. 무소속 당선자가 매우 많다는 것을 알 수 있는데, 그 당시 정당 정치가 제대로 발달하지 않은 탓도 있지만, 한민당의 인기가 낮아서 일부러 무소속으로 참여한 우파 인사들이 많았기 때문이다. 김구, 김규식 등 중도파의 불참에도 불구하고, 제헌국회의 구성은 한민당, 독촉 등 친이승만 세력, 그리고 한독당 등 중간파 세력의 3개 정파가 정립(鼎立)하는 형태였다(인촌기념회, 1976: 543–544).

5.10 선거의 모습

1948년 5월 10일 선거에 대한 당시 UP 통신 서울 특파원 제임스 로퍼의 기사 일부.

맹렬한 공산주의자의 "테로"전은 남조선 미군 점령지대의 사(死)의 공포를 전파하엿으나 조선 역사상 최초의 선거를 타파하지는 못하엿다. 사망자 수는 각각으로 증가되엿으나 수백만 투표인들은 감연(敢然)히 투표장에 모여들어서 놀라울 만치 안이하게 투표하고 집에 돌아가서, 미소 양국이 이 불행한 나라에서 대국(大國) 투쟁을 개시한 이래로 가장 긴장한 1일(一日)을 불안하게 안저서 보내엇다. 미군이 7일 이래로 접수한 보고에 의하면 사자(死者) 78명, 부상자 수십 명, 그리고 수백 명이 구타를 당하엿다 한다. 이상 사자(死者)의 대부분은 공산주의자의 습격, 암살로 발생한 것인데 여차(如此)한 행동도 투표자를 공갈하여 구축(驅逐)하지는 못하엿다. 투표인들은 투표장이 개문(開門)하엿슬 때에 열을 지어 잇엇으며 중앙선거위원회는 서울에서 오후 3시까지 등록한 투표인 85%가 투표하엿다고 발표하엿다. … 수천 명의 경관과 특임된 민간인들이 미국 군경의 지원하에 각 중요 도로교차점에 방색(防塞)을 설치하엿으며 각 골목 입구에는 경위대가 배치되엇다. … 그들(공산주의자들)은 건물 또는 투표장에 폭탄을 던지고 발화(發火)가소린을 투입하엿으나 선거는 계속되엇다. 그러나 약간 지방에서의 소란과 부정행위 등으로 약간의 재선거는 면치 못하리라고 보고 잇다. … 선거일은 휴일이나 분위기는 계엄령하의 도시 갓튼 것이다(동아일보, 1948. 5. 12.).

(2) 제1공화국에서의 선거

제헌국회가 구성된 이후 정부 수립을 위해서 정·부통령 선거가 실시되었다. 제헌헌법에서 정·부통령 선거는 국회의원들이 간접선거로 실시하도록 규정되었다. 대통령과 부통령은 런닝메이트 방식이 아니라 국회에서 각각 무기명투표로 선출하도록 했으며, 재적의원 2/3 이상의 출석과 출석의원 2/3 이상의 찬성투표로 당선자를 결정하도록 했다. 2/3 이상을 득표한 후보가 없는 경우에는 최고 득표자 2인을 대상으로 결선투표를 행하여 다수 득표자를 당선자로 정하도록 했다(제헌헌법 제53조). 1948년 7월 20일 국회는 33차 본회의에서 정부통령 선거를 실시하여 이승만과 이시영을 초대 대통령과 부통령으로 선출했다. 재적 198명 중 196명이 참여한 대통령 선출 투표에서 이승만 180표, 김구

13표, 안재홍 2표, 무효 1표로 이승만이 1차 투표에서 당선되었다. 부통령 선거에서는 1차 투표에서 이시영 113표, 김구 65표, 조만식 10표, 오세창 5표, 장택상 3표, 서상일 1표로 나타났는데, 전체 투표의 2/3를 넘는 당선자가 없어서 2차 투표를 실시했다. 그 결과 이시영 133표, 김구 65표, 이구수 1표, 무효 1표로 나타나 이시영이 부통령으로 당선되었다. 김구의 5.10 선거 불참 선언에도 불구하고 그를 부통령으로 선택한 의원들이 60여 명에 달했다.

임기가 2년이었던 제헌국회의 임기가 만료되면서 1950년 2대 국회의원 선거가 실시되었다. 2대 국회의원 선거는 한시법으로 제정되었던 군정법령인 국회의원선거법 대신 제헌국회에서 새로이 제정한 선거법에 의해 1950년 5월 30일 실시했다. 제헌국회의 선거법은 1950년 4월 국회를 통과했다(황수익, 1996: 89).[2]

1950년 5월 30일 실시된 총선거에는 2,209인의 입후보자가 난립하여 평균 10.5 : 1의 가장 높은 경쟁률을 보인 선거였으며 제헌의회 선거와는 달리 중간파도 다수 선거에 참여하였다. 대한국민당은 대통령직선제를 주장하였고 민주국민당은 내각책임제 개헌과 독재 배격을 주장하였다. 선거결과 무소속이 124석으로 204석 중 60%를 차지하고, 여당인 대한국민당은 17석, 야당인 민주국민당은 27석으로 여당은 물론 야당 또한 참패를 면하지 못하였다.[3] 이승만 대통령에 우호적인 세력이 국회 내에 소수인 상황에서 그의 재선 가능성은 없었다. 이승만은 간선제인 대통령 선출 방식을 국민 직선으로 바꾸기 위해 비민주적이고 강제적인 방법을 동원하였다. 1952년 5월 '부산정치파동'을 일으켜 대통령 직선제로 선출방식을 바꾸었다. 이승만은 1952년 8월 5일 실시된 선거에서 압도적 지지로 대통령에 재선되었다(이하 강원택, 2015a: 30－31). 선거 과정은 졸속이었다. 발췌개헌안이 통과된 것이 7월 4일이었는데, 7월 18일 선거가 공고되었고, 후보자 등록 마감은 일주일 뒤인 7월 26일이었다. 그리고 선거는

---

2 이승만은 1950년 5월로 예정된 선거를 연기하고 싶었다. 자신을 지지하는 세력이 다수를 차지할 가능성이 커 보이지 않았던 것이다. 그러나 미국은 이에 반대했다. 미 국무장관 애치슨은 서신을 통해 선거 연기를 한국에 대한 군사, 경제 원조와 연계할 뜻을 밝혔고, 이승만은 미국의 압력에 의해 선거 연기의 뜻을 접었다(강원택, 2015: 22).

3 그런데 이승만 지지 정당은 24석의 대한국민당 외에도 국민회(14석), 대한청년당(10석), 대한노총(3석), 일민구락부(3석), 대한부인회(1석), 중앙불교위원회(1석), 여자국민당(1석) 등이 있었다. 따라서 친이승만 계 정당의 의석수는 24석이 아니라 57석 정도였다(김일영 1993: 47).

8월 5일이었다. 선거 공고부터 선거까지 17일의 시간이 있었고, 후보 등록부터 선거까지는 겨우 열흘의 시간이 주어졌다. 경쟁자가 제대로 선거운동을 하기에는 시간이 애당초 크게 부족했다. 더욱이 부산정치파동에서 보여준 것처럼 경찰력과 군, 자유당 조직, 각종 관제 사회단체 등 현직 대통령이 갖는 막강한 동원력을 고려할 때 처음부터 이승만의 압도적인 승리라는 선거 결과는 이미 정해져 있었다. 이승만은 523만여 표를 얻어 전체 유효 투표의 74.6%를 얻어 승리했다. 조봉암은 79만여 표를 얻었고, 민국당의 이시영은 76만여 표를 얻었다.

그런데 2대 정·부통령 선거에서 흥미로운 결과는 부통령 선거였다. 자유당의 부통령 후보는 부산정치파동 때 내무장관이었고 자유당 조직의 근간인 족청의 지도자인 이범석이었다. 이승만은 자유당 창당과 부산정치파동 때 이범석의 도움을 크게 받았다. 그러나 부통령 선거에서 이승만은 이범석 대신 정치적 기반이 약한 함태영을 은밀하게 밀었다. 장택상 총리와 김태선 내무장관은 이승만의 의중을 받들어 경찰력을 동원하여 이범석을 낙선시키고 함태영을 당선시키기 위해 애썼다. 선거 결과 함태영은 294만여 표를 얻어 181만여 표를 얻은 이범석을 누르고 부통령으로 당선되었다. 함태영의 당선은 경찰의 적극적인 선거 개입의 결과였다. 직선제가 되면서 경찰 등 관권이 선거에 본격적으로 개입하기 시작했다.

1954년 제3대 민의원 선거가 실시되었다(이하 강원택, 2015a: 31－32).[4] 민의원 선거에서 자유당은 203석 중 114석을 얻었고, 야당인 민국당은 15석을 얻는 데 그쳤다. 무소속이 68명이 당선되었다. 이런 결과가 나온 것은 야당 후보가 난립한 탓도 있었지만, 더 중요한 이유는 경찰이 선거에 깊이 개입했기 때문이었다. 이승만의 권력연장을 위해 개헌에 필요한 국회 의석수를 채워야 했던 것이다. 이후 1955년 '사사오입' 개헌을 통해 이승만은 사실상 종신 대통령이 되었다.

1956년 3대 정·부통령 선거가 실시되었다. 이승만과 자유당의 사사오입 개헌에 대해 반발하며 자유당 의원 12명이 탈당하여, 민국당, 무소속 의원들과 호

4 1952년 발췌개헌 때 양원제로 개정했기 때문에, 국회의원 선거에 하원인 민의원 선거라는 명칭이 붙게 된 것이다. 그러나 상원인 참의원은 결국 구성되지 않았다(강원택, 2015: 31－32).

표 4-1 1956년 정·부통령 선거 결과

	대통령 선거				부통령 선거		
	이승만	신익희	조봉암	무효표	이기붕	장면	기타
유효투표 기준 득표율	70.0	-	30.0	-	44.0	46.4	9.5
총 투표 기준 득표율	55.7	-	23.9	20.5			

자료: 중앙선거관리위원회 선거통계시스템

헌동지회를 결성했다. 이는 이후 민주당으로 발전해 갔다. 한편, 조봉암은 민국당 의원들의 반발로 참여하지 못하고 진보당 창당 추진위원회를 구성하여 별도의 정당을 추진했다. 1956년 대통령 선거는 자유당, 그리고 민주당과 진보당이라는 세 정파 간의 경쟁으로 이뤄졌다. '못 살겠다 갈아보자'라는 민주당의 구호에 대한 공감대가 클 만큼 이승만 정권에 대한 불만이 높았다. 그러나 선거운동 막판에 민주당 대통령 후보인 신익희가 심장마비로 사망했다. 이제 대통령 선거는 이승만과 진보당의 조봉암의 경쟁이 되었다(이하 논의 강원택, 2015a: 36−71).

선거 결과 이승만은 유효 표 중 70.0%를 득표했지만, 사망한 신익희에 대한 무효표를 포함하면 55.6%에 불과했다. 한편, 유일한 야당 후보가 된 조봉암은 216만여 표, 30%를 득표했다. 서울을 비롯한 전국 주요 도시에서도 야당에 대한 지지율이 높게 나타났는데, 특히 서울의 경우에는 이승만은 20만여 표를 얻었는데, 무효표가 28만여 표였고, 조봉암은 약 12만 표를 얻었다. 더욱이 부통령 선거에서는 큰 이변이 생겼다. 야당인 민주당의 장면이 부통령으로 당선된 것이다. 장면은 401만여 표를 얻어 380만여 표를 얻은 자유당의 이기붕을 누르고 부통령으로 당선되었다. 1956년 정·부통령 선거는 이승만의 장기집권과 헌정 유린에 대한 국민의 불만이 매우 심각한 수준에까지 올라 있다는 사실을 잘 드러내 보여주는 것이었다.

1956년 정부통령 선거는 이승만 대통령과 자유당에 매우 큰 충격을 주었다. 1956년 당시 이승만의 나이는 81세였다. 노령의 대통령을 둔 상황에서 1956년 부통령 선거에서의 충격적인 패배는 자유당으로서는 불안감을 가질 수밖에 없는 것이었다. 사사오입 개헌 당시 대통령 궐위 시에는 부통령이 권좌를 이어받는 것으로 조항을 수정했다.

1958년 초 이승만 정권은 북한과 내통하고, '평화통일'이라는 북한의 통일 주장에 동조했다는 이유로 진보당의 정당 등록을 취소하고 조봉암을 비롯한

표 4-2 1954년과 1958년 국회의원 선거 결과

		자유당	민주당(민국당)	무소속
득표율(%)	1954년 3대	36.8	7.9	47.9
	1958년 4대	42.1	34.2	21.5
의석수	1954년 3대	114	15	67
	1958년 4대	126	79	27

자료: 중앙선거관리위원회(1973: 1125, 1126, 1148, 1149).

진보당의 주요 간부를 구속했다. 그리고 석연치 않은 재판 절차를 거쳐 조봉암은 사형을 언도 받고, 이듬해 1959년 7월 31일 사형에 처해졌다. 진보당의 해산으로 1958년의 총선은 자유당과 민주당 두 보수 정당 간의 대결로 모아지게 되었다. 1958년 5월 2일 민의원 선거가 실시되었다. 경찰 등 관권의 노골적인 개입에도 불구하고, 총선 결과는 자유당에 또다시 충격을 주었다.

선거 결과, 민주당의 득표율은 3대 총선에서 민국당이 얻은 7.9%에 비해 4배 이상 증가한 34.2%로 급증했다. 의석수에서도 전체 의석 233석 중 자유당은 126석을 차지했고, 민주당은 79석을 얻었다. 3대 총선에서 민국당이 15석을 얻었음을 생각할 때 의석수에서 민주당이 약진한 것이다. 무소속은 이전의 67석에서 27석으로 크게 수가 줄었다.

1960년 3월 15일 대통령 선거가 예정되어 있었다. 민주당은 계파 간 갈등을 빚은 끝에 조병옥을 대통령 후보로, 장면을 부통령 후보로 각각 선출했다. 그런데 그 뒤 얼마 지나지 않아 대통령 후보인 조병옥이 병세가 악화되어 1960년 1월 29일 치료를 위해 미국으로 떠났고, 2월 15일 수술 중 사망했다. 이로 인해 이승만은 당선이 사실상 확정되었지만, 부통령 선거 결과는 여전히 알 수 없는 일이었다. 1956년 정·부통령 선거 때 자유당의 이기붕은 장면에게 패해 부통령 자리를 내주었던 뼈아픈 기억이 있었다. 1960년 당시 이승만 대통령의 나이는 85세였다. 대통령이 노령인 상황에서 또다시 부통령 자리를 야당에게 내준다는 것은 권력을 야당에게 넘기게 될 가능성이 높다는 것을 의미했다. 자유당과 이승만 정권은 사전에 준비한 대로 대리투표, 사전투표, 3인조 공개투표 등 부정선거를 노골적으로 행했다. 경찰뿐만 아니라 반공청년단에 의한 폭력과 억압으로 공포 분위기가 조성되었다.[5]

자유당의 노골적인 부정선거가 너무나 심각했기 때문에, 민주당은 선거가 채 종료되기도 전인 오후 4시 30분 공식적으로 3.15 선거는 무효라는 선언을 했다. 그러나 선거는 자유당에 의해 일방적으로 계속 진행되었다. 선거 결과 이승만은 유효 투표의 88.7%에 해당하는 966만여 표를 얻었다. 그리고 관심의 초점이었던 부통령 선거에서도 이기붕은 유효 투표의 79%인 833여 표를 얻었다. 민주당의 장면은 184만여 표를 얻은 것으로 발표되었다. 이러한 선거 결과는 믿을 수 없는 것이었다. 이승만 정권의 이러한 노골적이고 광범위한 부정선거 시도에 대한 국민의 불만이 마침내 터져 나왔고, 이는 4.19 혁명으로 이어졌다. 공정하고 자유로운 선거라는 자유민주주의의 원칙을 훼손하고 왜곡하는 불의의 권력에 대한 거대한 저항으로 이승만 대통령은 하야할 수밖에 없었고 미국으로 망명했다.

제1공화국 시기에 실시된 전국적인 선거는 대통령 선거 3회, 국회의원 선거 4회였고, 2회에 걸친 지방선거가 있었다. 1950년대에 자유민주주의 이념을 채택한 신생 독립 국가들 가운데 한국만큼 선거 절차를 시행한 국가는 없었다. 평균 2년이 안 되는 간격을 두고 실시된 선거를 통해 선거라는 낯선 제도는 국민의 정치 참여의 수단으로 확고하게 국민들에게 각인되었다(황수익, 1996: 82). 더욱이 4.19 혁명의 경험으로 인해 선거의 공정성을 훼손하는 불의한 권력에 대한 저항은 한국정치에서 중요한 규범으로 자리잡게 되었다.

(3) 제2공화국에서의 선거

새로운 헌법 제정으로 제2공화국이 출범했다. 이후 6월 23일 국회의원 선거법이 개정되었다. 제2공화국은 양원제를 채택하였는데, 하원인 민의원은 1인 선거구 단순다수제 방식을 유지했고, 상원인 참의원은 제한연기제 방식을 취했다. 선거 연령이 이전의 21세에서 20세로 낮아졌다. 4.19 혁명 과정에서 젊은 학생들의 기여를 반영한 것이었다. 또한 부재자 우편투표제도를 신설했고, 선거에 출마하기 위해 후보자가 유권자들의 추천장을 받도록 한 제도도 폐지되었다. 1960년 7.29 총선은 우리나라의 선거사에서 볼 때, 내각제하에서의 총선거, 참의원 선거의 실시, 혁신정당의 활발한 참여 등 여러 가지 독특한 특성을

5 이에 대해서는 강원택(2015a: 51−73) 참조.

가지고 있다. 그러나 7.29 총선의 가장 중요한 성격은 선거 과정에서의 약간의 무질서에도 불구하고 가장 자유롭고 공정하게 이루어졌다는 것이며, 바로 이 사실이 제2공화국과 제1공화국을 구별할 수 있는 요체라고 할 수 있다(이갑윤, 1996: 185-186).

7월 29일 총선거가 실시되었다.[6] 4.19 혁명을 통해 자유당이 붕괴한 상황에서 이제 민주당이 가장 주목 받는 정치적 대안이 되었다. 이와 함께 혁신세력 또한 대거 선거에 참여했지만, 다수의 정당으로 분열되어 있었다. 선거 결과는 민주당의 압승이었다. 민주당은 민의원 233석 중 175석(75.1%), 참의원 58석 중 31석(53.4%)을 차지했다. 자유당은 민의원 2석, 참의원 4석으로 몰락했다. 혁신세력도 민의원 선거에서 6명, 참의원 선거에 2명을 당선시키는 데 그쳤다.

7월 선거를 앞두고 진보당의 해산과 조봉암의 사형 이후 정치적 구심점을 갖지 못하던 혁신계는 여러 개의 정당으로 분열했다. 서상일, 윤길중, 김달호, 박기출 등 구 진보당 인사들은 사회대중당을, 전진한, 김성숙 등 반서상일계 인사들은 한국사회당을, 그리고 장건상 등은 혁신동지총연맹을 창당하는 등 혁신계는 여러 개의 정파로 나뉘었다. 이들의 분열은 이데올로기적 차이 때문이라기보다는 개인적 인연이나 감정에 근거한 분열이었다. 실제로 급진적인 고정훈의 사회혁신당 제외하면 혁신 정당들은 기본적으로 보수와 혁신의 중간적인 이데올로기를 취하고 있었다(이갑윤, 1996: 191).

민주당 다음으로 많은 의석을 차지한 것은 무소속이었다. 민의원 49명, 참의원 20명이 당선되었다. 무소속의 득표율도 민의원 46.8%, 그리고 참의원 49.3%로 높았다. 무소속의 득표율이 높았던 주된 이유는 민주당 내의 신구파 싸움으로 여러 선거구에서 중복 공천이 이뤄졌고, 과거 자유당 소속 인사 가운데 지역 내에서 나름대로 정치적 기반을 갖고 있던 사람들이 자유당 당적을 버리고 재출마한 결과 때문이었다(장성훈, 2011: 74; 지병문 외, 2014: 125).

자유당은 4.19와 함께 정치적으로 몰락했고, 자유로운 정치 분위기에서 새

6 5대 국회의원 선거의 투표율은 84.3%로 제1공화국 때에 비해 낮아졌다. 투표율은 도저촌고(都低村高)의 현상을 보였는데, 서울의 투표율은 75.4%에 불과했다. 이렇게 투표율이 낮았던 까닭은 부분적으로는 국민이 정당들에 대해 가졌던 냉담한 태도의 결과일 것이고 다른 하나는 무더기 표, 투표함 바꾸기 등의 부정투표가 감소한 결과라고 할 수 있을 것이다(이갑윤, 1996: 194).

로이 등장한 혁신 정치세력은 유권자들이 대안으로 받아들이지 않았다(이하 강원택, 2009a: 20-24). 처음부터 정당 경쟁이 제대로 이뤄지기 어려웠다. 민주당은 전국적인 조직을 갖춘 유일한 정치적 세력이었고 전 지역구에 후보를 낸 유일한 정당이었다. 민주당은 선거 이전에 이미 정부, 경찰, 기업체로부터 협조를 얻을 수 있었던 준여당의 지위도 지니고 있었다(김수진, 1996: 177). 7.29 총선에서의 경쟁은 정당별로는 민주당과 자유당, 그리고 사회대중당, 한국사회당 등의 혁신 정당이 혁명 대 반혁명, 보수 대 혁신 등의 축을 둘러싸고 경쟁했으나 이보다는 민주당 내부의 파벌 갈등이 더 중요한 선거 경쟁의 관심사였다. 이는 총선에서 민주당이 민의원 의석의 과반수를 획득하는 것이 당연시되고, 이에 반해 혁신 정당과 자유당에 대한 국민의 지지가 미약한 상황에서 민주당의 양대 파벌인 신파, 구파가 자파에 의한 정부 구성을 위해 경쟁을 벌였기 때문이었다(이갑윤, 1996: 188).

표 4-3 제2공화국의 선거 결과

	민의원			참의원		
	의석수	의석률	득표율	의석수	의석률	득표율
민주당	175	75.1	41.7	31	53.4	39.0
자유당	2	0.9	2.7	4	6.9	5.9
사회대중당	4	1.7	6.0	1	1.7	2.4
한국사회당	1	0.4	0.6	1	1.7	0.9
통일당	1	0.4	0.2	0	-	-
기타	1	0.4	1.7	1	1.7	2.4
무소속	49	21.1	46.8	20	34.6	49.3
계	233	100.0	100.0	58	100.0	99.9*

자료: 중앙선거관리위원회(1973: 1174, 1175, 1176, 1177, 1193, 1194, 1195).
* 한독당 0.1% 제외한 합계.

민주당이라는 공동의 간판을 걸고 있었지만 사실 이들은 이승만 독재 타도 이외에는 공동의 목표나 가치를 공유하고 있지 않았다. 즉 처음부터 단일한 정치세력이 아니었던 것이다(심지연, 2017: 121). 민주당의 압승은 당 내부의 갈등과 분열로 이어졌다. 내부적으로 분열된 민주당의 총선 압승은 결국 하나가 아닌 두 세력의 승자를 만들어 낸 것이다. 이로 인해 총선은 권력의 향배를 결정하지 못하게 되었고 그 전리품을 두고 내부적으로 두 계파가 다툴 수밖에 없는 상황이 되었다. 사실 비교정치적으로 본다면 민주당은 내각을 출범하는 데 필요한 의석보다 지나치게 많은 의석을 차지했다. 라이커(Riker, 1963)는 합리적인 '관직 추구자(rational office-seeker)'의 관점에서 내각의 수립은 가능한 최대의 의석을 얻으려는 것이 아니라 내각 수립을 가능하게 하는 최소승리연합(minimal winning coalition)을 추구하게 된다고 주장하였다.[7] 이런 시각에서 볼 때 거대의석을 차지한 민주당이 당내 파벌 간 심각한 갈등을 겪고, 또 궁극적으로 구파가 탈당해 나가는 것은 불가피한 일이었다. 당내 분열 등으로 안정적인 리더십을 확립하지 못한 제2공화국은 박정희가 주도한 군사쿠데타에 의해 1년도 채 못가서 붕괴하고 말았다.

(4) 제3공화국에서의 선거[8]

1961년 5월 16일 박정희가 이끄는 군사쿠데타에 의해 제2공화국은 몰락했다. 권력을 장악한 군부는 헌정을 중단시키고 국가재건최고회의를 설치하여 직접 군정을 실시했다. 제3공화국에서의 선거 정치는 정치적 자유가 제약 받았던 군정하에서 시작되었다. 군부는 군정 기간 새로운 헌법 초안을 마련하고 우리나라 역사상 처음으로 국민투표에 의해 헌법 개정을 시도했다. 1962년 12월 17일 실시된 국민투표는 85.2%의 투표율을 보였고, 이 중 78.8%의 찬성으로 새 헌법이 확정되었다. 새 헌법은 제2공화국의 내각제 대신 다시 대통령중심제로 권력 구조를 변경했다. 당시 군사정부의 비상조치법이 헌법의 기능을 대신하고 있었고, 정당과 국회가 해산되었을 뿐만 아니라 1962년 3월의 이른바 정치정화법에 의해 3,027명의 기존 정치인들의 정치 활동을 규제하고 있던 비정상적 상황에서 국민투표가 실시되었다는 점에서 헌법 개정의 절차가 민주적이었다고 보기는 어렵다. 자유롭고 폭넓은 정치적 토론과 논의가 이뤄질 수 없는

7 실제로 1945년부터 1980년까지 20개 내각제 민주주의 국가에서 등장한 218개의 내각을 대상으로 한 분석을 보면, 평균적으로 내각이 지속된 기간은 최소한도의 승리 의석을 가진 단일정당 내각(minimal winning one-party cabinets)이 74개월로 가장 길었고, 그 다음으로 최소한도의 승리 의석을 가진 연립정부(minimal winning coalition cabinets)가 46개월이었으며, 과대의석을 차지한 내각(oversized cabinets)은 23개월에 불과했다(Lijphart, 1984: 80-85).

8 여기서의 논의는 강원택(2011a: 93-118)에 기초해 있음.

상황에서 실시된 것이었다. 1963년 박정희는 군정 4년 연장의 가부를 묻는 국민투표를 실시하려는 계획을 세웠다. 그러나 군정 연장에 대한 미국의 반대가 컸고 국내에서도 반발이 적지 않아 이 계획은 수포로 돌아가고 말았다.

5.16 군사정변 이후 사라졌던 선거 정치가 부활한 것은 민정 이양을 위해 1963년 10월 15일 실시된 5대 대통령 선거 때부터였다. 대통령 선거를 앞두고 모두 7명의 후보가 출마를 선언했는데, 민주공화당의 박정희에 맞서 민정당의 윤보선, 정민회 변영태, 추풍회 오재영, 자유민주당 송요찬, 국민의 당 허정, 신흥당 장이석 등이 후보로 등록했다. 그러나 선거운동 도중 허정, 송요찬이 출마를 포기하면서, 사실상 윤보선으로 야권 후보가 단일화되었다.

박정희 후보 측은 이번 선거는 구악에 젖은 구정치인과 개척정신에 불타는 신진세력과의 대결이며 구악집단과 민중세력의 대결이라고 주장했다. 이에 대해 윤보선 측은 공화당이 유례없는 공포정치와 비밀정치를 하고 있다고 비난했고, 군정 기간 중 공화당 창당 자금 마련을 위해 저지른 증권파동, 워커힐, 새나라자동차, 빠찡코 도입 사건 등 소위 4대 의혹 사건의 진상을 공개하라고 공격했다(김규환 외, 1965: 52-56). 그런데 선거운동 기간 중 유권자의 주목을 끌었던 이슈는 사상논쟁이었다. 윤보선 후보는 '여순반란사건의 관계자가 정부에 있는 듯하다'고 박정희 후보의 남로당 연루 사실을 밝혔다. 이에 대해 박정희와 공화당은 이를 매카시즘적 공세라고 비판했다.

선거는 박빙이었다. 박정희 후보는 윤보선 후보에게 불과 15만여 표의 차이로 승리했다. 야권의 표가 분열했다. 허정과 송요찬이 사퇴했음에도 불구하고 박정희, 윤보선을 제외한 다른 후보들이 얻은 표는 약 83만 표에 달했다(김일영, 2004: 343-344). 선거에서 나타난 또 다른 흥미로운 현상은 이른바 '여촌야도(與村野都)'의 투표 행태이다. 박정희는 서울을 비롯하여 대다수 도시 지역에서는 윤보선에 패배했지만 농촌 선거구에서는 압도적인 지지를 받았다. 군사쿠데타로 권력을 잡았던 박정희는 선거라는 절차를 거쳐 정식으로 대통령으로 취임했다.

대통령 선거 이후 한 달 후인 11월 26일 국회의원 선거가 예정되어 있었다. 군정 기간 중 개정된 선거제도는 기존의 소선거구 단순다수제 방식에 처음으로 전국구 비례대표제 방식을 도입하였다. 즉 지역구에서는 소선거구 단순다수제 방식으로 의원을 선출했으며, 지역구 투표에 대한 정당별 의석 배율에 따라 전국구 비례대표의석을 배분하도록 했다.[9] 이는 대단히 불공평한 배분 방식이었는데, 실제로 1963년 6대 국회의원 선거에서 민주공화당은 33.5%로 전국구 의석의 절반인 22석을 차지한 반면, 국민의당은 8.8%의 득표를 하고도 전국구 의석을 한 석도 배정받지 못했다. 무소속 후보의 선거 출마는 애당초 허용되지 않았다.

1963년 국회의원 선거 결과 여당인 민주공화당이 압승을 거두었다. 민주공화당은 지역구에서 88석, 전국구에서 22석을 얻어 총 175석 가운데 110석을 얻었다. 야당의 경우에는 민정당이 41석을 얻어 제2당이 되었고, 민주당은 13석, 자유민주당 9석, 국민의 당 2석 등이었다. 민주공화당은 다수당에 유리한 선거제도의 도움을 크게 받았다. 민주공화당의 의석은 63%나 되지만 실제로 얻은 득표율은 33.5%에 불과했다. 단순다수제 선거제도의 불비례 효과에 더해 제 1당에 유리하도록 규정한 전국구 의석 배분 방식에 따른 결과였다. 이와 함께 야당의 난립으로 야당 지지 성향의 표가 분산된 것도 공화당이 득표율에 비해 많은 의석을 차지하는 데 도움을 주었다. 공화당 승리의 중요한 또 다른 요인은 앞선 대통령 선거에서도 나타났던 금권, 관권 선거의 영향이었다. 선거비용을 예로 들면, 당시의 선거비용 한도액이 지역구 당 평균 110만 원이었는데 모든 공화당 소속 후보들은 200만 원 이상 뿌린 것으로 전해졌고, 공화당이 사용한 선거비용은 1조 1천 5백만 원이라고 보고했지만 실제로는 3조 원 이상이라고 추정할 정도였다(김용호, 2001: 147). 5대 대통령 선거와 6대 국회의원 선거를 모두 승리하면서 군부는 이제 정치제도상의 절차를 통해 계속해서 집권할 수 있는 길을 열게 되었다.

1963년 5대 대통령 선거 때 박정희는 15만 표의 차이로 어렵게 승리했지

---

9 김종필은 회고록에서 비례대표제 도입 이유를 다음과 같이 밝히고 있다. "비례대표제라는 새로운 선거제도도 도입하기로 했다. 나는 윤천주, 김성희 교수에게 조언을 구했다. "혁명 주체 대부분이 이북 출신 실향산민(失鄕散民)입니다. 국회의원을 시키려고 해도 당선될 만한 연고지가 없습니다. 이들이 국회의원이 돼 같이 갈 방법이 없겠습니까." 그러자 두 교수가 "비례대표제라는 게 있다"고 아이디어를 줬다. 설명을 듣고서 나는 "참 좋은 생각이다. 실향산민을 구제할 수 있겠다"고 좋아했다. 후에 비례대표제를 채택할 때 명분은 '전문지식이 있는 사람을 국회에 동원하기 위해서'라고 밝혔지만 실제로는 이북 출신 혁명동지들에게 자리를 마련해주는 목적이 더 컸다."(김종필, 2016: 189).

만 1967년의 상황은 그 때와는 많이 달라져 있었다. 6대 대통령 선거에는 박정희, 윤보선 등 7명이 출마했는데, 선거는 또다시 박정희－윤보선의 양자 구도였고 두 후보의 득표율을 합치면 87.7%에 달했다.

표 4-4 제3공화국의 대통령 선거 결과(1, 2위 후보만을 대상으로)

대통령 선거	후보자	득표율	득표율의 차	득표수	득표수의 차
5대 (63. 10. 15)	박정희	42.6	1.4%	4,702,640	156,026
	윤보선	41.2		4,546,614	
6대 (67. 5. 3)	박정희	48.8	9.9%	5,688,666	1,162,215
	윤보선	38.9		4,526,541	
7대 (71. 4. 27)	박정희	51.1	7.6%	6,342,828	946,928
	김대중	43.5		5,395,900	

자료: 중앙선거관리위원회 역대선거정보시스템.

6대 대통령 선거에서 박정희는 여유 있게 승리했다. 1963년 대선에서 박정희의 득표율은 42.6%였는데 1967년에는 48.8%로 높아졌다. 윤보선 후보와의 득표 차이도 4년 전 15만여 표로부터 1967년에는 116만 표로 크게 증가했다. 주목할 점은 서울이나 부산 같은 대도시 지역에서 박정희의 지지율이 크게 상승했다는 점이다. 서울에서는 4년 전 30.2%에서 67년에는 45.2%로 지지율이 높아졌고 부산에서도 48.2%에서 64.2%로 크게 증가했다. 비단 서울, 부산뿐만 아니라 박정희 후보는 광주, 전주, 수원을 제외한 전 도청 소재지에서 승리했다. 1963년 대선에서 확인된 여촌야도와는 다른 투표 행태가 나타난 것이다.

1967년 대선에서 박정희 후보가 비교적 손쉬운 승리를 거두게 된 데에는 경제 성장의 효과가 무엇보다 컸다. 선거 승리 후 공화당은 대선 승리가 '일하는 대통령'이라는 생산적 정치의 이미지와 그동안 추진한 공업화 정책이 국민들로부터 열렬한 지지를 받았기 때문이라고 주장했는데(심지연, 2017: 206), 이러한 주장은 나름대로 근거가 있는 것이었다. 1962년부터 1966년까지 추진된 제1차 경제개발 5개년 계획은 매우 성공적이었다. 이 기간 중 GNP의 연평균 실질 성장률은 8.3%에 달했으며 GNP에서 공업 생산이 차지하는 비중은 1960년의 18%에서 6대 대통령 선거가 실시된 1967년에는 28%로 늘어났다. 공업 노동자의 수는 1962년의 39만 명에서 1967년에는 130만 7천 명으로 늘어났으며, 도시 인구는 1960년 총인구의 40.8%에서 1969년 49%로 증가했다. 국민소득도 1962년 83.60달러에서 1967년 123.50달러로 증가했다(장달중, 1986: 242). 집권 1기 동안 눈부신 경제성장의 성과를 거둔 것이다. 농촌에 비해 도시 지역이 이러한 경제성장의 1차적 수혜자가 될 수밖에 없다는 점을 고려한다면 4년 전과 비교할 때 도시 지역에서 박정희 후보에 대한 지지가 높아진 원인을 이해할 수 있을 것이다.

그런데 호남 지역은 이러한 성장의 혜택에서 소외되었다. 경제 전반이 성장하면서 전 지역에서 경제 규모와 생산량 등은 늘어났지만, 호남 지역의 경제성장률은 전국에서 가장 낮았다. 1967년 대선 전후로 호남 지역에서 '푸대접론'이 제기되었다(정진욱 2023 : 89–91). 이 때문에 4년 전에 박정희에게 더 많은 표를 주었던 호남은 윤보선 지지로 돌아섰다. 이런 소외감은 4년 후 대선에서 이 지역 출신인 김대중 후보에 대한 강한 지지로 표출되었다.

대통령 선거 한 달 후인 1967년 6월 8일 7대 국회의원 선거가 실시되었다. 박정희 정권하에서의 이전 선거에서도 금권, 관권 선거가 판을 쳤지만, 7대 국회의원 선거는 이전 선거와 비교하기 어려울 정도로 부정과 불법이 횡행했다. 박정희 정권과 공화당이 7대 국회의원 선거에서 수단과 방법을 가리지 않았다고 할 만큼 의석 확보에 혈안이 되었던 까닭은 3선 개헌을 염두에 두고 있었기 때문이었다. 1963년 개정된 헌법에서는 대통령의 재선까지만 허용했다. 박정희는 재선에 성공하자마자 3선을 위한 헌법 개정을 도모했던 것이다. 3선 출마를 가능하게 하도록 헌법 조항의 수정하기 위해서는 일단 국회에서 의원 정수의 2/3 이상의 지지를 얻은 후 국민투표에 부쳐야 했다. 따라서 여당으로서는 단순한 과반의석 확보가 아니라 개헌을 가능하게 할 정도의 의석, 곧 전체 175석 중 117석 이상을 얻어야 하는 것이었다. 그러나 선거 전 공화당은 "과반수를 넘는 100석 정도의 당선을 예상"(심지연·김민전, 2006: 447)할 수 있는 상황이었기 때문에 현실적으로 개헌선 확보는 쉽지 않은 일이었다. 더욱이 1963년 국회의원 선거에서는 야당이 분열되어 있어서 그만큼 공화당으로는 유리했지만, 1967년 국회의원 선거를 앞두고는 야당이 신민당으로 통합되어 있었기 때문에 야당 성향 유권자의 표가 분산될 가능성도 그만큼 낮았다. 이런 상황에서 전체 의석의 2/3를 넘는 거대 의석을 차지하기 위해서는 노골적인 관권, 금권 선거와 같은 무리한 방법을 동원할 수밖에 없었다.

선거 결과 공화당은 지역구에서 102명, 전국구로 27명을 당선시켜 모두 129석을 차지했다. 개헌선인 117석을 훨씬 넘는 규모의 의석을 여당이 단독으로 차지하게 된 것이다. 신민당은 131개 지역구에서 겨우 28석을 차지했고, 전국구 17석을 합쳐 45석을 획득하는 데 그쳤다. 공화당은 의도한 대로 압승을 거뒀지만 선거 부정으로 인해 커다란 후유증을 겪어야 했다. 우선 신민당이 크게 반발했다. 신민당은 7대 국회의원 선거를 유례없는 최악의 부정, 타락선거로 규정하면서, 국회 등원을 거부하며 단식농성에 돌입했다. 언론 역시 선거 부정을 비판했고 학생들은 이에 항의하며 전국적으로 데모를 벌였다. 이로 인해 박정희 대통령이 직접 나서 특별담화를 발표하여 선거에서 드러난 문제점에 대해서 유감을 표명했고, 선거 부정을 이유로 공화당 당선자 8명을 제명했다. 여야는 협상을 통해 선거관리위원회법, 국회의원 선거법, 정치자금법 등을 개정하고 국회 내 6.8 부정선거조사위원회법을 제정하기로 합의하고 거의 6개월 동안 개회하지 못했던 국회를 정상화시켰다. 그러나 신민당이 등원하자 공화당은 이 합의를 지키지 않았고 야당과의 협의 없이 국회를 일방적으로 운영하였다.

한편, 7대 국회의원 선거 후 2년이 지난 1969년 9월 14일 공화당은 마침내 3선 개헌을 변칙적으로 국회에서 통과시켰다. 공화당은 국회 본회의장이 아닌 제3별관에서 새벽 두 시에 대다수 야당 의원들에게는 통고조차 하지 않은 채 3선 개헌안을 통과시켰다. 국회에서 통과된 개헌안은 1969년 10월 17일 국민투표에 부쳐졌다. 공화당은 '안정이냐 혼란이냐'의 논리로 개헌 지지를 호소했고 신민당은 '장기집권을 막아야 한다'고 국민들을 설득했다. 3선 개헌을 위한 제2차 국민투표 전체 투표자의 65.1%의 찬성으로 승인되었다. 투표율은 77.1%였다.

1969년 3선 개헌이 저지 노력에도 불구하고 국민투표를 통해 통과되자 신민당은 당의 전열을 재정비해서 1971년 예정된 대통령 선거와 국회의원 선거에 대비해야 했다. 그 무렵 당 대표였던 유진오가 와병으로 사퇴하면서 새로이 유진산이 당을 이끌게 되었다. 하지만 그 무렵 당시 원내총무였던 40대 초의 김영삼이 1971년 대통령 선거에 출마하겠다고 선언했다. 이른바 40대 기수론이 제기된 것이다. 김영삼에 이어 김대중, 이철승이 합류하면서 신민당 내에서 40대 기수론은 당의 면모를 일신할 수 있다는 점에서 힘을 얻었다. 김영삼의 승리가 예상되었지만 후보 지명 대회에서는 김대중이 극적으로 신민당의 대통령 후보로 선출되었다.

1971년 대통령 선거가 실시되었다. 박정희는 '혼란 없는 안정 속에 중단 없는 전진'을 강조했고, 김대중은 '희망에 찬 국민대중의 시대 구현'을 구호로 내세웠다. 박정희는 경제성장, 소득 증대, 국토종합개발 추진, 농어촌 생활환경 개선, 복지 정책 강화 등을 선거 공약으로 내세웠다. 이에 비해 김대중은 미, 일, 중, 소 4개국에 의한 한반도에서의 전쟁 억제에 대한 보장을 제시했고, 통일외교를 강화하며 서독, 월남과 분단국 회의를 구성하겠다고 공약했다. 또한 김대중은 당시로서는 파격적이라고 할 만한 기자교류, 서신교환, 체육교환 등 남북한 간의 비정치적 교류를 제시했다. 이와 함께 향토 예비군의 전면 폐지, 월남 파견 국군의 철수, 지방자치 실시, 부유세, 특별행위세 신설 등을 공약으로 제시했다. 그런데 당시 김대중 후보가 선거 강령에서 제일 먼저 내세운 것은 '1인 독재에서 제2의 해방'이었다. 구체적으로 헌법을 중임제로 환원하고 부칙에 이 조항의 개정을 불가능하도록 규정하겠다는 것이다. 또한 김대중은 박정희가 다시 당선되면 종신 대통령이 되기 위해 총통제를 추구할 것이라고 경고했다. 이에 대해 박정희는 선거유세에서 '여러분들은 지난 번 헌법 개정을 통해 나에게 단 한번 더 재선의 기회를 주었기 때문에 앞으로 여러분들에게 표를 달라는 것은 이번이 마지막'(동아일보, 1971. 4. 26)이라고 호소했다. 이 말은 이후 박정희가 유신체제를 선포하면서 역설적이게도 그대로 실현되었다.

선거 결과 박정희 후보는 53.2%, 김대중 후보는 45.3%를 얻었다. 박정희는 634만 2,828표를 얻었고, 김대중은 539만 5,900표를 득표했다. 그 격차는 94만 6,928표였다. 서울, 부산 등 대도시 지역에서 박정희에 대한 지지도가 크게 하락했다. 박정희는 1967년 대선에서는 서울에서 45.2%를 득표했지만 1971년 대선에서는 40.0%로 낮아졌고, 부산에서도 64.2%에서 55.7%로 하락했다. 공권력이 선거에 노골적으로 개입했지만 그럼에도 불구하고 선거 경쟁은 팽팽했다. 94만여 표의 차이는 결코 큰 것으로 보기 어려웠다. 박정희 정권에 대한 국민의 지지는 명백하게 하락하고 있었다(강원택, 2015a: 99-100).

그런데 1971년 대선에서는 영남과 호남에서 후보자의 연고 지역에서 지지가 집중되는 지역주의 투표 행태가 나타났다. 박정희 후보는 경북 지역에서 75.6%, 경남 지역에서 73.4%를 얻었으나, 전남 지역에서는 34.4%, 전북 지역에서는 35.5%를 얻었다. 반면 김대중 후보는 경북 지역에서 23.3%, 경남 지역에서 25.6%라는 낮은 득표율을 보인 반면, 전남 지역에서는 62.8%, 전북 지역에서는 62.5%라는 높은 득표율을 기록했다. 6대 대선과 비교해 보면, 박정희 후보는 호남 지역에서 대체로 7~10% 감소했고, 영남 지역에서는 10~15% 득표율이 상승했다. 이에 비해 김대중 후보는 영남 지역에서는 큰 차이가 없었지만 호남에서 6대 대선에서 윤보선 후보가 얻은 득표보다 13~16% 많은 표를 얻었다.

표 4-5 제3공화국 대통령 선거에서의 지역별 후보 득표율

	63년 5대 대선		67년 6대 대선		71년 7대 대선	
	박정희	윤보선	박정희	윤보선	박정희	김대중
서울	30.2	65.1	45.2	51.3	40.0	59.4
부산	48.2	47.5	64.2	31.2	55.7	43.6
경기	33.1	56.9	41.0	52.6	48.9	49.5
강원	39.6	49.1	51.3	41.7	59.8	38.8
충북	39.8	48.9	46.6	43.6	57.3	40.7
충남	40.8	49.4	45.4	46.8	53.5	44.4
전북	49.4	41.5	42.3	48.7	35.5	61.5
전남	57.2	35.9	44.6	46.6	34.4	62.8
경북	55.6	36.1	64.0	26.4	75.6	23.3
경남	61.7	29.9	68.6	23.0	73.4	25.6
제주	69.9	22.3	56.5	32.1	56.9	41.4

*득표율은 유효 투표수를 기준으로 계산한 것임.
자료: 중앙선거관리위원회 역대선거정보시스템.

7대 대통령 선거에서 이러한 지역적 대립 구도가 등장하게 된 데에는, 앞서 언급한 대로, 경제성장에서 '푸대접' 받고 있다는 호남 지역의 불만 때문이었다. 박정희 정권하에서 추진된 경제발전이 산업적으로나 지역적으로 불균형 전략이었고 농촌 중심의 호남 지역은 이러한 경제발전의 혜택으로부터 소외되어 있었기 때문이다. 그런 점에서 볼 때, "7대 대통령 선거에서 나타난 영호남의 정치 균열은 지배집단의 정치적 지역주의의 산물로서 수혜지역 대 소외지역, 여당 후보 연고지 대 제1야당 연고지라는 정치적 갈등과 경쟁이 중첩된 전형적인 정치 대결의 양식이라고 할 수 있다”(김만흠, 1991: 112).

박정희는 1971년 선거를 통해 3선에 성공했지만 외형적인 승리와는 달리 지지의 토대는 이전에 비해 크게 불안정해졌다. 이런 점에 유의하여 장훈(2000: 21)은 3선 개헌이라는 절차적 민주주의의 후퇴는 도시 지역에서의 심각한 지지 이반을 불러왔으며 농촌 지역에서는 산업화의 폐해에 따른 좌절감이 지역주의라는 연고주의와 결합하여 전남·북 지역에서의 심각한 저항을 불러왔다고 설명했다. 또한 이러한 도시 지역과 전남·북 지역에서의 지지의 급격한 쇠퇴가 마침내 박정희 정권이 형식적으로나마 유지해 온 선거를 폐지하고 유신체제를 수립하게 만든 요인으로 작용했다고 보았다.

대통령 선거 한 달 뒤인 1971년 5월 25일 8대 국회의원 선거가 실시되었다. 국회의원 정수는 175명에서 204명으로 늘어났는데, 지역구 의석은 131석에서 153석으로 22석 늘어났고 전국구 의석은 44석에서 51석으로 7석이 늘어났다. 선거 결과는 야당의 선전으로 나타났다. 국회의원 선거 결과 공화당은

표 4-6 제3공화국 국회의원 선거의 정당별 득표율과 의석수

		정당					
6대 63. 11. 26.	구분	민주공화당	민정당	민주당	자유민주당	국민의 당	계
	득표율	33.5	20.1	13.6	8.1	8.8	
	지역구	88	27	8	6	2	131
	전국구	22	14	5	3	0	44
	계	110	41	13	9	2	175
7대 67. 6. 8.	구분	민주공화당	신민당	대중당	-	-	계
	득표율	50.6	32.7	2.3			
	지역구	102	28	1			131
	전국구	27	17	0			44
	계	129	45	1			175
8대 71. 5. 25.	구분	민주공화당	신민당	국민당	민중당	-	계
	득표율	47.8	43.5	4.0	1.4		
	지역구	86	65	1	1		153
	전국구	27	24	0	0		51
	계	113	89	1	1		204

118석, 신민당은 89석, 국민당 1석, 민중당 1석을 각각 차지했다. 득표율로 보면 공화당 47.8%, 신민당 43.5%로 득표율의 차이가 불과 4% 남짓했다. 지역별 의석 분포나 득표율을 보면, 한 달 전 치러진 대통령 선거에서는 영남 대 호남 간 후보자별 지지의 편차가 컸지만 국회의원 선거에서는 지역 대결 구도가 그다지 뚜렷하게 나타나지 않았다. 따라서 영호남 간 지역 대립을 기반으로 하는 지역주의 투표 성향이 7대 대통령 선거에서 나타나기는 했지만 이것이 당시에 이미 정치적으로 뿌리 깊게 자리 잡고 있었다고 보기는 어렵다.

오히려 여촌야도의 현상이 분명하게 다시 확인되었다. 서울 지역에서 신민당은 19석 중 한 석을 제외한 모든 의석을 다 차지했고, 부산에서도 8석 중 6석을 신민당이 차지했다. 반면, 강원, 충북, 충남 등에서도 공화당은 절대적 우세를 지켰다. 3선 개헌에 따른 민심 이반과 장기집권에 대한 우려가 도시 지역을 중심으로 뚜렷하게 나타난 것이다.

이번에도 공화당은 다수의석을 확보하는 데 성공했지만 정당 간 득표율이나 대도시 지역에서의 압도적 야당 지지를 볼 때 공화당과 박정희 정권의 기반은 그리 탄탄하다고 보기는 어려웠다. 8대 국회의원 선거가 끝나고 1년 반이 채 지나지 않은 1972년 10월 17일 박정희 정권은 유신체제를 선포하여 권력 유지를 위해 더 이상 선거에 의존하지 않게 되었다.

(5) 유신체제

1971년 선거에서 고전한 박정희는 그해 12월 국가비상사태를 선포하고 곧이어 국가보위에 관한 특별조치법을 통과시켜 정치적 자유를 제약하기 시작했다. 이듬해 1972년 10월 17일 비상계엄 선언과 함께 국회를 해산하고 정치 활동을 금지시켰다. 그리고 열흘 뒤인 10월 26일 새로운 헌법 개정안이 공고되었고, 11월 21일 계엄하에서 국민투표가 실시되었다. 유신헌법은 91.9%의 투표율에 91.5%의 찬성으로 통과되었다. 개헌하에서 자유로운 정치적 토론이나 반대 입장의 표명이 허용되지 않았고 또 정당 활동의 금지로 투표와 개표 과정에 정당인의 참관이 불가능했기 때문에 국민투표의 공정성은 의구심을 가질 수밖에 없었다.

유신헌법하에서 대통령 선출은 직선제를 폐지하고 통일주체국민회의에서 간선으로 선출하도록 했다. 통일주체국민회의 대의원 선거는 구, 시, 읍, 면, 동 등 행정구역 단위를 선거구로 하여 전국을 1,630개 구로 나누고, 농촌 지역에서는 소선거구제, 도시지역에서는 중선거구제를 채택하였다. 중선거구제의 경우 인구 2만 명을 기준으로 1인에서 5인까지 선출하는 방식이었다. 대의원 정수는 2천 명 이상 5천 명 이하로 정했다. 총 2,359명의 통일주체국민회의 대의원이 선출되었다(신두철, 2011: 119). 대의원들은 정당 소속을 갖지 못하고, 다른 공직도 겸하지 못하게 했다. 통일주체국민회의 대의원 선거에서는 후보들 간 합동연설회를 갖기는 했지만, 후보자의 배경이나 출마 목적, '유신 과업'에 대한 견해를 제외한 정치적 견해의 표출은 허용되지 않았다. 대통령 후보가 한 명인 상황이고 야당 성향의 후보들은 출마가 어려웠던 상황이었기 때문에 통일주체국민회의 대의원 선거에서 정치적 견해를 밝히는 일 자체가 사실 무의미했다. 통일주체국민회의 선거는 1972년 12월 15일에 실시되었다.

이에 따른 대통령 선거는 12월 23일 실시되었다. 대통령 선거라고 하지만 통일주체국민회의 대의원들이 체육관에 모여, 단 한 명의 대통령 후보인 박정희에 대한 찬반 투표를 행하는 것이었다. 2,359명 전원의 통일주체국민회의 대의원이 선거에 참여했으며 이 가운데 무효표 2표를 제외한 2,357표, 곧 99.9%의 지지로 박정희는 대통령에 당선되었다.

유신헌법하에서 국회의원 선거법도 개정되었다. 의원정수는 219명이었는데 이 가운데 2/3에 해당하는 146명은 지역구에서 선출하고, 나머지 1/3인 73명은 대통령이 추천하고 통일주체국민회의에서 선출하도록 했다. 비례대표제는 폐지했다. 통일주체국민회의에서 국회의원의 1/3을 '선출한다'고 했지만, 실상은 대통령이 국회의원의 1/3을 지명하는 것이었고 통일주체국민회의는 이에 대해 명목상의 승인을 하는 역할에 불과했다. 대통령이 지명하는 의원들은 유신정우회(유정회)라는 원내교섭단체를 구성하여 준여당의 역할을 수행했다. 한편, 지역구 의원의 선출은 한 지역구에서 2명을 뽑는 단기비이양식(중선거구) 선거제도를 도입했다. 1구 2인제가 도입되면서 집권당인 민주공화당은 집권당의 당 조직과 관공서 조직의 지원, 그리고 여당의 프리미엄 등을 고려하면 최소한 각 선거구별로 1명의 당선자는 낼 수 있을 것으로 예상되었다. 박정희는 제도적으

표 4-7 유신 1기 국회의원 선거 결과(1973)

	당선자 수	당선자 비율(%)	득표율(%)
민주공화당	73	50.0	38.7
신민당	52	35.6	32.5
민주통일당	2	1.4	10.2
무소속	19	13.0	18.6
합계	146	100.0	100.0

로 보장된 유정회를 통한 국회 전체 의석의 1/3, 그리고 지역구에서 최소 1/3의 의석을 차지하여, 언제나 국회에서 2/3 이상의 의석을 확보할 수 있었다. 지역구 국회의원의 임기는 이전까지의 4년에서, 대통령의 임기와 같은 6년으로 연장했고, 유정회 의원의 임기는 3년으로 했다. 선출직 의원의 임기는 4년에서 6년으로 늘려 선거를 덜 자주 치르게 했지만, 자신이 지명하는 유정회 의원에게는 임기를 그 절반으로 하여 재선을 위해서는 충성 경쟁을 하도록 만들었다.

1973년 2월 27일 유신체제 수립 이후 첫 국회의원 선거가 실시되었다. 대통령이 지명하는 1/3의 의석을 제외한 146개 선거구에서 공화당은 기대한 대로 절반인 73석을 차지했다. 1구 2인 선출의 선거제도의 효과가 발휘되었다. 신민당은 52석, 민주통일당은 2석, 그리고 무소속이 19석을 차지했다. 여당은 공화당 73석, 그리고 대통령이 지명한 의원들로 구성되는 유신정우회 73석으로 전체 의석의 2/3를 확보했다.

유신체제는 종신독재체제를 확립한 것이었지만 이에 대한 국민의 저항도 심했다. 특히 대학가는 유신체제 저항의 선봉이었다. 박정희는 긴급조치라는 공포 정치로 이에 대응했다. 1978년 5월 제2대 통일주체국민회의 대의원 선거가 실시되었고, 같은 해 7월 6일 9대 대통령 선거가 실시되었다. 이번에도 후보자는 박정희 1인이었으며 대의원 2,578명 중 2,577명의 찬성(무효 1표)으로 다시 대통령에 당선되었다.

이처럼 유신체제가 만들어 놓은 1인 장기집권의 시스템이 '안정적으로' 돌아가고 있는 듯이 보였지만, 국민들 사이에 퍼져나간 유신체제에 대한 광범위한 불만은 1978년 국회의원 선거를 통해 극적으로 드러났다(이하 강원택, 2015a: 139－140). 유신의 절정기이자 엄동설한의 시기에 실시된 국회의원 선거였지만, 의외의 결과가 나타났다. 12월 12일 실시된 국회의원 선거에서, 지역구 의석

표 4-8 유신 2기 국회의원 선거 결과(1978)

	당선자 수	당선자 비율(%)	득표율(%)
민주공화당	68	44.2	31.7
신민당	61	39.6	32.8
민주통일당	3	1.9	7.4
무소속	22	14.3	28.1
합계	154	100.0	100.0

154석 가운데 민주공화당은 68석을 얻었고, 야당인 신민당은 61석을 얻었다. 이 밖에 민주통일당이 3석, 그리고 무소속 의원이 22석을 얻었다. 대통령이 지명할 수 있는 유신정우회 의석 77석이 있기 때문에 집권세력의 안정적인 과반 의석 확보에는 애당초 문제가 없는 것이었지만, 득표율에서는 의외의 결과가 나타났다. 야당인 신민당은 32.8%를 득표해서 민주공화당의 31.7%보다 득표율에서 1.1% 앞섰다. 여기에 또 다른 야당인 민주통일당의 득표율 7.4%까지 합친다면 집권세력은 명백히 선거에서 패배한 것이었다. 정치적으로 보다 예민한 서울, 부산 등 대도시 지역에서 공화당은 고전했다. 득표율에서 여당이 야당에게 패배함으로써 1978년 국회의원 선거 결과는 유신체제에 대한 국민의 불만이 폭넓게 퍼져 있다는 사실을 잘 보여 주었다. 긴급조치로 정치적 자유가 묶여 있던 유신체제하에서도 선거 정치는 이처럼 역동성을 보여주었다.

(6) 제5공화국

10.26 사건 이후 당시 총리였던 최규하가 대통령 권한대행이 되었다. 대통령 궐위 시 3개월 이내에 후임자 선출한다는 유신헌법의 규정에 따라 12월 6일 세 번째로 통일주체국민회의 대의원에 의한 대통령 선거가 실시되었다. 최규하가 단독 후보로 출마했고 대의원 2,560명이 투표했고 이 중 2,465표로 최규하는 대통령에 당선되었다.

그러나 1979년의 12.12 사태와 1980년 5.17 계엄 확대로 권력을 장악한 신군부는 1980년 8월 16일 최규하 대통령을 강제로 사임하도록 했다. 또다시 통일주체국민회의 대의원에 의한 대통령 선거가 실시되었다. 1980년 8월 27일 실시된 선거에서 전두환이 단독 후보로 출마했고, 대의원 2,540명 중 2,525명이 투표에 참여하여 2,524표로 대통령에 당선되었다. 유신헌법이 규정한 통일주체국민회의 대의원에 의한 간선 방식의 대통령 선거는 이처럼 모두 네 차례 실시되었다.

전두환은 대통령이 된 이후 개헌을 통해 새로운 헌법을 마련했다. 제5공화국 헌법은 통일주체국민회의를 폐지했지만, 대신 '대통령 선거인단' 제도를 도입했다(강원택, 2015a: 175-176). 유권자들이 대통령 선거인단을 선출해서 이들이 대통령을 뽑는 방식이었는데, 명칭만 바뀌었을 뿐 사실상 유신체제의 통일주체국민회의와 마찬가지의 '체육관 선거'였다. 대통령 선거인단은 한 선거구에서 두 명을 선출하는 것을 기본으로 했고 인구가 늘어날수록 선출되는 선거인단의 수를 늘려 최대 5명까지 선출하도록 했다. 유신체제와 차이가 있다면 대통령 선거인단은 소속 정당을 표방하도록 했다. 또 다른 차이는 유신헌법에서는 대통령 출마를 위해서는 통일주체국민회의 대의원 200명 이상의 추천이 필요했는데 당시 상황에서 야당이 이 조건을 만족하기란 쉽지 않았다. 제5공화국 선거제도에서는 소속 정당의 추천을 받거나 혹은 대통령 선거인단 300명 이상 500인 이하의 추천을 받으면 후보로 등록할 수 있었다(조진만, 2011: 156). 이 때문에 집권당 이외의 다른 정당 후보도 당 추천으로 출마할 수 있었다. 1981년 2월 11일 대통령 선거인단 선거가 실시되었고 2월 25일 이들에 의한 대통령 선거가 실시되었다. 민주정의당 전두환, 민주한국당 유치송, 한국국민당 김종철, 민권당 김의택 등 4인이 출마했고, 선거인단 투표에서 90.2%의 지지를 얻은 전두환이 대통령으로 당선되었다. 단독 후보는 아니었지만 들러리에 불과한 후보들과의 선거였다.

제5공화국의 국회의원 선거제도는 유신체제에서와 마찬가지로 하나의 선거구에서 두 명을 선출하는 단기비이양식(중선거구) 선거제도를 유지했다. 한 선거구에서 두 명을 선출하는 경우 야당이 강한 도시 지역에서도 한 석을 얻을 수 있고, 농촌 지역에서는 두 여당 후보의 동반 당선도 기대할 수 있기 때문이다. 선거구의 수는 유신 때보다 15개 늘려 92개로 했고, 전국구 제도를 부활하여 지역구 의원 정수의 2분의 1에 해당하는 전국구 의원을 선출하도록 했다. 이에 따라 전체 국회의원의 수는 이전보다 45명 늘어난 276명이 되었다(조진만, 2011: 161). 유신 때 대통령이 지명하던 유신정우회 제도를 폐지한 대신, 전국구 배분 방식을 여당에게 유리하게 규정했다. 선거에서 가장 많은 의석을 얻은 1당에게 전국구 의석 전체의 3분의 2를 우선적으로 배분하고, 나머지 3분의 1의 의석을 제2당 이하 정당이 의석 비율에 따라 배분하도록 했다.

대통령 선거 한 달 뒤인 3월 25일 국회의원 선거가 실시되었다. 민정당은 92개 지역구 중에서 90개 의석을 획득했고, 92석의 전국구 의석 중 2/3인 61석을 배분받아 전체 의석의 54.7%에 달하는 151석의 과반의석을 차지했다. 민한당은 81석을 차지했고, 국민당은 25석을 얻었다. 그런데 몇몇 소수 정당도 의석을 차지했다. 당시 전두환 정권은 국회 구성의 다양성이라는 구색을 맞추기 위해 혁신정당의 창당을 유도하고 이러한 정당 소속 후보가 출마한 지역구에 여야의 공천을 억제하여 인위적으로 당선 가능하도록 했다. 예컨대, 민주사회당의 당수인 고정훈은 서울 강남 선거구에서 당선되었는데 그곳은 '정책 선거구'로 지정되어 민주정의당과 한국국민당 모두 후보를 내지 않았다(조진만, 2011: 161). 이런 '배려'에 의해 민권당, 민주사회당, 신정당이 각각 2명씩, 민주농민당과 안민당이 각각 1명씩 당선자를 냈다. 민한당, 국민당의 두 야당이 100석 이상의 의석을 차지했지만, 이 두 정당은 모두 체제 순응적 야당들이었다. 의회 정치에서 전두환 체제에 심각한 위협이나 도전이 되는 체제 저항 세력은 존재하지 않았다.

표 4-9 제5공화국 1기 국회의원 선거 결과(1981)

정당	의석수			득표율(%)
	지역구	전국구	계	
민주정의당	90	61	151	35.6
민주한국당	57	24	81	21.6
한국국민당	18	7	25	13.3
민권당	2	0	2	6.7
신정당	2	0	2	4.2
민주사회당	2	0	2	3.2
민주농민당	1	0	1	1.4
안민당	1	0	1	0.9
기타	0	0	0	2.4
무소속	11	0	11	10.7
합계	184	92	276	100.0

그런데 1983년 5.18 광주민주화운동 3주년을 맞아 가택연금 중이던 김영삼 전 신민당 총재가 단식투쟁을 시작했다. 김영삼의 단식 투쟁은 1980년 '서울의 봄'에 갈라졌던 김영삼, 김대중 두 야당 세력이 재결합하는 계기를 마련했다. 그리고 이듬해인 1984년 5월 18일 두 야당 세력은 민주화추진협의회(민추협)라는 민주화 운동 조직을 만들었다(강원택 외, 2015). 민추협은 1985년 초로 예정된 총선을 앞두고 선거 참여와 신당 창당을 두고 내부적으로 의견이 갈렸지만 결국 총선에 참여하기로 최종 결정했다. 1984년 12월 15일 선거를 불과 두 달 앞두고 신당 창당을 위한 발기준비위원회가 구성되었다. 그리고 1985년 1월 18일 이민우를 총재로 하는 신한민주당을 창당했다. 4년 전 국회의원 선거 때와는 달리 선명성을 띤 반체제 야당이 등장하게 된 것이다. 1985년 2월 12일 실시된 12대 국회의원 선거에서 신한민주당은 돌풍을 일으켰다. 신한민주당 후보들은 그간 금기시 되었던 군사독재, 광주 민주화운동 진상 규명, 대통령 직선제 개헌 등의 이슈를 선거운동 기간 내내 쏟아냈다. 신당 바람이 불면서 투표율도 올라갔다. 여전히 날씨가 추운 2월의 선거였지만 투표율은 84.6%로 4년 전보다 6.2% 높아졌다. 이러한 투표율은 1958년 4대 국회의원 선거 이후 실시된 총선 투표율 중에서 가장 높은 것이었다(조진만, 2011: 168). 이것은 신한민주당에 대한 유권자의 관심과 지지가 높았음을 보여주는 것이다. 신한민주당의 득표율은 이전 선거에 비해 투표율이 높아지고, 기존 '관제 야당'의 지지율이 낮아진 곳에서 높았다(강원택, 2024: 429–432). 이는 4년 전 제5공화국 출범 직후의 국회의원 선거에서 민정당이나 관제 야당에 소외감을 느껴 기권한 유권자들이 신한민주당의 등장 이후 적극적으로 투표에 참여하게 되었음을 의미하는 것이다. 신한민주당의 돌풍에는 선명노선에 호응한 유권자의 동원이 영향을 미쳤다.

신한민주당은 지역구에서 50석, 전국구에서 17석을 얻어 총 67석으로 제1야당으로 떠올랐다. 신한민주당은 전체 투표의 29.3%를 득표했다. 이에 비해 민한당의 의석수는 4년 전의 81석에서 35석으로 크게 줄어들었고, 득표율 역시 19.7%로 신한민주당보다 10% 가까이 낮았다. 한국국민당은 25석에서 20석으로 의석이 줄어들었고 득표율은 9.2%였다. 특히 대도시에서 신한민주당의 돌풍이 거셌다. 대구의 한 선거구를 제외하고 서울, 부산, 대구, 인천 등 대도시에서 신한민주당 후보가 모두 당선되었다. 더욱이 대도시 지역에서 1위 당선자도 신한민주당이 16곳으로 민주정의당 9석보다 많았다.

민정당은 35.3%로 4년 전과 비슷한 득표율을 보였고 의석수도 148석으로 3석 줄어들었다. 4년 전과 별로 큰 차이를 보이지 않은 것 같지만 실제로는 그렇지 않았다. 1981년 총선에서 민정당은 지역구 90명 당선자 중 86개 선거구에서 1위 당선을 했지만, 1985년 총선에서 지역구 당선자 87명 중 1위 당선자는 61명에 불과했다(조진만, 2011: 170). 즉 1구 2인제 선거제도로 인해 민정당은 3석 줄어든 148석을 얻었지만, 한 명을 선출하는 1인 선거구 단순다수제 선거제도였다면 그 의석은 더욱 줄어들었을 것이다.

신한민주당은 2.12 총선에서 대통령 직선제를 공약으로 내세웠다. 신한민주당은 1986년 2월 천만인 개헌 서명 운동을 시작했고, 이는 민주화를 위한 국민적 항쟁으로 이어지면서 마침내 1987년 6월 항쟁과 6.29 선언을 통해 민주화로 나아가게 되었다.

표 4-10 제5공화국 2기 국회의원 선거 결과(1985)

	의석수			득표율(%)
	지역구	전국구	계	
민주정의당	87	61	148	35.3
신한민주당	50	17	67	29.3
민주한국당	26	9	35	19.7
한국국민당	15	5	20	9.2
신정사회당	1		1	1.5
신민주당	1		1	0.6
기타				1.4
무소속	4		4	3.2
합계	184	92	276	

2. 민주화 이후의 선거

(1) 대통령 선거

6월 항쟁의 결과 6.29 선언으로 대통령 직선제 개헌에 대한 요구가 수용되었다. 이에 따라 헌법 개정이 이뤄졌고 그에 따른 첫 대통령 선거가 1987년

12월 16일 실시되었다. 1972년 10월 유신체제가 수립된 이후 15년 만에 국민이 직접 대통령을 선출하는 선거가 실시된 것이다. 민주정의당은 이미 6.29 선언 이전인 6월 10일 전당대회를 통해 노태우를 차기 대통령 후보로 선출해 두었다. 따라서 선거 전 관심은 야당의 대통령 후보에 대한 것이었다. 직선제 개헌을 위한 투쟁에서는 김영삼, 김대중 두 야당 지도자가 서로 협력했다. 이들은 1984년 민주화추진협의회를 함께 창설했고, 1985년 2.12 총선을 앞두고 신한민주당을 창당하는 데도 힘을 같이 했다. 그러나 민주화 이후 대통령 선거를 앞두고 두 사람은 갈등을 빚기 시작했다. 1987년 9월 7일 김영삼, 김대중은 후보 단일화를 위한 실무협의기구를 구성하고 몇 차례 회합을 가졌지만 후보 단일화 시기와 방법에 대해 의견의 차이를 좁히지 못했다. 결국 두 사람은 결별했다. 10월 10일 김영삼은 공식적으로 대통령 출마 선언을 했고 11월 9일 통일민주당 대통령 후보로 추대되었다. 김대중은 통일민주당에서 탈당하여 10월 28일 평화민주당이라는 별도의 정당의 창당 선언을 했고 11월 12일 그 당의 대통령 후보가 되었다(지병문 외, 2014: 283). 한편, 박정희 대통령 사망 이후 민주공화당의 총재가 되었지만 1980년 5.17 비상계엄 확대 이후 신군부에 의해 정치 활동을 규제 받았던 김종필도 정계복귀를 선언하고 민주공화당 시절의 각료, 국회의원을 주축으로 신민주공화당을 창당하고 대통령 후보가 되었다. 이에 따라 대통령 선거는 4자 간 대결이 되었다.

민주화 직후의 선거였기 때문에 야당 후보들은 12.12 사태를 통해 집권한 전두환과 제5공화국의 정통성 결여를 비판했다. 12.12 사태가 군사 쿠데타이고 전두환 군사정권을 탄생시킨 시발점이며, 따라서 노태우의 당선은 군사 정권의 연장이라는 점을 부각시키고자 했다. 김영삼은 군정종식을 내세웠으며, 김대중은 문민정부 수립을 기치로 내세우며 광주민주항쟁 문제의 해결, 지역감정의 해소를 강조했다. 이에 대해 노태우 후보는 제5공화국 기간 동안의 경제적 안정과 성장을 지적하면서, 국가 안보와 안정을 강조했다. 그런데 선거가 임박한 무렵인 11월 29일 이라크 바그다드에서 서울로 향하던 대한항공 비행기가 폭파되는 사건이 발생했다. 특히 선거 전날 사건 주범인 김현희가 체포되어 서울로 압송되었다. 이 사건은 노태우의 안정론에 도움을 주었다(조성대, 2011: 186-189).

선거는 89.2%의 투표율이 보여주듯 높은 국민적 관심하에 실시되었다. 선거 결과 노태우 후보가 36.6%를 득표하여, 다른 후보를 누르고 민주화 이후 첫 직선 대통령이 되었다. 노태우의 당선은 무엇보다 김영삼, 김대중 두 야당 지도자의 분열에 도움을 받았다. 김영삼은 28%를 득표했고, 김대중은 27.1%를 득표했다. 두 후보의 득표를 합치면 55.1%에 달한다. 민주화를 이끈 세력의 분열로 노태우가 당선된 것이다.[10]

그런데 1987년 대통령 선거에서 나타난 가장 주목할 만한 현상은 지역주의 투표 행태였다. 그 이전까지의 선거에서 크게 두드러지지 않았던 지역주의 투표행태가 민주화 이후 첫 선거에서 크게 부상했다. 네 명의 주요 후보는 각각 자신의 출신지역에서 높은 지지를 받았다. 노태우는 대구에서 70.7%, 경북

표 4-11 1987년 13대 대통령 선거 지역별 득표율(%)

	노태우	김영삼	김대중	김종필
서울	30.0	29.1	32.6	8.2
인천	39.4	30.0	21.3	9.2
경기	41.5	27.5	22.3	8.5
강원	59.3	26.1	8.8	5.4
충북	46.9	28.2	11.0	13.5
충남	26.2	16.1	12.4	45.0
광주	4.8	0.5	94.4	0.3
전북	14.1	1.5	83.5	0.8
전남	8.2	1.1	90.3	0.3
대구	70.7	24.3	2.6	2.1
경북	66.4	28.2	2.4	2.6
부산	32.1	56.0	9.1	2.6
경남	41.2	51.3	4.5	2.6
제주	49.8	26.8	18.6	4.5
합계	36.6	28.0	27.1	8.1

자료: 중앙선거관리위원회 선거통계시스템

10 이런 시각에 대해 이갑윤, 문용직(1995: 226−227)은 다음과 같은 견해를 제시한다. "양 김씨에 의한 야권 분열이 노태우 후보자의 승리를 용이하게 하였다고 해서 곧 야권통합이 야당의 승리를 보장할 수 있었다고 할 수는 없다. 왜냐하면 김대중 후보로의 통합은 김 후보에 대한 비호남인의 낮은 지지 때문에 노태우 후보의 일방적인 승리로 귀결되었을 것이며, 김영삼 후보로의 통합의 경우는 그 결과를 점치기가 어려울 만큼 김 후보와 노 후보의 득표율이 매우 비슷하였을 것이기 때문이다."

에서 66.4%의 득표를 했으며, 김영삼은 부산에서 56%, 경남에서 51.3%를 득표했다. 김대중은 광주에서 94.4%, 전남에서 90.3%, 그리고 전북에서 83.5%의 높은 득표를 기록했다. 김종필 역시 충남에서 45%를 득표하여 평균보다 훨씬 높은 지지를 받았다.

그 이전까지의 선거에서는 여당 성향, 야당 성향과 같이 권위주의 체제에 대한 찬성과 반대의 태도에 따른 투표 행태가 두드러졌지만 1987년 대통령 선거를 계기로 지역주의 투표라는 전혀 새로운 요인이 투표 결정에 큰 영향을 미치게 되었다. 그런 점에서 1987년 대통령 선거는, 후술할 1988년 국회의원 선거와 함께, 그 이전 시기의 정당지지 패턴으로부터 근본적인 변화를 가져온 중대선거 (critical election)라고 부를 수 있다.[11]

14대 대통령 선거는 1992년 12월 18일 실시되었다. 5년 전에는 4명의 주요 후보 간 경쟁이 이뤄졌지만, 1990년 노태우의 민정당, 김영삼의 통일민주당, 그리고 김종필의 신민주공화당이 3당 합당을 단행하여 민주자유당으로 합쳤다. 김대중의 평화민주당만이 야당으로 남아 있게 되었다. 지역적으로 3당 합당 이후에는 호남 대 비호남 구도가 되었다. 합당 이후 노태우 대통령은 당 총재, 김영삼은 당 대표가 되었고, 우여곡절 끝에 김영삼은 민주자유당의 대통령 후보가 되었다.

따라서 1992년 대통령 선거는 김영삼 대 김대중의 양자 대결로 예상했지만, 뜻밖에 제3의 후보가 등장했다. 현대그룹의 창립자인 정주영 회장이 선거에 출마한 것이다. 정주영은 1992년 2월 8일 통일국민당을 창당하여 본격적으로 정치에 참여하기 시작했다. 정주영이 정치에 참여하기로 한 것은 현대그룹에 대한 압력과 노태우 정부와의 불편한 관계 때문이었다. 특히 재벌들의 비업무용 부동산을 강제 매각시키도록 한 1990년 5.8 대책 이후 노태우 정부와 정주영 간의 관계는 나빠졌다. 이와 함께 수서비리 사건과 같은 부패 사건, 경제적 어려움, 그리고 3당 합당 등 정치권에 대한 국민의 높은 불신이라는 상황적 요인도 정치권 진출을 결심하게 한 원인이었다(강원택, 2015c). 정주영의 대통령

11 Key, Jr.(1955: 16)에 정의에 의하면, 중대선거(critical election)는 매우 분명하고 지속적인 선거에서의 정당 지지의 재편성(a sharp and durable electoral realignment between parties)이 발생한 것을 말한다.

표 4-12 1992년 14대 대통령 선거 결과

후보	김영삼	김대중	정주영	박찬종	기타
득표율(%)	42.0	33.8	16.3	6.4	1.5

자료: 중앙선거관리위원회 선거통계시스템

선거 출마는 상당한 주목을 받았다. 이미 3월에 실시한 국회의원 선거에서 정주영의 통일국민당은 17.4%의 득표를 했고 지역구 24석, 비례대표 7석을 합쳐 31석을 획득했다. 이외에도 박찬종이 3당 합당 이후의 정치 불신에 편승하여 신정치개혁당을 창당하여 대통령 선거에 출마했다.

선거 결과 김영삼이 42%를 얻어 대통령으로 당선되었다. 김대중의 득표율은 33.8%에 그쳤으며, 정주영은 16.3%를 얻었다. 5년 전의 지역주의 투표 행태가 1992년 대통령 선거에서도 마찬가지로 나타났다. 영남 지역인 부산(73.3%), 경남(64.%), 대구(59.6%), 경북(64.7%)에서 김영삼 후보는 큰 지지를 받았으며, 김대중 후보는 광주(95.8%), 전남(92.2%), 전북(89.1%) 등 호남에서 압도적 지지를 받았다. 김영삼의 당선으로 1961년 5.16 군사정변 이후 최초로 민간인 출신이 대통령에 당선되었다.

1992년 대통령 선거 이후 정계은퇴를 선언하고 영국으로 떠났던 김대중 당시 아태재단 이사장은 1995년 7월 신당 창당 선언과 함께 정치에 복귀했다. 그 해 9월 새정치국민회의가 창당되었다. 한편, 3당 합당과 함께 민주자유당에 참여한 김종필은 김영삼 대통령하에서 민자당 대표직을 맡고 있었지만, 민주계와 불화를 빚고 1995년 2월 민자당을 탈당하여 3월 자유민주연합(자민련)이라는 신당을 창당했다. 김영삼 대통령은 1995년 12월 민주자유당의 당명을 신한국당으로 바꿨다. 1996년 국회의원 선거에서 두 야당의 호남과 충청에서의 영향력이 재확인되었다. 1996년 국회의원 선거 후 과반의석 확보에 실패한 신한국당은 통합민주당과 자민련, 무소속 의원들을 대거 영입하여 과반의석을 확보했다. 이에 대해 김대중과 김종필이 '의원 빼가기'에 항의하는 공동 집회를 열면서 두 정당 간 공조가 시작되었다. 이후에도 김대중과 김종필의 공조는 이후 재보궐선거에서도 이어지게 되었다. 이들의 공조는 영문 이름을 합쳐 'DJP 연합'이라고 불렀다. DJP 연합은 마침내 선거가 임박한 시점인 1997년 11월 3일 대통령 후보를 단일화하고, 대통령 선거에서 승리할 경우 두 정당이 공동정부

표 4-13 1997년 15대 대통령 선거 지역별 득표율(%)

	이회창	김대중	이인제	권영길
서울	40.9	44.9	12.8	1.1
인천	36.4	38.5	23.0	1.6
경기	35.5	39.3	23.6	1.0
강원	43.2	23.8	30.9	1.0
충북	30.8	37.4	29.4	1.3
충남	23.5	48.3	26.1	1.0
대전	29.2	45.0	24.1	1.2
광주	1.7	97.3	0.7	0.2
전북	4.5	92.3	2.1	0.4
전남	3.2	94.6	1.4	0.2
대구	72.7	12.5	29.8	1.2
경북	61.9	13.7	21.8	1.5
부산	53.3	15.3	29.8	1.2
경남	55.1	11.0	31.3	1.7
울산	51.4	15.4	26.7	6.1
제주	36.6	40.6	20.5	1.4
합계	38.7	40.3	19.2	1.2

자료: 중앙선거관리위원회 선거통계시스템

를 구성하기로 합의했다.

한편, 신한국당에서는 대통령 후보 선출을 위한 당내 경선이 실시되었다. 최종 결선 투표에서 이회창이 이인제를 누르고 대통령 후보로 선출되었다. 그런데 선거운동 기간 동안 이회창 후보는 두 아들의 병역비리 의혹에 시달렸고 이로 인해 지지도가 급락했다. 이회창의 당선 가능성이 불투명해지면서, 이인제는 신한국당 경선 결과에 불복하고 국민신당이라는 독자적인 정당을 만들어 대통령 선거에 출마했다. 이런 상황에서 이회창은 통합민주당의 대통령 후보인 조순과 양당 통합에 합의하고 당명을 한나라당으로 개칭했다. 권영길은 건설국민승리21이라는 명칭으로 노동 정치를 대표하여 출마했다. 선거 결과 김대중 후보는 40.3%, 이회창은 38.7%, 그리고 이인제 후보는 19.2%를 득표했다. 김대중은 1971년, 1987년, 1992년 세 차례의 패배 끝에 네 번째 선거에서 마침내 대통령에 당선되었다. 김대중과 이회창의 득표 수의 차이는 39만여 표에 불과한 접전이었다. 'DJP 연합'의 효과가 확인되었다. 김대중은 충남에서 48.3%, 대전에서

표 4-14 2002년 16대 대통령 선거 결과

후보	이회창	노무현	권영길	기타
득표율(%)	46.6	48.9	3.9	0.6

자료: 중앙선거관리위원회 선거통계시스템

45%, 그리고 충북에서 37.4%를 득표했다. 이전의 선거와 비교할 때 충청 지역에서 김대중의 득표율은 크게 높아졌다. 이에 비해 한나라당의 표는 이회창, 이인제 두 후보에게 분산되었다. 한나라당의 지지 기반인 영남 지역에서 이인제는 거의 30%에 가까운 높은 지지를 받았다. 이 선거는 '한국 헌정사상 최초의 평화적 정권교체'를 실현했다는 점에서 한국 정치사에서 중요한 의미를 지닌다. 지역적 차별을 받아온 호남에서 대통령이 나옴으로써 지역 균형 발전과 사회 통합의 단초를 제공했다는 점도 특기할 만하다(임성호, 2011: 255).

2002년 대통령 선거는 민주화 이후 한국정치를 주도해 온 김영삼, 김대중, 김종필 등 이른바 '3김'의 정치적 은퇴가 불가피한 상황에서 실시되었다. 그런 만큼 '3김 정치'와 이들로 대표되는 지역주의 정치로부터의 변화에 대한 기대감이 높았던 상황이었다. 유력한 대통령 후보가 없던 새천년민주당은 국민참여경선이라는 새로운 후보 선출 방식을 도입했다. 당원과 대의원들만을 대상으로 하는 경선 대신 일반 국민의 참여를 허용하는 형태로 대통령 선거 후보 선출 방식을 바꾼 것이다. 새천년민주당의 국민참여경선은 국민의 높은 관심 속에서 진행되었고, 그때까지 많이 알려져 있지 않았던 노무현을 대통령 후보로 선출했다. 노무현 후보가 돌풍을 일으킨 데에는 인터넷을 기반으로 결성된 팬클럽이라고 할 수 있는 '노무현을 사랑하는 사람들의 모임(노사모)'의 활약이 매우 큰 역할을 했다. 노사모는 그때까지 한국정치에서 보기 어려웠던 지지자들이 자발적으로 결성한 정치 집단이라는 점에서 많은 이들의 관심을 끌었다(강원택, 2004b). 이에 맞서 한나라당 역시 국민참여경선 방식을 도입했는데 이회창이 다시 당 후보로 선출되었다.

국민참여경선 이후 노무현 후보의 지지율이 크게 상승했지만, 2002년 6월 지방선거에서 집권당인 새천년민주당이 한나라당에게 패배하면서 노무현 후보의 지지율은 떨어졌고 이후의 재보궐선거에서도 새천년민주당이 패배하면서 노무현의 지지도는 크게 낮아졌다. 이런 상황에서 2002년 월드컵 축구대회에서 한국이 4강에 오르면서 국회의원이자 대한축구협회장이었던 정몽준의 인기가 높아졌다. 정몽준은 2002년 11월 국민통합21이라는 정당을 창당하고 대통령 선거에 출마했다. 그러나 비한나라당 지지자들이 노무현, 정몽준으로 갈리면서 두 후보는 이회창 후보에게 지지율에서 계속 뒤처지게 되었다. 결국 노무현, 정몽준 두 후보는 여론조사를 통해 후보를 단일화하기로 합의했고, 조사 결과 노무현이 단일 후보로 결정되었다. 그러나 정몽준은 선거일 전날 단일화 합의를 깨고 노무현 지지를 철회했다.

그런데 2002년 6월 미군 훈련 중 장갑차에 치여 여중생 두 명이 사망하는 사건이 발생했다. 그 후 미 군사법원에서 장갑차 운전병들에 대해 무죄를 선고했고 이들은 미국으로 출국했다. 이에 대해 11월 이들 여중생들을 추모하기 위한 촛불집회가 인터넷을 통해 제안되었고 이는 곧 반미 시위의 성격을 갖는 거대한 촛불집회로 확대되었다. 이러한 반미 성향의 촛불집회는 대통령 선거에서 이념적 요인의 영향을 강화했다. 여중생 사망 관련 촛불집회는 그 성격상 노무현 후보에게 보다 유리한 상황을 마련했다. 또한 김대중 정부에서 추진한 '햇볕정책'을 둘러싼 두 후보의 입장의 차이 역시 이념 요인의 영향력을 강화시켰다.

이와 함께 2002년 대통령 선거에서는 세대 균열이 부상했다. 노무현 후보의 승리는 2030세대의 강력한 지지에 힘입은 것이었다. 당시 30대는 신군부의 권위주의에 저항했던 이른바 '386세대'[12]가 주축을 이뤘다. 1980년대 대학에서 전두환 정권에 저항하며 진보적 학생운동을 경험한 '386세대'는 노무현 후보의 열렬한 지지자들이었다. 한편, 20대는 정치 민주화, 경제 번영, 사회 다원화 분위기에서 성장했다. 미군 장갑차에 의한 여중생 사망 사건, 촛불집회와 반미 감정 고조, 대북 지원 논쟁과 새천년민주당의 국민참여경선 등 일련의 사건은 이 젊은 세대의 진보성을 자극했다(박찬욱, 2013a: 29). 선거 결과 노무현 후보가 48.9%를 득표하여 46.6%를 얻은 이회창 후보를 누르고 대통령에 당선되었다.

표 4-15 2007년 17대 대통령 선거 결과

후보	정동영	이명박	권영길	문국현	이회창	기타
득표율(%)	26.1	48.7	3.0	5.8	15.1	1.2

자료: 중앙선거관리위원회 선거통계시스템

12 당시 30대로 1980년대에 대학을 다녔고 1960년대 출생한 이들을 가리키던 표현.

2007년 대통령 선거는 여러 가지 면에서 이전 선거와는 많은 차이를 보였다. 선거일 1년 전부터 한나라당 후보들의 지지율이 다른 정당의 후보들을 크게 압도하는 현상이 지속되었다. 이는 한나라당에 이명박, 박근혜와 같은 유력한 대통령 후보가 있었기 때문이었다. 노무현 대통령의 낮은 인기 역시 또 다른 원인이었다. 선거 결과 당선자와 차점자 간 득표 차이가 민주화 이후 가장 컸다. 그러나 투표율은 65%로 역대 대통령 선거 중 가장 낮았다. 투표율이 낮았던 까닭은 이명박 후보의 지지율이 선거 초반부터 압도적으로 높았기 때문에 선거 결과가 예상되는 상황이었고, 또 한편으로는 유권자의 관심을 끌만한 정치적 쟁점이나 논란거리가 크게 부각되지 않았기 때문이다. 예전의 선거에 비해서 2007년 대통령 선거는 상대적으로 '조용했다.' 또한 그동안 한국 유권자의 선거 결정의 중요한 요인으로 간주되었던 이념이나 지역주의와 같은 정치적 균열 역시 예전에 비해 크게 부각되지 않았다(강원택, 2008a: 67). 이 때문에 이명박 후보의 이력을 둘러싼 네거티브 캠페인이 선거 기간 내내 전개되었다.

선거 결과 한나라당 이명박 후보는 48.7%를 득표하여 당선되었다. 대통합민주신당의 정동영 후보는 26.1%를 얻어 이명박과는 530만 표 이상의 격차를 보였다. 무소속으로 출마한 이회창은 15.1%를 얻었다. 2002년 대통령 선거 때 세대별로 차별성을 보였지만, 2007년 선거에서는 2030세대를 포함한 전 연령층에서 한나라당 이명박 후보의 득표율이 가장 높게 나타나 세대적 차이는 약화되었다. 이념적 입장에서 볼 때도, 보수 성향의 유권자들뿐만 아니라, 진보 성향의 유권자들 중 상당수가 이명박 후보에게 투표하는 현상, 소위 '진보적 한나라당 지지자'가 부상하는 현상이 나타났다(이내영·정한울, 2008: 230). 지역적으로도 호남 지역을 제외한 전 지역에서 이명박 후보에 대한 지지도가 높게 나타났고, 같은 지역 출신 유권자라고 해도 거주 지역에 따라 지지하는 후보가 다르게 나타나는 현상이 나타났다. 즉, 호남, 충청 유권자의 지지가 거주 지역에 따라 분리되면서 이명박 후보가 서울과 수도권의 호남, 충청 출신 유권자의 지지까지 획득하게 된 것이 압승의 주요한 원인이었다(강원택, 2008a: 91).

2012년 5월의 19대 국회의원 선거는 그해 말로 예정된 대통령 선거 8개월 전에 실시되었다. 당시 이명박 정부의 인기는 매우 낮았다. 이런 상황에서 비상대책위원장을 맡아 새누리당이 과반의석을 획득하도록 이끈 박근혜는 2012년 8

표 4-16 2012년 18대 대통령 선거 결과

후보	박근혜	문재인	기타
득표율(%)	51.6	48.0	0.4

자료: 중앙선거관리위원회 선거통계시스템

월 실시된 당내 경선에서 압도적인 차이로 대통령 후보로 선출되었다. 민주통합당에서는 문재인이 국민참여경선을 통해 후보로 선출되었다. 그런데 2011년 가을 서울시장 보궐선거 무렵부터 정치적으로 주목을 받기 시작한 안철수가 대통령 출마를 선언하여 대통령 선거는 3인 간의 대결로 이어졌다. 그런데 11월 6일 문재인, 안철수 두 사람은 회동하여 후보 단일화 원칙에 합의하였다. 그러나 두 후보는 정책 공약의 조율에 실패했고 단일화 방식에도 합의하지 못했다. 하지만 11월 23일 안철수가 전격적으로 후보 사퇴를 선언하면서 이후 선거 경쟁은 박근혜와 문재인 양자 대결로 진행되었다.

선거 결과 51.6%를 얻은 박근혜 후보가 48.0%를 얻은 문재인 후보를 누르고 당선되었다. 두 후보의 득표율의 합에서 알 수 있듯이, 보기 드문 완전한 양자 대결이었다. 박근혜는 민주화 이후 최초로 전체 유효 표의 과반을 득표했다. 박정희 전 대통령의 딸인 박근혜는 최초의 여성 대통령이 되었다. 2012년 대통령 선거에서는 인구의 고령화로 인해 50대 이상 유권자가 20－30대 유권자보다 더 많았다. 고령층 유권자의 수가 늘어난 만큼 보수 성향의 박근혜 후보에게 보다 유리한 환경이었다고 할 수 있다(박찬욱, 2013a: 18－23). <표 4－17>에서 볼 수 있듯이, 연령별로 두 후보에 대한 지지율에서 큰 차이가 나타났다. 20－30대 젊은 유권자 층에서는 문재인 후보에 대한 지지도가 더 높았지만, 40

표 4-17 2012년 대통령 선거에서 세대별 지지 후보

구분	박근혜	문재인
20대	34.9	65.1
30대	48.1	51.9
40대	51.0	49.0
50대	65.3	34.7
60대 이상	73.4	26.6
평균 (n=1,046)	56.0	45.5

자료: 노환희, 송정민 (2013: 152).

대 이상에서는 박근혜 후보에 대한 지지도가 더 높았다. 특히 60대 이상 고령층 유권자들 중 73.4%가 박근혜에게 투표했다. 2007년 대선에서는 두드러지지 않았던 세대 균열이 다시 부상한 것이다.

지역주의 투표는 이 선거에서도 마찬가지로 지속되었다. 영남권, 특히 대구와 경북 유권자들은 박근혜 후보에게 각각 79.9%, 80.4%라는 높은 지지를 보냈고, 문재인 후보는 광주에서 91.7%, 전남에서 88.7%, 전북에서 85.8%의 압도적 지지를 받았다. 그러나 박근혜는 호남 지방에서 10.5%라는 비교적 높은 지지를 받았다는 점도 주목할 필요가 있다(박찬욱, 2013a: 25–26). 한편, 유권자의 이념 성향 역시 유권자의 투표 선택에서 중요한 영향을 미쳤다. 보수 유권자들은 박근혜 후보를 중심으로 강하게 결집하는 경향을 보였다. 이에 비해 진보 유권자의 지지는 문재인, 안철수 두 후보에게 분열되었고 안철수 후보가 선거 막판 사퇴했음에도 불구하고 진보층의 지지는 효과적으로 봉합되지 않았다. 한 연구에 따르면, 안철수 후보의 지지자들 중 60% 정도만이 문재인 지지로 이동했다. 이와 같은 보수의 결집, 진보의 분열 현상이 비교적 명확하게 발견되었고 이것이 곧 박근혜 후보의 당선에 유리한 요인으로 작용했다(오현주·길정아, 2013).

박근혜 대통령의 후임자를 선출할 19대 대통령 선거는 원래 2017년 12월 20일로 예정되어 있었다. 그러나 박근혜 대통령이 '최순실 게이트'[13] 등 스캔들과 실정으로 2016년 12월 9일 국회에서 탄핵안이 가결되었고, 3월 10일 헌법재판소에서 최종적으로 탄핵소추안이 인용되었다. 이에 따라 박근혜 대통령은 파면되었고 헌법 규정에 따라 탄핵 결정 이후 60일 이내에 대통령 선거가 실시되어야 했다. 19대 대통령 선거는, 12월에 실시되었던 이전과는 달리, 2017년 5월 9일 실시되었다.

2017년 대통령 선거는 그 한 해 전 발생한 촛불집회와 박근혜 대통령에 대한 탄핵의 여파 속에 치러진 선거였다. 그만큼 촛불집회와 탄핵의 영향이

13 최순실 게이트는 박근혜 대통령과 오랜 친분을 가진 최순실이 인사, 정책, 연설문 수정 등 박근혜 정부의 국정에 개입했고, 미르재단, K스포츠재단을 설립하고 그 모금 과정에 박 대통령이 개입하여 대기업으로부터 기부금을 받고 그 대가로 대기업의 청탁을 들어주는 등 부정과 불법이 행해진 사건이다. 국회는 특별검사를 임명하여 이 사건을 수사하도록 했는데, 특검 수사에서의 공식명칭은 "박근혜 정부의 최순실 등 민간인에 의한 국정농단 의혹 사건"이다.

표 4-18 2017년 19대 대통령 선거 결과

후보	문재인	홍준표	안철수	유승민	심상정	기타
득표율(%)	41.1	24.0	21.4	6.8	6.2	0.5

자료: 중앙선거관리위원회 선거통계시스템

선거에 미친 영향이 클 수밖에 없었다. 제1야당인 더불어민주당은 경선을 통해 문재인을 후보로 선출했다. 선거운동 기간 내내 문재인 후보에 대한 여론의 지지도가 높았지만, 선거 경쟁은 5당 구도로 이어졌다. 국민의 당에서는 안철수가, 정의당에서는 심상정이 후보로 선출되었다. 새누리당은 분열하여 자유한국당은 홍준표를 후보로 선출했고, 바른정당은 유승민을 후보로 선출했다.

선거 결과 더불어민주당의 문재인 후보가 41.1%를 득표하여 대통령에 당선되었다. 2007년 이후 10년 만에 다시 진보 정부가 들어서게 되었다. 2위 후보와의 표 차이가 557만여 표로 민주화 이후 가장 큰 격차를 보였다. 정의당의 심상정 후보도 6.2%를 득표하였다. 반면, 보수 정당 후보들은 선거에서 참패했다. 자유한국당 홍준표 후보는 24%를 득표했고, 바른정당의 유승민 후보는 6.7%를 득표했다. 보수 정당 두 후보의 득표율의 합은 30.7%에 불과했다. 이는 1987년 민주화 이후 대통령 선거에서 보수 정당 후보들이 얻은 역대 득표율 가운데 가장 낮은 것이다(강원택, 2017b: 6). 2013년 처음 도입된 사전투표가 대통령 선거에서는 처음으로 실시되었는데 26.1%의 높은 비율을 보였다.

20대 대통령 선거는 2022년 3월 9일 실시되었다. 5년 전 대통령 탄핵으로 조기에 치러진 선거는 5월 9일이었는데, 이 때문에 문재인 당선자는 대통령직 인수 기간 없이 곧바로 취임했다. 이에 비해 20대 대통령 선거는 과거 관행대로 전임자 임기 만료 2달 전에 실시되었다.[14] 여당인 더불어민주당에서는 이재명 전 경기지사가 후보로 나섰고, 야당인 국민의힘에서는 문재인 정부에서 검찰총장을 지낸 윤석열이 후보로 출마했다. 이외에도 정의당 심상정, 국민의당의 안철수가 출마했다. 안철수는 사전투표 하루 전 윤석열과 후보 단일화에 합의하고

14 대통령선거법 제81조 1항은 "임기 만료에 의한 대통령 선거는 대통령의 임기 만료일 전 70일로부터 40일까지에 실시하여야 하되, 선거일은 선거일 전 40일에 대통령이 공고하여야 한다."고 규정하고 있다.

사퇴했다. 선거 경쟁은 이재명 대 윤석열은 양자 구도로 전개되었는데, 두 후보는 모두 국회의원 직을 경험하지 않았다. 선거는 매우 접전이었는데, 투표 결과 윤석열 후보가 48.56%를 득표하여 47.83%를 얻은 이재명 후보에 0.73%, 득표수로는 247,077표 앞서 승리했다. 1963년 박정희-윤보선 간의 득표 차 156,026표를 제외하면 가장 근소한 격차였다.[15] 민주화 이후 보수, 진보세력이 10년마다 정권교체를 해 온 것과 달리 2022년에는 5년 만에 정파 간 권력 교체가 이뤄졌다.

윤석열 대통령이 2024년 12월 비상계엄을 선포한 행위가 헌법에 위배된다는 헌법재판소의 판결에 의해 2025년 4월 윤석열은 대통령직에서 파면되었다. 이에 따라 2017년에 이어 두 번째로 조기 대선이 실시되었다. 2025년 6월 3일 실시된 21대 대통령 선거에는 더불어민주당의 이재명 후보, 국민의힘의 김문수 후보, 그리고 개혁신당의 이준석 후보 등이 경쟁했다. 비상계엄에 대한 평가가 가장 중요한 선거 이슈였지만, 정치 양극화로 인한 이념 변수의 영향도 컸다. 투표율은 79.38%로 1997년 이후 가장 높은 비율을 보였는데, 사전투표율은 34.74%였다. 선거 결과 이재명 후보가 49.42%를 득표하여 대통령에 당선되었다. 김문수 후보는 41.15%, 이준석 후보는 8.34% 득표를 했다. 대통령 선거와 함께 2024년 12월 3일 비상계엄 이후 지속되어 온 정치 리더십의 공백과 정치적 불안정이 해소되었다.

표 4-19 역대 대통령 선거

구분	일자	선출방식	당선자 (득표율)	2위 (득표율)	투표율	비고
초대	1948.7.20	국회 간선	이승만 (92.3)	김구 (6.6)	-	-
2대	1952.8.5	직선	이승만 (74.6)	조봉암 (11.4)	88.1	부산정치파동으로 직선제 개헌
3대	1956.5.15	직선	이승만 (70.0)	조봉암 (30.0)	94.4	사사오입 개헌, 3선 허용
4대	1960.3.15	직선	이승만	-	97.0	4.19로 선거 무효
4대	1960.8.15	국회 간선	윤보선	-		내각제하의 상징적 국가원수

15 1997년 15대 대통령 선거 때 김대중 당선자와 이회창 차점자 간의 표 차이는 390,557표였다. 15대 대선은 사상 세 번째로 근소한 차이로 당락이 갈린 선거였다.

5대	1963.10.15	직선	박정희 (46.6)	윤보선 (45.1)	85.0	5.16 이후의 군정 체제 종식
6대	1967.5.3	직선	박정희 (51.4)	윤보선 (40.9)	83.6	
7대	1971.4.27	직선	박정희 (53.2)	김대중 (45.2)	79.8	3선 개헌 후 선거
8대	1972.12.23	통일주체국민회의 간선	박정희	-		유신독재체제
9대	1978.5.18	통일주체국민회의 간선	박정희	-		유신독재체제
10대	1979.12.6	통일주체국민회의 간선	최규하	-		10.26으로 유신체제 붕괴
11대	1980.8.27	통일주체국민회의 간선	전두환	-		최규하 하야. 전두환 중심 신군부 권력장악
12대	1981.2.25	대통령선거인단 간선	전두환	-		5공화국 출범
13대	1987.12.16	직선	노태우 (36.6)	김영삼 (28.0)	89.2	민주화 이후 첫 대통령 선거
14대	1992. 12.18	직선	김영삼 (42.0)	김대중 (33.8)	81.9	5.16 이후 첫 문민정부
15대	1997.12.18	직선	김대중 (40.3)	이회창 (38.7)	80.7	최초의 여야 간 평화적 정권교체
16대	2002.12.19	직선	노무현 (48.9)	이회창 (46.6)	70.8	국민참여경선으로 당 후보 선출
17대	2007.12.19	직선	이명박 (48.7)	정동영 (26.1)	63.0	대통령 선거 최저 투표율
18대	2012.12.19	직선	박근혜 (51.6)	문재인 (48.0)	75.8	최초의 여성 대통령
19대	2017.5.9	직선	문재인 (41.1)	홍준표 (24.0)	77.2	대통령 탄핵 후 보궐선거
20대	2022.3.9	직선	윤석열 (48.6)	이재명 (47.8)	77.1	국회 경험 없는 두 후보 간 경쟁
21대	2025.6.3	직선	이재명 (49.4)	김문수 (41.2)	79.4	계엄 위기와 윤석열 탄핵 후 보궐선거

(2) 국회의원 선거

1988년 4월 26일 민주화 이후 첫 국회의원 선거가 실시되었다. 1987년 12월의 대통령 선거가 끝이 난 후 민주정의당, 통일민주당, 평화민주당, 신민주공화당 등 4당은 국회의원 선거법 협상에 들어갔다. 유신체제 이후 지속되어 온

1구 2인 선출 방식을 유지하자는 의견도 제기되었지만, 최종적으로는 소선거구 단순다수제 방식에 합의했다. 의원정수는 299석으로 정했고, 지역구 224석, 전국구비례대표 75석으로 했다. 전국구 배분 방식은 지역구 의석 1위 정당이 절반인 38석을 차지하도록 했고, 지역구 5석 이상을 획득한 정당에 한해 지역구 의석 비율대로 나머지 절반의 의석을 배분하도록 했다.

선거 결과 1987년 12월 실시된 대통령 선거에서 나타난 지역주의 투표 행태가 마찬가지로 나타났다. 소선거구 단순다수제인 만큼 지역적으로 밀집된 지지의 효과가 더욱 극적으로 나타났다. <표 4-20>에서 보듯이, 여당인 민정당은 호남과 제주를 제외한 전 지역에서 의석을 얻었지만, 대구의 8석 전 의석, 경북의 21석 중 17석을 차지했다. 인천과 충북에서도 강세를 보였다. 민정당의 정당 득표율은 34%로 노태우 후보가 얻은 36.6%보다는 다소 낮았다. 지역적으로

표 4-20 1988년 13대 국회의원 선거 결과(의석수)

구분		민주정의당	통일민주당	평화민주당	신민주공화당	무소속
지역구	서울	10	10	17	3	2
	인천	6	1			
	경기	16	4	1	6	1
	강원	8	3		1	2
	충북	7			2	
	충남	2	2		13	1
	광주			5		
	전북			14		
	전남			17		1*
	대구	8				
	경북	17	2		2	
	부산	1	14			
	경남	12	9			1
	제주		1			2
	지역구합계	87	46	54	27	10**
비례대표		38	13	16	8	-
총 의석 합계		125	59	70	35	10

* 한겨레민주당 소속
** 한겨레민주당 소속 1인 포함
자료: 중앙선거관리위원회 선거통계시스템

밀집된 지지의 영향을 가장 잘 보여준 것이 평화민주당이었다. 평민당은 광주, 전남, 전북 등 호남 지역, 서울, 그리고 경기에서만 의석을 획득했다. 그럼에도 불구하고 평민당은 민정당에 이어 두 번째로 많은 70석의 의석을 얻어 제1야당이 되었다. 평민당의 득표율은 19.3%로, 김대중 후보가 얻은 27.1%보다 낮았다. 통일민주당은 득표율에서는 23.8%로 평민당보다 앞섰으나 의석수에서는 59석으로 뒤졌다. 통일민주당은 호남과 충북을 제외한 전 지역에서 의석을 얻었지만, 부산, 경남 지역에서 강세를 보였다. 특히 부산에서는 15석 중 14석을 차지했다. 신민주공화당은 수도권과 충청, 경북, 강원에서 의석을 얻었는데, 특히 충남에서는 18석 가운데 13석을 차지했다. 이처럼 1988년 국회의원 선거는 1987년 대통령 선거에서 네 후보에 대한 지역별 지지의 편향이 일시적인 것이 아니라는 점을 확인해 주었다. 지역주의 정당체계가 만들어진 것이다.

그런데 1988년 국회의원 선거 결과 우리 정치 역사상 처음으로 여소야대 국회가 만들어졌다. 여당인 민정당은 125석을 차지하여 제1당이 되기는 했지만, 과반수인 150석에는 의석이 크게 모자랐다. 야 3당이 주도하는 분점정부(divided government)가 탄생한 것이다. 그러나 여소야대 국회는 1990년 민정당, 통일민주당, 신민주공화당의 합당 결정과 함께 사라졌다. 3당 합당으로 탄생한 민주자유당은 국회 의석의 2/3를 차지하게 되었다.

3당 합당으로 거대 여당이 탄생했지만, 유권자의 선택으로 만들어진 4당 구도를 정당 지도자들이 인위으로 변화시킨 것에 대한 여론의 반응은 좋지 않았다. 3당 합당 이후 내각제 합의각서 유출 파문 등 민주자유당 내부의 갈등도 나타났다. 1992년 14대 국회의원 선거는 연말의 대통령 선거를 8개월여 남겨둔 상황에서 실시되는 것이었다. 민자당으로의 3당 합당 이후 김대중은 기존의 평민당에 재야인사를 영입하여 신민주연합당으로 개편한 후 3당 합당 거부 정치인들이 중심이 된 (꼬마)민주당과의 합당을 통해 민주당을 만들었다. 따라서 1992년 국회의원 선거는 민자당 대 민주당의 양당 대결이 예상되었다. 그러나 선거 직전 현대그룹인 정주영 회장이 통일국민당을 창당하고 정치에 참여했다. 통일국민당은 3당 합당으로 인한 지역구 중복 등으로 공천에서 탈락하거나 배제된 민자당 인사들을 적극 영입했고, 영화배우, 코미디언 등 대중적으로 잘 알려진 인물들도 영입했다. 한편, 박찬종은 신정치개혁당을 창당하여 선거에 나섰다.

표 4-21 1992년 14대 국회의원 선거 결과(의석수)

구분		민주자유당	민주당	통일국민당	신정치개혁당	무소속
지역구	서울	16	25	2	1	0
	인천	5	1	0	0	1
	경기	18	8	5	0	0
	강원	8	0	4	0	2
	대전	1	2	0	0	2
	충북	6	1	2	0	0
	충남	7	1	4	0	2
	광주	0	6	0	0	0
	전북	2	12	0	0	0
	전남	0	19	0	0	0
	대구	8	0	2	0	1
	경북	14	0	2	0	5
	부산	15	0	0	0	1
	경남	16	0	3	0	4
	제주	0	0	0	0	3
	합계	116	75	24	1	21
비례대표		33	22	7	0	-
총 의석 합계		149	97	31	1	21

선거 결과 민자당은 과반 의석에 1석 못 미치는 149석을 얻었다. 선거 전 3당 합당으로 218석의 의석을 가졌던 민자당은 선거 결과 의석수가 크게 줄어들었다. 이에 비해 민주당은 평민당 당시의 70석에서 27석이 늘어난 97석을 얻었다. 지역구 의석은 대부분 호남과 수도권에 집중되어 있는데, 특히 서울에서는 전체 지역구 의석 44석 중 25석을 차지했다. 통일국민당은 총선 직전 창당되었지만 17.4%를 득표했고 의석수도 31석을 차지했다. 지역구에서 24석, 전국구비례대표로 7석을 얻었다. 통일국민당의 지역별 의석은 전국적으로 분포되어 있지만, 김대중의 호남, 김영삼의 부산에서는 의석을 얻지 못했다. 그런데 1992년 총선은 연말의 대통령 선거의 전초전적인 성격을 가졌다. 14대 총선을 이끈 네 정당의 지도자는 모두 연말의 대통령 선거에 출마했다.

1996년 15대 국회의원 선거는 김영삼 정부 임기 중반에 실시되었다. 당시 김영삼 대통령이 처한 상황은 좋지 않았다. 당 대표로 있던 김종필은 민주계와 갈등을 빚고 1995년 2월 민자당을 탈당하여 자민련을 창당했다. 또한 1995년

6월 제1회 전국동시지방선거에서 민자당은 민주당에 사실상 패배했으며, 새로이 창당된 자민련은 돌풍을 일으켰다. 1992년 대통령 선거에서 패배한 후 정계 은퇴를 선언하고 영국으로 떠났던 김대중도 지방선거 후인 1995년 7월 정계 복귀를 선언하고 새정치국민회의를 창당했다.

이런 상황에서 김영삼 대통령은 '역사바로세우기'를 내세워 조선총독부 청사 철거, 5.18 민주화운동특별법 제정, 전두환, 노태우 전직 대통령 구속 등의 정책을 추진했다. 또한 전두환, 노태우와의 차별화를 위해 여당의 당명을 신한국당으로 바꾸고 새로운 인물을 영입하였다. 이때 영입된 인사가 이재오, 김문수, 이우재 등 전 민중당 인사, 이회창, 박찬종, 홍준표, 정의화 등이었다. 신한국당은 새로운 면모를 보이기 위해 42%에 달하는 현역 의원을 교체했다.

선거 결과 신한국당은 서울에서 47석 중 27석을 차지하는 등 수도권에서 전반적으로 선전했다. 그러나 호남과 수도권에서 의석을 차지한 새정치국민회

표 4-22 1996년 15대 국회의원 선거 결과(의석수)

구분		신한국당	새정치 국민회의	통합민주당	자유민주 연합	무소속
지역구	서울	27	18	1	0	1
	인천	9	2	0	0	0
	경기	18	10	3	5	2
	강원	9	0	2	2	0
	대전	0	0	0	7	0
	충북	2	0	0	5	1
	충남	1	0	0	12	0
	광주	0	6	0	0	0
	전북	1	13	0	0	0
	전남	0	17	0	0	0
	대구	2	0	0	8	3
	경북	11	0	1	2	5
	부산	21	0	0	0	0
	경남	17	0	2	0	4
	제주	3	0	0	0	0
	합계	121	66	9	41	16
비례대표		18	13	6	9	-
총 의석 합계		139	79	15	50	16

의, 그리고 충청권에서 선전한 자민련으로 인해 과반의석을 확보하는 데에는 실패했다. 1996년 국회의원 선거는 1988년의 4당 체제를 만들어 낸 지역주의 정치에 변화가 없음을 보여주는 선거였다. 4당 체제가 민자당의 창당으로 양당체제로 전환되었지만, 김종필의 탈당으로 이제 신한국당은 대구/경북과 부산/경남 등 영남권을, 새정치국민회의는 호남을, 그리고 자민련은 충청권을 정치적 기반으로 하는 세 정당 간 경쟁 구도로 변모했다.

이와 함께 민자당에 맞섰던 민주당에서는 김대중의 정계복귀로 다수의 의원이 새정치국민회의에 참여하게 되었고, 여기에 반대하는 의원들이 통합민주당으로 남았다. 이기택, 노무현, 이부영, 유인태, 이철, 제정구, 권오을 등이 대표적 인물이다. 이들은 지역주의와 3김 정치에 반대하는 탈지역주의 정당을 추구했지만, 지역주의의 벽을 넘지 못하고 지역구에서 9석, 전국구 비례대표로 6석을 얻어 정당 교섭단체 구성에 실패했다.

2000년 국회의원 선거는 김대중 정부의 임기 중반인 2000년 4월 13일에 실시되었다. 당시 김대중 정부는 옷 로비 의혹 사건 등 각종 정치적 의혹에 휩싸이면서 여당인 새정치국민회의는 어려움에 처했다(이하 지병문 외, 2014: 354−356). 국회의원 선거를 앞두고 김대중 대통령은 이른바 '젊은 피 수혈론'을 제기하면서 새로운 인물의 영입에 애를 썼고 당명도 2000년 1월 새천년민주당으로 바꿨다. 임기 중반이라는 점으로 인해, 한나라당 이회창 총재는 2000년 국회의원 선거를 김대중 정부에 대한 중간평가라고 주장했다. 공동정부를 구성하고 있던 자민련은 'DJP연합'의 참여 조건이었던 내각제 개헌이 무산되고, 새정치국민회의와 한나라당의 대치 정국 속에서 존재감도 취약해졌다.

선거 결과 새천년민주당은 115석을 얻어 그 이전에 비해 17석이 늘어났다. 그러나 공동정부를 구성한 자민련은 17석을 얻어 그 이전의 50석에 비해 의석수가 크게 줄어들었고, 정당 교섭단체 지위도 잃게 되었다. 이에 김대중 대통령은 자기 정당 소속 의원 3명을 자민련에 보내어 교섭단체 지위를 갖도록 했다. 이른바 '의원 꿔주기'를 행한 것이다. 그러나 두 정당의 의석을 합쳐도 132석으로 과반에 미치지 못했다. 여소야대 정국이 다시 만들어졌다. 한나라당은 133석을 얻어 국회 제1당이 되었다.

2000년 국회의원 선거에서는 시민단체들이 모여 총선연대를 구성하고, 낙

표 4-23 2000년 16대 국회의원 선거 결과(의석수)

구분		한나라당	새천년 민주당	자유민주 연합	민주국민당	한국신당	무소속
지역구	서울	17	28	0	0	0	0
	인천	5	6	0	0	0	0
	경기	18	22	1	0	0	0
	강원	3	5	0	1	0	0
	대전	1	2	3	0	0	0
	충북	3	2	2	0	0	0
	충남	0	4	6	0	1	0
	광주	0	5	0	0	0	1
	전북	0	9	0	0	0	1
	전남	0	11	0	0	0	2
	대구	11	0	0	0	0	0
	경북	16	0	0	0	0	0
	부산	17	0	0	0	0	0
	울산	4	0	0	0	0	1
	경남	16	0	0	0	0	0
	제주	1	2	0	0	0	0
	합계	112	96	12	1	1	5
비례대표		21	19	5	1	0	-
총 의석 합계		133	115	17	2	1	5

천, 낙선 운동을 벌였다. 당시 선거에서 총선연대가 선정한 86명의 낙선 대상자 중 69%인 59명이 탈락했다.[16] 2000년 국회의원 선거에서의 투표율은 57.2%로 역대 선거사상 가장 낮았다.

2004년 국회의원 선거는 노무현 대통령에 대한 국회의 탄핵 가결 이후 얼마 지나지 않은 시점에 실시되었다. 2003년 11월 탈지역주의 정치와 정치개혁을 내걸고 유시민, 김원웅 등 개혁국민정당 소속 의원, 김부겸, 김영춘, 이부영 등 한나라당 소속 의원, 그리고 김근태, 원혜영, 정동영, 정세균 등 새천년민주당 소속 의원들이 열린우리당을 창당했다. 노무현 대통령도 열린우리당에 가입했다. 여당이 되었지만 열린우리당 의원의 수는 49석에 불과했다. 한나라당, 새천년민주당, 자민련 등 야 3당이 국회 의석의 2/3 이상을 갖고 있었다.

16 낙선운동은 선거법에서는 허용하고 있지 않은 것이다. 헌법재판소는 2001년 낙선운동을 금지하는 선거법에 대해 합헌 판결을 내렸다.

표 4-24 2004년 17대 국회의원 선거 결과(의석수)

구분		한나라당	새천년 민주당	열린 우리당	자유 민주연합	민주 노동당	국민 통합21	무소속
지역구	서울	16	0	32	0	0	0	0
	인천	3	0	9	0	0	0	0
	경기	14	0	35	0	0	0	0
	강원	6	0	2	0	0	0	0
	대전	0	0	6	0	0	0	0
	충북	0	0	8	0	0	0	0
	충남	1	0	5	4	0	0	0
	광주	0	0	7	0	0	0	0
	전북	0	0	11	0	0	0	0
	전남	0	5	7	0	0	0	1
	대구	12	0	0	0	0	0	0
	경북	14	0	0	0	0	0	1
	부산	17	0	1	0	0	0	0
	울산	3	0	1	0	1	1	0
	경남	14	0	2	0	1	0	0
	제주	0	0	3	0	0	0	0
	합계	100	5	129	4	2	1	2
비례대표		21	4	23	0	8	0	-
총 의석 합계		121	9	152	4	10	1	2

이런 상황에서 2004년 2월 노무현 대통령이 방송기자클럽 초청 회견에서 "국민들이 총선에서 열린우리당을 압도적으로 지지해줄 것을 기대한다", "대통령이 뭘 잘해서 열린우리당이 표를 얻을 수만 있다면 합법적인 모든 것을 다하고 싶다"라고 발언한 것을 야당이 문제를 삼았다. 야당들은 이 발언을 두고 대통령이 선거중립의무를 위반했다고 주장했고, 중앙선거관리위원회 역시 이 발언이 공직선거법을 위반했다고 판정했다. 2004년 3월 12일 한나라당, 새천년민주당, 자유민주연합의 야 3당의 공조로 노무현 대통령 탄핵소추안이 상정되었고, 찬성 193표, 반대 2표로 통과시켰다. 노 대통령 탄핵에 대한 여론은 부정적이었으며 많은 시민들이 촛불집회에 참여했다. 탄핵소추로 인해 노무현 대통령의 업무가 정지되고 고건 총리가 권한을 대행하고 있던 상황에서 총선이 실시되었다. 또한 2002년 대통령 선거에서의 불법대선 자금 수수에 대한 검찰의 수사가 있었고, 특히 한나라당에서는 대기업으로부터 받은 거액의 현금이 실린

트럭을 통째로 넘겨받은, 이른바 '차떼기'가 확인되어 큰 논란을 일으켰다. 탄핵의 역풍과 차떼기에 대한 비판 속에 한나라당은 박근혜를 비상대책위원장으로 선임하고 선거를 이끌도록 하였다.

선거 결과 열린우리당이 152석을 얻어 단독으로 과반의석을 확보하였다. 한나라당은 121석을 얻어 선거 전의 부정적 여론을 감안할 때 선전했다. 그러나 탄핵을 주도한 새천년민주당은 9석으로, 자유민주연합도 4석으로 몰락했다.

2004년 국회의원 선거는 처음으로 지역구와 비례대표 투표를 별도로 나눠서 행하는 1인 2표제 방식이 도입되었다. 비례대표 의석의 배분은 정당투표의 비율에 따라 이뤄지게 되었다. 민주노동당은 전국적으로 평균 13%의 정당투표를 통해 8석을 배분받고 지역구에서 2석을 획득해서 모두 10석의 의석을 얻었다. 이는 1961년 이후 처음으로 우리나라 제도권 의회 정치에 좌파 노동자 정당이 참여하게 되었음을 의미한다.

18대 국회의원 선거는 2008년 4월 9일에 실시되었다. 2007년 대통령 선거에서 한나라당 이명박 후보가 대통합민주신당 정동영 후보에게 500만 표 이상의 큰 격차로 승리한 이후 4달여 만에 실시되는 선거였다. 더욱이 이명박 대통령이 2008년 2월 25일 취임식을 거행했기 때문에 그때로부터 불과 한 달 정도 지난 시점에 실시되는 선거였다. 정치적으로 '밀월기(honeymoon period)'에 실시된 선거였기 때문에 여당인 한나라당에게 유리한 분위기에서 선거가 실시되었다.

한나라당 내부에서는 공천을 두고 상당한 갈등이 일어났다. 현역 의원 128명 중 50명이 공천을 받지 못했는데 그 비율은 39%에 달했다. 현역 의원의 탈락률이 매우 높았다. 그런데 한나라당은 당 대통령 후보 경선 과정에서 이명박 후보 측과 박근혜 후보 측 간에 치열한 경쟁을 벌였는데, 두 후보를 중심으로 당내 파벌이 형성되었고 경선 이후에도 두 파벌 간 대립은 지속되었다. 국회의원 선거를 앞두고 다수의 현역 의원의 공천 탈락은 두 계파 간 갈등을 심화시켰다. 박근혜 계에서는 이명박계에서 자파 의원들을 몰아내고 있다고 노골적으로 반발했다. 당 내의 이런 논란에도 불구하고 한나라당은 153석을 얻어 과반의석을 차지했다. 특히 서울에서 당선자가 많았다. 한나라당은 지역재개발 정책인 '뉴타운 정책'을 공약으로 제시했는데 이는 서울에서 상당한 반향을 불러왔다.

표 4-25 2008년 18대 국회의원 선거 결과(의석수)

구분		통합 민주당	한나라당	자유 선진당	민주 노동당	창조 한국당	친박 연대	무소속
지역구	서울	7	40	0	0	1	0	0
	인천	2	9	0	0	0	0	1
	경기	17	32	0	0	0	1	1
	강원	2	3	0	0	0	0	3
	대전	1	0	5	0	0	0	0
	충북	6	1	1	0	0	0	0
	충남	1	0	8	0	0	0	1
	광주	7	0	0	0	0	0	1
	전북	9	0	0	0	0	0	2
	전남	9	0	0	0	0	0	3
	대구	0	8	0	0	0	3	1
	경북	0	9	0	0	0	1	5
	부산	1	11	0	0	0	1	5
	울산	0	5	0	0	0	0	1
	경남	1	13	0	2	0	0	1
	제주	3	0	0	0	0	0	0
	합계	66	131	14	2	1	6	25
비례대표		15	22	4	3	2	8	-
총 의석 합계		81	153	18	5	3	14	25

한나라당은 서울의 48석 가운데 40석을 차지했다. 한편, 한나라당 공천 탈락자 중 일부 인사들은 '친박연대'를 결성하여 선거에 나섰다. 친박연대는 대구에서 3석, 경북과 부산, 경기에서 각 1석 등 지역구에서 6석을 얻었다. 정당투표에서 친박연대는 13%의 득표율로, 한나라당 37.5%, 통합민주당 25.2%에 이어 3위를 기록했고 8석의 의석을 얻었다.

이회창이 이끄는 자유선진당은 충청권에서 14석을 얻었다. 원내 교섭 단체 구성 기준에는 못 미치지만, 2004년 총선에서 4석을 얻어 몰락한 자유민주연합을 대신하여, 자유선진당이 충청권을 대표하는 정당으로 떠올랐다.

민주노동당은 이른바 민중민주(PD) 세력과 민족해방(NL) 세력 등 두 파벌 간의 갈등으로 PD 계열이 탈당하여 진보신당이라는 별도의 정당을 창당했다. 이로써 민주노동당의 당세는 위축되었다. 민노당은 경남 사천에서 강기갑, 창원에서 권영길의 두 지역구 당선자를 냈고 5.7%의 정당투표로 3석의 비례의석을 획득했다. 4년 전에 비해서는 의석수가 절반으로 줄어들었다. 한편, 진보신당은 지역구에서 의석을 얻지 못했고 정당투표에서도 2.9%를 얻는 데 그쳤다.

2012년 선거는 2008년 선거 때와는 달리 이명박 정부의 임기 마지막 해에 치러진 선거였다. 선거는 2012년 4월 11일 실시되었다. 선거가 임기 말에 치러진다는 점에서 19대 총선은 현 정부에 대한 회고적 평가가 내려질 가능성이 컸다(이하 박찬욱, 2012: 16－17). 당시 이명박 대통령의 업무수행에 대한 여론의 평가는 매우 부정적이었다. 반면 야당들은 총선 이전 세력 통합을 통해 당을 재정비했다. 민주당은 한국노총, 친 노무현계로 구성된 혁신과 통합, 그리고 시민사회 출신 등과 힘을 합쳐 민주통합당을 탄생시켰다. 민주노동당 역시 진보신당의 통합파, 유시민의 국민참여당 등과 함께 통합진보당을 결성했다. 이와 함께 이들 두 야당은 '야권 연대'라는 선거 연합을 구성하여 선거에 임했다.

선거를 앞두고 위기감에 빠진 한나라당은 박근혜 의원을 당 비상대책위원장으로 임명하고 공천권을 비롯한 당 운영에 대한 전권을 부여했다. 박근혜는 당명을 한나라당으로부터 새누리당으로 바꾸고, 당의 로고, 당의 상징색도 모두 변화시켰다. 이명박 정부와 뚜렷한 차별화를 시도한 것이다. 선거 결과 예상과 달리 새누리당이 단독으로 과반의석을 획득했다. 새누리당은 지역구에서 127석, 정당투표로 25석을 얻어 모두 152석의 과반의석을 차지했다. 민주통합당은 지역구에서 106석, 정당투표로 21석을 얻어 127석을 얻었다. 두 주요 정당 의석의 합은 국회 전체의석의 93%로 양당제적인 구도가 만들어졌다. 통합진보당은 지역구에서 7석, 정당투표로 6석을 얻어 모두 13석을 확보했다. 이 숫자는 민주화 이후 계급정당이 얻은 가장 많은 수의 의석이다. 지역구 의석의 지역별 분포에서 보듯이, 통합진보당은 야권 연대의 도움을 크게 입었다. 한편, 이전 선거에서 18석을 차지했던 자유선진당은 5석을 얻는 데 그쳐 당세가 크게 위축되었다. 그리고 2012년 11월 자유선진당이 새누리당과 합당하면서, 충청지역을 기반으로 하는 독자적인 지역주의 정당은 사라지게 되었다.

이명박 대통령에 대한 부정적 평가가 높았던 상황에서도 새누리당이 승리했던 까닭은 단기적인 요인이나 이명박 정부에 대한 회고적 평가보다, 같은 해

표 4-26 2012년 19대 국회의원 선거 결과(의석수)

구분		새누리당	민주 통합당	통합 진보당	자유 선진당	무소속
지역구	서울	16	30	2	0	0
	인천	6	6	0	0	0
	경기	21	29	2	0	0
	강원	9	0	0	0	0
	대전	3	3	0	0	0
	세종	0	1	0	0	0
	충북	5	3	0	0	0
	충남	4	3	0	3	0
	광주	0	6	1	0	1
	전북	0	9	1	0	1
	전남	0	10	1	0	0
	대구	12	0	0	0	0
	경북	15	0	0	0	0
	부산	16	2	0	0	0
	울산	6	0	0	0	0
	경남	14	1	0	0	1
	제주	0	3	0	0	0
	합계	127	106	7	3	3
비례대표		25	21	6	2	-
총 의석 합계		152	127	13	5	3

12월로 예정되어 있는 대통령 선거를 의식한 탓이었다(강원택, 2012a). 이런 경향은 특히 보수 성향 유권자들에게서 두드러지게 나타났다. 현 정부에 대한 불만에도 불구하고, 새누리당에 대한 정당 일체감, 박근혜에 대한 호감으로 새누리당에 투표했다. 민주통합당의 경우에도 유사한 경향이 나타났다. 2012년 총선에서 새누리당, 민주통합당 두 거대 정당으로 유권자의 표가 집중된 것은 대통령 선거를 의식한 투표 행태의 결과였다.

20대 국회의원 선거는 2016년 4월 13일 실시되었다. 2016년 국회의원 선거는 시기적으로 박근혜 대통령의 임기 중반에 실시되었다. 선거의 타이밍으로 볼 때, 박근혜 정부에 대한 중간 평가적 속성을 갖기 쉬운 상황이었다. 2016년 국회의원 선거를 앞두고 선거구 획정을 두고 정치적 진통이 이어졌다. 2014년 10월 30일 헌법재판소가 국회의원 지역구 선거구의 인구 편차를 2 대 1을 초과하

표 4-27 2016년 20대 국회의원 선거 결과(의석수)

구분		새누리당	더불어 민주당	국민의 당	정의당	무소속
지역구	서울	12	35	2	0	0
	인천	4	7	0	0	2
	경기	19	40	0	1	0
	강원	6	1	0	0	1
	대전	3	4	0	0	0
	세종	0	0	0	0	1
	충북	5	3	0	0	0
	충남	6	5	0	0	0
	광주	0	0	8	0	0
	전북	1	2	7	0	0
	전남	1	1	8	0	0
	대구	8	1	0	0	3
	경북	13	0	0	0	0
	부산	12	5	0	0	1
	울산	3	0	0	0	3
	경남	12	3	0	1	0
	제주	0	3	0	0	0
	합계	105	110	25	2	11
비례대표		17	13	13	4	-
총 의석 합계		122	123	38	6	11

지 못하도록 판결했기 때문이다. 이에 따라 2016년 국회의원 선거를 앞두고 새롭게 선거구를 획정해야 했다. 결국 지역구 국회의원 수를 7명 늘리고 그 수만큼의 비례대표 국회의원 수를 줄여 선거구 재획정으로 인한 문제를 해결했다. 하지만 이로 인해 비례대표 의석수는 더 줄어들었다.

새누리당은 선거를 앞두고 공천 과정에서 당 내부적으로 큰 갈등을 빚었다. 친박근혜계와 비박근혜계 간 계파 갈등이 일어났고, 김무성 대표는 중앙선거관리위원회에 제출해야 하는 새누리당 공천 명부에 대한 당 대표 직인 날인을 거부하기도 했다. 한편, 야당에서도 변화가 있었다. 2016년 2월 더불어민주당에서 탈당한 호남 출신 의원들과 안철수 의원 등이 힘을 합쳐 국민의당을 창당했다. 국민의당의 출현으로 양당적 경쟁에서 다당적 경쟁으로 국회의원 선거의 판도가 변화되었다.

선거 결과 새누리당은 122석을 얻는 데 그쳐, 4년 전의 152석에 비해 30석이 줄어들었다. 박근혜 정부 임기 후반 여소야대 정국이 만들어진 것이다. 또한 야당인 더불어민주당이 123석을 얻어 제1당이 되었다. 더불어민주당은 특히 수도권에서 많은 의석을 차지했다. 더불어민주당은 서울의 49석 중 35석, 경기의 60석 중 40석, 그리고 인천 13석 중 7석을 얻었다. 이에 비해 새누리당은 서울에서 12석을 얻는 데 그쳤다. 국민의당은 모두 38석을 획득하여 일약 제 3당으로 떠올랐다. 국민의당은 호남의 28석 가운데 23석을 차지했다. 더욱이 정당투표에서도 26.7%를 얻어, 33.5%를 얻은 새누리당에 이어 2위를 기록했다. 더불어민주당에 대한 정당투표의 비율은 25.5%였다. 정의당은 경남 창원 성산의 노회찬과 경기 고양갑의 심상정 의원이 지역구에서 당선되었고 비례대표로 4석을 얻어 모두 6석을 차지했다.

2016년 국회의원 선거에서 한 가지 흥미로운 점은 호남과 영남에서 각각 취약 정당의 후보들이 당선되었다는 것이다. 새누리당은 오랫동안 의석을 얻지 못했던 호남에서 2석을 얻었다. 전남 순천의 이정현과 전북 전주을의 정운천이 새누리당 소속으로 호남에서 당선되었다. 또한 더불어민주당이 정치적으로 취약한 대구에서 김부겸이 수성갑에서 당선되었다.

21대 국회의원 선거는 2020년 4월 15일에 실시되었다. 이 선거부터 투표에 참여할 수 있는 유권자의 나이가 18세로 낮춰졌다. 선거가 문재인 정부 출범 3년 뒤 실시되었다는 점에서 21대 총선은 중간평가로 간주되었다. 고용, 부동산 정책에 대한 국민의 불만이 높았고 조국 법무부 장관 임명을 둘러싼 사회적 갈등도 심했다. 또한 박근혜 대통령 탄핵 이후 분열했던 야당은 선거를 앞두고 미래통합당으로 결집했다. 하지만 2020년 2월 코로나19(Covid-19)가 국내에 급속히 확산되면서 전염병 감염에 대한 두려움이 높았다. 전염병 유행에 따른 격리 및 대면접촉 제한으로 선거운동은 제약을 받았고, 코로나19에 대한 공포가 다른 이슈를 압도했다. 이런 상황은 집권당에게 유리하게 작용했으며, 또한 코로나 방역에 대한 정부의 초기 대응이 효과를 나타내면서 이에 대해서도 긍정적인 평가를 받았다. 선거 결과 여당인 더불어민주당은 비례대표 선거용으로 만든 '위성정당'인 더불어시민당과 함께 180석을 얻었다. 300석 가운데 60% 달하는 의석을 여당이 확보했다. 미래통합당은 '위성정당' 미래한국당 의석을 합쳐서

표 4-28 2020년 21대 국회의원 선거 결과(의석수)

구분		더불어민주당	미래통합당	정의당	국민의당	열린민주당	무소속
지역구	서울	41	8	0	0	0	0
	인천	11	1	0	0	0	1
	경기	51	7	1	0	0	
	강원	3	4	0	0	0	1
	대전	7	0	0	0	0	0
	세종	2	0	0	0	0	0
	충북	5	3	0	0	0	0
	충남	6	5	0	0	0	0
	광주	8	0	0	0	0	0
	전북	9	0	0	0	0	1
	전남	10	0	0	0	0	0
	대구	0	11	0	0	0	1
	경북	0	13	0	0	0	0
	부산	3	15	0	0	0	0
	울산	1	5	0	0	0	0
	경남	3	12	0	0	0	1
	제주	3	0	0	0	0	0
	합계	163	84	1	0	0	5
비례대표		17*	19**	5	3	3	-
총 의석 합계		180	103	6	3	3	5

*더불어시민당, **미래한국당

103석을 얻었다. 반면 정의당은 지역구 1석, 비례대표 5석으로 6석을 얻었고, 국민의당은 3석, 무소속도 5석에 그쳤다. 두 거대 정당의 의석 점유율은 94.3%에 달했다. 더불어민주당은 2016년 국회의원 선거, 2017년 대통령 선거, 2018년 지방선거에 이어 잇달아 네 차례 전국 규모 선거에서 승리했다.

한편, 22대 국회의원 선거는 윤석열 대통령 취임 후 거의 2년이 지난 2024년 4월 10일 실시되었다. 시기적으로 대통령에 대한 중간평가적 속성을 지닐 수밖에 없었다. 그런데 당시 윤석열 정부는 이태원 참사, 2023년 잼버리 파행, 해병대 채 상병 사망 사건에 대한 외압 의혹 등으로 정치적 어려움을 겪고 있었고, 윤 대통령의 지지도 역시 높지 않았다. 선거 전인 2024년 3월 한국갤럽의 조사에 따르면 대통령 직무 수행에 대한 긍정적 평가는 34%, 부정적 평가는 58%였다.[17] 여당인 국민의힘은 윤석열 정부에서 법무장관을 지낸 한동훈을

표 4-29 2024년 22대 국회의원 선거 결과(의석수)

구분		더불어민주당	국민의힘	조국혁신당	개혁신당	진보당	새로운 미래
지역구	서울	37	11	0	0	0	0
	인천	12	2	0	0	0	0
	경기	53	6	0	1	0	0
	강원	2	6	0	0	0	0
	대전	7	0	0	0	0	0
	세종	1	0	0	0	0	1
	충북	5	3	0	0	0	0
	충남	8	3	0	0	0	0
	광주	8	0	0	0	0	0
	전북	10	0	0	0	0	0
	전남	10	0	0	0	0	0
	대구	0	12	0	0	0	0
	경북	0	13	0	0	0	0
	부산	1	17	0	0	0	0
	울산	1	4	0	0	1	0
	경남	3	13	0	0	0	0
	제주	3	0	0	0	0	0
	합계	161	90	0	1	1	1
비례대표		14*	18**	12	2	0	0
총 의석 합계		175	108	12	3	1	1

*더불어민주연합 **국민의미래

2023년 12월 비상대책위원장으로 임명하여 총선을 이끌도록 했다. 하지만 윤 대통령은 선거운동 기간 중에도 여론을 무시하는 태도를 보였고 한동훈 위원장과도 불협화음을 빚었다. 선거 결과 여당인 국민의힘은 지역구 90석, 비례대표 18석으로 108석을 얻는 데 그쳤다. 반면 더불어민주당은 수도권 의석의 대부분을 차지하면서 지역구 161석, 비례대표 14석으로 175석을 차지했다. 또 다른 야당인 조국혁신당은 비례의석으로 12석을 차지했고, 개혁신당은 지역구 1석, 비례대표 2석으로 3석을 차지했다. 여당인 국민의힘의 참패였다. 국민의힘은 2016년, 2020년, 그리고 2024년 국회의원 선거에서 연달아 패배했다. 집권당이 제1야당과 이렇게 큰 의석 차이를 보이면서 패배한 것은 1988년 13대 국회의원 선거 이후 처음 있는 일이다.

한편, 여성 의원들의 수가 꾸준히 늘어나고 있다. <표 4-30>에서 보듯

17 데일리 오피니언 제580호(2024년 3월 4주) – 제22대 국회의원선거 결과 기대, 투표 의향 비례대표 정당. https://www.gallup.co.kr/gallupdb/reportContent.asp?seqNo=1470

표 4-30 여성 후보자와 의원 수의 변화

	13대 (1988)	14대 (1992)	15대 (1996)	16대 (2000)	17대 (2004)	18대 (2008)	19대 (2012)	20대 (2016)	21대 (2020)	22대 (2024)
여성 후보자 수	27	37	21	33	65	132	63	98	209	97
지역구 여성 당선자	0	0	2	5	10	14	19	26	29	36
여성 당선자 총수	6	3	9	16	39	41	47	51	57	60

자료: 이현출 (2020: 6); 김원홍, 김민정 (2002); (사)한국여성의정[18]

이, 민주화 이후 한동안 한자리 수에 머물러 있던 여성 의원의 수는 2000년 총선을 거치면서 두 자리 수로 늘어났고 특히 2004년 17대 총선 이후 그 수가 크게 증가했다. 2024년 22대 국회에서는 60명이 당선되었다. 이 가운데 36명이 지역구에서 당선되었는지 지역별로는 서울 11명, 경기 14명, 부산 3명, 대구 1명, 대전 2명, 전남 1명, 광주 1명, 경북 3명으로 나타났다. 여성 다선 의원도 6선 1명, 5선 6명, 4선 8명, 3선 20명으로 늘어났다. 이러한 증가에도 불구하고 여성 의원은 전체의원 총수의 20%로 여전히 낮은 비율에 머물러 있다.

3. 국민투표

1952년 이른바 '부산정치파동'을 거치며 대통령 직선제로 헌법을 개정했을 때 국민투표 조항이 처음 포함되었다. 당시 조항은 "주권의 제약 및 영토의 변경을 가져올 중대 사항에 대해서는 국회의 가결 후 국민투표에 회부하도록" 했다. 그 후 제2공화국 헌법에서는 국민투표 조항이 삭제되었으나, 5.16 군사정변 이후인 1962년 개정 헌법에서 다시 국민투표 조항이 포함되었고 지금까지 유지되고 있다. 현행 국민투표 조항은 "대통령은 필요하다고 인정될 때에는 외교, 국방, 통일 기타 국가 안위에 관한 중요 정책을 국민투표에 부칠 수 있다" 고 되어 있다(헌법 72조).

18 https://www.hankyung.com/news/article/1992032501201 [14대 국회 여성의원 1%인 3명에 불과].

표 4-31 역대 국민투표

순번	일자	투표율	찬성률	사유	기타	비고
1	1962. 12. 17	85.3%	78.8%	헌법 개정	민정이양 통한 제3공화국 출범	최초 국민 투표
2	1969. 10. 17	77.1%	65.1%	헌법 개정	박정희 3선 개헌	
3	1972. 11. 21	91.9%	91.5%	헌법 개정	유신헌법 개정	
4	1975. 2. 12	79.8%	73.1%	정부 신임	유신헌법 찬반 투표	유신 반대 운동 무마용
5	1980. 9. 29	95.5%	91.6%	헌법 개정	제5공화국 출범	
6	1987. 10. 27	78.2%	93.1%	헌법 개정	제6공화국 출범	민주화 헌법

자료: 중앙선거관리위원회 역대선거실시상황

지금까지 모두 6차례 국민투표가 실시되었다. 그 중 네 차례는 박정희 정권 기간에 실시되었다. 최초로 실시된 국민투표는 1962년 제3공화국 출범을 위한 헌법 개정 국민투표였다. 이후 박정희 대통령의 3선을 허용하는 내용의 개헌이 1969년에 실시되었고, 1972년에는 유신체제 수립을 위한 헌법 개정 국민투표가 실시되었다. 유신체제 수립 이후 학생, 종교계, 재야 등에서 유신체제에 대한 비판과 헌법 개정의 요구가 높아지자, 박정희 대통령은 유신체제와 자신의 대통령직을 걸고 유신헌법에 대한 신임 국민투표를 실시했다. 네 번 모두 사실상 박정희의 집권과 권력 연장을 위한 국민투표였던 셈이다. 그리고 10.26 이후 권력을 장악한 전두환이 제5공화국 수립을 위한 국민투표를 실시했다. 유신체제 수립과 전두환 정권 수립을 위한 국민투표에서 투표율이 90% 이상으로 유독 높았다는 점에 주목할 필요가 있다. 가장 최근에 실시한 국민투표는 민주화 이후 대통령 직선제를 포함한 헌법 개정안에 대한 1987년 국민투표였으며, 78.2%의 투표율을 보였고 투표자의 93.1%가 헌법 개정에 찬성했다.

현행 헌법에서 국민투표가 실시될 수 있는 경우는 두 가지이다. 하나는 헌법 개정의 경우이다. 헌법 개정은 국회 재적의원 과반수 또는 대통령의 발의로 제안된다. 국회는 헌법개정안이 공고된 날로부터 60일 이내에 의결하여야 하며, 국회의 의결은 재적의원 3분의 2 이상의 찬성을 얻어야 한다. 헌법 개정에 대한 국회 의결 후 30일 이내에 국민투표에 붙여 국회의원 선거권자 과반수의 투표와 투표자 과반수의 찬성으로 확정된다. 두 번째 경우는 대통령이 필요하다고 인정하는 경우에 국민투표를 실시할 수 있다. 대통령은 외교·국방·통일 기타 국가안위에 관한 중요정책을 국민투표에 붙일 수 있다. 국민투표의 결정은 국무회의의 심의를 거치도록 하고 있다. 그런데 정치적 논란이 큰 사안에 대해 대통령이 국민투표에 부칠 경우 대통령의 견해와 다르게 결과가 나오는 경우 대통령의 지도력에 큰 부담으로 작용할 수도 있다.[19]

4. 한국 선거 정치의 특성

(1) 민주화 이전의 선거[20]

1) 권위주의 체제하에서 선거 정치의 역동성

민주화 이전 한국 선거 정치는 말 그대로 굴곡의 역사였다. 공정하고 자유로운 경쟁을 통해 국민의 정치적 의사가 제도적으로 반영되고 권력의 향배가 결정되는 대의 민주주의의 핵심적 기제인 선거는 권력자의 불법과 억압에 의해 왜곡되어 왔다. 지난 60년 동안 선거에 의해 구성된 국회가 제 임기를 채우지 못하고 해산되거나 임기가 단축된 것은 모두 다섯 차례였다. 1960년 3.15 총선이 4.19 혁명에 의해 무효화되었고, 1961년 제2공화국의 총선 결과 구성된 국회는 5.16 군사정변으로 해산되었다. 1971년 국회의원 선거를 통해 구성된 8대 국회는 1972년 10월의 유신체제하의 계엄령 발동과 함께 해산되었고, 1979년 총선으로 구성된 10대 국회는 전두환의 5.17 계엄 확대와 함께 해산되었다. 다만 1985년 총선으로 구성된 12대 국회는 민주화로 인한 헌법 개정과 함께 스스로 임기를 단축하여 1988년 4월 새로운 선거를 치렀다.

그러나 남미나 아시아의 다른 신생 민주주의 국가들의 경험과 비교해서

---

19 노태우 대통령이 1987년 대통령 선거 때 공약한 임기 중 자신에 대한 중간평가가 한 사례가 될 수 있다. 대통령제는 임기의 고정성을 특징으로 하기 때문에, 임기 중 중간평가를 행하는 것 자체가 제도적으로 문제가 된다. 또한 특정 정책에 대한 국민의 찬반을 묻는 형태로 국민투표가 실시될 수 있지만, 실제로는 정책 자체에 대한 찬반 입장보다 재임 중인 대통령에 대한 좋고 싫음이 국민투표의 결정으로 이어질 수도 있다.

20 여기서의 논의는 강원택(2009b: 447－457)에 기초해 있음.

본다면 한국의 선거 정치는 또 다른 흥미롭고 주목해야 할 특성을 갖고 있다. 그것은 한국에서는 오랜 기간의 권위주의 체제, 혹은 독재하에서도 선거는 꾸준히 실시되었다는 점이다. 정치적 격변의 상황을 제외한다면 권위주의 체제하에서도 어떤 경우에도 선거라는 정치적 행사가 금지되거나 중단된 적은 없었다. 이승만은 1인 장기지배를 추구하면서도 선거라는 절차를 통해 권력을 지속하고자 했으며, 대통령 선거와 국회의원 선거 역시 주기적으로 실시되었다. 박정희의 절대 지배 체제였던 유신체제에서도 체제 이행기에 계엄령으로 일시적으로 국회가 해산되기는 했지만 5개월 만에 국회의원 선거가 다시 실시되었다. 대통령 선거는 '체육관 선거'로 치렀더라도 국회의원 선거는 박정희의 유신체제나 전두환 정권하에서도 비교적 '의미 있는' 정치적 행사로 치러졌다. 즉 권위주의 체제하에서 선거제도나 선거운동 방식 등에서 여러 가지 불공정한 제도적 장치를 마련해 두기는 했지만, 선거 자체를 없앤 적은 없었다. 이러한 특성은 다른 나라와 비교되는 한국정치의 매우 중요한 특징이다. 예컨대, 이승만 정부 시기에 대만에서는 장제스(蔣介石)가 통치 중이었는데 당시 대만에서는 한국에서와 같은 경쟁적 선거도 존재하지 않았고 장제스 정부에 대한 비판도 허용되지 않았다(이정복, 1996: 4).

이렇게 선거가 주기적으로 이어지게 된 데에는 집권 세력이 집권의 정당성을 선거라는 행사를 통해 확보하려는 의도가 있었기 때문이다. 이승만 정부 시절 겪었던 선거 부정을 둘러싼 항거와 그런 과정을 통해 공정한 선거 경쟁이라는 정치적 원칙의 중요성에 대해 학습된 경험 역시 뒤이은 역사적 과정에 교훈을 주었다. 그러나 또 한편으로는 한국정치에 대한 미국의 영향력도 상당히 중요했다. 예컨대, 이승만은 애당초 1950년 5월로 예정된 총선거를 연기하겠다는 담화를 발표하기도 했지만 미국은 총선 연기에 대한 우려를 표명한 애치슨 각서를 장면 주미대사를 통해 전달했고 UN한국위원단 역시 총선 연기는 국회 부재 상태를 초래할 것으로 경고하면서 이승만은 총선 연기 계획을 철회한 바 있다(황수익, 1996: 89).

이처럼 한국정치의 역사에서 선거는 언제나 주기적으로 찾아오는 중요한 정치적 행사였다. 그런데 권위주의 체제하에서 선거는 집권세력에게 통치의 정당성을 부여해 주는 기회를 제공했지만, 그렇다고 해서 이미 모든 결과가 사전에 치밀하게 짜여 있는 각본대로 치러진 행사만은 아니었다. 즉 일정한 정도의 경쟁이 허용되었고, 권위주의 체제에 대한 민심의 이반이 항상 선거를 통해 앞서 표출되어 왔다. 현실적으로 야당이 선거 경쟁을 통해 집권할 수 있는 가능성은 높지 않았지만, 권위주의 체제의 틀 속에서도 유권자들은 선거를 통해서 중요한 정치적 메시지를 표출해 냈다.

권위주의 시대의 권력자는 친여 조직이나 경찰 등 행정조직을 통한 조직적 동원을 해 왔고, 이는 특히 농촌 지역에서 커다란 효과를 나타냈다. 농촌 지역에서의 이러한 준봉투표(遵奉投票)(윤천주, 1979) 행태와 달리, 여촌야도(與村野都)로 불리는 것처럼 도시 지역에서는 권위주의 체제에 반대하는 민심이 선거 과정을 통해 꾸준히 제기되어 왔다. 이 때문에 야당은 제한적이기는 하지만 선거를 통해 정권에 대한 반대 세력을 결집해 낼 수 있었고, 통치 세력의 '의도나 전망'과는 다른 정치적 결과가 나온 경우가 적지 않았다. 특히 정치적 격변을 앞두고 몇 해 전 실시된 선거 결과는 의미심장한 민심의 변화를 앞서 보여주고 있다.

1956년 실시된 3대 대통령 선거에서 민주당 신익희 후보의 급서에도 불구하고 이승만에 대한 불만이 표출되었다. 예컨대, 서울에서는 이승만의 득표율이 33.7%였던 반면, 거의 대다수가 신익희에 대한 지지표라고 할 수 있는 무효표의 비율은 46.7%로 나타나 죽은 후보의 표가 이승만의 득표율을 앞섰다. 서울뿐만 아니라 전국 주요 도시에서도 야당에 대한 지지율이 높게 나타났다. 민도가 낮고 관권개입이 비교적 용이한 농촌 지역에서만 자유당이 압승했다(손봉숙, 1985a: 175). 더욱이 부통령 선거에서는 자유당의 이기붕을 누르고 민주당의 장면이 당선되었다. 이승만 정권의 종말은 4년 뒤인 1960년 3.15 부정선거가 직접적인 계기가 되지만 그 이전인 1956년에도 이미 민심이 이반하고 있음을 선거 결과는 보여주고 있다.[21]

선거 정치의 역동성은 제3공화국에서도 마찬가지로 나타난다. 5.16 군사정변 이후 2년이 넘는 군정 기간을 거쳐 실시한 1963년 대통령 선거에서 박정

21 1958년 총선 역시 의미심장한 민심의 변화를 보여주고 있다. 그 이전 실시된 1954년 3대 국회의원 선거에서 총 203석 가운데 자유당은 114석, 민주국민당은 15석, 무소속은 67석을 차지했다. 그런데 1958년 국회의원 선거에서는 총 233석 가운데 자유당은 126석, 민주당은 79석, 무소속은 27석으로 변화했다. 자유당의 의석 비율이 다소 줄어들었고 민주당은 크게 약진했다. 관권 개입과 선거 부정이 특히 노골화된 제1공화국 후반의 선거라는 점을 감안하면 야당인 민주당에 대한 지지가 크게 높아졌음을 알 수 있다.

희는 윤보선에 겨우 15만 표의 차이로 신승을 했다. 또한 1971년 대통령 선거에서도 박정희는 김대중과 94만여 표의 차이로 승리했다. 한 달 뒤 실시된 국회의원 선거에서도 득표율에서는 여야 간 차이가 크지 않았다. 민주공화당의 득표율은 47.8%, 그리고 야당인 신민당의 득표율은 43.5%였다. 이 시기에 공정한 선거 정치가 이뤄져 왔다고 보기는 어렵다. 조직적이고도 광범위하게 공권력이 선거에 개입했고, 이 중에서도 중앙정보부, 경찰, 지방행정 조직은 노골적으로 여당의 지지 확보를 위해 애썼다. 또한 금권선거도 횡행했다. 그럼에도 불구하고 이러한 선거결과는 이 시기의 선거가 권위주의 통치자에게 일방적이고 손쉬운 승리만을 가져다 준 것은 아니었다는 사실을 알게 한다. 민주공화당이라는 강력한 대중정당 조직을 건설했고, 군, 중앙정보부, 경찰과 행정조직 등 국가기구를 장악한 박정희 정권의 '힘'을 고려할 때, 뜻밖에도 상당히 경쟁적인 형태로 선거가 이뤄진 셈이다. 어떤 면에서 본다면 이런 경쟁적인 선거가 유신체제로 이끈 원인으로 볼 수도 있을 것이다. 유신체제는 이러한 선거를 통해 국민으로부터 권력을 부여 받고자 하는 기회를 아예 없애버린 것이기 때문이다. 그런 점에서 본다면 1971년 대통령 선거 유세에서 박정희 후보가 "다시는 여러분에게 표를 달라고 하지 않겠다"고 말한 것은 의미심장한 표현이었다.

박정희 체제의 종말을 가져온 정치적 격변의 출발점 역시 1978년 12월 12일 실시된 10대 국회의원 선거였다. 유신 1기 6년을 마치고 2기의 국회의원 선거가 실시되었는데, 야당인 신민당이 득표율에 있어서 민주공화당을 앞서는 결과가 나타났다. 신민당은 득표율에서 민주공화당에 1.1% 앞섰다. 이러한 결과는 박정희 체제에 커다란 충격을 주었다. 이 선거 이후 정국은 급격히 혼란의 상황으로 빠져들어 불과 1년도 안 되는 사이에 YH 사건, 김영삼 신민당 총재 국회 제명, 부마항쟁 그리고 10.26 사태로까지 이어지며 유신체제의 종식을 고하게 된다.

전두환의 제5공화국에서도 선거 정치의 역동성은 확인된다. 1985년 2.12 총선을 앞두고 불과 3주일 전에 창당된 신한민주당이 대도시 지역을 중심으로 야당 바람을 일으키며 기존의 제1야당이던 민주한국당을 누르고 일약 야당의 중심세력으로 등장했다. 한겨울인 2월에 실시된 선거였지만 투표율은 1981년 선거 때보다 오히려 6.2%나 높아졌다. 선거 두 달 후 대다수 의원들은 신한민주당으로 당적을 옮기면서 '관제 야당' 민한당은 결국 와해되었다. 그리고 이후 신한민주당을 중심으로 '직선제 개헌' 등 본격적인 민주화 운동이 전개되면서 결국 6월 항쟁과 6.29 선언으로까지 이어지게 되었다.

민주화 이전의 권위주의 체제하에서 정치적인 자유가 제약을 받고 또 선거 경쟁도 공정하게 진행되지 않았던 때였지만 유권자들의 정치적 불만과 요구는 선거를 통해 지속적으로 표출되어 왔음을 보여주는 것이었다. 권위주의 체제에서도 선거는 야당이 권위주의 통치세력에게 정치적으로 상당한 부담이 되었다는 점은 분명해 보인다. 관권의 개입이나 선거 부정, 야당 탄압, 불공정한 선거제도 등 여러 가지 방식으로 권력자들은 선거 결과를 조작해 내려고 했지만, 중요한 정치적 격변의 순간마다 한국 유권자들은 권위주의 체제하에서도 의미 있는 변화의 메시지를 표출해 왔다. 그런 점에서 한국에서 선거 정치는, 많은 제약과 불공정성 속에서도, 나름대로 역동성을 유지해 온 것이다.

2) 여촌야도(與村野都)

민주화 이전 한국 선거의 특징으로 가장 많이 지적된 것은 바로 여촌야도 현상이다. 여촌야도는 여당은 시골에서, 그리고 야당은 도시에서 보다 많은 지지를 얻는 현상을 일컫는 말이다. 이러한 현상을 설명하는 데 사용되었던 이론적 틀은 근대화 이론으로 도시와 농촌 간의 사회경제적인 조건의 차이가 유권자의 투표 행태에서 차이를 초래했다는 것이다. 도시는 근대화의 결과로 문자해득, 대중전달매체의 발달, 높은 교육 수준, 경제적 풍요 등으로 근대적인 투표 행태를 보이는 반면, 시골의 경우에는 상대적으로 전근대적 상태가 지속되기 때문에 권위에 동조하거나 혹은 권력에 동원되는 형태로 투표 행태가 이뤄지게 된다는 것이다.

예컨대, 1956년 대통령 선거를 예로 들면, 신익희의 사망으로 이승만은 '유효표'의 70%를 득표하여 당선되었다. 그런데 서울의 각 후보별 득표율을 보면, 이승만 33.7%, 조봉암 19.6%인데, 무효표의 비율은 무려 46.7%였다. 부통령 선거에서는 민주당의 장면이 46.4%를 얻어 44.0%를 얻은 자유당의 이기붕을 누르고 당선되었다. 그런데 서울에서의 득표를 보면, 장면은 무려 76.9%를 얻은 반면, 이기붕은 16.3%를 얻는 데 그쳤다.

이러한 여촌야도는 1958년 총선에서도 마찬가지로 나타났다. 민주당은 도시 지역 선거구 62곳 가운데 70%인 43곳에서 승리했다. 특히 서울 지역의 선거구 16개 가운데 14개 선거구에서 승리했다. 그러나 농촌 지역 선거구 171곳 가운데서 민주당은 21%에 해당하는 36석을 얻는 데 그쳤다. 교육 수준과 정치 의식이 상대적으로 높은 도시 지역에서는 이미 이승만 정권과 자유당에 대한 불만과 비판이 1958년 선거 당시 이미 상당한 정도였음을 보여주는 것이다. 그러나 농촌 지역은 경찰과 공무원 등 관권의 개입에 많은 영향을 받았고 자유당에 대한 지지가 높았다.

이러한 여촌야도는 박정희 집권기에도 나타났다. 1967년 7대 국회의원 선거 당시 민주공화당이 박정희의 3선 개헌을 위해 부정선거를 획책했던 선거였다. 선거 결과 민주공화당이 의원정수의 73.7%에 해당하는 129명(지역구 102명, 전국구 27명)을 차지했다. 신민당 당선자는 45명(지역구 28명, 전국구 17명)이었다. 그런데 지역구 선거에서 민주공화당은 서울, 부산, 대구, 인천, 대전, 광주 등 6개 대도시의 전체 의석 30석 중 겨우 7석만을 차지했다. 서울은 14석 가운데 신민당이 13석, 민주공화당이 1석을 차지했고, 부산에서도 전체 7석 가운데 신민당이 5석, 민주공화당이 2석을 차지했다.

표 4-32 1956년 정부통령 선거 결과(득표율)

대통령 후보		자유당 이승만	무소속 조봉암	무효표
무효표 제외	전국	70.0	30.0	-
	서울	63.3	36.7	-
무효표 포함	전국	55.7	23.9	20.5
	서울	33.7	19.6	46.7

부통령 후보	민주당 장면	자유당 이기붕
전국	46.4	44.0
서울	76.9	16.3

1971년 8대 국회의원 선거에서도 여촌야도 현상은 반복되었다. 민주공화당은 113명(지역구 86명, 전국구 27명)을 차지했고, 신민당은 89명(지역구 65명, 전국구 24명)을 당선시켰다. 그런데 지역구 선거를 보면 민주공화당은 대도시 의석 39개 중 7석을 차지하는 데 그쳤다. 서울의 19석 의석 가운데 민주공화당은

1석, 신민당은 18석을 차지했고, 부산의 8개 의석 가운데 민주공화당은 2석, 신민당은 6석을 차지했다. 이와 같은 여촌야도 현상은 유신체제하에서도 나타났다. 1978년 1구 2인제였던 10대 국회의원 선거에서 서울의 22석 가운데 신민당 11석, 민주통일당 1석, 무소속 1석 등 절반 이상을 야당이 차지했고, 공화당은 9석에 그쳤다. 부산 10석 가운데서도 신민당 5석, 민주공화당 4석, 무소속이 한 석을 차지했다.

이런 현상은 전두환 정권하였던 1985년 12대 국회에서도 마찬가지로 나타났다. 이때도 지역구 선거는 1구 2인제였다. 당시 창당된 지 한 달도 안 된 신한민주당은 서울의 28석 중 14석을 차지했는데, 민정당은 13석, 민한당이 1석이었다. 그런데 서울에서 신한민주당 후보는 모두 1등으로 당선되었다. 서울에서의 득표율을 보면 민정당은 27.3%를 얻는 데 그친 반면 신한민주당은 43.9%를 득표했다. 부산에서도 12석 가운데 신한민주당이 6석을 차지했고, 민정당 3석, 민한당 2석, 국민당 1석을 차지했다. 신한민주당은 6대 도시 29개 선거구 가운데 28개 선거구에서 당선되었다.

권위주의 시대에는 전국에 걸쳐 각급 행정기관의 선거에 대한 폭넓은 개입과 지지의 동원이 이루어졌으며 또한 엄청난 규모의 정치자금이 살포되었다. 특히 이러한 양상이 심하게 나타난 곳이 바로 농촌 지역이었으며 도시 지역은 상대적으로 이러한 불법적인 행태가 덜 행해졌다. 또한 도시 지역의 유권자들은 행정기관의 개입과 위협에도 불구하고 여당인 공화당을 외면하고 민주주의를 외치는 야당에게 보다 많은 지지를 보낸 데 비하여, 농촌 지역에서는 행정기관의 개입과 동원에 수동적으로 따르는 준봉투표가 보다 광범위하게 나타났다(장훈, 2000: 16-17). 여촌야도 현상은 민주화로 인한 정치 상황의 변화, 그리고 지역주의 투표 성향이 등장하면서 사라졌다.

이와 함께 과거 민주화 이전에는 투표율에서 도저촌고(都低村高) 현상이 나타나기도 했다(윤천주, 1981: 25-26). <표 4-33>에서 보듯이, 도시화가 진행될수록 투표율이 낮아지는 현상이 나타났다. 도시의 상대적으로 낮은 투표율은 농촌에 비해 도시 주민들의 공동체 의식의 퇴조와 권위주의 시대의 정치적 소외감과도 관련이 있다(길승흠·김광웅·안병만, 1987: 84-88).

또한 권위주의 시대에 준봉투표가 말해 주듯, 농촌의 경우 관공서나 여당

표 4-33 도시화와 투표율(1963년 대통령 선거)

도시화 수준(개표구 수)	평균(표준편차)	전국 투표율	도시화와 투표율의 상관관계
군(139)	87.7(3.0)	85.0	Pearson r = -0.72 (p<0.00)
중소 도시(36)	83.6(3.5)		
대도시(21)	78.3(2.3)		

자료: 박찬욱(2013b: 8)

조직에 의한 정치적 동원에 상대적으로 쉽게 응한다는 점도 도시와 농촌 간 투표율의 차이를 낳았다.

(2) 민주화 이후의 선거: 투표 결정 요인

1) 지역주의

민주화 이후 선거에서 가장 강한 영향을 미친 것은 지역주의였다. 1987년 대통령 선거와 1988년 국회의원 선거는 노태우, 김영삼, 김대중, 김종필 등 네 명의 후보가 대구·경북, 부산·경남, 호남, 충남에서 각각 압도적인 지지를 받으면서 지역주의는 그 이후 선거 정치를 규정하는 매우 중요한 요인이 되었다. <표 4-34>에서 보듯이, 노태우 후보는 대구, 경북 지역에서, 김영삼 후보는 부산, 경남에서, 그리고 김대중 후보는 광주, 전남, 전북에서, 그리고 김종필 후보는 충남에서 압도적인 지지를 얻었다.

앞서 논의한 대로, 동향 지역 출신 후보에게 많은 표를 주는 경향은 1971년 선거에서도 나타났다. 1971년 대통령 선거 때 박정희 후보는 영남에서, 김대중 후보는 호남에서 많은 표를 얻었다. 그러나 이 시기의 지역주의 투표 경향은 민주화 이후의 현상과 비교할 때 그 영향력이 그렇게 크지 않았고, 또한 1971년 대통령 선거 직후 실시된 국회의원 선거에서는 지역주의 투표 성향이

표 4-34 1987년 대통령 선거 지역별 득표율(%)

	대구	경북	부산	경남	광주	전북	전남	충남
노태우	70.7	66.4	32.1	41.2	4.8	14.1	8.2	26.2
김영삼	24.3	28.2	56.0	51.3	0.5	1.5	1.2	16.1
김대중	2.6	2.4	9.1	4.5	94.4	83.5	90.3	12.4
김종필	2.1	2.6	5.6	2.7	0.2	0.8	0.3	45.0

나타나지 않았다. 국회의원 선거의 지역별 득표율에서 보면 전남에서는 공화당이, 전북에서는 신민당이 근소하지만 더 많은 득표를 했는데, 호남 전체를 합쳐 비교해 보면 공화당 1,598,806표, 신민당 1,031,813표였다. 영남에서도 공화당 1,454,452표, 신민당 1,145,753표로 표의 차이가 그리 크지 않았다. 당선자 수에서도 전북에서 공화당과 신민당은 각각 6석, 전남에서는 공화당 15석, 신민당 7석, 경남에서는 공화당과 신민당이 각각 9석, 경북에서는 공화당 15석, 신민당 8석, 국민당 1석, 부산에서는 신민당 6석, 공화당 2석이었다(강원택, 2011a: 114). 그러나 민주화 이후 지역주의 투표는 지역민과 특정 정당과의 선거연합이라고 부를 수 있을 만큼 강하고 지속적인 연대를 보여주고 있다. 대통령 선거뿐만 아니라 국회의원 선거, 지방선거에서도 지역주의 투표 성향이 강하게 나타나고 있다. 기존 정당의 분열과 통합, 신당의 등장이 빈번히 일어나는 가운데서도 영남과 호남으로 대립되는 지역균열 구조의 성격은 크게 변화하지 않았다(이갑윤, 2011: 72－73).

그러나 최근 들어서는 지역주의 투표 행태의 변화나 약화의 경향이 나타나고 있다. 강원택(2008a)은 2007년 대통령 선거 분석을 통해 지역주의 투표 행태가 과거처럼 출신지에 영향을 받는 것이 아니라, 같은 지역 출신이라고 해도 거주 지역에 따라 각기 관심 이슈나 지지 후보에 있어 차이를 보이고 있다고 주장했다. 또한 최근 들어서는 과거 '영남'으로 묶였던 경북과 경남 지역 간 이해관계의 차이가 나타나면서 두 지역 간 투표 행태가 달라지는 경향이 확인된다(정진욱, 2017). 또 경북, 경남, 호남 등 지역주의가 강했던 지역 내에서 세대별로 정치적 성향과 투표 행태의 차이도 나타나고 있다(강원택·성예진, 2018). 세대, 이념 등의 요인이 투표 선택에 중요한 영향을 미치기 시작하면서 지역주의의 중요성은 예전에 비해 점차 약화되어 가고 있다.

2) 정당일체감

정당일체감(party identification)은 특정 정당에 대해 유권자가 갖는 심리적 애착을 말한다. 안정적 양당제가 유지되는 미국 정치를 배경으로 한 이론으로, 특정 정당에 대한 애착은 어린 시절에 형성되며 그러한 정파적 일체감은 향후 성년이 된 이후에도 지속된다는 것이다(Campbell et al., 1960). 정당일체감에 의한 투표는 선거 기간 동안에 갖는 특정 정당이나 후보자에 대한 일시적이고 불안정한 지지에 의해서가 아니라 평소에 갖고 있는 장기적이고 안정적이며 구조적인 정당 지지에 의해 투표한다는 사실을 강조한다. 다시 말해 많은 유권자들은 유년기에 부모로부터 학습한 결과 특정 정당에 대해 귀속감과 같은 감정적 유착 상태를 가지고 있으며 이런 귀속감은 나이가 들면서 강화되어 선거 때 이에 따라 습관적으로 특정 정당 및 후보자에게 투표한다는 것이다(이갑윤, 2011: 109).

본질적으로 미국적 개념인 정당일체감을 한국 선거에 적용할 수 있을까 하는 것은 논쟁의 여지가 있지만(한정훈, 2012), 한국 정당 정치나 유권자의 지지 패턴은 민주화 이후 대체로 안정적인 패턴을 보여 왔다. 특히 1990년의 3당 합당 이후에는, 외형상 잦은 정당 명칭의 변화에도 불구하고, 대체로 안정적인 정당체계가 유지되어 왔다. 또한 무당파이기보다 특정 정당에 소속감을 갖는 유권자의 비율도 점차로 늘어왔다(박원호·송정민, 2012). 그런 점들을 고려할 때 정당일체감은 한국 선거에 중요한 영향을 미치는 요인으로 볼 수 있다(장승진, 2015). 한국 선거에서 정당일체감을 형성하는 데 영향을 준 요인으로는 일차적으로 지역주의 정치의 영향을 생각해 볼 수 있다(박원호, 2013: 73). 지역주의 투표 성향은 1987년 등장한 이후 매우 오랜 시간 동안 안정적인 정당체계를 유지하는 데 중요한 영향을 미쳐 왔기 때문이다. 최근 들어서는 이념 역시 유권자의 정당일체감을 형성하는 데 영향을 미치는 요인으로 작용하고 있다.

(3) 이념 투표

한국 선거에서 이념의 요인은 1997년 대통령 선거에서 처음으로 확인되었으나(강원택, 2003: 25-61), 그 영향력이 본격적으로 드러난 것은 2002년 대통령 선거에서부터이다. 2002년 대통령 선거에서 강한 진보 성향을 내세운 노무현 후보와 보수 성향이 강한 이회창 후보 간의 경쟁은 이념 요인이 투표 선택에 큰 영향을 미칠 수 있는 계기를 마련했다. 이러한 이념적 요인은 열린우리당의 창당과 2004년 국회의원 선거를 통해 다시 확인되었다. 이념 투표가 부상하게 된 데에는 다음의 두 가지 요인을 생각해 볼 수 있다. 첫째, 정당 경쟁에서의 이념의 분화이다. 김대중 정부의 햇볕정책을 둘러싸고 여야 간의 이념 경쟁이 시작되었으며, 이런 외교, 안보 정책에서의 이념적 갈등은 노무현 정부에 이르러서는 기업 규제, 환경 보호, 사회복지, 인권 등 사회, 경제, 문화 정책 영역으로 확대됨으로써 이념적 차별성이 선거에서 뚜렷하게 부각한 것이다. 둘째는 유권자의 이념적 분화이다. 1980년대 초반부터 학생과 지식인 집단에서 싹트기 시작한 사회주의, 민족주의, 탈물질주의 등의 진보적 가치가 이후 젊은 세대를 중심으로 확산된 것이다. 이런 유권자의 이념적 분포의 확대가 정당 간의 이념 경쟁과 상호 작용해 선거에서의 이념 투표를 가져왔다고 할 수 있다(이갑윤, 2011: 129-130). 한편으로는 탈지역주의를 강조해 온 노무현 후보가 2002년 대선에서 이념적 요인을 정치적으로 동원해 냈다고 볼 수도 있다. 샤츠슈나이더(Schattschneider, 1960: 64-65)가 말한 갈등의 치환(displacement of conflicts)이 일어난 것이다.

정치 이념을 구성하는 정책의 차원은 경제적 차원, 사회적 차원, 외교-안보 차원, 탈물질 차원 등 다양한 측면에서 생각해 볼 수 있다(강원택, 2010a: 171-191). 그동안 가장 강한 영향을 미쳐 온 것은 대북정책, 대미정책 등 외교, 안보 등 반공 이데올로기와 관련된 이념 차원이었다. '남남 갈등'이라고 불릴 만큼 보수와 진보 이념 간 뚜렷한 시각의 차이가 나타났으며, 보수 혹은 진보로 자신을 규정하는 개인의 주관적인 이념(self-placement)도 외교, 안보 이슈와의 관련성이 가장 높게 나타났다(이갑윤, 2011: 133). 그러나 국가 개입과 시장 경쟁으로 대비되는 경제 영역에서의 차이가 점차 뚜렷해지고 있으며, 법과 질서, 전통의 강조 대 개인의 자유와 선택의 중시라고 하는 사회적 차원에서의 이념적 차별성도 확인되고 있다. 최근에는 북한 이슈나 통일에 대한 관심이 젊은 세대를 중심으로 낮아지고, 미중 갈등이 격화되면서 대북이슈나 대미정책으로 인한 이념적 갈등은 과거에 비해 심각하지 않게 되었다. 오히려 경제적 격차로 인한 사회경제적 차원에서의 이념의 중요성이 커졌다.

(4) 이슈 투표, 경제 투표, 회고적 투표, 후보자 요인

대통령 선거는 때때로 이전 정부에 대한 회고적 평가가 영향을 미칠 수 있다. 2007년 대통령 선거에서 이명박 후보의 당선에는 노무현 정부에 대한 비판적 평가가 영향을 미쳤다(강원택, 2008a). 선거에서는 때로는 과거에 대한 평가보다 미래지향적 관점에서 후보자를 선택할 수 있다. 미래지향적 평가는 경제 상황에 대한 기대감 등과 관련지어 나타날 수 있다. 일반적으로 경제 상황에 대한 평가는 개인의 가계 살림살이와 관련된 평가(pocketbook voting)일 수도 있고, 국가경제 상황(sociotropic voting)과 관련된 평가에 영향 받을 수 있다. 일반적으로 한국 선거에서 개인경제보다 국가경제 상황에 대한 고려가 보다 중시되며, 미래 경제 상황에 대한 전망적 평가에 의해 투표 선택을 하기도 한다. 2012년 대통령 선거에서 박근혜의 당선을 전망적 평가에 의한 결과라는 연구도 있고, 2007년 이명박 후보의 당선을 국가 경제에 대한 미래지향적 평가 때문이라는 연구 결과도 있다(강우진, 2013; 권혁용, 2008; 이재철 2008).

단기적 요인으로는 선거 이슈가 중요한 영향을 미치기도 한다. 일반적으로 이슈의 영향은 선거에서 이슈에 대한 중요도가 클수록, 그리고 해당 이슈에 대한 후보자 정책의 차별성이 클 때 유권자의 투표 선택에 중요한 영향을 미칠 수 있다(송진미·박원호, 2016: 55). 예컨대, 2004년 국회의원 선거는 노무현 대통령에 대한 탄핵의 와중에 실시되었는데, 탄핵 이슈가 정당 선택에 상당한 영향을 미쳤다(강원택, 2010: 125−144). 그러나 선거 무렵에 발생한 사건이나 중요한 이슈가 모두 투표 선택에 큰 영향을 미치는 것은 아니다. 2014년 지방선거에 즈음해서 발생한 세월호 사건은 사회적으로 큰 충격을 주었고 정치적 논란의 대상이 되었지만 실제 투표 결정에 미치는 영향력은 제한적이었다(강원택, 2015d: 15−36). 그런데 선거에서의 이슈는 후보자의 공약 등과 연계되어 미래지향적, 혹은 회고적 평가와도 맞물리는 경우도 있다. 2012년 대통령 선거에서 주요한 이슈였던 경제 민주화 공약은 박근혜 후보의 당선에 긍정적 영향을 미쳤다(장승진, 2017; 강우진, 2013).

이외에도 후보자 요인이 큰 영향을 미칠 수도 있다. 1987년 대통령 선거에서의 지역주의 투표 행태는 사회경제적, 구조적 요인에 의한 것으로 볼 수도 있지만, 각 지역을 대표하는 후보자들과의 관련성, 지역주의 정서를 동원하려고 한 후보자들의 의도적인 노력도 영향을 미쳤다(장승진 2017; 강우진 2013). 2022년 대통령 선거에서는 젊은 유권자들 내에서는 젠더 갈등이라는 새로운 이슈가 투표 선택에 영향을 끼치기도 했다.

5. 선거제도

(1) 선거제도의 도입

우리나라의 선거법은 남조선과도입법의원의 보통선거법 제정, 그리고 미국과 UN한국임시위원단의 개입에 의한 선거법 수정이라는 두 과정을 거쳐 이뤄졌다(이하 박찬표, 2007: 323-351). 남조선과도입법의원에서 확정된 '입법의원선거법'은 선거권을 23세로, 그리고 피선거권을 25세로 했으며, 투표 방식도 지지하는 후보자의 이름을 유권자가 직접 써야 하는 자서(自書) 방식이었다. 또한 특별선거구를 두었는데, 38도선 이북에 본적을 둔 남한 거주자들의 투표를 따로 집계하여 의석의 일정 부분(총 의석수 266석 중 36석)을 할당하도록 했다. 그러나 당시 문맹률이 높은 상황에서 자서 방식은 대다수 유권자를 사실상 선거에서 배제하는 것이었다. 총의석의 13.5%가 배정된 특별 선거구 역시 과대 대표되었을 뿐만 아니라, 월남인들의 강한 반공 성향을 고려할 때 특정 정파에 유리한 결과를 낳을 수 있다는 문제가 있었다. 선거 감시를 담당할 UN한국임시위원단과 미국은 이런 문제점으로 인해 입법의원선거법을 개정하여 1948년 3월 17일 최종적인 국회의원 선거법을 군정법령 175호로 확정했다. 제헌국회 국회의원선거법에서는 선거권을 21세로 낮췄고, 투표 방식도 자서 방식에서 기표 방식으로 바꿨고, 선거 등록 역시 서명에서 날인의 방식으로 수정했다. 또한 북한 출신 유권자들을 위한 특별선거구는 대표성의 문제를 들어 수용하지 않았다. 제헌국회 선거법은 미 군정 하에서 복잡했던 남한 내 정치세력 간 관계를 반영한 '입법의원선거법'을 당시의 국제적 기준에서 수정한 것으로 앞선 민주주의 국가들이 오랜 시일에 걸쳐 점진적으로 변화시켜 왔던 보통, 평등 선거권 실현을 위한 제도들을 일거에 한국정치에 이식하는 효과를 가져왔다(서복경, 2011: 35-36).

이처럼 미 군정령에 의해 공포된 선거법은 1950년 4월 12일 제헌국회에 의해 공포된 새로이 제정한 국회의원선거법에 의해 대체되었다. 내용적으로 크게 달라진 것은 없으나, 유권자가 스스로 선거 등록을 하던 방식에서, 구·시·읍·면의 장이 매년 3월 1일을 기준으로 선거인 명부를 직권 작성하도록 수정하였다(중앙선거관리위원회, 1973: 75).

표 4-35 국회의원 선거제도의 변화

구분	선거일	의원 총수 (지역구+ 비례대표)	선출 방식	임기	선거권 피선거권	비고 (비례의석배분기준)
초대	1948.5.10	200	1인 선거구 다수제	2년	21세 25세	-
2대	1950.5.30	210	1인 선거구 다수제	4년	21세 25세	-
3대	1954.5.20	203	1인 선거구 다수제	4년	21세 25세	-
4대	1958.5.2	233	1인 선거구 다수제	4년	21세 25세	-
5대	1960.7.29	233 (민의원)	1인 선거구 다수제	4년	20세 25세	-
	1960.7.29	58 (참의원)	제한연기제 (2인-8인)	6년	20세 30세	3년마다 ½씩 개선(改選)
6대	1963.11.26	175 (131+44)	1인 선거구 다수제/ 전국구	4년	20세 25세	3석 이상 또는 5% 이상 득표
7대	1967.6.8	175 (131+44)	1인 선거구 다수제/ 전국구	4년	20세 25세	3석 이상 또는 5% 이상 득표
8대	1971.5.25	203 (152+51)	1인 선거구 다수제/ 전국구	4년	20세 25세	3석 이상 또는 5% 이상 득표
9대	1973.2.27	219	2인 선거구 다수제/유정회	6년	20세 25세	-
10대	1978.12.12	231	2인 선거구 다수제/유정회	6년	20세 25세	-
11대	1981.3.25	276 (184+92)	2인 선거구 다수제/ 전국구	4년	20세 25세	지역구 5석 이상
12대	1985.2.12	276 (184+92)	2인 선거구 다수제/ 전국구	4년	20세 25세	지역구 5석 이상
13대	1988.4.26	299 (224+75)	1인 선거구 다수제/ 전국구	4년	20세 25세	지역구 5석 이상
14대	1992.3.24	299 (237+62)	1인 선거구 다수제/ 전국구	4년	20세 25세	3% 이상 득표
15대	1996.4.11	299 (253+46)	1인 선거구 다수제/ 전국구	4년	20세 25세	5석 이상 혹은 3% 이상 득표
16대	2000.4.13	273 (227+46)	1인 선거구 다수제/ 비례대표	4년	20세 25세	5석 이상 혹은 3% 이상 득표
17대	2004.4.15	299 (243+56)	1인 선거구 다수제/ 정당투표 비례	4년	20세 25세	5석 이상 혹은 3% 이상 득표
18대	2008.4.9	299 (245+54)	1인 선거구 다수제/ 정당투표 비례	4년	19세 25세	5석 이상 혹은 3% 이상 득표
19대	2012.4.11	300 (246+54)	1인 선거구 다수제/ 정당투표 비례	4년	19세 25세	5석 이상 혹은 3% 이상 득표
20대	2016.4.13	300 (253+47)	1인 선거구 다수제/ 정당투표 비례	4년	19세 25세	5석 이상 혹은 3% 이상 득표

21대	2020.4.15.	300 (253+47)	1인 선거구 다수제/ 정당투표 [준연동형비례]	4년	18세 25세	5석 이상 혹은 3% 이상 득표
22대	2024.4.10	300 (254+46)	1인 선거구 다수제/ 정당투표 [준연동형비례]	4년	18세 18세	5석 이상 혹은 3% 이상 득표

(2) 1958년 선거법 개정

선거법과 관련하여 큰 변화가 일어난 것은 1958년 선거법 개정이다. 그때까지의 선거법에서는 매우 자유로운 선거운동이 허용되고 있었다. 등록한 후보는 자유로운 선거운동을 할 수 있었고, 선거운동을 할 수 있는 주체도 공무원과 선거위원회 위원들을 제외하고는 자유롭게 할 수 있도록 했다. 그 뒤 미군정법령 175호를 대신하여 1948년 12월 23일에 제정된 국회의원 선거법에서도 이러한 자유주의적 특성을 지닌 선거법 체제는 유지되었다. 그런데 이후 2대 국회의원 선거를 앞두고 1950년 4월 12일 제정된 선거법은 선거의 공정성을 유지하고 선거비용을 축소한다는 의도에서 선거운동을 위한 벽보, 간판 같은 선전 시설의 설치, 합동연설회 개최 등을 포함했으며, 공무원의 선거운동, 관변단체 명의의 선거운동, 초등학교, 중등학교의 생도 또는 20세 미만의 소년 등에 대한 특수 관계를 이용한 선거운동에 대한 제한 규정을 도입했다. 그러나 "누구든지 의원후보자를 위하여 단순한 연설회를 자유로이 개최할 수 있다(37조)"는 조항에서 알 수 있듯이 선거운동에 대한 규제는 거의 없었다(심지연·김민전 2006: 425). 1951년에 다시 개정된 선거법에서는 호별방문 금지, 선거인에게 답례할 목적의 축하연 또는 위로연 금지 조항이 포함되었고, 호별방문의 금지도 포함되었지만, 전반적으로 선거운동의 자유는 폭넓게 허용되어 있었다.

그런데 오늘날과 같은 규제 중심적 선거법이 도입된 계기는 1958년 선거법 개정 때이다. 1958년 민의원 선거를 앞두고 선거법이 개정되면서 많은 규제 조항이 포함되게 되었다. 그런데 이 선거법은 집권당인 자유당과 야당인 민주당의 합의에 의해 개정하였다. 규제 중심의 선거법에 여야가 합의한 데에는 정치적인 이유가 있었다(이하 강원택, 2015e: 36−37). 앞 장에서 논의한 대로, 1958년 민의원 선거를 앞둔 자유당과 민주당은 조봉암과 진보당이 부담스러웠다.

1956년 정부통령 선거를 통해 조봉암은 이제 이승만에 견줄 수 있는 경쟁자로 부상했으며, 총선을 앞두고 진보당계 인사들이 재결합하는 움직임을 보이면서 진보당은 민주당의 강력한 경쟁 세력으로 등장할 수 있게 된 것이었다(서복경, 2013: 124). 이로 인해 1958년 1월 1일 신생 정당, 소수 정당에게 불리한 규제 중심의 선거법이 국회에서 자유당, 민주당 양당의 합의로 통과되었고, 진보당은 해산되었다.

이렇게 개정된 1958년 선거법은 이전 선거법과 비교할 때 선거운동에 대한 규제가 대폭 확대되었다. 선거운동을 할 수 있는 사람, 선거운동의 시기, 선거운동의 방법 등에 대한 규제가 도입되었다. "당선을 얻거나 얻게 하거나 얻지 못하게 하기 위한 행위"라고 선거운동을 정의하였고, 선거운동의 기간을 제한하여 사전 선거운동을 제한하였다. 또한 선거운동을 할 수 있는 선거운동의 주체를 규정하여, 후보자, 선거사무장, 선거운동원 이외에는 선거운동을 하지 못하게 했다. 선거운동의 방법도 제한하였는데, 허용된 선거운동 방법은 선거사무소와 연락소의 설치, 벽보, 소형인쇄물, 경력과 정견 등을 담은 선전문서, 간판, 현수막 등의 선전 시설의 설치, 그리고 후보자와 정당이 각각 1회의 신문 광고 등으로 제한되었다. 이외의 모든 선거운동은 금지되었다.[22] 그 이전까지의 선거법과 비교하면 선거운동에 대한 규제가 포괄적이고 광범위하다는 것을 알 수 있다.

그런데 이러한 규제 중심의 선거법 규정은 1925년 제정된 일본의 보통선거법의 영향을 크게 받았다(이하 송석윤, 2005). 일본 다이쇼 데모크라시(大正 民主主義) 시기에 제한된 선거 참여 대신 보통선거를 통한 민중의 정치 참여 요구를 당시 집권 세력이 수용하여 1925년 25세 이상 남성에게 선거권을 부여하는 보통선거법을 제정하였다. 그러나 보통선거권의 도입은 마지못한 양보였으며

22 당시 민의원선거법은 선거운동에 대한 행태적 규제뿐만 아니라 선거비용의 한도, 공개, 집행 등에 대한 규제도 도입함으로써 선거운동에 대한 규제를 강화하기 시작하였다(유현종, 2011: 94-95). 비용규제 측면에서 이 법은 선거비용에 관한 장(제8장)을 신설하고 선거비용의 제한액을 정하여 공시하도록 했다. 또한 선거비용의 출납책임자를 정하여 선거비용에 관한 회계보고를 각급 선거위원회에 하도록 하고, 출납책임자 이외의 자에 의한 선거비용 지출을 금지하였다. 선거위원회에 지출보고서에 관하여 필요한 때에는 회계장부 기타 출납서류를 열람하고 후보자, 출납책임자 또는 기타 관계인에 대하여 보고 또는 필요한 자료의 제출을 요구할 수 있는 권한을 부여하였다.

집권 세력은 이로 인해 기존 질서에 대한 위협이나 변화가 올 가능성을 우려했다. 따라서 선거법을 제정하면서 기존의 선거법에는 존재하지 않던 선거운동에 대한 각종 규제 장치를 도입하였다. 그 내용은 입후보등록제와 이와 연결된 사전선거운동 금지, 기탁금제(보증금 공탁제), 선거운동원의 수와 자격의 제한, 선거비용 제한, 호별 방문 금지, 선거운동 책임자가 선거 범죄를 범한 경우 당선을 무효로 하는 연좌제 규정 등이었다(송석윤, 2005: 37). 더욱이 이러한 선거운동 규제뿐만 아니라, 치안유지법도 함께 제정되었다. 그런데 1929년 세계적인 경제공황이 시작되었고 일본은 제국주의 파시즘이 지배하는 상황으로 변모했다. 이때 보통선거법이 개정되면서 선거운동의 자유가 더욱 억제되었다. 이때 사전선거운동의 금지가 명문화되었다. 후보자 등록 이후가 아니면 선거운동을 할 수 없게 한 것이다. 또한 선거운동 방식을 여기서 규정한 방식을 제외한 문서도화의 배포를 금지하여 선거운동에 대한 포괄적 금지 방식이 추가되었다(송석윤, 2005: 37-42).

이러한 해방 이전 제국주의 시대의 일본 선거법이 1958년 선거법 개정을 통해 한국정치에 수입된 것이다. 선거법 개정으로 자유로운 선거운동이 어려워지면서 높은 진입장벽이 생겨났다. 우선 후보자 수가 크게 줄어들었다. 1958년 국회의원 선거의 총수는 233석인데 입후보한 사람은 841명이었다. 4년 전 1954년 총선에서는 203석의 의석을 두고 모두 1,207명이 입후보했었다. 선거운동이 어려워지면서 무소속 당선자 역시 크게 줄어들었다. 4년 전 67명의 무소속 당선자가 있었지만 1958년 총선에서는 그 수가 26명으로 줄었다 반면, 민주당은 79석을 얻었고 자유당은 126석을 얻었다. 민주당은 4년 전 3대 총선에서는 24석을 얻었다. 민주당은 선거법 개정과 진보당 해산으로 1958년 총선에서 이전에 비해 괄목할 만한 성장을 이뤘고 더욱이 이러한 정치적 성과를 제도적 장치에 의해 보장받았던 것이다(서복경, 2013: 126).

(3) 제2공화국

제2공화국에서는 선거연령을 기존의 21세에서 20세로 낮췄다. 4.19혁명이 학생들에 의해 주도되었던 만큼 젊은층에게 선거 참여의 기회를 부여해야 한다는 취지 때문이었다. 제2공화국은 양원제였는데, 상원인 참의원 의원의 피선거권 연령은 30세였다. 하원격인 민의원은 기존과 같은 한 선거구에서 1인을 선출하는 소선거구제로 233명을 선출하도록 했다.

참의원 선거제도는 서울특별시와 도를 선거구로 하고 각 선거구마다 2인에서 8인까지의 의원을 선출하도록 했다. 참의원 의원의 피선거권 연령은 30세였다. 한편 참의원 선거제도는 제한연기제(制限連記制, limited vote)였다. 참의원 임기는 6년인데 '3년마다 1/2을 개선(改選)할 수 있도록 하였다(중앙선거관리위원회, 1973: 79). 전국적으로 10개 지역에서 모두 58명을 선출하였는데, 지역별로 보면 서울 6명, 경기 6명, 충북 4명, 충남 6명, 전북 6명, 전남 8명, 경북 8명, 경남 8명, 강원 4명, 제주 2명씩 선출하였다. 선출 방식은 한 선거구에서 2인 내지 8인을 선출하도록 하고, 유권자는 당선자 정수의 절반까지 후보자를 선택하는 제한연기제 방식을 사용했다. 당시 각 선거구에 출마한 참의원 '후보자는 최소 7인에서 최고 34인'이었다. 선거 결과에서 특기할 점은 '정치의식과 문화수준이 높은 서울을 제외한 여타 9개 도에서 기호 1호의 순위자가 전부 당선되었다'(중앙선거관리위원회, 1973: 81)는 사실이다. 1번이 많이 당선된 까닭은 여러 명을 선택하도록 했지만, 참의원 선거에 대한 낮은 관심으로 유권자들이 후보자에 대한 충분한 정보가 부족했고, 당시 민주당 이외에 뚜렷하게 부각된 정당이 없었기 때문일 것이다. 실제로 참의원 선거는 후보자 공천과 선거에서 극히 낮은 관심 속에서 이뤄졌다. 선출 의석 수의 1/2까지 기표할 수 있었지만, 2인 이상 투표한 사람들은 총 투표자 수의 10%에 불과했다(이갑윤, 1996: 201).

(4) 제3공화국과 선거법 개정

5.16 주도 세력은 1963년으로 예정된 이른바 '민정 이양'을 앞두고 그들에게 유리한 정치적 제도와 환경을 형성하기 위한 시도를 한다. 정당법은 1962년 12월 31일 공포했고, 국회의원 선거법은 1963년 1월 16일에 제정했다. 1963년 선거법에서는 법에 규정된 방법 이외의 선거운동을 금지하는 포괄적 선거운동 규제를 도입했다. 벽보, 공보, 신문광고, 합동연설회, 후보자연설회, 정당연설회만이 선거운동으로 허용되었다.[23] 또한 정당 후보만이 등록할 수 있도록 해서

무소속 후보의 출현을 막았다.

한편, 국회의원 소선거구 의석을 233개에서 131개로 줄이고, 새로 '전국구' 라고 불리는 비례대표 의석을 만들어 44개를 추가함으로써 의원 총수를 175명으로 했다. 우리나라 역사상 처음으로 비례대표제를 도입하였는데, 전국구 비례대표제 도입은 직능대표 발굴이나 사표 방지 등을 명분으로 내세웠지만 실제로는 지명도가 떨어지고 지역 기반이 약한 군 출신 인사들을 원내로 보다 많이 진입시키기 위해 이 제도가 도입되었다. 따라서 비례대표제라고 하지만 실제 배분 방식은 비례성과는 거리가 멀었고, 오히려 비(非)비례적인 배분 방식에 의해 집권당에 안정 의석을 제공하기 위한 것이었다. 의석 배분 방식은 득표율 기준으로 제1당에게 실제 득표율과 무관하게 의석의 절반을 배분하며, 제1당의 득표율이 50%를 넘는 경우에는 전국구 의석의 2/3까지를 배분하도록 했다. 한편, 득표율 기준 제2당이 제3당 이하의 정당의 득표율을 모두 합한 것보다 2배 이상을 득표한 경우에는 제1당에 배분하고 남은 전국구 의석을 득표율에 따라 제 2당에게 배분하지만, 그렇지 못한 경우에는 제2당에게 잔여 의석의 2/3를 배분하고 나머지는 3당 이하에게 득표율에 따라 배분하도록 했다. 한편, 지역구 선거에서 3석 이상을 차지하지 못하였거나 유효 득표의 5% 이상을 득표하지 못한 정당에게는 전국구 의석을 배분하지 않도록 했다(중앙선거관리위원회, 1973: 84). 이처럼 1963년 5. 16 군사정변 이후 선거법, 정당법, 선거관리위원회법 등 정치관계법이 5.16 세력의 정치적 의도를 실현하는데 유리한 방향으로 마련되었다(박찬욱, 2013b: 3).

---

23 후보자 등록 이후 선거일 전일까지 가능한 선거운동은 후보자와 동일한 정당에 소속하는 선거 사무장, 연락소의 책임자, 연설원 및 선거사무원이 할 수 있도록 하였다(제32조). 선거 사무소와 연락소는 제한된 수만 설치하고(제31조), 선거운동은 규정된 이외의 방법으로 할 수 없게 하였다(제31조). 선거운동 방법은 선전벽보 첩부(제38조, 제39조), 선전문의 일간신문지 광고와 현수막 게시(제42조), 정당에 의한 선거 연설회(제43조)인데 이 모든 방법은 법으로 상세히 제한되었다. 선거법은 이외에도 선거운동 방법으로서 유사기관의 설치, 신문, 잡지의 불법 이용, 특수관계 이용, 호별 방문, 인기투표, 서명 및 날인 운동, 음식물 제공, 소란행위, 야간연설, 후보자 비방 등을 특별히 금지하였다. 요컨대, 선거운동의 자유는 대폭 제한되었다(박찬욱, 2013: 4).

(5) 유신시대의 선거제도

유신헌법에서는 대통령 선출은 통일주체국민회의 대의원을 국민이 선출하고, 이렇게 구성된 통일주체국민회의에서 대통령을 선출하도록 했다. '체육관 선거'의 시작이었다. 국회의원의 정수 중 3분의 1을 대통령이 임명하도록 했다. 대통령이 국회의원 1/3을 지명하면 통일주체국민회의에서 이를 승인하도록 했다. 나머지 2/3의 국회의원은 한 선거구에서 2인을 동시에 선출하는 단기비이양식 선거제도(single non-transferable vote) 방식으로 선출했다. 이 경우 한 선거구에서 여당과 야당 의원이 각각 동반 당선될 가능성이 높고, 그 경우 여당은 대통령이 지명한 유신정우회 의원 1/3, 지역구 여당 의원 1/3을 합쳐 언제나 2/3에 가까운 수의 의원을 가질 수 있도록 했다. 1963년 도입된 전국구 제도는 폐지했다. 이와 함께 선거구 획정 방식에서 지역구의 기준 인구수 조항을 삭제했다. 표의 등가성을 고려하지 않게 됨으로써 사실상 게리맨더링이 가능하도록 법을 개정한 것이다(심지연, 2005: 56).

(6) 제5공화국의 선거제도

5공화국이 출범하면서 지역구와 전국구 제도가 부활했다. 지역구 의원 선출 방식은 유신 때와 마찬가지로 한 선거구에서 2명의 의원을 동시에 선출하도록 했다. 전국구 의석은 제1당에게 전체 전국구 의석의 3분의 2를 배분하도록 했고, 나머지 3분의 1은 제1당을 제외한 나머지 정당들의 의석수 비율에 따라 배분하도록 했다. 유신 시대의 유신정우회는 폐지했지만, 이와 같은 전국구 배분 방식을 통해 집권당이 다수의석을 확보할 수 있도록 한 것이다. 전국구 의석 배분은 5석 이상을 기준으로 하여 이전 제3공화국 때보다 더욱 배분 기준을 까다롭게 했다.

(7) 민주화 이후

민주화 이후에는 국회의원 선거제도가 1구 2인 선출 방식에서 한 선거구에서 1인을 선출하는 소선거구 단수다수제 방식이 다시 도입되었다. 이와 함께 전국구 의원 선출 방식은 유지되었지만, 의석 배분 방식은 변화되었다. 민주화 직후인 1988년 국회의원 선거에서는 제1당에게 1/2의 의석을 우선 배분하고, 나머지 1/2은 제1당을 포함하여 5명 이상의 지역구 의석을 차지한 정당들에 의석수 비율에 따라 배분하도록 했다. 제5공화국 때보다 개선된 형태이기는 했지만, 여전히 제1당에게 제도적 유리함을 주는 방식이었다. 1992년에는 전국구 의석 배분 기준을 정당별 지역구 의석비율에 따라 배분하도록 했고, 지역구 당선자가 없는 정당도 전국 유효투표의 3% 이상을 얻는 경우 우선적으로 1석 배분하도록 했다.

1996년, 2000년 선거에서는 정당별 득표율에 따라 배분했으며, 지역구 5석 이상 또는 유효투표총수의 5% 이상 득표한 정당에게 의석을 배분했다. 단 지역구 당선자가 없는 정당도 전국 유효투표의 3% 이상 5% 미만을 얻는 경우 우선적으로 1석을 배분하도록 했다. 2000년부터는 전국구 제도라는 표현 대신 비례대표제도로 명칭이 바뀌었다.

2004년 국회의원 선거에서는 사상 처음으로 1인 2표제 방식이 도입되었고, 비례대표 의석을 선출하는 별도의 정당투표를 실시하게 되었다. 그 전까지는 지역구 투표를 기준으로 정당 득표율을 계산했는데, 이로 인해 정당 후보를 찍은 유권자와 달리 무소속 후보를 선택한 유권자의 표는 비례대표 의원 선출에 영향을 미칠 수 없었다. 이로 인해 2001년 7월 헌법재판소가 기존의 1인 1표에 의한 비례대표 배분을 위헌으로 판결했다. 이에 따라 2004년 국회의원 선거 때부터 지역구와 정당명부에 대한 별도의 투표를 행하는 1인 2표제가 실시되었다. 지역구에서 5석 이상을 얻거나 유효 투표의 3% 이상을 득표한 정당을 대상으로 의석을 배분한다. 1인 2표제 실시로 별도의 정당명부에 의한 비례대표 선출이 공식화되었지만, <표 4-36>에서 보듯이, 우리나라의 비례대표 의

표 4-36 민주화 이후 비례대표 의석의 수와 비율

연도	1988	1992	1996	2000	2004	2008	2012	2016	2020	2024
총 의석	299	299	299	273	299	299	300	300	300	300
비례대표 의석	75	62	46	46	56	54	54	47	47	46
비례대표 비율(%)	25	21	15	17	18	18	18	16	16	15

석의 비율은 낮은 편이다.

그런데 2020년 21대 국회의원 선거를 앞두고 국회에서 선거법이 개정되었다. 개정 과정도 여야 합의가 아니라 여당인 더불어민주당이 4개 군소정당과 연합해 당시 제1야당이던 자유한국당의 반대 속에서 강행 처리했다. 개정된 선거법은 비례대표 의석 배분 방식을 개정한 것으로 '준연동형 비례대표제'[24]로 불렸다.

그런데 야당인 자유한국당뿐만 아니라 법안을 강행 처리한 더불어민주당은 이 법안의 취지와 달리 '미래한국당', '더불어시민당'이라는 별도의 '위성정당'을 만들어 선거에 내세웠다. 지역구에서 많은 의석을 얻으면 비례대표 의석 배분을 받을 수 없게 한 준연동형 비례대표제 조항을 피하기 위해, 위성정당에는 비례대표 후보자만을 출마시켜 지역구 당선자가 한 명도 나오지 않도록 했다. 선거 결과 정당투표에서 미래한국당은 33.84%, 더불어시민당은 33.35%를 얻어 각각 19석, 17석의 비례의석을 배분받았다. 47석의 비례의석 중 76.6%인 36석을 두 거대 정당이 차지했고, 소수정당의 의석 점유율은 예전보다 오히려 더 낮아졌다. 이러한 '위성정당'은 선거 후 얼마 지나지 않아 모(母)정당에 흡수되었다. 준연동형 비례대표제는 소수 정당의 원내 진입을 돕고 비례성을 높인다는 취지와 달리 거대 정당이 위성정당을 만들어 오히려 의석 점유율을 높이는 결과를 낳아 많은 비판의 대상이 되었다. 위성정당이라는 '꼼수' 역시 비판을 받았다. 하지만 2024년 22대 국회의원 선거에서도 논란이 된 이 제도는 그대로 적용되었다. 더불어민주당은 '더불어민주연합'을, 국민의힘은 '국민의미래'라는 위성정당

---

24 이 제도가 기존 선거제도와 다른 점은 비례대표 의석을 배분하는 방식이다. 기존에는 각 정당에 대한 정당투표의 득표율에 따라 47석으로 정해진 비례의석을 배분했지만, 준연동형 비례대표제는 각 정당이 받은 정당 득표율에 비례해서 의석수를 산출한 후 그 의석수의 50%만을 각 정당의 의석으로 배분하도록 했다. 예컨대, 총 의석이 300석이고 정당 X가 정당투표로 8%를 득표했고 지역구에서 18석을 얻었다고 가정하면, ① 300석×8%(정당투표)=24석 ② 24석-18석(지역구의석)=6석[비례배분의석] ③ 6석×50%(50%만 반영)=3석 ④ 따라서 정당 X는 지역구 18석+비례의석 3석=21석이 일단 배정된다. 만약 정당 X가 24석 이상의 의석을 지역구에서 얻었다면 비례 의석은 배분되지 않는다. 개정안은 소수 정당에 유리하도록 의석 배분 규정을 정한 것이다.

그런데 개정안은 '제21대 국회의원 선거에만 적용한다'는 조건하에 47석의 비례의석 가운데 30석에만 지역구 의석에 연동하는 방식으로 배분하도록 했다. 즉, 47석의 비례의석 중 30석은 준연동형 비례대표제 방식을 적용하고 나머지 17석은 정당투표 비율대로 나눴던 기존 방식(병립형 비례대표제)을 그대로 적용하도록 했다. 연동형 방식으로 소수 정당이 얻을 수 있는 의석의 규모를 30석으로 줄인 것이다. 앞의 예를 다시 살펴보면, 정당 X는 ⑤ 17석(병립형 비례대표제)×8%=1석 ⑥ 최종적으로 정당 X는 지역구 18석+연동형 비례의석 3석+병립형 비례의석 1석=22석을 차지하게 된다.

을 만들어 각각 14석, 18석을 배정받은 후 모정당으로 통합했다.

한편, 지역구 선거구에서는 지리적, 행정적 이유로 인해 선거구 간 유권자의 수에서 격차가 생겨난다. 그런데 선거구 간 인구 편차가 너무 커지게 되면 유권자의 표의 등가성에 부정적인 영향을 미칠 수 있다. 선거구 간 인구 편차의 확대는 정치적으로 악용될 수 있는 여지도 있다. 민주화 이전에 표의 가치가 큰 선거구들은 집권당의 세력이 큰 곳들이었는데, 이들 선거구는 대부분 농촌지역에 집중되어 있었다. 야당세력이 강한 도시 선거구는 상대적으로 표의 가치를 작게 부여받았다. 그 결과 집권 여당이 선거구 획정으로 말미암아 발생하는 표의 비등가 현상으로부터 많은 혜택을 얻었다(김종림, 1991). 즉 농촌 선거구는 과대대표, 도시 선거구는 과소대표되어 왔다.

이러한 선거구 간의 과도한 인구편차의 문제는 헌법재판소의 결정에 의해 해소되었다(이하 김용호·장성훈, 2017: 32-33). 민주화 이후 소선거구제가 도입된 후에도 초기에는 인구편차가 4 대 1을 전후한 범위에서 결정되었다(13대 3.89:1, 14대 4.7:1, 15대 4.4:1, 16대 3.88:1). 그러나 2001년 헌법재판소는 선거구 인구편차 기준을 최대 3대 1 이하로 하여야 한다는 판결을 내렸다. 2014년 10월 헌법재판소는 다시 한 번 선거구간 최소·최대 인구편차 허용 한계를 2 대 1 이하로 재조정하도록 하는 새로운 판결을 내렸다. 이에 따라 2016년 선거부터는 이 기준을 적용하여 선거구를 다시 획정하였다. 선거구 획정에 대한 제도개선의 결과 현재 선거구 간 인구편차는 상당히 줄어들었고 표의 등가성도 크게 개선되었다.

한편, 2019년 12월 공직선거법이 개정되어 2020년 4월 15일 실시된 제21대 국회의원 선거에서부터는 선거연령이 기존의 19세에서 18세로 낮아졌다. 또한 국회는 2021년 12월 피선거권 연령을 기존의 25세에서 18세로 낮춰 선거권 연령과 동일하게 조정했고, 정당 가입 연령도 16세로 하향했다. 개정된 피선거권 연령 조항은 2022년 6월 1일 실시된 지방선거에서 처음 적용되었다.

6. 소결

한국정치에서 선거는 권위주의 시절에조차 매우 중요한 의미를 지니고 있었다. 아무리 억압적인 상황이고 또 공정하고 자유로운 선거가 보장되지 못했던 상황에서도 선거 정치의 역동성은 살아 있었다. 정치적 격변 역시 선거 정치와 관련된 것이었다. 1960년의 4.19혁명이 부정선거에 대한 저항이었고, 1987년 민주화 역시 대통령 직선제로 요약되는 공정하고 자유로운 선거 정치의 복원을 위한 투쟁이었다. 이처럼 대한민국 헌정사의 중요한 한 측면은 '선거의 제도화'(황수익, 1996: 80)라고 할 수 있다.

민주화 이후 선거 정치는 많은 진전을 이뤄왔다. 과거와 같은 공무원의 선거 동원, 경찰의 개입 등 과거의 관권개입을 막기 위한 다양한 제도적 개선이 이뤄졌으며, 매표(vote-buying)와 정경유착의 문제를 낳았던 금권 선거의 문제 역시 많이 개선되었다. 이와 함께 정당명부식 비례대표제의 도입, 표의 등가성을 높이는 선거구 획정 등 공정한 선거 경쟁을 위한 법적, 제도적 정비도 이뤄졌다. 그리고 민주화 이후 오늘날 한국정치에서 선거는 권력을 차지하기 위한 '유일한 경쟁의 규칙(the only game in town)'으로 자리 잡았다. 또한 1997년과 2007년, 2017년, 2022년, 2025년 다섯 차례의 선거를 통해 평화적으로 여야 간 권력교체가 이뤄지면서 헌팅턴이 말한 민주주의 공고화를 위한 '두 번의 권력교체라는 시험 과정(two turn over test)' (Huntington, 1991:267)을 무난하게 통과한 셈이 되었다.

이제 절차적 민주주의가 확립되었지만, 규제 중심적인 선거법의 문제, 지역주의 선거 정치 등의 문제는 여전히 해결해야 할 과제로 남아 있다. 1958년 선거법 개정 이후 사실상 크게 바뀌지 않은 선거법은 유권자의 자유롭고 자발적인 참여와 후보자와 유권자 간의 자유로운 접촉을 어렵게 하고 있다. 또한 단순다수제 중심의 선거제도는 지역주의와 결합하여 득표율과 의석율 간의 불비례성을 높이고 새로운 경쟁 세력의 진출을 어렵게 하고 있다. 절차적 민주주의를 넘어 공정한 대표성, 선거운동의 자유, 비례성의 확보 등과 같은 보다 적극적인 의미에서 민주주의의 가치를 실현하기 위한 선거 정치의 개혁이 요구되고 있다.

05

행정부

이러한 관료제의 자기 이익 추구를 뒷받침하고 있는 것은 기술적 전문지식과 행정상의 경험에 기원을 두는 관료제의 권력이다. 정치권력자의 유일한 정보원이 관료가 될 때 이미 정치 권력자는 관료의 지배하에 있음을 발견하게 된다(Eva-Etzioni, 1990: 53).

1. 한국 관료제의 형성과 변화

(1) 미 군정기

한국 관료제의 기원은 일본 식민지 시대로까지 거슬러 올라갈 수 있다. 일본의 패망 직후 주로 좌익에 의해 건국준비위원회나 조선인민공화국 등의 자치조직이 만들어졌지만, 미 군정은 스스로를 유일한 통치기구로 간주했고 어떤 다른 통치 조직도 인정하지 않았다. 그러나 사실상 갑작스럽게 남한을 통치하게 된 미 군정은 조선총독부 관료조직을 그대로 활용했다. 미 군정을 이끈 하지 장군이 인천에 상륙한 1945년 9월 7일부터 며칠 동안은 아베 총독을 비롯한 총독부 고위 관리들을 그대로 유임시켰지만, 곧 총독부 각 국장까지 포함하는 모든 고위 직책은 미군 장교들로 교체했다. 그러나 일본인 국장들은 그 이후에도 약 2개월 간 고문으로 남아서 그들의 업무를 미 군정에 인계하는 데 도움을 주었다. 그 해 12월이 되어서야 미 군정청 각국에 미국인 국장과 한국인 국장의 양국장을 두는 형태로 한국인을 참여시켰다. 1946년 후반부에는 통치기구의 한국화 작업이 추진되면서 각 부의 부장은 한국인이 맡고 미국인은 고문의 직위를 담당했다. 그리고 1947년 2월에는 민정장관으로 안재홍이 취임했다. 미 군정 기구의 고위 한국인 관리들은 대다수가 한민당계 사람들이거나 미국과 일본에서의 유학 경험을 가진 사람들이었고 그 이하의 직책은 일제 시대의 총독부와 그 소속 관서의 한국인 관리들로 충원되었다(이정복, 1993: 36-37).

그런 점에서 우리나라 관료제의 초기 특성은 일제 시대의 관료제로부터 많은 영향을 받았다. 근대적 형태의 법규와 관리 체제를 갖춘 조선총독부는 절대 군주와 같은 조선 총독을 정점으로 총독부 관료기구와 헌병, 경찰 기구를 두 기둥으로 하여 엄격한 위계질서하에서 지배와 수탈을 일삼는 강압적인 통치기구였다(정승건, 2004: 68). 당시 일본의 관료제는 다른 식민지 국가에 비해 매우 규모가 큰 것이었다. 잘 훈련된 대규모의 관료조직을 이용하여 조선총독부는 감시와 규제체제를 효과적으로 확립하여 사회 거의 모든 분야에 대한 침투력과 억압력을 가질 수 있었다(김일영, 2011: 280).[1] 특히 식민지 시대에 경찰 조직의 영향이 컸다. 일본 경찰은 실로 다른 나라에서는 찾아볼 수 없을 정도로 광범위한 권한을 가지고 있었고 그들의 활동은 한국인의 생활 구석구석까지 미치지 않는 곳이 없었다. 1946년 1월 초 미 군정은 군정 경찰의 책임자로 조병옥을, 수도경찰청장으로 장택상을 각각 임명했다. 그런데 미군은 일제 시대 경력자 이외에는 유자격자가 별로 없고 전문직 기술이 필요하다는 이유에서 총독부 경찰 간부들을 임용하여, 일제 시대의 경찰관 경험자들이 미 군정기 경찰의 중상위직을 차지하게 되었다. 결국 미 군정 경찰은 총독부 경찰의 전통을 그대로 이어받고 출발했던 셈이다(이정복, 1993: 46).

한편, 미 군정 시대의 국(局)과 과(課)의 수도 조선총독부에 비해 훨씬 많이 증가하였다. 미 군정은 총독부의 통치 기능도 수행해야 했고 일본인이 남기고 간 재산과 기업도 관리해야 했고 신생 국가에 필요한 행정기구도 창설해야 했기 때문에 중앙행정기구는 일제 시대에 비해 확대될 수밖에 없었다(이정복, 2008: 34-35). 또한 미 군정은 남한을 반공의 보루를 구축할 전략적 목표를 수

1 1910년 일본 총독부 관리의 수는 약 1만 명이었는데, 1937년에는 그 수가 8배가 넘는 87,552명 (그 중 60%인 52,270명이 일본인)으로 증대되었다. 국토 면적이 한국의 1.5배인 베트남을 프랑스가 불과 3,000명의 관리로 통치했음을 생각한다면, 일본이 구축한 관료 조직의 규모가 상당함을 알 수 있다. 그리고 1910년 6,222명에 불과하던 경찰과 헌병의 수가 1922년에는 20,777명, 1941년에는 60,000명으로 10배가량 늘었다(김일영, 2001: 93).

표 5-1 미 군정 경찰에 재직 중인 일제 시대 경력자의 분포(1946년)

직위	1946년 총수	식민경찰 출신	식민경찰 비율 %
치안감	1	1	100
청장	8	5	63
국장	10	8	80
총경	30	25	83
경감	139	104	75
경위	969	806	83
합계	1,157	949	82

출처: 안진(1990: 116). 여기서는 이정복(1993: 48)에서 재인용.

행해야 한다는 목적에서 조선총독부 관료조직의 부활, 일제하 한국인 관료와 경찰의 재임용, 그리고 일제하 경찰 조직의 부활을 통하여 고도의 강권력을 행사할 수 있는 거대하고도 강력한 국가기구를 수립하게 되었다(최장집, 1985: 188). 결국 일제와 미 군정에서 물려받은 경찰, 관료기구들을 중심으로 국가 기구는 한국의 정치, 경제를 좌우할 수 있었던 반면, 민간 사회는 산업화의 미숙과 그에 따른 계급 형성의 미약 그리고 각종의 사회단체, 이익단체들의 미발달로 독자적인 힘을 형성할 수 없었다(김영명, 2013: 71).

(2) 제1공화국

1948년 5.10 선거를 통해 제헌국회가 구성된 이후 헌법 제정과 정부 조직을 위한 작업이 본격화되었다. 제헌국회는 6월 3일 헌법과 정부조직법 심의를 담당할 기초위원을 선출했는데, 정부조직법은 헌법 논의가 마무리된 이후인 7월 8일부터 논의를 시작했다(이하 강혜경, 1998: 223-225). 그 다음날인 7월 9일 초안의 검토를 마쳤고 닷새 뒤인 7월 14일 국회에 상정하여 7월 17일 정부조직법을 통과시켰다. 당시 정부 수립이 시급한 상황이었고 또 헌법 제정이 상대적으로 우선시될 수밖에 없음을 감안하더라도 정부조직법 제정은 매우 단시일 내에 처리되었다. 이렇게 짧은 기간 내에 법안이 만들어질 수 있었던 것은 정부조직법 제정에 참여한 인사들이 일본의 행정법 체계에 익숙한 이들이었으며, 더욱이 일제 시대 관료 출신들이 적지 않았기 때문이다. 정부조직법은 구 총독부 및 일본의 행정기구를 토대로 하고 미 군정 시기의 것을 참고하여 만들어진 것이었다. 그러나 전반적으로는 일본의 영향이 컸다. 정부조직법은 "구 총독부의 그것과 일본 정부의 것을 가능한 회복하고 군정에 의하여 도입된 새로운 제도 등을 말살하는 것에 의하여 자기들의 특색을" 나타내려고 한 것이었다(조석준, 1968: 135).

그림 5-1　1948년 8월 5일 첫 국무회의를 마친 대한민국 초대 내각

앞줄 왼쪽부터 전진한, 임영신, 안호상, 이인, 이범석, 이승만 대통령, 윤치영, 김도연, 조봉암, 장택상. 뒷줄 왼쪽부터 윤석구, 김동성, 민희식, 유진오.

대한민국 초대 행정부와 대법원, 국회의 주요 직책은 <표 5-2>와 같이 구성되었다. 행정부 내각 구성은 이승만 대통령의 뜻에 따라 인선되었다. 한국민주당은 당 지도자 김성수를 총리로 하는 정당 정부 구성을 희망했지만, 이승만은 자신이 직접 통치의 권한을 행사하기를 원했다. 이승만은 내각 인선 기준으로 "우리나라에 정당 관계에 대한 규칙이 아직 없으므로 한 정권을 주장하기를 피할 것이나 상당한 인격과 또 절대 협의로 국사를 순리적 진행할 인사를 우리 아는 대로 정당이나 파당 구별 없이 채용하려는 것이나, 인격을 중점으로 할 것이오 또 인격 대해서는 이보다 더 나은 인격이 없다고 가정하는 것은 아니오 다소간 국내외 정세에 적합한 것으로 보아 작정하려는 것이다"라고 밝혔다(조선일보 1948. 8. 3). 이처럼 이승만 대통령은 한민당과 같은 특정 정당에 의존하지 않겠다는 뜻을 분명히 밝혔다. <표 5-2>에서 보듯이 초대 내각의 거의 대다수는 해방 이전 임시정부 요인을 포함하여 독립운동에 참여한 인사들이 대부분임을 알 수 있다.[2]

표 5-2 대한민국 초대 내각, 국회의장단

	직책	이름	해방 전 활동
행정부	대통령	이승만	상해임시정부 초대 대통령, 미국에서 독립 위한 외교 활동
	부통령	이시영	상해 임시정부 법무총장, 재무총장
	국무총리 겸 국방장관	이범석	광복군 참모장
	외무장관	장택상	청구구락부사건으로 투옥
	내무장관	윤치영	흥업구락부 사건 연루
	재무장관	김도연	2.8 독립선언 주도 투옥, 조선어학회 사건 연루 투옥
	법무장관	이인	독립운동 사건 변론 인권변호사, 조선어학회 사건 구속
	문교장관	안호상	조선어학회 사건 연루. 이후 칩거
	농림장관	조봉암	사회주의 항일운동
	상공장관	임영신	3.1운동으로 투옥, 미국에서 이승만 지원
	사회장관	전진한	항일 노동운동으로 투옥
	교통장관	민희식	1925-28 조선총독부 철도국 직원
	체신장관	윤석구	황포군관학교 2기, 임시정부 밀파공작원
	무임소 장관	이청천	광복군 총사령관
	무임소 장관	이윤영	목사, 3.1운동으로 투옥, 신사참배, 창씨개명 거부
	총무처장	김병연	동우회 사건으로 투옥, 조만식 측근
	공보처장	김동성	조선일보 편집인
	법제처장	유진오	보성전문학교 교수, 조선언론보국회 평의원
국회	국회의장	신익희	상해임시정부 외무총장, 내무부장
	국회부의장	김동원	수양동우회 사건 투옥
	국회부의장	김약수	사회주의 항일운동
사법부	대법원장	김병로	독립운동 사건 변론 인권 변호사, 신간회 중앙집행위원장

그러나 관료 조직 구성에 있어서는 미군정 시대에 도입된 새로운 조직보다는 조선총독부와 일본 정부조직에 더 의존하였다. 국회에서 정부조직법에 대한 일주일여에 걸친 간단한 논의 끝에 결국 국민들에 대한 감시, 통제, 동원에 활용되던 조선총독부 조직이 다시 살아났다. 관료 조직뿐 아니라 관료들의 인사행정의 근거가 되는 국가공무원법도 몇 군데의 자구 수정을 제외하고는 일본의 법규를 그대로 번역하여 사용하기 시작하였다. 이후에도 관료조직의 개편 또는 관료제도의 변화가 있을 때마다 미국보다는 일본의 경우를 참조하는 경우가 더

2 민족문제연구소 (2009)의 조사에 의하면, 윤치영, 유진오, 김동원이 친일 인사로 분류되어 있다.

많았다(김영민, 2013: 29-30).

이러한 특성은 이승만 정부 출범 이후에도 마찬가지였다. 이승만 정권은 일제하의 파행적인 경제를 물려받은 데다 귀속 재산과 미국의 경제, 군사 원조에 의해 나라 살림을 꾸려나가지 않으면 안 될 정도로 물적 기반이 매우 취약한 상황에서 출범했다. 정치적 지배의 물적 토대를 갖추지 못했던 이승만 정권은 반공 이념과 권위주의적 권력 행사에 의해 조성된 탈정치적 공간을 관료제의 집행으로 메우고자 했다. 그만큼 이승만 정권은 권력 유지에 있어서 관료제에 대한 의존성이 높았다. 해방 정국의 국내, 외적 여건하에서 부활된 식민지 관료제는 이승만 정권의 취약한 대중적 기반을 보완하는 정치적 도구로 이용되었다(정승건, 2004: 225).

사실 독립한 신생 국가의 국가 건설기에 관료의 역할은 매우 중요한 것이다. 식민지 시대에 독립 운동가들이 독립 운동을 전개했더라도, 독립 후 국가 건설과 정부의 운영에는 전문성과 경험, 기술이 요구되는 것이다. 그런 점에서 볼 때 식민지 시대 관료의 재등용은 불가피한 측면이 있다.

> 해방 이후 식민지 시대 관료의 재등용은 탈식민지 사회 어디에서나 대체로 목도될 수 있는 일반적 현상이다. 국가 경영 내지 행정은 민족주의라는 이데올로기와 정열만으로 이루어질 수 없는 기술적인 문제이기 때문이다. 대개의 민족주의 운동가들은 식민 통치로부터의 해방 운동에 참여하는 동안 기술보다는 이데올로기에 몰두하였다. 탈식민지 사회의 신생국들은 국가 건설 시기에 있어 훈련된 기술 관료들을 필요로 하기 때문에 식민지 시대 관료의 재등용을 불가피하게 허용한다(박광주 2006: 371).

실제로 상해 임시정부 내무부장관을 역임한 신익희는 미 군정 초기에 전 총독부의 한 한인 관리에게 "우리 독립 운동자들은 정치나 할 줄 알지, 앞으로 우리가 시정을 할 때는 입법, 사법, 행정의 각 분야에 있어서 어떻게 조직하고 시정해야 할지 모르겠어. … 자네들 고등문관 시험에 합격한 자가 … 임시정부 내정부 소속 행정연구회 소속원으로 하여 부탁한 일을 착수해 주기 바라네"라고 당부했다(최하영 1968: 104. 박광주 2006: 371에서 재인용).[3] 정치적 투쟁의 시대가 아니라 국가 건설이 요구되는 상황에서 현실적으로 관료의 전문성과 경험을 전적으로 부정할 수만은 없는 일이었다.

다만 그런 경우에도 식민지로부터 독립된 국가라면 이전 시대의 친일 행위가 뚜렷한 이들에 대한 상징적인 법적, 정치적 처리는 필요한 일이었다.

> 다만 한국에서 문제가 된 것은 일제 시대의 한인 관리들 (이들은 대개 총독부의 미관말직(微官末職)에 있었다)을 '무조건적으로' 재등용하면서, 일제 시대 이들의 친일 행위에 대한 적절한 (선별적) 제재를 포기한 것이 반민특위에 대한 이승만의 비우호적인 태도가 극명히 예시하는 바처럼 이후의 한국 정치에 커다란 부정적 영향을 남겼다는 점이다. 식민지 종주국의 권력 하수인으로서 토착민들 위에 군림하던 관료들의 행태('관료주의'라고 통칭되는)가 해방 이후에도 그대로 지속되는 결정적 원인이 된 것이다(박광주 2006: 371－372).

친일 행위에 대한 분명한 정리 없이 일제 강점기의 관료들을 받아들이게 됨으로써 과거 시대의 자신들의 행위에 대한 반성 없이 '식민지 종주국의 권력 하수인으로서 토착민들 위에 군림하던 관료들의 행태, 즉 억압적 관료제의 속성이 해방 이후에도 지속되는 결과'를 낳았다. 동시에 이는 일반 국민들에게 국가 관료제에 대한 부정적, 저항적 인식을 갖게 했다(정승건, 2004: 77－78). 제1공화국 시기에는 식민지 관료제 가운데 특히 경찰 조직이 매우 중요했다. 경찰은 일제가 식민통치의 수단으로 활용했고 이는 큰 조직상의 변화 없이 질서 유지, 좌익 억압 등의 목적을 위해 미 군정에 의해 그대로 수용되었다. 또한 이승만 정부도 행정의 효율성과 이를 위한 전문 인력의 필요성 등을 이유로 친일 관리들을 그대로 활용했다. 이승만은 더욱이 1948년 9월 국회에서 통과된 반민족행위처벌법에 따라 구성된 반민족행위특별조사위원회(반민특위)의 활동을 중단시켜

---

3 이런 현상은 2차 세계대전 직후 서독에서도 비슷하게 나타났다. 1945년 이후 서독을 점령한 연합군은 행정부와 사법부 내의 나치 당원과 동조자들을 모두 내쫓고 민주화된 형태로 정부 조직을 재조직하고자 했다. 그러나 점령 당국은 곧 이들을 모두 내쫓게 되면 행정 업무가 마비될 수밖에 없다는 것을 깨달았다. 최고위직은 나치와 무관한("clean") 인사들로 교체되었지만, 중간과 하급 단위의 관료들은 대체로 그대로 그 직을 유지하도록 했다. 모두 53,000명의 관료가 전후 곧바로 해임되었지만 그 중 1,000명 만이 영구히 그 직에서 쫓겨났고, 서독 정부 수립 이후 1951년 복권법(Reinstatement Act)에 의해 해임되었던 대다수 관료가 그 직으로 복귀했다. 1950년대 초까지 많은 행정 부서 공무원 중 40~80%가 과거 나치 당원들이었다. 이런 특성은 사법부에서도 마찬가지였다. (Langenbacher and Conradt 2017: 270)

자신의 지지 기반이던 경찰과 관료의 약화를 막았다(김영명, 2013: 89). 당연히 경찰 조직은 이승만 정권의 장기집권을 위해 기여했다. 경찰 등 내무부, 그리고 지방자치 조직은 부정선거에 앞장섰고, 야당 세력의 반대를 억압하는 데 중요한 역할을 했다.

한편, 이승만 정권 후반기로 가면, 이기붕을 앞세운 관료조직이 자유당 당 조직을 장악하면서 관료기구가 극도로 정치화되었다. 관료조직이 자유당 내 강경파로 실권을 장악하면서, 전국적인 조직망과 연계를 통해 민간사회와 정치사회를 통제하는 역할을 담당했다. 억압을 통한 사회질서 유지를 위해 중앙집권적 행정 관료와 경찰의 연합체가 강권적인 과두지배세력으로 이승만 대통령을 뒷받침했다(임도빈, 2008: 221-222). 결국 국회, 시민사회 등 관료제에 대한 외부적 통제력이 취약했던 상황에서 이승만 정권의 높은 관료제 의존성은 관료제의 부패와 무능으로 쉽게 연결되었다(정승건, 2004: 226).

과대성장 국가론 논쟁

제1공화국에서의 국가기구의 성장과 권위주의 체제의 등장을 이전 시기에 성장한 통치구조의 결과로 보는 시각이 있다. 일제하의 관료기구가 일본 사회·경제의 발전 수준에 조응하는 구조 기능적 성격을 띠었고 그것이 해방 이후 이승만 정권에 그대로 이전됨으로써 한국 관료제가 한국 사회의 발전 수순을 훨씬 상회하는 과대성장의 형태로 나타나게 되었으며 또 그것이 해방 후 권위주의 국가의 등장을 초래하는 한 원인이 되었다는 것이다. 다시 말해 국가 건설 당시의 한국은 식민지 시대의 관료기구를 대부분 전수받았고 또 식민 관료를 해방 이후에 재등용했기 때문에 관료기구가 과잉 성장되었고 향후 한국사회에 군림하는 강력한 권위주의 국가 성립을 초래했다는 것이다(정승건, 2004: 67-70).

이러한 특성에 주목하여 최장집(1989: 81-113)은 알라비(Alavi 1972)의 '과대성장국가(overdeveloped state)'의 개념을 적용하여 설명하고자 했다. 알라비는 식민지 사회의 국가는 식민지 사회의 구조에 비해 과대성장되었는데, 과대성장 국가의 핵심인 군사, 관료 기구는 탈식민지 사회에서도 자율성을 가지면서 지배적 지위를 그대로 유지하게 된다는 것이다(박광주, 1992: 66). 즉 식민 통치를 위해 광범위하게 구축된 국가 통치기구가 해방 이후 사회의 다른 영역에 비해 과도하게 성장된 형태로 남아 있게 된다는 것이다. 최장집(1989: 87)은 “우리나라는 해방 이후 외생 국가기구로서의 미군정의 성립과 전개, 단독정부의 수립과 한국동란을 거치는 동안 알라비의 개념이 적용될 수 있는 어떤 탈식민사회보다 극단적인 형태로 과대성장국가가 형성되었으며 또한 그것은 알라비가 상정하지 못하였던 지배적 이데올로기의 역할, 즉 반공이념에 의해 뒷받침되었다”고 주장했다. 즉 일본의 식민통치와 미 군정에서 물려받은 경찰, 관료기구들을 중심으로 국가는 정치적, 경제적으로 강력한 힘을 발휘할 수 있었던 반면, 민간사회는 산업화의 미숙과 사회적 미발달로 대항할만한 힘을 형성할 수 없었다는 것이다. 과대성장국가와 관련하여 최장집은 특히 반공주의와 미 군정의 역할을 중시한다. “미 군정은 무엇보다도 먼저 한반도의 38도선 이남 지역에 동북아 지역에서 팽창하는 공산 세력을 제어할 반공의 보루를 구축할 전략적 목표를 수행하기 위하여 일본 총독부 관료 조직의 부활, 일제하 한국인 관료와 경찰의 재임용, 그리고 일제 하 경찰 조직의 부활을 통하여 고도의 강권력을 행사할 수 있는 거대하고도 강력한 국가기구를 수립하게 되었다“는 것이다(최장집, 1989: 84).

이러한 주장에 대한 반론도 있다. 식민지 시대 관료기구인 조선 총독부 관료제를 떠받치고 있던 물적 토대인 식민지 시대의 경제 구조는 일본의 전후 독점 자본주의 경제였다. 따라서 식민지 관료기구가 일본의 경제 구조에 토대를 두는 한 과대성장국가론은 설득력을 갖는다. 그러나 해방 후 부활된 식민지 관료제는 외관만 과대성장해 보일 뿐 물적 토대를 상실한 허구적 실체이기 때문에 한국이 식민지 관료제를 권력적 기반으로 하여 출발한 과대성장 국가였고 이것이 권위주의 국가 성립의 중요한 원천이 되었다고 보기는 어렵다는 것이다(정승건, 2004: 70). 한편, 알라비가 사례로 든 영국의 식민 통치의 경우 하에 현지의 관료기구를 상당 부분 현지인에게 맡겼던 것에 비해, 일본의 경우에는 직접적으로 식민 통치를 담당했다는 차이가 존재한다. “탈식민지 사회에서 군사, 관료 엘리트들의 상당 부분이 식민지 시대의 군사, 관료기구의 구성원들이었다 할지라도 이들의 행정경험은 대체로 매우 한정”되어 있어서 “통치기구의 상층부에서 정책을 결정하거나 결정된 정책의 집행을 감독하는 경험을 갖지 못하였”다. “피식민지 사회 출신 관리들은 주로 통치기구의 하층부에서 위로부터의 지시를 충실히 집행하는 경험을 쌓았을 뿐”이며, “식민지 사회에서의 국가기구가 수행하는 업무는 식민지 사회의 수탈과 이를 효율적으로 보장하기 위한 치안 유지라는 비교적 단순한 것들(박광주 1992: 71-72)이었다.”

이런 차이점을 고려할 때 한국이 알라비의 개념에 따른 과대성장 국가로 출발했다고 보기는 어려울 것 같다. 다만 당시 한국 사회의 다른 영역이 매우 취약한 상태였기 때문에 국가는 시민사회와 대비할 때 상대적으로 강했다고는 볼 수 있다. 예컨대 이승만 시기에 가장 강력한 국가 통치 기구는 경찰이었지만, 그럼에도 불구하고 이범석이 이끄는 조선민족청년단(족청)이 치안과 관련해서 중요한 역할을 담당했다는 사실은 국가기구가 처음부터 과대성장된 형태라고 보기 어렵게 하는 것이다. 한국은 처음부터 과대성장 국가로 시작되었다고 하기보다는, 6.25 전쟁을 통한 군사 기구의 확대, 권위주의 지배 체제하에서 국가 기구의 강화, 그리고 국가 주도의 경제개발과 정치적 억압 등을 위한 경제 및 공안 관료의 강화 등을 거치면서 국가기구가 점차적으로 성장해 왔다고 보아야 할 것이다.

(3) 박정희 시기

박정희 정권에 들어오면서 관료제는 급성장하게 되었다. 5.16 이후의 군사 정부 때 변모된 중앙정부 조직은 이후 우리나라 행정조직과 관료제의 근간을 이루게 된다(이하 김근세, 2012: 5-9). 우선 중앙행정기관의 수가 큰 폭으로 증가했다. <표 5-3>에서 보듯이 5.16 이전 모두 20개이던 중앙행정기관의 수는 박정희 통치 시기에 점차 증가하기 시작해서 1972년에는 41개로 두 배 이상 늘어났다. 행정기관의 수가 이처럼 크게 늘어났다는 것은 그만큼 박정희 집권기에 행정 기구가 통치에 중요하게 활용되었다는 것을 의미한다.

군사 쿠데타로 민주당 정부를 무너뜨린 박정희 정권은 출범부터 정통성(legitimacy)의 문제를 가질 수밖에 없었다. 박정희 정권은 '반공'과 함께 경제성장을 자신의 통치를 정당화하는 명분으로 삼았다. 이에 따라 조국 근대화를 기

표 5-3 중앙행정기관의 변화(제1공화국에서 제3공화국까지)

연도	원	부	처	청	외국	위원회	합계
1948		11	4			3	18
1949		12	5	1		3	21
1955		12		3		1	16
1960	1	12	1	3		3	20
1961	3	12	2	4	2	1	24
1962	2	13	3	3	2	1	24
1963	2	13	3	6	7		31
1966	2	13	3	9	7		34
1967	1	13	4	10	7		35
1968	2	13	4	10	7		36
1970	2	13	4	12	7		38
1972	2	13	4	12	7	3	41

자료: 김근세(2012: 8)

초로 경제개발에 국가 기능과 기구의 역량을 집중적으로 쏟아부었다(김근세, 2012: 11). 다시 말해 쿠데타에 의해 정권을 장악한 군부는 근대화와 경제개발을 반(反)정치적 군사 정권의 지상과제로 삼음으로써 정치적 정당성의 문제를 경제적 성과로 해결하고자 했다. 그러나 경제개발 추진 능력에 있어서 부족함을 인식한 군사 정권은 민관 관료제에 상당히 의존할 수밖에 없었다(정승건, 2004: 234).

이처럼 당시 적극적으로 추진되었던 경제개발 계획은 전문 기술관료의 역할을 증대시켰다. 당시 내각은 정책 결정과 집행의 실제 권력을 장악했다. 각료들은 당의 통제를 받지 않고 당이 제공할 수 없는 권력의 원천을 대통령에게 제공했을 뿐만 아니라, 이를 바탕으로 자신들의 정치, 경제적 영향력을 확대했다. 경제 성장과 이를 위한 기술적 효율성이 강조될수록 국가 관료 기구는 그 역할을 확장해 갔다. 이렇게 하여 이른바 '발전국가'가 1960년대에 본격 형성되었다(김영명, 2013: 164-165).

그러나 박정희 체제에서의 관료 주도 성장은 군정 시기에 '행정 민주주의'를 주창한 것처럼, 정치적 억압을 동반한 것이었다. 박정희는 동의 메커니즘보다는 억압 메커니즘을 중시했으며, 민주주의의 기본원리인 동의와 설득보다는 무조건 따라오라는 식이었고, 따라오지 않는 자는 강압적으로 관리하는 대중지배 전략을 구사했다(임도빈, 2008: 224). 자연히 이견을 듣고 동의를 구하는 정치과정이 소홀히 되고 실적과 효율이 중시되었다. 정치적 토론이나 논쟁은 소모적이고 비효율적인 것으로 간주되었다. 따라서 입법부나 정치권의 역할은 축소되거나 억제되는 반면, 관료가 이끄는 행정부는 조직 규모도 크게 증대했고 정책 집행뿐만 아니라 정책 결정 과정에서도 그 역할이 중요해졌다. 박정희 대통령은 '경제제일주의'를 추구했고, 이를 담당하는 경제부처 장관, 관료집단의 자유로운 활동을 보호하기 위해 정치권, 사정기관, 군으로부터의 압력을 막아 주었다. 즉 박정희는 정치권의 감시나 견제로부터 자유로운 관료제의 자율성을 보장해 주었다. 박정희 시대에 행정과 정치는 구분되는 것이었다. 박정희에게 정치는 민주주의를 의미하는 것이었고, 행정은 민주주의의 기본원리가 적용되지 않는 영역이었다(구현우, 2020: 79). 이런 상황에서 행정은 권위주의적이고 폐쇄적인 형태로 이뤄지게 되었고, 권력은 대통령과 행정부에 집중되고 입법부의 권한은 약

발전국가

발전국가(developmental state)는 1970년대 일본, 한국, 대만 등 동아시아의 후발산업국가의 급속한 경제성장을 설명하면서 국가의 역할에 주목한 이론이다. 발전국가는 경제성장과 산업화를 최우선의 국가 목표로 설정하고 이를 위해 유능하고 효율적인 관료제를 통하여 시장에 개입하는 국가를 말한다. 일본 통산성(MITI) 주도의 산업정책과 경제성장을 연구한 찰머스 존슨(Johnson 1982)은 경제에 개입하고 발전을 주도한 정부의 역할에 주목한다. 존슨은 발전국가의 특성으로 경제정책을 기획하고 이끌어갈 유능하고 효율적인 관료 조직의 존재, 원활한 정책 추진을 위한 안정적 정치체제, 그리고 국가 정책을 선도할 수 있는 선도 기구(pilot agency)의 중요성을 들었다. 서구에서의 경제 발전이 개별 사기업의 주도적 역할과 시장 경쟁을 토대로 했다면, 발전국가는 국가가 산업을 육성하고 경제정책을 계획하는 등 경제 영역에서 주도적인 역할을 담당한다는 것이다. 과거 소련 등의 공산권 국가의 국가 주도 계획 경제와도 유사성이 있지만, 발전국가의 경우에는 기업의 소유권이 개인에게 있고 시장의 영향을 받으면서 수정, 보완되어 간다는 점에서 차이가 있다. 즉 발전국가는 "사유재산과 시장경제를 기본 원칙으로 삼으면서도 국가가 스스로 설정한 부국강병의 목표를 위해 시장에 대한 전략적 개입을 거침없이 행하는 국가"이다(이하 김일영 2000). 한국은 박정희 집권과 함께 발전국가가 시작되었다. 박정희 정권은 국내외적으로 동원된 자원을 자신들이 선정한 특정 부문을 먼저 발전시키는 불균형 발전전략을 구사했다. 국가는 사회를 압도하면서 질서와 발전의 중심에 놓여 있었다. 행정적 효율성이나 경제적 합리성이 민주적 정치과정을 대체했다. 한국은 발전국가의 중요한 조건인 사회로부터의 상대적으로 높은 자율성을 확보할 수 있었는데, 1950년대 농지개혁과 6.25 전쟁으로 인한 지주의 몰락이 중요한 요인으로 작용했다.

화된 행정국가적 특성을 보이게 되었다(김근세, 2012: 13).

한편, 군사 정권의 수립과 함께 박정희 정권하에서 군대식 경영 기술이 광범하게 민간 관료집단에 적용되었다(정승건, 2004: 294). 박정희 정권은 군 출신을 대거 공무원으로 충원했다. 군사정권은 공무원에 대한 대대적 숙청을 단행하여 전체 공무원의 10% 이상이나 되는 거의 33,000명을 파면했다(조석준, 1968: 224). 숙청으로 공석이 된 중간 관리층 이상의 자리를 군 출신으로 충원하고 이들로 하여금 민간 관료에 대한 감독관으로서의 지위를 부여하여 군사정권의 민간 관료제에 대한 통제력을 확보하고자 했다(정승건, 2004: 105). 따라서 박정희 정권의 행정부는 고시를 통해 선발된 관료집단과 군 출신 장교 집단이 혼합적으로 구성되어 있었다. 그 당시 군 장교들은 미국 유학을 통해 선진적인 관리주의 행정관리시스템을 수용하고 있었고, 일반 관료에 비해 효율적인 행정기법에 익숙했다. 군 출신 관료는 군사정부의 정치권력 기반을 확보하기 위한 목적으로, 비공식적 조직권력의 구축, 정치권력의 물적 기반 획득, 국가기구의 개혁을 맡았다.

박정희 군사정부는 미군에 의해 도입된 현대적 관리기술과 기획 제도를 통해 민간관료를 재교육하려 했으며, 기존 관료의 숙청과 군 출신 관료의 유입을 통해 관료사회의 기강과 관료제에 대한 통제를 강화하였다. 군사정부에서 내각 대부분이 군 장성 및 대령급 장교들로 구성되었으며, 이후 이들은 정부의 고위직, 국회의원, 국영기업 등의 국가엘리트로 진출하였다. 이러한 군 출신 관료들은 건설부와 같이 경제발전에 있어 기반이 되는 부처나 사회통제를 담당하는 국방부, 내무부, 총무처, 그리고 중앙정보부나 감사원에 많이 배치되었다. 반면에 전문적 능력이 필요한 경제부처에는 민간출신의 관료들이 많이 진출하였다(김근세, 2012: 16–17). 이런 점에서 박정희 정부의 엘리트 관료는 군 관료와 민간관료의 연합에 의해서 이루어진 '문무 혼합관료제(civilitary bureaucracy)'(Lee, 1981)라고 볼 수 있다.

군 출신의 대거 공직 임용은 군사 정권에게 몇 가지 중요한 효과를 가져다주었다(이하 정승건, 2004: 107–108). 첫째, 상위직 관료들 상당수를 이전 정권에 연루되었고 무능, 부패하다는 이유로 제거함으로써 국민들로부터 군사 정권의 혁파적 이미지를 확보할 수 있었다. 둘째, 종래의 민간 관료제 내에 광범한 세대교체를 유도하였다. 즉 무능 부패한 상층 관료들을 제거한 자리에 젊고 유능한 하위직 관료들을 승진시키거나 최신의 미국식 관리 기법을 익힌 군 출신 관료를 대거 유임함으로써 관료제 내부에 개혁적 분위기를 유발하였다. 셋째, 군사 정권의 정책 의도를 관료제 내에 충분히 관철시킬 수 있을 만큼 다수의 군 출신을 관료제 내부로 끌어들임으로써 군사 정권의 정책 의도에 맞추어 관료제를 통제할 수 있었다. 넷째, 퇴역 장교에게 각자의 군대 내의 계급에 상응하는 민간 관료직을 제공함으로써 군부의 확고한 지지를 확보할 수 있었다. 다섯째, 군 출신의 대거 임용은 향후 군사 정권의 의도에 맞추어 관료제를 변화시키는

표 5-4 군부 권위주의 시기의 군 출신 관료의 수와 비율

		3공화국 (1964-1972)	유신체제 (1973-1979)	5공화국 (1980-1986)	전체
장관	전체	172	142	151	465
	군 출신	73	45	37	155
	%	42.4	31.7	24.5	33.3
차관	전체	145	121	137	403
	군 출신	23	20	30	73
	%	15.9	16.5	21.9	18.1
청장	전체	78	84	92	254
	군 출신	37	30	32	99
	%	47.4	35.7	34.8	39.0

자료: 김광웅(1991: 57－59). <표 2－3>, <표 2－4>, <표 2－5>

것을 용이하게 해 주었다.

<표 5－4>에서 보듯이 장관 중 군 출신비율은 제3공화국에서는 42.4%, 유신체제에서는 31.7%로 상당히 높은 편이다. 반면, 차관직에는 군 출신의 비율이 15.9%, 16.5%로 낮으며 민간 출신의 전문 관료들이 대부분을 차지하고 있다. 또한 차관 급에 상응하는 청장에는 군 출신이 다수를 차지했는데, 철도와 선박 등 운송과 군수물품, 담배, 농업 진흥, 산림, 어업, 노동, 세금, 관세, 특허 그리고 환경의 분야를 군부 엘리트가 관리했다(김광웅, 1991: 59). 여기서 알 수 있듯이 문무 혼합 관료제라고 해도 전문 관료와 군 출신이 담당하는 부서는 서로 달랐다. 정책 실무를 담당하는 차관직에는 군 출신이 별로 임명되지 않았으나, 철도, 산림, 어업, 세금 등 업무 추진력이 요구되는 분야에는 군 출신이 많이 임명되었다.

이러한 특성은 경제 분야 장차관 임명에서 보다 분명하게 확인할 수 있다. <표 5－5>에서 보듯이, 경제 분야의 장관 임명에서도 군 출신의 임명은 경제 영역에 따라 서로 다르게 나타난다. 경제기획원이나 재무부 등 거시경제를 다루는 부처에서 군 출신의 비율은 장관이나 차관 모두 상당히 낮았다. 반면, 건설, 체신, 교통 등 실생활과 보다 밀접한 정책 영역에 대해서는 장관이나 차관 모두 군 출신의 비율이 상대적으로 높다는 것을 알 수 있다. 전문적인 영역에는 전문 관료들을 임명하고 정책 실행과 추진이 중시되는 분야에는 군 출신을 중용했던 것이다.

표 5-5 경제분야 장·차관 임명에서의 군 출신 비율

	장관				차관			
	기획원, 재무부		건설, 체신, 교통		기획원, 재무부		건설, 체신, 교통	
	전문가	기타	전문가	기타	전문가	기타	전문가	기타
	관료	군출신	관료	군출신	관료	군출신	관료	군출신
48.8-60.4	93.3	6.8	31.3	68.7	94.3	5.7	47.0	53.0
	18.8	0	31.3	17.4	47.6	0	41.4	13.9
63.12-72.10	64.0	36.0	56.3	43.7	100.0	0	96.3	3.7
	21.3	5.5	40.3	36.2	78.2	0	86.8	3.7
72.10-79.10	70.6	29.4	15.9	84.1	100.0	0	82.9	17.1
	38.1	17.0	10.2	74.0	100.0	0	66.1	17.1
81.3-87.12	100.0	0	46.6	53.4	100.0	0	81.2	18.8
	15.3	0	46.6	36.3	97.2	0	56.3	18.8

자료: 정정길(1989: 77)
전문가는 관료, 교수, 연구원 등 경제 전문가를 말함. 기타는 그 이외의 모든 경력을 포함함.

박정희 정권은 정치권력 외부로부터의 정치적 영향력에 대해 관료제가 독립성을 가질 수 있도록 보호해 주었다. 장관들의 공화당 입당을 금지한 데에서 알 수 있듯이 박정희 정권은 각료들이 정치적인 기능보다 기술적인 도구로서 기능해 줄 것을 기대했다(정승건, 2004: 113). 동시에 정치권 및 시민사회 세력들의 정책 결정 과정에 대한 참여나 찬반 의견 제시를 배제했다. 따라서 국회의 입법 기능과 행정부 감독 기능은 매우 취약했다. 행정부 주도의 신속한 경제발전 과정에서 민주적인 입법 과정을 통한 정책 수립은 비효율적인 절차로 간주되었고 국회는 행정부가 주도한 정책을 법의 형태로 정당화시켜 주는 '통법부(通法府)'로 비판받을 만큼 실질적인 역할을 하지 못했다. 이로 인해 정치적 토론과 논의 과정 없이 행정적, 관료적 평가가 곧 바로 국가의 주요 정책으로 전환되었고, 시민사회는 국가 권력의 일방적 지배하에 놓이게 되었다.

이런 상황에서 관료들은 권력적 지위를 구축할 수 있었다. 국가 권력에 도전하는 일체의 사회 세력을 정치과정에서 배제하기 위해 통치 권력은 관료제에 전적으로 의존할 수밖에 없었고, 관료들은 신분 보장과 물질적 보상의 대가를 지불받는 대신 권위주의 권력의 통치 수단으로서의 역할을 수행하였다(박광주, 2006: 373). 그러나 이는 동시에 관료제에 대한 통제가 국회와 같은 정치 제도적 장치를 통해서거나 시민사회의 감시, 감독에 의해 이뤄질 수 없음을 의미하는 것이기도 했다. 이 때문에 박정희 시기에는 관료제 통제를 위한 다양한 직할 기구들이 만들어졌다. 예컨대, 관기확립위원회, 감사원, 중앙기강위원회, 청와대 민정반, 중앙행정 특별감사반 등 감찰기구를 총동원하여 관료제에 대한 통제력을 행사했으며, 유신시대에는 '서정쇄신 운동'과 같은 대규모 숙청이나 징계제도를 강화했다. 또 한편으로는 공무원 교육을 강화했다. 박정희 정권은 집권 후 전임 정권 하에서 유명무실했던 공무원 교육을 의무화했는데, 이를 통해 민간 관료들에게 쿠데타의 정당성과 목적을 주입하고자 했다. 또한 미군을 통해 한국 군대에 도입된 현대적 관리 기술과 기획 제도 등 전문 분야를 민간 관료들에게 전파하여 민간 관료들을 군대식으로 재사회화(再社會化)하고자 했으며(조석준, 1968: 231-232), 공무원 교육을 통해 박정희 집권 체제의 정당성을 주입시켰다. 한편, 청와대 비서실은 내각 위에 군림하는 '소(小)내각'이라 불릴 정도로 대통령의 관료적 통제력을 조직적으로 뒷받침(정승건, 2004: 236)했다.

박정희 시대의 관료 통제의 한 가지 주목할 만한 특성은 당정협의회이다. 앞서 본 대로, 5.16 군사정변 이후 정당 창당을 이끌던 김종필은 당 사무국이 중심이 되는 정당 구조를 기획했다. 그리고 청와대 연석회의부터 지방까지 긴밀한 당정협조체제가 구축되었다. 이처럼 집권당이 통치 과정에 적극적으로 개입하는 당정 간 협력 시스템을 마련하면서, 국회가 제도적으로 사실상 별다른 견제 역할을 할 수 없는 상황에서 관료 집단의 일방적 정책 결정이나 추진에 대해 제한적으로나마 집권당이 영향을 미칠 수 있는 여지를 마련해 두었다.

그러나 이러한 당 중심의 정국 주도는 결국 박정희 임기 후반으로 갈수록 행정부 우위가 강화되면서 약화되어 갔고 유신체제 출범과 함께 막을 내리고 말았다(김용호, 1991: 235-236). 유신체제에서는 정치가 실종되었고 행정과 공작이 그것을 대신하게 되었다(김일영, 2011: 303). 관료적 기술 합리성과 효율성이 강조되었고, 정치적 억압을 위해 중앙정보부, 경호실, 경찰, 보안사 등 억압적 관료 기구가 성장했다.

한편, 중화학공업 추진 등과 관련하여 유신체제 초기에 경제 관료들이 향유했던 자율성이 점차 위축되면서, 대통령 비서실의 역할이 강화되었다. 즉 1970년대에 들어서면서 대통령 비서실을 중심으로 한 대통령 직할의 일원적 관리체제가 구축되었고, 결국 대통령 개인에게 경제정책의 결정권이 집중되었다.

이러한 상황이 되면서 정책 형성이나 결정에 대한 관료들의 자율성보다는 집행 능력이 강조되었다. 이처럼 유신 이후에는 정치가 억압되고 관료체제의 지원을 받는 박정희 1인 통치 체제가 구축되었다. 1979년 박정희의 갑작스러운 죽음 이후의 불안정한 정국을 이끌게 된 것도 최규하, 신현확 등 전문 관료들이었으며, 이들의 정치적 기반의 취약과 정치력의 부재가 또 다른 군부 통치를 불러온 한 원인이 되었다.

관료적 권위주의

유신체제의 특성을 남미에서 나타난 관료적 권위주의(Bureaucratic Authoritarianism)로 볼 수 있느냐를 둘러싼 논쟁이 있었다. 오도넬(O'Donnell, 1973)은 1960년대 브라질과 아르헨티나와 같은 남미국가들의 경우 경제, 사회적 발전이 민주주의로 이행하기보다 권위주의를 초래하게 될 가능성이 높다고 주장했다. 오도넬의 주장은 그 이전에 립셋(Lipset) 등 근대화론자들이 주장한 산업발전, 공업화와 민주화 사이에는 높은 긍정적 상관관계가 있다는 주장에 대한 반론이기도 하다.

남미 국가들에서 1930년대부터 추진된 수입대체 공업화와 민중적 내수 확대 정책은 초기 단계를 지나 심화 단계로 가면 정치, 사회적으로 민중 부분의 활성화를 초래하면서 한계에 도달하고 사회경제적 위기가 초래된다. 이런 상황에서 중화학 공업 등 기간산업 중심 체제로 전환할 필요가 제기되면서, 해외 자본과 결탁한 대자본들이 군부 및 기술 관료와 쿠데타 연합(coup coalition)이라는 전략적 동맹을 결성하여 수입대체 산업화 기간 동안에 성장한 민중부문을 배제하고 산업구조의 심화와 수직적 통합을 추진한다는 것이다. 오도넬은 종속 자본주의의 심화와 관료적 권위주의 체제는 선택적 친화력(selective affinity)이 있다고 주장했다. 관료적 권위주의 체제는 행정이 정치를 대체하며, 민중 부문의 정치적 배제와 비활성화 및 사회질서의 강조, 선거와 같은 정치과정의 왜곡이나 폐지, 군부와 행정 기술 관료에 의한 국가주도적 산업화의 추진 등을 특성으로 한다.

관료적 권위주의를 과거의 1인 독재나 소수의 군 장성들이 중심이 된 쿠데타가 아니라 군부라는 '제도'가 쿠데타를 통해 집권하고 능동적이고 높은 수준의 자율성을 지닌 정권이라고 규정했다. 대중 영합주의가 강한 중남미 국가에서 그동안 정치적 목적으로 노동 세력을 정치에 깊이 개입하도록 했던 정권이 수입대체산업의 단계를 벗어나 수출 지향적인 산업화로 심화하면서 기존의 지배(자본) 세력의 요구에 따라 강성의 권위주의 정권으로 변하게 되었다고 주장한다. 한마디로 수출 지향적인 산업화 과정에서 자본주의적 경제개발을 계속 추진하려 할 때 노동 세력과 같은 자본의 적대 세력을 억압하고 통제할 수 있는 강성의 권위주의 정권이 등장한다는 것이다(한배호, 2008: 286).

한상진(1988)은 10월 유신이 한국에서 관료적 권위주의가 정착되는 계기가 된다고 주장하였다. 1970년대 초 나타난 민중부문의 활성화가 10월 유신을 계기로 배제되었으며, 한국 경제가 수입대체 산업화 단계로부터 수출주도형 개발 전략으로 전환하는 단계에서 정치적 안정을 위해 군의 정치 개입이 요구되었고 그 결과 군과 관료 간의 연립체로서의 관료적 권위주의 체제가 형성되었다고 주장했다. 강민(1988a: 353-362) 역시 1970년대 초 발생한 사법파동, 언론파동, 대학교수의 자주선언, 광주단지 주민들의 소요, 노동계층의 쟁의 등을 민중부문의 활성화로 보았으며 박정희 정권은 고도산업화의 문턱에서 겪게 되는 이러한 정치, 경제적 위기를 유신이라는 강압적 방법으로 극복하려고 했다는 것이다.

그러나 이에 대한 비판도 적지 않다. 첫째, 과연 유신 이전에 민중부문의 활성화가 있었느냐 하는 것이며, 있었다면 그것이 브라질이나 아르헨티나에 있어서처럼 산업화의 진전에 따른 것이었느냐 하는 것이다(이정복, 2006: 212-223). 더욱이 유신정권이 등장하기 이전에 중남미에서처럼 정권을 위협할 정도로 심각한 '계급투쟁'이 전개되어야 하지만, 한국의 경우에는 중남미 국가처럼 사회주의 노동운동이 군사 정권을 위협하지도 않았고 도시 중산층이 야당 세력을 적극적으로 지지하면서 군사 정권에 조직적으로 반대하는 움직임을 보인 것도 아니었다. 그렇게 본다면 관료적 권위주의론이 내세우는 노동세력의 정권 위협이라는 가정은 한국의 상황과 일치하지 않는다(한배호, 2008: 288-289).

둘째, 왜 10월 유신이 관료적 권위주의 체제의 기점이 되어야 하느냐는 것이다. 관료주의와 권위주의는 유신 이전부터 존재해 왔다. 즉, 한국에서는 역사적으로 관료주의와 권위주의로 점철되어 왔으며 유신은 제3공화국에 이미 존재하던 권위주의의 심화과정이 정당성의 위기가 고조된 가운데 나타난 현상이라는 것이다. 그런 점에서 "한국 관료권위주의 정권의 탄생을, 1961년 군사정부 수립 후 계속된 정치제도의 붕괴와 정치 권력의 개인화가 그 정점에 이르러 나타난 현상"으로 보아야 하며, 유신은 "특정 자본주의 발전 단계에서 발생한 사회적 위기의 결과라기보다는 개인 통치자의 권력 욕구와 권위주의 체제 유지에 기득 이익을 가진 정치, 경제 집단들의 정치 행동으로 나타난 결과"로 보는 것이 더 적절하다는 주장이다(김영명, 1983: 183).

(4) 전두환 정권

전두환 정권은 기본적으로 유신체제의 연장선상에서 이해할 수 있다. 권력의 정당성이 존재하지 않은 상황에서 전두환 정권은 경찰, 안전기획부, 보안사령부와 같은 억압적 국가기구에 의존했고, 국회·정당을 통한 정치 활동을 제약했다. "정당성과 대중적 지지를 결여했던 전두환 정권은 개혁주의적 이미지 창출을 위해 전임 정권과 연계된 엘리트들을 정치적 충원의 대상에서 제외할 수밖에 없었다. 이것은 근본적으로 유신정권에 기초하고 있었던 전두환 정권의 인적 기반을 약화시켰고 내부 구성 면에 있어서 기술관료들을 주축으로 한 종래의 국가 운영 방식을 답습함으로써 관료적 기술주의를 여전히 중시했다(정승건, 1994: 71). 전두환 대통령 또한 특히 경제 관료가 정치의 영향으로부터 벗어날 수 있도록 했다.[4]

하지만 전두환 정부는 정권 초기부터 작은 정부를 지향하였다(이하 김영민, 2013: 21). 정부조직법을 개정하여 중앙 행정기관과 소속기관의 조직과 인력을 정비하고 중앙과 지방의 고위직을 대폭 감축하였다. 유신체제에서 비대해진 대통령 비서실 조직을 축소하여 재경, 경제기획, 농수산, 산업, 과학기술 등을 하나의 경제수석실로 통합하였으며 장관 대우 특별보좌관을 모두 없앴다. 정통성이 없는 전두환 정부는 관료조직을 축소함으로써 관료들에 대한 국민들의 불만을 해소하여 국민적 지지를 얻을 필요가 있었다. 관료 사회의 청렴성과 공정성을 유난히 강조하여 공직자윤리헌장과 공직자윤리법을 제정한 것도 이와 무관하지 않다. 그러나 축소 지향적인 개혁을 단행했음에도 불구하고 전두환 정부 후기 관료조직과 인력 규모는 축소되지 않았다. 중앙 행정기관의 수는 정권 후기에 다시 늘어났고, 인력의 경우도 집권 초기보다 오히려 증가하였다.

전두환 정권의 행정개혁은 정치권력의 높은 관료 의존성과 미숙한 관료제 통제 방식 및 관료제의 행정적 자율성이 맞물리면서 그 실효를 거두지 못했다. 고위공무원과 행정기관을 엄청난 규모로 감축하거나 또는 폐지하고자 했음에도 불구하고 이전까지 정부가 관장하고 추구해 오던 행정기관이나 과업은 축소되지 않았고 타 기관으로 이관하거나 통폐합하여 계속 수행되었다(정승건, 1994:

---

4 다음의 사례를 참고하라.
"그 이듬해인 1985년은 총선거가 있는 해였다. 선거를 앞두고 예산을 동결한다는 것은 정치적 이해를 따질 때 참으로 어려운 결단이었다. 예산당국은 빗발치는 비판 여론과 정치권의 압력에 크게 시달렸다. 심지어 협박을 당하기도 했다. 그러나 나는 물러설 수 없었다. 예산담당 공무원에게 '정치권에 대해서는 신경 쓰지 말고 정해진 방침대로 밀고 나가라'고 격려했다. 여당인 민정당은 선거를 앞두고 정부가 예산을 동결하고 특히 농촌에 대한 지원을 축소하는 것은 정치적으로 무덤을 파는 일이라고 강력하게 반발했으나 나는 물러서지 않았다" (전두환 2017: 60).

77–78). 매우 권위주의적이었던 전두환 정부조차 관료조직 축소에 실패한 것은 관료 개혁이 매우 어려운 일이라는 점을 시사해 준다.

(5) 민주화 이후

과거 권위주의 통치 체제하에서 지속되어 왔던 관료와 정치권력 간의 관계는 민주화 과정에서 새롭게 정립되지 않을 수 없었다. 시민사회로부터 밀어닥치는 민주화의 압력이 관료제의 개혁을 요구했기 때문에, 민주화 이후 각 정부는 스스로 관료 집단과의 관계 재정립을 서두르지 않을 수 없었다(박광주, 2006: 368–369).

노태우 정부는 종래 대통령 비서실에 집중되었던 많은 정책 결정권을 각 부처로 이관시켰고 부처 내부에서도 하위 실무자들에게 상당한 권한과 책임을 넘겨주었다. 또한 고위 관료들은 자신의 행정상 결정에 대해 국회의원, 언론, 이익단체, 시민 및 관련자들에게 정당성을 입증해야 하는 처지에 놓이게 되었다. 그러나 동시에 이로 인해 행정부 내의 정책 결정 과정에서 대통령의 부처 간 조정 능력도 크게 약화되었다. 이로써 관료제는 대통령을 정점으로 하는 일사분란한 명령 체계에서 다소 벗어나 움직이게 되었다. 또한 정책 집행에 관련된 관료조직들이 각각의 전문성과 이해관계에만 집착함으로써 전체적인 상호조정과 협조가 어렵게 되는 '부처 간 할거주의'의 경향도 나타났다(정정길, 1991: 53, 68, 365). 노태우 정부는 대통령 직속 기구로 행정개혁심의회를 설치하고, 관료제의 권한 위임, 규제 완화, 기능 축소 등을 추진했지만 관련 부처들의 반발과 저항으로 실패했다. 관료제는 정치권력의 권위에 도전하면서까지 이들 이익집단의 입장을 대변하고자 했다(정정길, 1991: 77). 노태우 정부의 행정개혁 실패는 정치권력의 관료제 통제력이 현저하게 약화되었고(정승건, 2004: 256), 정치권력의 일방적인 지시와 강요에 의한 관료제를 통제하기가 어렵게 되었음을 나타내 준다.

김영삼 정부는 '과거 권위주의 통치 체제하에서 무소불위의 영향력을 행사해 온 관료제를 축소하는 것'이야말로 민주적 정부 개혁의 핵심이라고 보았다. 1980년대 이후 역대 정권의 변동기마다 행정개혁이 '작은 정부론'을 중심으로 논의되어 왔지만 특히 문민정부라 지칭되는 김영삼 정부에 들어와 행정개혁 담론이 작은 정부론을 중심으로 더욱 강하게 전개된 데에는 관료제와 행정의 민주화라는 정치 논리가 전제되어 있었던 것이다(정승건, 2004: 152). 5.16 군사정변 이후 첫 민간 대통령이었던 김영삼의 '문민정부'에서 핵심적 기조는 변화와 개혁이었고 그것은 이전 시기의 군부 권위주의의 유산을 청산하고 민주화 및 세계화의 과정 속에서 한국사회의 틀과 규범을 재구성해야 한다는 것이었다. 과거와 같은 정부주도형 개발전략으로서는 국가 경쟁력을 강화할 수 없다는 명분하에서 축소조정 중심의 정부기구 개편이 이루어졌다(신윤창, 2011: 241). 또한 하나회 청산 등 군 개혁을 통해 과거 강압 통치의 수단이 되었던 기관들의 축소와 역할의 제한이 이뤄졌고, 행정기구 감축, 행정 규제 완화와 국민편의 위주의 행정 개선, 부패 추방, 정보화 촉진 등의 분야에서 상당히 가시적인 성과를 거두었다. 또한 고위 공직자 재산 공개, 공직자 윤리법 개정, 국민 고충처리위원회의 설치 운영, 공공기관의 정보공개에 관한 법률 및 행정절차법 제정 등 부패 개혁과 투명성을 높이기 위한 조치도 이뤄졌다.

김대중 정부는 외환위기의 와중에 출범하였다. 외환위기가 발전국가의 한계를 노정했다는 점에서 '작지만 효율적인 정부'라는 관점에서 행정개혁을 추진했다. 1997년 외환위기를 계기로 김대중 정부는 1998년부터 공공부문을 비롯한 기업, 금융, 노동 등 4대 부문의 개혁을 추진하였다. 공기업의 민영화를 포함한 공공부문의 개혁을 핵심 과제로 선정하였는데, 영미식의 신자유주의 모델에 따라 추진하였다. 공공부문의 경우 행정 조직의 간소화, 공기업 민영화, 경영 혁신 등을 개혁의 핵심으로 삼고 전력 산업과 철도 및 통신사업에서 개혁이 이루어졌다. 구조조정은 중앙정부뿐 아니라 지방정부 및 공기업과 같은 곳에서도 광범위하게 진행되었다. 정부 업무를 민간에게 위탁하거나 일부 업무는 민간으로 아웃소싱하는 등의 변화가 일어났고, 공직도 개방형 임용제, 계약직 공무원제, 성과급제 등 다양한 방식을 도입했으며 대통령 소속으로 중앙인사위원회를 신설했다. 여성부도 김대중 정부 시기에 설치되었다. 또한 규제 개혁을 위해 다원화되어 있던 규제 개혁 추진 기구를 일원화하여 1998년 4월 대통령 직속으로 규제개혁추진위원회를 설치하였으며, 정부 산하기관에 대한 개혁도 추진했다(신윤창, 2011: 244-246). 김대중 정부는 공무원 수의 감축, 공기업의 민영화, 정부산하기관의 축소를 통하여 작은 정부를 구현하고자 했지만, 임기 후반 공무원의 수는 취임 때

보다 늘어났다.

노무현 정부는 평등과 균형을 강조했으며, 성장국가에서 복지국가로 이행해 가는 프로그램, 평등과 균형발전의 강조, 과감한 시장개입 등의 특징을 보였다. 또한 투명성, 개방성의 제고, 성과주의 강화, 분권화 촉진, 전자정부 발전, 참여와 협력 촉진, 차별철폐, 정부관리 체제의 연성화 등을 강조했다(오석홍, 2015: 7). 1990년대 중반 이후 증가율이 둔화되거나 감축 추세였던 공무원의 수는 노무현 정부 시기에 다시 대규모로 증원되었다. 작은 정부가 정부 개혁의 목표가 아니었음을 잘 보여주는 것이다(박수경, 2007: 234). 노무현 정부 시기에 특히 중앙－지방정부 간 권한의 재배분이 이뤄졌으며, 지방정부의 자치행정 역량 강화를 위한 조치들이 취해졌다. 또한 국가균형발전위원회와 정부혁신지방분권위원회도 설치되었다. 2006년 7월 1일에는 제주도가 특별자치도로 지정되었다. 공무원 인사관리 관련 기능을 중앙인사위원회로 이관했으며, 행정자치부의 소관 사무에 전자정부 사무를 추가하는 등 전자정부 발전에도 노력했다. 2006년에는 여성부를 여성가족부로 확대 개편했다. 노무현 정부에서는 대통령 직속 위원회를 적극 활용했는데, 그 이전에 비해 대통령 직속위원회 수는 2배 가까이 증가하였다.

이명박 정부의 국정노선은 진보에서 보수로, 평등에서 자유로, 분배에서 성장으로 각각 역점을 이동시키고 작은 정부 구현을 특별히 강조했다. 이에 따라 정부의 기구와 인력을 대폭 통폐합하고 축소하였다. 임기 내내 정부의 감축, 절감은 계속적인 개혁 모토였다. 민간화 촉진과 시장친화적인 규제혁파, 민원사무 감축, 분권화, 지방화 촉진 등을 강조하였다. 이명박 정부에서는 기획예산처와 재정경제부를 기획재정부로 통합했고, 방송통신위원회를 신설하면서 과학기술부, 정보통신부 등을 폐지했다. 이명박 정부에서는 광역단위 행정체계의 개편을 중심으로 한 지방행정체제 개편을 시도했지만 성사되지는 않았다.

박근혜 정부에서는 국민 관점에서 맞춤형 행정서비스를 제공하는 새로운 정부혁신패러다임으로 정부3.0을 선포하면서 개방·공유·소통·협력의 가치를 제시했다. 과학기술, 정보통신기술 포괄하는 '미래창조과학부'를 신설했으며, 2008년 폐지되었던 경제부총리 제도를 부활시켜 기획재정부 부총리직을 설치했다. 세월호 사건 이후 안전행정부 축소, 해경 폐지, 국민안전처 신설했다. 또한 이른바 '관피아 척결'과 '규제 혁파'를 주창했지만 실질적인 성과를 거두지는 못했다.

문재인 정부는 '국민이 주인인 정부'를 국정목표로 삼고 그 실현을 목표로 정부혁신을 추진했다. 정부혁신의 목표는 '참여와 신뢰를 통한 공공성 회복'으로 정했고 구체적으로 사회적 가치 구현, 참여와 협력, 신뢰받는 정부 등 세 가지 과제를 추진했다. 문재인 정부의 행정혁신의 특징은 국민 참여의 강조였다. 이를 위해 국민이 자유롭게 참여할 수 있는 창구로 정부혁신국민포럼을, 그리고 그 제안을 실행에 옮길 민관협의체로 정부혁신추진협의회를 구성하여 운영했다. 그러나 문재인 정부는 '청와대 정부'(박상훈 2018)라고 불릴 만큼 행정부보다는 청와대 비서실을 중심으로 국정을 운영했고, 국민 참여 통로 역시 정부혁신국민포럼보다는 청와대 청원게시판이 보다 더 활성화되었다. 공무원의 수도 13만여 명이 증가하여 김영삼 정부 이래 가장 큰 폭으로 그 수가 늘었다.[5]

윤석열 대통령은 그 자신이 관료 출신이었다. 10.26 이후 잠시 대통령직에 있었던 최규하를 제외하고는 첫 관료 출신 대통령이었다. 「윤석열 정부 110대 국정과제」에서는 '역동적 혁신성장'을 위해 "성장은 민간이 주도하고, 정부는 해야 할 일과 하지 않아야 할 일을 잘 구분해야" 한다고 밝혔다. 규제를 줄이고 민간 부문의 효율성을 높이겠다는 것이었다. 공무원 수도 줄이고 중복된 행정기구의 각종 위원회도 줄이겠다고 했지만, 행정 개혁에 대한 두드러진 성과는 없었다. 윤석열 정부는 보훈청을 국가보훈부로 승격했고, 우주항공청과 재외동포청을 신설했다.

2. 한국정치에서의 관료집단의 영향력

우리 사회에서 일반적으로 공무원이라고 할 때는 관료(bureaucrats)를 지칭하는 경우가 많지만, 공무원은 선출에 의한 공무원(elected official)과 임명에 의한 공무원(appointed official)을 모두 포함한다. 선출직 공무원은 대통령, 국회의원, 지방자치단체장, 지방의회 의원 등 선거와 같은 정치적 과정을 거쳐 권한이

5 https://www.org.go.kr/psncpa/pbsvnt/selectIrds.do.

위임된 공직자를 말한다. 그 밖의 공무원은 일정한 선발 과정을 거쳐 임명된 공직자들을 말한다. 이들은 임용시험과 같은 절차를 거쳐 임명된 경우도 있고, 정치적으로 임명된 경우도 있다. 정치적으로 임명된 경우는 장관, 차관, 청와대 비서, 부지사 등 다양한데 이들은 정무직 공무원으로, 일반 행정을 담당하는 관료 집단과는 구분된다.

그런데 행정이 국가 정책에 미치는 영향이 확대되면서 관료집단의 정치적 영향력이 증대되어 왔다. 정치가 목표를 결정하고 행정이 그 목표를 수행하는 역할을 담당하던 데에서 벗어나 오늘날에는 주요한 정책의 결정, 목표의 기획과 설정 과정에도 관료 집단은 상당한 역할을 맡게 되었다. 행정 권력의 영향력이 증대된 원인은 무엇보다 공공 정책의 확대이다. 1, 2차 세계대전을 거치면서 전쟁이 국가 간 총력전으로 진행되면서 전쟁 물자를 조달하고 전쟁을 수행하기 위한 목적에서 국가의 개입이 확대되었다. 또한 대공황과 같은 경제위기를 극복하기 위해 행정부가 시장경제에 맡겨두는 대신 직접 경제 영역에 개입하고 관리하게 되었다. 또한 제2차 세계대전 이후 서유럽 국가를 중심으로 한 복지국가의 확대는 그 이전까지 민간 차원의 것으로 간주되던 다양한 복지 서비스를 국가가 직접 책임지고 공급하는 방식으로 그 역할이 확대되었다.

그런데 한국에서 관료 집단의 권력이 확대되어 온 것은 이외에도 다음과 같은 원인을 고려할 수 있다. 첫째, 권위주의 체제의 경험이다. 한국의 관료는 권위주의적 과대성장국가를 형성하고 지탱하기 위한 물리적 공권력의 일부로서 확대되어 왔다(고세훈, 2013: 76). 한국은 국가 건설과 경제개발과정에서 관료의 영향력이 컸으나, 오랜 기간 동안의 권위주의 통치로 인해 국회 등을 통한 관료 조직에 대한 정치적 견제와 통제가 제대로 이뤄지지 않았다. 야당뿐만 아니라 시민사회의 참여나 감시도 억제되었다. 이처럼 권위주의하에서 이뤄진 '반(反)정치'는 그 반대급부로 행정의 강화를 가져왔다. 국가 권력을 독점적으로 행사하고자 했던 권위주의 세력은 시민사회 내의 사회 세력이나 제도권 정치의 야당 등의 정치 참여를 배제하거나 억압한 채 관료제에 의존한 통치를 펼쳤다. 이에 대해 관료들은 신분 보장과 물질적 보상의 대가를 지불 받는 대신 권위주의 권력의 통치 수단으로서의 역할을 수행했다(박광주, 2006: 370). 즉, 결국 산업화 시대에 관료제의 한층 향상된 행정 능력은 스스로 '길러진 것'이라기보다는 정치 권

행정 입법

법은 입법부인 국회에서 제정, 개정하는 것이지만, 현실적으로는 행정부도 국회가 법률로 위임한 사항에 대해 제한적으로 입법적인 기능을 행하고 있다. 국회가 법으로 정한 사안 중 법률에서 구체적으로 범위를 정하여 위임한 사항과 법률을 집행하기 위해 필요한 사항에 관하여 대통령령을 발할 수 있으며 (헌법 75조), 국무총리와 행정각부의 장은 소관 사무에 관해 법률이나 대통령의 위임 또는 직권으로 총리령 혹은 부령을 발할 수 있다(헌법 95조). 즉 국회가 만든 법을 실제로 적용하려고 할 때 행정부에 일정하게 행정 입법의 권한을 위임하는 것이다. 현대 사회의 복잡다기함과 전문적, 기술적 진보 등을 고려할 때, 법률에서 상세한 부분까지 규제하는 것보다는 어느 정도 행정의 재량에 위임해야 할 현실적 필요가 있기 때문이다. 그런데 위임입법의 필요성을 인정한다고 해도, 국회가 만든 법률의 적용을 위한 것인 만큼 국회는 행정 입법에 대한 통제권을 지녀야 할 것이다(이하 이현출, 2010: 296-301). 말하자면, 국회는 총론격인 법률을 만들고, 행정부는 각론격인 대통령령 등을 만들어 이 법률을 집행하는 구조인데, 경우에 따라서는 총론과 각론이 충돌하는 일이 일어날 수도 있기 때문이다.[6]

성예진(2005)은 행정입법이 형식적으로는 법률의 범위를 넘어설 수 없는 반응적(reactive) 권한이지만, 헌법과 법률에서 나타나는 입법부-행정부 위임관계와 통제장치의 미비와 같은 제도적 모호성 때문에 실질적 입법 효과를 지닌 전향적(proactive) 권한으로 바뀐다고 보았다.

국회법 98조 2항에 의하면, 행정 입법은 제정, 개정 후 10일 이내에 국회에 제출하도록 하고 있다. 하지만 국회에 제출하지 않거나 시한을 준수하지 않은 경우가 많았다. 더욱이 행정 입법의 구체적 내용이 명확히 규정되어 있지 않은 경우도 많다. 행정부 각 부처에서는 행정 입법을 제출할 때 개정문 이외에 간단한 제안 이유와 주요 골자만을 제출하고 있고, 법규 명령 이외의 행정 규칙의 경우에는 개정문만 제출하는 등 행정 입법의 실체적인 내용을 알 수 있는 자료가 충분히 제출되고 있지 않다. 또한 행정 입법에 대해 검토한 내용을 국회가 강제할 수 있는 수단을 갖고 있지 않기 때문에, 국회의 행정입법에 대한 통제는 미흡한 편이다.

력에 의해 '만들어진 것'이라고 할 수 있다(정승건, 2004: 120).

특히 한국에서 관료조직의 성장은 국가 주도의 경제개발과 커다란 관련성을 갖는데 민주적 정통성을 갖지 못한 과거의 권위주의 정권이 경제개발을 통해 통치의 명분을 찾고 대중적 지지를 이끌어 내기 위해 관료조직에 크게 의존하였기 때문이다, 정치가 억눌리면서 통치에 있어 정당 기능이 약화되었고 사실상 관료조직을 통해 통치가 이뤄져 왔다. 정책 결정에 있어서도 정당보다 비서실 혹은 측근, 관료조직이 중심이 되었고, 이에 따라 관료들은 자문, 집행뿐만 아니라 정치적인 고려를 해야 하는 많은 결정에도 직접 참여하게 되었다. 그러나 비민주적인 정치 체제하에서 정책 결과에 대한 정치적 책임을 묻는 메커니즘은 존재하지 않았기 때문에, 관료들은 정책 결정이나 집행 결과에 대한 정치적 책임에서는 벗어나 있었다.

또한 분단 상황에서 반공과 안보 이데올로기는 흑백논리와 비밀주의를 조장했다. 흑백논리하에서 이론(異論)은 허용되지 않았으며 일방적인 밀어붙이기식의 정책 결정이 주를 이루었고 이러한 결정을 일사불란하게 수행하는 전위세력으로서 관료 집단은 그 영향력을 증대시켜 올 수 있었다. 또한 비밀주의 하에서 관료들은 정보를 독점하게 되었고, 이에 따라 정치권을 포함한 외부의 통제는 사실상 어렵게 되었다(김순양, 1997: 12-13). 민주화 이후 국회의 국정조사, 정보공개 요구 등 제도적 개선을 통해 이런 비밀주의나 흑백논리의 문제점은 상당히 개선되었지만 그럼에도 불구하고 관료집단이 국회를 포함한 다른 사회집단에 대한 정보의 비대칭성은 여전하다고 할 수 있다.

> 예를 들면 한국의 주요 안보 문제에 관한 한 청와대나 국방부 그리고 국정원보다 더 많은 정보와 권한을 가진 개인이나 조직은 있을 수 없다. 국민 개개인의 소득이나 재산에 있어서는 국세청이나 금융 관련 감독 기관이 더 많은 정보를 가진 것과 마찬가지다… 하지만 이 정보들이 투명하고 중립적으로 활용되지 않고 정치적 개입과 이익을 위해 사용될 때 관료들의 정보독점은 재앙이 될 수 있다. 관료들은 종종 자신들이 가진 독점적인 정보나 자료를 악용하거나 오용할 수 있다… 어느 조직이든 관료들의 개인적, 정치적 이익이나 조직의 정치적 이해를 위하여 그들이 가진 정보를 왜곡하여 정치인이나 사회에 제공하기도 하고, 특정 정파에게만 선택적으로 자료와 정보를 공개하는 사례도 드물지 않게 발생하고 있다. 관련 관료들이 선거 기간에 특정 정파에게만 유리한 정보를 공개함으로써 선거 결과에 직접적인 영향을 미치는 사례도 심심치 않게 발생한다 (유상영, 2013: 39-40).

6 이하 http://www.hani.co.kr/arti/politics/politics_general/694049.html "국회법 개정 논란, 법 조항은 읽고 다투는가."(한겨레신문 2015.6.3.) 참조.

둘째, 제도적 요인도 관료제의 영향력 확대의 한 원인이 되고 있다. 우리나라에서는 제헌헌법부터 국회의원뿐만 아니라 행정부에도 법안 제출권을 부여하고 있다. 과거에는 행정부에서 제출한 법안을 중심으로 국회에서의 논의가 대부분 이뤄졌다. 최근 들어 국회의원이 발의한 법안의 수가 크게 늘어나고는 있지만 여전히 실제로 통과되는 법안의 비율은 정부안이 더 높으며, 정책적인 중요성이나 쟁점법안도 행정부 제출 법안이 더 많다. 다시 말해 입법 과정에서 관료들이 성안한 법률안이 보다 중요하게 다뤄지는 것이다. 더욱이 예산의 편성권 역시 행정부에 부여되어 있으며, 국회에서 예산심의는 시간적으로나 물리적으로 한계를 갖는다. 정책 결정이나 예산 편성에서 관료 집단은 매우 강한 권한을 행사할 수 있는 것이다.

이와 관련해서 지적해야 할 문제점은 행정 입법과 관련이 있다. 앞장에서 본 대로, 입법은 국회의 고유 권한이지만 만들어진 법의 실제 집행과 관련해서 행정부에서 훈령, 예규, 고시 혹은 대통령령, 총리령, 부령 등의 행정 입법이 만들어진다. 국회는 제도의 기본방향만 결정하고 세부적인 문제는 전문기술 관료로 조직되는 행정부에 위임하는 방식이다. 행정 입법이 광범위하게 이뤄지는 이유는 법 집행을 위한 전문 기술적 고려로 인해, 혹은 신축적이고 신속한 대응을 위해서 행정 입법이 필요한 탓이다. 사실 우리나라의 경우에는 권위주의 시대의 행정부 우위의 관행이 그대로 유지되어 온 탓이 크다(조정찬, 2011: 8−9). 그런데 우리나라에서의 문제는 미국이나 영국과 달리 한국에서는 행정 입법에 대한 입법부의 통제가 제대로 이뤄지지 않고 있다는 점이다. 행정 입법에 대한 국회의 검토 의견을 관철할 수 있는 강제력도 없다. 그런 점에서 국회의 입법의 취지가 행정 입법에서 제대로 반영되지 않을 가능성이 존재한다.

셋째, 대통령 5년 단임제 역시 관료집단의 영향력을 강화시켰다. 새로운 정부가 들어서 정책적 변화를 시도하더라고 관료들이 과거 자신이 관여한 정책이나 법규에 얽매여 있을 때, 관료들은 정책적 변화를 추구하는 새로운 집권 정치세력을 기만하는 유인을 갖게 된다. 그리고 관료들은 기만의 가능성을 현실화시킬 구조적 능력도 가지고 있다. 첫째, 해당 정책에 대해 정치가보다 우월한 정보력과 전문적 능력 그리고 경험 등을 활용할 수 있는 유리한 위치에 있다. 둘째, 상대적으로 임기가 한정된 정치가에 비해 정년보장이라는 자원을 가지고 있는 관료는 지연(delay)을 통해 정책 변화를 유야무야시킬 수 있기 때문이다(양재진 2003: 268). 사실 이런 일은 우리 대통령제에서만의 현상은 아니다.[7] 그러나 단임 대통령제이기 때문에 미국보다 이런 현상이 더욱 심각하게 나타날 수 있다.

넷째, 정치적 임용된 각료들의 상대적으로 짧은 임기와 관료조직의 연속성은 언제나 전문성이나 업무 관련 지식의 문제에 있어서 관료조직이 우월적인 지위에 있게 해 주는 요인이다(강원택, 2001: 13-15). 특히 우리나라의 각료들의 임기가 그리 길지 않다는 점을 고려하면 관료들의 전문지식은 우리나라 정치에서는 더욱더 강한 영향력을 갖는다. 특히 부서의 책임자가 관료조직 외부에서 충원되는 경우 새로이 임명된 각료는 자신이 통솔하는 관료조직의 지원에 사실상 전적으로 의존할 수밖에 없다. 이 때문에 "장관이 정치적으로 임명되더라도 얼마 지나지 않아 관료들에게 포획(捕獲)되는 일이 발생한다. 부처 소속 차관 이하 관료들은 한 식구이다. 처음부터 한 부처에서 관료 생활을 했기 때문에 유대감이 끈끈하다. 업무에 대한 전문적 지식에 관한 한 정치 관료보다는 기술 관료가 우위에 있다. 업무 수행에 결정적인 역할을 하는, 오랜 기간 형성된 부처 특유의 노하우도 기술 관료들이 훨씬 더 잘 안다. 장관의 임기가 다른 나라에 비하여 유난히 짧기 때문에 관료들은 잠시 거쳐 갈 장관의 지시보다는 자신이 소속된 관료조직의 이해관계에 더 민감하다. 장관이 처음에는 대통령의 의지를 부처에 관철시키는 일을 하다가 나중에는 관료조직의 의견을 대통령에게 전달하는 역할을 하게 되며 이런 경우 국가의 운영이 관료조직의 손아귀에 들어가게 될 가능성이 커진다"(김영민, 2013: 12). 반면 부서의 통상적 업무에 익숙한 기존의 관료 출신은 짧은 임기에도 불구하고 부서 업무 파악을 위한 별도의 학습 시간이 필요치 않기 때문에 부서 업무에 쉽게 적응하고 취임과 동시에 정책을 효율적으로 추진할 수 있다. 앞서 지적한 관료조직이 정치와 접목하게 하는 내부 승진의 관행이, 관료조직의 정치화라는 명백한 문제점에도 불구하고, 짧은 각료

---

7 이론적으로 볼 때는 무게감을 갖는 것이지만, 대통령 지시의 절반은 내각 각료(a cabinet member)에 의해 쉽사리 무시될(safely forgotten) 것이다. 그리고 만약 대통령이 자신의 지시에 대해 재차 묻는다면, 내각 각료는 그 지시가 현재 검토 중이라고 말할 것이다. 대통령이 그 지시가 어떻게 수행되고 있는지 세 번째로 묻는다면, 현명한 내각 각료라면 대통령 지시 사항 중 적어도 부분적인 것이라도 대통령에게 보여줄 것이다. 그러나 가장 중요한 일들을 제외한다면, 대통령이 세 차례나 같은 지시에 대해서 묻는 일은 아주 가끔이나 생겨날 수 있는 것이다(Neustadt, 1990: 36).

임기라는 관행으로 인해 긍정적인 효과를 주는 것으로 받아들여지고 있는 셈이다.

다섯째, 정당의 정책 개발 역량의 취약함이다(강원택, 2001: 10-13). 정책 결정과 집행 결과에 대한 정치적 토론 없이 대통령이 목표를 정하면 관료조직이 행정적으로 이를 실현하는 방식으로 정책이 실행되어 오면서, 관료조직이 사실상 모든 정보 및 인적 자원을 독점하게 되었고, 정당은 정책 결정뿐만 아니라 토의 과정에서도 배제되면서 정책 수립에 필요한 전문적인 역량을 갖추지 못하고 있다. 특히 권위주의 시대의 야당들은 정책 개발을 위한 전문성을 사실상 거의 갖추지 못했다고 해도 과언이 아니다. 그 시절 야당이 집권당의 정책을 비판하고 이에 대한 건전한 대안을 제시하는 등 구체적인 정책의 청사진을 만들어야 할 정치적 필요는 없었다. 여당은 정책 개발 등과 관련하여서는 야당보다는 상대적으로 나은 입장이었지만 정책 개발의 주체는 행정 조직이었고 여당은 정부의 정책이 효과적으로 추진될 수 있도록 국회 내에서 야당의 반대를 누르거나 여론의 지지를 얻어내도록 하는 데 더 큰 기능적 중요성을 갖고 있었다. 정당의 정책 개발 능력의 부재는 민주화 이후에도 크게 달라지지 않았다. 민주화 이후의 선거에서 각 정당은 지역주의에 의한 정치적 동원을 통해 지지를 호소하였다. 지역주의가 성공적인 전략이 되면서 각 정당은 굳이 정책 정당적 성격을 강화시키지 않고도 집권이나 선거 승리에 별다른 어려움을 갖지 않게 되었고, 따라서 정책 개발에 비용과 노력을 들이는 데 소홀해질 수밖에 없었다.

3. 관료제에 대한 민주적 통제

민주화 이후 정치권력은 관료제에 대해 과거 권위주의 군사 정권과 같은 일사분란한 통제력을 행사하기 어렵게 되었다(정승건, 2004: 203). 관료 집단이 과거 권위주의 시대에서와 달리 정치권력의 시녀나 도구로부터 독립하였다는 것은 바람직한 현상이지만, 동시에 민주적 정치권력에 의한 통제마저 어려울 정도로 관료 자율성이 증대하였다는 것은 한국 민주주의에 저해 요인으로 작용하게 된다. 관료제와 민주주의 간의 긴장이라는 전형적 문제 영역으로 한국정치가 진입하게 된 것이다. 여기에서 특히 문제가 될 수 있는 점은 한국 관료제가 여전히 권위주의적 유제(遺制)를 강하게 지니면서, 관료 자율성이 민주적 개혁에 대한 태업(怠業)의 형태로 나타날 수도 있다는 것이다(박광주, 2006: 384).

한국에서의 작은 정부론이 민주화 담론의 일환으로 제기되었다는 사실에 주목할 필요가 있다. 작은 정부론이 1980년대와 1990년대를 통해 서구 사회에서 유행하는 동안 한국에서 진행된 민주화는 이를 국가 권력의 축소라는 관점에서 받아들였다. 권위주의 체제하에서 무소불위의 영향력을 행사해온 관료제를 축소하는 것이야말로 민주적 정부 개혁의 핵심이라고 본 것이다 (박광주, 2006: 396－397). 서구 선진 자본국가들에서의 작은 정부론이 재정 지출의 축소에 주안점을 두었던 데 반해 문민정부하에서의 작은 정부론은 국가의 권한 축소라는 정치적 의미를 더욱 강하게 지녔다(박광주, 2006: 397).

사실 근대 자유민주주의는 애초부터 정부에 대한 불신에서 출발하였기 때문에 정부가 존재하는 한 언제나 큰 정부보다는 작은 정부를 선호하였다. 한국의 경우에도 이미 제1공화국 때부터 관료조직을 개편할 때마다 조직 감축이 단골 메뉴였다. 전두환 정부 이후 노무현 정부를 제외한 한국의 역대 정부는 작은 정부를 줄기차게 주장해왔다. 그러나 아이러니컬하게도 역대 정부에서 정권 초기에는 관료조직을 과감하게 축소하지만 정권 말기에 보면 어김없이 관료조직은 확대되었다. 정권 초기의 의욕적인 개혁이 정권 말기에 다시 개혁 이전의 상태로 돌아가거나 더 상황이 악화되는 과정이 지속적으로 반복되었다(김영민, 2013: 29－30).

그런 점에서 관료조직에 대한 효과적인 정치적 통제는 매우 중요하다.[8] 첫째, 제도적으로 마련된 관료제 통제는 국회, 사법부를 통한 방식이다. 국회가 행정부의 활동을 감시하는 것으로, 국정감사, 국정조사 등의 방식을 들 수 있다. 국정감사는 매년 정기국회 기간에 각 상임위원회 별로 소관 부처에 대한 국정 전반에 관한 감사를 실시하고 있다. 1948년 제헌국회부터 유신 이전까지 지속되었으며, 민주화 이후 다시 부활되었다. 한편, 국정조사는 국회가 특정한 사안

8 박천오, 주재현(2007)은 관료제의 책임과 통제를 위한 방안으로 관료제의 인적 구성을 통한 대표성 확보, 행정조직의 편제를 통한 대표성 확보, 시민참여를 통한 대표성 확보, 성과주의 인사, 관련 법규의 정교화, 엽관인사의 강화, 정부 기능의 민간 위탁 등을 들었다. 여기서는 정치적 통제 방안에 집중한다.

에 대해 조사할 수 있는 권한으로 비정기적으로 실시되며 관련 상임위원회나 조사특별위원회에 의해서 행해진다. 또한 법원의 행정심판 제도를 통해 행정부의 부당한 결정이나 집행으로 국민의 권리나 이익이 침해된 경우 이를 구제받을 수 있으며, 또한 헌법재판소에 대한 헌법소원 등을 통해 행정부의 권한을 견제할 수 있다.

둘째, 정치적 임용에 의해 관료제를 통제하는 방식이다. 엽관제(spoils system)라고 불린다. 엽관 인사는 대통령이 책임 정치의 구현을 위해 상위직에 자신과 신념이 같거나 자신이 신뢰할 수 있는 사람을 정치적으로 임용하는 형식으로 운영된다. 정무직 공무원들은 자신을 임용한 정치 지도자의 정책 이념이나 정책 방향에 충실하고자 한다. 그것이 자신을 임용한 정권이 다음 선거에서 승리할 수 있게 하고 자신의 기득권을 유지할 수 있는 길이기 때문이다. 따라서 엽관인사의 핵심적 요소는 정치적인 '주인'인 정권의 명운과 정무직 공무원의 임기 또는 보직을 연계시키는 것이라고 할 수 있다. 선출직 공직자, 특히 대통령제하의 대통령, 의원내각제의 수상/장관 등의 입장에서는 자신에게 전달되는 정보의 원천이 직업 관료들에 국한될 경우, 정보 협착으로 인해 부하 관료들에 대한 통제를 수행하는 데 제한을 받을 수 있다. 이 경우 정무직, 또는 별정직 공무원은 경력직 공무원과 구분되는 또 하나의 정보 원천이 됨으로써 관료들에 대한 집권층의 권력을 증대시키고 통제력을 높이는 기능을 수행할 수 있다(박천오·주재현, 2007: 239)

셋째, 집권당을 통한 통제 방식이다. 집권당과 행정부 간의 정책 협의를 통한 통제이다. 집권당은 대통령을 배출하고 인적으로 행정부의 내각을 구성하는 한편, 독자적으로 정책안을 만들고 정부의 정책을 지지하거나 비판함으로써 관료제에 대한 견제와 통제를 가한다. 또한 집권당은 정부와의 공식, 비공식 정책 협의를 통해 주요 국가 정책의 방향과 내용을 공유하고 그 책임을 함께 나누게 된다(양재진, 2003: 269－270). 특히 한국의 경우에는 제3공화국 이후 당정협의를 통한 국정 운영이 중요한 관행으로 자리 잡아 왔다. 그런 점에서 집권당은 정책 결정과 통치 과정의 주변적 위치에서 중심적 위치로 이동해야 한다. 사실 당정협의회 제도가 있어도 여당이 제대로 역할을 할 수 없는 경우도 적지 않다.

> 보통 정부에서 하루 전에 당정회의 자료를 국회에 준다. 며칠 전에 회의 자료를 주는 일은 드물고, 심지어 회의 당일 아침에 주는 일도 있다. … .정부안은 장시간에 걸친 부처 협의와 용역 사업을 거쳐 면밀하게 검토된 안이다. 의원이 그 자리에서 문제제기를 하기도 쉽지 않고, 한다 하더라도 통계나 논리에서 준비된 정부 측에 밀리기 마련이다. 그리고 이렇게 당정협의를 거친 법률안이나 정책은 여당 국회의원의 입법활동을 구속한다. 정부 측에서 "이미 당정 협의가 끝난 건입니다"라고 말하면 여당 국회의원은 반대하기 쉽지 않다(정광모, 2007: 189).

또한 집권세력의 이념과 비전을 실현하기 위해 걸맞은 인재를 적재적소에 배치, 공약 실현을 주도할 필요가 있다. 즉 정당 출신 정치인들이 각 부처의 장차관뿐만 아니라 차관보급의 보직도 맡을 필요가 있다는 것이다. 한두 사람의 정치인이 담당 부처를 장악하기 어렵기 때문이다. 대통령은 관료기구가 아니라 정당을 중심세력으로 하여 국정을 운영할 필요가 있다(이정복, 2001: 203). "책임 정치의 맥락에서 집권당과 행정부 간의 당정 협의는 보완하여 지속될 필요가 있다. 관료제를 통제하여 책임 정치를 구현할 수 있는 수단 중 하나인 한국의 당정협의제도가 권위주의 청산이라는 시대과제 속에 사라져 버리는 우를 범해서는 안 될 것이다"(양재진, 2003: 283).

넷째, 대통령 비서실의 확대도 관료 통제라는 관점에서 이해할 수 있다. 5년 단임과 정권 교체의 가능성으로 인해 과거 박정희 시대처럼 관료 조직이 일사불란하게 대통령의 리더십에 따라올 것으로 기대하기 어렵게 되었다. 국회나 언론, 관련 이익단체의 눈치를 보거나 복지부동하는 관료들에게 전적으로 의존할 수 없기 때문에 비서실이 직접 나서야 하는 경우가 있다. 부처 간 상이한 이해관계를 조정하고 일관성 있게 정책을 추진하기 위해서는 비서실이 전반적인 정책의 틀을 짜고 정책을 조정해 갈 필요성이 존재한다. 이처럼 관료기구와 별도로 독립적인 정보력과 전문 능력을 키우기 위해 대통령 비서실 등이 확대되고 제도화되는 경향이 있다(양재진, 2003: 268). 그러나 비서실의 지나친 비대화는 옥상옥(屋上屋), 집행 부서와의 마찰 등 여러 가지 문제점으로 바람직하다고 보기 어렵다.[9] 이런 문제점은 '청와대 정부'라는 비판을 받았던 문재인 정부 때 확연히 드러났다.

다섯째, 시민사회를 통한 관료 통제의 방안도 있다. 시민들이 정책의 결정과 집행 과정에 참여하면서 행정 통제를 실시하는 것이다. 지방자치단체에서 실시하고 있는 주민참여제도가 대표적인 예가 될 수 있다. 또한 민주화 이후 활발해진 각종 시민단체의 활동 역시 관료 통제를 위한 중요한 수단이 될 수 있다. 이와 함께 옴부즈만(Ombudsman) 제도를 들 수 있다. 행정 관료에 대한 불만, 고충이나 민원을 시민으로부터 제기받아 그것을 조사하여 관계 기관에 시정을 요구하는 방식이다. 스웨덴에서 처음 실시하였으며 우리나라에서는 각 행정기관의 민원상담실 등이 일종의 옴부즈만 방식으로 볼 수 있으며, 국민권익위원회나 국가인권위원회도 일종의 옴부즈만의 역할을 담당하는 기관으로 볼 수 있다.

관료제가 자기 이익 실현에 유리하도록 정치권력의 요구를 무산시키는 '관료제의 자율성'은 정치권력의 관료제에 대한 통제력이 약화되거나 관료제 의존성이 증대할수록 커지게 된다. 관료제가 효율성과 역량을 발휘할 수 있도록 하기 위해서는 적절한 정치적 통제 방안의 마련이 중요하다.

4. 소결

우리의 경우 전통적인 왕조 통치와 식민지 통치에 따른 일원적 통치 체제의 유산, 권위주의 체제 유지를 위한 억압적 행정기구의 발전, 정부 주도의 경제 발전과 근대화 추진 등의 역사적 경험으로 인해 관료의 정치적 영향력이 매우 큰 것이 사실이다. 특히 권위주의 시대에 관료조직은 통치자의 정치적 비호 아래서 사회와 분리되는 매우 강력한 자율성을 확보했다. 당시에는 의회를 통한 관료제의 통제도 제대로 이뤄지지 않았다.

민주화 이후 시민사회의 활성화, 국회 및 사법부의 권한 강화 등으로 이전에 비해서 관료 통제는 어느 정도 제도화되었다. 그러나 동시에 단임 대통령제, 정당의 약한 정책 역량 등의 요인으로 인해 정치권력의 관료제에 대한 효과적인 통제가 제대로 이뤄지지 못하는 현상도 나타나고 있다. 효율성과 정책 집행이 우선시 되는 관료의 입장과 그러한 정책 집행으로 인해 피해를 보거나 불리

9 "강원택의 퍼스펙티브: 비서실 중심 국정 운영, 제왕적 대통령 우려된다"(중앙일보, 2018. 6. 28)

한 입장에 놓이게 되는 주민의 입장, 그리고 의도하지 않은 정책 부작용에 대한 검토와 논의는 정치적 대표자를 통해서 반영될 수 있다. 더욱이 민주화되고 다원화된 사회에서는 효율성의 관점에서 살펴보는 관료조직의 검토와 판단만으로는 올바른 정책적 대안이 만들어질 수 없다. 정치적 책임성이라는 측면에서도 관료조직에 대한 적절한 정치적 통제, 민주적 책임성의 확보는 매우 중요한 일이다.

최근 들어 정권교체 때마다 전임 정부와의 차별화 시도와 함께, 공공기관장 등 전임 정부가 임명한 공무원에 대한 정치적 해임 유도, 보복성 인사, 비전문가 임명 등으로 직업공무원제, 실적주의, 중립성 등의 원칙이 침해되는 경우가 나타나고 있다(한승주, 2025: 8-9). 정권교체가 관료제의 안정성을 해치지 않도록 하기 위한 제도와 관행의 개선이 필요하다.

06

사법부

민주주의는 자정 장치가 정상적으로 기능하고 그에 관한 제도적 신뢰가 존재하는 한, 갈등과 긴장을 극복하고 최선의 대응책을 발견하는 데 뛰어난 적응력을 갖춘 정치체제이다. 피청구인은 현재의 정치상황이 심각한 국익 훼손을 발생시키고 있다고 판단하였더라도, 헌법과 법률이 예정한 민주적 절차와 방법에 따라 그에 맞섰어야 한다. 그러나 피청구인은 국가긴급권 남용의 역사를 재현하여 국민을 충격에 빠트리고, 사회·경제·정치·외교 전 분야에 혼란을 야기하였다. 국민 모두의 대통령으로서 자신을 지지하는 국민의 범위를 초월하여 국민 전체에 대하여 봉사함으로써 사회공동체를 통합시켜야 할 책무를 위반하였다. 헌법과 법률을 위배하여, 헌법수호의 책무를 저버리고 민주공화국의 주권자인 대한국민의 신임을 중대하게 배반하였다. 그러므로 피청구인을 대통령직에서 파면한다. －사건 2024헌나8 대통령(윤석열) 탄핵 결정문

1. 사법부의 기원과 변천

일제 시대에 사법부는 조선총독부의 직속 기관으로 지방법원, 복심(復審)법원, 고등법원의 3심제로 구성되어 있었다. 조선총독부는 1938년 당시 11개의 지방법원과 48개의 지청, 3개의 복심 법원, 1개의 고등법원을 두고 있었다. 반공과 치안의 확보, 당분간의 현상유지를 당면과제로 인식하고 있던 미 군정은 일제 시대의 법원 구조를 대체로 그대로 수용했는데 일제 시대의 재판소들을 군정 장관 직속의 법무국(후에 사법부로 재편) 산하에 두었다. 대법원장으로 김용무, 검찰총장으로 이인, 그리고 사법부장으로 김병로 등을 선택했으며, 일본인

사법관리들이 물러간 자리의 대부분이 일제 시대의 판사, 검사, 사법관 시보, 서기의 경력을 가진 자로 채워졌다. 사법 고위직은 항일변론활동으로 신망이 높은 재야법조인을 앉히고, 그 아래는 식민지 법조 경력자들로 충원하는 방식이었다(차동욱, 2009: 323). 미 군정은 경성고등법원을 Supreme Court, 복심 법원을 Court of Appeals로 불렀고, 이에 따라 경성고등법원은 대법원으로, 복심법원은 공소원으로 각각 개칭되었다. 당시 남한 지역에는 경성공소원과 대구공소원 등 두 개의 공소원과 9개의 지방법원과 지청이 있었다(이정복, 1993: 40). 미 군정은 법원을 행정기구로부터 독립시키기 위한 작업을 시작하여 1947년 9월에는 법원 재조직의 초안을 마련하였고 1948년 5월 4일 법령 제192호로 법원조직법을 확정시켰다. 이 법에 따라서 법원행정은 사법부에서 대법원으로 이관되었고 법원은 대법원, 고등법원, 지방법원, 간이법원의 4종을 두었다. 이외에 미군정은 지방법원의 지원으로 소년부를 신설하였다. 대법원에는 11명 이내의 대법관을 두었다(이정복, 1993: 41). 이를 기반으로 대한민국 정부 수립 이후인 1949년 9월 26일 공포된 법원 조직법에 따라서 대법원을 상고심, 고등법원을 항소심, 지방법원을 제1심으로 하는 오늘날의 사법제도가 확정되었다.

제헌헌법에서 대법원장은 대통령이 임명하고 국회의 승인을 얻도록 했다. 연방법관의 경우 종신직인 미국과 달리 10년의 임기 제한을 두었다. 초대 대법원장으로 김병로가 임명되었다. 또한 위헌심사권은 대법원이 아니라 별도의 헌법위원회에 부여하였는데, 헌법위원회는 부통령을 위원장으로 하고 대법관 5인과 국회의원 5인으로 구성하도록 했다. 또한 1949년 입법된 최초의 법원조직법에서는 법관회의를 두도록 했다. 즉, "대법관의 임명 및 대법원장의 보직은 대법원장과 대법관 및 각 고등법원장으로 구성된 법관회의의 제청으로 이를 행한다"고 하여 대법원장의 보직에 관하여 법관회의의 제청을 거치게 하고 있었다. 이는 사법권의 독립을 위하여 매우 중요한 의미를 가지는 규정이었다(이헌환, 2008: 93).

그러나 제1공화국 시대의 법원은 일부 사건의 재판 결과에 대해 이승만 대통령의 노골적인 불만 표시로 대통령과 사법부 간의 갈등이 표면화되었고 사법권 독립의 문제가 첨예하게 대두되었다. 1957년 김병로 대법원장의 정년퇴임과 대법관들의 임기 종료는 이승만의 본격적인 사법부 장악을 알리는 신호였다. 법

조봉암과 진보당 사건

1956년 정부통령 선거에 출마한 조봉암은 민주당 신익희 후보가 선거 직전 급사하면서 유일한 야당 대통령 후보가 되었고 선거 결과 약 220만 표를 얻었다. 이승만의 경쟁자로 떠오른 조봉암은 1958년 1월 진보당 간부들과 함께 구속되었다. 진보당의 정강 정책이 북한이 주장하는 평화통일노선과 합치된다는 이유였다. 2월 20일 육군 특무대와 검찰은 '조봉암과 접선한 거물급 대남 간첩 양명산을 검거했다'고 발표했다. 양명산이 북한의 지령에 따라 남북을 왕래하면서 대남공작금을 진보당 정치자금으로 제공하고 북한의 평화통일론을 주장하도록 했다는 것이다. 2월 25일에는 진보당의 등록이 취소되어 불법화되었다. 검찰은 조봉암과 양명산에 대해 사형을, 다른 피고인들에게는 징역 12년 이상의 중형을 구형했다. 그런데 7월 2일 1심에서 유병진 판사는 가장 큰 논쟁거리였던 평화통일론과 간첩죄에 대해 무죄를 선고했다. 다만 조봉암이 양명산으로부터 혁신세력 확대, 미군 철수운동 추진 등의 제의를 받고 금품을 수수했다는 점과 무기 불법소지 부분은 유죄로 보아 양명산과 같이 각 징역 5년이 선고되었다. 나머지 피고인 중 4명에게는 징역형의 집행유예, 17명에게는 무죄가 선고되었다. 1958년 7월 5일 정오가 가까워질 무렵, 자칭 반공청년 200여 명이 "용공판사 유병진을 타도하라!"는 구호를 외치면서 법원 정문으로 난입했다. '진보당사건 판결 규탄 반공청년 총궐기대회'라고 쓴 플래카드를 앞세우고 밀려든 그들은 지프차에 장착한 마이크를 통하여 "공산당 자금을 받은 조봉암 일파를 간첩죄로 처벌하라!"고 요구했다. 또한 유병진 판사는 용공판사가 분명하니 즉각 해임하라고 요구했다. 1958년 9월 4일, 이 사건의 항소심 공판이 열렸다. 주심이자 재판장은 김용진 부장판사, 배심은 조규대, 최보현 판사였다. 그런데 양명산이 그동안의 진술을 번복하고 특무대에서 시키는 대로 했을 뿐 조봉암은 죄가 없다고 주장했다. 그러나 10월 25일의 2심 선고 공판에서 조봉암, 양명산에게 간첩죄와 국가보안법을 적용하여 사형을 선고했고, 다른 피고인들에게도 모두 유죄가 선고됐다. 1959년 2월 20일 대법원 공판에서 조봉암은 간첩죄와 국가변란, 양명산은 간첩죄로 사형을 선고했으나, 나머지 피고인들에게는 모두 무죄를 선고했다. 변호인들이 낸 재심 청구가 7월 30일 기각되었고 그 다음날 사형이 집행되었다. 2008년 조봉암의 후손들은 재심을 청구했고, 2011년 1월 20일 대법원은 전원일치의 찬성으로 조봉암에 대한 종전의 사형판결을 뒤집고 무죄를 선고했다.[1]

1 기획 일반[의혹과 진실 – 한승헌의 재판으로 본 현대사](8) 진보당 사건과 조봉암(상, 중, 하)(경향신문, 2014. 11. 24 / 2014. 12. 1. / 2014. 12. 8)

관회의가 후임 대법원장을 두 차례에 걸쳐 제청하였음에도 불구하고 이승만은 5개월 간 임명을 거부하다가 결국 자신이 원하는 조용순을 2대 대법원장으로 임명하였다. 조용순은 취임에 즈음하여 "법관이라 하여 국가 목적 달성에 관한 숭고한 정신을 망각"해서는 안 되며 "국가 목적하에 3권이 귀일(歸一) 통합되도록 힘써야 한다"고 훈시했다. 이승만은 더욱이 법관회의의 대법원장 임명 제청 권한을 삭제하기 위해 법원조직법 개정을 시도하기도 했다. 1958년 법관 연임법 제정 이후 일부 법관의 연임 제청에 대해 거부함으로써 법관 인사에 대한 간섭을 더욱 노골화하였다(차동욱, 2009: 325－326). 이승만 정권하에서 개별 판사의 소신 판결이 없지는 않았지만 전체적으로 사법부는 이승만의 지배체제를 뒷받침하는 역할을 했다.

제2공화국에서는 사법부의 독립을 보장하기 위해 대법원장과 대법관을 법관의 자격이 있는 자로 조직되는 선거인단이 선거하고 대통령이 이를 확인하도록 하였고, 기타의 법관은 대법관회의의 결의에 따라 대법원장이 임명하도록 규정하였다. 법률의 위헌여부 심사, 헌법에 관한 최종적 해석, 국가기관 간의 권한쟁의, 정당의 해산, 탄핵 재판, 대통령, 대법관의 선거에 관한 소송은 대법원이 아니라 헌법재판소가 관장하게 하였다(이정복, 2008: 49). 그러나 5.16 군사정변으로 이러한 제도 개혁은 무산되었다.

5.16 이후 군사정부는 계획화, 효율화, 합리화에 입각한 사법 행정의 '근대화'를 기치로 했으며 이에 따라 재판의 신속한 운영과 기강의 확립, 반공체제의 강화를 위한 법규의 정비를 추진했다. 이를 위해 군사행정전문가들이 법무부와 법원에 배치되었다. 1962년에 사법관시보 제도를 폐지하고 사법대학원의 소정 교육과정을 거쳐 판검사를 임용하도록 했으며 1963년 사법시험 시행령에 의해 고등고시 사법과가 폐지되고 사법시험제도가 도입되었다(차동욱, 2009: 327).

제3공화국 헌법에서 대법원장은 법관추천회의의 제청에 의해 대통령이 국회의 동의를 받아 임명하도록 했다. 대법원장과 대법관을 대통령이 지명하고 의회 인준을 받도록 하는 것보다 외형적으로 사법부의 독립성과 자율성을 보

---

http://news.khan.co.kr/kh_news/khan_art_view.html?artid=201411232156575&code=210100
http://news.khan.co.kr/kh_news/khan_art_view.html?artid=201411302204025&code=210100
http://news.khan.co.kr/kh_news/khan_art_view.html?artid=201412072151105&code=210100

장하는 방식이라고 할 수 있다. 법관추천회의는 법관 4인, 변호사 2인, 대통령이 지명하는 법학 교수 1인, 법무부 장관과 검찰총장으로 구성하도록 했다. 또한 대법원 판사는 대법원장이 법관추천회의의 동의를 얻어 제청하면 대통령이 임명하도록 했고, 그 밖의 법관은 대법원 판사회의 의결을 거쳐 대법원장이 임명하도록 했다. 또한 위헌법률심사권과 위헌정당해산권의 기능을 대법원에 부여했다. 헌법재판소는 폐지되었다. 대법원장 임기는 6년으로 했고 연임은 허용하지 않았다. 그 이외 법관의 임기는 10년이며 연임이 가능도록 했다. 비교적 사법부의 독립과 자율성이 보장된 제도라고 할 수 있지만, 현실적으로는 그렇지 못했다. 대법원장과 대법관의 임명에서 법관추천회의는 별다른 역할을 하지 못했다.

제3공화국에서도 사법부의 소신 있는 판결이 나오기도 했으나 반공과 경제개발이란 당시의 지상명제로 인해 정치적 공격과 테러의 대상이 되었다. 한일회담 반대 시위, 동백림 사건 등에서 법원 판결에 불만을 품은 무장 군인이 법원에 난입하거나 용공 판사를 처단하라는 괴벽보가 붙기도 했다(차동욱, 2009: 327). 제3공화국 당시 헌법상 자율성과 권한이 사법부에 주어졌지만 박정희는 사법부의 견제를 전혀 받지 않고 독주할 수 있었다. 제3공화국 시대의 대법원은 위헌심사권을 가지고 있었지만 미국의 대법원과는 달리 대통령의 통치 행위와 법률에 대한 위헌심사권 행사에 있어 매우 소극적이었다. 대법원은 대통령의 계엄선포 행위, 위수령, 휴교령 등과 같은 통치 행위의 정당성 여부는 국회가 판단할 문제라고 판시하였고, 중앙정보부의 정치 사찰과 공작의 합헌성 여부에 대한 문제는 전혀 고려조차 하지 않았다. 하급 법원이 법률의 위헌 판결을 내린 경우에도 대법원이 위헌판결을 내리는 데에는 극히 신중하였다. 1971년 말의 '국가보위에 관한 특별조치법'도 대통령에게 사전적 긴급조치권을 초헌법적으로 부여했기 때문에 합헌성 여부에 대한 논란이 있었으나 대법원은 이를 다루지 않았다. 제3공화국 시대 말에 판사들이 사법파동 등을 통해 사법권 독립 수호 결의를 하기도 하였지만 이는 재판에 있어 그들의 독립권을 주장한 것이지, 우리 대법원이 미국의 대법원처럼 정치적 역할을 하고 민주적 정치질서 수호에 일익을 담당해야만 된다는 주장을 한 것은 아니었다(이정복, 2008: 59－63).

유신헌법은 제3공화국 시대의 법관추천회의제도를 없애고 대통령에게 대

인혁당 재건위 사건

1964년 8월 14일 중앙정보부는 "대한민국을 전복하라는 북한의 노선에 따라 움직이는 인민혁명당이란 반국가단체가 각계각층의 인사들을 포섭, 당 조직을 확장하려다가 발각되어 체포되었다"고 발표했다. 1심에서는 2명에게 유죄, 나머지 11명은 무죄가 선고되었으나, 1965년 5월 29일 항소심 공판에서는 피고인 전원에게 유죄 선고를 내리고, 6명에게 징역 1년, 나머지 사람들에게는 징역 1년에 집행유예 3년을 선고했다. 이를 '인혁당사건'이라고 한다.

1972년 10월 17일 유신헌법이 선포된 이후 유신반대투쟁이 전국으로 확산되었다. 중앙정보부는 투쟁을 주도하던 민청학련(민주청년학생연맹)의 배후로 이른바 '인민혁명당 재건위원회'를 지목했고, 반국가단체를 결성했다는 이유로 긴급조치 1호 및 국가보안법 위반 등의 혐의로 23명이 구속되었다. 이 중 도예종·하재완·여정남·김용원·서도원·송상진·이수병·우홍선 등 8명은 사형을 선고 받았고, 나머지 15명도 무기 징역에서 징역 15년까지 형을 선고받았다. 사형선고를 받은 이들 8명은 법원 확정 판결이 내려진 지 불과 18시간 만인 1975년 4월 9일 형이 집행되었다. 이를 '인혁당 재건위 사건'이라고 부른다.

이 사건은 32년이 지난 후에서야 재심을 통해 법원 스스로 사법살인임을 자인했다. 즉 2007년 1월 23일 법원은 '인민혁명당 재건위원회' 사건 재심공판에서 이미 고인이 된 피고인 8명 에게 적용된 긴급조치 위반, 국가보안법 위반, 내란 예비음모, 반공법 위반 혐의의 모든 사안에 대해 무죄를 선고했다. 당시 수사기관이 작성한 피의자 신문조서와 진술서가 조작되었거나 강압적인 상태에서 작성되었다는 사실을 인정해 증거로 채택할 수 없다고 보았다. 이 사건은 철저히 조작되었으며, 당시 법원의 판결도 잘못되었다는 점을 확인한 것이다. '인민혁명당재건위' 사건은 스위스 국제법학자협회가 '사법사상 암흑의 날'이라는 성명을 내기도 했다. 정권안보 차원에서 정보기관이 고문과 조작을 통해 혐의를 날조하고, 검찰과 법원 또한 이에 동조한 '사법살인'이라는 점에서 부끄러운 사건이었다(허일태, 2007: 106-108).

법원장과 대법원 판사를 비롯한 모든 법관들의 임명권을 부여하였다. 유신 때의 대법원장은 6년의 임기를, 대법원장이 아닌 모든 법관은 10년의 임기를 각각 가지고 있고 연임될 수 있었기 때문에 그들은 대통령으로부터 독립적일 수 없었다. 유신시대의 모든 법관은 1973년 4월 30일까지 재임용 절차를 밟았고 그들 중 상당수가 재임명에서 탈락했다(이정복, 2008: 76). 또한 대법원의 위헌법률심사권도 폐지했다.

특히 1974년 1월 8일 '유신헌법에 대한 일체의 개헌 논의의 금지'를 규정한 긴급조치 1, 2호가 발동된 이후 유신체제는 사실상 긴급조치에 의해 통치되었다. 1975년 5월 유신헌법에 대한 어떠한 반대도 금지하고 영장 없이 체포할 수 있게 한 긴급조치 9호는 유신 종식 때까지 유지되었고 수많은 사람들의 기본권이 침해되었다. 그러나 "긴급조치 시대에 법원은 국민의 기본권 보호를 외면하고 박 대통령의 독재 의지를 존중하였다. 긴급조치 1,2,3,4,5호 위반자들은 모두 비상군법회의가 1,2심을 하고 상고심만 대법원이 맡았고 긴급조치 7호와 9호 위반자들은 1심부터 일반법원이 재판을 했다. 1974년 9월 7일까지 긴급조치 위반으로 군법회의에서 재판을 받은 피고인 203명 중 98명만이 대법원에 상고하였고 나머지는 대법원에 상고해봐야 아무 소용이 없다는 판단에서 항소상고를 포기했다. 긴급조치 7호와 9호 위반자들에 대한 일반 재판에서도 조금이라도 독립성을 보인 판사들은 보직에 불이익을 받거나 법복을 벗을 수밖에 없었기 때문에 대부분의 판사들은 박 대통령의 독재 의지를 존중하는 판결을 내렸다(이정복, 2008: 77－78).[2]

사실상 유신체제의 연장인 제5공화국에서는 유신 때와 마찬가지로 대법원장과 대법원 판사에 대한 실질적인 임명권을 가졌다. 대법원장과 대법원 판사의 임기는 각각 5년으로 단축되었고 대법원 판사는 연임이 가능하였다. 그 이외의 법관에 대해서는 대법원장에게 임명권을 부여한 것이 유신헌법과 다른 점이었다(이정복, 2006: 683). 그런데 박정희 대통령 시해사건과 관련하여 김재규에게 내란죄를 적용할 수 없다는 소수 의견을 낸 대법관 6명 중 5명이 1980년 8월 전두환의 신군부 세력에 의해 강제 사직되었고, 나머지 한 명도 재임용에서 탈락했다. 이후 2명의 대법관이 임명되었고, 이들은 김대중 내란음모 사건에 대한 재판에 참여하게 되었다. 김대중 사건에 대해서 대법원은 고등군법회의의 사실인정과 법률적용 등에 문제 제기하는 변호인들의 주장을 모두 배척하고 계엄사

2 민주화 이후 대법원과 헌법재판소는 경쟁적으로 유신시대의 긴급조치를 위헌으로 판결했다. 대법원은 2010년 12월 16일 긴급조치 1호를 국민의 기본권을 침해했기 때문에 위헌에 해당되어 무효라고 판결했고, 2013년 3월 21일 헌법재판소는 긴급조치 1, 2, 9호에 대해 위헌 결정을 내렸다. 그리고 대법원은 2013년 4월 18일 긴급조치 9호에 대해, 2013년 5월 16일에는 긴급조치 4호에 대해 각각 위헌, 무효 판결을 내렸다.

의 수사 결과를 그대로 반영한 원심대로 판결을 확정하고 상고를 모두 기각했다. 김대중 내란 음모 사건은 신군부의 정권 장악 과정에서 의도적으로 행해진 정치 재판이었으며 법원은 이를 형식적으로 정당화시켜 주는 기능을 했다. 이처럼 과거 권위주의 정권하에서는 사법부가 국가 권력의 횡포로부터 국민의 기본권을 보호하는 역할을 제대로 하지 못했다. 이 때문에 사법부의 정치적 중립성에 대한 불신감이 뿌리 깊었다(차동욱, 2009: 329-331).

민주화 이후 개정된 1987년 헌법에서는 유신 이전 제3공화국 헌법에서 규정했던 법관추천회의 대신 대통령이 국회의 동의를 얻어 임명하도록 했다. 또한 대법관은 대법원장의 제청으로 국회의 동의를 얻어 대통령이 임명하도록 했고, 대법원장과 대법관이 아닌 법관은 대법관회의의 동의를 얻어 대법원장이 임명하도록 했다. 대법원장의 임기는 6년으로 하며 중임할 수 없지만, 대법관은 6년이지만 연임할 수 있도록 했다. 이외의 법관의 임기는 10년으로 하며 연임할 수 있도록 했다. 1987년 헌법 개정에서 주목할 점은 권위주의 시절 유명무실했던 헌법재판제도의 현실화였다. 이후 헌법재판제도가 활성화됨으로써 헌법재판소가 국가정책결정과정의 중요한 행위자로 등장하게 되었다(김종철, 2005: 231).

2. 헌법재판소

헌법재판을 담당하는 기구는 제헌헌법 제정 때 이미 설치가 되어 있었다. 제헌헌법은 헌법위원회를 두어 위헌법률심판을 담당하게 했다. 제헌헌법(81조)에서는 법률이 헌법에 위반되는 여부에 대해서는 법원이 헌법위원회에 제청하여 결정을 내리도록 했다. 헌법위원회는 부통령을 위원장으로 하고 대법관 5인과 국회의원 5인의 위원으로 구성하도록 했으며, 헌법위원회에서 위헌결정을 할 때에는 위원 3분의 2 이상의 찬성을 필요하도록 했다. 헌법위원회는 1950년부터 업무를 시작하였는데 그 활동은 미미하여 10년간 단지 6건의 위헌법률심판사건을 처리하는 데 그쳤고 그 중 2건에 대해 위헌 판결했다.[3]

3 농지개혁법 제18조 제1항 후단 및 제24조 제1항 후단, '비상사태하의 범죄처벌에 관한 특별조치령' 제9조 제1항에 대해 위헌결정을 내렸다.

제1공화국이 4.19와 함께 붕괴하고 제2공화국이 들어서면서 헌법위원회를 없애는 대신 헌법재판소제도를 도입하였다. 이에 따라 헌법재판소법이 1961년 4월 17일 제정되었다. 헌법재판소는 위헌법률심판, 권한쟁의심판, 정당해산심판, 탄핵재판, 대통령, 대법원장, 대법관의 선거에 관한 소송심판 등을 담당하여 현재의 헌법재판소와 그 역할이 거의 비슷하였다. 당시 헌법재판소는 법원에 계속 중인 사건에 관하여 법원 또는 당사자가 헌법에 관한 해석을 제청하였을 때 결정을 통하여 헌법을 최종적으로 해석하는 권한도 있었다. 헌법재판소는 9명의 재판관으로 이루어졌으며 재판관의 임기는 6년이었으며, 제1공화국의 헌법위원회와 달리 상설기관이었다. 그러나 헌법재판소가 구성되기도 전에 5.16 군사정변의 발발로 제2공화국이 무너지면서 실현되지 못했다.

제3공화국에서는 별도의 헌법재판기관을 두지 않고 대법원으로 하여금 위헌법률심판과 정당해산심판, 선거소송심판을 하도록 하였고 탄핵심판은 탄핵심판위원회가 맡도록 하였다. 탄핵심판위원회의 설치와 권한 및 절차를 규정하기 위하여 1964년 12월 31일 탄핵심판법을 제정하였다. 탄핵심판위원회는 대법원장을 위원장으로 하고 대법원판사 3인과 국회의원 5인의 위원으로 이루어졌다. 그러나 헌법 재판은 사실상 거의 이뤄지지 못했으며 1971년 국가배상법과 법원조직법에 대하여 위헌판결을 선고한 것이 전부였다. 그러나 이러한 위헌판결은 이에 대한 박정희 정권의 보복과 그로 인한 제1차 사법파동으로 이어지게 되었다(글상자 참조).

1972년 유신이 선언되면서 자유민주주의적 질서는 사실상 종말을 고했다. 헌법 재판의 경우 기존의 대법원이 법률에 대한 위헌여부에 대한 심사를 하던 권한을 없애고, 다시 헌법위원회를 두어 위헌법률심판, 탄핵심판, 정당해산심판을 맡게 하였다. 헌법위원회는 6년의 임기를 가진 9인의 위원으로 구성하고 대통령이 그들을 임명하도록 했다. 9인 중 3인은 국회에서 선출하고, 3인은 대법원장이 지명하는 자를 임명하도록 했다. 그러나 당시 헌법위원회법은 지방법원이나 고등법원이 어떤 법률이 헌법에 위반된다고 판단하여 위헌법률심판을 제

이하 헌법재판소에 대한 약사(略史)에 대해서는 헌법재판소 홈페이지 http://history.ccourt.go.kr/cckhome/history/open/history_trial.do#tab1(검색일 2014. 5.12) 참조.

제1차 사법파동

11971년 6월 검찰은 서울형사지법 이범렬 부장판사, 최공웅 판사, 이남영 서기 등 3명에 대한 구속영장을 청구했다. 이들이 반공법 위반 항소심 사건의 증인신문을 위해 출장을 간 제주도에서 변호사로부터 항공료, 숙박비, 술값 등의 명목으로 9만 7,000원 상당의 금품을 받았다는 것이 청구 이유였다. 구속영장은 다른 법관들에 의해 거부되었지만 검찰은 영장을 재청구했고, 전국 법원에서 다수의 판사들이 항의의 표시로 집단으로 사표를 제출하면서 사법파동이 일어나게 되었다. 재야법조계, 국회, 그리고 여론의 반발 속에 박정희는 법무부 장관에게 판사에 대한 수사 중지를 지시했고, 대법원장의 주재하에 법원 내 자체 수습 형식으로 문제가 된 판사들을 사임시키고 사법 파동은 1개월 만에 마무리되었다.

사법부가 박정희 정권을 자극한 판결은 1971년 6월 22일 대법원 전원합의체가 내린 국가배상법 및 법원조직법에 대한 위헌판결이었다. 특히 대법원은 국가배상법 2조 1항을 위헌으로 결정하기 위해 법원조직법 59조 1항도 위헌으로 판결하여 박정희 정권을 더욱 자극했다. 당시 헌법은 제26조에서 국가배상청구권을 규정했다. 공무원의 직무상 불법행위로 손해를 입은 국민은 국가 또는 공공단체에 배상을 청구할 수 있다는 것이다. 그런데 국가배상청구권을 구체화한 국가배상법은 제2조 1항 단서에서 피해자가 군인, 군속 등 특수 신분인 경우에는 국가배상청구권을 제한하는 규정을 두었다. 이 규정에 대해 대법원이 인간의 존엄, 평등권, 국가배상청구권에 반한다는 이유로 위헌 판결을 내린 것이다.

이러한 판결을 위해 대법원은 우선 법원조직법에 대한 위헌결정을 했다. 원래 법원조직법에서는 위헌 여부에 대한 판단은 대법원 판사 16명 전원의 합의체에서 결정하도록 되어 있었는데, 정부여당은 위헌 결정 정족수를 3분의 2 이상의 출석과 출석 과반수 찬성에서 3분의 2 이상의 출석과 출석 3분의 2 이상의 찬성으로 변경하는 법원조직법 개정안을 1970년 7월 16일 여당 단독으로 통과시켜버린 것이다. 대법원의 위헌 판결을 어렵게 만든 것이다. 대법원은 헌법의 근거 없이 법원의 심사권을 제한할 수 없다는 점에서 위헌으로 결정했던 것이다(이헌환, 1997: 128-134; 한홍구, 2016: 54-55).

사법파동은 정치권력에 의한 사법권의 침해를 적나라하게 보여준 사건이었다. 사법파동의 간접적인 계기가 되었던 국가배상법 조항은 유신헌법에서는 헌법에 직접 수용되어 위헌 논란의 여지를 아예 없앴고, 당시 위헌 심사에서 위헌 의견을 제출했던 대법원판사는 유신헌법의 시행 이후 모두 재임명에서 탈락되었다.

청하는 경우에도 대법원이 이를 필요 없다고 결정하면 헌법위원회에 위헌법률심판을 제청하지 않을 수 있도록 규정하였다. 이렇게 대법원에게 법률의 합헌결정권이 주어지고, 1971년 국가배상법 등에 대한 위헌판결에서 위헌의견에 가담한 대법원판사들이 법관재임용과정에서 전원 탈락함으로써 위축된 법원이 위헌제청권을 실제로 행사하지 않았고 그 결과 헌법위원회의 위헌법률심판은 단 1건도 이루어지지 못했다.

박정희 정권의 몰락 이후 전두환의 주도로 탄생한 제5공화국에서도 헌법 재판의 역할은 미미할 수밖에 없었다. 1980년 제정된 제5공화국 헌법은 헌법위원회를 두어 위헌법률심판, 탄핵심판, 정당해산심판을 맡게 하였다. 대법원판사 전원의 3분의 2 이상으로 이루어진 합의체에서 법률이 헌법에 위반된다고 인정하는 때에만 헌법위원회에 위헌법률심판을 제청할 수 있게 함으로써 위헌법률심판을 종전보다 더욱 어렵게 만들었다. 억압적인 정치적 상황에서 헌법위원회는 제 역할을 할 수 없었고, 유신 시절과 마찬가지로 사실상 휴면 기관이었다.

현재의 헌법재판소는 1987년 6월 항쟁과 6.29 선언에 이은 민주화의 결과로 만들어졌다. 별도의 헌법재판소를 설치하고 여기에 위헌법률심판, 탄핵심판, 정당해산 심판, 권한쟁의심판, 헌법소원심판의 권한을 부여했다.[4] 이 가운데 헌법소원심판은 공권력의 행사 또는 불행사로 인하여 기본권이 침해되는 경우에 국민이 직접 이를 구제하여 달라는 청구를 할 수 있는 제도로 민주화와 함께 처음으로 도입되었다. 헌법재판소는 1988년 9월 설립되었는데, 1989년 1월 '소송촉진 등에 관한 특례법' 조항에 대해 평등원칙 위반을 이유로 첫 위헌 판결을 내린 이후 필요적 보호 감호제도에 대한 위헌판결, 토지거래제 합헌판결, 국가보안법상의 반국가단체 찬양고무죄에 대한 한정합헌판결, 고액의 국회의원 선거 기탁금 위헌판결 등을 잇달아 내놓으며, 과거 대법원이나 헌법위원회의 소극적인 역할과는 달리 창립 초기부터 적극적으로 헌법 재판의 기능을 수행했다(김하열, 2012: 345).

4 1987년 헌법 개정 과정에서 헌법재판소 도입 결정과 관련 배경에 대해서는 강원택(2017a) 참조.

3. 사법부와 정치

(1) 사법부의 정치적 영향력

과거 사법부는 권위주의 통치자의 강권적 통치를 사법적으로 뒷받침하는 역할을 해 왔다. 따라서 국민의 기본권을 보호하기보다 권위주의 체제의 억압을 정당화시키는 역할을 해 왔다. 그러나 민주화 이후 사법부는 정치적으로 매우 중요한 역할을 담당해 왔다. 특히 헌법재판소의 영향력이 매우 증대되었다. 정치적으로 큰 영향을 미친 헌법재판소의 판결은 대표적으로 2004년 노무현 대통령에 대한 탄핵, 2017년 박근혜 대통령에 대한 탄핵, 2025년 윤석열 대통령에 대한 탄핵 등 대통령 탄핵 심판과 2014년에는 통합진보당에 대한 정당해산 결정을 들 수 있을 것이다. 그러나 이외에도 현실 정치에 미친 사법부의 역할은 매우 지대하다.

일상적인 정치와 관련된 사건에 대해서는 대법원이나 일반 법원의 판결이 중요한 영향을 미쳐 왔다. 특히 최근 들어 정치권에서 각종 고소, 고발이 잦아졌고, 정치적으로 예민한 사건이 법원의 판결에 맡겨지는 경우도 적지 않게 되었다. 예컨대, 국회의원이나 지방 단체장의 직위 유지 여부가 결정되는 선거법 관련 재판이라든지, 2008년 광우병 보도와 관련한 MBC PD 수첩에 대한 법원의 무죄 판결처럼 정부와 마찰을 빚은 사건에 대한 판단이라든지, 혹은 정치인이 관련된 이른바 각종 '게이트' 사건에 대한 법원의 판단은 모두 정치적으로 영향을 끼치게 된다. 그런데 민주화 이후 정치적으로 보다 큰 영향을 미친 사법부의 판단은 헌법재판소와 관련이 있다. 아무래도 헌법이 고도의 정치적 의미를 규정하는 규범인 만큼 헌법 해석이 현실 정치나 정치제도에 미칠 수 있는 영향이 클 수밖에 없다. 주요한 몇 가지 사례에 대해 살펴보기로 한다.

1) 전두환, 노태우 재판

김영삼 대통령 당시 신군부의 '12.12 사태'와 5.18 광주 학살 사건에 대한 각종 고소, 고발이 있었다. 그런데 당시 검찰은 12.12 사태에 대해 혐의 사실을 인정하면서도 '기소유예'라는 불기소 처분을 했다. '신군부'의 당시 행위는 군 형법상 반란죄가 성립하지만, 대통령 등으로서의 공헌을 참작해 기소유예 처분을 하고, 내란죄는 성립되지 않는다는 요지였다. 5.18 광주 학살사건에 대해서는 검찰과 국방부 검찰부가 함께 수사를 담당했는데, '정치적 변혁과정에 있어 새로운 정권과 헌법질서를 창출하기에 이른 일련의 행위들이 사법심사의 대상이 되는지의 여부에 대해서는 아직 사법부에서 판단된 사례가 없으며' '고도의 정치행위'에 검찰이 개입할 수 없다는 이유로 불기소 처분했다.[5] 즉 '성공한 쿠데타는 처벌할 수 없다'는 것이다. 이에 따라 고소인들은 검찰의 불기소 처분을 취소해 달라는 헌법소원을 헌법재판소에 제출하게 된다.

이 무렵 노태우 전 대통령의 비자금이 폭로되었고, 이를 계기로 12.12와 5.18 사건의 재수사가 본격화되었다. 그런데 공소시효가 문제가 되었다. 논쟁의 대상으로 헌법 제84조에는 '대통령은 내란 또는 외환의 죄를 범한 경우를 제외하고는 재임 중 형사상 소추를 당하지 않는다'고 규정되어 있다. 이에 따라 국회는 1995년 12월 21일 '헌정질서 파괴범죄의 공소시효 등에 관한 특례법'과 '5.18 민주화운동 등에 관한 특별법'을 제정하여 형법상의 내란죄와 외환죄 그리고 군형법상의 반란죄, 이적죄 등에 대하여는 공소시효의 일반 규정을 적용하지 않기로 하였다. 이런 특례 입법에 대하여 전두환 측에서 소급입법이므로 위헌이라고 헌재에 헌법소원을 제기했고, 서울지방법원에서 위헌심판제청도 있었다. 헌법재판소는 1996년 2월 16일 특별법에 대한 헌법소원을 기각했다. 헌재의 평결 결과는 5 대 4로 위헌 의견이 다수였으나 위헌결정 정족수(6표)에 미달되었던 것이다.[6] 이로써 12.12 사건과 5.18 광주 학살 관련자에 대한 재판이 진행될 수 있게 되었다.

2) 금융실명제

1993년 8월 12일 김영삼 대통령은 대통령 긴급재정명령으로 모든 금융 거

---

5 [의혹과 진실 – 한승헌의 재판으로 본 현대사](40) 전두환 노태우 내란 등 사건 (상). 경향신문 (2015. 7. 12).
http://news.khan.co.kr/kh_news/khan_art_view.html?artid=201507122157485&code=210100&s_code=af152

6 [의혹과 진실 – 한승헌의 재판으로 본 현대사](40) 전두환 노태우 내란 등 사건 (중). 경향신문 (2015. 7. 19).
http://news.khan.co.kr/kh_news/khan_art_view.html?artid=201507192126385&code=210100&s_code=af152

래를 실명으로 하도록 하는 금융실명제를 전격 발표했다. 그런데 며칠 후 금융실명제 명령에 대한 헌법소원이 제기되었다. '긴급한 조치가 필요하고 국회의 집회를 기다릴 여유가 없을 때'라는 요건이 갖춰지지 않았음에도 긴급재정명령을 발령하여 국민의 알 권리 및 재산권이 침해당했다는 이유였다. 헌법재판소는 이 헌법소원에 대해 "긴급명령의 발포와 관련하여 '긴급한 조치가 필요함에도 국회의 집회를 기다릴 여유가 없을 때'라는 요건이 충족"되었으며 "재정, 경제상의 위기상황의 극복과 관련하여 '최소한으로 필요한' 금융실명제의 실시 및 금융정보의 비밀보장, 그 밖에 이와 관련한 부수적 사항만을 규정하고 있다"는 점을 들어 기각했다.[7] 헌법재판소의 판결을 통해 금융실명제는 법적 정당성을 확보하게 되었고, 이는 한국사회의 부정부패 척결에 중대한 변화의 계기를 마련했다.

3) 정치제도 관련 판결

헌법재판소는 그동안 선거 경쟁이나 정당 정치와 관련된 중요한 판결을 많이 내렸다.

(가) 선거구 획정

1996년 15대 국회의원 선거를 앞두고 선거구별 인구 편차가 문제가 되었다. 1995년 7월 국회에서 여야 합의로 통과된 선거구 획정안의 최대 선거구와 최소 선거구간 인구 편차는 5.9 대 1이었다. 1995년 3월 1일자 내무부 인구통계자료에 의하면 최소선거구는 전남 장흥으로 61,529명이었으며, 부산 해운대, 기장 선거구는 361,396명으로 전남 장흥 선거구의 5.87배나 되었다. 이외에도 서울 강남을 선거구의 인구는 285,235명, 서울 은평을 선거구는 274,681명으로 각각 장흥의 4.64배, 4.46배에 달하는 등 선거구별 인구 편차가 매우 컸다.[8] 이에 대해 1995년 12월 헌법재판소는 국회의원 선거구 획정이 인구비례원칙에 위배되며 평등 선거의 원칙에 위배된다는 이유로 위헌판결을 내리면서 선거구 간

---

7 http://search.ccourt.go.kr/ths/pr/ths_pr0101_P1.do?seq=0&cname=&eventNum=1689&eventNo=93헌마186&pubFlag=0&cId=010200&selectFont=

8 http://search.ccourt.go.kr/ths/pr/ths_pr0101_P1.do?seq=0&cname=&eventNum=2304&eventNo=95헌마224&pubFlag=0&cId=010200&selectFont=

인구 편차가 4 대 1을 넘지 않도록 판시했다. 그리고 2001년 10월에는 최대 선거구와 최소 선거구 간 인구 비율을 3 대 1 미만으로 재조정하라는 결정을 내렸으며, 2014년 10월 헌법재판소는 선거구 간 인구편차를 2:1 이하로 획정하도록 결정하면서 2016년 4월의 20대 국회의원 선거부터 이를 적용하도록 했다.[9] 헌법재판소는 이러한 판결을 통해 그 동안 정치권에서 사실상 정치적 필요성에 의해 자의적으로 정해온 선거구 획정방식을 표의 등가성에 따라 형평성 있게 배분(apportionment)해야 한다는 원칙이 확립되었다.

(나) 정당 투표제 도입

2001년 7월 헌법재판소는 당시 1인 1표에 의한 비례대표 의석 배분 방식에 대해 위헌 판결을 내렸다. 그때까지는 선거에서 유권자가 지역구에서 투표한 표를 모아서 다시 각 정당별 비례의석을 배분하도록 했다. 그런데 이런 경우 유권자가 투표 선택을 한 이유가 정당이 좋아서가 아니라 후보자에 대한 개인적 지지였다고 해도 그 표는 정당에 대한 지지로 간주되어 비례대표 의석 배분에 활용되었다. 즉 투표자의 정확한 의사가 비례대표 배분에 반영되지 못하고 왜곡되는 경우가 생겨났다. 더욱이 지역구에서 무소속 후보를 선택한 유권자의 경우는 비례대표 의석 배분에 그 표가 다시 활용될 수 없었다. 정당별 득표를 기준으로 비례대표 의석을 배분하기 때문에 무소속 후보 지지자와 정당 후보 지지자 간 정치적 권리의 형평성에 문제가 있었다. 한편, 지역구 선거에서의 선출 방식이 단순다수제 방식이기 때문에 어느 나라를 막론하고 지역구에서 당선 가능성이 낮은 신생 정당이나 소정당 후보는 상대적으로 불리함을 갖는다. 따라서 지역구 투표만으로 의석을 배분하는 1인 1표 방식은 기존 대정당에게 유리함을 주는 대신 신생 정당이나 소정당에게 제도적 불이익을 줄 수밖에 없었다.[10] 이러한 이유로 기존 선거제도에 위헌 판결을 내림에 따라 지역구에서 한 표, 정당명부 비례대표에 한 표를 행사하는 1인 2표제 선거제도가 2004년 국회의원 선거 때부터 시행되게 되었다.

---

9 2012헌마190 · 192 · 211 · 262 · 325, 2013헌마781, 2014헌마53(병합)

10 http://search.ccourt.go.kr/ths/pr/ths_pr0103_P1.do?seq=0&cname=판례집&eventNum=4652&eventNo=2000헌마91&pubFlag=0&cId=010300&page=&qrylist=2000헌마91%7C2000헌마91&selectFont=

(다) 정당 등록 취소 조건

과거 정당법에는 선거에 참여한 정당이 의석을 얻지 못하고 유효투표 총수의 2% 이상을 득표하지 못한 경우에는 정당 등록을 취소하도록 하고, 등록 취소된 날부터 최초로 실시하는 임기만료에 의한 국회의원 선거일까지 당명도 사용하지 못하도록 규정하고 있었다. 이 조항은 1980년 제5공화국 출범 당시 국가보위입법회의가 도입한 조항으로, 1980년 개정한 정당법부터 포함되어 있었다. 2014년 1월 헌법재판소는 이러한 정당법 조항에 대해 위헌을 판결했다. 헌법재판소는 그 조항이 국민 누구나가 원칙적으로 국가의 간섭을 받지 아니하고 정당을 설립할 권리를 제한하며, 신생·군소정당으로 하여금 국회의원 선거에의 참여 자체를 포기하게 할 우려도 있다는 점을 들어 위헌을 선언했다.[11]

(라) 재외 국민의 참정권 허용

2007년 6월에는 대한민국 국적을 갖고 있지만 사업, 학업, 직업 등의 이유로 외국에 장기간 거주하여 국내에 주민등록을 할 수 없는 재외국민에게 선거권을 부여하지 않은 선거법 규정을 기본권을 침해한다는 이유로 헌법불합치 판결을 내렸다. 그리고 이들 조항에 대해 국회에 2008년 12월 31일까지 개정하도록 명령하였다. 국회는 2009년 2월 재외국민의 대통령 선거와 비례대표 국회의원 선거, 그리고 국내에 주민등록과 거소 신고가 되어 있는 경우에는 지역구 국회의원 선거에서 투표 행사를 허용하는 내용으로 선거법을 개정했다. 이에 따라 2012년 4월 11일 실시된 제19대 국회의원 선거, 그리고 같은 해 12월 19일 실시된 제18대 대통령선거에서 최초로 재외 국민의 선거 참여가 실현되었다.

4) 행정수도 이전에 대한 판결

신행정수도건설법은 2002년 대통령 선거에서 노무현 후보의 대선 공약이었던 행정 수도의 충청권 이전을 실천하기 위해 마련된 법안이었다. 대선 승리 후, 2003년 노무현 대통령은 신행정수도 건설 추진기획단 및 지원단을 발족시켰고 같은 해 12월 29일 국회에서는 '신행정수도의 건설을 위한 특별조치법'이

---

11 http://search.ccourt.go.kr/ths/pr/ths_pr0103_P1.do?seq=0&cname=&eventNum=35116&eventNo=2012%ED%97%8C%EB%A7%88431&pubFlag=0&cId=010200&page=&qrylist=&selectFont=

여야 합의로 통과되었다. 출석의원 194명 가운데 찬성 167표, 반대 13표, 기권은 14표라는 압도적인 지지로 통과했다. 국회에서 압도적인 찬성 가운데 여야 합의로 법안이 통과되었지만, 한나라당은 이에 대해 애매한 입장이었다. 2004년 국회의원 선거가 끝난 뒤 한나라당은 행정수도 이전에 대해 입장을 바꾸었고 2004년 9월 당론으로 반대 입장을 분명히 했다. 민주노동당도 8월 반대 당론을 결정했다. 여론도 수도 이전에 부정적인 태도가 강해졌다.

이런 상황에서 2004년 10월 21일 헌법재판소는 재판관 8 대 1의 의견으로 '신행정수도 건설을 위한 특별조치법'에 대해 위헌결정을 내렸다. 헌법재판소는 수도가 서울이라는 명문의 조항은 없지만 서울이 수도라는 사실은 '관습 헌법'이며 이는 헌법 제130조에 의거한 헌법 개정의 방법에 의해서만 개정될 수 있다고 판시했다. 수도를 이전하기 위해서는 헌법 개정 절차를 거쳐야 한다는 것이다. 이에 따라 행정 수도 이전 계획이 취소되고, 연기, 공주 지역 행정중심 복합도시 건설을 위한 특별법이 제정되어 당초 계획과 크게 달라진 세종시가 건설되었다.

5) 노무현 대통령 탄핵

2004년 국회의원 선거를 앞둔 2월 24일 방송기자클럽 초청 대통령기자회견에서 노무현 대통령은 "국민들이 총선에서 열린우리당을 압도적으로 지지해 줄 것을 기대한다"는 발언과 "대통령이 뭘 잘해서 열린우리당이 표를 얻을 수만 있다면 합법적인 모든 것을 다하고 싶다"라고 발언하였고 이는 공무원의 정치중립 의무를 위반했다는 논란에 휩싸였다. 이에 중앙선거관리위원회는 노 대통령이 선거법을 위반했다고 판정하고 중립의무 준수를 요청했지만, 노 대통령은 이에 대해 납득할 수 없다는 반응을 보였다. 이런 상황에서 국회에서 2/3 이상의 의석을 차지하고 있던 한나라당, 새천년민주당, 자유민주연합 등 야 3당은 2004년 3월 12일 국회에서 대통령 탄핵소추안에 대한 표결을 실시하여 195명 중 찬성 193표, 반대 2표로 탄핵안을 가결했다. 이에 따라 노 대통령의 직무는 정지되었다. 그러나 탄핵에 대한 반대 여론이 매우 높았고, 4월 15일 실시된 17대 국회의원 선거에서는 열린우리당이 과반의석을 얻으며 승리했다.

5월 14일 헌법재판소는 노 대통령이 정치중립을 규정한 '공직선거 및 선거부정방지법' 9조를 위반했으며, 중앙선거관리위원회의 결정에 이의를 제기해 헌법 66조 2항과 69조(대통령의 헌법준수 의무) 또한 위반했지만, 그것이 대통령에서 파면될 정도로 '중대한 직무상의' 위반 사항은 아니라는 취지에서 기각을 결정했다.

6) 통합진보당 해산

통합진보당은 19대 총선을 앞둔 2011년 12월 민주노동당과 국민참여당, 그리고 진보신당 탈당파가 규합한 새진보통합연대가 연합해서 새롭게 출범한 정당이었다. 이후 통합진보당은 2012년 실시된 국회의원 선거에서 민주통합당과 야권 연대를 결성하여 13석을 얻었다. 그러나 그 해 8월 통합진보당 비례대표 부정 경선 사건이 발생한 후 유시민, 심상정, 노회찬 등이 탈당했다. 그런데 2013년 8월 통합진보당 소속 이석기 의원과 관련된 사건이 발생했다. 국가정보원은 이석기가 RO(Revolutionary Organization)라는 지하조직을 설립하고 체제 전복을 목적으로 이른바 '남한 공산주의 혁명'을 도모했다는 것이다. 국가정보원은 이 의원을 형법상 내란 음모와 선동 및 국가보안법 위반 등의 혐의에 대해 수사를 하여 검찰에 송치하였다. 2013년 11월 15일 외유 중인 박근혜 대통령을 대신하여 국무총리가 주재한 국무회의에서 법무부가 긴급 안건으로 제출한 '위헌정당해산심판 청구건'을 심의, 의결하였다.

헌법재판소는 2014년 12월 19일 인용 8명, 기각 1명의 의견으로 통합진보당 해산을 결정했다. 헌법재판소는 자주·민주·통일 노선을 제시하면서 북한의 주장에 동조하거나 북한과 연계되어 활동하고, 북한의 주체사상을 추종하였으며, 이석기가 주도한 내란 관련 사건에도 다수 참석하였다는 점을 지적했다. 특히 내란 관련 사건에서 통합진보당 구성원들이 북한에 동조하여 대한민국의 존립에 위해를 가할 수 있는 방안을 구체적으로 논의한 것은 표현의 자유의 한계를 넘어 민주적 기본질서에 대한 위협이 된다고 보았다. 이처럼 민주적 기본질서를 파괴하려는 통합진보당의 고유한 위험성을 제거하기 위해서는 정당해산결정 외에 다른 대안이 없다고 보았다. 그런데 헌법재판소는 정당해산결정에 더해 소속 의원들의 의원직을 박탈하는 결정까지 내렸다. 해산되는 위헌정당 소속 국회의원이 의원직을 유지한다면 위헌적인 정치이념을 정치적 의사 형성과정에서 대변하고 이를 실현하려는 활동을 허용함으로써 실질적으로는 그 정당이 계속

존속하는 것과 마찬가지의 결과를 가져온다는 것이다.

한편, 대법원은 2015년 1월 이석기 사건에 대한 최종판결에서, 헌법재판소가 정당해산결정의 주요한 근거로 제시한, 내란 음모는 무죄로 판단하고, 내란 선동, 국가보안법 위반 혐의에 대해서는 유죄로 인정하는 판결을 내렸다. 정당 해산 결정까지 내려진 정치적으로 예민한 사안에 대해 대법원과 헌법재판소 간 핵심적 사안에 대한 판단이 서로 달랐다는 점에서 주목할 만한 사례라고 할 수 있다.

7) 박근혜 대통령 탄핵

2016년 후반기부터 각종 매체에서 미르재단, K스포츠재단 모금 과정에 최순실이 관여했다는 의혹이 제기되었고, 2016년 10월에는 JTBC가 태블릿 컴퓨터 자료를 통해 박근혜 대통령의 국정운영에 최순실이 관여했다는 사실을 밝혔다. 이른바 '박근혜－최순실 게이트'의 의혹이 제기된 것이다. 이후 수많은 시민들이 광장에 모여 촛불집회를 열면서 박근혜 대통령의 사퇴, 탄핵을 요구했다. 거대한 촛불집회는 전국적으로 거의 두 달 간 계속되었고 박근혜 대통령의 지지도율도 급락했다.

이런 상황에서 국회는 2016년 12월 3일 더불어민주당, 국민의 당, 정의당과 무소속 의원 171명이 탄핵소추안을 발의했으며, 12월 9일 국회 본회의에 상정된 박 대통령 탄핵소추안은 찬성 234, 반대 56, 기권 2, 무효 7표로 가결됐다. 야당뿐만 아니라 여당인 새누리당에서도 탄핵에 찬성하는 의원들이 적지 않았다. 국회에서 탄핵이 소추되면서 이제 헌법재판소의 판결이 남게 되었다.

헌법재판소는 2017년 3월 10일 재판관 전원일치로 대통령 박근혜 탄핵소추안을 인용했으며, 박근혜는 대통령직에서 파면되었다. 헌법재판소는 최서원(최순실)에 대한 국정개입 허용과 권한 남용 등을 중대한 법 위반 행위로 인정했다. 또한 박 대통령이 미르, K스포츠재단 설립을 비롯한 의사결정 과정에 관여했으며, 이는 "최서원의 이익을 위해 대통령의 지위와 권한을 남용한 것"이라고 판단했다. 헌법재판소는 박 대통령의 직무상 비밀 문건 유출 관련 혐의도 인정했는데, 박 대통령의 "지시 또는 방치에 따라 직무상 비밀에 해당하는 많은 문건이 최서원에게 유출된 점은 국가공무원법의 비밀엄수의무를 위배한 것"으로 보았다. 우리나라 역사상 최초의 대통령 탄핵 판결이 내려졌다. 이에 따라 대통령 선거가 2017년 5월 9일로 앞당겨 실시되었다.

8) 윤석열 대통령 탄핵

윤석열 대통령은 임기 내내 여소야대의 상황이었으나 야당과 대화와 타협을 시도하기보다 적대적 관계를 지속했다. 국회를 지배한 야당은 이에 대해 독자 입법, 탄핵 등으로 대통령을 압박했다. 이와 같은 대통령과 국회 간의 갈등은 2024년 12월 3일 윤석열 대통령의 비상계엄 선포로까지 이어졌다. 그러나 국회는 신속히 계엄 해제를 결의했고 2024년 12월 14일 대통령 탄핵안이 국회를 통과했다. 그리고 2025년 4월 4일 헌법재판소가 윤석열 대통령 탄핵안에 대한 최종 결정을 내렸다.[12]

헌법재판소는 "비상계엄 선포의 실체적 요건 중 하나는 '전시·사변 또는 이에 준하는 국가비상사태로 적과 교전 상태에 있거나 사회질서가 극도로 교란되어 행정 및 사법 기능의 수행이 현저히 곤란한 상황이 현실적으로 발생하여야 한다'는 것"이지만 "객관적으로 정당화할 수 있을 정도의 위기 상황이 이 사건 계엄 선포 당시 존재하였다고 볼 수 없다"고 보았다. 또한 "국무총리와 관계 국무위원이 비상계엄 선포문에 부서하지 않았음에도 이 사건 계엄을 선포하였고, 그 시행일시, 시행 지역 및 계엄사령관을 공고하지 않았으며, 지체 없이 국회에 통고하지도 않았으므로, 헌법 및 계엄법이 정한 비상계엄 선포의 절차적 요건을 위반"했다고 보았다. 더욱이 "국회의 권한 행사를 막는 등 정치적 목적으로 병력을 투입함으로써", "국군의 정치적 중립성을 침해하고 헌법에 따른 국군 통수 의무를 위반"하였다는 점을 지적했다. 결국 "군경을 동원하여 국회 등 헌법기관의 권한을 훼손하고 국민의 기본적 인권을 침해함으로써 헌법 수호의 책무를 저버리고 민주공화국의 주권자인 대한국민의 신임을 중대하게 배반하였"기 때문에 "헌법 수호의 관점에서 용납될 수 없는 중대한 법 위반 행위"를 저지른 것으로 판단했다. 헌법재판소는 재판관 전원 일치의 의견으로 윤석열 대통령 파면을 결정했다.

12 2024헌나8 대통령(윤석열) 탄핵 (대통령에 대한 탄핵심판 사건) https://isearch.ccourt.go.kr/view.do?idx=00&docId=84503_010200

(2) 정치의 사법화[13]

앞에서 살펴본 대로, 이제 정치 과정에 사법부의 영향력이 크게 증대되었다. 과거 민주화 이전에도 통치자의 정치적 반대자에 대한 억압을 법적으로 정당화한 것도 일종의 정치적 행위라고 볼 수 있지만, 민주화 이후에는 독립적인 판결로 정치적 영향력을 행사하고 있다. 정치 과정에 사법부의 역할이 부각되기 시작한 것은 아무래도 1987년 헌법 개정을 통해 헌법재판소를 별도의 헌법재판 기관으로 설치하고 난 이후의 일이다. 국민의 대의기관인 국회에서 합의된 법률이나 혹은 대통령의 행위라고 해도 최고 법률인 헌법에 대한 해석을 통해 이를 견제하거나 무력화시킬 수 있는 권한을 헌법재판소가 갖게 된 것이다. 또한 정치적으로나 사회적으로 중요성을 갖는 각종 주요 사안들이 사법적 결정에 의해서 해소되고 있다. 예컨대, 앞에서 예로 든 5·18 과거청산, 대통령 탄핵, 신행정수도건설 근거법률의 위헌결정 이외에도 동성동본 금혼 위헌, 이라크 파병, 낙천낙선운동의 선거법 위반, 간통죄, 사형제도, 존엄사 허용, 국가보안법의 폐지, 양심적 병역 거부 문제 등 다양한 정치적 쟁점 사안들이 모두 헌법재판의 대상이 되면서, 사법부는 정치적, 사회적으로 무대의 전면에 등장하게 되었다(박은정, 2010: 2). 그런데 이와 함께 생겨난 문제는 국회에서의 정치적 논의보다 헌법재판소에 의한 사법적 결정에 대한 의존이 커져가고 있다는 것이다. 정치적, 사회적 갈등이 대의기구인 의회 내에서 해결되지 못하고 헌법재판소와 같은 사법적 판단에 최종적으로 의존하는 경향이 생겨났다. 이 때문에 중요한 정책 결정이 정치 과정에 의해서가 아니라 사법 과정에 의해 해결되는 '정치의 사법화(judicialization of politics)'(김종철, 2005; 박은정, 2010; 오승용, 2009 등) 현상이 나타나고 있다.

헌법재판소의 판결이 국민에게 큰 거부감 없이 받아들여질 수 있는 이유 중 하나는 정치에 대한 불신과도 관련이 있다. 사법부는 대통령이나 국회처럼 국민이 직접 선거에 참여하여 선출함으로써 국민에게 직접 책임을 져야 하는 부담에서 상대적으로 자유롭다. 그런 점에서 사법부는 선거에서 경쟁해야 하는 집행부의 수장이나 국회의 구성원들과는 달리 현실 정치의 정파적 갈등에서 한

13 여기서의 기본 논의는 강원택(2018c: 120-128)에 기초해 있음.

걸음 물러서 있다. 사법부가 민감한 정치적 사안을 포함한 각종 갈등의 최종적인 해결자로 비춰지게 된 것은 바로 이런 특성 때문일 것이다. 국회는 정파적 이해관계가 걸린 사안을 쉽게 풀 수가 없기 때문에 헌법재판소와 같은 정치색이 약한 기구가 최종 판정을 내려달라는 것이다.

그러나 정치의 사법화는 민주주의와 법치주의 간의 내재하는 미묘한 긴장 관계를 의미하는 것이고, 국회의 결정을 뒤집을 수 있는 위헌법률의 심사권을 갖는 기구가 별도로 존재하는 한 어디서나 나타날 수밖에 없는 현상이기도 하다. 여기서 제기될 수 있는 문제는 국민이 직접 선출한 대표자로 구성된 국회의 결정을, 행정수도 이전에 대한 결정처럼, 헌법재판소가 뒤집을 수 있느냐 하는 것이다. 즉, 선출되지 않고(unelected), 견제 받지 않으며(unchecked), 책임지지 않는(unaccountable) 비정치적 헌법기구인 사법부의 '정치적 실천'은 근대(다수결) 민주주의 체제의 작동과 근본적으로 배치되는 측면이 있다(오승용, 2009: 286-287)는 것이다.

이와 달리 입법부의 민주적 기능 실패가 오히려 정치의 사법화를 초래하고 있다는 주장도 있다(이영재, 2012: 74-75). 민주국가에서 국민의 대표를 뽑는 선거 절차의 제도적 결함이나 의회 내 입법과정에서 발생한 여러 문제들로 '민주주의의 실패'(failure of democracy)가 발생하며, 이런 문제를 극복하기 위해 정치의 사법화가 불가피하다는 것이다. 예컨대 한국에서 선거구 획정은 국회가 스스로 해결하지 못했으며 헌법재판소의 판결에 의해 2 대 1의 편차까지 줄어들었다.

또 다른 관점은 정치의 사법화는 민주주의의 실패 때문이 아니라 민주주의 공고화 과정에서 나타나는 현상으로 보는 것이다. 즉 우리나라에서 나타나는 정치의 사법화는 민주주의의 진전과 함께 입헌주의가 공고화되는 과정에서 수반되는 현상이라는 것이다. 민주주의의 공고화 단계에서 정치의 사법화 현상이 대두되는 원인은, 첫째, 법 시스템의 확대, 둘째, 헌법 규범의 생활화와 시민들의 기본권 의식 확산, 셋째, 민주화 이후 사법부 독립의 강화, 넷째, 사법심사제 도입, 다섯째 국가의 배분적 정의 내지 복지 실현의 미진에 따른 사법적 의존도 증가, 여섯째, 시민사회의 권리구제운동 즉, 공익소송운동의 역할 등을 들 수 있다(박은정, 2010, 6-7).

그런데 우리나라에서 유독 정치 사안에 대해 사법에 대한 의존도가 높은 이유는 크게 두 가지를 들 수 있다. 첫째는, 사법적극주의(judical activism)이다. 사법부가 쟁점이 정치적 사안에 대해 적극적으로 개입하고 능동적으로 행동하는 '사법적극주의' 때문이라는 것이다. 이는 사법부가 적극적인 사법심사(judicial review)를 통해 사안에 대한 정치적 판단을 하고 이것이 정치적 사안으로 대중적으로 드러날 때 나타나는 현상이다. 대표적인 사례가 '관습 헌법'의 개념을 들어 신행정수도 이전을 위한 판결한 헌법재판소의 결정이나 통합진보당에 대한 정당해산결정을 내리면서 의원직까지 상실하도록 한 결정을 들 수 있다. 특히 헌법재판소가 행정수도 관련 '특별조치법'을 위헌으로 결정한 것은 민주주의와 법치주의의 충돌로 볼 수 있다. '특별조치법'에 대한 헌법재판소의 위헌결정은, 노무현 대통령이 선거기간 동안 공약으로 내세워 당선됨으로써 일단 국민적 승인을 받았다는 점, 그리고 국회에서 여야당 모두가 압도적 다수로 '특별조치법'을 통과시켰다는 점에서 다수에 의한 민주적 결정이 법치주의(사법심사)에 의해 전복된 것으로, 민주주의와 법치주의의 충돌의 전형적 사례다(강정인, 2008: 55).

두 번째 이유는 정치권 자체의 문제이다. 대의민주주의 체제에서 국회에서의 결정은 그 자체로 최종적인 권위를 갖는 것이다. 대통령의 거부권이 존재하기는 하지만 여야의 정치적 토론과 논의를 통해 내려진 결정은 국민에 의해 선출된 대표자들에 의해 이뤄졌다는 점에서 높은 권위를 갖는 것이다. 최근 들어 나타나는 심각한 문제는 국회를 통과한 법률에 대해서 그 결정 과정에 참여했던 정치인들이 헌법재판소에 제소하는 일이 빈번해지고 있다는 것이다. 사실상 자기모순이고 자기부정의 행위이다. 이런 일이 일어나는 것은 국회 표결에서 패한 소수당이 그 결정에 불복하기 위한 수단으로 헌법재판소를 활용하기 때문이다.

쟁점 법안의 표결 처리를 막지 못한 데 대한 지지자들의 비판을 모면하기 위한 방편으로 헌법재판소에 법률안을 제소하는 경우도 있다. 이런 경우는 대개 다음과 같은 경로를 밟는다(채진원, 2011: 261). 정파적 대립으로 정당들은 국회에서 쟁점 이슈들에 대해 합의에 도달하지 못한다. 이런 상황이 되면 소수당은 다수당이 주도하는 다수결처리에 반대하면서 정파 간 교착과 대립이 발생한다. 교착과 파행의 결과 소수당은 다수결 민주주의에 대한 한계를 '법치주의'로 보완하겠다는 의지를 갖고, 헌법재판소에 소송을 제기한다. 소송이 제기 되었기 때문에, 자연스럽고 불가피하게 헌법재판소가 정치적 사안에 개입하는 판결을 내리게 된다. 미국에서도 대통령의 정당이 의회를 장악하지 못하는 분점정부일 경우에 정치의 사법화가 많이 발생한다는 연구가 있다. 의회 내 정당 간 정치적 교착이 결국 정치의 사법화를 초래한다는 것이다. 정치적 교착상태가 되면 야당이 대통령과 행정부를 공격하는 수단으로 정치의 사법화를 이용한다는 것이다 (Tate, 1995; Ferejohn and Pasquino, 2003).

대의 민주주의와 관련하여 정치의 사법화 현상으로 인한 문제는 사회적 갈등을 제도적으로 해결해야 할 의회가 제 역할을 방기하고 최종적인 갈등 해결을 사법적 권위에 넘기면서 스스로 권위를 실추시키고 있다는 사실이다. 이런 현상은 선거의 정치적 의미도 반감시킨다. 대의제 민주주의에서 선거가 중요한 것은 다수를 차지한 정파에게 일정 기간 동안 정책 추진의 권한을 부여하기 때문이다. 선거를 통해 특정 정당이 국회 내 다수파를 형성했다면 그 정당은 유권자로부터 정책 주도의 권한을 위임받은 것이다. 패배한 소수파는 다수파가 추진하는 정책들의 문제점을 지적하고 타협과 협상을 통해 그 정책안에 대한 부분적인 변형을 시도해 볼 수 있다. 그것이 특정 정파에게 불리한 법률안이라면 다음 선거에서 그 정파가 다수파가 됨으로써 그 법률안에 대해 다시 수정할 수 있는 기회를 가질 수 있다. 이처럼 선거를 통한 권력의 위임과 다수결의 원칙은 장기적인 차원에서 국회가 스스로 정치적 갈등을 해소하고 교정할 수 있게 해준다.

하지만 우리나라 국회의 관행은 다수결보다는 합의제적인 특성을 강하게 지니고 있다. 이 때문에 여야 간의 정치적 합의가 이뤄지지 않은 채 법안이 처리되면 그것을 '날치기'나 '강행처리'로 비난한다. 그런 관행이 소수파가 표결 처리에서 패배한 것을 그대로 수용하지 못하게 만들고 있다. 그런 이유로 정치적 쟁점 사안에 대해 소수파가 패배하는 경우 이 법안은 곧바로 헌법재판소로 넘어가게 되는 것이다. 즉 다수결주의가 규범으로 확립되지 못한 상황에서 다수당은 소수당의 반대를 뚫고 법안을 통과시키려고 하고, 그렇게 통과된 법은 소수당에 의해 헌법재판소에 위헌 청구 소송이 제기되는 악순환이 반복되고 있다.

그러나 민주적 대표성을 가진 국회에서 정치적 협상과 타협에 의해 갈등을 해소하지 못하고 사법적 권위에 의존하게 되면서 국회는 정치적 갈등 해소의 최종적 권위를 갖지 못하게 되었다. 국회가 자신의 결정을 최종적인 것으로 받아들이지 못하고 제3의 기구를 통해 해결하려고 하면서 정치의 역할은 그만큼 더 줄어들게 된 것이다. 국회의 권위는 실추되었고 정치 역시 왜소화되었다. 정치의 사법화 현상은, 헌법 체계상에서 불가피한 측면도 있지만, 현실적으로 본다면 여야 간의 정치적 갈등이 국회라는 정치적 공간 내에서 해결해내지 못하고 사법 엘리트의 판단에 의존하려고 하면서 생겨났다. 최근에는 시민사회에서 국회 내 여야 간 합의에 의해 처리된 법률에 대해서조차 사법부의 권위를 빌어 이를 뒤집으려고 하는 시도도 나타나고 있다. 권위를 잃은 한국의 정치, 입법부의 현실을 잘 보여주는 것이다.

정치적 갈등의 해소를 사법적 권위에 의존하는 것은 헌법재판소에 대한 것만은 아니다. 정치인들 간의 각종 고발, 고소 역시 난무하고 있다. 정치적 갈등이 정치인들 간 상대방을 흠집 내기 위한 정치적 공방으로 이어지고 이는 또다시 법적 다툼으로 이어진다. 그러나 대부분의 경우 문제 해결까지 오랜 시간이 걸려 시시비비가 가려졌을 때는 정치적 의미를 이미 상실하는 경우가 많다. 사법부의 권위를 빌려 자신의 정당함을 드러내 보이겠다고 하는 여론을 의식한 행동인 것이다. 때로는 근거가 없더라도 일단 고발함으로써 유권자들에게 그 정치인의 이미지를 나쁘게 만들기 위한 수단으로 활용되기도 한다. 긴스버그와 쉐프터(Ginsberg and Shefter, 2002)가 말한 대로, 선거 경쟁이 아니라 언론 폭로나 고소, 고발을 통해 사법부를 동원해 정치적 경쟁에서 승리하려는 '다른 수단에 의한 정치(politics by other means)'가 매우 빈번하게 나타나고 있다. 그러나 이와 같은 다른 수단에 의한 정치 역시 정치인들의 권위와 위상을 낮추고 있다.

정치 공동체 내부의 갈등과 이견을 제도적으로 조정하고 해소하는 역할을 담당하고 있는 국회가 자신의 문제를 스스로 해결하지 못하고 사법적 판단에 의해 갈등을 해결하고자 하면서 그들의 권위와 신뢰를 스스로 실추시키고 있다. 사실 이런 문제는 의회 정치가 올바르게 작동하고 있다면 얼마든지 피할 수 있는 일이다. 영국이나 미국 등 서구의 의회처럼 비의회적(non-parliamentary behaviour) 언동이나 행실에 대해서 의회 내부에서 엄격하게 규제하고, 또 윤리위원회와 같은 내부적 자정 기구를 통해서 그런 문제를 제대로 처리할 수 있다면 사법부에 대한 의존은 줄일 수 있다. 그러나 이러한 내부적 자정 기능이 제대로 작동하지 않으면서 사법부라는 제3의 기구가 나서서 정치인들의 문제를 해결하고 있다. 예를 들면, 2011년 11월 한미FTA 비준동의안 처리과정에서 민주노동당 김선동 의원이 본 회의장에서 최루탄을 터트리는 사건이 일어났다. 비의회적이고 몰상식한 행위를 저질렀지만, 김 의원은 국회 윤리위원회에 회부되지도 않았고 국회는 이에 대해 아무런 조치도 하지 않았다. 김 의원은 한 시민단체의 고발에 의해 법정에 서게 되었고, 법원은 의원직 상실에 해당하는 실형을 선고했다. 이 사건 역시 국회가 내부의 갈등과 비의회적 행위에 대해 제대로 자정(自淨)의 기능을 행하지 못하고 있음을 잘 보여주는 사례이다.

이런 고소, 고발의 남발은 검찰이 정치적 사안에 개입할 수 있는 빌미도 제공하고 있다. 그동안 한국정치에서 매우 중요한 행위자 중 하나가 검찰이었다. 정치적으로 미묘한 시점에 검찰이 수사를 하느냐 마느냐 혹은 누구를 대상으로 어떻게 수사를 하느냐에 따른 정치적 파장은 매우 컸다. 정치인들 간의 잦은 고소, 고발은 검찰과 같은 수사기관에 정치가 종속될 수 있는 빌미를 제공해주고 있다.

정치가 사법적 권위에 의존하게 되는 또 다른 요인은 지나치게 엄격하고 통제 일변도인 정치관계법 때문이다. 우리나라의 선거법, 정치자금법, 정당법은 규제 중심적이다. 복잡하고 규제 중심적 조항 때문에 아무리 사소한 것이라고 해도 법률 위반으로 걸려들게 될 가능성이 작지 않다. 실제로 선거 후 사법부에 의해서 유권자의 정치적 선택이 번복되는 사례가 빈번하게 생겨나고 있다. 보궐선거가 자주 실시되는 이유도 바로 이 때문이다.

가치선택, 자원배분, 갈등의 조정과 해결은 1차적으로 참여와 토론, 타협을 거쳐 합리적 결정을 이끌어 내는 정치의 몫이다. 논리적 판단인 사법으로 이를 대체하는 것은 적절하지 못하다. 많은 경우에 사법은 이를 감당할 수 있는 자원과 능력, 비용을 갖고 있지 않기 때문이다(김하열, 2012: 356). 또한 사법에 의한 해결책은 유죄 혹은 무죄의 두 가지 결정만이 존재하고, 그에 따른 피고, 원고의 입장도 갈린다. 그 결과가 양극적일 수밖에 없다. 그러나 정치적 타협에 의한 해결책은 다양한 선택지가 존재하고, 윈－윈(win－win)의 상황을 만들어 낼 수 있다. 그런 점에서 사법부가 아니라 정치권이 스스로 문제를 해결해내려는 진지한 노력이 필요하다.

4. 소결

민주화와 함께 사법부가 정치적으로 미치는 영향은 매우 커졌다. 이제 사법부는 한국정치의 중요한 행위자가 되었으며, 사법부의 역할에 대한 인식 없이 한국정치 과정을 제대로 이해하기 어렵게 되었다. 민주주의와 법치주의 간의 갈등에 대한 우려가 있기는 하지만, 헌법이 정치의 목표를 제시하고 정치과정을 규제한다면, 입법 권력과 통치 권력이 특히 헌법재판에 의한 견제를 받는다는 의미에서의 정치의 사법화는 정당한 것으로 인식되어야 한다(김하열, 2012: 355-356). 오늘날 우리 사회에서 사법부가 과거의 소극적, 수동적 역할에서 벗어나 민주주의나 사회변화의 측면에서 적극적이고 심대한 영향을 미치고 있음을 고려할 때, 의회와 헌법재판소 간의 관계는 단순히 대립적 관계가 아니라 민주적 진전의 성과로 이해할 수 있다(이영재, 2012: 83-84). 그런 점에서 본다면 정치의 사법화, 사법적 권위에 의존하는 정치는 사법부의 문제라기보다 스스로 결정 능력을 상실하고 정치적 갈등과 교착상태를 해결해 내지 못하는 의회 자신의 문제라고 할 수 있다. 정치가 다양한 사회적 이해관계를 대표하고, 이를 토대로 협상과 타협을 통해 갈등을 해소해 내려는 스스로의 기능과 역할에 충실하려고 하지 않는다면 사법적 권위에 이끌려 가는 정치의 왜소화 문제는 쉽게 해결되기 어려울 것 같다(강원택, 2018c: 127).

여기서 한 가지 더 생각할 점은 '사법의 정치화'의 우려이다. 정치 작용을 규제하기 마련인 헌법재판은 자칫 헌법의 뒤에 숨은 정치 행위로 전락할 위험이 있다. 이렇게 되면 헌법재판은 헌법 실현이 아니라 재판관 개인 또는 재판관이 대표하는 정치적, 사회적 세력이 특정 정치적 입장을 실현시키는 행위가 된다. 이때 재판관들의 정치 행위는 사법의 독립이라는 기치 아래 은폐될 수 있다(김하열, 2012: 356). 정치의 과도한 사법화는 사법적 전제(judicial tyranny), 제왕적 사법지배의 문제점을 낳을 수도 있다. 즉 법의 중립성을 가장한 정치적 소수자의 지배를 정당화하는 민주적 정치과정의 왜소화로 정치적 지배형태가 전환될 수 있는 위험성을 내포한다(김종철, 2005: 235-237). 그런 점에서 사법부 구성의 폐쇄성, 동질성이 문제가 될 수 있다. 사법부의 구성은 사회적 다원성을 반영할 수 있을 정도의 적정 규모를 갖추어야 하며, 재판관 구성의 개방성도 확보되어야 한다.

만일 재판관을 배출하는 집단이 폐쇄적이고 과도하게 소규모이며 획일적인 사회적 배경을 가진 경우 사법부의 민주적 정당성은 불완전함을 면치 못할 것이기 때문이다(김종철, 2012b: 91).

마지막으로 지적하고 싶은 점은 사법부의 독립성과 정치적 중립성에 대한 것이다. 정치의 사법화 현상은 불가피하게 정치에 대한 사법부의 영향력 증대로 이어진다. 이런 이유로 인해 사법부의 구성이나 편제를 정파적으로 집권 세력에게 유리하게 변화시키려는 유혹이 존재할 수 있다. 실제로 민주주의가 퇴행한 헝가리나 폴란드에서 일어난 일이다. 미국 헌법 제정에 큰 영향을 미친 제임스 매디슨이 연방주의자 논고(Federalist Papers) 51에서 지적한 것처럼 "행정장관이나 판사들이 입법부로부터 독립적이지 않다면, 다른 모든 부분에서의 독립성은 단지 명목상의 것에 불과"하게 될 것이다.[14] 사법부의 독립성과 중립성 강화는 견제와 균형의 원칙을 지키는 가장 중요한 덕목이다. 그런 점에서 대법원과 헌법재판소 재판관 임명 방식을 대통령이나 정당의 영향에서 벗어나 사법부의 독립성과 정치적 중립성을 강화하는 방향으로 개정할 필요가 있다.

---

14 https://avalon.law.yale.edu/18th_century/fed51.asp

07

지방정치

1. 기원과 역사적 전개

(1) 제1공화국

우리나라에서 지방자치는 1948년 제헌헌법에서부터 규정되기 시작했다. 제헌헌법 96조는 “지방자치단체는 법령의 범위 내에서 그 자치에 관한 행정사무와 국가가 위임한 행정사무를 처리하며 재산을 관리한다. 지방자치단체는 법령의 범위 내에서 자치에 관한 규정을 제정할 수 있다”고 했으며, 97조에서는 “지방자치단체의 조직과 운영에 관한 사항은 법률로써 정한다. 지방자치단체에는 각각 의회를 둔다. 지방의회의 조직, 권한과 의원의 선거는 법률로써 정한다”고 규정했다. 이에 따라 지방자치법이 1949년 7월 제정, 공포되었다. 최초로 지방자치를 규정한 법이 제정된 것이다. 그러나 지방자치법의 제정 과정은 조속한 지방자치를 원했던 국회와 지방자치에 소극적이었던 이승만 대통령 사이에 상당한 갈등을 겪었다.

1948년 8월 20일 제1회 국회 제45차 본회의의 내무치안위원회와 법제사법위원회 연석회의에서 지방자치법을 제정해 제출하도록 의결했다. 1949년 1월 31일 두 위원회의 공동 안으로 지방자치 법안이 제출되었고 1949년 3월 9일 본회의에서 통과되었다. 이 법은 도, 서울특별시, 시, 읍, 면을 지방자치단체로 해서, 각각 주민의 직선에 의한 지방의회를 설치하도록 했다. 또한 도지사는 도, 시, 읍, 면 의원의 선거를 통해 간선으로 선출하되, 서울특별시장과 시·읍·면장은 지방 주민의 직접선거로 선출하도록 했다. 그리고 ‘법률 공포 후 10일 경과

후 시행'하도록 규정했다. 국회는 지방자치제의 즉각적인 실시를 요구한 것이다. 지방자치법이 국회를 통과하자, 이승만 대통령은 국내외 정세와 불안한 치안 상태를 감안해 본 법의 시행을 대통령령에 위임해 줄 것을 명분으로 거부권을 행사하고 재의를 요구했다. 이에 대해 국회는 이승만의 요구를 물리치고 공포 90일 이내에 실시토록 하는 수정안을 통과시켜 이를 4월 15일 정부에 이송했다. 그러나 이승만 대통령은 다시 법안을 국회로 환부하면서 '지방자치법을 공포한 후 1년 이내에 시행하되 시행기일은 대통령령으로 정한다'로 수정해 줄 것을 요구했다. 이에 대해 국회는 '정부가 지방자치법 재의안을 재차 제출한 것은 헌법상 규정에 없을 뿐 아니라 일사부재의의 의사원칙에 비추어 부당한 것'이라는 이유로 정부에 반송했다. 그러자 이승만은 제2회 국회가 폐회한 후인 5월 12일 지방자치법의 폐기를 국회에 일방적으로 통고했다. 결국 국회는 이승만 정부의 폐기 통보를 받아들이기로 결정하고 새로운 법안 기초에 착수했다. 본회의 심의 과정에서 시·읍·면장은 지방의회에서 선출하되 도지사 및 서울특별시장은 대통령에 의한 임명 방식으로 바꾸었으며, 천재지변, 기타 비상사태 등으로 선거 실시가 곤란할 때 선거를 연기 또는 정지하는 권한을 대통령에게 부여하도록 조항을 개정했다. 이로써 지방자치제의 실시를 유보하려는 이승만의 의도가 관철되었다. 지방자치가 즉각적으로 실시되지 못하게 된 것도 문제였지만, 제도적인 측면에서도 '일제가 효율적인 식민 통치를 위해 만든 중앙집권적 행정체제의 바탕 위에 지방의회 및 지방자치단체장에 대한 선거와 임명 규정만 추가'(엄태석, 2016: 69)했다는 점에서 최종적으로 만들어진 지방자치법은 한계를 갖는 것이었다.

시행이 유보되고 있던 상황에서 1952년 '갑작스럽게' 지방자치 선거가 실시되었다. 1952년 4월 25일 시·읍·면의회 선거가, 5월 10일에는 도의회 의원 선거가 실시되었다. 이때는 전시중이었기 때문에 일부 지역에서는 선거가 실시되지 못했다. 한강 이북의 미수복 지구와 지리산 주변 등 치안이 불안한 일부 지역이 유예되거나 제외된 채 17개 시, 72개 읍, 1,308개의 면에서 시·읍·면의회 의원 선거가 1952년 4월 25일 실시되었고, 서울, 경기, 강원이 제외된 7개 도의 도의회 선거가 실시되었다. 치안 불안으로 선거가 유예되었던 전북의 완주, 남원, 순창, 정읍 등 4개 군의 8개 면의회 선거는 이듬해인 1953년 5월 5일에 실

표 7-1 1952년 지방선거 결과(당선자 수)

	시의회	읍의회	면의회	도의회
자유당	114	274	4,056	147
민주국민당	7	7	21	4
대한국민당	2	-	16	-
대한독립촉성국민회	29	155	2,437	32
대한청년단	40	229	2,574	34
대한노동조합총연맹	5	6	12	2
기타	9	14	68	2
무소속	172	430	6,867	85
합계	378	1,115	16,051	306

자료: 안청시·손봉숙(1986: 43).

시되었고, 이 지역의 도의회 선거는 5월 10일에 실시되었다. 서울시, 경기도, 강원도 의회는 1956년의 두 번째 지방의회 구성 때 처음 선거가 실시되었다(감사원, 2012: 31-32). 법률 제정 후에도 실시가 유보되었던 지방자치제가 이처럼 갑자기 도입되게 된 것은 이승만 대통령의 정치적 이해관계 때문이었다. 국회 내에서 정치적 기반이 취약해서 간선으로는 재선이 무망했던 이승만으로서는 대통령 직선제 개헌만이 정권을 연장할 수 있는 유일한 길이었다. 대통령 직선제 개헌을 획책하고 있었던 이승만은 지방에서 자신의 지지 기반을 강화하고 직선제 개헌 지지 운동의 확대를 위한 정치적 동원의 방편으로 지방의회 선거를 이용했다(강원택, 2018b: 28).

이승만은 지방선거 직전인 1951년 말 자유당을 창당했고 지방선거를 당 조직의 성패를 시험하는 기회로 생각했다(손봉숙, 1985a: 171). 즉, 직선제 대통령 선거가 도입될 때를 대비한 조직의 시험 가동의 기회로 생각했던 것이다. 선거 결과, <표 7-1>에서 보듯이, 자유당뿐만 아니라 이승만의 지원 정치 세력인 대한국민당, 대한청년단, 대한노동조합총연맹, 대한독립촉성국민회 소속 후보들이 압도적으로 많이 당선되었으며, 야당인 민주국민당 소속의 당선자 수는 미미했다. 무소속 후보들 중에도 친 이승만 세력이 적지 않았다. 특히 자유당은 지방선거를 통해 당 세력의 확장에도 성공하였다(손봉숙, 1985a: 171). 이처럼 최초의 지방자치 선거는 이승만의 의도대로 직선제 개헌 관철을 위한 지지 세력의 조직화와 동원을 위해 활용되었던 것이다. 실제로 "처음 선출된 지방의회 의원은 자치단체장이나 중앙정부를 견제하기보다 이승만이 주도한 대통령 직선제 개헌 운동에 적극 가담하여 국회를 공격하는 데 앞장섰다”(이정복, 2008: 36). 이처럼 이승만 정권하에서 지방자치제도의 실시는 민주주의의 실현보다는 이승만의 정치적 계산이 앞선 것이었다.

지방자치법은 그 이후 제1공화국 기간 동안 여러 차례 개정을 겪었다. 1956년 2월 지방자치법이 개정되었는데, 그 이유는 지방의회가 지방자치단체장에 대한 잦은 불신임 시도로 단체장의 업무 수행에 어려움을 줄 뿐만 아니라, 간선인 탓에 단체장과 지방의원들 간에 청탁이나 이권거래가 성행하는 등의 문제가 있다는 것이었다. 이에 따라 지방의회의 단체장 불신임 결의제도와 단체장의 의회해산 제도를 폐지하였다(엄태석, 2016: 70). 지방의회 정원도 축소했고 의회 개회 일수도 제한했으며, 임기도 3년으로 줄이는 등 권한을 축소했다. 또한 그때까지 시·읍·면의회에서 선출하던 시·읍·면장을 주민이 직접 선출하도록 했다. 야당은 서울특별시장과 도지사까지 포함하는 전면 직선제 도입을 주장했지만, 이승만 정부는 야당의 지지세가 강한 도시 지역에 직선제 도입은 거부했다. 시·읍·면장을 직선제로 바꾼 것은 주민에게 자치권을 돌려준다는 명분을 내세웠지만, 사실은 1952년 직선 대통령 선거에서 이승만이 압도적인 지지를 받았기 때문이었다. 또 1954년 국회의원 선거에서도 승리한 자유당으로서는 이러한 분위기를 1956년 지방선거 때까지 이어갈 수 있다고 생각했던 것이다.

이승만 정권은 정부통령을 국민이 직접 선출하는 것이 민주주의에 보다 합당하다고 주장하면서 부산정치파동까지 일으키면서 직선제 개헌을 성사시켰다. 하지만 서울특별시장이나 도지사는 간선으로 선출하게 했다. 시·읍·면장을 직선제로 하면서 민도가 상대적으로 더 높은 서울특별시장은 정부가 임명한다는 것은 명분이 서지 않는 주장이었지만, 여촌야도의 투표 성향을 고려할 때 서울특별시나 도지사를 직선으로 하게 되면 야당이 더 유리해질 것을 우려했기 때문이다(안청시·손봉숙, 1986: 44). 정부통령은 직선으로 바꿨지만, 이러한 이유로 단체장의 직선은 시·읍·면장에만 적용되었다.

그러나 5개월 만에 이승만 정권은 다시 지방자치법을 개정했다. 1956년 8월 지방선거가 예정되어 있었는데, 불과 1달여를 앞두고 개정안을 제출했다. 이에 앞서 지방자치법을 개정했던 1956년 2월만 하더라도 자유당은 다가올 지방선거에서 압도적으로 승리할 것으로 예상했다. 그러나 불과 몇 달 뒤 이승만 정부는 다시 기존 단체장의 기득권을 인정하는 개정안을 제출했다. 이렇게 이승만 정부가 서둘러 법안 개정을 추진한 것은 1956년 5월에 실시된 3대 정부통령 선거 결과 때문이었다. 민주당 신익희 후보의 급서로 대통령 선거에서 이승만의 낙승이 예상되었지만 조봉암이 200만 표 이상을 득표했고, 신익희에 대한 추모표도 적지 않았다. 더욱이 부통령 선거에서는 예상을 뒤엎고 민주당의 장면이 자유당 이기붕을 누르고 당선되었다. 이런 분위기가 8월의 지방선거까지 지속된다면 지방행정의 중추 기관인 시·읍·면장에 야당 소속 인물들이 대거 당선될 것이 분명하고 이는 2년 후에 실시될 4대 민의원 선거에서도 부정적인 영향을 미칠 수밖에 없었다. 이 개정 역시 오로지 이승만 정권의 정치적 목적을 달성하기 위한 수단으로 이뤄졌다(안청시·손봉숙, 1986: 45).

개정의 내용은 이전 법 개정 때 부칙에 규정한 기득권의 불인정에 대한 것이었다. 이전 개정 법안의 부칙에서는 선거 전에 이미 임기가 만료된 자는 선거일까지 그대로 재임하고, 임기가 만료되지 않은 자는 선거 전날까지 그 임기가 만료된 것으로 간주하여 일괄적으로 총선거를 시행한다는 규정이었다.[1] 그러나 자유당은 입장을 바꾸어 선거전 날까지 임기가 만료된 자는 그 임기가 끝나는 것으로 간주하지만, 임기가 남아 있는 자는 그 법정임기가 만료될 때까지 그 임기를 인정해 주고 8월 선거에서 이들을 제외하도록 개정을 추진한 것이다. 이 개정안은 7월 8일 이러한 개정안에 반발한 야당 측이 모두 퇴장한 가운데 통과되었다.[2] 1956년 실시된 두 번째 지방선거는 8월 8일에 시·읍·면의 단체장과 의회 의원 선거를, 8월 13일에는 서울특별시·도의원 선거를 실시했다. 경찰 등 관권의 노골적인 개입이 시작되었다.[3] <표 7-2>에서 보듯이, 제2차 지방선

1 전시 중인 관계로 일부 지역에서만 선거가 실시된 까닭에 지방의회 의원의 임기가 지역에 따라 차이가 생겼고(황수익, 1996: 165), 시·읍·면장은 그 이전까지 임명제였기 때문에 잔여 임기는 제각각이었다.

2 이러한 개정으로 인해 지방자치단체장의 40%만이 직선제에 의해 선출되게 되었고, 지방의회는 1%만이 기득권을 누릴 수 있게 되었다(황수익, 1996: 115).

3 지방선거일이 결정되자 야당계 입후보 예정자들에 대한 경찰의 노골적인 탄압이 시작되었다. 경찰은 '경범죄 처벌법'을 최대한 활용했다. 경범죄로 11~25일 구류처분을 받으면 자동적으로 후보자 등록을 할 수 없었다. 청소, 문패, 병역, 야간통금 위반 등의 갖가지 경범죄로 검거된 인원이 선거 초반인 7월 1일부터 20일까지 3,558명이나 되었다. 이 중 다수가 선거와 관계있는 경우였다. 한 국회의원은 자유당에는 무법과 불법과 유시법(諭示法)의 3법 밖에 없

표 7-2 1956년 지방선거 결과(당선자 수)

	시의회	읍의회	면의회	서울특별시·도의회
자유당	157	510	10,823	249
민주당	54	57	231	98
대한독립촉성국민회	17	28	161	6
농민회	1	3	16	1
기타	10	1	33	-
무소속	177	391	4,284	83
합계	416	990	16,051	437

자료: 안청시·손봉숙(1986: 45)

거 결과는 서울특별시와 몇몇 대도시에서는 여촌야도 현상과 함께 자유당의 지지기반이 약화되고 있다는 사실을 보여주었으나, 전체적으로는 자유당이 많은 의석을 유지했고 특히 면 의회에서는 70%에 달하는 압도적으로 많은 의석을 차지했다. 더욱이 선거 직전 처리한 개정안 덕분에 거의 대다수가 자유당 소속으로 기득권을 인정받은 시·읍·면장으로 인해 자유당은 지방에서 안정적 기반을 구축할 수 있었다.

그런데 이승만 정권은 1958년 12월 지방자치법을 다시 개정했다. 4차 개정법안의 주요 골자는 주민 직선으로 구성되던 시·읍·면장을 모두 임명제로 바꾸고 의원 임기를 3년에서 다시 4년으로 연장한다는 것이다. 이처럼 임명제로 바꾸려는 이유는 자유당에 대한 지지가 하락하고 있었기 때문이다. 1958년 5월 2일 실시된 4대 민의원 선거에서 자유당은 126석을 얻었고 민주당은 80석을 얻어 야당의 지지세가 이전에 비해 크게 높아졌다. 더욱이 1958년 10월 2일 대구시장 선거에서 민주당 후보가 압도적인 지지로 당선되었다. 이듬해에는 부산, 마산 등 전국 26개 시 가운데 15개 시의 시장이 임기만료로 선거를 앞두고 있었다. 이런 상황에서 이승만 정부는 시·읍·면장을 포함한 전 자치단체장을 임명제로 다시 환

다고 비꼬면서 다음과 같이 말했다. "경범죄 처벌법이 요렇게도 대단한 법인 줄은 미처 알지 못했습니다. 야밤에 집 앞에다 쓰레기를 버려놓고 새벽같이 찾아와서는 청소 불결이라는 죄목으로 구류 처분을 하지 않나, 밤 사이에 단단히 붙여 놓은 문패를 떼어버리고는 문패가 없으니 구류 처분이라고 집어 넣지를 않나, 형사들이 술을 사달라고 졸라서 술을 사주었더니 밤 12시가 되도록 나가지를 못하게 해놓고 12시가 지나 집으로 가려고 한즉 통금위반이라고 집어넣지를 않나"(한국일보, 1956. 7. 17)(강원택, 2015a: 39)

원하고자 한 것이다. 또한 의원 임기를 3년에서 4년으로 연장했는데, 원래의 임기는 1959년 8월에 만료되지만 1년 연장하게 되면 1960년 대통령 선거 이후까지 지방의회 의원의 구성이 그대로 유지될 수 있었던 것이다(안청시, 손봉숙, 1986: 46).

이처럼 제1공화국에서 지방자치가 도입되었지만, 주민의 자치, 풀뿌리 민주주의라는 원래의 취지와 달리 지방자치 제도는 이승만이라는 최고 권력자의 정치적 이해관계에 따라 수시로 변경되어 왔다. 당시 관권 개입이 공공연하게 이뤄지던 시절이라는 점을 고려할 때, 지방행정 조직을 여당이 장악하는 것이 대통령 선거나 국회의원 선거의 승리를 위해 매우 중요했던 것이다.

(2) 제2공화국

4.19 혁명으로 이승만 정권이 몰락하고 제2공화국이 들어서면서 지방자치법이 다시 개정되었다. 1960년 11월 1일 공포된 제2공화국의 지방자치제도는 그때까지 중앙정부가 임명하던 서울특별시장, 도지사를 포함하여 시·읍·면장 및 동·이장까지 모두 주민들의 직선으로 선출하도록 개정했다. 민주당 정부는 처음에는 시·읍·면은 완전자치화하고, 광역자치단체장인 도지사는 국가에서 임명하는 방식을 고려했지만, 당시의 시대적 분위기에 따라 전면 직선제로 개정했다 (안청시·손봉숙, 1986: 47). 개정된 지방자치법에 따라 서울특별시 및 도의회 의원 선거는 1960년 12월 12일에, 시·읍·면의회 의원 선거는 12월 19일, 그리고 단체장인 시·읍·면장 선거는 12월 26일에, 서울특별시장 및 도지사 선거는 12월 29일에 각각 실시하였다. <표 7-3>에서 볼 수 있듯이, 정당 가운데는 민주당이 가장 많은 의석을 차지했으며, 민주당 구파에서 분리해 창당한 신민당은 상대적으로 약세를 보였다. 혁신계인 사회대중당은 지방선거에서도 별다른 지지를 얻지 못했다. 그러나 특별시장, 도지사 등 광역단체장을 제외하면 전반적으로 무소속 후보가 많이 당선되었다.

전면 직선제의 실시 등 우리 지방자치 역사상 최초로 완전한 자치의 형식이 갖춰졌지만, 제2공화국의 지방자치는 많은 문제점도 노정했다. 지방자치단체장과 의회 간의 불화와 극한 정쟁, 선출직 도지사와 국가가 임명하는 국장, 과장간의 불화, 기능과 사무 배분의 불명확으로 인한 중앙정부와 지방정부 간의

표 7-3 1960년 지방선거 결과(당선자 수)

	지방의회				단체장			
	시의회	읍의회	면의회	특별시·도의회	시장	읍장	면장	특별시장, 도지사
민주당	129	142	2,510	195	12	23	297	6
신민당	45	39	241	70	5	3	13	3
사회대중당	-	-	3	2	-	-	-	-
기타	8	2	44	3	-	-	4	-
무소속	238	872	12,578	216	9	56	1,045	1
합계	420	1,055	15,376	485	26	82	1,359	10

부조화, 그리고 주민의 자치 의식과 역량의 부족, 지방자치단체의 재량권의 제약과 재정적 빈약함 등으로 인해 운영 과정에서 미숙함을 드러내기도 했다(엄태석, 2016: 70-71). 제2공화국의 지방의회와 지방정부는 1961년 5.16 군사정변과 함께 제2공화국이 붕괴하면서 해산되고 말았다.

(3) 제3공화국에서 제5공화국까지

1962년 12월 개정된 제3공화국 헌법에서도 지방자치에 대한 규정을 두고 있었다. 109조에는 "① 지방자치단체는 주민의 복리에 관한 사무를 처리하고 재산을 관리하며 법령의 범위 안에서 자치에 관한 규정을 제정할 수 있다. ② 지방자치단체의 종류는 법률로 정한다"고 했고, 110조에서는 "① 지방자치단체에는 의회를 둔다. ② 지방의회의 조직, 권한, 의원선거와 지방자치단체의 장의 선임방법 기타 지방자치단체의 조직과 운영에 관한 사항은 법률로 정한다"고 규정했다. 또한 부칙 7조 3항에는 "이 헌법에 의한 최초의 지방의회의 구성시기에 관하여는 법률로 정한다"고 했지만, 이러한 헌법 규정에도 불구하고 박정희 집권 기간 동안 지방자치는 실시되지 않았다. 오히려 그 이전인 1961년 5.16 직후의 군정 시기에 만들어진 「지방자치에 관한 임시조치법」에 의해 지방의회를 해산했고, 지방 단체장을 대통령과 장관이 임명하는 방식을 취했다. 제3공화국의 헌법 규정이 아니라 군정 때 만들어진 '임시조치법'이 효력을 가졌던 것이다.

1972년의 유신헌법에서도 1962년 개정 헌법에 포함된 지방자치 규정이 그대로 포함되어 있었다. 유신헌법에서는 부칙 10조에 "이 헌법에 의한 지방의회는 조국통일이 이루어질 때까지 구성하지 아니한다"고 규정하여 지방자치를 실시하지 않겠다는 점을 분명히 했다.

제5공화국 헌법에서도 1962년 개정 헌법의 지방자치 규정을 그대로 포함했지만, 역시 부칙 10조에서 "이 헌법에 의한 지방의회는 지방자치단체의 재정자립도를 감안하여 순차적으로 구성하되, 그 구성 시기는 법률로 정한다"고 규정했지만, 실제로 지방자치를 실시하지 않았다. 이처럼 권위주의 통치 체제하에서 지방자치는 명목상으로 법에 규정되어 있기는 했지만, 실시 '조건'을 다는 방식으로 사실상 시행을 허용하지 않았다.

(4) 민주화 이후

1987년 대통령 선거 당시 모든 후보가 지방자치 도입을 공약했다. 6.29 선언에서 지방자치를 약속한 노태우가 대통령으로 당선되었지만, 집권 이후 그 공약은 지켜지지 않았다. 1989년 3월 야 3당이 지방선거 실시에 합의했지만, 노태우 대통령은 거부권을 행사했다. 이후 여야 간 논의를 통해 1989년 12월 19일 민정당을 포함한 여야 4당의 합의하에 지방자치법이 통과되었고 이듬해 4월 지방의회를 구성하기로 하였다. 그러나 1990년 1월 3당 합당 이후 거대 여당이 된 민주자유당과 노태우 정부는 경제안정을 명분으로 지방자치제의 도입을 다시 연기했다.

그러자 1990년 10월 김대중 민주당 총재가 지방자치제 실시를 요구하며 단식농성에 돌입했다. 이후 그 해 12월 정기국회에서 여야 간 합의를 통해 지방자치 법률개정안, 지방의회의원 선거법 개정 법률안, 그리고 지방자치단체장선거법안 등이 통과되었다. 마침내 1991년 3월 26일 시·군·구 기초의회 선거가 실시되었고, 같은 해 6월 20일에는 시도 광역의회 선거가 실시되었다. 그러나 단체장은 여전히 대통령이 임명했다(강원택, 2018b: 29). 단체장 선거는 포함되지 않았지만, 1991년의 지방의회 선거는 1961년 5.16 군사정변으로 지방의회가 해산된 이후 30년 만에 다시 실시된 것이었다.

당시 기초의회 의원 선거에서는 정당의 공천은 허용되지 않았으며, 추첨으로 후보자 기호를 결정하였다. 광역의회 선거에서는 <표 7-4>에서 보듯이, 전반적으로 민자당이 대부분의 지역에서 강세를 보였으며, 지역주의 영향에 따

표 7-4 1991년 광역의회 선거 결과(당선자 수)

	민주자유당	신민주연합	민주당	민중당	무소속	합계
서울	110	21	1	–	–	132
인천	20	1	3	–	3	27
경기	94	3	2	–	18	117
강원	34	–	1	1	18	54
대전	14	2	1	–	6	23
충북	31	–	2	–	5	38
충남	37	–	4	–	14	55
광주	–	19	–	–	4	23
전남	1	67	–	–	5	73
전북	–	51	–	–	1	52
대구	26	–	–	–	2	28
경북	66	–	5	–	16	87
부산	50	–	1	–	–	51
경남	73	1	1	–	14	89
제주	8	–	–	–	9	17
합계	564	165	21	1	115	866

라 지역별로 의석을 휩쓴 정당이 뚜렷이 대비되었다. 지방선거였지만, 중앙정치의 영향이 강하게 반영되었고, 지역의 정치가 한 정당에 의해 사실상 독점되면서 정치적 다양성을 확보하기 어려운 문제점을 보였다.

1992년 대통령 선거 과정에서 지방자치단체장 선거 실시를 공약으로 내세운 김영삼 정부가 출범한 이후, 1994년 3월 16일 지방자치단체장을 포함한 기초의회, 기초단체장, 광역의회, 광역단체장 등 4대 지방선거의 동시 실시를 골자로 하는 지방자치법이 국회를 통과했다. 또한 그때까지 별개의 법안으로 존재하던 대통령선거법, 국회의원선거법, 지방자치단체의장선거법, 지방의회의원 선거법 등이 흔히 통합선거법이라고 불리는 '공직선거및선거부정방지법'으로 통합되었다. 그리고 1995년 6월 27일 첫 4대 동시 지방선거가 실시되면서 오늘날과 같은 지방자치가 실시되었다. 2010년에는 교육감과 교육위원을 선출하는 선거가 실시되었으나, 2014년부터는 교육위원 선출은 주민 직선에서 제외되었다.[4]

4 기존의 교육위원의 역할은 광역자치의회의 교육위원회가 담당하게 되었다. 제주특별자치도의 경우에는 2006년 자치도 출범과 함께 교육위원을 주민 직선으로 선출했다. 그러나 선출된 교육위원의 학연, 인맥 등 구성의 폐쇄성에 대한 비판이 제기되면서 2026년 폐지하기로 했다.

김대중 대통령 시기는 지방분권의 초석을 다지는 시기였다(소순창, 2012: 378). 김대중 대통령은 지방자치법을 개정하여 지방자치단체의 조직과 인사행정의 자율성을 확대하였고, '중앙행정권한의 지방이양촉진 등에 관한 법률'을 제정하고 대통령 직속기관으로 지방이양추진위원회를 구성해 중앙행정권한의 지방으로의 이양을 통한 분권화 작업을 추진하도록 했다. 또한 주민조례개폐청구권과 주민감사 제도를 도입했다. 그러나 중앙행정 권한의 지방이양은 기대에 미치지 못했고, 약속했던 지방자치경찰제도의 도입도 실현되지 않았다.

지방자치와 관련하여 가장 큰 역할을 한 것은 노무현 대통령이다. 노무현 대통령은 지방분권과 균형발전을 국정의 주요 과제로 내세웠고, 「지방분권특별법」,「신행정수도건설을 위한 특별조치법」, 「국가균형발전특별법」 등 지방분권과 관련된 세 가지 법을 2003년 제정했다. 주민투표법 역시 노무현 정부 시기인 2004년 1월 제정되었다. 또한 대통령 직속으로 2003년 4월 정부혁신지방분권위원회를 설치하였다. 2006년 7월 1일에는 단일광역자치단체로서 제주특별자치도가 출범했다. 「국가균형발전특별법」에 따라 국가균형발전 5개년 계획이 수립되었고, 지방양여금 폐지와 국고보조금 정비를 통해 그중 일부사업을 편입시켜 2005년 11월 국가균형발전특별회계를 신설하였다. 공공기관 지방 이전, 기업도시, 혁신도시사업 등이 추진되었다. 2003년 12월 국회를 통과한 「신행정수도특별조치법」이 2004년 10월 헌법재판소의 위헌판결을 받으면서, 행정중심복합도시로 계획을 변경하여 추진하였다. 노무현 정부의 지방분권은 이전에 비해서는 상당한 진전에도 불구하고, 애당초의 기대에는 미치지 못했다. 그러나 분권 개혁을 위한 중요한 이정표를 세우고 미래 국가발전의 방향이 될 지방분권에 관한 국민적 담론을 확산시켰다는 데서 의의가 있다(소순창 2012: 379).

이러한 지방분권 기조는 이명박 대통령 때까지도 이어진다. 이명박 대통령은 '지방분권 확대와 지역경제 활성화'를 내세웠고, 노무현 정부 때 제정된 지방분권특별법을 2008년 2월 지방분권촉진에 관한 특별법으로 변경하고, 대통령 소속으로 '지방분권촉진위원회'를 출범시켰다. 여기서 지방분권의 기본방향설정 및 추진계획을 다루도록 했다. 그리고 구체적으로는 지방이양사무 발굴, 특별지방행정기관 정비, 행정체계개편, 사무구분체계 개선 등에 대해 논의했다. 이명박 정부 시기에 관심을 가진 사안은 지방행정체제 개편에 대한 것이었다. 2010

년 「지방행정체제개편에 관한 특별법」이 마련되면서 행정계층 축소와 광역화를 통해 행정효율성을 제고하기 위한 지방행정구역 재조정 논의가 본격화되었다. 지방분권촉진위원회는 2013년 5월 28일 지방행정체제 개편추진위원회와 함께 지방자치발전위원회로 통합되었다. 그러나 지방행정체제 개편은 별다른 성과 없이 끝이 났다. 한편, 생활권과 행정구역 불일치에 따른 주민불편과 행정비효율을 해소하기 위해 지방자치단체 자율통합을 추진하였고, 2010년 7월에는 마산, 창원, 진해가 창원시로 통합되었다. 또한 2010년 국세인 부가가치세의 5%를 지방소비세로 전환하는 등, 지방의 재정 능력을 높이기 위한 조치가 시도되었다.

박근혜 정부는 2013년 "지방분권 및 지방행정체제개편에 관한 특별법"을 제정했고 지방자치발전위원회를 설치하여 지방 분권과 관련된 정책 기조를 이어갔지만, 전반적으로 박근혜 정부 시기에 지방자치는 상대적으로 매우 소홀하게 다뤄졌다.

문재인 정부는 2018년 3월 대통령 소속으로 자치분권위원회를 설치하고 자치분권 종합계획을 수립하여 적극적으로 실행에 옮겼다. 국가자치경찰법을 제정하여 경찰 기능 일부를 자치 사무로 분리했다. 이와 함께 지방일괄이양법안을 제정하여 6개 부처 46개 법률에 해당하는 400개의 단위 사무를 이양하도록 했다. 무엇보다 1988년 지방자치법 개정 이후 32년 만에 2020년 12월 지방자치법 전부 개정안을 입법했다.

윤석열 정부는 대통령 직속으로 지방시대위원회를 설치했고, '제1차 지방시대 종합계획(2023-2027)'을 2023년 11월에 발표했다. 이 계획에서 밝힌 '지방시대 5대 전략'은 ① 자율성 키우는 과감한 지방분권, ② 인재를 기르는 담대한 교육개혁, ③ 일자리 늘리는 창조적 혁신 성장, ④ 개성을 살리는 주도적 특화발전, ⑤ 삶의 질 높이는 맞춤형 생활복지 등 5가지였다. 또한 지역균형발전과 지방경쟁력 제고를 위해 충청권, 광주-전남권, 대구-경북권, 부울경 등 4대 초광역권과 강원권, 전북권, 제주권 등 3대 특별자치권 등 4+3 초광역권의 특화 발전 전략을 제시했다. 그러나 윤석열 대통령의 탄핵으로 구체적인 성과를 내지는 못했다.

표 7-5 각 정부의 지방분권 주요 정책

정부	법률명	제정일	위원회	계획
김대중	중앙행정권한의 지방이양 촉진 등에 관한 법률	1999.7.30	지방이양추진	지방이양기본계획
노무현	지방분권특별법	2004.1.16	정부혁신지방분권	지방분권5개년 (2004-2008) 종합실행계획
이명박	지방분권촉진에 관한 특별법	2008.5.30	지방분권촉진	지방분권의 기본방향 설정 및 추진계획
박근혜	지방분권 및 지방행정 체제 개편에 관한 특별법	2013.5.28	지방자치발전	지방자치발전 종합계획
문재인	지방자치분권 및 지방행정 체제개편에 관한 특별법	2018.3.20	자치분권	자치분권 종합계획
윤석열	제1차 지방시대 종합계획 (2023-2027)'	2023.11.1	지방시대위원회	'지방분권-균형발전' 5개년계획

자료: 권오영, 황은진(2021: 212)에 기초해 수정.

2. 제도와 권한

(1) 조직과 권한

지방자치단체는 광역지방자치단체와 기초지방자치단체가 있다. 광역지방자치단체는 특별시, 광역시, 특별자치시, 도, 특별자치도를 포함한다. 현재 1개의 특별시(서울특별시), 6개의 광역시(부산광역시, 대구광역시, 인천광역시, 광주광역시, 대전광역시, 울산광역시), 1개의 특별자치시(세종특별자치시), 4개의 도(경기도, 충청북도, 충청남도, 전라남도)와 제주특별자치도, 강원특별자치도(2023. 6), 전북특별자치도(2024. 1) 등 3개의 자치도가 존재한다. 기초 지방자치단체는 시·군·자치구로 구성된다.[5]

2021년 지방자치법 전부 개정에 따라 100만 이상의 도시의 경우 특례시로 하고, 행정수요 등을 고려하여 대통령령에 따라 행정안전부 장관이 시·군·구에 특례를 부여할 수 있도록 했다. 특례시는 행정적 명칭이며 특별시와 일반시의 중간적 성격으로 수원, 용인, 고양, 창원, 화성 등이 특례시가 되었다.

5 특별시, 광역시, 특별자치시가 아닌 인구 50만 이상의 시(市)에는 구를 둘 수 있지만 그 구는 자치단체는 아니다(지방자치법 3조).

표 7-6 자치단체구성

자치단체	지역
특별시	서울특별시
광역시	부산, 대구, 인천, 광주, 대전, 울산
특별자치시	세종특별자치시
특별자치도	제주특별자치도(2006. 7), 강원특별자치도(2023. 6), 전북특별자치도(2024. 1)
특례시	수원, 용인, 고양, 창원, 화성(2025. 1. 1)

우리나라의 지방정부 구성 형태는 자치단체장과 의회를 별도로 선출하여 구성하고, 그 두 기관이 상호 대립하게 하는 기관 대립형이다. 1949년 「지방자치법」 제정 시 우리나라 지방자치단체의 기관 구성 형태를 단체장과 의회 간의 기관 대립형으로 일률적으로 정하였고, 자치단체의 장으로 대표되는 집행기관과 지방의회가 일대일 조응을 하는 형태는 그 이후 별다른 변화 없이 지속되어 왔다(이용마, 2014a: 155). 이렇게 된 것은 지방자치의 거버넌스 구조에 대한 어떤 철학적, 사상적 고려가 개입되었기보다는, 권위주의 체제하에서 대통령이나 중앙정부가 임명하던 지방행정구조를 그대로 둔 채 지방의회를 설치하는 형태로 지방자치제가 도입되었기 때문이다. 특히 지방자치단체의 기관 구성 형태는 강(强)시장－약(弱)의회 형태로 이뤄져 있다. 오랜 권위주의 시대를 거치면서 의결기관보다 집행기관을 우선시해 온 결과이며, 이로 인해 권한, 조직, 인력, 정보면에서 단체장이 지방의회를 압도하고 있다(이용마, 2014b: 125). 이는 그동안 '제왕적'이라고 불리는 강력한 대통령과 견제력이 취약한 국회의 관계를 닮은 모습으로 볼 수도 있다. 그러나 민주화 이후 국회의 견제 권한이 강화된 것에 비해 지방정치는 큰 변화를 보이고 있지 않다(강원택, 2018b: 39－40).

다만 2021년 지방자치법 전부 개정으로 지방자치단체 기관구성 형태를 다양화할 수 있는 가능성을 열어 두었다. 개정된 지방자치법 제4조는 "따로 법률로 정하는 바에 따라 지방자치단체의 장의 선임방법을 포함한 지방자치단체의 기관구성 형태를 달리 할 수 있다"고 하여 기관구성 형태의 다양화를 규정하고 있다. 이로 인해 지방자치단체의 기관구성이나 단체장의 선출 방법 등에 있어서 지역별로 차별화할 수 있는 근거가 마련되었다.

이와 함께 개정법안에서는 특별지방자치단체의 설립도 가능하도록 했다. 특별

지방자치단체는 2개 이상의 지방자치단체가 공동의 목적을 위해 상호 협약을 통해 규약을 제정하고, 구성 지방의회의 의결을 거쳐 행정안전부 장관의 승인을 받아 설치할 수 있도록 했다. 특별지방자치단체는 교통, 관광, 도로망 등 광역화가 필요한 지방행정 분야에서 초광역 차원에서 지방단체 간 제도화된 협력을 가능하도록 했다. 부산, 울산, 경남 3개 광역자치단체는 합의된 규약에 대해 각 시도 의회의 의결을 거쳐 2022년 4월 특별지방자치단체로 '부산울산경남특별연합'을 설치했다.[6]

지방자치단체의 권한은 자치입법권, 자치행정권, 자치조직권, 자치재정권 등이 있다. 자치입법권은 지방정부가 독자적으로 법규를 제정하는 권한이다. 자치입법은 법령에 위반되지 않은 범위 내에서 효력을 가지며, 조례와 규칙의 형식을 취한다. 조례는 지방의회의 의결에 의해 제정되는 것인데 비해, 규칙은 지방자치단체의 장이 제정한다. 조례는 지방자치단체의 사무를 수행하는 근거와 기준을 제공하며, 지방의회가 자치단체장과 지방 행정부를 견제할 수 있는 수단이 되기도 한다. 규칙은 법령이나 조례 등 상위 법규의 위임에 의한 위임 규칙과, 상위 법규에 위반되지 않는 범위에서 단체장이 정하는 직권 규칙으로 나뉜다.

자치입법권이 부여되어 있기는 하지만, 국회에서 제정된 법률뿐만 아니라 대통령령, 총리령, 부령 등의 시행령, 시행 규칙까지를 포함하는 행정입법인 령(令)의 범위를 넘을 수 없다. 2021년 시행된 지방자치법 전부개정에서는 지방의회의 조례 제정은 '법령의 범위에서' 할 수 있도록 했지만, 법령에서 조례로 정하도록 위임한 사항은 그 법령의 하위 법령에서 그 위임의 내용과 범위를 제한하거나 직접 규정할 수 없도록 했다. 과거에는 지방의회의 의결이 '법령에 위반되거나 공익을 현저히 해친다고 판단되면' 중앙정부가 재의를 요구할 수 있었다는 점에서 지방자치단체의 자치입법권은 제약을 받았다(서복경 2016: 111-117). 그런 점에서 예전에 비해 조례 제정범위가 확대되고 조례 제정권이 강화되었다.

자치행정권은 지방자치단체가 자기의 고유한 사무를 가지고 독자적으로 처리할 수 있는 권한을 말한다. 지방자치단체의 자치사무는 지방정부가 자기의 책임과 부담하에 행하는 고유한 사무를 말하는데, 이외에도 각 개별 법령에 의하여

6 부울경특별연합은 3개 시도지사가 돌아가며 특별연합 단체장을 맡고 각각 9명의 의원으로 27명의 특별연합 의회를 구성하여, 교통 등 광역인프라, 경제공동체, 교육플랫폼, 광역재난관리체계, 보건의료통합관리체계 등을 구축하려는 시도였다. 그러나 2022년 지방선거로 단체장이 바뀌면서 출범도 하기 전에 무산되었다(뉴시스, 2024. 6. 22).

국가 또는 타 지방자치단체로부터 위임받아 처리하는 사무인 단체위임사무, 그리고 법령의 규정에 의해 국가 또는 상급자치단체로부터 지방자치단체의 장에게 처리를 위임하는 기관위임사무와 같은 위임사무가 있다. 자치행정권의 범위는 자치단체의 종류에 따라 다르다. 광역자치단체와 기초자치단체의 행정권이 다를 뿐만 아니라, 광역자치단체인 경우에도 특별시와 광역시, 도가 다르며, 기초자치단체에서도 자치구와 시, 군이 다르다. 자치행정권 역시 자치입법권처럼 상당히 제한적이며 지방정부 사무에 대한 중앙정부의 개입을 가능하게 하고 있다.

자치조직권은 조례나 규칙 등의 형식으로 지방정부의 조직을 독자적으로 구성할 수 있는 권한을 말한다. 자치조직권은 조직 구성에 필요한 인력의 범위를 규정하는 정원 및 충원, 인력 배치, 보수 등과 관련된 자치인사권을 포함한다. 자치조직권의 범위는 지방의회뿐만 아니라 집행기관인 자치단체장, 장의 보조기관, 장의 소속기관, 하급행정 등을 포함하지만 일반적으로는 집행기관의 기구 및 인력 운용에 관한 구성 권한으로 간주되는 것이 일반적이다. 자치조직권 역시 매우 제한적이어서, 자치조직을 지방정부의 조례나 규칙으로 정하는 경우에도 상급기관의 승인 또는 협의를 조건으로 하고 있다(유병선, 2016: 147-148).

자치재정권은 지방자치단체가 부여된 기능과 사무를 수행하는 데 필요한 경비를 충당하기 위하여 중앙정부의 간섭을 받지 않고 독자적으로 그 재원을 조달·관리하는 권능을 말한다. 지방의회는 예산의 심의, 확정, 결산의 승인, 그리고 중요한 재정적인 활동에 대한 의결권을 갖는다. 그런데 지방정부의 재정권은 상대적으로 취약하다. 지방세목과 세율 결정권을 중앙정부가 결정하고 있어서 지방정부의 권한은 제한적이며, 지역 간 인구 및 소득 기반 격차로 인해 지방정부 간 재정 능력의 격차 역시 큰 편이다.

전체적으로 볼 때, 지방자치제도의 도입에도 불구하고 입법, 행정, 조직, 재정 등 대부분의 영역에서 지방자치단체의 자율성, 독자성은 매우 제한적이며 여전히 중앙정부의 영향력이 크다.

(2) 주민 참여 제도

지방자치인 만큼 주민의 참여를 보장하기 위한 직접 민주주의적 요소가 포함되어 있다. 지방자치에 도입된 주요 주민 참여 제도로는 주민투표, 주민소환, 주민 소송, 주민 감사 청구 등이 있다. 주민 투표는 2004년 1월 주민투표

표 7-7 주민투표 실시 현황

실시 일자	투표 이유	실시 지역	투표율 (%)	찬성률 (%)	결과
2005. 7. 27	제주도 행정구조 개편	제주도	36.7	57	단일 광역자치안 채택
2005. 9. 29	충북 청주시와 청원군 행정구역 통합	충청북도 청주시, 청원군	청주 35.5	91.3	청원군 반대로 통합 무산
			청원 42.2	46.5	
2005. 11. 2	중, 저준위 방사성폐기물 처분 시설 유치	경북 포항, 경주, 영덕, 전북 군산	경주 70.8	89.5	경주시 선정
			군산 70.2	84.4	
			포항 47.7	67.5	
			영덕 80.2	79.3	
2011. 8. 24	서울시 무상급식 지원 범위	서울시	25.7	-	부결, 미개표
2011. 12. 7	영주시 면 사무소 이전	경북 영주시 평은면	39.2	91.7	평은리 선정
2012. 6. 27	충북 청주시와 청원군 행정구역 통합(2차)	충청북도 청원군	36.8	78.6	통합 결정
2012. 10. 17	남해 화력발전소 유치	경남 남해군	53.2	48.9	유치 반대
2013. 6. 26	전북 완주, 전주 통합	전북 완주군	53.2	44.4	통합 반대
2019. 2. 1	평창군 폐기물 처리장 지원 기금 분배	강원 평창군 미탄면	61.7	97.3	인구비율대로 분배안 찬성
2019. 10. 16	거창군 구치소 위치 선정	경남 거창군	52.8	65	거창읍 입지 원안 찬성
2020. 1. 21	대구 군 공항 이전	대구 군위, 의성군	군위(우보) 80.6	78.4	의성 비안, 군위 소보 선정
			군위(소보) 80.6	53.2	
			의성(비안) 88.6	89.5	
2020. 6. 26	일봉산 도시 공원 개발	충남 천안시	10.3	-	부결, 미개표

자료: 행정안전부; 하혜영(2019)

법이 제정된 이후 도입되었는데, 주민이 직접 지역의 중요 사항에 대해서 결정권을 행사함으로써 지방의회의 의결 기능을 보완하는 제도이다. 주민투표는 주민, 지방의회, 단체장이 모두 실시를 요구할 수 있다. 조례로 정한 일정한 수 이상의 주민들이 서명으로 주민투표를 요구하거나,[7] 지방의회 재적의원 과반수의 출석과 출석의원 2/3의 찬성으로 주민투표를 요구하거나, 지방자치단체장이 직권으로 주민투표를 실시할 수 있다. 단체장의 직권에 의한 경우에는 그 지방의회 재적의원 과반수의 출석과 출석의원 과반수의 동의를 얻어야 한다. 주민투표는 주민투표권자 중 1/3 이상의 투표와 유효투표 과반수의 득표로 확정되는데, 투표율이 33.3%를 넘지 않는 경우에는 개표를 하지 않는다. <표 7－7>에서 보듯이, 주민투표법 도입 이후 2019년 말까지 모두 12차례 주민투표가 실시되었다.

주민소환은 지방단체장과 지방의회 의원 등 선출직 공직자에 대해 임기 이전에 주민들이 해직을 청구하는 제도이다. 주민소환은 2006년 5월에 도입되었다. 주민소환을 위해서는 주민투표를 실시해야 하는데, 주민소환의 청구요건은 광역단체장의 경우 주민 투표권자의 10% 이상, 기초단체장의 경우 15% 이상, 그리고 지방의회 의원의 경우에는 20% 이상의 서명을 필요로 한다. 가결 요건은 주민투표와 동일한데, 주민소환은 임기 시작 1년 이내, 임기 만료 1년 이내에는 청구할 수 없다. <표 7－8>에서 보듯이, 일곱 개 지역에서 10명에 대한 주민소환 투표가 실시되었고 그 가운데 2건에 대해 소환이 이뤄졌다.

주민감사청구는 지방정부와 그 장의 권한에 속하는 사무의 처리가 법령에 위반되거나 공익을 현저히 해친다고 인정되는 경우 주민들이 감사를 청구하는 제도이다(장우영, 2016: 220－222). 시·도의 경우에는 주무부서 장관에게, 시·군·자치구의 경우에는 시장, 도지사에게 감사를 청할 수 있다. 한편, 주민 소송은 사법적 방법에 의한 주민 참여 제도로서 주민들에게 손해를 입힌 지방자치단체장이나 공직자에게 그 손해를 집단적으로 배상하도록 하는 제도이다. 즉, 주민이 지방정부의 재산 관리나 공금의 지출이 위법하거나 부당하게 행해진 경우에 그 시정을 청구하여 부정부패를 차단하고 지방재정의 건전성을 유도하기 위한 제도이다. 주

---

7 주민투표를 요구할 수 있는 주민의 수는 해당 지역 지방선거의 투표권을 가진 주민의 1/20 이상 1/5 이하의 범위 안에서 지방자치단체의 조례로 정하도록 하고 있다(주민투표법 9조 1항).

표 7-8 주민소환 투표 일부 사례

일자	이유	지역	대상	투표율	결과
2007.12.12	화장장 건립 추진 관련 갈등	경기 하남	시장	31.1	무산
			시의원 1	23.8	무산
			시의원 2	37.6	소환
			시의원 3	37.6	소환
2009.8.26	제주해군기지 건설 관련 갈등	제주특별자치도	도지사	11	무산
2011.11.16	보금자리지구 지정	경기 과천	시장	17.8	무산
2012.10.31	강원 삼척	원자력 발전소 건설 강행	시장	25.9	무산
2013.12.4	전남 구례	법정구속으로 인한 군정 공백 유발	군수	8.3	무산
2019.12.18	생활폐기물 에너지화 시설(SRF)운영에 따른 주민피해 직무유기	경북 포항	시의원	21.8	
2021.6.30	정부의 8.4 부동산 정책에 따른 과천청사 유휴부지 주택공급 반대	경기 과천	시장	21.7	무산

자료: 2022. 12. 31. 기준, 행정안전부, “주민투표, 주민소환, 주민소송 운영 현황.”

민 소송은 주민 감사 절차를 거쳐야 청구할 수 있다.

2022년 발효된 전부 개정안은 지방자치에 대한 주민참여를 강화했다. 법률 제1조(목적)에 “주민의 지방자치행정 참여에 관한 사항”이라는 문구를 추가했고, “주민은 법령으로 정하는 바에 따라 주민 생활에 영향을 미치는 지방자치단체의 정책의 결정 및 집행 과정에 참여할 권리를 가진다”는 조항을 신설했다. 제도적으로는 우선 주민조례 발안제를 도입하여 주민이 지방의회에 직접 조례의 제정과 개폐를 청구할 수 있도록 했다. 또한 주민조례 발안, 감사청구 등에 참여 할 수 있는 연령을 이전의 19세 이상에서 18세 이상으로 하향했다. 주민감사 청구인 수도 낮춰서 광역시·도의 경우는 이전의 500명에서 300명으로, 인구 50만 이상 대도시는 300명에서 200명으로, 그 밖의 시·군·구는 200명에서 150명 이상으로 낮춰 보다 용이하게 주민동의로 주민감사와 소송 제기가 가능하도록 했다.

표 7-9 2022년 시행 지방자치법 전부 개정안 주요 내용

취지	법조항	내용
주민 참여 강화	주민자치 원리 강화 (제1조)	목적에 '지방자치행정 참여에 관한 사항' 명시
	주민의 권리 확대 (제17조)	주민 생활에 영향을 미치는 정책 결정 및 집행 과정에 참여할 권리 신설
	주민 조례 발안제도입 (제19조)	주민이 지방의회에 직접 조례의 제정·개폐 청구가 가능
	청구권 기준 연령 완화 (제21조)	주민조례발안, 감사청구 등에 참여 할 수 있는 연령 하향(19세 이상→18세 이상)
	주민감사청구인수 하향조정 (제21조)	시·도 300명, 인구 50만 이상 대도시는 200명, 시·군·구는 150명 이상의 주민 동의로 주민 감사와 소송 제기 가능
	주민에 대한 정보공개 확대 (제26조)	의회의 의정활동, 집행부 조직·재무 등에 관한 정보를 공개해야 하는 일반 규정 신설
지방자치단체/지방의회 강화	정책지원 전문인력 도입 (제41조)	지방의회 의원정수 1/2 범위에서 지방의원 의정활동 지원할 정책지원 전문인력 충원
	지방의원 겸직금지 (제43조)	겸직금지 대상이 구체화, 겸직 신고 내역을 의무적으로 공개
	지방의회의 인사권 독립 (제103조)	지방의회 소속 사무직원 임용권을 지방의회 의장에게 부여
	단체장 인수위원회 제도화 (제105호)	지방선거를 통해 단체장이 교체될 경우 광역지자체는 20인 이내, 기초지자체는 15인 이내로 인수위원회 구성 가능
	사무배분 보충성의 원칙 규정 (제11조)	중앙정부의 자의적인 사무 배분을 방지하기 위해 지역적 사무는 지역에 우선 배분
	자치입법권보장 강화 (제28조)	법령의 범위에서 사무에 관하여 조례를 제정할 수 있으며, 법령에서 조례로 정하도록 위임한 사항에 대해 행정명령 등 하위 법령으로 위임 내용과 범위 등을 제한할 수 없도록 규정
	자치단체 기관 구성 다양화 (제4조)	주민투표를 통해 지방의회와 집행기관의 구성 형태 변경이 가능
자치단체 간/자치단체-국가 간 협력	특별지방자치단체 설치·운영 규정 마련 (제12장)	2개 이상의 지방자치단체가 공동으로 특정한 목적을 위하여 광역적으로 사무를 처리할 필요가 있을 때 가능
	특례시및 자치단체 특례 부여 (제198조)	100만 이상의 도시를 특례시로 하고, 대통령령에 따라 행정안전부장관이 정하는 시·군·구에 특례 부여 가능

	경계조정 절차 신설 (제6조)	자치단체 간 자율협의체를 통해 경계조정협의를 추진, 미해결시 중앙분쟁조정위원회 심의를 거쳐 조정 가능
	국가-지방간 협력 의무 (제164조)	균형적 공공서비스 제공, 균형발전을 위한 국가-자치단체, 자치단체 간 협력 의무를 신설
	중앙지방협력회의 도입 (제186조)	지방자치단체가 국가 주요 정책, 지방 현안 등에 대해 대통령과 협의 가능한 근거 마련

(3) 교육 자치

지방교육자치제도는 일정한 지역을 단위로 하여 그 지역 주민들의 교육에 대한 선호를 그들이 선출한 기관을 통하여 교육 정책에 반영하여 자율적으로 집행할 수 있도록 하는 제도를 의미한다. 지역과 학교에 따라 교육의 내용과 방법이 자율적이고 독립적으로 결정될 수 있기 때문에 다양하고 차별적인 교육방식의 도입이 가능하다. 지방교육자치에서 중추적인 역할을 담당하는 인물은 교육감이다. 교육감은 1992년까지는 중앙정부가 임명했지만 그 이후 선출하는 방식으로 바뀌었다. 1991년 지방교육자치에 관한 법률이 제정되면서 교육감을 해당 지역에서 선출하게 되었는데, 당시에는 교육위원이 선출하는 간선제 방식이었다. 광역의회에 교육위원회가 구성되었는데 교육위원은 지방의회에서 선출하고 교육감은 교육위원회에서 무기명 투표로 선출했다. 1997년부터는 간선제는 유지했지만 학교운영위원회 선거인과 교원단체에서 추천한 교원 대표 선거인단에 의해 선출하도록 했다. 또한 2000년부터는 학교운영위원회 전원에 의해 선출하도록 했으며, 2006년 말 이 법에 대한 전면 개정과 함께 주민들에 의한 주민직선제 방식이 도입되었다.

2010년 선거부터는 동시 지방선거 때 함께 교육감 선거를 실시하고 있다. 선거로 선출하지만 교육감이라는 직책의 특성상 정당 공천은 허용하지 않는다. 그러나 전국동시지방선거 때 함께 선출하기 때문에 교육감에 대한 투표가 정파적 영향에서 완전히 자유롭다고 볼 수 없다. 더욱이 유권자가 교육감 후보 각각에 대한 정보가 많지 않다면 정당 공천이 없는 상황에서 후보 결정의 판단에 더욱 어려움을 가질 수밖에 없다. 또한 자녀가 없거나 모두 대학에 입학한 유권자의 경우 교육감 선거에 대한 관심도는 상대적으로 낮다. 교육감 선출 방식을 개선하기 위한 사회적 고민이 필요하다. 최근에는 광역시도지사와 교육감 후보가 러닝메이트로 동반 출마하는 방식으로의 개정도 논의되고 있다.

지방자치법에 의하면 교육감은 시·도의 교육, 과학 및 체육에 관한 사무를 전담하는 존재로서 이 분야에서 독립적인 권한을 행사할 수 있다. 지방교육자치법 제20조에는 교육감이 수행하는 17가지 사무가 열거되어 있는데, 조례안, 예산안, 결산서의 작성, 교육 규칙의 제정, 학교 설치 등 교육 과정 운영, 평생교육, 소속 공무원 인사 관리 등 교육과 학예 전반에 걸쳐 많은 업무를 수행할 수 있다. 특히 조례안이나 예산결산안의 작성과 제출을 주도한다는 점에서 교육감은 지방교육자치의 입법권과 재정권을 주도한다고 할 수 있다(최준영, 2014: 133-134).

(4) 지방의회 선거제도

민주화 이후 지방자치 선거제도는 약간의 변화 과정을 거쳐 왔다. 1991년 처음 지방의회가 구성되었을 때, 기초의회 선거는 1~4인을 선출하는 소선거구와 중선거구제를 병행하는 방식이었다. 이에 비해 시·도의회 구성을 위한 광역의회 선거에는 한 선거구에서 1인을 선출하는 방식을 채택했다. 1991년 선거를 앞두고 여야 간 정당 공천을 두고 상당한 이견을 보였다. 여당은 정당 공천에 반대했고, 야당은 정당 공천을 주장했다. 여야 간 대립 끝에 광역의원 선거에서는 정당 공천을 인정하지만, 기초의원 선거에서는 배제하는 것으로 타협이 이뤄졌다.

1995년 첫 동시 지방선거에서부터는 광역과 기초단체장 선거가 실시되었는데 단체장 선거의 경우 정당 공천을 인정하고 단순다수제 방식으로 선출하도록 했다. 광역의회 선거에 정당 공천은 인정했지만 기초의회 선거에는 여전히 정당 공천을 금지했다. 또한 이 선거 때부터 광역의회의 비례대표 제도가 도입되어 지역구 의석의 10%에 달하는 의석이 배정되었다. 그러나 별도의 정당투표를 행한 것은 아니며, 지역구 선거에서 유효 투표 총수의 5% 이상을 득표한 정당에게 득표율 비율에 따라 배분하도록 했다. 1995년 지방선거의 당선자의 임기는 3년으로 했다. 국회의원 선거와 2년의 시차를 두도록 조정하기 위해 예외적으로 1995년 당선자들에 한해 임기를 4년이 아닌 3년으로 규정했다. 이에 따라 제2회 동시 지방선거는 1998년 실시되었다.

2002년 제3차 동시 지방선거에서는 지역구에 1표, 정당투표에 1표를 던지는 1인 2표제가 광역의회 선거에 처음 도입되었다. 국회의원 선거에서 1인 2표제는 2004년 총선에서 처음 도입되었다. 이와 함께 광역의회에 마련된 비례대표 선거에서는 여성 후보 추천제가 도입되었고, 여성 후보 추천을 장려하기 위한 보조금 추가 지급 방안도 도입되었다.

2006년 지방선거를 앞두고 2005년 8월 공직선거법이 개정되면서 몇 가지 의미 있는 변화가 일어났다. 우선 광역의회 선거에만 허용되었던 정당 공천이 기초의회 선거에도 적용되었다. 또한 기초의회에도 비례대표제를 도입했고 1인 2표제 선거제도 역시 도입되었다. 또한 이때부터 자격을 갖춘 외국인의 지방선거 투표가 허용되었다. 외국인이라고 해도 영주의 체류 자격 취득일 후 3년이 경과하고 해당 지방자치단체의 외국인 등록대장에 올라 있는 사람에게는 투표권이 부여된다. 이는 다문화사회로 변화하면서 지방자치가 지역사회를 구성하는 다양한 주민의 참여를 증진시키는 데 의미를 부여했다는 것을 나타낸다(황아란, 2016: 185). 그리고 기초의회 선거에 1인 선거구제를 폐지하고, 2~4인을 선출하는 중선거구제, 즉 단기비이양식 선거제도(Single Non-Transferable Vote: SNTV)가 도입되었다. 이렇듯 중선거구제를 도입하게 된 것은 1인 선거구의 경우 특정 정당에 의한 지역 의석 독점 현상이 나타났기 때문이다. 따라서 한 선거구에서 여러 명을 선출할 경우, 유권자에게 적정한 수의 선택대안이 제공되고 선거구 내부의 다양한 이해관계를 정치과정에 반영할 수 있으며, 여성이나 소수 정당 등 소수파의 진입, 지역주의 및 정당독점 현상의 완화, 사표발생의 감소를 기대할 수 있다는 것이다. 이는 또한 지방의회가 독점 정당 체제로부터 다당적 구조로 변화하도록 하기 위한 의도 때문이었다(박재욱, 2007: 285-286). 그러나 지방의회를 장악한 거대 양당의 담합으로 3~4인 선거구제가 2인 선거구제로 바뀌는 사례도 나타나고 있다. 2014년 지방선거에서는 전국 단위 선거에서는 처음으로 사전투표가 실시되었다.

3. 한국 지방자치의 문제

(1) 취약한 권한과 편향된 대표성

민주화 이후 지방자치 제도가 재도입되면서 주민의 삶의 현장과 보다 밀접하게 관련된 지역 수준에서의 자치와 주민 참여는 많은 진전이 이뤄졌다. 그러나 우리나라의 지방자치는 여전히 적지 않은 문제점을 갖고 있다. 무엇보다 지방자치의 운영은 행정적으로나 재정적으로 여전히 취약하다(최준영, 2014: 106–107), 중앙정부는 지방정부에 비해 월등히 강한 권한을 지니고 있으며, 중앙과 지방 사이의 역할 배분도 명확하지 않아 어디까지가 지방정부의 고유한 사안이고 어디까지가 중앙정부로부터 위임된 사안인지 구분하기도 쉽지 않다. 이는 국가 사무의 지방 이양이 제대로 이뤄지지 않은 것과도 관련이 있다. 국가 사무의 이양이 형식적으로 이뤄지더라도 인사, 재정, 조직의 권한이 함께 포괄적으로 이양되지 않으면 실질적인 효과를 볼 수 없기 때문이다. 또한 재정적으로도 지방정부는 매우 취약하다. 지방분권은 현실적인 재원 배분 없이는 제대로 이뤄지기 어렵지만, 지방재정은 대부분 열악한 실정이며 지역 간 불균형은 심화되고 있다. 이렇게 된 데에는 지역 간 거주 인구 규모의 차이나 산업 분포의 불균형 등의 요인도 영향을 주고 있지만 근본적으로 지방정부에 부여된 재원이 그리 크지 않기 때문이다. 따라서 지방정부가 중앙정부로부터의 보조금과 같은 지원에 의존하고 있다. 이러한 의존 재원 역시 중앙정부에 의해 이미 용도가 지정되어 있는 경우가 많아 지역 실정에 맞게 예산을 활용하기도 쉽지 않은 실정이다. 사실 행정적, 재정적 권한을 거의 그대로 둔 채 지방자치단체와 지방의회의 구성만을 민선의 형태로 바꿨기 때문에, 그 이후 부분적인 권한의 조정에도 불구하고 우리나라의 통치 체제는 중앙정부 중심의 구조에서 근본적으로 변화하지 않았다. 민주화 이후 국회나 사법부 등 수평적 수준에서의 분권화 노력에 비해, 중앙과 지방 간의 수직적 수준에서의 분권화는 그다지 진전되지 못한 것이다.

한편, 지방선거 때마다 많은 논란을 부르고 있는 것이 기초자치단체의 정당공천과 관련된 것이다. 지방선거에서의 정당 공천은 1991년 첫 지방선거가 실시될 때부터 여야 간의 정치적 쟁점이었다. 앞에서 서술한 대로, 당시 여야 간 타협에 의해 광역의회는 정당공천을 허용하고 기초의회는 정당 공천을 불허

하는 것으로 결정되었다. 지방선거에 정당공천을 반대하는 이유는 다음의 몇 가지로 요약해 볼 수 있다(이하 이동윤, 2010: 84–86). 첫째, 지방자치를 지방정치라기보다 지방행정의 차원에서 보는 관점이다. 즉, 지역 주민에 대한 공공서비스를 제공하고, 지역발전과 개발 등 지역적 기능에 초점을 맞추어야 하기 때문에 비정치적이고 탈정치적 성격을 지녀야 한다고 주장한다. 기초자치단체의 주요 기능과 업무는 쓰레기 분리수거나 도로 정비 등 지역 주민들의 일상생활과 밀접하게 관련된 것이 대부분이기 때문에, 정당 소속 여부와 무관하게 지역에서 비당파적으로 열심히 봉사할 수 있는 사람을 선출해야 한다는 것이다. 둘째, 정당공천제가 지방정치의 중앙정치 예속화를 초래하고 있기 때문에 정당공천제를 폐지해야 한다는 것이다. 지방선거는 단체장과 지방의회 의원에 대한 지역 수준의 평가가 되어야 하지만, 사실상 중앙당 혹은 지역구 국회의원 등에 의해 지명되는 공천 절차의 비민주성과 불투명성으로 인해 중앙과 지방 사이의 수직적, 위계적 관계가 형성되며 이로 인해 지방정치의 중앙정치 예속화를 낳고 있다는 것이다. 아래의 인용문에서 보듯이, 이런 시각은 특히 현역 단체장들 사이에서 많이 제기되고 있는 문제이다.

> 우리의 지방 정치는 중앙 정치에 철저히 예속되어 그 기능을 상실한지 오래이며 거의 고사 직전에 있다고 해도 과언이 아니다. 이 중심에 국회의원이 지방의원이나 자치단체장 출마 후보자를 낙점(공천)하는 '정당공천제'가 자리 잡고 있다. '공천이 곧 당선'이 현실이다 보니, 주민의 목소리에 귀 기울여야 할 지방의원이나 자치단체장은 국회의원 눈치 보기에 급급하다. 지방선거에서 공천 비리 내지 돈 추문이 끊이질 않는 이유다. 실제 지방선거에서 지방은 없고 오로지 정권 심판론 등 중앙 정치의 구호만 난무한다.[8]

셋째, 지방선거에서 정당공천은 지역주의의 영향으로 인해 지방정치의 일당 독점을 형성하여 '견제와 균형'의 원리가 제대로 작동되지 않는다는 것이다. 적지 않은 지역에서 지방선거 결과 단체장과 지방의회를 한 정당이 모두 장악하는 일당지배가 나타난다는 것이다. 이 밖에 정당공천으로 인해 청년층이나 여

8 조충훈. "기고: 기초선거 정당 공천제 폐지 시급하다." 한국일보 (2015. 8. 7). http://hankookilbo.com/v/c2d362100bc5449b85547b8238f86aeb

성 등 새로운 인물들이 지방의회에 진출하는 것이 어려워지는 문제점도 있다.

그러나 지방선거에 마땅히 정당공천이 필요하다는 주장도 강하게 제기되고 있다. 그 이유는 다음과 같다(박재욱, 2007: 285). 첫째, 지방자치는 정치중립적인 지방행정의 영역에만 머무르는 것이 아니며, 사회적 가치의 배분과 관련된 지방 수준의 정치 영역이기도 하다. 따라서 정치적 대의제도의 민주적, 효율적 운영을 위해서는 정당 정치는 필요적이며, 지방 정치인을 선출하는 데 있어서도 정당의 관여, 즉 공천제도는 필수적이다. 사실 지방자치제도의 재도입에도 지방정치에 대한 고려가 전제되어 있었다. 지방자치 실시의 일차적 목적이 권위주의 통치하에서 억압되었던 정치 과정을 활성화함으로써 민주주의를 회복시키자는 것, 즉 지방자치는 지방 수준에서 '정치'의 복원을 위한 것이었다(박광주, 2006: 337). 둘째, 지방정부의 운영과 관리에 정치적 책임성을 물을 수 있는 유일한 정치기구로서의 정당의 역할과 기능을 강조하는 것은 당연하며, 지역에서의 인지도나 인맥, 지역 내 경제 기반으로 지방정치의 공공 영역에 영향을 미치려는 소위 지방토호의 정치적 전횡을 차단시킬 수 있는 제도적 방파제 역할을 기대할 수 있다. 셋째, 선거 시 유권자의 입장에서 후보자의 선택에 대한 정보비용을 낮춘다는 의미에서 정당공천은 필요하다. 지방선거에서 유권자들은 광역단체장 후보들을 제외하면 후보자에 대해 거의 알지 못한다. 기초의회 의원이나 광역의회 의원 후보자들에 대해서 적절하게 판단할 수 있는 정보나 지식을 갖고 있지 못한 것이 일반적이며 이는 대체로 기초단체장 후보들에게도 해당된다. 따라서 정당공천이 없는 경우 투표 선택은 '깜깜이 선거'가 될 수 있다. 실제로 1995년 동시 지방선거 실시 이후 2002년까지 정당공천이 금지된 세 차례의 기초의원 선거에서 기호는 후보 성명의 '가나다' 순으로 배정되었지만, 지역별로 당선자의 기호가 편중된 현상을 보였다. 예컨대, 2002년 기초의원 당선자의 기호별 당선 사례를 살펴보면 '가' 52%, '나' 36%, '다' 10% 등의 분포를 나타냈는데, 기호별 당선 확률이 동일하다고 가정해 보면, '가' 기호의 당선은 무려 321명이 더 당선된 것이며, '나'와 '다'는 각각 163명, 117명이 덜 당선된 것으로 나타났다. 더욱 흥미로운 점은 정당공천이 금지된 2002년 기초의원 선거의 기호 효과가 지역별로 상이하게 나타났다는 것이다. 영남에서는 '가'번 당선자가 55%, '나'번 당선자가 34%로 나타난 반면, 호남에서는 '가'번과 '나'번이 각각 42%로 나타났다.

당시 정당별 기호가 한나라당 기호 1번, 열린우리당 기호 2번이었던 점을 고려하면 호남은 다른 지역보다 두 번째로 기재된 후보선택의 일괄투표 현상이 많았음을 뜻한다. 당시 호남에서는 '나'의 당선이 예상 당선자 수를 넘는 유일한 지역이었다. 즉, 정당공천 금지에도 불구하고 지역 유권자들이 투표할 때 각 지역의 지배 정당의 정당 기호가 무의식중에 영향을 미쳤고, 정당공천이 배제된 기초의원 선거에까지 투표용지의 '가나다' 기호의 기재 순서가 중요한 영향을 미쳤다는 것을 뜻한다(황아란, 2010: 53).

더욱이 법률적으로 정당공천 배제 입법을 한다고 해도 현실적으로 정당의 지방선거 개입은 막기는 어렵다. 기초의원 선거에 정당의 공천이 금지되어 있더라도 기초의원 선거 과정에 정당이 개입하는 것은 공공연한 사실이다. 이른바 '내천'이 이뤄지는 것이다. 정당 배제가 실현 불가능하다면 정당 배제보다는 기존 정당체제의 개혁을 위해 노력하는 것이 현실적인 대안이 될 것이다(박재욱, 2007: 297). 종합하면, 정당공천에 따른 지방정치의 부작용과 문제점은 교정되어야 하지만, 정당개혁과 지방분권, 지방자치는 상호 연동하여 발전할 필요성이 있으며, 특히 광역적 차원에서는 정책 지향적 지방정부의 필요성이 요구되고, 지방자치관련 입법을 위해 중앙정치와 정부와의 관계가 중요해짐에 따라 정당참여론을 배제하기는 어렵다(박재욱, 2007: 285).

지방선거에서 나타나고 있는 정당공천제의 문제점을 개선하고 공정성을 확보하기 위해서는 무엇보다도 중앙당 지도부나 지역구 국회의원, 당원협의회 위원장의 절대적 영향력 아래 이루어지는 공천과정을 개선하는 것이 중요하다. 보다 구체적으로 공천심사위원회가 공식적으로 구성되어 후보 공천에 실질적 권한을 갖도록 해야 할 것이며, 공천심사위원은 당내 전문가와 당원들, 그리고 지역 주민들을 대표하는 외부의 중립적 인사들이 적절하게 포함되는 등 개방적이고 공정한 기준과 절차가 마련되어야 할 것이다(이동윤, 2010: 95).

정당 공천으로 인한 지방정치에 대한 중앙정치의 영향이라는 문제를 교정할 수 있는 또 다른 방법은 지역 수준에서 새로운 정치적 대안이 만들어지도록 하는 일이다(강원택, 2010b: 9-12). 어떤 지역에서 패권적 지위를 갖는 특정 정당의 공천이 곧 당선을 사실상 의미하는 경우 공천은 중앙정치가 지역정치에 영향을 미치는 고리가 된다. 여기서의 본질적 문제점은 지역별 패권정당의 존재와 대안의 부재이다. 지방정치에서 한 정당의 의석 독점이 발생하는 원인은 무엇보다 지역주의 정당 정치 때문이다. 중앙정치와 관련된 지역주의 정당 정치는 대안의 부재를 의미한다. 지역 유권자들에게 오직 한 정당만이 정치적으로 수용되고 다른 정당들은 의미 있는 대안으로 받아들여지지 않기 때문에 한 정당이 그 지역의 의석을 독점하는 결과가 나타나는 것이다. 예컨대, 호남에서 민주당 계열 정당에 대한 실망감이 있더라도 그것이 곧바로 중앙정치에서의 경쟁 정당인 한나라당 계열 정당에 대한 지지로 옮겨가지는 않는다. 다시 말해 호남 유권자들에게는 민주당 이외에는 대안이 없는 것이다. 이는 영남 유권자의 경우에도 마찬가지이다. 즉 지역별로 정당 지지의 고정성(immobility of party support)이 존재한다. 이런 여건하에서는 지역 수준에서 상이한 정치세력 간의 다원적 경쟁을 기대하기는 어렵다. 같은 이유로 무투표 당선자도 많이 생겨나고 있다. 2022년 지방선거 결과 모두 490명이 무투표로 당선됐다. 기초자치단체장이 6명, 기초의회 의원 375명, 광역의회 의원 108명, 교육위원 1명이었다. 영호남 지역의 무투표 당선자는 그 지역 강세 정당의 후보들이었다(송진미 2022). 제대로 된 선거 경쟁이 이뤄지지 않은 것이다.

이처럼 중앙정치에서 활동하는 정당들이 지역 내부에서는 의미 있는 대안으로 수용되지 못한다면 지역을 기반으로 하는 새로운 정치세력이 지역 내부에서 등장할 수 있는 통로를 마련해 주는 일이 필요하다. 즉 전국적인 정당이 아니더라도 지역 수준에서 활동할 수 있는 정당의 출현을 허용함으로써 지역 내부에서 일당 지배체제에 대한 도전이 이뤄질 수 있어야 한다는 것이다. 즉, 호남 유권자들에게 한나라당 계열 정당이 대안이 되지 않더라도, 전남을 기반으로 활동해 온 지역의 명망가, 활동가들이 힘을 모아 전남을 기반으로 하는 정당을 만들어 낼 수 있다면 그 지역 유권자들에게 대안으로 받아들여질 수 있을 것이다. 지방정치가 폐쇄적인 일당 독점의 구조에서 벗어나기 위해서는 지역 수준에서 정치적 다원성이 확보될 수 있는 환경을 만들어 주어야 한다. 이를 위해서는 중앙당을 반드시 서울에 두어야 하고, 다섯 곳 이상의 시·도당을 두도록 규정하고 있는 현행 정당법의 규정이 개정되어야 한다. 즉 전국 정당이 아니더라도 특정 지역에 국한하여 활동하는 정당의 설립이 가능하도록 법적 요건을 개정해야 한다.

또 다른 문제점은 편향된 대표성이다. 단체장이나 지방의회 의원들 중 여성이나 젊은층의 비율은 여전히 낮다. 광역의원 선거에서 여성 당선자는 2014년 14.3%, 2018년 19.4%, 2022년 19.8%로 나타났다. 또한 기초의원 선거에서 여성 의원 비율은 2014년 25.3%, 2018년 30.8%, 2022년 33.4%로 나타났다. 그러나 광역단체장에는 2022년 지방선거까지 여성 당선자가 없었으며, 기초단체장의 경우도 2014년 3.98%, 2018년 3.54%, 2022년 3.1%에 그쳤다. 예전에 비해서 여성들의 지방의회 진출이 활발해지고 있으나 당선자들 중 비례대표를 제외하면 그 비율은 10%대로 낮다. 비례대표제의 도입과 지방의회의 여성 대표성 확대를 위해 비례대표 홀수번호 여성 할당 규정이 여성의 지방의회 진출에 도움을 주고 있는 것이다. 그러나 전체 의석 중 지역구 의석이 90%이고 비례의석이 10%인 상황에서 여성의 지방정치 진출은 한계가 있을 수밖에 없다. 비례의석의 비율을 더욱 높이고 정당공천 과정의 개방성과 투명성을 높여야 할 필요가 있다.

또한 지방의회에 진출한 젊은 세대의 비율 역시 매우 낮다. 2022년 8회 동시지방선거의 당선자 현황을 보면, 단체장 당선자 중 20－30대는 한 명도 없었다. 지방의회의 경우 광역지방의회 당선자는 전체의 9.5%이며 기초지방의회 당선자는 11.1%에 불과하다. 광역·기초단체장 및 교육감은 60대가 대다수이며, 광역의회와 기초의회 당선자는 50대가 각각 44.2%, 42.9%로 다수를 차지했다. 결과적으로 지방정치가 중장년층에 의해 주도되고 있으며, 지방의회 내에 청년의 비중이 매우 낮아서 젊은 세대가 제대로 대표되고 있지 못하다는 것을 알 수 있다.[9]

이렇듯 지방의회에서 청년의 소외는 지방정치의 활성화를 더디게 하는 요인으로 작용할 수 있다. 따라서 지방의회에서 젊은층의 정치적 대표성 제고를 위한 개선의 방안이 필요하다. 비례대표를 통한 청년할당제의 도입을 생각해 볼 수 있다. 현재 지방의회에서 여성의 경우 지방선거 비례대표에서 50%를 여성으로 공천하는 것을 의무화하고 있다. 이와 유사하게 청년할당제를 통하여 원내에 진입할 수 있는 최소한의 제도적인 장치의 도입이 필요하다. 이보다 근원적인

9 2021년 선거권과 피선거권이 18세로 하향된 후 실시된 첫 선거인 2022년 6월 지방선거에서는 10대 후보자가 7명 출마했다. 이 가운데 경기도 고양시 기초의원 비례대표로 출마한 한 명의 10대 후보자만 당선되었다. https://www.yna.co.kr/view/AKR20220602178200053

해결책은 정당을 통한 청년의 정치참여 활성화이다. 청년들의 활발한 정당 활동 및 참여를 높이기 위한 정당의 노력과 함께 그들의 의견을 청취하고 정당 내의 주요한 결정에 참여시킬 수 있다면 청년조직이 활성화될 수 있을 것이며, 이는 젊은층의 지방정치 참여뿐만 아니라 정당의 활성화, 미래 지도자의 양성 등의 기회로 활용할 수 있을 것이다(정다빈·이재묵, 2018: 15-21). 전반적으로 볼 때, 지방의회의 구성은 다양성이라는 관점에서 볼 때 아쉬운 점이 적지 않다. 이런 문제점을 해결하기 위해서는 비례성 높은 선거제도, 투명하고 개방적인 공천, 사회적 약자와 정치적으로 충분히 대표되지 못한 사회 집단에 대한 정치적 배려가 더욱 필요하다.

표 7-10 2022년 지방선거에서 성별, 연령별 당선자 비율

선거		정원	성별		연령별						
			남	여	18-19	20-29	30-39	40-49	50-59	60-69	70+
광역단체장		17	17 (100)	0 (0)	0	0	0	0	6 (35.3)	11 (64.7)	0
기초단체장		226	219 (96.9)	7 (3.1)	0	0	0	6 (2.7)	87 (38.5)	124 (54.9)	9 (4.0))
광역지방의회	지역	779	664 (85.2)	115 (14.8)	0	12 (1.5)	55 (7.1)	128 (16.4)	347 (44.5)	225 (28.9)	12 (1.5)
	비례	93	35 (37.6)	58 (62.4)	0	4 (4.3)	12 (12.9)	22 (23.7)	38 (40.9)	17 (18.3)	0
	합계	872	699 (80.2)	173 (19.8)	0	16 (1.8)	67 (7.7)	150 (17.2)	385 (44.2)	242 (27.8)	12 (1.4)
기초지방의회	지역	2,601	1,951 (75.0)	650 (25.0)	0	54 (2.1)	231 (8.9)	486 (18.7)	1,122 (43.1)	667 (25.6)	41 (1.6)
	비례	386	38 (9.8)	348 (90.2)	1 (0.3)	11 (2.8)	36 (9.3)	75 (19.4)	159 (41.2)	103 (26.7)	1 (0.2)
	합계	2,987	1,989 (66.6)	998 (33.4)	1 (0.0)	65 (2.2)	267 (8.9)	561 (18.8)	1,281 (42.9)	770 (25.8)	42 (1.4)
교육감		17	15 (88.2)	2 (11.8)	0	0	0	0	1 (5.9)	14 (82.3)	2 (11.8)

* ( )은 %.

자료: 중앙선거관리위원회 선거통계시스템에 의거 계산

(2) 지방자치 구조에 대한 제도적 과제

앞에서 논의한 현재 논란이 되고 있는 사안 이외에도 지방자치와 관련하여 개선해야 할 보다 본질적인 문제가 많다(이하 강원택, 2018b). 우선 우리나라 지방자치구조는 중앙정부가 설정해놓은 매우 획일적인 형태에 머물러 있다. 그 층위와 무관하게 모든 지방자치단체에 중앙정부가 정한 법적·제도적 표준이 획일적으로 적용되고 있다. 이와 같이 획일화된 구조로 인해 지역 간 사회경제적, 공간적 차이가 지방자치의 구조 속에서 적절하게 반영되지 못하고 있다. 획일화된 지방자치구조가 갖는 문제점은 다음의 두 지역의 비교를 통해서 쉽게 이해할 수 있다. 2022년 2월 기준으로 강원도 평창군의 넓이는 1,464.9㎢이고, 지역 내 거주 인구는 41,162명이다. 이에 비해 서울특별시 송파구의 넓이는 33.86㎢이지만, 지역 내 거주인구는 661,452명이다. 면적은 평창군이 송파구에 비해 약 43.3배 넓지만, 인구는 송파구가 평창군에 비해 16.1배 많다. 지역 면적과 인구수의 차이에서 알 수 있듯이, 두 지역은 완전히 다른 환경에 놓여 있다. 그러나 현재의 지방자치 체제는 두 지역 모두에 동일한 방식이 적용되며, 평창군이나 송파구 모두 가장 하위 단위인 기초자치단체를 구성하고 있다. 송파구는 기초자치단체가 담당하기에는 너무 많은 인구가 좁은 지역에 집중해서 살고 있다. 66만 명이 넘는 인구가 최하위 단위인 기초자치단체를 구성하는 경우, 생활과 관련된 공동의 사안에 대한 관심과 참여를 통한 자치가 쉽게 이뤄지기 어렵다. 이런 상황에서 지방자치단체는 주민자치에 기초한 것이라기보다는 행정적 관리의 수단에 그칠 수밖에 없다. 이와 대조적으로 평창군은 지리적으로 너무 넓어서 손쉽게 교류하기 어려운 여러 하위 지역이 하나의 기초자치단체 아래 놓여 있다. 이런 점을 모두 고려할 때, 평창군이나 송파구가 동일한 지방자치 체제의 맨 하위 단위에 놓여 있다는 것은 문제가 될 수 있다. 평창군이나 송파구를 예로 들었을 뿐, 사실 현재의 지방자치 체계에서 그 지역 사정으로 주민 스스로 참여하고 해결하기에 적절하지 않은 곳도 상당히 많을 것이다. 이렇게 된 데에는 지방자치의 구조를 중앙정부가 행정 통제적 관점에서 하향식으로 결정해왔기 때문이다. 따라서 지방분권의 강화가 이뤄진다면, 획일화된 지방자치의 통치 형태를 각 지역의 실정에 맞게 다양화하고 스스로 그 구조를 결정할 수 있는 자율성의 확보가 중요하다. 각 지역 수준에서 현실적인 필요에 맞게 주민투표를 통해 스스로 바람직한 자치 구조를 선택할 수 있도록 하는 일이 필요하다. 이는 지방자치의 중요한 원칙이라고 할 수 있는 보충성의 원칙에도 부합하는 일이다.

또 다른 문제점은 우리나라의 지방자치 통치 형태는 중앙정부와 지방정부에 동일한 방식이 적용되고 있다. 즉 대통령을 선출하고 국회의원을 선출하는 중앙정부 구성의 형태가 지방정부에도 동일하게 적용되는 것이다. 즉, 지방정부의 단체장과 의회를 별도로 선출하여 구성하고, 그 두 기관이 상호 대립하게 하는 형태이다. 따라서 중앙정치에서 대통령과 국회가 쟁점 사안을 두고 대립하는 것과 마찬가지로, 지방정부 내에서도 단체장과 지방의회 간에 갈등과 대립이 빈번하게 발생하고 있다. 중앙정치에서와 마찬가지로 지방정부 내에 분점정부, 곧 단체장의 소속 정파와 다른 정파가 지방의회를 장악하는 여소야대의 상황이 발생하면 두 기관 간에 매우 심각한 갈등이 일어난다. 중앙정치에서 나타나는 정파 간 극한 대립이나 의회 운영의 파행이 지방 수준에서도 똑같이 생겨나는 것이다. 이런 갈등이 발생하는 까닭은 기본적으로 기관 대립형의 체제하에서는 권력의 공유나 타협이 어렵기 때문이다.

보충성의 원칙

보충성 원칙(Principle of Subsidiarity)에서 보충성이란 '더 큰 단위(a larger unit)는 그것을 구성하는 더 작은 단위(small units)가 수행할 수 없거나 또는 수행하기에 적합하지 않은 기능만을 담당해야 한다'는 의미이다. 즉 중앙의 기능은 지방적 수준에서 효과적으로 수행될 수 없는 일에만 적용되는 보충적 기능을 가져야 한다는 것이다. 이러한 보충성의 원칙은 지역을 통해 국가 공동체를 바라본다고 하는 새로운 시각에서 볼 때 매우 중요한 의미를 담고 있다. '중앙의 기능은 지방적 수준에서 효과적으로 수행될 수 없는 일에만 적용되는 보충적 기능을 가져야 한다는 것'은 그간 우리의 지방자치가 중앙정부가 일차적 중요성을 갖고 권한을 행사하고 지방은 중앙이 '떼어 준' 권한을 수행하거나 '심부름'하는 역할에 그쳤던 것과는 근본적인 시각의 차이를 보이고 있다. 보충성의 원칙은 국가의 하위 단위로서의 지역이 아니라 국가 공동체의 출발점으로서의 지역이라는 중앙-지방 관계를 바라보는 새로운 시각을 제시해 준다(강원택, 2014: 26-30).

대통령제와 마찬가지로 단체장을 주민직선으로 선출하여 지방행정 집행에 관한 권한을 모두 부여하고 있는 상황에서는 무엇보다 합의제적 방식의 자치를 이뤄내기 어렵다. 대통령 선거처럼 단체장 선거 결과 역시 승자독식이 이뤄지기 때문이다. 이런 상황에서 지방정치 내 여당과 야당의 관계는 대립적이고 심한 경우 제로섬 상황으로까지 내닫을 수 있다. 생활정치, 주민 참여, 풀뿌리 민주주의가 강조되는 지방 수준에서의 정치에서까지 굳이 이와 같은 승자독식의 대립적인 형태의 제도를 유지하는 것은 바람직하다고 보기 어렵다. 생활밀착형의 지방정치에서라면 보다 유연하고 협치가 가능한 방식의 제도가 더 바람직할 수 있기 때문이다. 그런 점에서 지방자치 구조를 다양화하는 방안을 검토해볼 수 있다. 아래의 글상자에서 보듯이 미국, 영국, 독일 등에서는 다양한 형태로 지방정부 구성을 허용하고 있다. 지방자치의 제도적 방식에 대한 복수의 방안 제시를 통해 주민이 직접 선택할 수 있도록 하고, 지방정치가 대립과 갈등으로 이어지지 않도록 또한 승자독식의 형태로 협력과 포용이 제한받지 않도록 하기 위한 대안을 마련하는 것이 중요하다.

2022년 시행된 지방자치법 전부 개정에서 주민투표를 통해 지방의회와 집행기관의 구성 형태 변경이 가능하도록 한 것은 이런 점에서 의미 있는 진전이라고 평가할 수 있다. 이 사안은 별도의 법률로 정하는 바에 따라 지방자치단체의 장의 선임 방법을 포함한 지방자치단체의 기관구성 형태를 달리할 수 있다고 규정하고 있는데, 중앙정부가 지나치게 엄격한 가이드라인이나 구성이나 선출의 방식을 제시하기보다 주민들의 자율적 논의를 통해 다양한 방식이 지방정치 수준에서 채택될 수 있게 하는 것이 중요하다.

또 다른 점은 지방정치의 자율성과 다양성 확보이다. 지방정부의 권한이 아무리 강화되더라도 현재와 같은 정치적 구조에서는 지역이 중앙으로부터 자율성과 독립성을 갖는 데 한계가 있을 수밖에 없으며, 지역 내부의 자치도 긍정적인 효과를 얻기 어렵다. 무엇보다 지방정치 내부의 다양성과 경쟁성 확보가 이뤄져야 한다. 앞서 지적한 대로, 현재의 지방정치는 지역주의 정당 정치로 인해 특정 정파에 의한 독점 체제가 30여 년간 유지되어 왔다. 이러한 상황에서 지방정치에 대한 자율성과 권한의 강화는 지역 내 특정 세력으로의 자원과 권한 집중으로 이어질 수밖에 없다. 이러한 폐쇄성은 또다시 지역 내 학연 등에

미국, 영국, 독일의 지방정부 구성

① 미국

미국의 지방정부 유형은 네 가지로 구분해 볼 수 있다. 첫째, 시장-의회(Mayor-council) 유형은 주민이 시장과 의회를 직접 선출하여 각각 구성한다. 우리나라와 비슷한 형태로, 입법권은 의회에, 집행권은 시장에게 각각 부여하며 상호 견제와 균형의 원리를 추구한다.

둘째, 의회-관리자(Council-manager) 유형은 주민이 지방의회를 선출하고, 지방의회가 행정 업무를 담당할 관리자를 지명하는 방식이다. 행정 관리자는 지방의회의 지도와 감독을 받는다. 여기서 시장은 의례적인 역할을 담당한다.

셋째, 위원회(Commission) 유형이다. 주민이 위원(commissioner)들을 선출하는데, 이들이 행정 관련 부서의 장이 되어 업무를 주관하며 함께 최고 의사결정 기구를 구성한다. 위원회가 입법 기능과 집행기능을 모두 행사한다. 위원 중 한 명이, 혹은 윤번제로 명목성의 시장의 역할을 담당하기도 한다.

넷째, 주민총회 (Town-meeting) 유형이다. 주민들이 주요 정책 결정을 위해 직접 모여 논의하고, 그 정책을 집행할 담당자를 선발하는 데도 참여한다.

② 영국

영국의 지방정부는 세 가지 유형으로 나뉜다. 첫째, 내각 지도자와 내각형(Leader and Cabinet executive)이다. 이 제도는 가장 일반적 형태로 영국 중앙정부를 구성하는 내각제와 비슷한 방식이다. 지방의회에서 선출된 다수당 지도자가 내각을 구성하고 지방정부를 이끌게 된다.

둘째, 위원회 제도(Committee System)이다. 이 제도하에서 지방의회의 많은 업무가 위원회에 위임되며 위원회의 활동은 의회에 보고된다. 의원들은 대부분 최소 2개 이상의 위원회에 소속되며 위원회 구성은 정당 간 균형 있게 배분한다.

셋째, 시장 제도(Mayoral System)이다. 주민이 직접 선출한 시장이 내각을 구성해서 지방정부를 이끈다. 내각 지도자형과 달리 주민 직선으로 단체장이 선출되기 때문에 일반적으로 보다 강한 권한을 행사한다.

이외에도 중앙정부 관계 장관의 승인에 의해 다른 방식을 채택할 수도 있으며, 주민투표 등의 절차를 통해 지방정부 유형에 대해 주민이 영향력을 행사할 수 있도록 하고 있다.[10]

③ 독일

독일 주(Land)의 자치행정은 4가지 유형으로 분류된다. 첫째, 집행부 제도(Magistrat system)이다. 헤센(Hessen) 주에서는 주민이 선출한 지방의회와 별도로 합의체 기구로서 집행부(Magistrat)를 둔다. 집행부는 지방정부의 행정을 총괄하는데, 전문직과 명예직으로 구성되며 이들은 지방의회에서 선출한다. 단체장은 주민이 직선하며 집행부의 의장이 되지만, 지방의회의 의장은 아니다.

둘째, 시장 제도(Mayoral system)이다. 라인란트-팔츠(Rheinland-Pfalz) 주에서 사용된다. 단체장은 주민 직선으로 선출되며 지방정부의 수장이면서 지방의회 의장을 모두 겸한다. 그런데 15,000명 이상의 주민이 거주하는 곳에는 단체장, 지방의회와 함께 타운 위원회(town board; Stadtvorstand)를 둔다. 타운 위원회는 시장과 전문직 및 명예 자문관으로 구성되는데, 예산 계획, 조례, 인사, 재정 계획, 도시개발 계획, 마을 개조 등과 관련된 타운 의회 결정을 준비한다.

셋째, 북독일 제도(North German system)이다. 노르트라인-베스트팔렌(Nordrhein-Westfalen) 주나 니더작센(Niedersachsen) 주에서는 시장과 별도로 전문적인 최고행정담당자 (Chief Town Clerk)를 두고 있다. 단체장은 지방의회에서 선출하며 의회 의장을 맡지만, 실제 지방행정은 최고행정담당자가 행정 업무 전반을 담당하며 시장은 지방의회나 자치 단체의 활동 전반을 관리, 감독하는 역할을 한다.

네 번째, 남독일 제도(South German system)이다. 바이에른(Bayern) 주나 바덴 뷔르템베르크(Baden-Württemberg) 주와 같은 남부 독일 지역에서는 단체장을 주민의 직접선거로 선출하며, 단체장은 지방의회의 의장직도 맡는다. 이 경우 단체장의 권한은 대체로 강력하다.[11]

의해 강화되면서 부패의 가능성을 높일 것이며, 이런 상황에서는 지방정치에 대한 활발한 주민의 참여를 기대하기도 어렵다. 정치적 개방성, 정치적 경쟁성이 확립되어야만 지역 수준에서 합리적 대안을 둘러싼 경쟁, 그리고 견제와 균형, 권력에 대한 효율적 감시·감독 등이 가능할 수 있는 것이다. 만약 지역 내 정책 결정이 이와 같은 다원적 경쟁이 가능하지 않다면, 그 지역의 파워 엘리트들에 의한 폐쇄적, 과두적 체제가 될 수밖에 없다.

---

10 *Local government structure and elections*
https://www.gov.uk/guidance/local-government-structure-and-elections

11 *Local Government Administration in Germany*
https://germanlawarchive.iuscomp.org/?p=380#ToC10

따라서 성공적인 지방자치를 위해서는 지역 내 권력이 다원화될 수 있도록 하는 구조가 필수적이다. 특히 지방자치 개혁으로 지방에 부여되는 자원과 권한이 강해질수록 이러한 지역 내 다원성의 확보는 성공적인 지방자치로의 발전을 위해 반드시 전제되어야 하는 조건이다. 지방정치의 투명성과 경쟁성, 그리고 개방성을 높이기 위한 제도적 개선책이 반드시 지방분권과 동시에 고려되어야 한다. 이를 위해서 지방자치 관련 법 규정뿐만 아니라, 선거법, 정당법, 정치자금법 등 정치적 경쟁을 규정하는 법 조항에 대한 개정이 필요하다. 현재의 법 규정은 모두 중앙정치를 중심으로 한 것이다. 앞에서 지적한 대로, 지방 수준에서 새로운 정당의 출현 및 지역 정당의 자율성·독립성 강화를 가능하게 하는 형태로 정치관계법 조항이 개정되어야 한다. 또한 지방의회의 구성이 특정한 직업이나 성, 계층, 출신학교 등에 집중되지 않도록 하기 위해 비례성이 높고 개방적인 선거제도의 도입도 필요하다.

또 다른 문제점은 동시 지방선거 방식에서 벗어나야 한다는 점이다(이하 강원택, 2014: 33－34). 1995년 동시 지방선거가 실시된 이래 거의 모든 지방선거는 중앙 정치의 논리에 의해 진행되어 왔다. 즉 "지방자치 선거는 분명 중앙 정치의 연장선상에서 치른 하위리그(minor league) 게임에 다름 아니었다"(강명구 2009: 10). 대통령의 임기 중반에 실시되는 지방선거는 대통령의 그간 업무 수행에 대한 중간평가의 의미로서 여야 간 격렬한 대립 속에서 치러지기 마련이다. 또한 대통령 임기 말에 치러지게 되는 지방선거는 차기 대통령 선거의 전초전으로서의 성격을 보여주는 경우가 많았다. 이 때문에 전국적으로 동시에 실시되는 현행 방식의 지방선거는 언제나 중앙정치의 영향에서 벗어나기 어렵다.

그러나 이러한 문제는 지금의 동시 선거 방식에서 벗어나면 쉽게 해결될 수 있다. 임기 중 개인적 사유, 부패나 독직 사건, 선거법 위반으로 인해 그 직에서 물러난 단체장의 수가 작지 않다. 이런 사건이 발생할 때마다 보궐선거에서 잔여임기를 채우는 것이 아니라 새로운 4년을 담당할 단체장을 선출했더라면 지방선거는 전국적 행사가 되지 않았을 것이고, 그만큼 선거가 갖는 중앙정치적 의미나 중요성도 크지 않았을 것이다. 지방선거의 중앙정치의 대리전적인 성격(강원택, 1999)도 희석되었을 것이다. 이렇게 될 때 지방선거가 지역의 관심사나 문제를 중심으로 한 형태로 전개될 수 있을 것이다.

4. 소결

우리나라의 지방자치는 1950년대부터 시작되었지만 처음부터 주민자치, 풀뿌리 민주주의의 실현이라는 본래적 의미는 제대로 반영되지 못했다. 그리고 1961년부터 군부 권위주의 체제의 지배하에서 지방자치는 아예 사라지고 말았다. 민주화 이후인 1991년 지방의회가 다시 도입되고 1995년 지방자치단체장을 포함하는 동시지방선거가 실시된 이후 지방자치는 꾸준하게 발전해 왔다. 그럼에도 불구하고 우리나라의 지방자치는 여전히 많은 문제점을 지니고 있다. 지방자치 실시에도 불구하고 지방정부의 권한이나 재정 능력은 여전히 매우 취약한 상태에 머물러 있고, 지방정치 역시 내부적으로는 폐쇄적이며 중앙정치와의 관계 속에서는 종속적인 특성을 보이고 있다. 이러한 문제점을 극복하기 위해서는 과감한 분권과 제도 개혁이 필요하다.

그동안 지방자치 개선에 대한 많은 논의에도 불구하고 진전이 더딘 까닭은 지방자치를 지역 단위에서 주민의 참여에 의한 민주적 공동체의 구현이라는 차원보다는 여전히 행정 통제적 시각에서 바라보고 있기 때문이다. 이런 시각에서는 주민의 자율, 참여, 헌신을 통한 지역 공동체의 운영이라고 하는 원래 의미의 '자치'에 대해서는 소홀할 수밖에 없다. "지방자치를 정치가 아닌 행정의 측면에서만 파악하게 되면 지방정치 과정에서 사회적 가치의 배분을 둘러싼 이익 갈등의 다기성을 놓치기 쉽다. 또한 가치 배분 과정에서의 형평성 문제 역시 소홀히 하게 된다."(박광주, 2006: 360).

다시 말해, 분권을 이야기하면서도 우리 사회에는 여전히 지역 간 차이와 다양성, 그리고 지역의 자율성에 대한 인식이 충분치 않다. 지방분권을 논하지만, 그것을 위한 제도적 장치의 마련은 여전히 중앙정부에 의한 하향식 규정이라는 인식에서 크게 벗어나지 못하고 있다. 중앙정부에 의해 규정된 획일성, 동일성에 대한 사고방식에서 여전히 벗어나지 못하고 있다. 그러나 지역을 중심으로 살펴보면, 주민의 삶과 보다 친화력이 있는 지방자치는 획일성에 의해서 충족될 수 없는 것이다. 진정한 의미의 지방분권은 권한의 강화 못지않게, 지역의 통치 형태에 대한 지역 주민의 자율적 선택이 전제되어야 한다. 아마도 가장 중요한 지방분권의 전제조건은 국가의 기본은 지방이고, 지역이 모여 국가를 이룬다고 하는 인식의 전환일 것이다(강원택, 2018b: 46). 따라서 진정한 지방자치를 위해서는 '지역을 지역에게 돌려주는' 일이 필요하다. 지역이 하나의 완결된 정치적 생태계가 되도록 함으로써 지역 내부에서의 건전한 경쟁, 다양성의 확보, 견제와 균형, 정치적 책임성과 반응성의 확립을 이뤄내야 하는 것이다. 이를 위해서는 과거 중앙의 직접 통치에 기반을 두고 만들어진 현재의 지방자치 제도의 틀을 과감하게 개혁하는 일이 필요하다(강원택, 2014: 37-38).

08

민주화

신새벽 뒷골목에
네 이름을 쓴다 민주주의여
내 머리는 너를 잊은 지 오래
내 발길은 너를 잊은 지 너무도 너무도 오래
오직 한가닥 있어
타는 가슴 속 목마름의 기억이
네 이름을 남 몰래 쓴다 민주주의여
－김지하의 시, '타는 목마름으로' 中 일부

1. 민주주의의 도입과 전개

한국은 해방과 분단의 과정을 거쳐 자유민주주의 국가이면서 동시에 반공국가로 탄생했다. 특히 미 군정에 의해 도입된 자유민주주의의 제도와 이념은 반공체제의 유지에 기여하면서도 다른 한편 절차적 수준의 민주화를 달성하는 계기로 작용해 온 양면적 성격을 가졌다. 자유민주주의는 북한과의 체제 경쟁에서 남한 반공 국가를 정당화하는 체제 이념으로 기능해 왔다(박찬표, 2007: 431). 분단은 남과 북이 각각 적대적 이데올로기를 지배원리로 채택하게 만들었으며, 자유민주주의는 처음부터 공산주의에 대항하는 이데올로기로서 인식되었다. 이 때문에 반공이 곧 자유민주주의라는 도착(倒錯)된 논리가 지배하게 되었다. 특히 권력 엘리트들에 의하여 신봉된 자유민주주의관은 자유민주주의의 실질적 가치를 위협해 왔다. 자유민주주의를 구현시키는 제도적 장치인 정당, 이익단체, 언론, 선거는 한국 현대사를 통하여 수난을 겪어왔다. 적극적 의미의 자유민주주의에 대한 국민들의 요구는 부정적 의미의 자유민주주의를 신봉하는 권위주의 정치권력과 지속적인 불협화음을 일으켜 왔다(박광주, 1992: 394－395). 자유민주주의의 체제와 가치를 수호해야 한다는 의미에서 반공이어야 했지만, 오랜 기간 동안 권위주의 통치자들은 반공을 명분으로 오히려 자유민주주의를 억압해 왔다(박광주, 1992: 453).

'민주공화국'으로 헌법을 제정한 제1공화국이었지만, 이승만 정권은 집권기간 내내 자유민주주의의 가치를 철저하게 무시했다. 이승만은 전시 중인 1952년 직선제 개헌을 관철하기 위해 백골단, 땃벌떼 등의 폭력조직까지 이용한 관제 데모뿐만 아니라 부산 및 인근 지역에 계엄령을 선포하고 국회의원들을 헌병대에 강제연행하고 국제공산당 연루 혐의로 구속시키는 등 공포 분위기를 조성한 뒤 헌법 개정안을 통과시켰다. 1954년에는 사실상의 종신 집권을 위한 개헌을 '사사오입'이라는 억지 논리를 동원하여 통과시켰다. 이 개헌을 위해 1954년 민의원 선거에서 광범위한 선거부정이 이뤄졌다. 또한 이승만은 정치적 반대자들을 반공의 이름을 제거했다. 제헌국회 선거 때 이승만에게 도전했던 최능진은 6.25 전쟁 중 사형 당했고,[1] 1958년에는 진보당이 해산되고 정적이었던 조봉암은 이듬해 사형에 처해졌다. 1959년에는 이승만 정권에 비판적이었던 경향신문이 폐간 당했다. 정치적 반대자들은 반공을 명분으로 억압했다. 이처럼 이승만은 평시뿐만 아니라 전시 중에도 정권 연장을 위해 의회주의를 유린했다. 경찰력을 이용하여 각종 부정선거, 정적에 대한 테러, 언론 탄압 등의 반민주적 행위를 자행하면서 국민의 이반된 민심을 강압적으로 다스리고자 했다. 이승만의 일인 지배체제를 유지하기 위해 자행된 1960년의 대대적인 부정선거는 결국 국민의 분노를 폭발시켰고 학생들이 주도한 4.19 혁명은 한국의 민주화를 위한

1 최능진은 일제강점기에 흥사단에서 활동하다가 옥고를 치렀고 해방 후 월남하여 미 군정청 경무부 수사국장이 되었으나 친일파 경찰의 축출을 요구하다가 그 자리에서 물러나야 했다. 제헌국회 선거 때 이승만에 대항하여 동대문에 출마했으나 외압에 의해 결국 입후보가 취소되었다. 초대 대통령 선거 때는 서재필을 지지했다. 이승만이 대통령이 된 후 반란의 죄목으로 최능진은 5년형을 선고 받았다. 6.25 전쟁 중 인민군에 의해 풀려나 정전, 평화운동을 벌였는데, 국군이 서울을 수복한 후 김창룡에 의해 군법회의에서 사형을 받고 총살당했다. 2015년 법원은 최능진에 대해 무죄를 선고했다.

대장정을 여는 계기가 되었다(박광주, 2016: 75). 4.19 혁명은 '낯선 제도'였던 자유민주주의의 기본원칙과 가치가 우리 사회에 내면화되고 체화(體化)되는 결정적인 계기를 마련해 주었다. 국가 권력이 자유민주주의의 가치를 지키지 않는다면 시민은 권력에 저항해야 하고 시민적 저항이 불의한 권력을 타도할 수 있다는 중요한 역사적 전례를 만들었다(강원택, 2015a: 71).

4.19 혁명과 함께 자유민주주의가 다시 복원되었지만 얼마 가지 못했다. 1960년 7.29 총선으로 민주당 정부가 들어선 지 불과 9개월여 만에 5.16 군사정변이 발생하면서 제2공화국은 몰락했다. 이후 군부 권위주의 정권이 들어서게 되었다. 박정희와 쿠데타 주도 세력은 반공을 '군사혁명'의 제1의 명분으로 삼았다. 북한에 대한 적대적 관계와 공산주의로부터의 체제 수호를 전제로 하는 반공이야말로 군의 정치 개입에 가장 유용한 명분이었기 때문이다. 1961년 7월 반공법을 제정하고 중앙정보부를 조직하면서 기존의 국가보안법과 함께 박정희 정권하에서 반공체제는 더욱 공고화되었다(서중석, 2007: 96).

권력은 쿠데타로 집권한 군부 출신의 정치인에게 있었고, 또 통치의 기반이 군부와 기타 억압기구에 있었다는 점에서 제3공화국의 정권 구조는 외형상 유사 민간화 되었다고 해도 군사정권의 특성을 지니고 있었다. 중앙정보부와 군부는 이 유사 민간화된 군사 정권의 중요한 통치기반이었다. 중앙정보부는 당, 국가기구, 민간 사회의 전역에 걸쳐 사찰 업무를 수행하고 불법 납치와 고문을 일삼아 공포 정치의 핵심으로 떠올랐다. 쿠데타 이후 군부는 정치권력의 핵심적인 원천이었고, 대통령이 통치의 궁극적인 기반으로 삼을 수 있는 무력을 제공했다(김영명, 2006: 163). 1964년 한일회담 반대 시위는 박정희 집권 이후 최초로 직면한 심각한 대규모 정치적 위기였다. 박정희 정부는 1964년 3월 그간 비밀에 부쳐온 한일국교 정상화 방침을 밝히면서, 3월 조약 타결, 4월 조인, 5월 비준의 일정을 제시했다. 이에 대해 야당은 '대일굴욕외교반대 범국민투쟁위원회'를 결성하고 반대 집회를 이끌었고, 서울대학교를 비롯한 대학생들은 한일회담의 중지를 요구하는 시위를 벌였다. 대학생들의 시위는 전국으로 확산되었다. 반대 시위는 1964년 6월 3일 절정에 달했다. 그날 1만여 명의 학생들이 서울 시내로 쏟아져 나와 시위를 벌이자 박정희는 서울 일원에 계엄령을 선포했다. 5.16 군사정변 이후 3년 만에 다시 군을 동원하여 학생들의 반대 시위를 억눌렀다. 이듬해 8월 14일 민주공화당 단독으로 한일협정 비준동의안이 통과되었다. 비준안 통과와 함께 다시 전국의 대학과 고교에서 대규모의 격렬한 시위가 발생했으며, 1965년 8월 다시 군을 동원한 위수령이 발동되었다. 1971년 심각한 사회적 사건들이 잇달아 발생했고 특히 대학생들의 교련 반대 시위가 일어나자 이를 억압하기 위해 서울 시내 9개 대학에 병력을 투입하여 진압했다. 또한 1972년 10월 유신을 선포하면서도 전국에 계엄령을 발동한 바 있다. 1979년 부마항쟁 때는 마산 일대에 병력을 출동시키는 등 두 차례 위수령을 더 발동했다. 이렇듯 정치적 반대가 거세질 때마다 박정희는 군을 동원했다.

한편, 1969년 3선 개헌이 본격적으로 추진되자 6월 하순부터 각 대학에서 3선 개헌 반대 시위가 확산되었고 박정희는 휴교 조치를 내렸다. 야당과 학생들의 반대 속에 9월 14일 민주공화당 의원들만이 참석한 가운데 군사작전을 치르듯 3선 개헌을 날치기로 통과시켰다. 이는 이후 이어질 장기집권의 서막이었다. 박정희 역시 강압적인 형태로 헌법을 개정하여 장기집권의 길로 나간 것이다. 유신 이전에도 박정희의 지배는 권위주의적 특성을 뚜렷하게 부각시키기 시작했다. 그것도 개인화된 일인 지배 권위주의 체제였다. 정당 정치는 쇠퇴하고 정치권력은 개인의 손에 집중되었으며 그의 수족인 청와대 측근들과 기술관료, 그리고 폭력기구, 보안기구 등이 하위 권력자로 행세하였다. 이런 상황이 유신체제가 선포될 때까지 심화되고 있었다(김영명, 2006: 176).

유신체제는 우리 정치사에서 가장 억압적인 정치체제였다. 국가 안보와 지속적인 경제성장을 위한 체제 전환이라는 미명하에 유신체제를 수립했다. 이 체제하에서 인권과 자유, 민주의 가치는 추락했고, 폭압적 정치가 지속되었다(이정희, 2016: 178). 유신 이후 국민의 정치적 자유와 시민권은 크게 축소되었다. 표현, 집회, 언론, 결사의 자유가 크게 제약 받았고 노동의 권리, 법적 절차를 밟을 권리들이 위축되었다. 이러한 제약은 국가 발전과 안보라는 명분, 곧 행정의 효율성과 질서 유지의 명분으로 정당화되었다. 외형상 유신체제는 매우 견고해 보였다. 그러나 유신체제는 극심한 인권 탄압으로 얼룩졌다. 그만큼 유신체제의 정당성에 대한 신뢰는 낮았으며, 유신체제에 대한 정치적 반대도 끊이지 않았다(김영명, 2006: 204). 이러한 폭압적 체제하에서도 민주주의 회복을 위한 반대 운동은 지속되었다. 이 때문에 유신체제는 억압적인 조치 없이는 지속될 수 없었다. 이러한 억압 조치는 긴급조치의 선포로 나타났다. 유신헌법에 대한 비판과 개헌 요구가 일어나자 1974년 1월 8일 유신헌법에 대한 모든 비판의 금지와 강경한 처벌을 규정한 긴급조치 1, 2호를 발효했으며, 1974년 4월 3일에는 민청학련 사건 처리를 위해 긴급조치 4호를 발효했으며, 민청학련 사건의 조작뿐만 아니라 인혁당 재건위원회 사건을 조작하여 8명을 사형에 처했다. 1975년 5월 13일 선포된 긴급조치 9호는 유신체제와 정부, 그리고 대통령에 대한 모든 비판을 봉쇄하였다. 이 조치로 국민의 언로는 차단되었고 정치적 암흑시대를 강요받았다(김영명, 2006: 206). 유신시기의 억압과 공포가 만연한 가운데서도 민주화에 대한 요구는 끊이지 않았다. 대학생과 종교인, 지식인 등의 재야인사들의 유신체제에 대한 반대가 끊이지 않았고 수많은 이들이 유신의 탄압 체제로 인해 고통과 희생을 겪어야 했다. 그러나 이러한 저항과 희생이 부마항쟁으로 이어지고 이는 또한 집권 세력의 내부 분열을 이끌면서 유신체제는 붕괴하게 되었다(이내영, 2016: 271). 1978년의 총선에서 신민당의 약진, 김영삼의 신민당 총재 당선과 YH사건, 김영삼의

긴급조치 9호

긴급조치 9호는 1975년 5월 13일에 발동되었는데, 특정한 상황이나 사건에 대한 대응의 성격을 가졌던 이전의 긴급조치와는 달리 유신헌법과 정권에 대한 어떠한 비판이나 도전, 부정적 행위를 금지하는 매우 포괄적인 내용을 담고 있었다. 기존의 모든 긴급조치의 내용을 넘어서는 긴급조치의 완성판이었다. 그 구체적인 내용은 다음과 같다(강원택 2015a: 133-135).

① 다음 각 호의 행위를 금한다.

가. 유언비어를 날조, 유포하거나 사실을 왜곡하여 전파하는 행위

나. 집회·시위 또는 신문, 방송, 통신 등 공중전파 수단이나 문서, 도화, 음반 등 표현물에 의하여 대한민국 헌법을 부정·반대·왜곡 또는 비방하거나 그 개정 또는 폐지를 주장·청원·선동 또는 선전하는 행위

다. 학교 당국의 지도, 감독하에 행하는 수업, 연구 또는 학교장의 사전 허가를 받았거나 기타 예외적 비정치적 활동을 제외한, 학생의 집회·시위 또는 정치 관여 행위

라. 이 조치를 공연히 비방하는 행위

② 제1에 위반한 내용을 방송·보도 기타의 방법으로 공연히 전파하거나, 그 내용의 표현물을 제작·배포·판매·소지 또는 전시하는 행위를 금한다.

③ 재산을 도피시킬 목적으로 대한민국 또는 대한민국 국민의 재산을 국외에 이동하거나 국내에 반입될 재산을 국외에 은닉 또는 처분하는 행위를 금한다.

④ 관계 서류의 허위 기재 기타 부정한 방법으로 해외 이주의 허가를 받거나 국외에 도피하는 행위를 금한다.

⑤ 주무부장관은 이 조치 위반자·범행 당시의 그 소속 학교·단체나 사업체 또는 그 대표자나 장에 대하여 다음 각 호의 명령이나 조치를 할 수 있다.

가. 대표자나 장에 대한, 소속 임직원·교직원 또는 학생의 해임이나 제적의 명령

나. 대표자나 장·소속 임직원·교직원이나 학생의 해임 또는 제적의 조치

다. 방송·보도·제작·판매 또는 배포의 금지 조치

라. 휴업·휴교·정간·폐간·해산 또는 폐쇄의 조치

마. 승인·등록·인가·허가 또는 면허의 취소 조치

⑥ 국회의원이 국회에서 직무상 행한 발언은 이 조치에 저촉되더라도 처벌되지 아니한다. 다만 그 발언을 방송·보도·기타의 방법으로 공연히 전파한 자는 그러하지 아니한다.

⑦ 이 조치 또는 이에 의한 주무부장관의 조치에 위반한 자는 1년 이상의 유기징역에 처한다. 이 경우에는 10년 이하의 자격정지를 병과한다. 미수에 그치거나 예비 또는 음모한 자도 또한 같다.

⑧ 이 조치 또는 이에 의한 주무부장관의 조치에 위반한 자는 법관의 영장 없이 체포·구속·압수 또는 수색할 수 있다.

⑨ 이 조치 시행 후, 특정범죄 가중처벌 등에 관한 법률 제2조(뇌물죄의 가중처벌)의 죄를 범한 공무원이나 정부관리·기업체의 간부직원 또는 동법 제5조(국고손실)의 죄를 범한 회계관계직원 등에 대하여는, 동법 각조에 정한 형에, 수뢰액 또는 국고손실액의 10배에 해당하는 벌금을 병과한다.

⑩ 이 조치 위반의 죄는 일반법원에서 심판한다.

⑪ 이 조치의 시행을 위하여 필요한 사항은 주무부장관이 정한다.

⑫ 국방부 장관은 서울특별시장, 부산시장 또는 도지사로부터 치안질서유지를 위한 병력출동의 요청을 받은 때에는 이에 응하여 지원할 수 있다.

⑬ 이 조치에 의한 주무부장관의 명령이나 조치는 사법적 심사의 대상이 되지 아니한다.

⑭ 이 조치는 1975년 5월 13일 15시부터 시행한다.

의원직 제명, 그리고 부마항쟁으로 이어지는 일련의 사건은 유신체제에 대해 국민 다수가 갖고 있던 불만과 반대를 표출했던 과정이었다. 10.26 시해 사건 역시 이러한 사건들의 연장선에서 이해할 수 있다. 그러나 유신체제는 거대한 대중적 저항에 의해 붕괴된 것은 아니라 체제 내부의 갈등으로 무너졌다. 이로 인해 그 이후의 정국을 이끌어 갈 주도적 대안 세력은 존재하지 않았다. 유신의 몰락과 함께 민주주의의 봄이 찾아오게 되었지만, 그것은 매우 불안한 '봄은 왔지만 봄 같지 않은 봄(春來不似春)'이었다.

10.26 이후의 불안정한 상황은 결국 또 다른 군부의 정치 개입으로 끝이 나고 말았다(이하 강원택, 2024: 102-271). 10.26 사건에 대한 수사 책임은 당시 보안사령관 겸 합동수사본부장을 맡고 있던 전두환 소장이었다. 전두환을 정점으로 하는 육사 11기, 하나회 등으로 결속해 있던 신군부 세력은 보안사, 합동수사본부를 중심으로 힘을 결집해 갔다. 신군부 세력은 12월 12일 전방의 군을 움직여 총격전 끝에 계엄사령관 정승화를 체포했다. 12.12 사건은 명백히 하극상 사건이었고 군을 동원한 유혈 충돌을 통해 군의 실권을 장악하게 된 사건이었다. 12.12 이후 정국의 흐름이 미묘하게 변화해 가기 시작했다. 1980년 4월 14일 전두환 합동수사본부장은 보안사령관직에 더해 당시 공석이던 중앙정보부장 서리직까지 겸직하게 되었다. 군과 정보기관 모두를 12.12 사건 이후 군부를 장악한 신군부의 리더가 정치적으로 전면에 등장하게 된 것이다. 이제 실질적인 권력은 최규하 대통령이 아니라 전두환이 장악하게 되었다. 이와 함께 군이 정치의 전면에 나서기 시작했다.

5월이 되면서 각 대학에서는 계엄 철폐, 정부 주도의 개헌 작업 중지 등의 요구가 나오기 시작했으며, 정치적인 이슈를 내건 가두시위가 활발해지기 시작했다. 정치권에서는 임시국회를 열어 계엄령 해제를 결의하기로 했다. 그러나 그 사이 신군부는 시위를 진압하기 위한 병력의 이동을 준비하고 있었다. 1980년 5월 17일 오전 전군 주요지휘관 회의가 열렸다. 여기서 군의 본격적인 정치 개입이 논의되었다. 그날 저녁 최규하 대통령이 주재하는 비상국무회의가 열렸다. 대통령 주재의 국무회의라고 하지만 사실 형식적인 것이었다. 국무회의장 주변에는 이미 군인으로 가득 찼고 공포 분위기가 조성되었다. 신군부의 요구대로 1980년 5월 17일 비상계엄이 제주도를 포함한 전국으로 확대되는 조치가 행해졌다. 비상계엄의 확대와 함께 신군부는 국회의 기능을 정지시켰고, 주요 정치인과 전직 관료, 재야인사 등을 연행했다. 10.26 이후 불안하게 진행되어 오던 '서울의 봄'은 이렇게 신군부의 무력에 의해 무너져 내리고 말았다.

신군부의 권력 장악에 대한 저항은 그 다음날인 5월 18일 광주에서 시작되었다. 전남대에서 시작된 시위는 광주 시내로까지 이어졌다. 학생과 시민들의 시위에 대한 계엄군의 진압과 체포 작전은 매우 과격하고 폭력적이었다. 계엄군은 진압봉, 군화로 무자비하게 폭력을 휘둘렀으며 부상자는 군용 트럭으로 연행해 갔다. 무자비하고 잔혹한 시위 진압에 대한 광주 시민의 분노와 충격이 다음날 대규모 시위로 이어졌다. 공수부대가 시위 진압에 나섰다. 공수부대의 시위 진압은 무차별적이었다. 시위에 참여한 사람뿐만 아니라 길거리나 주변 건물에서 시위를 지켜보던 모든 사람이 무력 진압의 대상이었다. 시위 군중과 계엄군 간의 대결이 격화되었다. 시위대도 진압군에 맞서기 시작했다. 광주 민주화 운동은 이렇게 전개되었다. 그러나 '상무충정작전'이라고 불린 5월 27일 계엄군의 광주 진압 작전과 함께 '광주 항쟁'은 열흘 만에 막을 내렸다. 광주 민주화 운동은 너무나 많은 무고한 사상자를 냈고, 그보다 더 깊고 깊은 마음의 상처를 광주에 남겼다. 그리고 전두환 정권 하의 억압적인 정치 상황에서도 민주화를 향한 시민적 저항의 출발점이 되었다.

광주민주화운동을 무력으로 진압한 직후인 5월 31일 신군부는 국가보위비상대책위원회(국보위)를 설치했다. 일종의 군사정부를 발족시킨 것이다. 최규하 대통령을 의장으로 하고 일부 장관들과 계엄사령관, 합동참모회의 의장, 각 군 참모총장, 국군보안사령관 등 군 주요 지휘관을 위원으로 구성했다. 국보위 전체회의보다 상임위원회의 권한이 컸으며, 전두환은 국보위의 상임위원장이 되었다. 국보위의 출범과 함께 숙청과 탄압의 바람이 몰아치기 시작했다. 장차관급 인사를 포함하여 2급 이상 고급 공무원 232명 등 모두 8,877명의 공무원, 정부 투자기관이나 산하단체 직원들이 숙청되었다. 언론인들도 대규모로 해직되었고, 창작과 비평, 뿌리 깊은 나무, 씨올의 소리, 월간 중앙 등 정기간행물 172종을 강제 폐간시켰다. 민영방송이던 동양방송(TBC)은 KBS에 강제로 통폐합되었다. 1980년 7월 4일 신군부는 김대중을 '내란음모' 사건으로 군법회의에 넘겨 사형을 선고했고 이 사건으로 구속된 다른 이들에게도 중형을 선고했다. 그리고 야만적인 인권유린의 대표적 사례인 삼청교육대가 만들어졌다. 신군부는 사회정화를 위해 불량배 등 사회악을 제거한다는 명분하에 사회적 공포분위기를 조성했다. 삼청교육은 군의 삼엄한 감시 속에 실시되었고 기합, 노역, 구금, 구타 등 각종 비인간적인 가혹행위가 이뤄졌고, 수많은 희생자를 낳았다.

1980년 8월 16일 마침내 최규하 대통령은 하야를 발표했다. 최규하를 강제로 물러나게 한 후, 1980년 8월 27일 통일주체국민회의를 통해 단독후보로 나선 전두환은 대통령으로 당선되었다. 박정희의 1인 체제를 뒷받침하기 위해 만들어진 통일주체국민회의에 의한 선거 방식은 그의 죽음 이후 또 다른 군 출신인 전두환을 대통령으로 선출했다. 전두환은 대통령 취임 이후 새로운 헌법을 준비했다. 당시 헌법은 유신체제를 위해 만들어진 헌법인 만큼 그때와 다른 모습을 보여주어야 했다.

5공화국의 새로운 헌법은 1980년 9월 29일 공고되었고 10월 22일 국민투표를 통해 95.5%의 투표율과 91.6%의 찬성으로 확정되었다. 5공화국의 헌법은 통일주체국민회의를 폐지했지만, 대신 '대통령 선거인단' 제도를 도입하였다. 대통령 선거인단으로 명칭만 바뀌었을 뿐 사실상 유신시대의 통일주체국민회의 유사한 형태로 '체육관 선거'는 여전히 유지되었다. 1981년 1월 15일 민주정의당이 창당되었고 전두환은 총재에 취임했다. 민정당이 창당된 이틀 뒤에는 유치송을 총재로 하는 제1야당 민주한국당이 창당되었고, 그 일주일 뒤에는 김종철을 총재로 하는 제2야당 한국국민당이 창당되었다. 전두환 정권은 여당뿐만 아니라 야당까지 '만들어 냈다'. 1981년 2월 11일 대통령 선거인단 선거가 실시되었고, 2월 25일 이들에 의한 체육관 선거 결과 전두환은 대통령으로 당선되었다. 이렇게 전두환 정권은 출범했다. 국민들은 민주주의를 원했지만 또 다른 군부 권위주의 정권이 들어서게 된 것이다. 사실상의 또 다른 유신정권, 유사 유신정권이 들어선 것이다.

2. 민주적 전환

전두환 정권은 출범했지만 국민의 거부감은 매우 컸다. 정권 초부터 매우 강한 반발에 직면했다(이하 강원택, 2015a: 177-201). 유신체제 몰락 이후 민주주의를 향한 국민의 염원을 무력으로 분쇄한 데 대한 분노가 컸다. 전두환 정권이 당면했던 가장 근본적인 문제는 유신체제라고 하는 군부-권위주의 정권의 정당성과 효용이 사라진 상황에서 이를 무리하게 연장하려고 했던 데서 찾을 수 있다. 더욱이 신군부의 권력 장악을 위해서, 군이 국민에게 총칼을 들이대어 수많은 살상자를 낸, 광주 민주화 운동에 대한 무력 진압은 도저히 용서할 수 없는 일이었다. 전두환 정권은 출범부터 심각한 정통성의 위기를 겪게 되었다. 1981년이 되면서 대학가의 시위는 더욱 빈번해지고 시위에 참여하는 학생의 수도 크게 늘었다. 특히 광주 민주화 운동 1주년이 되는 5월이 되면서 대학가의 반정부 시위는 더욱 격해졌다. 대학 캠퍼스에서는 전두환 정권의 퇴진을 요구하는 학생들의 시위가 일어나지 않는 날이 없었고, 이러한 시위에는 분신자살과 같은 극단적인 형태도 자주 나타났다. 대학생들의 이러한 운동은 이념적으로는 급진적이고 반미적인 성격을 띠기도 하였다. 종교인, 문인, 일부 법조인, 재야 정치인으로 구성되는 재야 세력의 개헌 운동은 유신 시대에 비해 훨씬 더 조직화되어 있었고 그 규모도 훨씬 더 컸다.

그동안 대학생들을 중심으로 한 격렬한 저항과는 달리 정치규제 이후 별다른 역할을 하지 못했던 과거 야당 정치인들이 움직이기 시작했다. 1983년 5.18 광주 항쟁 3주기를 맞이하여 김영삼 전 신민당 총재가 무기한 단식에 돌입했다. 김영삼의 단식은 23일 간 계속되었다. 미국에 있던 김대중 역시 연대투쟁을 했다. 김영삼의 단식은 1980년 짧았던 ‘서울의 봄’에 분열되었던 김대중과 다시 협력하는 계기를 마련했다. 김영삼의 단식 1년 뒤 1984년 5월 18일 김영삼계와 김대중계는 민주화추진협의회를 결성했다. 마침내 체제 저항적인 야당 세력이 힘을 합치게 된 것이다. 한편, 1983년 9월 30일 공개적인 정치 투쟁 단체인 민주화운동전국청년연합(민청련)이 결성되었고 김근태가 의장이 되었다. 1983년 후반기가 되면서 전두환 정권은 유화조치를 취했고, 구속되었던 학생들이 대학으로 돌아오면서 학생 운동이 활성화되었다. 전두환 정권의 억압 속에서도 대학생들은 마르지 않는 저항의 샘물이었다.

1985년 초 국회의원 선거가 예정되어 있었다. 민주화추진협의회는 1985년 총선의 참여 여부를 두고 내부적으로 갈등을 빚었다. 총선에 나가봐야 들러리만 서는 것이 아니냐는 반대 입장과 선거라는 열린 공간에서 전두환 독재체제에 대한 비판과 투쟁을 해야 한다는 찬성 입장으로 나뉘었다. 진통 끝에 민추협은 12월 11일 마침내 새로운 정당을 창당하여 총선에 참여하기로 결정했다(이하 강원택, 2024: 398－471). 12월 20일 이민우를 창당 준비위원장으로 하는 신한민주당 창당 발기인 대회가 열렸고 이듬해 1월 18일 신한민주당 창당대회가 열렸다. 당 총재에 이민우, 부총재에 김녹영, 조연하, 이기택, 김수한, 노승환 등 5명을 선출했다. 2월 12일로 예정된 선거일을 불과 25일 앞두고 체제 도전적인 선명 야당이 등장하게 된 것이다. 선거운동을 활용하여 신한민주당은 '민정당의 2중대, 3중대'인 관제 야당 민한당, 국민당과의 차별성을 부각시켰고, '대통령 직선제 개헌'이라는 체제 변혁의 요구를 분명히 했다. 신한민주당 후보들은 전두환 정권의 폭압과 비리를 비판했고, 국정감사권 부활, 지방자치제 전면 실시, 언론기본법 및 노동관계법 개폐 등을 요구했다. 선거 직전인 2월 8일 김대중이 미국에서 귀국하면서 신한민주당의 '바람'에 힘을 보탰다.

가히 신한민주당의 '돌풍'(突風)이라고 할 만한 선거 결과가 나타났다. 창당된 지 불과 25일 만에 신한민주당은 기존의 정당체계를 무너뜨리고 제1야당으로 등장했다. 대도시 지역에서 신한민주당에 대한 지지는 특히 높았다. 신한민주당은 서울에서 42.73%, 부산에서 37.0%를 얻은 데 비해, 민정당은 서울에서 27.3%, 부산에서 28.0% 득표로 신한민주당에 뒤쳐졌다. 신한민주당의 부상으로 이제 권위주의 체제에 도전하는 정치세력이 제도권 내에 전면적으로 등장하게 되었다. 총선 결과는 곧이어 야권의 재편으로 이어졌으며, 민한당은 결국 와해되었고 신한민주당은 민주화를 열망하는 저항세력의 구심점이 되었다. 이와 함께 '직선제 개헌' 등 본격적인 민주화 운동이 전개되기 시작했다. 2.12 총선에서 신한민주당의 급부상은 선거를 통한 민주화의 전략이 실현 가능하다는 희망을 국민들에게 심어주었다. 이에 따라 민주화의 의제가 실질적 사회, 경제적 개혁보다 절차적 수준을 향하게 되었다(임혁백, 1994: 465－466).

한편, 총선 이후 사회운동 세력들은 1985년 3월 다양한 사회운동의 결집체인 '민주통일민중연합(민통련)'을 결성했다. 총선 이후 제도권 정치에서 신한민주당이라는 구심점이 생겨났다면, 이제 민통련의 결성으로 재야 운동 세력에서도 단일의 구심체가 생겨난 것이다.

이제 정치권과 재야의 저항운동의 구심점이 만들어졌고, 투쟁의 목표도 '직선제 개헌 쟁취'로 정해졌다. 신한민주당은 애당초 2.12 총선에서 대통령 직선제 개헌을 요구한 만큼 총선 이후 개헌추진본부를 구성하고 있었다. 민통련 역시 11월 20일 민주헌법쟁취위원회를 구성했다. 신한민주당은 헌법 개정을 논의하기 위한 특별위원회를 국회에 설치하자는 제안을 하였으나 전두환 정권은 이를 거부하였다.

제도정치권 내에서 헌법 개정 논의가 거부되면서 신한민주당은 사회 대중동원을 통해 압력을 가하기로 했다. 1986년 2월 12일 총선 1년을 맞아 신한민주당과 민추협은 대통령 직선제 개헌을 요구하는 천만인 개헌 서명 운동에 돌입했다. 3월 8일 신한민주당은 헌법개정추진위원회 서울시지부 현판식을 갖는 것을 시작으로 개헌 서명 운동을 본격화했다. 개헌 서명 운동은 국민들의 많은 성원과 관심을 이끌었다. 각 지역마다 개헌추진위원회 결성대회를 가질 때마다 많은 학생과 시민이 몰려들었다.

개헌 추진에 대한 국민적 지지가 예상 밖으로 높게 나타나자 1986년 4월 30일 전두환은 이민우 신한민주당 총재, 이만섭 국민당 총재, 노태우 민정당 대표 등 3당 대표를 초청하여 "여야가 합의해서 헌법 개정안을 비롯한 정치일정을 건의한다면 이에 반대할 생각이 없다"는 뜻을 밝혔다. 이는 전두환 정권이 자신의 임기 말 이전이라도 여야가 합의하면 개헌에 반대하지 않겠다는 정치적 양보로 해석되었다. 그러나 이러한 의사표명은 야당과 사회운동권의 분열로 이어졌다. 재야와 학생 등 사회운동 세력은 군부 독재의 즉각적인 퇴진을 요구한 반면, 야당은 여당과의 협상에 더욱 큰 관심을 갖게 되었다. 재야와 야당 간의 분열은 5.3 인천 사태에서 극명하게 드러났다. 5월 3일 인천에서는 신한민주당의 개헌추진위원회 경기, 인천 지부 결성대회가 예정되어 있었다. 신한민주당은 대회 규모를 축소하고 대회를 정권으로부터 양보를 얻어낸 성공을 자축하는 축제로 삼기를 원했지만, 반대로 사회운동 세력은 신민당과 정권 간의 보수 대연합의 움직임에 쐐기를 박으려는 공격의 기회로 간주하고 있었다. 5월 3일 인천에는 노동, 재야 세력 등 약 1만 5,000여 명이 참가하였고, 반정부 반체제 구호뿐만 아니라 신한민주당까지 성토의 대상이 되었다.

한편, 민정당과 신한민주당은 1986년 국회 가을회기 종료 이전까지 신헌법의 초안을 작성하기로 합의했다. 이에 따라 국회는 6월 24일 '국회헌법개정특별위원회' 구성을 결의하였다. 그러나 국회 헌법개정특위는 거의 기능하지 못했고 9월이 되면서 신한민주당은 헌법개정특위에 불참을 선언했다. 기대했던 제도권 정치에서의 헌법 개정이 무산되면서, 신한민주당과 재야 세력은 다시 힘을 합치게 되었다.

그런데 이 무렵 신한민주당을 흔드는 사건이 발생했다. 이른바 '이민우 구상'이었다. 1986년 12월 24일 신민당 총재인 이민우는 언론자유, 공무원의 정치적 중립, 구속자 석방 등 7개 항의 자유화 조치가 선행되면 정권과의 개헌 협상을 재개하겠다는 구상을 발표했다. 그런데 이는 민정당과 전두환 정권이 원하는 내각제 개헌을 수용하겠다는 의미였다. 1987년 2월 13일 김영삼, 김대중은 공동 기자회견을 열고, 이민우 구상에 대한 거부를 분명히 하고, 대통령제와 내각제 중 어떤 방식으로 개헌할 것인지 국민투표로 결정하자고 제안했고, 이를 위해 전두환과의 회담을 요구했다.

그런데 1987년 1월 14일 서울대생 박종철 군 고문치사 사건이 발생했다. 경찰은 "심문 시작 30분 만인 14일 오전 11시 20분 경에 수사관이 주먹으로 책상을 '탁' 치며 추궁하자 '억' 하며 쓰러졌다"고 발표했다. 그러나 동아일보는 부검에서 시체에 여러 개의 피멍자국이 있었다는 사실과 쇼크사가 아니라 고문에 의한 사망이라는 검안 의사의 소견서를 보도했다. 현장의 바닥에 물이 흥건했다는 진술도 얻어냈다. 고문에 의한 죽음이라는 것을 부인할 수 없었다. 박종철 군 고문 사망 사건은 민주화 운동 세력을 재결집하게 하는 계기를 마련했다.

한편, 4월 8일 김영삼과 김대중은 사실상 내각제 개헌에 수용적인 태도를 보인 이민우 총재와 결별하기로 했다. 양김은 이날 신당 창당을 선언했다. 다음날 74명의 신한민주당 소속 의원 중 63명이 신당의 창당주비위원회에 합류했다. 그리고 4월 13일 통일민주당 창당 발기인 대회를 열었다.

그런데 바로 그날 전두환 대통령은 특별담화를 발표했다. 1988년 서울 올림픽 이후까지 개헌에 관한 모든 논의를 일체 금지하고, 현행 헌법으로 차기 대통령을 선출하겠다는 것이었다. 평화적 정권 교체와 서울 올림픽 개최라는 긴급한 과제가 성취되고 난 연후인 1989년에 가서 그러한 성취의 바탕 위에서 논의하는 것이 순서라는 것이다. 전두환 정권의 4.13 호헌 조치는 국민들에게 실망과 분노를 일으켰다. 현행 헌법에 의한 대통령 선거라는 것은 대통령 선거인단에 의한 또 한 번의 '체육관 선거'를 의미하는 것이었다. 4.13 호헌 선언이 나오면서 사회 각계각층에서 반대 투쟁이 벌어졌다. 4.13 호헌 선언은 민주화 추진 세력을 크게 자극했을 뿐만 아니라 정치적으로 현상유지를 선호해 온 일부 도시 중산층까지도 전두환 정권에 등을 돌리게 하는 결과를 가져왔다.

1987년 5월 18일은 광주 민주화운동 7주년 기념일이었다. 그날 오후 6시 30분 명동성당에서 기념 미사가 열렸다. 김수환 추기경의 강론과 미사가 끝나고 난 후, 정의구현사제단을 대표하여 김승훈 신부가 단상에 올라 '박종철 군 고문치사 사건의 진실이 조작되었다'는 요지의 원고를 읽었다. 고문치사 사건에 더 많은 경찰이 관련되었지만 관계 기관 회의를 통해 이를 축소하였다는 것이다. 경찰은 처음에는 이를 부인했으나 결국 고문에 참여한 경관이 3명이 더 있다고 발표했다. 그러나 5월 22일 동아일보는 치안본부 5차장 박처원 치안감이 참석한 경찰 간부 모임에서 범인 축소 조작이 이뤄졌다는 기사를 1면 머리기사로 내보냈다. 이와 함께 전국 대학에서는 수천 명의 학생들이 시위를 벌이며 고문치사 사건의 축소 조작을 규탄하고 4.13 호헌 조치를 철회할 것을 요구했다. 학생들뿐만 아니라 많은 시민들이 고문 축소 조작 사건에 분노했다. 민심은 급속도로 악화되어 갔다. 이제 4.13 호헌에 대한 분노를 넘어 고문, 학살 정권의 타도로 이어져 나가게 되었다.

결국 5월 26일 임시국무회의에서 내각의 일괄사표가 제출되었고, 이 사태에 책임을 지고 국무총리, 부총리, 내무부 장관, 법무부 장관, 재무부 장관, 법제처장, 검찰총장 등이 교체되었다. 5월 29일 검찰은 경찰 고위 간부 3명을 구속했다.

이러한 상황에서 1987년 5월 27일 '민주헌법쟁취 국민운동본부(국본)'라는 민주화 투쟁을 위한 최대 연합조직이 결성되었다. 국본은 야당 정치인, 종교계, 예술인, 언론인, 농민, 빈민, 민통련 등을 망라하는 대규모 저항 조직으로 등장했다. 국민운동본부는 6월 10일 '고문 살인 조작 규탄 및 호헌철폐 국민대회'를 개최하기로 했다. 6월 10일은 민정당 대통령 후보 지명일이었다. 이날에 맞춰 대규모 저항 시위를 계획한 것이었다. "6월 10일 범국민 민주화 대회를 주최하면서 철저한 비폭력 평화주의와 선거를 통한 민주 정부 수립을 슬로건으로 내세웠다. 국민운동본부는 현 정부에 대한 항의 표시로 애국가 부르기, 자동차 경적 울리기, 교회종 타종, 9시 TV 뉴스 안 보기 등의 행동 지침을 발표하여 일반 시민들이 신체적 위협을 느끼지 않으면서 민주화 운동 지지의사를 표현할 수 있는 기회를 제공하였다."(윤성이, 2016: 466)

6월 10일의 국민대회는 '6월 민주화 항쟁의 시작'(임혁백, 1994: 472)이었다. 경찰은 대규모 병력을 동원하여 국민대회를 진압하고자 했지만 6.10 국민대회에는 서울뿐만 아니라 부산, 인천, 마산, 광주, 대전, 청주, 천안, 성남, 춘천, 목포, 군산, 포항, 울산, 안동, 안산 등 전국 각지에서 대규모 시위가 벌어졌다. 전국 22개 도시에서 30만 명이 넘는 시민이 참여했다. 더욱이 학생들뿐만 아니라 일반 시민의 참여도 크게 늘었다. 명동성당에는 시위대들이 들어가서 농성을 벌였으며 이 농성은 15일까지 계속되었다. 서울 명동과 시청 앞에서는 이른바 '넥타이 부대'라고 불리는 화이트칼라 직장인들도 시위에 참여했다. 서울 시내는 연일 화염병과 돌로 맞서는 데모대와 그것을 최루탄으로 진압하려는 경찰력 사이의 각축전으로 일대 혼란이 벌어졌다. 한편 6.10 항쟁 하루 전날 연세대에서 열린 6.10 항쟁 출정식을 마치고 교문에서 경찰과 공방을 벌이던 와중에 이한열 군이 최루탄을 맞고 쓰러졌다. 병원으로 옮겨졌지만 이한열 군은 사경을 헤메고 있었다. 국민본부는 6월 16일 18일을 '최루탄 추방 국민 결의의 날'로 정했다. 이날 전국 16개 도시에서 대규모 인원이 참여한 최루탄 추방 시위와 집회가 열렸다. 국민본부는 17일 회의에서 6월 26일 '민주헌법쟁취를 위한 국민평화대행진'을 갖기로 했다.

노태우 민정당 대표는 야당 총재들과의 연쇄 회담을 제안했지만 19일 김영삼은 그 제안을 거부하고 전두환 대통령과의 영수회담을 제안했다. 이를 전두환이 수용하면서 6월 24일 전두환과 김영삼의 영수회담이 열렸다. 김영삼 총재는 4.13 호헌 조치 철회, 정치범 석방, 김대중의 공민권 복원 등 민주화 조치와 직선제 개헌의 수용 혹은 직선제와 내각제를 두고 국민투표로 결정하도록 하자고 주장했다. 전두환은 4.13 호헌 조치의 철회와 김대중의 공민권 복원 요구는 수용했으나 다른 요구에 대해서는 반응하지 않았다. 김영삼은 회담이 결렬되었다고 선언하고 6월 26일의 평화대행진 참여를 결정했다. 6.26 국민평화대행진은 전국 34개 도시, 4개 군에서 동시다발적으로 진행되었다. 경찰이 총동원되어 저지하려고 했지만 100만 명이 넘은 시민과 학생들이 시위에 참여했다. 이제 전두환 정권은 저항을 막는 데 한계에 도달했다.

이렇게 많은 이들의 참여를 이끌어 낼 수 있었던 것은 "체제의 본질적 변혁보다 절차적·민주적 권리의 회복에 초점을 맞추었기 때문이다. '호헌 철폐, 독재 타도'라는 구호에서 볼 수 있듯이 국민운동본부의 민주화 요구는 최소강령적이었으며, 그 수단은 비폭력적 대중동원이었다. 절차적 민주주의의 회복에 찬성하고 군부 독재를 반대하는 모든 세력들은 그들 간의 계급적·직업적·종교적·지역적 차이에 관계없이 민주화를 위한 시위 대열에 동참할 수 있게 된 것이다(임혁백, 1994: 472-473). 말하자면, 대통령 직선제 개헌 요구는 제도권 정당과 시민사회가 서로 합의할 수 있는 최소의 공동 요구 조건이었다. 일부 학생들이나 재야, 노동 세력이 주장하는 체제 전복, 제헌 수준의 변화, 혁명적 변화는 제도권 정치인들로서는 수용할 수 없었던 것이었으며, 중산층의 지지를 받기도 어려운 것이었다.

6월 항쟁이 거세게 진행되고 있는 가운데 1987년 6월 29일 민정당의 대통령 후보인 노태우가 6.29 선언으로 불리는 '국민 대화합과 위대한 국가로의 전진을 위한 특별 선언'을 전격적으로 발표했다. 그 내용은 여야 합의하에서 조속히 대통령 직선제 개헌을 하고 새 헌법에 의한 대통령 선거를 통해 1988년 2월 평화적 정부 이양을 실현한다는 것, 그리고 김대중을 사면, 복권하며, 시국 관련 사범을 석방하겠다는 것, 그리고 자유로운 출마와 공정한 경쟁이 가능하도록 대통령 선거법을 개정하겠다는 것이다. 국민들이 요구해 온 '대통령 직선제 개헌' 요구를 마침내 권위주의 체제가 수용한 것이었다. 이와 함께 6.29 선언은 인권 신장, 언론 자유, 지방자치 실시, 대학 자율화의 추진을 약속했다. 민주화를 위한 요구가 마침내 관철되었다. 1980년 봄에 등장한 신군부의 철권통치 속에서 기약할 수 없었던 민주화가 학생, 시민, 재야, 그리고 제도권 정치가 힘을 합쳐 군부 독재체제에 저항하면서 드디어 실현될 수 있게 되었다.

이에 따라 이제 새로운 질서 형성을 위한 개헌의 작업이 진행되었다. 여야 간의 개헌 협상을 통해 국회에서 1987년 9월 18일 헌법개정안이 발의되었고, 10월 12일 국회에서 의결되었다. 그리고 10월27일 국민투표에서 총 유권자 78.2%의 투표와 투표자 93.1%의 절대적인 지지로 개헌안이 확정됐다. 마침내 민주화가 이뤄진 것이다.

민주 헌법이 통과되면서 대한민국은 길고 어두웠던 권위주의 체제, 독재의 억압에서 벗어나서 민주적인 사회로 나아가기 위한 첫 발을 내딛을 수 있게 되었다. 내용적으로 한국의 민주화는 '대통령 직선제 개헌'으로 요약되듯이 자유롭고 공정한 선거의 보장에 놓여 있었다. 권위주의 시대의 정치적 격변은 선거라는 권력 선출의 제도와 과정을 권력자에 유리하게 자의적으로 바꾸려는 시도와 관련되어 있었다. 그런 점에서 볼 때, 공정하고 자유롭고 제도화된 선거 절차를 마련하자는 것은 오랜 기간 동안 한국정치의 '숙원'이었다. 대한민국 헌정사의 중요한 한 측면이 '선거의 제도화'라는 지적(황수익, 1996: 80)은 그런 점에서 매우 타당한 것이다. 1960년 자유당의 부정선거에 대한 항거는 바로 이러한 공정하고 민주적인 선거를 원하는 민심이 폭발한 것이었다. 그리고 1987년의 6월 항쟁 역시 '선거의 제도화', '민주적 정치의 제도화'를 요구하는 국민적 요구가 표출된 것이었다.

이런 점을 고려할 때, 1987년 이뤄진 우리나라의 민주화가 거대한 사회적 변혁이나 혁명이 아니었다는 사실에 주목할 필요가 있다. 민주화 세력의 요구는 '대통령 직선제 개헌'이라는 절차적 민주주의의 복원에 모아져 있었고 권위주의 세력이 이를 수용하면서 민주화가 이뤄진 것이다. 민주화는 '누구나 앞으로는 권력을 획득하기 위해서 공정한 선거절차를 반드시 거쳐야 한다는 한국인의 선언'(이갑윤·문용직, 1995: 228)이라고 할 수 있다. 한국의 민주화가 사회경제적 변혁으로 이어지지 않은 것도 대다수 국민들이 원했던 것은 절차적 민주주의 그 이상도 그 이하도 아니었기 때문이다(이갑윤·문용직, 1995: 218).

민주화의 원인에 대해서는 몇 가지 상이한 관점이 존재한다. 첫 번째는 사회경제적 구조의 변화에 주목하는 것이다. 립셋(Lipset, 1959)은 산업화, 도시화, 부(wealth)와 교육 등 사회, 경제적 상황의 증진, 곧 근대화가 민주주의와 긍정적인 상관관계가 있다고 주장했다. 교통과 통신의 발달, 대중매체의 확산, 교육기회의 증대, 도시화와 인구 이동, 사회적 계층 구조의 변화 등으로 정치문화에 변화를 초래한다는 것이다(신명순, 2011: 486). 한국은 권위주의 시대에 경제성장을 통해 근대화를 이뤘고 교육받은 다수의 중산층을 만들어 냈다. 경제적으로 나아진 시대의 국민들은 아무것도 없는 빈곤 시대의 국민들보다 독재체제에 대해 더욱 큰 저항감을 나타냈다. 권위주의 체제의 경제정책은 한편으로는 경제적 성과와 업적에 의한 정통성 제고에 공헌하면서도 다른 한편에 있어서는 그 정통성을 침식시키는 모순되는 정치적 결과를 낳았다(이정복, 2008: 85). 그런 점에서 한국의 민주화는 권위주의적 산업화의 실패가 아니라 성공의 결과라고 할 수 있다. 산업화는 경제발전을 통해 교육받은 도시 중산층과 노동자 집단을 확대하고, 경제의 일반적 수준을 향상시킴으로써 민주화를 위한 구조적 토대를 마련했기 때문이다. 체제가 실현하고자 했던 산업화와 그것이 만들어 낸 사회적 조건은 경제가 발전할수록 권위주의적 정치체제와의 모순을 확대하는 효과를 낳는다는 것이다(최장집, 2013: 22-23). 경제적 성장에 주목하면서도 부의 분배의 문제점을 지적한 시각도 있다. 한국의 민주적 이행 양식은 경제적 성공이 권위주의 정권의 위기를 가져온 '성공의 위기'에 의한 민주화라는 것이다. 한국의 군부 정권은 장기간에 걸친 경제개발 계획을 성공적으로 이끌어 세계적으로 쉽게 볼 수 없는 경제적 성장을 이루었다. 경제적 성장은 국민들의 전반적인 생활수준과 복지의 향상을 가져왔고 더불어 국민의 평균 교육수준을 향상시켰다. 권위주의 정권은 경제성장을 정통성의 위기를 극복하는 수단으로 주로 사용하였으나 성장에 따르는 부의 분배에 실패한 군부 정권은 거대하게 성장한 노동계급을 중심으로 한 시민사회의 저항에 부딪혀 붕괴하게 되었다는 것이다 (김영태, 2006: 253).

정치 엘리트, 정치적 주요 행위자 간의 전략적 입장에 주목한 시각도 있다(이하 임혁백, 1994a: 253-297). 다양하고 이질적인 반대세력들이 정치적 대안을 조직하고 일치된 행동으로 체제에 대항하는 대중동원을 시도할 때, 권위주의 체제는 대응 방식에 따라 강경파와 온건파로 나뉘게 된다. 강경파는 억압이 유일한 방안이지만 온건파는 전략적일 수 있다. 권위주의 체제 내 온건파는 강경파와 동맹하여 억압에 나설 수도 있고 혹은 억압을 완화하는 전략을 펼칠 수 있다. 온건파가 강경파와 동맹하여 선택한 억압이 성공하면 민주화 운동은 실패로 끝나는 것이지만, 실패하게 되면 두 세력이 교착상태, 대치상태에 놓이게 된다. 이러한 교착 상태를 타개하기 위해 체제 내 온건파가 스스로 개혁파로 변신하여 강경파와 거리를 두고 독자적으로 반대파와 협상을 통한 해결책을 시도하는 경우 체제 전환이 가능해진다는 것이다. 한국의 경우는 1985년 국회의원 선거에서 신한민주당의 돌풍으로 제도권 야당을 중심으로 권위주의 정권과의 타협을 통해 선거를 통한 제도 개혁이라는 민주화의 전략을 선택하게 하는 데 결정적인 역할을 한 것이다. 그 이후 4.13 호헌 조치를 통한 강경 전략은 6월 항쟁을 통해 거대한 반대에 직면하게 되었지만, 이런 상황에서 군의 동원은 정권과 반대 세력 모두를 쓸어버리고 새로운 정치질서를 짜야 하는 위험 부담을 감수해야 했기 때문에 활용할 수 없었다는 것이다. 또한 민주화 운동 세력은 대중동원에는 성공했지만 정권을 전복시킬 만큼의 힘을 갖고 있지 못했고, 권위주의 정권은 민주화 운동을 억압했지만 군의 동원을 통해 완전히 억누를 수 있는 힘을 갖고 있지 못했다. 이런 상황에서 '파멸적 균형'을 피하기 위해 6.29 선언이라는 '타협'에 도달하게 된 것이다. 한국 민주화의 이와 같은 타협적 속성은 민주적 공고화의 과정에도 상당한 영향을 미치게 된다.

그런데 한국의 민주적 전환을 설명하는 사회경제적 요인과 행위자 요인은 서로 배타적인 것은 아니다. 사실 한국 국민들의 민주화에 대한 요구는 역사적으로 오랜 기원을 갖고 있고 권위주의 체제 하에서도 민주화를 위한 투쟁은 지속되어 왔다. 또한 1960년과 1980년 두 차례 민주화의 기회가 있었지만 군의 개입으로 무산되었다는 점에서 1987년은 '지연된 민주화'가 달성된 해라고 할 수 있다.

6.29 선언의 주요 내용

'국민 대화합과 위대한 국가로의 전진을 위한 특별 선언'

첫째, 여야 합의하에서 조속히 대통령 직선제 개헌을 하고 새 헌법에 의한 대통령 선거를 통해 1988년 2월 평화적 정부 이양을 실현해야 하겠습니다.

둘째, 직선제 개헌이라는 제도의 변경뿐만 아니라 이의 민주적 실천을 위해서 자유로운 출마와 공정한 경쟁이 보장되어 국민의 올바른 심판을 받을 수 있는 내용으로 대통령 선거법을 개정해야 한다고 봅니다. 또한 새로운 법에 따라 선거운동, 투개표 과정 등에 있어서 최대한의 공명정대한 선거관리가 이뤄져야 합니다.

셋째, 우리 정치권은 물론 모든 분야에 있어서 반목과 대결이 과감히 제거되어 국민적 화해와 대단결을 도모해야 합니다. 그런 의미에서 저는 그 과거가 어떠하였든 간에 김대중 씨도 사면, 복권되어야 한다고 생각합니다. 그리고 우리와 우리들 자손의 존립

기반인 자유민주주의적 기본 질서를 부인한 반국가 사범이나 살상, 방화, 파괴 등으로 국기를 흔들었던 극소수를 제외한 모든 시국 관련 사범들도 석방되어야 합니다.

넷째, 인간의 존엄성은 더욱 존중되어야 하며, 국민 개개인의 기본적 인권은 최대한 신장되어야 합니다. 이번의 개헌에는 민정당이 주장한 구속적부심 전면 확대 등 기본권 강화조항이 모두 포함되기를 기대합니다. 또한 정부는 인권 침해 사례가 없도록 특별히 유의해야 하며, 민정당은 변호사회 등 인권단체와의 정기적 회합을 통해 인권 침해 사례의 즉각적 시정과 제도적 개선을 촉구하는 등 실질적 효과 거양에 주력해야 할 것입니다.

다섯째, 언론 자유의 창달을 위해 관련 제도와 관행을 획기적으로 개선해야 합니다. 아무리 그 의도가 좋더라도 언론인 대부분의 비판의 표적이 되어 온 언론기본법은 시급히 대폭 개정되거나 폐지해 다른 법률로 대체되어야 할 것입니다. 지방주재 기자를 부활시키고 프레스카드 제도를 폐지하며 지면의 증면 등 언론의 자율성을 최대한 보장해야 합니다. 정부는 언론을 장악할 수도 없고 장악하려고 시도해서도 안 됩니다. 국가안정 보장을 저해하지 않는 한 언론은 제약받아서는 안 됩니다. 언론을 심판할 수 있는 것은 독립된 사법부와 개개인의 국민임을 다시 한 번 상기합니다.

여섯째, 사회 각 부문의 자치와 자율은 최대한 보장되어야 합니다. 각 부문별로 자치와 자율의 확대로 다양하고 균형 있는 사회 발전을 이룩해야 국가 발전의 원동력이 된다고 믿습니다. 개헌 절차에도 불구하고 지방의회 구성은 예정대로 순조롭게 진행되어야 하고 시도 단위 지방의회 구성도 곧이어 구체적으로 검토 추진되어야 할 것으로 생각됩니다. 학문의 전당인 대학의 자율화와 교육 자치도 조속히 실현되어야 합니다. 이를 위해 대학의 인사, 예산, 행정에 대한 자율성을 보장하고 입시, 졸업 제도도 그와 같은 방향으로 개선해 나가야 합니다. 그리고 우수한 많은 학생들이 학비 조달에 큰 어려움이 없도록 관련 제도를 보완하고 예산에 반영해야 할 것입니다.

일곱째, 정당의 건전한 활동이 보장되는 가운데 대화와 타협의 정치풍토가 조속히 마련되어야 합니다.

여덟째, 밝고 맑은 사회건설을 위해 과감한 사회정화 조치를 강구해야 합니다.

이러한 사항들이 오늘의 난국을 타개하고 위대한 국가로서의 전진을 위한 시급한 당면 과제라고 생각합니다(노태우, 2011상: 346-351).

3. 민주적 공고화

권위주의 체제가 몰락해서 민주화가 시작되었다고 해도 그것이 반드시 확고한 민주주의 체제로 진전되어 나간다는 보장은 없다. 예컨대, 1948년 제1공화국이 민주적 정체로 출발했지만 이승만의 독재체제로 변질되었고, 4.19 혁명 이후 다시 민주주의가 회복되었지만 얼마 지나지 않아 군부 쿠데타로 붕괴되었고 다시 권위주의 체제로 돌아갔다. 이처럼 민주주의로의 전환 이후 중요한 문제는 민주적 질서가 공고화(democratic consolidation)될 수 있느냐 하는 점이다. 민주주의 공고화는 민주주의를 위협하는 대내외적 영향에도 불구하고 민주주의 가치와 규칙이 흔들림 없이 유지되는 상태로 이해할 수 있다. 즉, 민주화 이후 과거 권위주의 체제부터 내재된 정치적 관행을 청산하고 민주주의 체제를 약화시킬 수 있는 다양한 장애요인들을 제거하는 과정이다(김형철, 2017). 민주주의 공고화는 새로운 민주적 규칙과 절차가 제도화되고 정치적, 사회적, 경제적 영역에서 민주적 규칙과 절차가 엘리트와 대중 모두에게 '유일한 게임'으로 인정될 뿐만 아니라, 더 나아가 사회경제적 영역에서 민주주의의 가치와 규범, 그리고 민주적 규칙이 습관화, 일상화 그리고 내면화되는 과정이다(김형철, 2017). '민주화의 제3의 물결'을 탄 신생 민주주의 국가 중 한국은 민주적 공고화에 성공한 드문 사례이다. 비교적 원만하게 민주적 공고화를 가능하게 했던 주요 요인들은 다음과 같은 것을 생각해 볼 수 있다.

(1) 절차적 민주주의의 확립

권위주의 시대에 일어난 헌정의 왜곡은 모두 정치권력 선출의 제도와 과정을 권력자에 유리하게 자의적으로 바꾸려는 시도와 관련되어 있었다. 그런 점에서 볼 때, 공정하고 자유롭고 제도화된 선거 절차를 마련하자는 것은 민주화 이전 한국정치의 숙원이었다. 1960년의 4.19 혁명이나 1987년의 6월 항쟁 때의 국민적 염원은 모두 선거를 통한 민주적 경쟁의 제도화라고 할 수 있다. 1987년 민주화 운동 당시의 구호 역시 '대통령 직선제 개헌'이었다. 유신 이후 행해져 온 형식적이고 비민주적인 '체육관 선거' 대신 공정하고 자유로운 경쟁에 의해 대통령을 뽑겠다는 국민적 의지가 민주화로 이어진 것이다. 따라서 민주적 공고화를 위한 가장 중요한 조건은 공정하고 민주적인 정치적 경쟁의 규칙이 확고히 자리 잡는 일이다. 즉 민주적 공고화는 공정하고 민주적인 선거 경쟁이 '마을에서의 유일한 게임(the only game in town)'이 되었을 때, 즉 어느 누구도 민주

민주화의 제3의 물결 (the Third Wave of Democratization)

헌팅턴(Huntington 1991)은 1974년부터 1990년 사이에 30여 개의 나라가 민주주의로 이행하였고 민주적 정부의 수도 거의 두 배 가량 늘어난 점에 주목하면서, 이러한 변화를 민주화의 제3의 물결이라고 불렀다. 1970년대 중반 남부 유럽의 포르투갈 그리스, 스페인이 민주화가 되었고 이후 남미에서 브라질, 아르헨티나, 우루과이 등이 민주화되었다. 그 뒤 1986년 필리핀의 민주화로 마르코스가 축출되었고, 1987년 한국과 대만이 민주화되었고, 이후 인도네시아에서 수하르토 체제가 붕괴되었다. 1989년에는 소련과 동구권이 붕괴하면서 구 소련연방과 동유럽 국가에서 민주화가 이뤄졌다. 1994년에는 악명 높은 인종차별 정책인 아파르트헤이트 정책을 펼쳐 온 남아프리카공화국이 민주화되었다. 이처럼 1970년대 중반 이후 20여 년 동안 전 세계적으로 많은 나라들이 비슷한 시기에 민주화를 이뤘다.

그런데 헌팅턴은 이 시기에 나타난 민주적 이행을 근대 세계사에서 일어난 민주화의 세 번째 물결로 보았다. 최초의 민주화의 장기 파동, 즉 첫 번째 물결은 미국에서 대다수 남성 인구에게 참정권을 확대하면서 1820년대에 시작되었고 거의 1세기 간 지속되어 1926년까지 약 29개 국가에서 민주주의가 확립된 경우를 일컬었다. 그러나 이러한 민주화의 첫 번째 물결은 1922년 이탈리아에서 무솔리니의 권력 장악으로 '역류'하기 시작했고 1942년까지 전세계에서 민주주의 국가는 12개 국가로 줄어들었다. 두 번째 민주화의 물결은 제2차 세계대전에서 연합국이 승리하면서 시작되었는데, 과거 식민지 상태에 놓여 있던 국가들이 독립하여 민주주의 체제를 받아들인 것이다. 1962년까지 36개 국가에 민주 정부가 들어서면서 정점에 달했으나 이때를 고비로 두 번째 역류가 1960년부터 1975년 사이에 나타나 민주주의 국가는 30개 국가로 줄어들었다. 우리나라는 민주화의 두 번째 물결을 탔으나 역류를 경험했고, 1987년 다시 제3의 민주화의 물결을 탔다.

적 제도 밖에서 행동한다는 것을 상상할 수도 없을 때, 패자가 원하는 모든 것을 자신들이 패배한 바로 그 제도 내에서 다시 경쟁을 시도하는 것일 뿐일 때, 민주주의가 공고화되었다고 할 수 있다(임혁백, 1997: 5).

6.29 선언으로 대통령 직선제가 수용되었지만 그렇다고 해서 오랫동안 지속되어 온 부정적 관행이 하루아침에 해소될 것으로 기대하기는 어려운 일이었다. 실제로 민주화 이후에도 관권개입은 계속해서 나타났다. 1992년 국회의원 선거를 앞두고 안전기획부 직원 4명이 서울 강남구의 아파트에 민주당 후보를

비방하는 유인물을 배포하다가 발각되었고, 이지문 육군 중위는 기자회견을 갖고 군 부재자 투표 과정에서 군 상급자들이 여당인 민자당 후보에게 투표하도록 공개투표를 강요했다고 폭로했다. 경북 성주, 칠곡에서는 지방 공무원의 개입으로 무더기 투표를 한 것이 발각되었다. 또한 선거 직후에는 충남 연기군 군수가 내무부 장관과 충남도지사로부터 여당 후보를 당선시키도록 공무원 조직을 총동원하고 금품을 살포했다고 관권개입을 폭로했다. 또한 1989년 동해시 재선거에서는 금품 살포 등 불법, 탈법 행위가 만연했고 민주당이 특정 후보의 사퇴를 조건으로 돈을 지급하는 후보 매수 사건이 발생하기도 했다. 이처럼 민주화 직후에는 대통령 직선제 등 경쟁적 선거 정치가 회복되었지만, 여전히 관권선거, 금권선거가 횡행했다.

이후 1994년 김영삼 정부하에서 통합선거법으로 불리는 '공직선거 및 선거부정방지법'이 제정되면서 금권선거를 방지하고 공정한 선거 경쟁을 강화하기 위한 제도적 기틀이 마련되었다. 이 법에서 선거일을 법정화하고, 당선 무효 요건을 강화하여 후보자가 100만원 이상의 벌금형을 받게 되면 당선을 무효화하도록 했으며, 선거비용은 선거관리위원회에 신고한 계좌를 통해 수입, 지출하도록 하는 등 선거자금의 투명성을 높였다(이종우, 2015: 14-16). 금권선거의 문제는 특히 2002년 대통령 선거 당시 이른바 '차떼기' 등 대규모의 불법선거자금 모금에 대한 수사에 대한 국민의 분노와 그 이후 이뤄진 정치관계법의 개정으로 인해 크게 개선되었다.

한편, 관권 개입의 문제는 한국사회의 민주화가 진전되면서 점차 자취를 감추게 되었다. 특히 언론 자유가 신장되면서 관권개입 등 선거 부정에 대한 폭로, 고발이 빈번해졌고, 시민사회가 활성화되면서 시민단체를 통한 감시, 감독도 강화되었다. 예컨대, 1992년 총선과 대선을 앞두고는 여러 시민단체들이 참여하여 '공명선거실천시민운동협의회(공선협)'를 결성하여 부정선거 감시 활동을 전개하기도 했다. 또한 국회의 권한이 강화된 것도 행정부의 일방적인 여당 편들기를 어렵게 만들었다. 관권개입의 금지와 관련하여 중요한 제도적 변화는 지방자치의 실시였다. 과거 대통령이 지방정부의 장을 임명할 때는 내무부를 통한 위계적인 형태의 지방정부 조직에 대한 통제가 가능했지만, 지방자치제의 도입 이후에는 지역별로 상이한 정당 소속의 단체장이 선출되기 때문에 지방에서 조직적인 관권개입은 쉽지 않게 되었다. 더욱이 단체장에 대한 지방의회의 감시, 감독 기능도 강화되었다. 선거법의 개정과 정치적 민주화의 진전이 관행적인 측면에서 절차적 민주주의의 공정성을 강화했다면 공정한 경쟁을 위한 제도적 틀의 정비는 사법부의 역할이 컸다. 앞 장에서 살펴본 대로, 특히 헌법재판소는 표의 등가성을 강화하는 형태로 선거구 획정 방식을 바꾸었으며, 비례대표 의석도 별도의 정당투표를 통해 배분하는 방식으로 변화시켰다. 또한 법원은 선거법 위반 사건에 대한 판결을 강화함으로써 선거의 공정성을 강화하는 데 기여했다.

이와 같은 제도와 관행의 개선 속에서 선거 경쟁의 공정성은 크게 높아졌다. 민주화 이후 지금까지 9명의 대통령이 공정한 선거 경쟁을 통해 적법하게 당선되었고, 국회의원 선거나 지방선거에서도 과거와 같은 관권개입이나 금권선거의 문제는 크게 완화되었다. 더욱이 여야 간 선거를 통한 권력의 교체가 자연스러운 일로 받아들여지게 되었다. 1997년 대통령 선거에서 당시 야당인 새정치국민회의의 김대중 후보는 집권당인 한나라당의 이회창 후보를 누르고 우리 정치사에서 최초로 여야 간 평화적인 정권 교체를 실현해 냈다. 2002년 대통령 선거에서 노무현 후보가 당선되면서 김대중의 집권에 이어 새천년민주당이 잇달아 집권했다. 그리고 2007년에는 다시 당시 야당이던 한나라당의 이명박 후보가 대통령에 당선되었다. 2017년 대통령 선거에서는 또다시 야당인 더불어민주당의 문재인 후보가 대통령으로 당선되면서 정권 교체가 이뤄졌다. 2022년에는 당시 야당이었던 국민의힘 윤석열 후보가 대통령 선거에서 더불어민주당 이재명 후보에 0.73%의 근소한 차이로 승리하면서 5년 만에 다시 정권교체가 이뤄졌다. 그리고 2025년 윤석열 대통령에 대한 탄핵으로 실시된 조기 대선에서 야당 후보인 이재명이 여당 국민의힘 김문수 후보에 승리하여 다시 정권교체가 이뤄졌다. 민주화 이후 30여 년 사이에 1997년, 2007년, 2017년, 2022년, 그리고 2025년 다섯 차례 여야 간 선거를 통한 평화적인 정권 교체가 이뤄진 것이다. 헌팅턴(Huntington, 1991: 267)은 민주적 전환 이후의 정치적 안정 및 공고화와 관련하여 '두 번의 정권 교체(two turnover test)'의 중요성을 강조한 바 있다. 여야 간 권력 교체가 최소한 두 번은 발생해야 민주적 공고화에 도달할 수 있다는 것이다. 이제 한국정치에서 공정한 선거 경쟁은 '마을의 유일한 경쟁 규칙'이 되었다. 이와 같은 절차적 민주주의의 확립은 한국의 민주적 공고화에 크게 기여했다.

(2) 군의 탈정치화[2]와 과거사 정리

헌팅턴(Huntington, 1991: 208-253)은 신생 민주주의 국가가 당면하는 어려운 과제 중 하나로 군의 탈정치화를 들었다. 헌팅턴은 많은 신생 민주주의 국가에서 민주적 이행과정에서 당면하는 두 가지 난제를 지적하면서, 근위대의 문제(praetorian problem)와 고문자의 문제(torturer's problem)를 들었다. 전자는 곧 군부에 대한 문제로, 민주화 이후 등장한 민간 정부가 정치에 대한 군부의 영향을 제거하고 군에 대한 문민 통제를 확립하는 문제를 말한다. 후자는 인권을 탄압한 권위주의 시대의 억압적 공권력에 대한 법적, 정치적 처벌과 이로 인해 피해를 입은 희생자와 가족 등에 대한 명예회복과 보상 등의 문제를 포함한다. 그런데 현실적으로 이 두 가지 과제는 서로 긴밀하게 연계되어 있는 경우가 많다. 예컨대, 1980년 광주 항쟁에 대한 군의 무자비한 학살과 억압은 근위대의 문제와 고문자의 문제가 서로 얽혀 있는 사안이다. 따라서 군부를 탈정치화 시키지 못한다면 고문관의 문제도 제대로 해결하기 어렵다.

민주화 이후 한국정치는 이처럼 '정치화되어 있는 군대'를 어떻게 문민 통제하에 둘 것인가 하는 쉽지 않은 과제를 갖고 출범했다. 1961년 박정희의 군부 쿠데타 이후 1987년까지 26년 간 군부 권위주의 시대를 경험했고, 민주화 이후 처음 당선된 대통령도 군 출신이었다. 그러나 1993년 취임한 김영삼의 통치 기간 중 군의 탈정치화와 군에 대한 문민 통제를 확립했다. 민주화 이후 10년이 채 되지 않은 시간 내에 한국정치에서 군은 정치로부터 퇴각했고, 그 이후 정치에 더 이상 개입할 수 없었다. 이와 같이 민주화 초기에 군을 탈정치화시키고 군에 대한 문민 통제를 강화한 결과, 한국은 보다 안정적인 형태로 민주적 공고화의 과정을 밟아나갈 수 있었다. 비교적 민주화의 초기에 한국정치에서 군의 탈정치화를 가능하게 했던 요인은 크게 세 가지로 나눠 살펴볼 수 있다.

첫 번째 요인은 김영삼 대통령의 정치력에서 찾을 수 있다. 그는 이 문제를 해결해야 한다는 강한 의지를 가지고 있었으며, 매우 치밀하게 군의 탈정치

---

2 여기서의 논의는 강원택(2017c: 75-111)에 따름.

화를 위한 전략을 마련해 두었다. 김영삼은 두 가지 정치적 기회 혹은 정치적 상징성을 적절하게 활용했다. 취임 초는 신임 대통령에 대한 국민적 기대가 매우 높은 정치적 밀월기(honeymoon period)이다. 이전 시기에 해결되지 못한 난제를 풀고 새로운 변화와 희망을 가져다 줄 것을 기대하는 시기가 바로 임기 초이다. 김영삼은 선거 승리로 인한 민주적 정통성과 임기 초 신임 대통령에 대한 높은 기대감이라는 정치적 자산을 적절하게 활용할 줄 알았다. 대통령 취임 이전부터 김영삼은 군의 탈정치화에 대한 의지를 가지고 있었고, 정치화된 군을 개혁하기 위해서는 임기 초에 전격적으로 단행하지 않으면 안 된다고 판단했고 그대로 실행했다. 김영삼은 취임 후 열흘 정도 지난 1993년 3월 8일 전격적으로 육군참모총장과 기무사령관을, 그리고 4월 2일에는 수방사령관, 특전사령관을 경질하는 조치를 취했다. 이들은 모두 전두환 등이 만든 하나회의 핵심 인물들이었다. 이들의 임기는 1993년 말까지였다. 이러한 전격적인 조치는 군뿐만 아니라 국민 다수에게도 매우 충격적으로 받아들여졌으며, 이와 함께 김영삼 대통령에 대한 여론의 지지도 크게 높아졌다.

그 이후 얼마 지나지 않은 1993년 4월 2일 서울 용산구 동빙고동 군인아파트에 '하나회 명단'이 살포됐다. 유인물에는 현역 중장급인 육사 20기부터 중령급인 36기까지 각 기 대표를 비롯해 기별로 7~11명씩 모두 142명의 이름이 적혀 있었다. 이 유인물의 내용은 4월 13일 신문을 통해 보도되었다. 이후 하나회 관련자에 대한 인사 조치가 이뤄지면서 수도방위사령관, 특전사령관에 이어 2군사령관, 3군사령관, 합참 1차장 등 고위 장성급을 교체했고, 이후에는 하나회 소속 영관급 장교들도 정리되었다. 정치적 영향력을 갖던 고위 장성들의 경질 그리고 하나회 해체는 군에 대한 문민 통제와 한국 민주주의 발전에 크게 기여했다. 이와 관련하여 김영삼은 다음과 같이 회고하고 있다.

> 나는 군 개혁이야말로 전광석화처럼 전격적으로 단행하지 않으면 성공하기 힘들다고 판단했다. 모든 개혁에는 필연적으로 저항이 따르기 마련이며, 특히 군대 내에서 특수한 사조직으로 똘똘 뭉쳐 있는 하나회의 경우, 언제라도 세력을 규합해 저항해올 개연성이 높았다. 따라서 그들이 세력을 규합할 시간적 여유를 주지 않고 전격적으로 숙청을 단행하는 길만이 최선의 선택이었다(김영삼, 2001: 94-95).

군의 탈정치화와 관련된 두 번째 요인은 3당 합당 이후의 변화된 정치적 상황이다. 1990년 1월 전격적으로 이뤄진 3당 합당은 당시 정치적으로 많은 논란을 일으켰으며, 유일한 야당으로 남게 된 평민당으로부터 강력한 저항을 불러왔다. 그러나 3당 합당은 단순히 민자당이라는 거대 여당의 형성 이외에도 다른 의미를 갖고 있었다. 과거 적대적이었던 두 세력, 즉 권위주의 체제의 정당이었던 민정당과 민주화 운동을 이끌어 온 한 축인 김영삼의 통일민주당이 하나의 정치세력으로 합치게 된 것이다. 다시 말해 노태우와 김영삼의 합당은 '권위주의 대 민주화 운동'이라는 이전의 대립축이 상당히 모호해지게 되었음을 의미하는 것이었다. 3당 합당과 함께 민주화 운동을 이끌어 온 과거 야당 세력은 분화되었다.

3당 합당과 함께 노태우는 더 이상 전두환으로 대표되는 구 권위주의 세력과 차별화할 수 있는 정치적 기반을 확립하게 되었다. 사실 '노 정권은 자신과 전 정권의 단절 또는 차이를 강조하는, 그리고 전 정권과 일정한 거리를 두고 싶어했지만, 노 정권의 딜레마는 전 정권과의 관계를 끊을 수도 없었지만 가까이도 할 수 없었다는 점이었다'(한배호, 1994: 514) 12.12 사건이나 5.18 계엄 확대와 같은 군사력에 의존해 권력을 장악한 전두환과 달리, 노태우는 민주적 경쟁 선거를 통해 권력을 잡았고 또 민주화 운동 세력의 일부가 자신과 정치적으로 결합했다. 이로 인해 민주화 이전 군부 권위주의 세력은 구 주류와 신 주류로 분명하게 구분되었다. 3당 합당은 노태우에게 일차적으로는 여소야대의 구도를 깨트리고 국회 내 안정적 다수를 확보함으로써 정국 운영의 주도권을 갖게 했지만, 한편으로는 더 이상 구 권위주의 체제 구 주류 세력에게 정치적으로 의지하지 않아도 되는 상황을 만들어낸 것이다. 과거 민주화 운동의 한 축이었던 김영삼과 연대하게 됨으로써 과거 권위주의의 일부라는 부담에서 벗어나 민주화된 정치 환경에 적합한 새로운 정체성을 확립할 수 있게 되었다 (강원택, 2012c).

3당 합당으로 민주 대 반민주 구도가 흐트러진 상황에서 김영삼은 군의 입장에서 볼 때 더 이상 이전 시대의 적대적 존재가 아닌 것이다. 오히려 김영삼의 대통령 당선은 정치화된 군의 입장에서 볼 때는 민자당을 통한 '정권 재창출'이 이뤄진 것이다. 이런 상황에서 군에 대한 김영삼의 개혁은, 그들이 거부감을 갖는 외부자나 적대세력에 의한 것이 아니라, 정치화된 군이 함께 속해 있는 동일한 정파적 집단 내부에서 이뤄지는 조치였다. 군으로서는 김영삼의 군 개혁 조치에 대해 불만이 있더라도 그것이 거부감이 큰 김대중에 대한 지지나 옹립으로 이어질 수는 없는 일이었다. 이와 같이 3당 합당으로 인해 김영삼과 군과의 관계는 변화되었고, 이러한 정치적 맥락 속에서 군은 김영삼의 전격적인 군 개혁을 받아들여야 했던 것이다.

세 번째는 한국 군부 내의 갈등이다. 한국 군부 권위주의 체제의 특징은 그것이 조직으로서의 군의 지배가 아니라, 군의 한 파벌에 의한 지배라는 점이다. 1961년 박정희나 1980년 전두환 모두 군대 내 일부 파벌에 의존했다. 이는 라틴 아메리카 등 외국에서 나타나는 군의 정치적 개입의 사례와 구분되는 것이다. 그런데 군부 내 일부 파벌의 독주와 배타적 혜택은 군 전체로서는 갈등과 분열의 원인이 된다. 예컨대, 전두환 시기에 하나회에 속하지 않은 군 장교들은 하나회 멤버가 누린 특혜나 편의만큼의 불이익을 감내해야 했다. 외형적으로 강력한 군부 지배로 보이지만, 내부적으로는 하나회와 비하나회 군 장교들 간 잠재적 균열이 내재되어 있던 것이다.

그런데 1993년 상황에서 또 하나 주목해야 하는 것은 정치화된 군 내부에서 전두환 세력과 노태우 세력 간의 갈등과 분열이다. 하나회와 비하나회의 갈등뿐만 아니라, 하나회 내부에서도 전두환 쪽과 노태우 쪽 간의 갈등이 나타났다. 즉, 군부 내부의 갈등은 중첩적이었던 셈이다. 민주적 선거 경쟁을 통해 당선된 노태우는 전두환과 자신을 차별화하고 싶어 했다. 그런데 전두환은 헌법에 국가원로자문회의 규정을 포함했고, 이를 통해 퇴임 후에도 국정에 일정한 영향력을 행사하고 싶어 했다. 더욱이 새 대통령의 취임을 눈앞에 둔 1987년 12월 말 군 인사를 단행하여 자신의 직계들을 군부 핵심 요직에 등용했다. 두 달 뒤 대통령으로 취임할 노태우 입장에서 볼 때, 전두환의 이와 같은 조치는 신임 대통령인 자신의 권력에 대한 도전이었다.

노태우 대통령은 취임 이후 전두환이 퇴임 직전에 만들어 놓은 군 인사 체계를 바꾸기 시작했다. 이러한 군 인사 체계 개편의 핵심은 하나회 전두환 인맥의 퇴진과 노태우의 측근 인맥[3]의 부각이었다. 그것은 그동안 전두환을 중심으

3 이른바 '9.9. 인맥'이 부상했다. 9·9인맥이란 하나회 출신 중 노태우의 군대 시절 9공수여단장

로 견고하게 응집되어 있던 하나회가 전두환 계보와 노태우 계보로 분열되는 것이 가시화되는 계기가 되었다(조현연, 2007: 64-65). 이처럼 신군부는 전두환계와 노태우계로 나뉘어 있었고, 김영삼 대통령이 취임했던 당시에는 노태우 관련 인맥이 군 수뇌부를 차지하고 있었다. 하나회출신이라고 하지만 이들의 결속력은 이전에 비해 상대적으로 약화되어 있었다. 또한 노태우 정부 시기에 군을 민주화된 환경에 적응시키려는 시도 역시 과거 군부 권위주의 시대에 비해 군 파벌의 내적 응집력을 상대적으로 약화시키는 결과를 낳았다. 전두환의 군 파벌이 전두환 1인을 중심으로 뭉친 형태였다면, 노태우 대통령 하에서의 군 파벌은 외부적 상황의 변화를 의식해야 하는 보다 느슨한 형태의 결집이었다. 그만큼 김영삼 대통령이 군 개혁을 단행할 때, 이에 대한 조직적 저항은 이미 쉽지 않은 상태에 놓여 있었던 것이다. 이처럼 한국에서 군의 정치 개입의 문제는 민주화 초기, 그리고 매우 전격적이고 극적인 형태로 전개되었고, 그 결과도 매우 확고하고 지속적인 것이었다. '근위대의 문제'가 이렇게 해결되면서 신생 민주주의 국가인 한국의 민주적 공고화에 매우 중요한 영향을 미쳤다.

'고문자의 문제' 역시 김영삼 정부 시절 처리되었다.[4] 1993년 5월 13일 김영삼은 12.12 사건에 대해 '쿠데타적 하극상'으로 규정했고 자신의 정부는 5.18 광주 민주화 운동의 연장선에 있는 민주정부라고 평가했다. 그러나 당시에는 그 사건에 대한 평가는 '역사에 맡기자'는 입장으로 전두환, 노태우에 대한 처벌에는 소극적이었다. 그 후 12.12 사건과 광주 민주화 운동 관계자들이 전두환, 노태우 등 신군부의 관련자들을 고소했지만, 검찰은 혐의를 인정하면서도 1995년 '성공한 쿠데타는 처벌할 수 없다'는 입장으로 불기소 처분을 내렸다. 그런데 1995년 10월 국회에서 박계동 민주당 의원이 노태우 전 대통령의 비자금을 폭

(74년 10월 - 77년 말)과 9사단장(79년 1월 - 79년 말)을 역임하던 시절 자신의 휘하에 있던 부하 장교들을 말한다.

4 [의혹과 진실 - 한승헌의 재판으로 본 현대사] "전두환, 노태우 내란 등 사건(상, 중, 하)." 경향신문 2015. 7.12/ 7.19/ 7.26).
http://news.khan.co.kr/kh_news/khan_art_view.html?artid=201507122157485&code=210100&s_code=af152
http://news.khan.co.kr/kh_news/khan_art_view.html?artid=201507192126385&code=210100&s_code=af152#csidx02b3f3ea7698a4da982ca3ccdf159b9
http://news.khan.co.kr/kh_news/khan_art_view.html?artid=201507262132525&code=210100&s_code=af152

로했고, 이로 인해 전직 대통령들을 처벌하라는 여론이 높아졌다. 국회는 1995년 12월 21일 5.18민주화운동 등에 관한 특별법(5.18 특별법)을 제정했다. 그런데 이 법은 1995년 7월 검찰의 12.12 사건과 5.18 사건 관련자를 불기소처분하기로 한 기존의 결정에 반하는 소급입법이라는 문제가 제기되었다. 헌법재판소 재판에서는 5인의 재판관이 위헌 입장을 밝혔지만 위헌 결정의 정족수에 미달하여 이 법은 위헌 논란에서 벗어날 수 있었다.

이에 따라 검찰은 12.12 사건, 광주에서의 학살, 그리고 노태우 비자금에 대한 재수사에 나섰다. 국회에서는 1995년 12월 21일 5.18 특별법을 제정하여 전두환, 노태우에 대한 공소시효 정지를 규정했다. 이후 재판 과정에서 검찰은 전두환에 대하여는 반란 및 내란수괴 등의 죄목으로 사형을, 노태우에 대해서는 반란 및 내란 중요 임무 종사의 죄목으로 무기징역을 각각 구형하였다. 최종적으로 대법원은 1997년 4월 전두환에게 무기징역을, 노태우에게는 징역 12년을 선고했다. 이들은 수감생활을 하다가 김대중이 15대 대통령으로 당선된 직후인 1997년 12월 22일 김영삼 정부의 사면 복권으로 석방되었다. 그러나 성공한 쿠데타라고 해도 헌정질서를 유린한 만큼 처벌 받아야 한다는 전례가 만들어졌고, 12.12 사건의 피해자들과 광주 시민들의 명예가 회복되었다. 고문자의 문제가 이렇게 처리되면서 민주적 공고화에 중요한 기여를 했다.

(3) 극단주의 정치의 배제와 구심적 경쟁

한국에서 민주적 전환은 타협에 의해 이뤄졌다. 다시 말해 6.29 선언은 민주화를 요구하는 시민들의 강한 저항에 굴복하여 그 요구를 수용한 것이지만, 동시에 그것은 권위주의 세력의 몰락이나 패퇴를 의미하는 것은 아니었다. 6.29 선언은 대립하던 두 적대적 세력 간의 타협과 합의를 의미하는 것이었다. 그런 점에서 한국의 민주화는, 민주화 이행에 대한 헌팅턴(Huntington, 1991: 142)의 분류에 의하면, '타협을 통한 민주화(transplacement)'인 것이다. 기존 체제는 무너졌지만 새로이 등장한 체제는 이전과의 완전한 단절이 아니었다(강원택, 2017d: 11-12). 다시 말해 6.29 선언은' 권위주의 정권인 전두환 정권이 민주세력의 요구에 못 이겨 항복을 한 경우라기보다는 정권과 반대 세력 사이의 팽팽한 대결이 지속되다가 집권 측에서 반대세력의 개헌 요구를 받아들여 전 정권 다음에 들어설 정치질서에 대해 서로 협상할 수 있는 여건을 마련하려는 데 목적을 둔 것'이었다. 그런 의미에서 한국의 민주정치 이행은 권위주의 정권의 붕괴와 아울러 과거와의 완전한 단절 위에서 새롭게 민주정치가 시작된 경우가 아니라, 정권 측과 민주세력이 다음 올 정권을 구성할 개헌안을 놓고 협상한다는 '차원적 해결책에 타협함으로써 출발한' 것으로 보는 것이 온당하며 그런 의미에서 단절(rupture)보다 연속성이 한국 민주화 과정의 기본적인 특징이라고 할 수 있다(한배호, 1994: 503−504).

그런데 타협을 통한 민주화라는 것은 이전의 두 적대적 세력이 새로운 질서하에서 '공존'하면서 경쟁하게 된다는 것을 의미한다. 그런 점에서 민주화 이후의 정치적 전개가 안정적으로 이어지기 위해서는 민주화 이전의 두 적대 세력이 모두 새로운 질서를 받아들이는 것이 중요하다. 정치 엘리트 수준에서 민주화에 대한 타협이 이뤄졌더라도 이러한 타협에 불만을 갖는 강경파들이 구 권위주의 세력이나 민주화 운동 세력 양쪽에서 모두 존재할 수 있기 때문이다. 즉 타협에 의해 이뤄진 민주화에 대해 불만을 갖고 보다 근본적인 체제 변혁을 원했던 노동운동, 학생운동, 재야 중심의 보다 급진적인 변혁을 추구하는 세력이 구 민주화 운동 세력 내에 존재했다. 또한 강한 반공주의에 입각하여 군부 권위주의를 수호하려는 세력도 구 권위주의 체제 내에 존재했다. 이러한 양쪽의 강경파들이 민주화 직후의 정국을 주도해 갔다면 한국의 민주주의는 매우 큰 어려움에 직면했을 것이다.

사르토리(1976: 131−145)는 정당의 난립(fragmentation), 정당 간 이념적 분극화(polarization), 체제를 부정하는 정당의 존재, 그리고 원심적(centrifugal) 경쟁, 무책임한 야당의 존재 등을 분극적 다당제(polarized pluralism)의 특성으로 제시하면서 정치적 안정을 확보하기 어려운 체제로 보았다. 사르토리는 프랑스 3, 4공화국이나 바이마르 공화국, 1970년대 이탈리아 정당 정치의 혼란이 모두 이 때문으로 보았다. 그런데 우리나라에서는 민주화 초기의 불안정한 정치 상황에서도 극단주의 정치가 배제되었고 정당정치는 온건 다당제의 특성을 보였으며 구심적(centripetal) 경쟁이 이뤄졌다. 이렇게 된 데에는 지역주의 정당 정치와 노태우, 김영삼, 김대중의 역할이 컸다.

1987년 대통령 선거와 1988년 국회의원 선거에서 지역주의가 폭발적으로 터져 나왔다. 이에 따라 대구·경북의 노태우, 부산·경남의 김영삼, 호남의 김대중, 충남의 김종필 등 주요 후보의 출신 지역에 따라 지지 후보와 지지 정당이 구분되었다. 이처럼 지역적으로 밀집된 지지를 갖는 정당 정치는 단순다수제 선거제도와 결합되면서 그 이후 선거에서 일종의 카르텔 정치를 형성했다. 그리고 이후 선거에서 지역적 기반을 갖지 못하는 정당이 선거에서 의석을 획득하는 것을 매우 어렵게 했다. 더욱이 2004년 이전까지 선거에서 의석을 차지한 정당들은 모두 이념적 차별성이 크지 않은 보수 정당들이었다. 이처럼 지역주의와 단순다수제의 결합은 지역적으로 밀집된 지지를 갖지 못한 정당들이 정치적으로 대표되는 것을 어렵게 했다. 그 결과 민주화 직후에는 4당 체제로, 1990년 1월 3당 합당 이후에는 두 개의 주요 정당과 1~2개의 군소정당이 의석을 차지하는 정당체계가 이어져 왔다. 이처럼 지역주의 정당 정치는 봉건성, 폐쇄성, 사당적 요소, 편협한 정치적 대표성, 정책 경쟁의 부재, 분열적인 정당체계, 카르텔 정당체계의 형성 등으로 큰 비판을 받아왔지만, 동시에 민주화 직후 불안정한 정치 상황에서 정당 정치가 분절화, 분극화되는 것을 막아주는 역할도 했다.

김영삼, 김대중은 그들이 만든 '87년 체제' 속에서 권력을 잡고자 했기 때문에, 기본적으로 민주화 이후 새로이 형성된 체제에 순응하는 입장이었다. 이들이 1987년 선거에서 노태우 후보에게 패배했지만 그럼에도 불구하고 기존 정치질서에서의 집권 가능성을 믿고 있었다. 그런 점에서 이들은 정당 정치의 구심적(centripetal) 경쟁을 이끌었다. 더욱이 김영삼, 김대중은 그들의 집권을 위해 제도권 정치 외부에서 활동해 온 보다 과격하고 이념 지향적인 인물들을 제도권 정치로 끌어들였다. 이들이 제도권 정치 외부에 머물렀다면 기존 체제에 부담을 주는 강경한 반대파가 될 수도 있었을 것이다. 그러나 이러한 강경 세력이 제도권 정치로 포섭되면서 민주화 초기의 정치적 불안정성을 크게 낮출 수 있게 되었다. 이들로서도 1987년, 1988년 선거를 통해 자신들의 정치적 한계를 깨닫게 되었고, 또 민주화 이후 의회 정치의 활성화를 지켜보면서 제도권 정치로의 참여를 받아들이게 되었다. 이에 따라 민청학련 출신의 유인태, 재야의 김근태, 이부영, 제정구, 한겨레민주당 출신의 원혜영 등이 1992년 국회의원 선거를 통해 의회에 진출했다. 또한 혁신정당인 민중당 출신인 이재오, 김문수, 이우재 등은 김영삼 대통령 시절이던 1994년 민주자유당에 입당했고, 1996년 국회의원 선거 때 모두 당선되어 제도권 정치에 들어왔다. 2000년 16대 국회의원 선거에서 새천년민주당 김대중 총재는 이른바 '젊은피 수혈'론을 내세우며 1980년대 급진적 학생운동을 이끌었던 이인영, 오영식, 우상호, 송영길, 임종석 등을 충원했다. 또 다른 운동권 출신인 김부겸, 이성헌, 김영춘 등은 한나라당에 입당했다. 2004년 총선에서도 노무현 대통령에 대한 탄핵 역풍 속에 백원우, 정청래, 최재성 등 운동권 출신이 다수 당선되어 국회의원이 되었다. 강경한 입장의 구 민주화 운동 세력 출신 인사들이 제도권 정치에 참여하게 되면서 신생 민주주의 체제의 포용성과 안정성이 커졌다.

한편, 구 권위주의 세력 내에서도 강경파들의 영향은 점차 축소되었다. 노태우 대통령이 김영삼, 김종필과 3당 합당을 이루면서 민주화 이후의 새로운 정치 질서 속에서 안정적 다수 세력을 확보하는 데 성공했다. 이는 노태우가 더 이상 구 군부 권위주의 세력에게 정치적으로 의존하지 않아도 되는 상황을 마련했다. 그리고 점차 권위주의 체제의 구 주류 강경파는 3당 합당 이후 정치적으로 쇠퇴해 갔다(이하 강원택, 2012c: 183-184). 3당 합당 이후 첫 총선인 1992년 국회의원 선거에서 민주자유당은 합당 당시 217석에서 선거 이후 149석으로 크게 줄었지만, 그렇다고 해서 3당 합당으로 소외된 권위주의 체제 구 주류 인사들이 신 주류에 도전하는 별도의 정치 세력화를 이뤄내지는 못했다. 권위주의 체제 구 주류 인사들 중에는 정호영, 허화평이 무소속으로 출마해서 당선된 것이 전부였다. 3당 합당에 대한 유권자들의 불만은 1992년 총선에서 정주영의 통일국민당이 31석을 차지하는 약진으로 나타났지만 권위주의 체제 구 주류는 별다른 성과를 거두지 못했다.

이처럼 '온건파' 정치 엘리트 간의 타협을 통한 민주화는 민주화 운동 세력이나 구 권위주의 체제 양쪽 모두의 강경파들을 만족시킬 수 없는 것이었다. 그런 점에서 민주화 직후 이러한 강경파의 반발을 정치적으로 해결하는 일은 중요한 과제였다. 김대중, 김영삼은 1987년 대통령 선거에서의 선거 패배에도 불구하고 새로운 체제에서 집권의 가능성을 보았고, 따라서 새로이 형성된 체제를 위협하거나 흔들려는 어떠한 시도도 용납하지 않았다. 오히려 제도권 정치 밖에서 활동하던 강경파들을 제도 안으로 끌어들였다. 이러한 구심적 경쟁, 강경파에 대한 제도권의 포섭, 그리고 온건 다당제적인 경쟁은, 지역주의 정치로 인한 여러 가지 폐해에도 불구하고, 87년 체제의 수용성과 안정성을 높였으며 민주적 공고화에 크게 기여했다.

4. 소결

자유민주주의 국가로 탄생한 한국은 그 후 오랜 기간 동안 권위주의 통치 하에서 어려움을 겪어 왔다. 반공의 명분으로 자유민주주의는 억압 받았다. 그러나 권위주의 체제의 강권 통치 속에서도 민주화를 향한 투쟁은 지속되었고 마침내 1987년 민주화를 달성했다. 한국의 민주화는 민주화 운동 세력과 권위주의 체제 간 대립의 분명한 승자를 만들어 내지 못한 '타협을 통한 민주화'였다. 민주적 전환 초기의 불안정에도 불구하고 그 이후 한국은 비교적 안정적이고 지속적으로 민주적 공고화를 이뤘다.

하지만 2024년 12월 윤석열 대통령의 비상계엄 선포에서 보듯이, 민주주의는 언제나 완성된 형태로 존재하지 않으며 끊임없이 새로운 도전에 직면한다. 안정적으로 민주적 공고화를 이뤘다고 하는 대한민국에서도 대통령이 야당을 억압하기 위해 군을 동원하는 사건이 발생한 것이다. 민주화의 제3의 물결을 탄 신생 민주주의 국가 중 많은 곳에서 민주주의 후퇴(democratic backsliding)가 발생했다. 심지어 미국처럼 민주주의의 오랜 전통을 가진 나라에서도 2021년 의회 의사당을 점거하는 폭동 사태가 발생했고, 영국에서도 유럽연합 탈퇴를 위한 브렉시트(Brexit) 국민투표 과정에서 포퓰리즘 정치가 등장했다.

2024년의 비상계엄 사태는 민주화 이후 한국이 겪은 가장 심각한 민주주의에 대한 도전이자 위협이었다. 그러나 시민의 저항, 군의 자제, 그리고 국회와 헌법재판소와 같은 정치제도가 제대로 작동하면서 한국은 민주주의의 위기를 슬기롭게 극복했다. 하지만 이와 같은 위기는 또다시 발생할 수 있다. 건강한 민주주의를 지켜나가기 위해서는 견제와 균형의 원칙이 제도적으로 더욱 강화될 필요가 있다. 또한 정치적 갈등과 대립이 정치제도를 통해 해소될 수 있도록 정치제도를 개혁하는 일도 필요하다.

그리고 무엇보다 관용과 배려의 시민의식이 중요하다. 정치적 견해의 차이는 선과 악의 문제가 아니라, 그저 다름일 뿐이다. 민주주의는 다양한 생각과 가치를 가진 이들이 함께 공존하면서 그 다름을 인정하는 다원주의에 기초하고 있다. 관용, 배려, 공존의 가치가 지켜질 때 건강한 민주주의가 지속될 수 있다. 2024년의 위기를 넘어서면서 한국 민주주의는 '87년 체제'의 핵심인 절차적 민주주의를 넘어, 민주주의 가치의 내재화라고 하는 더 심화된 단계로의 성숙을 요구받고 있다.

09

시민사회, 정보화

1. 역사적 전개

한국은 역사적으로 강한 국가의 전통을 갖고 있으나 이에 비해 시민사회는 상대적으로 미약했다. 신분 질서에서 벗어나 계약 질서에 기반하고, 전통적 이해관계(혈연, 지연, 학연)에서 벗어나 공동체 전체의 문제점, 곧 공익에 관심을 갖는 개인들의 출현이라는 서구에서와 같은 시민사회(civil society) (송호근, 2016: 6)는 전통적 왕조의 시기에는 존재하지 않았다. 전통적 국가는 고도의 중앙집권적 특성을 갖고 있었으며 중앙의 관료집단이 배타적으로 통치를 담당해 왔으며, 유교는 신분적 위계질서를 정당화하는 이데올로기로 작용했다. 역사적으로 종종 민란 등 아래로부터의 반란이 발생하기는 했지만, 봉건적 신분제도와 같은 여전히 강고한 기존 질서의 틀 내에서의 저항이었을 뿐, 국가로부터 분리된 시민사회의 출현을 위한 움직임은 아니었다. 식민지 시기 일본 제국주의에 의한 극도의 억압적인 통치는 전통적인 '강한 국가'를 더욱 강화시켰다. 경찰, 군대, 행정기구 등 식민 통치를 위해 마련된 각종 물리적 통제 장치는 식민 사회의 깊숙이까지 침투해 있었다. 해방 이전 시기까지 최고 권력은 군주, 식민지 총독에게 있었다. 이러한 최고 정치권력은 군주이든 총독이든 권력자에게 주어진 것이지 이 권력이 일반 백성들로부터 연원한 것이라고 생각한 사람은 거의 없었다(이정복, 2003: 26).

1945년 해방이 되었을 때 한국은 '강한 국가, 취약한 시민사회'의 특성을 지닌 채 새로운 정치 환경을 맞이하게 되었다. 그리고 그 이후에 전개된 정치 상황 역시 '강한 국가'를 강화하는 방향으로 나아갔다. 해방 이후 좌익과 우익 간 국가 형성을 둘러싼 이념적 갈등, 냉전의 형성과 반공주의의 강화, 상이한 체제를 갖는 남북 간 분단, 6.25 전쟁, 그리고 장기간 지속되어 온 남북한 대결 구조와 북한의 실제적 위협, 이 모든 요소들은 군부와 국가의 물리적 안보 기제들을 강화시켜 온 조건들이었다(최장집, 2000: 14). 분단과 반공, 남북 간 군사적 대결을 통치의 정당성으로 삼아 온 권위주의 지배자들의 억압적 통치 또한 한국을 '강한 국가'로 이끌었다. 이와 함께 전쟁으로 인한 강력한 동원체제의 확립, 국가 주도의 산업화 정책도 국가의 역할과 통제를 강화시켰다. 즉, 해방 직후에 주어진 역사적 유산이 '강한 국가'였을 뿐만 아니라, 그 이후의 정치적 상황의 전개도 반공과 성장 논리에 의해 시민권이 제약되면서 시민사회에 대한 국가의 독주가 이어졌다. 국가기구가 과잉 발전되어 있었던 것에 비해 사회단체들의 존재는 미미했고 그나마 관제화된 어용의 성격을 지녔다. 특히 군부 독재에 의해 자유민주주의가 유린됨으로써 국가를 견제할 시민사회의 성장은 더욱 지체되었던 것이다(임현진, 2015: 15).

1948년 대한민국 정부가 출범하면서 자유민주주의 체제가 수립되었다. 그러나 제도적으로는 자유민주주의가 만들어졌지만 그 가치와 이념이 사회적으로 내면화되어 있지는 못했다. 대한민국 헌법이 만들어지면서 신분, 재산과 무관하게 21세 이상의 성인에게 투표권이 부여되는 보통선거권이 확립되었다. 공적 결정에 참여할 수 있는 정치적 권리가 보편적으로 부여된 것이다. 하지만 참정권 확장의 직접적이고 즉각적인 효과는 시민보다는 국민의 개념으로 나타났다. 해방 이후 치열한 좌우익 간의 이념 투쟁의 와중에 보통 선거를 통한 헌법 제정과 정부 수립은 획정된 영토의 주권을 가진 존재로서 국민을 인식하는 계기가 되었다. 그러나 1960년대 초반까지도 국민들 대다수는 자신들을 시민권의 주체로 인식하지 못했다(정상호, 2013: 121).

우리에게 낯선 '시민'의 개념을 한국인들이 처음 접하게 된 것은 미 군정의 영향이 컸다. 1946년 미 군정 때 시작된 미국식 사회과 교육의 도입, 특히 공민과(公民科)는 해방 후 최초의 민주적인 시민교육의 의미를 갖고 있었다. 이후 공민과는 1960년 5.16 군사정변 이후 폐지될 때까지 초등과 중등 1, 2학년에서 주당 2시간씩 수업이 배정되었다. 공민과에서는 공동체의 구성원으로써의 공민의 역할과 적극적인 참여를 강조했으며, 서구 민주주의 이론에 대한 소개를 통해 시민의 개념에 대해 학습시켰다(정상호, 2013: 123–141).

그러나 제1공화국 시기에 보여준 현실 정치의 모습은 이러한 시민 개념, 서구 민주주의의 작동 원리와는 동떨어진 것이었다. 당시 한국의 정치문화는 전통적 가부장제가 가져온 과거의 문화적 유산과 강력한 대통령제의 출현으로 권위주의적 성격이 더욱 강화되었다. 이승만 대통령의 가부장적 권위주의, 집권당인 자유당의 독선과 방만한 국정운영, 그리고 행정부의 정치적 도구화와 관료사회의 부패로 인해 권위주의 통치가 강화되었으며 시민사회에 걸맞은 민주주의 정치 문화로 발전하지 못했다(성병욱, 2012: 114–120). 제헌헌법으로 시민으로서의 법적인 권리는 주어졌지만 이승만의 권위주의적 지배와 장기집권과 권력 집중으로 인해 시민은 자율성을 발휘할 수 없었고, 국가와 시민간의 비대칭적인 관계를 보였다. 그런 의미에서 이 시기에는 '약하고 수동적인' 시민성을 보였다(서진영, 2016: 10).

그러나 시민과 민주주의에 대한 인식은 이승만 정권의 권위주의하에서도 점차 강화되어 가고 있었다. 미국식 제도의 확산, 상대적으로 높은 교육수준, 시민과 민주주의에 대한 교육, 공공 영역의 팽창이 서구식 민주주의에 대한 시민사회의 요구를 자연스럽게 증대시켰다. 그러나 현실 정치에서 이승만 정권은 민주적 절차와 제도를 후퇴시켰다. 이로 인한 인식과 현실의 괴리, 그로 인한 정치 갈등은 4.19 혁명으로 나타났다. 4.19 혁명은 우리 역사상 최초로 국가에 대한 시민사회의 전면적 저항이었다(서진영, 2016: 61). 4.19 혁명을 주도한 세대들은 미 군정기에 실시된 교육의 틀 아래에서 성장하여 고등교육을 받고 있던 세대로서, 6.25 전쟁을 거치며, 반공 이데올로기적 요소가 강화되었다 할지라도, 이들이 받은 바뀌지 않은 교육의 기본틀은 '민주주의'였다(서진영, 2016: 40). 4.19 혁명은 교과서 안에만 있던 민주주의와 인권, 자유와 혁명, 시민과 민중의 개념을 학생과 지식인, 시인과 회사원들이 거침없이 표현할 수 있는 현실의 언어로 만들어 놓았다(정상호, 2013: 150).

이처럼 4.19 혁명은 '낯선 제도'였던 자유민주주의의 기본 원칙과 가치가 우리 사회에 내면화되고 체화되는 결정적인 계기를 마련해 주었다. 국가 권력이 자유민주주의의 가치를 지키지 않는다면 시민은 권력에 저항해야 하고 시민적 저항이 불의한 권력을 타도할 수 있다는 중요한 역사적 전례를 만들었다(강원택,

2015a: 71). 대규모이지만 비폭력 학생 데모에 의해 권위주의 정부는, 군부와 경찰력이라는 물리력을 갖고서도, 허약하게 붕괴되고 말았다. 이와 함께 정치체제의 지지 획득과 그로 인한 정부의 안정성의 문제에 있어서 민주주의의 규범, 특히 절차적인 규범을 존중하는 것은 매우 중요하다는 전통이 수립되었다(최장집, 2000: 6). 4.19 혁명은 주로 도시를 중심으로 학생, 지식인, 언론인 등 식자층이 주도한 저항이었지만, 그로 인한 정치적 결과, 곧 정권의 몰락은 전국 각지의 모든 계층에게 커다란 영향을 미쳤다. 즉, 4.19를 통해 시민과 시민혁명이라는 단어는 소수 엘리트나 지식인의 전문 담론이 아니라 일반인들이 쉽게 말하고 이해할 수 있는 '개념의 민주화 단계'에 들어서게 됐다. 아울러, 행정 단위의 주민이라는 시민의 의미를 넘어서 낡은 질서에 저항하고 새로운 질서의 수립을 모색하고자 하는 근대적 주체로서의 새로운 이미지를 얻게 되었다(정상호, 2013: 151). 4.19 혁명의 경험은 그 이후 이어진 강압적 권위주의 체제에 대해서도 시민사회가 국가에 대해 끊임없이 도전할 수 있는 원동력이 되었다. 1964~1965년의 한일국교 수립에 대한 반대, 1969년 3선 개헌 반대 운동, 1970년대 유신체제 반대 운동, 1979년 부마 민주화 운동, 1980년 광주 민주화 운동, 그리고 1987년 6월 항쟁까지의 긴 시간 동안 시민사회는 권위주의 체제의 억압에 맞서 끈질긴 저항과 도전을 이어나가게 되었다.

그러나 뒤이은 권위주의 체제하에서 국가는 '국민'을 강조했다. 특히 유신체제 출범 이후의 정치 환경은 시민의식의 발화를 용납하지 않았다. 모든 것은 국민으로 통했고 국민으로 모아졌다. 국민총화, 국민단결, 국민체조 등 모든 것이 국민이었다. 국민교육헌장이 낭독되고 국기에 대한 경례가 일상화됐다. 시민사회의 자율성은 극도로 억제되었고 정권의 동원 대상이 되거나 국가 목표를 향해 일사분란하게 작동하는 국민으로 강요받았다(송호근, 2016: 9-10).

국민교육헌장과 새마을운동은 관 주도의 시민 개념이 어떤 것인지 잘 보여주고 있다. 박정희가 제정하였던 국민교육헌장은 일본 천황이 신민들에게 암송하게 하였던 교육칙어의 한국판이었다. 교육칙어가 '충효에 입각한 도의(道義)국가 건설'을 제창하였다면 국민교육헌장은 '나라의 융성이 나의 발전의 근본'임을 깨달아 투철한 국가 의식과 반공 의식을 지닌 반공냉전시대의 종속된 신민(臣民)을 이상적인 시민상으로 내세웠다(정상호, 2013: 190). 자유주의에 기반한 시민의 자율성, 개별성은 권력에 의해 허용되지 않았으며 국가를 중심으로 한 국가주의적, 집단주의적 사고가 강요되었다. 개별 시민의 존재는 국가 전체와의 관련성에서만 의미를 가질 수 있었다. 박정희 대통령은 1970년 1월 연두기자회견에서 다음과 같이 말했다.

> 나를 확대한 것이, 즉 우리 국가입니다. 우리 민족이라고 할 때의 우리도 마찬가지로서 우리 민족이라는 것은 나를 확대한 대아(大我)인 것입니다. 그렇기 때문에 국가가 잘 되는 것은 결국은 내가 잘 되는 것이며, 국가를 위해서 내가 희생을 하고 봉사를 하는 것은 크게 따지면 내 개인을 위해서 봉사하는 것이고, 우리 자손을 위해서 희생하는 것입니다(대통령비서실, 1973: 686-687).

박정희 시기의 반공과 안보 의식, 국가와 국민을 강조한 권위주의 체제에 대해 저항했던 것은 학생들과 '재야'라고 불린 민주화 운동 세력이었다. 이들은 권위주의 체제에 대한 비판과 저항, 시민의 자유와 인권을 강조했다. 재야는 일반적으로 군부 권위주의 체제하에서 민주화 운동을 전개하였던 직업적 운동가 그룹, 종교 지도자, 지식인, 청년-학생을 지칭하는 포괄적인 비제도적 반체제 그룹을 지칭한다. 그러나 좁게는 직업적인 반체제 민주화 운동 그룹과 지도부를 지칭하거나, 노동, 농민운동 그룹의 지도부를 포괄하기도 한다. 일반적으로 재야는 군부 권위주의 체제하의 광범한 체제 반대세력을 의미했다. 재야가 사회와 정치 영역에 실제로 처음 등장한 계기는 1964~1965년 이른바 '6.3 사태'로 불리는 한일협정 반대 투쟁 때부터였다. 박정희 정부가 시도한 한일관계 정상화에 대해 학생과 야당, 지식인들은 그의 정부 등장 이후 최초의 대규모 저항을 전개하였다(박명림, 2008: 31-32).

특히 재야 세력은 유신체제 출범 이후 민주화 운동에 도덕적 지도력을 발휘하였다. 정치 과정이 군부 통치 세력에 의해 독점됨으로써 시민사회 내의 각종 이해관계는 정상적 정치 과정의 바깥에서 조직화될 수밖에 없었다. 문화, 예술, 환경 등 사회 부문, 제도권 내의 야당으로 진입할 것을 거부한 정치 세력, 관변 노조에 대항하는 노동 운동가, 그리고 반권위주의 민주화 운동 세력을 지원하는 종교인 등의 다양한 구성 분자를 포괄하는 재야 세력은 유신체제 등장 이후의 한국정치의 성격을 잘 나타내고 있다. 제도권과 비제도권의 대립은 사회 내의 다양한 이해관계가 수렴되는 과정으로서의 정치가 제대로 기능하기를 포기하였음을 의미한다. 학생이나 노동자가 각각 동질적 집단 정체성을 지닌 사회세력이었음에 반하여 재야 세력은 다양한 부문의 민주 인사들이 반권위주의라는 동일한 목적의식만으로 모인 연대 세력이었다. 따라서 민주화 운동 과정에서의 이들의 역할은 물리적 대항 능력의 직접적 과시보다는 학생운동이나 노동운동의 정당성을 확인하거나 지원하는 후견인의 역할에 치중하였다. 재야 세력이 독자적 행동을 전개할 경우에도 이들의 영향력은 시민사회의 정치적 양심을 움직이거나, 학생 노동자들의 직접 행동을 유발시키는 촉매 역할을 행했다(박광주, 2006: 425－426).

이와 같이 한국의 시민사회는 권위주의 통치하에서도 꾸준히 성장해 왔으며, 1980년대 중반 특히 6월 항쟁을 계기로 하여 폭발하였다. 이 6월 항쟁은 그동안 누적된 억압적 군부 독재에 대한 정치적 불만이 전국적으로 표출된 범국민적인 저항 운동이었으며, 이때 시민사회는 이 민중항쟁의 사회적 기반이자 보루의 성격을 갖고 있었다. 시민사회의 민주화 요구 앞에 억압적인 국가 권력은 굴복할 수밖에 없었으며 이에 국가는 지배의 정당성과 통치력을 회복하기 위해 시민사회의 동의를 구하는 전략으로 선회하였다(김호기, 1997: 151－152). 무엇보다도 중요한 것은 6월 민주화 운동은 학생이 주도했던 4월 혁명과 달리 자발적 형태의 대규모 시민참여가 기본 동력이었다는 점이다. 6월 민주항쟁에는 전국 34개 시, 4개 군에서 연인원 5백만 명 이상의 시민이 참여하여 무려 19일 동안 지속적인 투쟁을 벌였다. 이 기간 동안 넥타이 부대, 박수 부대, 시민 토론회가 전국 어디서나 발견되었는데, 각 개인들이 자신을 대한민국 국가라는 '한 정치공동체의 구성원'으로 인식하였고 거기에 부응하여 활동하였다. 6월 민주화 운동을 계기로 전국적 수준에서 비로소 시민의식과 덕성을 갖춘 근대적 시민이 출연하였고, 시민사회의 개념도 이때부터 본격적으로 논의되기 시작했다(정상호, 2013: 204－205; 최장집, 2010: 221).

2. 민주화 이후의 시민사회

민주화 이후 시민사회는 활성화되었다. 우선 민주화 이후 한국 시민사회는 양적으로 엄청난 성장을 하였다. 시민사회의 폭발이라고 할 만큼 수많은 민간단체가 생겨났다. 1987년 6.29 선언으로 정치적 억압이 완화되자 곧바로 '노동자대투쟁'이 일어났고 이는 수많은 노동조합의 창설로 이어졌다. 1987년 6월 말 당시의 노조 수는 2,742개, 조합원 수는 105만 명으로 조직률은 15.7%였는데, 1987년 노동자대투쟁 이후 노동조합운동이 활성화하면서 노조 수와 조합원 수가 급증해, 1989년에는 노조 수 7,883개, 조합원 수 193만 명, 조직률은 19.8%였다(김금수, 2013).[1] 이와 함께 과거에 볼 수 없었던 새로운 형태의 시민단체들이 나타나기 시작했고 관심의 영역도 크게 넓어졌다. 시민운동이 구체적인 쟁점에 따라 활동의 영역이 크게 분화되면서, 환경, 여성, 통일, 인권, 소수자, 소비자, 언론, 교육, 복지 등 다양한 영역에서 활성화되었다. 민주화 이전 시민사회에서 생성된 단체들이 국가의 권위주의 통치나 폭력에 대한 저항의 목표를 갖거나 혹은 아예 권위주의 체제에 순응적인 특성을 가졌다면, 민주화 이후에는 정치권력에 대한 비판과 감시, 사회경제적 쟁점의 부각과 대안의 제시, 언론 등을 통한 안건의 공론화 및 사회적 공감 제고 등을 추구했다. 또한 이러한 시민단체의 운동의 방식은 과거 사회운동에서 일반적이었던 이데올로기적 설득과 물리적 공격에서 벗어나, 구체적이고 실용적인 대안의 제시와 언론 매체 등을 통한 이슈의 공론화로 바뀌었다. 근원적으로 체제 부정이 아니라 체제 내부에서의 활동으로 변화한 것이다. 활동 주체 역시 조직화된 소수에서 다양한 계층의 학생, 주부, 직장인 등 중간계층으로 이동하였다. 또한 과거 노동자, 농민, 도시빈민의 연대를 강조하면서 상대적으로 소홀했던 도시 중간계층에도 주목하게 되었다(채진원, 2016: 1098).

1989년 경제정의실천연합(경실련), 1993년 환경운동연합, 1994년 참여민주사회시민연대(참여연대)가 결성되면서 시민운동은 시민사회 내 신중간계급을 중심으로 영향력을 확대해 갔다. 경실련의 역할은 선구적이었는데 경실련은 민주

1 그러나 이러한 흐름은 1989년 이후에 하락세로 반전하여 노조 조직률은 1997~2001년 12%대, 2002~2003년 11%대, 2005년에는 10.3%로 저하되었다(김금수, 2013).

화 과정에서의 중간층의 역할에 주목하여 특정 계급이나 계층의 이해관계를 초월하여 사회적 공공성을 추구하는 비정치적 순수시민운동, 점진주의적 비폭력, 평화, 합법 운동을 부각시켰다(김호기, 1997: 155). 자율적인 제3섹터로서 시민운동의 출범을 알린 경실련은 투기를 통한 불로소득 근절, 토지의 재분배문제에 대한 관심 집중, 토지공개념의 확대도입, 부동산의 과표의 현실화를 입법화시키려는 전문성을 가지고 부동산투기 근절운동과 세입자 보호 및 도시빈민주거안정대책 촉구 운동을 전개하여 많은 시민들의 호응과 참여를 이끌어냈다. 이후 한국은행 독립, 금융실명제 실시, 세제개혁, 재벌로 집중된 경제력의 분산, 공명선거 캠페인 등 수많은 활동을 벌이면서 새로운 방식의 시민운동의 모습을 확립했다. 1989년 2월 18일 발족한 한국여성단체연합은 그동안 소외되었던 여성들의 인권과 권리 문제를 사회적으로 쟁점화하면서 여성들의 젠더의식과 양성평등의식의 확대에 많은 영향을 미쳤다. 1993년 설립된 환경운동연합은 종전의 반정부적인 정치투쟁의 영역에서 벗어나 후기산업사회의 대표적인 주제인 환경문제를 제기함으로써 새로운 시민사회의 영역을 개척하였다. 그리고 1994년 10월 9일 창립된 참여연대는 각계의 전문성과 활동가들의 활동성을 결합시켜 소액주주운동, 권력 감시 운동, 시민 권리 찾기 운동 등 다방면에서 보다 적극적인 시민참여와 권력비판을 주도하여 종합적인 시민운동단체로 성장해 나갔다(채진원, 2016: 1098-1099).

이처럼 민주화 이후 '제도적 시민사회' 운동은 대체로 두 가지 방향으로 전개되었다. 하나는 특정 정책 분야에서 시민적 이해와 관심을 조직하고 이를 정책적으로 실현하려는 압력 단체적 운동을 특징으로 하고 있는 시민사회 운동이다. 환경운동 단체, 여성 단체, 교육 관련 단체, 소비자 운동 단체 등 특정한 정책 영역에서 이해와 관심을 같이 하는 시민들을 결합하여 정책에 반영하기 위한 시민 압력 활동을 벌이는 경우이다. 또 다른 하나는 종합적, 포괄적 시민운동을 전개하는 단체이다. 이들은 시민 결사체 운동으로서 활동 영역이 단일 이슈, 단일 영역에 그치지 않으며 다양한 정치, 사회, 경제 영역을 망라한다. 경실련이나 참여연대가 대표적인 경우이다(임혁백, 2006: 66).

이후 시민운동은 점차 다양화, 분산화되었을 뿐만 아니라 전문화, 풀뿌리화, 지방화되고 있으며, 일상생활의 민주주의를 심화하는 데 기여하고 있다. 소규모의 다양한 일상적 시민단체들 또는 시민운동단체들이 형성되어 일상생활 곳곳에서 정부, 기업, 공공기관들에 대한 감시와 비판 활동을 전개하고 있다. 이처럼 민주화 이후 정치, 경제, 사회적 환경의 변화에 따라 시민운동은 일상생활 공간 속으로 분산되어 가고 있다(정태석, 2005: 139－140). 기능적 측면에서 볼 때, 시민사회의 역할은 권익 주창(advocacy), 자치역량(empowerment), 서비스 제공(service) 등으로 나눠볼 수 있다. 시민들의 사회활동에 필요한 공론의 장을 마련해 주며 시민들 사이의 유대와 신뢰 등 사회자본(social capital)의 생산에 기여하고, 시민들이 자신들의 삶에 대해 자치역량을 갖도록 지원해준다. 또 시민들과 소외층을 위한 각종 서비스를 제공하며, 동시에 국가와 시장을 견제하며 공공정책에 비판과 대안의 목소리를 내며 소외층의 목소리를 대변하는 권익주창 역할도 한다(주성수, 2006: 233). 민주화 초기 시민단체의 역할은 권익 주창에 집중되어 있었지만 점차 자치역량이나 서비스 제공 등으로 그 기능이 확대되어 가고 있다. 자선, 구호 단체와 '아름다운 가게' 등은 사회서비스형으로 볼 수 있으며, 시민교육이나 지역운동 등은 자치역량 강화로 볼 수 있다.

이처럼 1990년대 들어서 시민사회 운동이 활성화된 까닭은 무엇보다 민주화와 함께 억압적인 국가에 대한 저항으로서의 시민운동이 더 이상 필요 없게 되었기 때문이다. 이러한 변화는 시민사회의 지형이 1987년 이전의 국가 대 시민사회의 '단일한' 대결 구도에서 국가와 시민사회의 '다층적인' 대결 구도로 이행했음을 의미한다. 억압적인 군부 독재하에서 시민사회 내의 다양한 세력들은 정치적 민주화를 이슈로 국가에 대한 저항에 광범위한 연대를 이루었지만 정치적 개방이 진행되고 절차적 민주주의 제도가 점차 도입되면서 시민사회와 시민운동은 민주화의 이슈, 방법, 전략에 따라 분화된 것이다. 국가와 시민사회의 이런 다층적인 구도 형성은 민주화 이슈를 시민사회 내 다양한 영역으로 확산시키는 계기를 제공했고 민주화의 사회적 기반을 확대했다는 점에서 중요성을 갖는다(김호기, 1997: 155).

두 번째는 시대적 환경의 변화이다. 1990년대 초 소련 및 동구권 사회주의의 붕괴와 냉전의 해체로 체제를 둘러싼 이념적 갈등에서 벗어날 수 있게 되었고, 민주적 공고화의 진전과 함께 세계화, 정보통신혁명 등으로 사회가 점차 개방되고 개인화되고 다원화되고 또 탈권위주의적으로 바뀌었다. 이는 또다시 국가의 통치가 일방적, 폐쇄적, 수직적 관계로부터 시민사회의 관심과, 참여, 공론과 동의를 구하는 개방적이고 수평적인 형태로 변화해 갔다는 사실과도 관련이 있다. 그만큼 시민사회에서 관심을 갖는 이슈의 대상과 영역이 크게 늘어나게 되었다. 특히 세계화와 정보통신의 발전은 국내적 이슈와 지구적 이슈를 연계, 동조화할 수 있는 환경을 마련했다. 이에 따라 시민단체 수준에서 국제적 차원에서의 협력과 연대, 이슈의 공유 등의 활동도 활발해졌다. 예컨대, 시민단체 창립 초기 단계부터 한국의 시민단체들은 1992년의 리우환경회의, 1993년의 비엔나 인권회의, 1994년의 카이로 인구회의, 1995년 코펜하겐의 사회개발을 위한 세계정상회의, 북경 세계여성대회, 1996년 이스탄불 세계주거회의, 2002 요하네스버그의 지속가능발전 정상회의 등에 참석하여 전지구적 문제뿐만 아니라 국내문제에 대한 의견의 제시를 통한 적극적인 활동을 하였다(김영래, 2003: 18-19).

세 번째는 경제적 성장에 따른 물질적 풍요의 증대와 탈물질적 가치를 포함한 새로운 삶의 양식의 등장, 중산층의 확대 등 사회경제적 구조의 변화가 과거와 다른 새로운 이슈들, 특히 거대 담론보다 생활권과 관련된 미시적이고 생활정치적 이슈(life-style politics)에 주목하게 만들었다. 민주적 공고화의 진전 또한 거시적이고 정치적인 이슈로부터 미시적이고 생활 중심적인 이슈에 대한 관심을 높이는 데 기여했다.

네 번째 이유는 제도적인 측면에서 찾을 수 있다. 김영삼 정부 시기에 그때까지 등록제였던 시민단체 설립이 신고제로 변경되었다. 1994년 '사회단체 등록에 관한 법률'이 폐지되었고 대신 '사회단체 신고에 관한 법률'이 제정되면서, 시민단체의 활동이 국가의 통제에서 벗어나 자율성을 강화할 수 있게 되었다. 김대중 정부 때인 2000년에는 비영리민간단체 지원법이 제정되어 시민단체 활동을 국가가 지원할 수 있도록 했다. 중앙정부나 지방자치단체에 등록한 단체로서 1년 이상 공익활동의 실적이 있고, 구성원의 수가 100명 이상이며, 특정 정당의 지지나 특정 종교의 교리의 전파를 목적으로 하면 안 된다는 조건을 충족하면 정부의 지원을 받을 수 있었다. 국가의 지원까지 받을 수 있게 되면서 시민단체 활동은 더욱 활성화되었다.

코포라티즘(Corporatism)

자본주의 경제발전을 통한 산업화와 이에 따른 사회의 기능적 분화가 가져오는 정치적 도전에 대한 대응으로서 나타나는 이익대표체제의 양식을 설명하는 데 있어 다원주의와 코포라티즘의 두 가지 이론적 시각이 있다. 다원주의적 시각에서는 어떤 주어진 시간에 공공정책이란 사회에서 활동하는 이익집단 상호 간의 경쟁과 이 집단들의 상대적인 영향력에 따라 그 결과로서 이뤄진 균형 상태로 이해된다. 이 과정에서 국가의 역할은 미미하며 국가의 개입에 의해 영향을 받지 않는다. 이에 비해 코포라티즘은 국가가 정치체제 및 정책 목표와 서로 조화될 수 있도록 이익단체 정치의 구도적 양태를 적합하게 만들거나 재구성하려고 시도한다. 법적 보호를 통해 국가의 후견적 지원을 받는 이익집단은 바깥으로부터 국가 행위에 압력을 미칠 수 있는 자율적 조직체가 아니라 국가의 필요성에 따라서 활용되는 공공정책의 도구가 된다(최장집, 1983: 365-367).

슈미터(Schimitter, 1979: 13)의 고전적 정의에 의하면, “코포라티즘은 그 구성단위들이 단일하며, 강제적이며, 비경쟁적이며, 위계적으로 지시 받으며, 기능적으로 분화된 범주에 따라 조직된 제한된 수의 것으로서, 그 구성단위들이 지도자의 선정과 요구 및 지지의 표명에 대해 특정한 통제를 받아들이는 대가로 그들이 국가에 의해 (만일 만들어진 것이 아니라면) 인가되고 허가를 받은 각각 범주에서 구성원의 이해를 대표할 독점적인 권리를 부여 받는 이익대표체계의 한 유형으로 정의될 수 있다.” 코포라티즘은 사회적 권리와 의무를 전제로 자율적 직능 집단들(corporations)의 정책 결정 참여를 통해 안정된 사회 질서를 유지하고자 했던 중세 장원제도에서 연원하였으며 이후 이탈리아 파시즘 정권에 의해 유일 정당의 전일적 정책 조정과 사회적 지배를 정당화하기 위해 국가 코포라티즘 형태로 도입되면서 현대 정치에 등장하였다(정병기, 2004: 325).

코포라티즘은 사회 코포라티즘(societal corporatism) 혹은 자유적 코포라티즘(liberal corporatism)과 국가 코포라티즘(state corporatism)으로 나눌 수 있다. 서유럽 국가에서 볼 수 있는 사회 코포라티즘은 국가와 시민사회 사이의 대칭성을 인정한다. 그리고 계급, 집단, 부문 사이의 갈등을 해소하기 위해서 시민사회 수준에서 노사정 3자협의체와 같은 조정기구를 설립한다. 국가로부터 자유로운 이익집단들이 시민사회 안에서 수평적으로 경쟁하면서 정부의 정책결정 과정에 간여하는 것이다. 이에 비해 국가 코포라티즘은 관제화된 이익집단들을 통해 시민사회를 통제하는 것으로 국가와 시민사회는 비대칭적이다. 여기서 이익집단들은 타율적이며 수직적으로 국가에 복속되어 있지만, 물리적 강제에 의한 통제이기보다 보상에 의해 이익집단을 동원한다(임현진, 2015 20-21).

박정희 집권 이후부터 전두환 정권까지 국가 코포라티즘이 시도되었는데, 산업화를 강력하게 추진하기 위해 노동자들을 철저히 규제하고 통제하는 강제적 동원 기제를 사용했으나 국가의 직접적인 통제 이외에도 국가가 인정하고 승인하는 단일한 노동자 대표 기구를 통해 노동자를 동원하고 통제했다(정병기, 2008: 209-214). 한편, 1997년 외환위기 극복을 위해 김대중 정부는 노사정위원회를 설립했다. 노사정위원회는 사회 코포라티즘적 형태로 노동 문제를 해결하기 위한 시도라고 할 수 있다

그러나 문제점도 적지 않게 나타나고 있다. 첫째, 운동과 제도의 문제이다. 시민사회의 개념이 본격적으로 논의하게 된 것도 민주화 운동의 절정기를 거친 1980년대 말부터이다. 시민사회라는 개념은 집중화된 권위주의 국가 대 민주적인 시민사회라는 양자 간의 대립적·갈등적 관계 속에서 이해되었다. 다시 말해 민주화 운동을 권위주의 국가에 대항하는 민주화 투쟁의 사회적 기반으로 이해되었다. 이처럼 시민사회가 권위주의 국가에 대항해 시민 일반의 보편적이고 공적인 이익이 조직되는 운동의 공간으로 정의될 때 이는 서구 민주주의에서 나타나는 시민사회의 본래적 의미와는 상당히 달라지는 것이다(최장집, 2010: 221-222). 그런데 이러한 운동으로서의 시민사회는 1987년 이후에도 그 속성이 변화없이 지속되어 왔다. 그 까닭은 민주적 전환이 일어났지만 시민사회는 그간의 관성에서 벗어나지 못했기 때문이다. 따라서 정치 상황은 민주적 공고화의 단계로 접어들게 되었지만, 시민사회는 계속 '운동의 전통'에 머물러 있게 된 것이다. 민주화 시기 운동론적 민주주의는 거시적 차원의 제도 생산에는 어느 정도 기여했으나, 그것을 작동하는 미시적 기초, 토크빌이 '마음의 습관(Habits of the heart)'이라 부른 '시민성'을 만들어내는 데에까지 미치지는 못했다(송호근, 2016: 13).

그런 점에서 볼 때, 민주화 이후 오랜 시간이 흘렀음에도 '높은 시민적 요구'와 '낮은 제도화 수준' 간 격차와 그것으로 인한 정치적, 사회적 불안정은 계속해서 나타나고 있다. 정당 정치의 불안정이나 의회 정치의 제도적 갈등 해소의 미흡은 자주 지적되어 온 사항이지만, 시민사회 역시 제도적 안정성은 획득하지 못했다. 시민사회도 정치권과 마찬가지로 여러 균열 요인에 의해 극단적 대결 상태로 나아갔으며, 이념집단 간, 이해집단 간 격렬한 거리투쟁을 촉발했다. 시민권의 두 측면을 권리와 의무라고 한다면, 시민운동은 권리 찾기와 권리 확보에 치우쳐 있었고, 이해 대립의 상대방은 적으로 간주되었다. '적의 척결'과

같은 권위주의체제에 도전했던 운동권의 행동양식이 답습된 모습을 보이는 '운동론적 시민사회'가 민주화 이후에도 지속되었다(송호근, 2016: 11-12).

하지만 민주주의 전환이 이뤄지고 선거를 통한 민주적 경쟁이 제도화되면서, '거리의 정치'는 사라지고 '제도'가 그 자리를 메우게 되었다. 민주주의 공고화 시기에 필요한 전략은 '기동전'이 아니라 '진지전(war of position)' 전략이었다. 권위주의로의 역전을 걱정할 수밖에 없는 위험한 시기가 지나간 뒤, 변혁적 시민사회 운동 조직은 '운동'에서 '제도'로 탈바꿈해야 했었다. 그러나 '동원적' 시민 결사체들은 민주적 공고화가 이뤄진 뒤에도 여전히 '운동 정치'의 전략을 포기하려 하지 않았다. 그들은 여전히 정치적 급진주의, 전투성, 비타협성, 도덕적 순수주의를 고집하였다(임혁백, 2006: 57-58).

이 때문에 정당 정치를 통한 제도권 정치와의 연계를 만들어내지 못했다. 물론 민주주의 정치는 단지 제도화된 정당으로만 구성되는 공간이 아니라 제도 정당들과 운동 조직들, 광의의 의미에서 제도 정치와 운동 정치의 각축으로 구성되는 공간이라고 할 수 있다(조희연, 2013: 180). 그렇다고 해도 시민운동이 어떤 구체적 결실을 맺으려면 정당정치에 의해 수렴되어 갈등 조정의 기제가 만들어져야 하지만, '운동'과 정당정치는 상호 경쟁, 보완하는 관계가 아니라 접점을 찾을 수 없는 팽팽한 대치 상태를 만들어왔다. 시민운동에 호의적이지 않은 보수정권에서는 아예 정치사회 외곽으로 밀려났다(송호근, 2016: 12). 사실 운동은 강력한 에너지의 동원을 통해 단일의 목표와 이슈를 다루고 성취하는 데에는 유효한 반면에 여러 이슈들이 다투는 과정에서 각 이슈들 간의 중요성의 우선순위를 위계적으로 배열하고 이에 기초해 정책의 추구를 일상화하는 것에는 본질적으로 어려움을 갖는다(최장집, 2008: 5).

이 때문에 운동의 전통은 민주주의 발전에 요구되는 제도적 개혁, 특히 핵심 기구로서 정당의 발전에 그다지 큰 기여를 하지 못했다. 운동은 집합적 힘으로 스스로 정치사회로 진입할 만큼 강하지 못했고 현실주의적이지도 못했다. 또한 시민사회의 저변으로 지속성을 가지고 뿌리내릴 만큼 대중적이지도 못했다. 운동을 주도한 활동가층은 지속적인 도덕주의에 집착하면서 스스로 정치 현실로부터 거리를 두면서 집단적 정치 참여의 주체가 되지 못하고 기존 거대 정당의 개별적 포섭 대상이 되었고, 역설적으로 기존 정당체제를 강화시키는 데 도움을 주었다(최장집, 2000: 22). 그런 점에서 오랜 민주화 투쟁 과정에서 형성된 '거리에서의 운동'의 전통에서 벗어나 제도와 절차를 통한 참여의 형태로 전환해야 하는 것은 여전히 한국 시민사회의 과제로 남아 있다.

둘째, 앞에서의 논의와 관련하여 대의민주주의와 시민사회의 정치 참여 간에 대한 것이다. 시민사회의 활성화, 시민단체의 활발한 활동은 국회나 정당이 효과적으로 대표하지 못하는 이슈를 제기하거나, 정치권이 시민사회의 요구에 제대로 반응하지 않을 때 비판과 압력을 가함으로써 대의민주주의가 제대로 작동할 수 있도록 도와주는 역할을 한다. 시민의 직접 참여에 의한 정치과정은 대의민주주의를 보완하고 질적으로 심화시킨다는 점에서 보다 중요한 의미를 지닌다. 그런 점에서 정치권과 시민사회는 양자 간 협력과 견제를 통해 대의민주주의와 참여민주주의의 보완적 관계를 구축하며, 이러한 맥락에서 대의민주주의의 공고화를 위한 시민사회의 바람직한 정치 참여 방안이 보다 심층적으로 모색되어야 할 필요가 있다. 의회와 시민사회 사이에서 시민단체는 개인과 국가의 중간에서 일반 시민들이 정치사회에 참여하는 대안적 기제로서 작동한다(이동윤, 2007: 168-169).

그런데 시민단체의 정치 참여가 활발해진 이유는 대의민주주의에 대한 신뢰의 하락과 관련이 있다. 국회가 국민의 다양한 요구에 제대로 반응하지 않고 폐쇄적이고 특권적인 모습을 보일 때, 대안적 통로로서 시민정치의 역할이 주목을 받게 되는 것이다. 사실 역사적 형성 과정에서 볼 때 우리의 정당 정치는 시민사회와 애당초 분리되어 있었다. 국가와 시민사회의 정치적 매개로서의 정당체계는 시민사회의 대표 기구로서보다는 국가의 부속 기구로서 권력자에 의해, 즉 위로부터 만들어졌다. 따라서 정치 사회는 시민사회로부터의 분리와 소외를 특징으로 갖게 되었다. 1950년 6.25 전쟁 이후 한국의 정치사회는 이념적인 스펙트럼상의 우파 정당과 국가가 통제하는 이익집단을 중심으로 제도화되기에 이르렀다. 이후의 한국의 시민사회는 국가 코포라티즘적 관계의 네트워크를 통해 국가와 결착한 시민사회와 그로부터 소외되고 배제된 주변적 시민사회로 구분되었다(최장집, 2012: 231).

더욱이 민주화 이후에도 정치 사회는 지역주의에 기초한 협소한 대표성, 그리고 정치 지도자 중심의 정당 정치로 인해 여전히 시민사회와 분리되어 있었다. 또한 국회 입법 과정에서의 잦은 여야 간 갈등과 그로 인한 정국의 교착, 파행으로 인해 정치권 전반에 대한 사회적 불신은 매우 높아졌다. 이로 인해 대의민주주의의 보완적 역할로서 시민단체의 정치적 참여는 활발해졌다. 시민단체의 정치적 활동은 공명선거 실천운동과 같은 선거참여, 의회 운영의 효율성을 평가하는 의정감시 및 평가, 각종 입법청원 활동과 같은 입법참여, 각종 공청회, 위원회에의 자문과 참여, 그리고 심의민주주의나 국민소환제와 같은 직접민주주의 등 매우 다양한 방법을 통해 이뤄졌다(김의영, 2004: 212).

또 한편으로는 국회를 직접 대상으로 하는 시민단체의 활동이 활발해졌다. 국회의 정책, 입법 기능이 민주화 이후 양적인 증가에도 불구하고 제자리를 찾지 못하고 실효성 문제에 봉착하자, 시민단체들은 이러한 불만과 문제점들을 해소하기 위해 개혁운동을 전개하기 시작하면서 입법 참여 활동에도 관심을 쏟게 되었다. 시민단체들은 1990년대 중반부터 본격적으로 국회와 국회의원들을 비판, 견제, 감시하기 위한 방안으로 의정활동을 감시, 평가하기 시작하였으며, 입법 청원과 같은 보다 적극적인 '대의의 대행' 활동도 전개하게 되었다. 그리고 이러한 입법 청원 활동은 금융실명제, 부패방지, 남녀평등, 정치개혁, 재벌개혁, 조세개혁 등 시민단체들이 제기한 이슈들이 실제로 법률의 제정이나 개정을 통해 구체화되고 완결되는 경우가 적지 않게 나타났다(이동윤, 2007: 178－179). 시민단체들이 정책 형성 과정에서 상당한 영향력을 행사하게 되었던 것이다.

2000년 국회의원 선거를 앞두고는 시민사회가 직접 정당 정치의 영역에 개입하기까지 했다. 시민사회단체들은 총선시민연대를 구성하여 2000년 국회의원 선거와 관련하여 공천, 당선의 기준을 세우고 여기에 위배되는 후보자들에 대한 낙천, 낙선 운동을 전개했다. 납세 비리, 저질 언행, 반인권 전력 등 윤리적, 규범적 관점에서의 판단에 의해 모두 86명의 낙선 대상자 명단을 사회적으로 공개 발표했다. 그리고 선거운동 과정에서 현수막 게시나 가두방송 등 구체적인 활동을 통해 낙선 운동을 전개했다. 선거 결과 86명의 낙선 대상 가운데 68.6%인 59명이, 그리고 집중 낙선 운동 대상자 22명 중 72.7%인 16명이 실제로 낙선했다. 정당의 공천 과정이 폐쇄적이고 또한 지역주의로 인해 여러 지역구에서 공천이 곧 당선을 의미했던 정치 상황에서 총선시민연대의 활동은 그러한 정치적 문제점을 시민사회의 힘으로 교정해 보려고 했다는 점에서 의미를 가진다.

즉, 자정 능력을 상실한 '정치사회의 실패'에 대한 시민사회의 책임 추궁의 성격을 가진다(임혁백, 2006: 77-78). 더욱이 총선시민연대의 활동은 낙선 대상자로 지목했던 대다수의 후보들이 실제로 낙선함으로써 커다란 정치적 영향력을 보여 주었다. 의정감시나 의원 활동 평가, 입법 청원을 넘어서 선거 수준에까지 미치는 시민단체의 영향력을 보여준 것이다. 그러나 공천 이후의 선거에서의 판단은 유권자의 몫이라고 해도 본질적으로 공천은 정당이라는 정치적 결사체의 고유한 영역이라는 점에서 시민사회가 낙천 운동까지 전개한 것이 옳은 것이냐 하는 문제점은 남는다.

시민단체의 정치적 영향력 증대를 반드시 긍정적으로만 평가하기 어려운 점도 있다. 사회적으로 다양한 요구와 이해관계를 표출하고 합의를 도출해 내는 갈등의 제도화는 대의민주주의에서 정당이 담당하는 핵심적 기능인데, 정당이 아닌 시민단체가 사회적으로 '대의를 대행'하고 공천과 같은 정당의 영역에 개입하는 것을 적절한 것이라고 평가하기 어렵다. 무엇보다도 정책 형성 과정에 시민단체의 영향력이 강하다고 해도 그로 인한 결과에 대해 정치적 책임성을 물을 수 없다는 문제가 있다. 대의민주주의는 권력의 위임과 그에 대한 정치적 책임성을 선거라는 기제를 통해 주기적으로 확인하는 체제이다. 정당은 선거에서 유권자에게 권력을 청하고, 그 다음 선거에서 유권자는 권력 담당자에게 그 책임을 묻게 되는 것이다. 그러나 시민단체는 정책 결정 과정에 큰 영향력을 행사한다고 해도 근본적으로 선거를 통한 정치적 책임성을 물을 수 없다. 2008년 광우병 촛불집회는 시민사회가 스스로 조직한 대규모 집회였으며, 시기적으로도 석 달 간이나 이어졌다. 그 기간 동안 정부의 국정운영은 사실상 마비되었다. 그런데 나중에 미국산 쇠고기의 광우병 발병 가능성에 대한 공포가 지나치게 과장되었다는 사실이 드러났다. 국정이 거의 100일 간 마비될 정도의 큰 사건이었지만, 어느 누구에게도 그에 대한 정치적 책임을 물을 수 없었다. 광우병 촛불집회는 제도권 정치의 밖에서 시민사회가 자발적으로 조직한 것이었기 때문이다. 이처럼 시민사회의 참여가 대의민주주의를 대신하거나 그 영역을 침해하는 것은 바람직하지 않다. 대의민주주의가 적절히 작동하고 효과적으로 반응할 수 있도록 견제하고 비판하며, 제도가 제대로 대표하지 못한 것에 대한 보완적·협력적 역할에 그 활동이 제한될 필요가 있다.

한편 의회는 시민사회와 상호 반응하고 협력하는 관계를 통해 대의민주주의가 제 역할을 하고 신뢰를 회복하기 위한 노력이 필요하다. 이를 위해서는 시민사회가 대의민주주의의 제도적 틀을 통한 정치과정에 참여할 수 있는 제반 통로들을 확대시킬 필요가 있다. 시민단체의 입법청원을 활성화하거나 각종 공청회나 청문회 등을 통해 의회가 추진하는 입법 활동의 객관성과 투명성을 높이는 일은 단지 의회뿐만 아니라 시민사회를 위해서도 바람직한 활동으로 고려될 수 있다(박찬욱, 2004, 29－31; 이동윤, 2007: 169).

세 번째는 시민운동 자체의 문제점이다. 우선 지적할 수 있는 점은 시민단체의 운영이 소수의 활동가 중심으로 이뤄져 왔다는 점이다. 시민운동의 중요한 특징은 시민의 직접 참여라는 활동 방식에 있으며 이것이 기존의 사회운동과 시민운동을 구별짓는 중요한 잣대이기도 하다. 하지만 그동안 시민운동은 '시민 없는 시민운동'이라는 비판을 받아왔다. 이외에도 '명망가 중심의 시민운동', '시민운동의 관료화' 등과 같은 비판이 제기되고 있으며, 중소 시민단체의 주변화, 풀뿌리 시민운동의 주변화, 언론 의존적 태도, 운동의 관성화 등과 같이 시민단체 스스로를 성찰한 비판의 내용들도 제기되고 있다(이동윤, 2007: 175). 실제로 시민 다수의 직접적인 참여보다는 시민단체 핵심 활동가를 중심으로 아이디어를 제시하고 언론을 통해 이를 여론화하는 것이 시민운동의 주요 전략이었다. 다시 말해 시민단체의 활동은 시민과 회원보다는 활동가, 전문가, 지식인 중심으로 이뤄져 온 경향이 강했다. 여론조사에서 흔히 볼 수 있듯이 시민단체는 우리 사회에 커다란 영향을 미치는 주요 조직 가운데 하나로 꼽히고 있는데 시민단체의 규모를 고려할 때 그 대표성은 다소 과잉된 부분이 없지 않다(김호기, 2002: 110). 이러한 엘리트주의적 방식을 넘어서서 직접 참여와 자기 혁신에 기반한 시민운동이 시민사회 내에 견고하게 뿌리 낼 수 있도록 하기 위한 노력이 필요하다(김호기, 1997: 156－157).

시민단체를 운영하는 소수에 의한 활동은 정치적, 이념적 편향성 등의 논란도 제기될 수 있다. 시민단체들의 활발한 정책 제언과 입법 활동이 참여민주주의에 기여하고 있다는 긍정적인 평가도 있지만, 특정 정파나 이념에 치우쳐 정치 세력화되고 있다는 비판적인 평가도 존재한다(이동윤, 2008: 188). 특히 권리 주창적 시민운동의 경우, 이념적 편향을 갖기 쉽다.

실제로 최근 들어 시민단체의 정치화가 문제가 되고 있다. 이러한 정치화는 크게 세 가지 연속적이고 상호연관된 단계를 거치면서 진행되었다(이하 김선혁, 2022: 244-253). 첫째는, 시민단체들의 정치개혁 운동이 어젠더 제기의 수준을 넘어 선거 결과에 영향을 주려는 적극적 운동으로 나아갔고, 마침내 시민사회 지도급 인사들이 직접 정치에 뛰어들게 되는 결과로 이어졌다. 참여연대 사무처장 출신의 박원순이 서울시장에 출마해 당선된 것이 대표적 사례이다. 둘째, 시민단체와 특정 정파의 정부와의 상대적인 우호 관계, 일종의 분업적 협업관계가 형성되어 상당한 수의 시민단체 출신 인사들이 청와대 비서관 등 정책담당자로 진출하였다. 이런 가지 변화는 시민단체가 시민사회 영역에 머물러 있지 않고 국가 영역에 직접 행위자로 포섭되었다는 의미를 지닌다. 정치화의 세 번째 측면은 보수적 시민단체의 등장과 조직화와 대항동원(counter-mobilization)이다. 민주화 이후 시민운동, 혹은 민중운동은 대체로 진보적 시민단체에 의해 주도되었지만 이제는 시민운동에서 이념적 다양화가 생겨난 것이다. 이런 현상은 특히 2004년 총선 이후부터 본격적으로 나타났다. 시민사회의 이념적 다양화는 다원주의라는 관점에서 볼 때 당연한 것으로 볼 수도 있지만, 이와 함께 시민사회가 정파적 속성을 강하게 나타내게 되었다는 것을 의미한다. 과거에 시민사회가 탈정치적이고 도덕적인 차원에서 국민 다수가 수긍할 수 있는 합의적 어젠더를 제시하고 대표하는 역할을 했다면, 이제는 정당 정치와 별로 다르지 않게 정파적 입장에 따라 사분오열하는 지극히 정파적인 분열적 공간으로 변모했다. 2019년 9월 문재인 대통령이 법무장관으로 임명한 조국을 둘러싼 시민사회의 분열과 대립이 이런 특성을 잘 보여주고 있다.

시민운동이 추구하는 고유한 목표가 있다는 점에서 그러한 이념적 지향성 자체를 비판할 수는 없겠지만, 겉으로 규범성, 도덕성, 중립성을 강조하면서 실제로는 특정 정파에 대한 선호나 편향성을 갖는 것은 문제가 될 수 있다. 시민단체의 활동이 소수의 동질적인 성향의 활동가나 핵심 인사들을 중심으로 이뤄질 때 이런 편향성에 대한 논란이 더욱 커질 수 있다. 회원 구성의 다양성을 높이고 시민단체의 내부 논의 과정의 개방성, 민주성, 투명성을 높이려는 노력이 필요하다.

사실 제도적으로 권한을 위임받지 않은 시민사회가 정치 사회에 대해 책임을 묻기 위해서는 정치권보다 더한 도덕성을 갖춰야 하고, 내부적 투명성, 회원과 시민에 대한 책임성을 갖춰야 한다. 시민사회의 과잉대표성이라는 비판, '감시자는 누가 감시할 것인가'라는 비판에 대해 적절한 조치가 필요하다. 그리고 정치 사회를 감시, 비판하는 권리 주창적 시민운동의 경우에는 국가나 기업, 정당으로부터의 재정적 독립이 중요하다. 감시, 감독하려는 대상으로부터 재정적 지원을 받게 된다면 그 시민단체 활동의 객관성, 투명성, 정치적 중립성은 의심받게 될 것이다. 재정적, 회계의 투명성 확보를 위해 내부와 외부에 감시 기제를 도입하여 투명하고 중립적이며 자기의 활동에 대한 책임성을 확보해야 한다(임혁백, 2006: 87-88). 실제로 참여연대, 환경운동연합 등 일부를 제외하면 대다수 시민단체의 재정 자립도는 매우 낮은 형편이다.

또한 시민단체의 지역적 분포 역시 수도권에 집중되어 있다. 대통령, 행정부, 국회 등 중앙 권력이나 대기업 등 시장 권력에 대한 비판 기능을 수행하는 시민단체가 많기 때문일 것이다(채진원, 2016: 1108). 하지만 이는 민주화 이후 상당한 세월이 흘렀음에도 한국 시민사회가 아직도 중앙정치 중심의 활동에 치우쳐 있다는 사실을 보여주는 것이다. 지방의 구체적 생활공간에서 주민의 관심과 참여에 기반한 시민단체의 활동이 보다 활성화될 필요가 있다.

3. 정보화와 시민사회

인터넷 등 정보화의 진전은 사이버 공간을 통한 의사소통과 정보 유통을 급속히 확산시켰다. 사이버 공간 속에서 시간적·공간적 한계가 극복되면서 소통과 참여의 양식이 달라졌고, 또 개방성과 접근성이라고 하는 인터넷의 특성으로 인해 정치적 정보의 획득이나 정치 참여에 있어서 질적, 양적인 변화가 생겨났다. 인터넷은 과거 전문가나 거대 집단이 담당하던 게이트키핑을 해체시켰고, 정보의 생성과 소비 간의 경계도 무너뜨렸다. 또한 정보의 유통 역시 실시간으로 세계적인 차원에서 이뤄질 수 있게 되었다. 정치적으로 이는 기성 권력이나 언론의 의제 설정을 약화시키고 평등한 정치 행위 주체로서 시민의 정치적 위상을 제고시켰다. 즉, 인터넷을 통한 아래로부터의 의제 설정과 여론 형성 메커니즘은 일상의 정치를 촉진해 왔다. 그리고 사회적으로 예민한 어젠다가 부상할 때마다 인터넷은 자발적인 시민 조직화와 동원의 기제로 활용되었다. 이제 인터넷은 시민들이 자발적으로 의제를 형성하고 그것을 확산시켜 여론을 형성하고 조직하며 이를 통해 정치 동원에 나설 수 있게 만들었다(허태희·장우영, 2008: 149).

인터넷은 무엇보다 개별 시민이 정치적 사안에 대한 정보 획득과 의견의 표시, 정치 참여 등을 매우 용이하게 함으로써, 정당이라는 기존의 제도화된 채널을 우회하거나 혹은 배제하고 직접적으로 정책결정자들과 연결될 수 있도록 했다. 정당의 도움 없이도 일반 시민이 인터넷을 통해 직접적으로 자신의 정치적 의사를 표현하고 전달할 수 있는 창구를 갖게 된 것이다. 이처럼 시민사회의 정치적 요구가 온라인 공간에서 비용에 대한 큰 부담 없이 손쉽게 결집하거나 집단화할 수 있게 됨으로써 정당이 정치과정에서 전통적으로 수행해 온 이익집약이나 이익표출 등 국가와 시민사회를 연결하는 채널로서의 역할에 대한 거센 도전에 직면하게 되었다. 인터넷의 발전에 따라 정당을 통하지 않고 시민단체나 이익집단, 심지어 개개인이 직접 시민들을 조직하고 결집된 영향력을 발휘할 수 있는 가능성은 실제로 크게 증대되었다(강원택, 2007b: 40).

특히 2002년 이후 인터넷을 통해 조직된 일련의 촛불시위는 정치 항의를 위한 참여의 한 형태로 등장해 왔다. 2002년 미군 장갑차 사망 여중생 추모 집회로 시작된 촛불집회는 2004년 노무현 대통령 탄핵 반대, 2008년 미국산 쇠고기 수입 반대 집회, 그리고 2016~2107년의 박근혜-최순실 게이트 집회 등 대규모의 항의 집회가 인터넷을 통해 조직되고 실행되었다. 흥미로운 점은 제도적 참여, 관습적 참여에 대한 경우보다 항의 집회와 같은 비제도적, 비관습적 참여에서 인터넷의 영향력이 더 크다는 것이다. 선거 정치와 관련하여 정치참여를 유인하는 정보 제공에서 인터넷이 차지하는 비중은 전통적 매체인 TV나 신문에 못 미치고 있으며, 인터넷을 통한 정치참여가 투표율을 높이는 데 기여한다는 증거도 아직은 뚜렷하지 않다. 더욱이 인터넷을 통한 정당 참여는 훨씬 더 회의적이다. 그러나 인터넷의 영향은 관습적 정치 참여에 비해 비관습적 정치참여에서 그 효과가 비교적 분명하게 나타나고 있다. 1992년 WTO에 반대하는 시애틀 시위나 2003년 2월 이라크 전쟁 반대 시위에 세계 각국 시민들이 참여할 수 있었던 것도 인터넷의 힘이 컸다. 우리의 촛불시위도 인터넷을 통한 '항의의 정치'의 성공적 조직화를 보여주는 사례이다(고경민·송효진, 2010: 239－240). 이미 몇 차례 등장한 촛불집회는 수십만에서 수백만의 시민들이 참여했지만, 이러한 대규모 집회의 조직과 관련하여 기존의 정당 정치는 물론이고 시민단체들도 큰 역할을 하지 못했다. 촛불시위는 기존의 시민운동 조직이 아니라 사이버 공간 내의 카페, 동호회 등을 통해 의견이 교환되고 시위가 조직되었던 것이다.

인터넷을 통한 정치 참여는 정당 정치는 말할 것도 없고, 기존의 '운동'이나 시민단체의 활동과도 여러 가지 면에서 큰 차이를 보인다. 첫째는, 정치 참여의 속성에 관한 것이다. 산업사회의 시민이 계급 혹은 이익 등에 기초한 '강한 연대(strong ties)'에 의해 정치적으로 동원되었다면, 시민 개인은 파편화되고 고립적인 형태의 동원 대상에서 약한 연대의 링크로 이루어진 네트워크의 독립적인 참여시민으로 재구성된다. 이들 네트워크 내에서는 스스로의 의견을 자유롭게 표현하고 제언하는 능동적인 시민참여가 일상화되었다. 정보사회의 시민은 '약한 연대(weak ties)'에 기초하지만 네트워크를 통한 독립적인 참여시민으로 재구성된다(윤성이·류석진·조희정, 2008: 5). 즉, 참여의 속성이 개인주의적이고 자발적이다.

보다 구체적으로 인터넷을 통한 정치 참여는 정치적 동원의 형식과 관련하여 이전과 다른 두 가지 차이를 보인다. 하나는 집단적 정체성과 관련된 것이다. 권위주의 시대의 정치적 동원이나 민주화 이후의 선거 정치는 정파적으로 강한 집단적 연대에 기초해 있었다. 예컨대, 지역주의 정당 정치는 출신 지역, 지도자 혹은 정파에 따른 강한 결속에 기반해 있었다. 그러나 이제는 집단적 정체성이나 '강한 연대'와 무관하게 의제의 속성에 따라, 또 인터넷을 통한 소통에 의해 개별 시민이 스스로 참여 여부를 결정하는 형태가 되었다. 또 다른 변화는 동원의 중심, 주체가 애매해졌다는 것이다. 예컨대 1987년 민주화 이후 첫 대통령 선거 때 노태우, 김영삼, 김대중은 각각 대규모 장외 집회를 조직했다. 이러한 정치 집회는 정당이라고 하는 정치적 동원의 분명한 주체가 존재했다. 그러나 인터넷을 통한 정치참여에서는 동원의 주체가 되는 집단이나 조직이 사실상 존재하지 않으며, 네트워크화된 개인(networked individuals)들만이 존재한다. 네트워크의 형성 자체가 특정인 혹은 조직의 의도대로 구축되는 것이 아니라, 개별 시민들 간의 일련의 상호작용을 거쳐 임의적으로 생성된다는 점에서 과거와 같은 조직, 집단 중심의 동원은 이뤄지기 어렵다(윤성이·류석진·조희정, 2008: 6).

따라서 거대한 항의 집회가 조직되었더라도 참여를 이끈 인터넷 내부 집단의 속성이 각기 다를 수 있다. 2008년 미국산 쇠고기 수입 반대 촛불집회에서 활발한 활동을 벌였던 인터넷 동호회 회원들은 그 동호회의 속성이 정치적이지도 않았으며 그 특성도 매우 다양했다. 그 당시 대표적으로 촛불시위에 참여한 인터넷 동호회들은 주부 요리 동호회인 '82cook', 20~30대 남성들로 이루어진 미국 메이저리그 야구 동호회인 'mlbpark', 성형수술에 관한 정보와 지식을 나누는 '쌍코', 인테리어 동호회인 '레몬테라스', 옷 패션 인터넷 동호회인 '소울드레서', 화장품에 대한 의견과 평가를 나누는 '화장빨' 등을 들 수 있다. 이들은 촛불시위 참가뿐만 아니라 모금을 하여, 촛불시위에 참가한 사람들에게 김밥과 생수를 공급했으며, 신문광고까지 내는 등 적극적인 운동을 벌였다(신광영, 2008: 3). 이러한 모습은 이전의 다른 시위와 큰 차이를 보인다. 2007년 한미FTA 반대시위가 민주노총이나 전농 등 특정 단체에 의해 주도되었던 데 반해, 2008년의 촛불집회의 경우 정당과 시민사회단체의 영향력은 제한적이었다. 2008년 촛불집회 참가자들은 기존 조직들의 매개나 지휘에 부정적으로 반응하면서 자발적이고 직접적으로 시위와 관련된 주요 문제들을 현장에서 결정하는 모습을 보였다. 그리고 야당뿐만 아니라 사회운동 단체들마저도 이들을 '뒤쫓아 가는 데 급급했다.'(임경훈, 2011: 6)

두 번째로 들 수 있는 특성은 인터넷을 통한 정치 참여, 항의의 공간에서 다뤄지는 이슈의 속성이 달라졌다는 것이다. 과거 정당이나 '운동'이 이끌어 온 정치적 논의가 권력, 국방, 안보와 같은 상위 정치(high politics)나 민주, 인권, 자유와 같은 거대 담론에 주로 치중했다면, 인터넷에서는 '무겁고 거대한' 주제뿐만 아니라 '사소하고 가벼워 보이는' 소재도 정치적인 의미를 지니면서 폭넓게 논의되고 있다. 예컨대 교육 문제, 부동산 정책, 환경 이슈, 인권과 성평등과 같은 주제가 더욱 활발하게 인터넷 공간에서 논의되고 있으며, 이는 대규모 정치 집회로까지 이어지고 있다(강원택, 2008b: 26). 2002년의 여중생 사건, 2004년의 노무현 탄핵, 2016년의 박근혜 탄핵과 관련된 촛불집회는 기본적으로 정치적인 속성을 지녔고 상위 정치적인 사안들이었다. 그러나 2008년 미국산 쇠고

노사모

노사모는 "노무현을 사랑하는 사람들의 모임"을 말한다. 노무현이라는 특정 정치인을 대상으로 인터넷을 통해 결성되고 활동한 정치 집단으로 2000년 5월 결성되었다. 그 이전까지 노무현은 지역주의 정치에 반발하여 '무모해 보이는' 정치적 도전을 해 왔다. 1995년 지방선거에서 민주당 소속으로 한나라당의 강세 지역인 부산 시장에 출마해서 낙선했다. 1998년 서울 종로의 재선거에 출마해 당선되었지만, 2000년 16대 국회의원에서도 서울 종로 지역구를 버리고 지역주의 구도의 타파를 주장하면서 부산에서 출마했고 또다시 낙선했다. 2000년 총선에서 노무현이 낙선하고 난 이후 그의 홈페이지에 많은 네티즌들이 방문하여 그의 낙선에 대한 울분을 토했고, '바보 노무현'의 무모한 도전을 격려했다. 이러한 상황에서 2000년 4월 15일 노무현 홈페이지 자유게시판에 '늙은여우'라는 네티즌이 '노무현 팬클럽' 결성을 제안하고 회원 모집을 받기 시작하였던 것이 노사모의 시초이다. 노사모는 2000년 4월 7명의 발기인으로 시작했지만, 2002년 대선 선거운동이 한창이던 2002년 5월 20일 기준으로 회원 수가 45,486명으로 늘었고, 대선 직후인 2003년 1월 16일 73,446명으로 늘어났다. 노사모의 조직은 지역별로 나뉘어져 있었고 인터넷을 통해 가입을 신청하면 자동적으로 그 해당 지역에 가입되도록 했다. 노사모는 온라인 집단이지만 오프라인에서의 모임도 자주 가졌다. 또한 노사모는 2002년 대선 과정에서 '노무현 대통령 만들기'에 가장 적극적으로 활동했다. 노사모를 통해 국민경선에 참여한 인원이 40만 명으로 민주당 국민 경선에 참여한 190여 만 명의 21%를 차지하였다. 노사모는 '노사모의 약속과 규약'이라는 자체 규약까지 두었는데, 그 첫 내용은 "노사모는 노무현과 함께 국민통합과 민주실현을 위하여 노력한다"였다. 노무현의 지지자들 가운데는 그 당시 소위 386세대로 불리는 30~40대층이 다수였으며, 고학력, 화이트칼라 회원들이 많았다. 우리나라에서 본격적으로 처음 등장한 정치인 팬클럽이라고 할 수 있으나, 단순한 감정적 호감을 넘어 이념적인 동질성도 갖는 집단이라고 볼 수 있다(강원택, 2004b).

기 집회의 경우 항의의 대상이 '건강, 환경, 안전' 등과 관련된 생활정치적 이슈였다. 특히 집회 초기 국면의 참여자들은 주로 10대 중고생, 특히 '촛불 소녀'로 상징되는 여학생들이었다. 뿐만 아니라 촛불시위 내내 젊은 여성, 주부들의 참여가 매우 두드러졌다. 그동안 정치 활동과는 무관해 보이던 10대 학생들과 여성들이 촛불집회 초반부터 이른바 생활정치의 광장에 새로운 정치주체로 등장한 것이다(임경훈, 2011: 5).

이러한 특성은 이전의 시민운동과 비교할 때 의제에서나, 참여자의 속성에 매우 큰 차이를 나타내고 있다. 1980년대는 사회의 진보와 체제 변혁을 내세웠던 변혁 운동의 시대였다. 그리고 민주화가 시작된 이후인 1990년대 시민단체들이 주도하는 시민운동은 환경, 경제정의, 반부패, 인권 등 민주주의와 관련된 것들이었다. 그러나 2008년 촛불시위는 생활상의 문제를 정치적으로 드러내는 생활정치의 등장이라는 점에서 새로운 현상이었다(신광영, 2008: 3-4). 물론 정보사회가 도래하였다고 하여 경제, 정치, 안보 등의 거대 이슈가 덜 중요해지는 것은 아니지만, 이와 함께 새로운 영역의 이슈들에 대한 관심 또한 커지고 있다. 산업사회의 시민운동이 거대 담론 위주였다면 정보사회에서는 시민들의 정치적 관심사가 좀 더 세분화된 생활이슈로도 움직이고 있다. 민주 대 반민주, 계급 등의 거대 담론의 상대적 중요성은 떨어지고 환경, 건강, 인권, 소수자의 권리 등의 "생활의 정치" 혹은 "일상의 정치"의 상대적 중요성이 증대하고 있는 것이다(윤성이·류석진·조희정, 2008: 81-82).

세 번째는 의제 설정의 민주화이다. 2002년 미군 장갑차에 치어 숨진 '효순 미선 사망 사건' 추모 관련 촛불집회 아이디어는 일간지 한겨레 토론방 게시판에 '앙마'라는 아이디를 가진 한 네티즌이 처음 제안했는데, 당시에는 그 제안이 그토록 거대한 집회로 이어지고 한미주둔군지위협정 개정과 같은 정치적으로 중대한 결과를 낳게 되리라고는 아무도 예상하지 못했다. 촛불집회 제안은 인터넷에 올라오자마자 급속히 퍼져나갔다. 그리고 이에 동조하는 시민이 크게 늘어나면서 촛불집회와 관련한 의견이 구체적으로 모이고 집회 일자와 행동 준칙에 대한 내용까지 만들어 전파되었다. 대규모 촛불집회는 재야 단체나 시민운동 단체, 정당과 같은 외부의 '전문 조직'의 간여 없이 인터넷을 통해 의견을 개진하고 의사소통하며 여론을 형성한, 자발적인 참여와 상호 협력으로 만들어진 결과였다. 이러한 사례는 중요한 정치 관련 정보를 생산해내는 주체가 과거처럼 주요 정치인이나 경제 지도자, 거대 언론이나 기관 등이 아니라 평범한 시민 일반으로 변화했음을 보여준다. 사회적으로 의미 있는 의제 설정의 권한이 인터넷으로 말미암아 일반 시민에게까지 확대되면서 의제 설정의 민주화가 이뤄지게 된 것이다. 정보나 지식의 주제 역시 '무겁고 거창한' 것이 아니라 일상적이고 실질적인 것으로 변화했다. 평범한 개인들이 제기하는 이슈의 영향력과 파급력은 앞에서 살펴본 대로 결코 만만히 볼 수 없다. 이는 특히 인터넷의 각종 사이트가 시민의 참여와 교류에 필요한 효율적인 공간을 제공하고 있기에 가능한 일이다. 즉 인터넷 사이트가 내부에서 만든 정보나 지식을 일방적으로 제공하지 않고 플랫폼으로 기능하면서 많은 사람의 참여를 독려하고 있는 것이다(강원택, 2008b: 47－49).

2008년 촛불집회 역시 10대 여중고생들이 주도한 초기 촛불시위가 모든 세대와 계층들이 자발적으로 참여하는 대규모 시위로 확산되면서 3개월에 걸친 장기간의 항의 행동으로 발전되었다는 점에서 인터넷 네트워크를 기반으로 하는 탈조직화되고 탈중심적인 정치 참여의 특성을 잘 보여주었다. 또한 인터넷은 이러한 동원과 조직화를 위한 역량뿐만 아니라 온라인, 오프라인의 상호작용을 바탕으로 한 다양한 저항방식을 만들어낼 수 있었다. 이제 인터넷이라는 무대 위에서 네티즌이라는 주인공이 새로운 아이디어와 방식으로 예기치 않은 이슈들을 언제든지 제기할 수 있는 조건이 형성되었으며, 이는 인터넷을 매개로 한 새로운 형태의 정치 참여가 지속적으로 나타날 수 있는 잠재력을 갖고 있음을 보여주는 것이다(고경민·송효진, 2010: 254).

네 번째는 인터넷은 감성적 매체의 특성이 강하다는 것이다(이하 강원택, 2007b: 53－60). 인터넷이 감성적인 매체라는 것은 인터넷을 통해 주목을 끄는 이슈들은 감성에 호소하는 이슈이며 재미와 자극이 중요하다는 것이다. 정보를 일방적으로 공급하는 TV와 달리 인터넷은 디지털 기기의 발달과 함께 과거 정보의 소비자로 머물던 이들이 직접 콘텐츠의 공급자가 될 수 있다는 점에서 감성적 매체라는 특성은 오히려 더욱 중요하게 사용자들에게 작용했다. 감성적인 매체라는 특성은 정치적인 이슈에 대해서도 중요하게 작용한다. 인터넷이 대규모 대중 동원을 이끌어 낸 사안들은 감성적인 이슈들이 대부분이다. 감성적 매체라는 특성이 중요한 것은, ‘정보의 바다’라는 인터넷 공간에서 사용자들이 관심을 갖는 정보는 오히려 제한적이기 때문이다. 인터넷 사용자의 입장에서 볼 때 정보는 무수히 많은 것이 아니라 매우 세분화되고 제한적인 형태로 주어지는 것이며, 그 가운데 자신이 흥미를 느끼는 정보에 대해서만 관심을 갖고 선별적으로 취하게 된다. 즉, 산업사회의 시민운동이 거대담론 위주였다면 네트워크 사회에서는 시민들의 관심사가 좀 더 세분화된 생활이슈로 나눠지게 되는 것이다(윤성이·류석진·조희정, 2008: 6). 이와 같은 파편화된 관심 때문에 '공동체 모두의 관심사'라 할 수 있는 공공영역(public sphere)과 관련된 사안에 대한 관심이나 참여는 인터넷의 등장으로 인해 오히려 줄어들 수도 있는 가능성도 생겨난 것이다. 인터넷이라는 개인주의적 매체에 빠져들게 됨으로써 개인적 관심사로의 회귀와 그로 인한 공공성의 약화라는 결과를 낳을 수도 있게 된 것이다. 즉 관심영역의 과도한 분절화가 생겨날 수 있다.

그런데 이처럼 매우 분화되고 파편화된 인터넷 이용자의 관심을 모을 수 있는 것은 감성적 자극에 기초한 경우가 적지 않다. 비정치적 이슈와 관련해서 이런 특성이 잘 나타나지만 정치적 사건에서도 이는 마찬가지이다. 예컨대, 2002년의 경우 두 여중생의 사고사, 오만한 미국, 민족주의라는 감정적 요소를 찾을 수 있으며, 2008년 역시 미친 소, 광우병, '뇌 송송 구멍 탁' 등 감성을 자극하는 요인들이 제기되었으며, 2016년 집회에서도, 박근혜 전 대통령의 무능과 부패에 대한 불만 못지않게, 최순실의 국정농단, 딸의 부정입학, 사회적 불공정 등 감정을 자극하는 요인들이 적지 않았다. 인터넷 공간에서 집단지성과 숙의민주주의(deliberate democracy)의 가능성에 대해 논의한 경우가 적지 않다. 실제로 황우석 사건 때는 과학자들로 구성된 인터넷 커뮤니티가 진실을 찾아내는 데 큰 기여를 하기도 했다. 그러나 수많은 사람들이 참여하게 되는 정치적 집회의 경우에는 '감성의 정치'가 '이성의 정치'에 못지않게 중요하며, 이는 정치 참여를 동원하는 주요한 기제로 작동해 왔다(윤성이·류석진·조희정, 2008: 6).

이처럼 인터넷을 통한 시민사회의 정치 참여는 긍정적 요소뿐만 아니라 부정적인 영향도 적지 않다. 우선 들 수 있는 문제는 제도 정치와의 관계이다. 대규모 시민들이 거리로 직접 나서게 된 것 자체가 기존의 대의 정치가 제대로 작동하지 않았기 때문이다. 정부, 정당, 의회 등 제도권 정치에 대한 불신이 크고 기대감이 낮을 때 비관습적인 형태의 정치 참여가 나타나게 된다. 그러나 이렇게 대규모 시민들이 직접 참여한 정치적 저항은 결국 제도를 통해서만 해결될 수 있다. 앞서 운동 중심의 시민운동에 대해 제기했던 것과 근본적으로 같은 문제이다. 수차례의 촛불집회는 온라인과 오프라인을 통해 기존 정치나 권력자에 대한 항의, 저항, 분노, 조롱 등 불만과 분노를 표출했다. 하지만 2016~2017년의 거대한 촛불집회에서 제기된 요구는 국회가 탄핵을 의결하고 헌법재판소가 그것을 인용하면서 절차적으로 해결되었다. 또한 노무현 대통령 탄핵 반대 집회의 경우에도 2004년 총선에서의 열린우리당의 승리, 그리고 헌법재판소에서의 탄핵 기각으로 마무리되었다. 현실 정치에 대한 불신과 불만이 비관습적 정치 항의로 이끈다고 하더라도 결국은 제도를 통해야 근본적으로 문제가 해결이 되는 것이다. 문제의 해결뿐만 아니라, 거대한 항의가 초래한 결과에 대한 정치적 책임도, 2008년 촛불집회의 경우처럼, 제도권 정치가 아니라면 물을 수 없게 된다.

그러나 현실적으로 인터넷 정치 시대에 제기되는 다양한 요구를 어떻게 제도가 수용할 것인가 하는 문제는 그리 간단하지 않다. 인터넷의 시대에는 일상적으로 제기되는 각종 사안을 대의민주주의의 제도적 과정을 통해 해결하는 것에는 한계가 있다. 이는 또다시 기존 제도권 정치에 대한 불신으로 이어지고 시민들이 직접적 행동으로 나서게 하는 요인이 될 수 있다. 또 한편으로는 특정한 이슈를 중심으로 모인 거대한 촛불집회가 실제로는 구성에 있어서 매우 다양한 특성을 지니기도 한다. 예컨대, 2008년 촛불집회의 경우 후반에 접어들면서 참여자 구성, 운동 스타일, 이념적 지향, 조직 양태 등에서 다소 상이한 특성을 보였다. 더욱이 운동 방식도 초기의 문화제, 평화시위의 양상에서 물리적 충돌까지도 포함하는 양상으로 변화하였고, 보편적 시민참여로부터 깃발에 의한 조직 참여자들이 늘어나는 형태로 변화하였다. 이러한 모습은 촛불집회에 참여한 이들 간에 존재하는 이질성, 비조직성, 이념적 애매성을 다시 드러낸 것이었다(임경훈, 2011: 7). 그런 점에서 촛불집회의 복합적이고 애매한 성격은, 촛불집회의 핵심적인 공통의 요구를 제외한다면, 제도권 정치가 어떻게 반영해야 할지 그 대응을 쉽지 않게 만드는 요소이기도 하다. 그런 점에서 제도권 정치가 '대표하는 정치'에서 '소통하는 정치'로 변화해야 한다는 지적은 주목할 만하다(윤성이·류석진·조희정, 2008: 84−85).

두 번째 문제점은 포퓰리즘과 정치적 논의의 편향성에 대한 것이다. 인터넷과 관련된 포퓰리즘에 대한 논란은 노무현 대통령 시절 많이 제기되었다. 당시 이러한 비판을 제기했던 이유는 노무현 대통령과 참여정부가 인터넷 정치참여를 통해 국민대중과의 무매개적, 직접적 접촉을 시도하여 국민의 지지를 획득하고자 시도함으로써, 의회와 언론 등 대의제 민주주의의 주요 정치적 매개집단을 의도적으로 무시하고 있다는 것으로 요약된다(이원태, 2006: 93). 이 때문에 포퓰리즘에 대한 논란은 인터넷을 통한 정치 참여 확대가 기존의 대의민주주의 체제가 가졌던 숙고와 심의의 과정을 충분히 가질 수 없다는 데서 발생하는 문제라고 할 수 있다(김혁, 2010: 123).

그러나 특정 안건을 두고 인터넷 공간상에 진지한 논의가 이뤄지더라도 이슈를 둘러싼 관점의 양극화와 극단화로 인해 진정한 의미에서 공론에 이르지 못할 수 있다. 오히려, 인터넷 공간은 극단주의와 편향성을 강화시킬 수 있다. 앞서 지적한 대로, 인터넷 공간 내의 무수히 많은 정보 속에서 개인은 정보를 선택하게 되는데, 이때 개인은 자신이 듣고 싶은 것, 보고 싶은 것, 믿고 싶은 것만 골라서 정보를 소비한다. 그 결과 편향되고 왜곡되어도 자기의 생각이 옳다고 하는 확증 편향(confirmation bias)에 빠질 수 있다. 다른 사람과의 소통 역시 자기와 생각이 같은 이들(like-minded people)끼리만 행함으로써, 편향적이고 극단적인 생각이라고 해도, 그것을 더욱 강화시킨다. 이러한 정보의 편향과 왜곡, 그리고 이에 기반한 확증편향은 사회 불신과 갈등, 대립을 더욱 악화시키고 통합에 부정적인 영향을 미친다.

실제로 코로나 사태 당시 백신을 중심으로 한 소셜 미디어(Twitter)에서의 논의는 이념적, 당파적으로 서로 다르게 전개되었다(정동준 2022). 문재인 정부를 지지하는 진보 성향 집단은 백신 관련 뉴스, 잔여 백신 확인과 예약 방법 등 백신에 관한 정보를 공유하는 단어들이 핵심을 이뤄 연결되어 있었다. 반면 보수 집단의 트윗에서는 백신의 부작용에 대한 단어들이 높은 중심성 수치를 보이며 연결되어 있었다. 즉, 보수적일수록 코로나 관련 정부 정책에 대한 불신과 백신 접종에 부정적 입장을 보인 데 비해, 진보의 경우 정부 정책에 대한 신뢰와 함께 백신 접종에 긍정적인 태도를 보인 것으로 나타났다. 전염병과 관련된 사실(facts)이나 예방 정책에 대해서조차 정파적 편향성이 확인된 것이다. 이러한 편향성은 그 이전인 2008년 광우병 촛불집회에서도 나타났다. 그 집회 참여자의 상당수는 광우병 발발이라는 왜곡되고 과장된 정보를 그대로 수용했고 이와 다른 견해에는 귀 기울이려고 하지 않았다. 온라인과 오프라인에서 많은 토론이 이뤄졌지만, 촛불집회 참여자들은 자신들이 지닌 기존의 생각을 강화하는 정보는 수용하면서 그와 배치되는 정보에 대해서는 외면, 억압하는 경향을 보였다. 자신이 지닌 생각과 다른 정보를 제공하는 전문가들에 대해서는 설명의 합리성보다는 그 배후를 의심하는 경향을 뚜렷이 드러냈다. 즉, 반대 의견에 대한 공격과 배제로 인해 합리적, 성찰적 토론이 가능한 공론장이 형성되지 못하였으며, 이로 인해 전문가들이 비판과 비난의 대상이 되지 않으려고 토론을 회피하는 경향을 낳았다. '집단지성'이, 황우석 사태처럼, 전문가 집단의 독단과 허구를 폭로하는 긍정적 역할도 하지만 동시에 극단적 반지성주의로도 이어질 수 있는 것이다. 다중의 오류 가능성을 지적하지 않은 채 '집단지성'을 일방적으로 칭송하는 것 역시 대중영합주의의 한 단면이라고 할 수 있다(임경훈, 2011: 9－10).

이러한 특성은 2024년 말 비상계엄 선포와 뒤이은 대통령 탄핵 재판을 두고 발생한 정파적 분열과 '거리의 정치'에서도 잘 찾아볼 수 있다. 특히 탄핵 반대를 주장한 이들에게서는 북한과 중국이 동원된 '냉전적 반공주의'에 기반한 극우 포퓰리즘의 모습이 나타났고(김종우 2025), 선거 부정과 같은 음모론도 제기되었다. 정치적 양극화 속에 상대방을 적대시하고 악마화하려는 경향이 나타났고, 이런 분위기에 편승하여 유튜브 등에서는 과격하고 거짓된 정보가 여과없이 생산, 유통되었다. '끼리끼리'의 정보 소통과 알고리즘에 기반한 정보 제공으로 유사한 정보만을 반복적으로 접하게 되고, 이 때문에 거짓된 정보라고 해도 사실로 믿고 받아 들이는 확증 편향이 강화되었다. 이와 함께 정치적 대립과 분열은 더욱 심각해졌다. 정치적으로 양극화된 상황에서 같은 소리만 반복해서 듣게 되는 반향실(echo chamber)에 갇힌 소통 구조가 민주주의에 얼마나 큰 위험이 될 수 있는지 잘 보여주었다.

마지막으로 지적할 점은 최근 인터넷을 통한 정치적 결집이 정당이 아니라 특정 정치인이 중심이 되는 현상이 나타난다는 것이다.

> 오늘날 대부분의 정치인들은 노사모, 박사모, 창사모 등과 같이 온라인과 오프라인을 넘나드는 지지집단을 갖고 있으며 이러한 네트워크는 정당보다 의미 있는 사회자본으로 작동하고 있다. 이 같은 다양한 유연자발집단은 온라인 공론장에서의 토론을 통해 문제를 공유하면서 오프라인에서의 시민행동으로 연결됨으로써 불연속적이기는 하지만 우리사회에서 관례적인 정치참여의 새로운 방식으로 자리 잡고 있다(조대엽, 2008: 36－37).

그러나 정치인 개인을 중심으로 한 네트워크가 '정당보다 의미 있는 사회자본'이 되고 있는 것은 심각한 문제이다. 정치인 개인을 중심으로 한 결집은 일종의 팬클럽과 같은 형태이다(이하 강원택, 2007b: 87-91). 팬클럽의 기본적인 결집의 동인은 그 인물에 대한 호감이라는 감성적인 요인에 기초해 있다. 그런데 특정 정치인을 좋아하고 그 인물에 대한 일체감을 갖게 되는 것은 대체로 직접적인 접촉보다 투사된 이미지에 의해 이뤄지는 경우가 많다. 그런 만큼 정치인의 팬클럽 구성이 감성을 자극하는 기획된 이미지, 만들어진 이미지 혹은 후보자의 개인적 요인에 의해 쉽게 영향 받을 수 있다. 정치인들로서는 단순히 이미지의 기획을 넘어서 다수 대중의 감성을 자극함으로써 자신에 대한 지지를 극대화하기 위해 포퓰리즘에 호소하려는 움직임도 생겨날 수 있게 되었다.

이러한 정치인 팬클럽은 기존 정당 정치에 대한 불신의 결과일 수 있지만 그러한 불신을 해소하는 해결책이기보다 오히려 이를 더욱 악화시키는 결과를 낳을 수도 있다. 정치인 팬클럽에 가담하는 이들이 정치권 전반에 대해서는 커다란 불만을 갖고 비판하지만, 자기들이 좋아하는 특정 정치인에 대해서는 기존 정치권과 구분된 별개의 존재로 간주하면서 불만스러운 현실 정치를 개혁할 '구세주나 영웅'처럼 생각하는 경향이 생겨날 수 있기 때문이다. 특히 선악의 대결 형태로 정치를 바라보면서 정치인 개인에 대한 맹목적인 지지로 이어지게 된다면 정치를 분극화시킬 수 있는 위험성도 낳을 수 있다. 원칙이나 이념을 토대로 하고 제도적으로 정치적 책임성을 강요할 수 있는 정당이 아니라, 정치인 개인을 중심으로 한 '비제도적인' 팬클럽을 통한 정치 참여의 확대는 그만큼 자의적이고 일시적인 특성을 지닐 수밖에 없으며, 이 때문에 정치체계 전반의 정치적 유동성과 불확실성을 높일 수 있다. 노사모에 대한 다음의 글은 이러한 문제점을 잘 지적해 주고 있다.

> 386 세대의 개혁적 욕구와 정향이 제도화된 형태인 정당이 아니라 개별 정치인을 매개로 나타날 수밖에 없는 한국정치의 현실 역시 불안정성의 근원이다. 토니 블레어의 열광적 옹호자들은 대개는 노동당의 전통적 지지자들이었으며 슈뢰더나 피셔의 지지자들 역시 독일의 사민당과 녹색당의 적극적 지지기반이었다. 그렇지만 노사모 회원이나 노무현 지지자들의 중심이 민주당에 애정을 갖는 전통적 지지자들은 아니다. 그리고 이러한 낮은 결합도는 화해하기 어려운

내부 분열과 긴장이 발생한다면 심각한 원심력으로 작동해 쉽게 분리될 수 있음을 시사한다(정상호, 2002: 110).

이처럼 인터넷을 통한 정치인 팬클럽의 정치적 효과는 양면적이다. 한편으로는 시민사회의 활성화, 자발적인 정치 참여의 증대와 정치의 심각성, 형식성을 극복하는 좋은 해결책이 되고 있지만 또 다른 측면에서는 정당 정치의 약화와 정치적 책임성 확보의 어려움, 정치적 양극화와 감성 정치라는 심각한 문제점도 낳고 있다.

4. 소결

해방 이후 강력한 국가가 이전 시대의 유산으로 주어져 있었다. 그리고 그 이후 분단과 반공체제, 전쟁과 독재체제, 국가 주도의 경제성장 등으로 국가의 강함은 더욱 강화되어 갔다. 그러나 1948년 성립한 자유민주주의 체제는 정치 현실보다 학교 교실에서 논의되었던 것이었지만 바로 그 힘으로 1960년 불의한 통치자의 권력을 시민사회가 무너뜨리는 경험을 하게 되었다. 4.19 혁명은 그런 점에서 그 이후 전개된 권위주의 체제에 대한 시민사회의 저항의 근원이 되었다. 그리고 시민사회는 마침내 1987년 6월 항쟁을 통해 민주적 전환을 이뤄냈다.

민주화 이후 시민사회의 활동은 다양한 측면에서 활발하게 이뤄졌다. 시민단체의 수에서나, 시민단체가 관심을 갖는 이슈의 종류까지 매우 커다란 발전이 있었다. 그러나 동시에 시민사회는 민주적 공고화의 과정 속에서도 이전 시기의 운동적 전통에서 벗어나지 못하면서 제도화나 제도권 정치의 개혁이라는 점에서는 한계를 보였다.

더욱이 2002년 이후 인터넷을 통한 대규모 정치 참여가 본격화되었고 이후 2004년 노무현 대통령 탄핵 반대 집회, 2008년 미국산 쇠고기 수입 반대 집회, 2016~2017년 박근혜－최순실 사건을 둘러싼 집회 등 대규모 촛불집회는 이제 중요한 정치참여의 패턴으로 자리 잡았다. 이는 인터넷을 통한 소통 구조의 변화가 가져온 시민사회의 자율성과 능동성의 증가를 의미하는 것이며. 동시에 기존 정치에 대한 불신과 불만의 결과이기도 했다. 인터넷 정치의 도래로 인한 시민사회의 자율성과 역동성의 증대는 참여 민주주의의 측면에서 바람직한 현상이지만 동시에 정치제도를 통하지 않고는 궁극적으로 시민사회가 제기한 문제가 해결될 수 없다는 점에서 한계를 보인다. 또한 정치권력에 대한 시민사회의 문제 제기와 저항이 당연한 것이라고 해도 때때로 그로 인한 정치적 결과에 대해서는 시민사회에 그 책임을 정치적으로 물을 수 없다는 문제점도 갖는다. 정보사회의 도래는 시민사회가 대의민주주의의 제도적 기구와 어떻게 조화를 이루고 견제와 협력의 관계를 맺어야 할 것인지에 대해 이전보다 더욱 어려운 과제를 던져주고 있다.

이와 함께 정보화로 인한 정치적 갈등을 어떻게 해소할 것인가 하는 문제에 대해서도 고민해야 한다. 정보화 혁명으로 수없이 많은 정보가 만들어지고 제공되지만, 그것의 소비는 매우 편향적이다. 여기에 정치적 양극화가 더해지면서 '끼리끼리'의 소통으로 거짓된 정보에 대해서 조차 확증 편향이 강화되고 있다. 이는 다시 양극화를 강화하고 정치적 분열과 대립을 격화시키고 있다. 이러한 문제를 해결하기 위해서는 관용과 배려의 시민의식과 허위, 조작된 정보(disinformation)를 올바르게 구별해 낼 수 있는 디지털 리터러시(digital literacy)를 높이기 위한 노력이 필요하다.

10

남북관계와 통일 정책

분단 이후 북한은 언제나 남한 정치에 영향을 미치는 중요한 행위자였다. 간첩이나 무장공비의 남파, DMZ에서의 군사적 충돌과 같은 직접적 개입의 형태가 아니더라도, 북한의 존재는 남한 사회에 지대한 영향을 미쳤다. 대표적으로 반공 이념의 강조를 들 수 있다. 반공은 권위주의 체제의 수립과 통치를 정당화하는 이데올로기로 작용했다. 민주화 이후에는 대북 정책의 방향을 두고 남한 사회에서 심각한 정치적 갈등이 생겨나기도 했다. 분단 이후 남북한 관계의 변화, 통일 정책의 변천, 그리고 한국정치에 대한 북한의 영향에 대해 살펴보기로 한다.

1. 남북관계의 변천

1945년 해방이 되면서 한반도의 북쪽에는 소련군이, 그리고 남쪽에는 미군이 진주하게 되었다. 일본군의 무장해제와 치안 유지 등을 목적으로 한 일시적인 주둔이라고 해도, 미국과 소련의 진주는 남과 북에 각기 상이한 형태의 정치적, 사회적, 경제적 조건을 만들어내기 시작했다. 이런 상황에서 1945년 12월 모스크바 3상 회의에서 최대 5년간의 신탁통치가 결의되었다. 신탁통치를 두고 우익과 좌익이 반탁과 찬탁으로 갈라져 대립하기 시작하면서 남북을 포괄하는 통일 정부 수립의 가능성은 낮아지기 시작했다. 신탁통치와 임시 민주주의 정부 수립 문제를 다루기 위한 미소공동위원회가 1946년 3월 20일 개최되었으나 미소 간의 입장 차이로 결렬되고 말았다. 1947년 5월 21일 두 번째 회의가 열렸으나 아무런 결실 없이 끝나고 말았다. 이와 함께 사실상 통일국가 수립의 가능성은 사라졌다. 이후 미국은 한반도 문제를 UN에 상정했고, 미국이 주도했던 UN은 남북 총선거 실시를 결의했지만, 북한과 소련은 이 결의안을 거부했고 선거 감시를 위해 방한한 UN한국임시위원단[1]의 입북도 거부했다. 1948년 2월 UN 소총회에서는 선거가 가능한 지역에서 총선거를 실시하기로 결의했다. 이에 따라 1948년 5월 10일 남한 지역에서 총선거가 실시되어 제헌국회가 구성되었고, 7월 17일 제헌헌법을 공포했다. 그리고 8월 15일 대한민국 정부가 출범했다. 북한은 1948년 7월 10일 조선민주주의인민공화국 헌법을 공포했고, 8월 25일 조선최고인민회의 선거를 실시했다. 그리고 9월 9일 조선민주주의인민공화국이 수립되었다. 이렇게 해방 이후 통일국가를 만들지 못하고 남과 북은 분단되었다. 당시에는 남북한 주민들 모두 분단을 잠정적인 것으로 여기고 있었지만(김일영, 2011: 101), 분단은 지금까지도 지속되고 있다.

1950년 6월 25일 북한의 남침과 함께 전쟁이 시작되었다. 낙동강 부근까지 밀리던 국군은 미국이 주도하는 UN군의 참전으로 반격에 나섰고 9월 인천상륙작전과 함께 서울을 탈환하고 북진했다. 그러나 10월 19일 중국군이 압록강을 넘어 참전하면서 전쟁은 교착상태에 빠지게 되었다. 결국 1953년 7월 27일 판문점에서 UN군 총사령관 마크 클라크(Mark Clark)와 중국인민지원군 사령관 펑더화이(彭德懷), 북한군 최고사령관 김일성에 의해 정전협정이 체결되었다. 전쟁은 끝이 났지만, 그 방식은 종전(終戰)이나 평화협정의 체결이 아니라, 전투 행위를 중지하는 '정전(停戰)'의 형태였다.

정전협정이 이뤄지는 과정은 순탄치 않았다. 특히 이승만 대통령은 휴전에 반대하며 북진통일을 주장했으며 1953년 6월에는 '반공포로'를 석방하는 등 미국과 마찰을 빚었다. 이승만은 정전협정을 받아들이는 대신 북한의 재침략을 막기 위한 강력한 군사동맹을 미국에 요구했다. 휴전 협정이 조인된 직후인 8월 8일 서울에서 한국과 미국 간 한미상호방위조약이 가조인되었고 10월 1일 미국 워싱턴에서 정식으로 조인되었다. 한미상호방위조약에 따라 한국에 대한 안보공약과 함께 미국이 유엔군과 별개로 미군을 한국에 주둔시킬 수 있는 근거가 마련되었다. 또한 1954년 11월 17일 한미합의의사록에 최종 합의했는데, 이로

1 UNTCOK(UN Temporary Commission on Korea).

인해 한국군을 UN군사령부의 작전 지휘권하에 둔다는 조건하에 미국은 7억 달러 규모의 경제 및 군사 원조를 제공하기로 했다. 미국의 입장에서 볼 때 '한미상호방위조약'으로는 북한의 남침을, 그리고 '한미합의의사록'으로는 이승만이 주장해 온 북진을 막을 수 있게 됨으로써 한반도에 관한 그들의 기본 정책인 현상유지를 이룰 수 있게 되었다. 이렇듯 한미상호방위조약으로 국가의 안보를 보장받았고 경제적, 군사적 원조도 받게 되었지만, 한국군에 대한 작전지휘권을 상실함으로써 주권의 일부가 침해되는 대가도 지불했다(김일영, 2011: 114-115). 미군의 한국 주둔과 안보 공약은 그 이후 전개되는 한국정치에 북한뿐만 아니라 미국 역시 중요한 행위자로 개입하게 되는 결과를 낳았다. 한국사회에서 미국과 북한은 상호 대립적 위치에 놓이게 됨으로써, 특히 권위주의 시대에 '반미는 곧 친북'과 같은 논리를 만들어내게 되었다. 전쟁 이후 극도의 적대적 대립 속에서 제1공화국 시기에는 남북한 간 어떠한 접촉도 이뤄질 수 없었다. 한미상호조약 이후 현실적으로 무의미해졌음에도 불구하고 이승만은 '북진통일론'을 지속적으로 제기했다.

제2공화국에서도 북한과의 접촉은 이뤄지지 않았다. 1960년대까지 남북한은 서로의 체제 불인정과 극단적인 이데올로기 대립의 대척점에 서 있었다. 그 결과 서로를 인정하는 발언, 행동 등은 모두 법적 처벌의 대상이 되었고, 상대방을 인정하는 나라와는 수교조차 거부하는 극단적인 자세를 보였다. 냉전의 시대에 서로의 체제를 인정하지 않았던 남북한은 회담 자체를 거부했고, 오로지 상대방 체제의 비난과 경쟁에 모든 힘을 쏟았다(남궁곤·조영주, 2009: 14-15).

1961년 5.16 군사정변을 이끈 박정희 등 주도 세력은 이른바 혁명공약에서 "반공을 국시의 제일의(第一義)로 삼고 지금까지 형식적이고 구호에만 그친 반공태세를 재정비 강화한다"고 선언하면서 강력한 반공정책을 추진했다. 그 이후 1970년대 초까지 북한과의 관계는 매우 적대적이었다. 박정희의 형인 박상희의 가까운 친구였던 황태성 북한 무역성 부상이 1961년 10월 박정희를 만나러 내려 온 사건이 남북 간의 유일한 접촉이라고 볼 수 있다. 황태성은 박정희를 만나러 온 김일성의 '밀사'였다고 주장했지만 간첩죄로 처형되었다(김종필, 2016: 148-155). 그 이후 남북관계는 한국의 베트남 파병과 북한의 남조선혁명론의 채택으로 더욱 악화되었다. 남조선혁명론은 1960년대 후반기 북한의 대남 공작에서 군사적 공세로 나타났다. 이는 남한이 대규모 전투부대를 월남에 파병한 것과 관련이 깊다. 프롤레타리아 국제주의 정신에 입각해 월맹을 지원해야 하는데 북한의 실정상 대규모 무력 지원이 불가능했기 때문에, 휴전선상에서의 군사적 긴장 고조와 남한의 후방 교란을 통해 한국군의 월남 파병을 방해하고 미국의 역량을 분산시킴으로써 월맹에 대해 간접적으로 지원하고자 한 것으로 볼 수 있다. 남한의 혁명 역량을 강화해야 한다는 것을 강조하면서 월남전에서 월맹을 돕기 위한 전략의 일환으로 북한의 대남 정책에 군사적인 성격이 강하게 나타났던 것이다(심지연, 2001: 58).

실제로 북한의 무장 도발이 1960년대 후반 빈번해졌다. 1968년 1월 21일 북한의 특수부대인 124군부대 소속 31명의 무장공비가 청와대 공격을 위해 침투한 1.21 사태가 일어났고, 청와대 인근인 세검정 부근에서야 이들을 저지할 수 있었다. 1월 23일에는 미 해군 정보수집함 푸에블로호(Pueblo)가 북한 원산항 앞 공해상에서 북한으로 피랍되었다. 또한 1968년 4월 14일에는 북한군이 DMZ에 매복하여 판문점 근처를 지나가는 UN사령부 소속 트럭을 습격하여 사상자를 냈다. 1968년 10월 말에는 울진, 삼척에 120명의 무장공비가 침투하는 사건이 발생했다. 1969년 4월 14일에는 북한 청진 부근 공해상에서 미 정찰기가 북한 미사일에 맞아 추락한 사건이 발생했다. 이처럼 1960년대의 남북관계는 매우 적대적인 관계가 지속되었다.[2] 그런데 1960년대 후반 발생한 일련의 무력도발은 북한의 위협이 단순히 박정희 정권에 의해 동원되고 조작된 것이 아니라 심각한 수준으로 실재(實在)하고 있음을 보여 주었다. 이는 6.25 전쟁에 이어 남한 사회에서 반공 이데올로기가 내면화되는 계기를 마련했다(신종대, 2005: 131).

1970년대가 되면서 남북 간의 관계에 다소 변화가 생겨났다. 1970년대 초는 미국과 중국 간 관계 개선 등 동서 냉전 체제가 완화되는 데탕트의 시기였다. 이런 국제정치적 변화 속에서 남북한 모두 전략상의 변화가 발생했다. 1971년 4월 12일 북한 최고인민회의 제4기 5차 회의에서 외상 허담은 통일 방안을 발표하면서 '남북 이산가족 간 안부라도 서로 전하고 면회라도 하게 하자'고 제

---

2 이 시기에 이뤄진 남북 간의 접촉은 1964년 도쿄 올림픽 단일팀 구성과 참가를 위해 1963년 스위스 로잔과 홍통에서 열린 체육인 접촉이 전부였다. 그러나 이 두 번의 접촉에서도 남북한은 냉전의 적대감으로 인해 아무런 합의도 이뤄내지 못했다(남궁곤·조영주, 2009: 15).

안했다. 1971년 8월 12일 대한적십자사는 북한적십자사에 순수한 인도적 차원에서 이산가족 찾기 운동을 제안했고, 8월 14일 북한이 이를 수락하면서 남북회담이 이뤄지게 되었다. 이는 분단 26년 만에 처음으로 이뤄진 남북 사이의 직접적이고 공식적인 대화였다. 적십자회담은 1, 2차 회의에서 남북이산가족과 친척들의 주소 및 생사확인, 자유로운 방문과 상봉, 자유로운 서신왕래, 자유의사에 의한 재결합과 기타 인도적으로 해결할 문제 등 5개 항의 의제에 대하여 합의했을 뿐 그 이후 별다른 진전을 보지 못했다.

한편, 남북적십자회담이 진행되고 있는 시기에 남북한 최고당국자의 밀사에 의한 막후 협상이 비밀리에 진행되었다. 중앙정보부장 이후락이 방북하여 김일성을 만났고, 북한 부수상 박성철이 방남하여 박정희를 만났다. 이런 비밀 접촉의 결과 1972년 7월 4일 남북공동성명이 발표되었다. 자주, 평화, 민족대단결이라는 통일의 3대 원칙에 합의하고, 남북 간 상호 중상, 비방 중지, 다방면의 교류 실시, 서울－평양 간 직통 전화 개설, 그리고 긴장완화와 돌발적 군사 사고를 방지하며 통일 문제를 해결하기 위해 남북조절위원회를 구성하여 운영하기로 합의했다. 분단 이후 남과 북이 합의하여 발표한 최초의 사례였다. 이에 따라 남북 간의 접촉은 남북적십자 회담과 남북조절위원회라는 두 개의 협상통로를 갖게 되었다.

그러나 이러한 남북 대화는 남북에서 모두 정략적인 목적으로 이용되었다. 남에서는 1972년 10월 17일 '10월 유신'이 선포되었는데, 남북 간 접촉과 평화통일이 중요한 명분이었다. 북한에서도 1972년 12월 27일 최고인민회의 제5기 1차 회의에서 1948년의 '인민공화국 헌법' 대신 수령의 유일적 영도를 내세운 '사회주의 헌법'이 통과되면서 김일성의 1인 독재체제가 확립되었다.

한편, 남북공동성명에 의해 설치된 남북조절위원회는 남북이 각각 5명의 위원을 선출했고, 정치, 군사, 외교, 경제, 문화에 5개 분과위원회와 판문점 내 공동사무국이 설치되었다. 1972년 10월부터 1973년 6월까지 모두 여섯 차례 회의가 개최되었으나 양측의 입장 대립으로 별다른 성과 없이 끝났고 1973년 8월 김대중 납치 사건을 구실로 한 북한 측의 일방적 회의 중단선언으로 실질적으로 활동이 종료되었다. 이후에는 1974년 박정희 암살 기도 사건, 남침용 땅굴 발견, 1976년 판문점 도끼만행 사건 등으로 남북 간의 관계는 오히려 악화되었다.

전두환 정권에서는 초기부터 북한에 대해 적극적인 태도를 보였고 임기 중반에는 비교적 활발한 대북 접촉이 이뤄졌다. 전두환은 취임 직후부터 '남북한 당국 최고책임자 상호방문'(남북정상회담)을 제의했고, 북한이 제시한 '연방제 통일방안'을 남북정상회담의 의제로 수용하겠다는 대담한 제의를 했다. 그러나 1983년 10월 버마 아웅산 폭파암살 테러사건이 발생하면서 남북관계는 다시 경색되었다. 버마 방문 중 아웅산 묘소를 참배하기로 한 전두환 대통령을 살해하려고 북한 공작원이 설치해 둔 폭탄이 터져 경제부총리 등 수행원과 보도진 17명이 사망했다. 그런데 1984년 9월 초 남한에 극심한 폭우로 대규모 수해가 발생하자 북한은 쌀, 시멘트, 의약품 등의 물자 지원을 제의했고, 남한 정부가 이를 받아들이면서 수해지원물자의 인도·인수가 이뤄졌다. 이러한 성과를 기반으로 1984년 10월부터 1985년 9월까지 남북이산가족 고향방문단 및 예술 공연단 교환방문이 이뤄졌다. 그리고 1984년 10월부터 남북경제회담, 적십자회담, 국회회담 예비접촉 등이 이뤄졌다. 1985년 2월부터는 국제올림픽위원회(IOC) 중재하의 88서울올림픽 관련 남북체육회담이 스위스 로잔에서 시작됐다. 1985년 4월부터는 남북정상회담이 비밀리에 추진됐으며, 1985년 9월과 10월에는 북한의 허담과 남한의 장세동이 특사로 비밀리에 각각 서울과 평양을 방문하여 남북정상회담에 원칙적으로 합의했다. 그러나 1986년 1월 한미연합군사훈련인 '팀스피리트 86'를 이유로 북한이 대화를 거부하면서 전두환 정권하에서의 남북 접촉은 중단됐다(백학순, 2014: 140－143).

대북 정책의 획기적 전환이 이뤄진 것은 노태우 정부 시기였다. 노태우 정부는 출범 직후부터 구 소련, 동구권과의 관계 개선을 위한 '북방정책'을 적극적으로 추진했다. 또한 북한과의 관계도 냉전적 '대결 구도'에서 화해적 '대화 구도'로의 전환을 이루었다. 이러한 전환은 남북 대결의 완화를 원하는 사회적 기대와 1990년을 전후한 탈냉전으로 인한 국제정치적 환경의 변화에서 비롯되었다(박태균, 2014: 13). 노태우 대통령은 1988년 7.7 선언을 통해 남북관계의 진전을 위한 전향적 입장을 취했다. 1990년 1월 연두기자회견에서 북한에 이산가족 왕래 및 금강산 공동개발 등을 추진할 것을 제의했다.

남북한 정부의 총리를 대표로 한 남북 고위급회담이라는 새로운 형태의 남북 접촉이 시작되었다. 1990년 9월 4일부터 7일까지 서울에서 제1차 회담이 개최된 이래 서울과 평양을 오가면서 모두 여덟 차례 개최되었다. 남한의 정원식 총리, 북한의 연형묵 총리를 대표로 하는 고위급 회담을 통해 남북 간 주요 현안에 대한 제도화된 채널이 마련되었으며, '남북 사이의 화해와 불가침 및 교류, 협력에 관한 합의서'(남북기본합의서)와 '한반도의 비핵화에 관한 공동 선언' 등 중요한 합의를 이뤄냈다. 그러나 북한이 팀스피리트 훈련 재개와 핵사찰 등을 이유로 회담을 중단하면서 1992년 9월 8차 회담을 끝으로 더 이상 대화는 이뤄지지 않았다. 이와 같은 고위급 회담 이외에도 1990년 북경 아시안게임 공동 응원, 1990년 서울과 평양에서의 남북통일축구대회, 1991년 일본 지바 세계탁구선수권 대회 단일팀, 1991년 포르투갈 세계청소년 축구선수권 대회 단일팀 구성 등 체육 교류가 활발하게 이뤄졌다. 한반도 기(旗)도 이때 만들어졌다. 또한 이산가족 상봉, 적십자회담 등도 성사되었다. 이전과 비교할 때 남북 간 가장 활발한 교류가 이 시기에 이뤄졌다. 또한 남한과 북한은 1991년 UN에 동시 가입하였다. 북방정책과 서울올림픽의 성과로 한국의 단독 가입이 유력해진 상황에서 북한 역시 UN 가입으로 입장을 바꿨기 때문이다.

노태우 정부 시기에는 민주화와 북방정책, 전향적인 대북 정책 등으로 인해 민간 영역에서의 통일 운동도 활발해졌으며 북한에 대한 관심도 높아졌다. 1989년에는 정주영 현대그룹 회장이 평양을 방문해 김일성 주석을 비롯한 북한 지도자들을 만나 남북 경제협력 사업에 대해 논의하고 금강산 관광에 대한 원칙적인 합의를 하고 돌아왔다. 남북 경제협력사업이 본격화되는 것은 김대중 정부 이후의 일이지만 그동안 남북 간 정부 차원의 접촉만이 이뤄져 왔던 것을 생각하면 의미 있는 사건이라고 할 수 있다. 그러나 동시에 시민사회와 대북 접촉 창구 단일화를 강조하는 정부와의 갈등과 대립도 심했다. 1988년부터 전국대학생대표자협의회(전대협)를 중심으로 남북한 대학생 공동체육대회와 국토순례대행진 개최 제안, 남북대학생 판문점 회담 시도, 6·10 남북학생회담 출정 등 대학생들의 통일운동이 본격화되었고, 재야·시민단체에서도 통일논의가 활발해졌다(백학순, 2012: 13-14). 1989년에만 작가 황석영, 문익환 목사, 전대협 대표 임수경과 문규현 신부 등이 정부의 승인 없이 방북함으로써 갈등을 빚기도 했다. 1989년 6월에는 평민당 소속 서경원 의원이 비밀리에 방북한 사실이 드러나서 사회적으로 충격을 주기도 했다. 대북 관계를 두고 강경 보수 세력의 반대는 강해졌으며 노태우 대통령 임기 후반으로 갈수록 대북 문제를 둘러싼 집권 세력 내부의 갈등도 심해졌다.

김영삼 대통령 시기의 대북 관계는 취임사에서 정상회담을 제안하는 등 취임 초기에 의욕적인 모습을 보였지만 북한 핵 문제와 정권 내부의 혼선으로 별다른 큰 진전을 이루지 못했다. 김영삼 대통령은 1993년 2월 대통령 취임사에서 '어느 동맹국도 민족보다 더 나을 수는 없으며 어떤 이념이나 어떤 사상도 민족보다 더 큰 행복을 가져다주지 못한다'고 선언하면서 남북관계 개선에 대한 강한 의지를 밝혔으며, 남북정상회담도 제안했다. 그러나 김영삼 정부의 북한에 대한 인식은 사회주의진영의 붕괴에 따라 북한이 남한과의 체제 경쟁에서 패배하였다는 대북 우월감을 반영하고 있었으며, 국제환경의 급격한 변화에 따라 방어적 자세를 취하게 된 북한에게는 대남 접근의 가능성을 제약하는 것이었다. 특히 대북 인식에서의 일관성 없는 혼선의 발생은 대북 정책의 기조를 흩뜨렸고, 정책내용에서는 물론 정책결정 및 집행과정에서 여러 문제점을 발생시켰다(박영호, 2005: 208).

김영삼 정부는 1993년 3월 19일 비전향 장기수였던 전 인민군 종군기자 이인모 노인을 북한으로 송환하는 등 전향적인 대북 관계를 기대했지만, 북한이 그 해 3월 12일 핵확산금지조약(NPT) 탈퇴를 선언한 이후 대북 관계는 일관성 있게 유지되지 못했다. 이후 북한 핵을 둘러싼 위기는 미국이 영변 핵 시설에 대한 선제 타격까지 논의될 정도로 고조되었으나. 카터 대통령의 중재로 위기 상황을 넘기고 북한과 미국은 1994년 10월 21일 제네바에서 핵 동결과 대북 경수로 제공 등을 내용으로 하는 '북미기본합의'를 통해 북한 핵 위기를 해소하고 관계 개선을 이뤘다. 그러나 이 과정에서 김영삼 정부는 미국 클린턴 정부와 상당한 갈등을 빚기도 했다.

한편, 1994년 2월 취임 1주년 기자회견에서도 김영삼 대통령은 남북정상회담을 위한 특사 교환을 북측에 제의했고, 이에 따라 남북은 특사 교환을 위한 실무 접촉을 가졌으나, 북한은 핵전쟁 연습 중지, 국제 공조체제 포기, '핵무기를 가진 자와 악수할 수 없다'는 김영삼 대통령의 발언 취소 등의 전제 조건을 제시해 별다른 진전을 보지 못했다. 1994년 3월 19일의 8차 접촉에서는 북한이 팀스피리트 훈련의 재개를 두고 '서울 불바다' 발언을 하고 퇴장함으로써 접촉이 한동안 중단되었다. 이후 남북대화는 카터 전 미국 대통령의 중재로 다시 접촉을 갖고 6월 28일의 예비회담에서 1994년 7월 25일부터 29일까지 평양에서 정상회담을 개최하기로 합의했다. 그러나 7월 8일 김일성의 사망으로 남북정상회담은 무기 연기되었고, 더욱이 뒤이어 발생한 조문단 파견을 둘러싼 조문 파동으로 남북 대화는 경색되었다(심지연, 2001: 91−93). 그러나 북한이 일본에 쌀 지원을 요청한 상황에서 1995년 3월 베를린에서 김영삼 대통령은 식량난에 시달리는 북한에 곡물을 제공할 용의가 있음을 밝혔고, 그 해 6월 15만 톤의 쌀을 북한에 지원했다. 김정일 정권 출범 이후 최초의 남북 간 접촉이었다. 이러한 북한과의 접촉은 1996년 9월 강릉 연안 해변에 침투한 북한 잠수함이 좌초된 채 발견된 사건과 함께 다시 중단되었다. 그리고 1997년 2월 12일에는 북한에서 노동당 비서, 최고인민회의 의장을 역임한 북한 정권의 핵심인사인 황장엽이 남한으로 망명하였다. 1997년 12월에는 남북한과 미국, 중국이 참여하는 4자 회담이 스위스 제네바에서 첫 회의를 가졌다. 4자 회담은 김대중 정부 시기인 1999년 8월까지 모두 여섯 차례 회의가 이뤄졌다. 전체적으로 볼 때 김영삼 대통령의 대북 정책은 북한 경제의 파탄을 보면서 갖게 된 북한 붕괴에 대한 과도한 기대, 북핵 문제의 악화, 대북 경수로 제공 문제, 대북 정책과 관련한 미국 클린턴 정부와의 충돌, 국내정치적 이익의 과도한 고려 등으로 인해 대북 정책에서 일관성이 유지되지 못했다(백학순, 2012: 26).

김대중 정부에 들어서면서 남북관계는 '햇볕정책'을 통해 본격적인 화해협력의 국면으로 진입하게 되었다. 김대중 대통령은 취임사에서 무력도발 불용, 흡수 통일 배제, 화해와 협력 추진이라는 대북 정책 3원칙을 발표했다. 그리고 북한을 지원하는 데 인색하지 않겠다고 강조하고 노태우 정부 때 체결된 남북기본합의서 실천을 위한 특사 교환과 남북정상회담 개최를 제안했다(심지연, 2001: 94) 김대중 정부의 적극적인 대화공세로 인해 1998년 6월 11일 중국 북경에서 남북 간 차관급 회담이 성사되었다. 그러나 김대중 정부 출범 이후의 첫 당국 간 만남은 입장의 차이만을 확인한 채 결실 없이 끝났다. 그 회담 이후 얼마 지나지 않은 6월 22일 북한의 속초 앞바다 잠수정 침투사건과 8월 31일의 대포동 미사일 발사실험으로 오히려 군사적 긴장이 고조되었다. 그러나 이러한 상황에서도 김대중 정부는 북한과의 대화 환경을 조성하려는 데 역점을 두었다.

특히, 남북대화 재개를 위하여 정경분리의 정책과 함께 민간부문의 대북 접근을 허용하면서, 1998년 4월 발표된 '남북 경협활성화 조치'를 통해 민간주도의 대북 교류를 촉진시키고자 했다(이창헌, 2004: 254－255). 이에 따라 1998년 6월 현대그룹 정주영 명예회장이 북한을 방문하여 아시아태평양평화위원회(아태위원회)와 금강산 관광 및 개발 사업에 합의했고, 그 해 11월 18일 관광선이 동해항을 출발해 북한의 장전항에 입항하면서 금강산 관광이 시작되었다. 또한 그 이전인 1998년 6월과 10월 두 차례에 걸쳐 정주영 명예회장이 소 1,001마리를 끌고 육로로 군사분계선을 넘어 북한을 다녀왔다.

그러나 그 이후에도 남북관계는 순탄치 않았다. 1999년 6월 15일 서해 해상분계선을 둘러싸고 남북한 간 군사적 충돌로 인한 서해교전 사건이 발생했고, 6월 20일에는 금강산 관광 도중에 남한 관광객이 북측에 억류되는 사건이 발생했다. 이러한 사건에도 불구하고 김대중 정부는 남북대화의 지속, 대북 비료 지원을 허용했다. 이후 중국 북경에서 차관급 회담이 개최되었고, 민간 차원에서는 평양에서 남북노동자 축구대회가 개최되었다(이창헌, 2004: 257). 2000년 3월 9일 김대중 대통령은 독일 방문 중 베를린 선언을 발표했다. 냉전구조 해체와 항구적인 평화 정착을 위해 남북 당국자 간 대화가 필요함을 강조하고 이미 제안한 특사 교환을 수락할 것을 촉구했다. 4월 8일 중국 북경에서 문화관광부 장관 박지원과 아태위원회 부위원장 송호경이 비밀리에 접촉하여 정상회담을 갖기로 4월 10일 발표했다. 이에 따라 2000년 6월 13일부터 15일까지 김대중 대통령이 평양을 방문하여 김정일 국방위원장과 역사적인 남북정상회담을 가졌다. 분단 이후 최초로 남북의 정상이 만나 협력, 평화, 통일을 이야기했다는 점에서 큰 의미를 갖는다. 남북정상회담 이후 남북대화는 정상회담에서 논의된 사항을 이행, 실천하기 위한 후속조치를 마련하기 위하여 다양한 채널을 통해 논의를 진행했다. 남북한의 전반적인 문제는 장관급 회담에서, 이산가족 상봉과 관련된 구체적인 문제는 적십자회담에서, 경제협력과 관련된 세부적 문제는 관련 실무접촉에서, 그리고 군사적 문제는 국방장관회담과 군사 실무회담에서 다루는 방향으로 전개되었다(이창헌, 2004: 259). 큰 진전을 이루지는 못 했지만 국방장관 회담을 포함하여 여러 차례의 군사회담을 가졌다는 점은 주목할 만하다. 2000년 비전향 장기수들 63명이 북으로 송환되었으며 2000년 호주 시드니 올림픽에서는 남북한 선수들이 처음으로 개막식에서 공동 입장하기도 했다. 김대중 정부 시기에는 다양한 분야에서 남북 간의 접촉이 가장 활발하게 전개되었다.

노무현 정부는 기본적으로 김대중 정부의 대북화해협력 정책의 기조와 성과의 바탕 위에서의 발전이라는 이전 정부와의 연속성을 갖고 있었다. 노무현 정부의 대북 정책은 '평화번영정책'으로 한반도에 평화를 증진시키고 남북 공동번영을 추구함으로써 평화통일의 기반조성과 함께 동북아 경제 중심국가로의 발전 토대를 마련하는 것이었다. 그런데 노무현 정부의 대북 정책에서 '평화'와 '번영'은 별개의 것이거나 순차적인 것이 아니었으며, 동시에 병행 추진되어야 하는 것이었다. 평화의 확립을 위해서는 경제적, 사회적, 문화적 교류와 협력이 증진되어야 하며 이를 통해서 평화의 토대가 마련될 수 있다고 본 것이다. 따라서 노무현 정부는 북핵 문제 해결을 추진하면서 동시에 남북관계를 병행하고자 했다.

그러나 노무현 정부 출범 전인 2002년 10월 북한이 비밀리에 고농축 우라늄으로 핵탄두를 개발하고 있다는 사실을 미국에 시인하면서 2차 북핵 위기가 발생했다. 북핵 문제를 풀기 위한 노무현 정부의 노력은 6자 회담으로 나타났다. 남북한과 미국, 중국, 일본, 러시아 등이 참여한 6자 회담은 2003년 8월 첫 회담을 시작해서 2007년 12월까지 모두 여섯 차례 개최되었다. 결국 결렬되었지만 6자 회담 과정에서 의미 있는 합의도 이뤄졌다. 2005년 9월 4차 6자회담에서는 '9.19 합의'가 이뤄졌다. 그 내용은 북한이 핵무기를 파기하고 핵 계획을 포기하고 핵확산방지조약(NPT)으로 복귀하기로 한 것이다. 이에 대한 보상으로 북한에 대한 경수로 제공, 미국과 일본의 북한과의 관계 정상화, 한반도의 항구적 평화체제에 관한 협상 개최 등을 약속했다. 그리고 2007년 2월 13일 베이징에서의 6자회담 5차 회의에서는 '9·19 공동성명'의 이행을 위한 초기 조치에 대한 합의가 이뤄졌다. '2.13 합의'는 북한이 핵시설 폐쇄와 불능화, 핵 프로그램을 신고하고 대신 미국을 비롯한 다른 6자회담 참가국들로부터 중유 100만 톤의 에너지 지원, 테러지원국 지정 해제, 북미관계, 북일관계 정상화 실무 논의 등에 합의한 것이었다. 그러나 북한의 이행 지연과 한국, 미국, 일본의 강경한 태도로 합의 실행은 무산되었다.

군사 분야에서의 신뢰 구축 노력도 이뤄졌다. 가장 대표적인 성과는 2004

년 6월 4일 개최된 제2차 남북 장성급 군사회담에서 채택한 「서해 해상에서의 우발적 충돌 방지와 군사분계선 지역에서의 선전활동 중지 및 선전 수단 제거에 관한 합의서」이다. 이러한 합의에 따라 2005년 8월 13일부로 군사분계선 지역에서 선전수단이 모두 철거되었다. 서해 해상에서도 지속적으로 남북 함정 간 무선통신망이 운용되고 해군 당국간 긴급연락 체계를 마련하는 등 남북간 군사적 신뢰구축을 위한 구체적 성과를 이뤘다(김연철, 2010: 130). 한편, 김대중 정부 시절 합의되었던 개성공단 사업이 노무현 정부 때 본격적으로 진행되었다. 2004년 12월 첫 시범단지 공장이 가동하면서 개성공단 사업이 실질적으로 시작되었다.

2007년 10월 2일부터 4일까지 평양에서 노무현 대통령과 김정일 국방위원장 간 역사상 두 번째 남북정상회담이 열렸다. 노무현 대통령은 도보로 군사분계선을 넘어 방북했다. 남북정상회담에서는 남북관계를 상호존중과 신뢰 관계의 확립, 군사적 적대관계의 종식과 한반도 긴장완화와 평화를 위한 협력에 인식을 같이 했으며, 특히 정전체제 종식과 항구적 평화체제 구축에 합의했다. 또한 경제협력의 활성화를 위해 경의선 철도 연결, 서해평화협력지대 구상 등에도 합의했다.

노무현 정부 시기에는 남북 이산가족 교류 사업도 매우 활발하게 진행되었고, 체육 교류나 문화 교류도 활발했다. 2003년 대구 유니버시아드대회에 북한은 선수단 및 응원단을 보냈고, 2004년 아테네 올림픽 개막식에서 남북 선수단은 공동 입장했다. 2005년 한국에서 열린 동아시아 대회, 서울에서 열린 통일축구대회에 북한이 참가했다. 이 밖에도 2005년 마카오 동아시아 경기대회에서 남북 선수단이 공동 입장했고, 2007년 북한 태권도 시범단이 방남했고 강진에서 열린 국제청소년친선축구대회에도 북한이 참가했다.

그러나 노무현 대통령은 미국 조지 W. 부시 행정부와의 협력에 어려움을 겪었고, 북한 핵 문제로 남북관계가 경색되기도 했다. 그럼에도 대북인도 지원사업을 포함한 남북경제교류협력 사업은 꾸준히 진행되었고, 이로 인해 대북 정책을 부정적으로 평가하는 이들로부터는 '대북 퍼주기'라는 비판도 받았다.

이명박 정부는 처음부터 이전 두 정부의 대북 정책에 대해 부정적 인식을 갖고 있었다. 그만큼 처음부터 대북 접촉에 적극적이지 않았다. 이명박 정부의 통일정책은 북한이 변화하지 않으면 남북대화 교류 협력을 하지 않겠다는 것이다. 다시 말해 핵을 포기하지 않으면 대화하지 않겠다는 것이었다. 자연히 남북 간 관계도 악화되었다. 2008년 7월 금강산을 여행 중이던 한국 관광객이 북한 초병의 총격을 받아 사망하는 사건이 발생했다. 이후 이명박 정부는 즉각 금강산 관광을 중단시켰고, 개성 관광도 그해 11월 중단시켰다. 2009년 4월 북한은 6자 회담에서 탈퇴했으며 그 해 5월에는 2차 핵실험을 실시했다. 2010년 3월에는 백령도 근처 해상에서 해군 초계함 천안함이 피격되어 침몰했다. 또한 2010년 11월 북한이 연평도에 포격을 가해 다수의 사상자가 발생했다. 이처럼 북한의 도발이 계속되었고 이명박 정부도 이에 대해 강경하게 대응했다. 특히 2010년 천안함 사태 이후 이명박 정부는 같은 해 5월 24일 이른바 5.24 조치라고 하는 대북 제재를 취함으로써 북한과의 접촉을 극도로 억제했다. 5.24 조치의 내용은 개성공단과 금강산을 제외한 방북 불허, 남북 교역 중단, 대북 신규 투자 금지, 북한 선박의 우리 해역 운항 불허, 대북 지원사업의 원칙적 보류, 인도적 지원을 포함하는 모든 지원의 차단 등이다. 인도적 목적의 지원이라고 하더라도 정부와의 협의와 승인 없이는 할 수 없도록 했다. 이후 제재 조치가 다소 완화되기는 했지만 5.24 조치는 이명박 정부 기간 동안 엄격하게 적용되었고 그런 만큼 남북 간의 접촉도 매우 제한적이었다. 또한 남북이산가족 만남도 2010년 11월 북한의 연평도 포격 이후 중단되었다. 이처럼 이명박 정부 시기에 남북관계는 매우 적대적이었으며 실질적인 접촉도 많지 않았다.

박근혜 정부 시기에도 남북관계는 별다른 진척이 없었다. 박근혜 대통령이 취임 직후인 2013년 3월 북한은 키 리졸브 한미군사훈련을 빌미로 1991년 합의한 남북불가침 합의를 폐기하겠다고 위협했고, 4월 8일에는 개성공단 근로자를 일방적으로 철수시켜 개성공단의 가동이 일시적으로 중단되었다가 9월 16일 재개되었다. 2014년 북한은 상호 비방, 중상 및 군사적 적대행위 중단을 제안했고 이에 따라 2월 남북고위급 접촉이 이뤄졌다. 또한 2014년 2월에는 금강산에서 이산가족 상봉이 이뤄졌는데 2010년 이후 3년 4개월 만이었다. 이산가족 상봉은 2015년 10월에도 한 차례 더 이루어졌다. 2014년 9월 인천아시안게임에 북한 선수단이 참가했고 폐막식에는 황병서, 최룡해, 김양건 등 고위인사들이 방남했다. 2015년 8월에는 김관진 청와대 국가안보실장과 홍용표 통일부장관, 북측 황병서 군 총정치국장, 김양건 노동당 대남비서 등이 고위급 회담을 가졌다. 그러나 12월 북한이 회담 중단을 통보하면서 곧 결렬되고 말았다. 이듬해 1월 북한의 4차 핵실험, 2월 장거리 로켓 발사 이후로 박근혜 정부는 개성공단 가동 전면중단을 선언하고 개성공단에서 조업 중이던 우리 기업들을 철수하도록 했다. 또한 북한뿐만 아니라 중국, 러시아의 반발에도 사드, 곧 종말 고고도 지역 방어체계(Terminal High Altitude Area Defense: THAAD)의 배치를 결정했다. 이처럼 박근혜 정부에서 대북 관계는 중시되지 않았다. 북한과의 고위급 접촉이나 상호 제안이 이뤄지기는 했지만 실제로 남북관계가 진전을 이룬 것은 없었다. 2002년 5월 당시 국회의원이던 박근혜는 방북하여 김정일 북한 국방위원장을 만난 적이 있었다. 이로 인해 박근혜 정부의 전향적인 대북 정책에 대한 기대감도 있었지만, 개성공단 폐쇄에서 보듯이 대북 관계는 오히려 후퇴하는 모습을 보였다. 박근혜 정부 시기에 한반도 신뢰 프로세스, 드레스덴 선언, 통일 대박론, 통일준비위원회 출범 등 다양한 정책과 선언이 제시되었지만, 별다른 성과를 거두지 못했다. 북핵 문제와 관련해서도 실질적인 북핵 해결을 위한 접촉이나 협상은 이뤄지지 못했고 개성공단 폐쇄에서 보듯이 대북 관계는 단절되었다.

박근혜 대통령 탄핵으로 인한 조기 대선에서 문재인 대통령이 당선된 무렵 북한과 미국의 관계는 극도로 적대적이었으며, 북핵으로 인한 위기도 고조되어 있었다. 북한은 2017년 17차례에 걸쳐 20발 이상의 미사일을 발사했으며 9월에는 6번째 역대 최대 규모의 핵실험을 실시했다. 이에 대해 미국 트럼프 대통령은 북한이 '화염과 분노(fire and fury)'에 직면할 것이라고 경고했다. 그러나 그 이후 남북관계가 극적으로 급속히 개선되었다. 2018년 1월 판문점에서 남북고위급회담이 개최되었다. 여기서 평창 동계올림픽에 북한 선수단과 함께 응원단, 예술단, 태권도 시범단이 참가하고, 또 군사회담도 개최하기로 합의했다. 또 평창 동계올림픽 개회식을 계기로 김여정 조선노동당 제1부부장이 김정은 위원장의 특사 자격으로 김영남 최고인민회의 상임위원장 등과 함께 방문하여 문재인 대통령을 만났다. 북한 예술단은 2월 강릉과 서울에서 공연했고, 4월에는 남측 예술단이 두 차례 평양에서 공연했다.

이후 2018년 4월 27일 판문점 평화의 집에서 문재인 대통령과 김정은 위원장 간의 남북정상회담이 개최되었다. '평화와 번영, 통일을 위한 판문점 선언'을 통해 한반도의 비핵화, 종전선언과 평화협정 체결, 화해와 단합을 위한 다양한 교류와 협력에 합의했다. 이후 5월 30일 판문점 북측 지역 통일각에서 두 번째 남북정상회담이 열렸으며, 6월 12일에는 도널드 트럼프 미국 대통령과 북한 김정은 위원장 간의 역사적인 북미정상회담이 싱가포르에서 열렸다. 이처럼 문재인 정부 출범 초기에 매우 불안정했던 한반도 정세는 이후 남북 간의 접촉으로 화해 분위기로 변화해 갔으며, 이에 따라 산림, 도로, 철도 협력을 위한 고위급 회담, 군사회담, 체육회담 등 다양한 분야에서 남북 간의 대화와 협력이 이뤄졌다. 2018년 7월에는 남북통일농구경기가 평양에서 열렸고, 같은 달 대전에서 열린 코리아오픈 국제탁구대회에서는 남북이 단일팀을 이뤄 참가했다. 2018년 8월에는 남북 노동자축구대회가 서울에서 열렸고, 남북 유소년축구대회가 평양에서 개최되었다. 2018년 9월에는 '9.19 군사합의'로 불리는 남북한 간 군사 분야에 대한 합의가 문재인-김정은 간 3차 남북정상회담에서 이뤄졌다. 지상과 해상, 공중을 비롯한 모든 공간에서 군사적 긴장과 충돌을 야기할 수 있는 상대방에 대한 적대행위를 전면 중지하기로 하였고, 이에 따라 비무장지대 안의 감시초소도 철수하기로 했다.

그러나 2020년부터 남북관계는 다시 악화되었다. 6월에는 개성에 있는 남북공동연락사무소를 북한이 폭파했다. 9월에는 서해에서 한국 공무원이 북한군의 총격을 받고 살해되는 사건이 발생했다. 또한 북한은 2020년 후반부터 대륙간탄도미사일(ICBM), 잠수함발사탄도미사일(SLBM) 등을 포함한 잇단 미사일 발사로 긴장을 고조시켰다. 북한의 미사일 발사 등 군사적 행동에도 문재인 정부는 일관된 형태로 대북 포용정책을 추진했다. 세 차례 남북정상회담과 두 차례 북미정상회담이 이뤄지면서 문재인 대통령의 '한반도 운전자론'이 주목받기도 했지만, 문재인 정부는 북한의 대량살상무기의 기술적 진전을 사실상 방치했고 남북관계도 악화된 상태에서 마무리되었다.

윤석열 대통령은 취임 연설에서 북한에 대한 '담대한 계획'을 밝혔다. 그 내용은 "북한이 핵 개발을 중단하고 실질적인 비핵화로 전환한다면 국제사회와 협력하여 북한 경제와 북한 주민의 삶의 질을 획기적으로 개선할 수 있는 담대한 계획을 준비"하겠다는 것이었다.[3] 비핵화가 전제된다면 북한 경제를 지원하겠다는 것으로 이명박 대통령이 제시한 '비핵 3000 정책'과 비슷한 구상으로 볼 수 있다. 그러나 윤석열 대통령의 북한에 대한 태도는 매우 적대적이었으며, 실제로 어떠한 형태의 남북 간 접촉도 이뤄지지 않았다.

한편, 북한 김정은 국무위원장은 2023년 12월 노동당 중앙위원회 제8기 제9차 전원회의에서 남북 관계를 '동족 관계'가 아닌 '적대적 두 국가 관계'로 규정하고, 사실상 모든 남북 관계를 단절했다.

2. 통일 정책의 전개

1948년 남과 북에 두 개의 정부가 들어섰지만 남북은 서로 자신이 정통성을 갖는 정부라는 주장을 굽히지 않았다. 따라서 배타적인 통일 방안이 제시될 수밖에 없었고 통일을 위해서는 무력도 불사한다는 태도를 취했다. 이승만 대통령의 통일정책은 북진통일이었다. 즉 무력에 의한 북한 공산정권 타도가 이승만의 통일 정책이었다. 이에 대해 북한은 통일을 위해 북한을 '민주기지'로 구축한다는 민주기지론을 내세웠다. 이승만이 북진통일론을 내세웠지만 6.25 전쟁이 발발하면서 그것은 한낱 구호에 불과한 것임이 판명되었다(심지연, 2001: 27-32). 당시 한국의 군사력으로 보아 북진통일은 허황된 발상이었다. 당시 신성모 국방장관은 북한이 침공하면 '점심은 평양, 저녁은 신의주에서 먹는다'고 말했지만, 정작 전쟁이 발발하자 사흘 만에 서울이 점령당했다. 그럼에도 이러한 북진 주장을 이승만이 계속해서 편 것은 두 가지 이유 때문이었다(김일영, 2011: 101). 당시 이승만에게 북진정책은 부족한 정당성을 메워주면서 동시에 북한과의 정통성 경쟁에서 우위를 점할 수 있는 정치적 선전의 도구였다. 남북한 주민들 모두가 분단을 잠정적인 것으로 여기는 상황에서 통일 문제에서 우위를 점하는 것은 정치적으로 큰 상징 효과를 지니고 있었다. 따라서 이승만은 북진정책을 당시 한독당과 중도파, 그리고 소장파 의원들이 주장하던 남북협상(에 의한 평화통일)론과 통일에 관한 북한의 갖가지 선전공세에 맞설 수 있는 대국민 선전 및 동원 논리로 사용하고자 했던 것이었다. 북진정책의 또 다른 목적은 대미 협상

3 https://www.korea.kr/news/policyNewsView.do?newsId=148901469

에서 유리한 위치를 점하겠다는 것이었다. 미군 철수가 강행되는 시점에서 그것을 늦추거나 또는 철군에 따른 충분한 보상과 보장을 받기 위해서는 한반도의 긴장을 높일 필요가 있었고 그 수단의 하나로 사용된 것이 북진정책이었다.

그런데 6.25 전쟁 이후 상황이 크게 달라졌다. 정전협정이 맺어졌고 한미합의의사록에 의해 이제 군사 작전권을 미국이 갖게 되었기 때문에 북진통일은 현실적으로 불가능한 일이 되었다. 이승만은 정전협정이 체결된 4개월 후인 1953년 11월 25일 'UN 감시하 남북한 총선거'를 통한 통일을 공식적인 통일 방안으로 발표했다. 정부 수립 직후에 주장했던 'UN 감시하 북한 지역만의 선거'를 통한 통일과 비교해 볼 때, 선거의 범위가 '한반도 전체'로 확대되었는데, 북한 지역은 'UN 감시하 자유선거'로, 남한 지역은 '대한민국의 헌법 절차에 따라' UN 감시하에 자유선거를 치르는 것이었다(백학순, 2013: 76-77). 그러나 국내적으로는 북진통일론을 이어갔다. 예컨대 이승만은 1953년 8월 1일 6.25 전쟁 중에 빼앗긴 개성, 옹진 지역을 즉각 회복하겠다고 발표함으로써 '북진통일론'을 다시 제기했다. 이와 함께 중립국감시단의 철수도 요구했고 국민을 동원한 관제데모까지 행함에 따라 결국 1956년 6월 9일 중립국감시단은 철수하고 말았다. 이승만의 통일 방안은 '국제외교용'과 '국내정치용'의 두 가지가 있었던 것이다. 국내정치적으로는 '반공, 승공 통일'을 주장함으로써 반공이데올로기를 심화시키고 이를 바탕으로 자신의 권력을 정당화하고 강화하려고 했던 것이다. 실제로 이승만 집권 기간 동안 북진통일론 이외의 다른 모든 통일논의는 탄압을 받았다(백학순, 2013: 85-87). 조봉암은 무력에 의한 북진통일은 국내외 여건으로 볼 때 불가능하기 때문에, 전쟁에 의해서가 아니라 평화적인 방법에 의해 통일을 달성해야 한다고 주장했다. 그러나 이승만 정권은 조봉암의 평화통일론이 북한이 주장하는 것과 동일하며 대한민국 국법과 UN 결의에 위반되는 통일 방안을 주장했다는 명목으로 조봉암을 간첩으로 몰아 1959년 7월 31일 처형했다(심지연, 2001: 46-47).

이러한 북진통일론은 이승만 정권의 몰락과 함께 곧바로 사라지게 되었다. 허정 과도정부가 들어서면서 이승만 정부의 비현실적인 무력북진통일론을 폐기했다. 제2공화국 민주당 정부의 통일 정책은 UN 감시하의 남북한 총선거를 통한 방식을 내세웠다. 그런데 총선거는 인구 비례에 의한 선거여야 하고 또한 민주통일과 반공통일을 보장하는 조건인 경우에만 UN 감시를 수용한다는 것이어서 북한에서 받아들이기 어려운 것이었다(심지연, 2001: 50). 장면 정부하에서는 이승만 정권 당시 억압되었던 통일논의가 4.19 혁명의 여파로 분출했다. 특히 혁신계와 대학생들은 다양한 방식의 '중립화 통일론'을 주창했지만 장면 정부로서는 받아들일 수 없는 것이었다. 전반적으로 볼 때 민주당의 통일정책은 '무력 북진통일'의 포기를 제외한다면, '보수성'과 '소극성'이라는 본질에 있어서 이승만 자유당 정부의 통일정책과 대동소이한 것이었으며, 민주당 정부는 통일 논의보다 경제 건설에 보다 많은 관심을 쏟고 있었다(백학순, 2013: 101−110). 한편, 이 시기 북한에서는 연방제 통일 방안을 제시했다. 김일성은 어떠한 외국의 간섭도 없이 민주주의적 기초 위에서 자유로운 남북 총선거를 실시하자고 주장하면서, 만약 공산화가 두려워 남북 총선거를 받아들일 수 없다면 남북의 현 정치제도를 그대로 두고 양 정부의 독자적인 활동을 보존하면서 동시에 두 정부의 대표로 구성되는 최고민족위원회를 조직해 주로 남북의 경제, 문화 발전을 통일적으로 조절하는 방식으로 연방제를 실시하자는 것이었다(심지연, 2001: 51).

1961년 5.16 군사정변과 함께 권력을 잡은 박정희는 강력한 반공주의를 내세웠고, '민족의 숙원인 국토 통일을 위해 공산주의와 대결할 수 있는 실력 배양에 전력을 집중'할 것을 강조했다. 강력한 반공주의를 토대로 한 '선(先)건설, 후(後)통일'론을 주장한 것이다. '경제건설은 통일의 길', '조국 근대화가 통일의 중간 목표'라는 것이다. 경제건설을 통한 국력 강화로 북한보다 모든 면에서 우월적 지위를 확보하는 것이 통일의 지름길이라는 논리였다(백학순, 2009: 674).

남한의 정세가 급변하면서 북한의 대남정책도 변화할 수밖에 없었다. 북한은 남조선혁명론을 내세웠다. 남한 정권의 실체를 인정하고 연합하려 했던 연방제를 군사 쿠데타를 일으켜 반공을 국시로 내건 정권에 적용할 수는 없었다. 남한의 반공과 북한의 남조선혁명론이 맞부딪치면서 남북관계는 매우 경색된 상황으로 전개될 수밖에 없었다. 앞서 살펴본, 1968년 청와대 습격을 도모한 1.21 사태나 울진, 삼척의 대규모 무장공비 사건 등이 모두 이런 차원에서 이해될 수 있다.

그러나 1970년대가 되면서 국제정세에 커다란 변화가 나타났다. 1970년대 초 미국과 소련 사이에 데탕트가 진행되고 미국과 중국 사이의 관계가 개선됨에 따라 그 여파가 한반도에까지 파급되어 남북한은 별도의 대책을 마련해야 했다. 국제적인 해빙 분위기를 언제까지 외면하고 있을 수만은 없었기 때문에 이에 편승하는 방향으로 나아간 것이다. 내부적으로도 남북이 모두 전략상의 변화를 추구해야 했다. 남한으로서는 그동안 경제개발에 주력한 결과 남북관계에서 어느 정도 힘의 균형이 이루어졌다고 판단했고, 북한으로서는 국제적인 여건의 변화로 대화를 통해 통일을 실현할 수 있는 환경이 도래했다고 판단했다. 1971년 4월 12일 북한 최고인민회의 4기 5차 회의에서 외상 허담은 8개 항의 통일 방안을 발표했다. 연방제 실시를 받아들이기 어렵다면 경제 교류를 시작하고 문화 분야에서의 연계를 회복해 가자고 제안하면서, 이러한 과도적 조치도 받아들일 수 없다면 최소한의 인도주의적 조치로서 남북으로 갈라진 부모, 처자, 친우들 간에 안부라도 서로 전하고 면회라도 하게 하자고 제안했다. 김일성도 1971년 8월 6일 8개항의 통일 방안의 수용 여부와 무관하게 민주공화당을 포함하여 모든 정당, 사회단체, 개별 인사와 접촉할 의사가 있다고 밝혔다.

이런 배경하에 대한적십자사는 1971년 8월 12일 북한적십자사에 이산가족 찾기 운동을 위한 적십자회담을 제안했고 북한은 이틀 뒤 이 제안을 수용했다. 1971년 8.15 경축사에서 박정희는 남북대화에 임할 것을 천명했다. 남북적십자회담이 진행되는 동안 남북 최고 통치자의 밀사에 의한 막후 협상이 비밀리에 이뤄졌고, 그 결과 7.4 남북공동성명이 발표되었다. 그러나 앞서 지적한 대로, 7.4 남북공동성명은 남한은 유신체제로, 북한은 수령의 유일적 영도체제라는 남북의 1인 지배체제로 전환하는 데 정략적으로 이용되었다. 그럼에도 불구하고 당시 남북 간의 접촉은 분단 이후 처음으로 양 정부 당국자가 통일 문제를 내부적인 논의 구조로 끌어들였다는 사실과 대화를 통해 평화통일을 비롯한 3대 원칙에 합의했다는 점에서 커다란 의미를 갖는 사건이었다(심지연, 2001: 59－69).

박정희는 1973년 6월 23일 '평화통일 외교정책에 관한 특별선언(6.23 선언)'을 통해 두 가지 획기적인 제안을 했다. 하나는 이념과 체제를 달리하는 국가들에게도 문호를 개방할 것이며, 다른 하나는 냉전적 외교정책인 할슈타인 원칙[4]

4 할슈타인 원칙은 독일 아데나워 총리 시절인 1955년 당시 외무 차관이었던 발터 할슈타인(Walter Hallstein)의 이름을 딴 외교정책으로, 서독과 외교 관계를 갖고 있는 국가가 동독을 승인하거나 외교 관계를 수립하는 것을 용인하지 않겠다는 것이다. 우리의 경우, 북한과 수교를 맺는 국가와는 외교 관계를 단절하겠다는 것이다.

을 포기하고 북한에 대해서도 서방의 외교관계를 허용하겠다는 것이다. 또한 남북한 유엔 동시 가입에 반대하지 않겠다고 밝혔다. 그러나 공교롭게도 같은 날 김일성 역시 통일 정책에 관한 새로운 구상을 밝혔는데 고려연방공화국이라는 단일 국호하에 UN 가입을 제안했다. 남북한 동시 UN 가입과 단일 국호하의 유엔 가입의 주장은, 7.4 남북공동성명과 상호 대화에도 불구하고, 남북한 간 큰 시각의 차이를 보였다(정영철, 2009: 50－51). 북한은 6.23 선언을 강력히 비난했으며, 이후 얼마 지나지 않아 남북 간의 대화는 모두 중단되었다. 한편, 박정희는 1974년 1월의 연두 기자회견에서는 남북 상호 불가침 협정 체결을 주장했고 그 해 6월 15일에는 평화 정착, 남북 교류, 자유총선거의 평화통일 3원칙을 제안했다. 평화를 강조했지만, 사실 박정희 정권의 기본적인 통일 정책은 줄곧 반공을 앞세운 선건설이었다.

박정희 정권 몰락 이후인 1980년 1월 북한은 총리회담을 제안했고 이에 따른 실무회담이 진행되었지만 최규하의 하야 이후 중단되었다. 1980년 10월 김일성은 미국에 대해서는 정전협정을 평화협정으로 바꾸는 문제를 협상하자고 제안했고, 남한에 대해서는 연방공화국을 창설해 통일하자고 제안했다. 과거에 제안한 연방제가 과도적 조치였다면 이때 제안한 연방제는 최종 단계, 즉 통일 국가의 형태로서 연방제였다. 즉 남북의 현 체제와 제도를 그대로 유지한 상태에서 연방국가를 설립해서 통일하자는 것이다.

이에 대해 전두환은 남북한 최고 책임자 간 직접 회담을 제안했으며, 1982년 1월 전두환 정권의 통일 정책인 '민족화합 민주통일 방안'을 제시했다. 민족화합 민주통일 방안은 남북한 대표들로 민족통일협의회의를 구성하고, 이 협의 기구에서 통일 헌법의 초안을 만들고, 남북한 총선거를 통해 통일 국회와 정부를 구성하자는 것이다. 이를 위해 남북이 통일 때까지의 잠정 조치로 '남북한 기본 관계에 관한 잠정 협정'을 체결하여, 호혜평등의 원칙에 입각한 상호 관계, 분쟁의 평화적 해결, 상호 내부 문제 불간섭, 군사적 대치 상태 해소 협의, 이산가족 인도적 재회 추진, 서울과 평양에 상주 연락 대표부 설치 등을 실현하자고 제안했다. 또한 각료급의 예비회담을 개최하여 남북 정상 간 회담을 추진하자고 제안했다(심지연, 2001: 76－79). 비정치적이고 비군사적인 교류를 점진적으로 확대해 나가고, 이를 기반으로 통일헌법을 제정하고, 통일 국회와 정부를 구성하여 통일을 이루자는 것이다. 그러나 이 방안 역시 자유민주주의로의 통일을 목표로 하고 있으며, 양 체제의 일정 기간의 공존을 인정하지 않는 일원론적 통일관에 기초하고 있었다. 따라서 전두환 정권기는 사회, 문화 교류 등의 비정치적 교류가 일정하게 진척되었음에도 불구하고 정치적으로 유의미한 성과를 내지는 못 했다(정영철, 2009: 53).

노태우 정부는 북방정책과 서울 하계 올림픽 개최로 매우 적극적인 외교 정책을 추진했다. 노태우 정부의 대북 통일 정책은 당시까지의 역대 정부 중에서 남북관계를 대결이 아닌 화해와 협력의 구도로 전환시킨 가장 '전향적인' 정책이었다(백학순, 2009: 677). 통일 정책은 북방정책의 연속선에서 추진되었는데, 1988년 7.7 선언을 통해 노태우 정부의 기본적인 통일 정책이 발표되었다. '민족자존과 통일 번영을 위한 특별선언'은 남북이 함께 번영의 민족공동체를 실현하기 위한 방안으로 6개 항을 제시했다. 첫째, 남북 동포 간 상호교류의 추진 및 해외동포의 자유로운 왕래를 위한 문호개방, 둘째, 이산가족의 상호 방문을 주선하며, 셋째, 남북 간 교역 개방, 넷째, 민족경제의 균형발전과 우방국의 대북 교역 허용, 다섯째, 남북 간 대결 외교 지양 및 국제무대에서의 협력과 지원, 여섯째, 한국 우방과 북한과의 관계 개선 및 한국과 사회주의 국가와의 관계 개선 등이다. 즉, 주변 4강의 교차 승인을 수용할 용의가 있다는 것이다.

7.7 선언은 이듬해 1989년 9월 11일 발표한 '한민족 공동체 통일방안'의 밑바탕이 되었다. 한민족공동체통일방안은 자주, 평화, 민주 통일의 원칙하에서 자유민주주의 통일국가 달성을 목표로 하고 구체적인 통일 과정을 제시하였다. 우선 남북정상회담을 통해 민족공동체헌장을 채택하고, 과도적 통일체제인 '남북 연합'을 거쳐 통일 헌법을 제정하고, 이 헌법에 따라 완전한 통일국가를 수립한다는 것이었다. 남북한의 공존을 전제로 하고 있는 남북연합 단계에서는 구체적으로 남북정상회의, 남북각료회의, 남북평의회 등의 구성을 계획하였다. 한민족공동체통일방안은 북한과 상호 체제를 인정하여 1민족 2체제로 일정 기간 동안의 평화 공존을 전제로 하고 있다는 점에서 이전 정부의 통일 정책과는 상당한 차이를 보였다. 또한 노태우 정부에서는 '남북 교류 협력에 관한 법률'을 제정하여 남북 간 경제협력이 법적인 틀 속에서 이뤄질 수 있는 제도적 장치를 마련했다. 노태우 정부 시기의 남북관계는 역대 어느 시기보다 풍성한 성과를 내

었다. 노태우 정부의 통일 정책은 냉전적 통일 정책에서 탈냉전적 통일 정책으로의 변화를 의미하는 것이었다(정영철, 2009: 61－62).

이 중 가장 큰 성과는 1992년 2월 19일부터 22일까지 평양에서 열렸던 제6차 고위급회담에서 채택된 '남북 사이의 화해와 불가침 및 교류, 협력에 관한 합의서(남북기본합의서)'와 '한반도의 비핵화에 관한 공동 선언'을 들 수 있다. 또한 1992년 9월 1일부터 15일까지 평양에서 열린 제8차 고위급 회담에서는 남북 화해, 남북 불가침 그리고 남북 교류, 협력 등에 관한 부속 합의서의 발효와 함께 4개 공동위원회의 회의 일자와 장소 등에 대해서 합의를 보았다. 남북기본합의서는 통일을 한민족의 공동 번영을 위한 과정으로 전제하고 남북관계의 개선과 평화통일을 향한 기본틀을 제시하고 있으며, 제3자의 개입 없이 남북의 양 정부가 고위급 회담을 통해 채택한 공식 합의라는 점에서 의미가 크다. 남북 간 상호인정, 군사적 불가침, 교류, 협력을 통한 점진적 통일을 추구한다는 점에서 현실을 인정하면서도 남북이 통일의 의지를 공동으로 밝혔다는 점에서 주목할 만하다. 남북기본합의서와 비핵화 선언에 대해 남북은 인식을 달리 하고 있었지만, 남북 양 정부의 고위급 당국자들이 공개적으로 평화공존의 원칙하에 민족의 공동 번영을 위한 화해와 교류, 협력을 선언한 것은 분명한 성과라고 할 수 있다(심지연, 2001: 88).

김영삼 정부는 이전의 노태우 정부의 통일 방안을 대체로 수용하면서 연속성을 유지했다. 김영삼 대통령은 1994년 8.15 기념사를 통해 '민족공동체 통일방안'을 제시했다. 민족공동체 통일방안은 노태우 정부의 한민족공동체 통일방안과 유사한 내용으로 그것을 보완, 발전시켰다고 할 수 있다. 민족공동체 통일방안은 자주, 평화, 민주의 3원칙하에 통일을 3단계로 나누어 첫 단계는 화해 협력의 단계, 두 번째는 과도체제로서의 남북연합 단계, 그리고 마지막으로 통일국가 형성을 구상했다. 그 이전 1993년 4월 김일성은 조국통일을 위한 전민족대단결 10대 강령을 발표했는데 그것은 연방제 통일론에 기초해 있는 것이었다.

김영삼 정부의 대북 정책은 이전 노태우 정부 시기의 통일 정책을 보완하고 보다 구체화했다는 점에서 의미를 지니지만, 구체적인 실행에 있어서는 많은 문제점을 드러냈다. 김영삼 정부는 통일 정책의 일관성 부재, 독일 통일 이후 북한에 대한 노골적인 흡수통일 의도의 표현, 김일성 사망 이후의 강경 태도로의 전환, 북핵 협상 과정에서 대북 압박 주장 등으로 북한은 물론 국내에서도 진보, 보수 양쪽으로부터 모두 외면 받고 말았다(정영철, 2009: 63).

김대중 대통령은 3단계 통일론을 제시했다. 1971년 대통령 선거 때 이미 3단계 통일론을 주장했던 김대중은 대통령이 되기 전 아태평화재단에서 3단계 통일론을 제시한 바 있다. 김대중의 3단계 통일론은 첫 단계를 화해 협력의 단계로 설정한 김영삼의 민족 공동체통일방안과 달리, 남북연합을 첫 단계로 상정했다. 이미 남과 북 사이에 기본합의서와 이를 실천하기 위한 분야별 부속 합의서가 마련되어 있기 때문에 남북 당사자들의 의지에 따라서는 남북연합은 언제든지 실현할 수 있다는 이유에서였다. 남북연합 단계를 거쳐 2단계는 공화국연방제, 그리고 마지막 단계는 통일국가에 이르는 것이다(심지연, 2001: 95). 노태우, 김영삼 대통령의 통일 방안은 느슨한 형태의 결합인 남북연합의 단계를 거쳐 통일국가로 가는 방안이었다면, 김대중의 통일 방안은 남북연합 이후 연방제를 거쳐 통일국가로 가는 것을 상정했다. 김일성의 고려민주연방공화국의 안은 연방제가 통일국가의 최종 단계로 설정되어 있는데, 김대중의 안은 연방제를 거쳐 최종적으로는 단일 중앙정부 하의 통일국가를 상정한다는 점에서 다소 차이가 있었다. 그러나 김대중의 3단계 통일론에서도 최종적인 통일 단계 이전에도 연방제로 진입한 단계가 사실상 통일을 의미한다고 보아서, 연방제의 단계를 실질적인 통일로 간주한다는 점에서는 유사성이 있다(심지연, 2001: 95).

그러나 김대중 정부의 정책은 별도의 '통일 정책'이라기보다는 '대북 정책'이라고 보는 것이 더 적절할 수도 있다. 우선 김대중 대통령은 재임 중 공식적으로 '통일 정책'을 제시한 적이 없다. 또한 당장에 실현 가능성이 없는 통일보다는 평화정착을 통한 공존과 화해, 협력을 추진한다는 것이 김대중 대통령의 기본적인 정책이었기 때문이다(정영철, 2009: 71). 통일이라는 이상적 목표의 추구보다는 당장 실현 가능한 목표를 추구하며, 대결보다는 '평화와 화해협력을 통한 남북관계 개선'에 우선순위가 놓여 있었다(이창헌, 2004: 250).

김대중 정부의 대북 포용 정책은 다음과 같은 특징을 지녔다. 첫째, 남북기본합의서의 실천이다. 둘째, 정경 분리에 입각한 남북 경협의 활성화이다. 1980년대 말부터 꾸준히 성장해 온 남북 간 경제협력을 정치적 상황의 변화와 무관하게 발전시키고자 했다. 셋째, 이산가족 문제의 우선 해결과 민간 차원의 교류, 협력의 증진이다. 그동안 정부의 대북 접촉 창구 단일화로 인해 제약을 받았던 민간 차원의 교류는 김대중 정부에서 사실상 창구 단일화조치를 철회함으로써 더 적극적으로 추진될 수 있었다. 넷째, 정부 차원의 대북 지원의 탄력적 제공이다. 김대중 정부는 정부 차원의 지원을 위한 남북 간 회담과 이에 상응하는 북한의 성의를 기본적인 추진 방향으로 했으나, 엄격한 상호주의 대신 이를 탄력적으로 적용하여 인도적 지원은 지속적으로 추진하고 당국 간 협의가 요구되는 부분은 북한의 일정한 상응 조치에 따라 지원하는 방향으로 진행했다. 다섯째는 한반도 평화환경의 조성이다. 이는 경수로 지원 사업과 동시에 한반도 평화체제를 위한 토대를 구축하는 방향으로 진행되었다. 김대중 정부의 통일 정책의 또 다른 특징은 일관성이었다. 서해교전과 같은 군사적 충돌이나 긴장, 국내의 비판에도 불구하고 포용정책이라는 일관성을 유지했다. 남북정상회담뿐만 아니라 정치, 군사, 경제, 사회문화 등 다양한 분야에서의 교류를 통해 남북관계를 냉전에서 탈냉전의 교류, 협력의 관계로 바꿔놓았다고 할 수 있다(정영철, 2009: 73).

노무현 정부의 대북 정책은 김대중 정부의 햇볕정책의 계승이라는 측면에서 이해할 수 있다. 노무현 정부는 한반도의 평화를 정착시키고 남북공동번영을 추구함으로써, 평화통일의 기반조성과 동북아 경제 중심국가로의 발전 토대를 마련하는 전략적 구상으로서 '평화번영정책'을 제시하였다. 평화번영정책은 이전 김대중 정부의 대북화해협력 정책을 승계한 것으로서 특히 1992년 노태우 정부 시절에 합의한 남북기본합의서와 2000년 남북정상회담에서 합의한 6.15 남북공동선언의 정신을 계승하여 평화공존과 화해협력의 남북관계를 정착시키는 것을 우선적 목표로 하였다(박광기·박정란, 2008: 173). 대북 정책과 관련하여 노무현 정부는 다음과 같은 네 가지 원칙을 제시했다. 첫째, 남북한 간 대화를 통한 문제 해결이다. 둘째, 상호 신뢰 우선과 호혜주의이다. 셋째, 남북한 당사자 원칙에 입각한 국제협력이다. 이는 한반도 문제가 남북한의 문제이면서 동시에 주변국가의 문제라고 하는 이중성을 바탕으로 하고 있다. 넷째, 국민과 함께 하는 정책으로, 투명한 대북 정책의 추진을 들었다. 그리고 평화번영정책이라는 목표의 달성을 위해 북핵 문제의 평화적 해결, 한반도 평화체제 구축, 동북아 공동 번영 추구라고 하는 세 가지 추진 전략을 마련했다(이창헌, 2008: 79). 노무현 정부는 대북 정책을 남북관계의 수준을 넘은 지역 전반의 평화 공동 번영을 추구하는, 즉 '동북아 속의 한반도'라는 차원에서 운영하고자 했다. 대북 정책의 단계별 전략으로서는 '북핵 문제 해결과 평화 증진의 가속화', '남북 협력 심화와 평화 체제의 토대 마련', '남북 평화협정 체결과 평화 체제의 구축' 등 한반도의 평화를 구조적으로 실현하는 데 중점을 두었다. 노무현 정부 역시 독자적인 통일 방안을 제시하지 않았는데, 추상적인 통일 방안에 대한 논의보다 실질적인 남북관계의 개선과 발전이 보다 시급한 것으로 간주했기 때문이다. 하지만 이러한 대북 정책은 '화해, 협력 → 연합 → 통일국가'라는 3단계 통일 방안에 대한 기반 위에서 진행되었다. 또한 김대중 정부 시기의 6.15 공동선언에서처럼 노무현 대통령의 10.4 선언에서도, 그동안 상대방의 통일 방안을 적대시하던 태도에서 벗어나, 남한의 연합제와 북한의 '낮은 단계의 연방제'의 공통성을 지향하는 방법으로 통일하기로 합의했다는 점에서 선언적인 측면에서라도 그 의미는 크다고 할 수 있다(정영철, 2009: 75).

김대중, 노무현 정부에서 추진되어 온 화해, 협력을 강조하는 대북 정책은 보수적인 이명박 정부가 들어선 이후 크게 달라졌다. 이명박 정부는 지난 10년 동안 김대중-노무현 정부의 대북 포용 정책이 비효율적이고 실패했다는 기본 인식에 기초해 있다(성경륭, 2008: 289). 이전 두 정부에 대한 비판의 내용은 다음과 같다(허태회·윤황, 2010: 12-13). 우선 핵 문제 해결과 남북경협을 병행함으로써 북한의 핵개발을 저지하지 못했으며, 북한에 대한 일방적 지원이 김정일 정권의 붕괴연장뿐만 아니라 오히려 북한의 변화를 방해하는 등 북한의 변화를 이끌어 내지 못했다는 것이다. 또한 '대북 퍼주기'를 하면서 대북지원에 대한 분배 투명성도 확보하지 못했을 뿐만 아니라 국군포로 및 납북자 문제도 해결하지 못했으며, 국민적 합의 없이 무리하게 대북 정책을 추진함으로써 남남갈등만 증폭시키고 국민 통합에 실패했다는 점이다. 더욱이 한-미동맹을 남북관계에 종속시켰다는 것이다.

과거와 차별화하려는 이명박 정부의 대북 정책은 취임사에 밝힌 "비핵개방 3000 구상"으로 요약할 수 있다. 이는 북한이 핵을 포기하고 개방의 길을 택하면 남북 협력이 본격화될 것이며, 한국 정부와 국제사회가 함께 협력하여 10년 이내에 북한 주민의 소득이 3,000달러에 이르도록 돕겠다는 것이다. '비핵개방 3000 구상'은 그 뒤 2008년 7월 18대 국회 개원 연설을 통해 '상생공영'의 대북 정책으로 명명되었다. '상생공영정책'이란 비핵화를 통해 새로운 평화구조를 만들어내면, 개방 3000으로 요약되는 남북경제공동체의 확립, 그리고 이를 통한 상생, 공영의 남북관계를 만들어 가겠다는 것이다. 통일과 관련해서 2010년 광복절 경축사에서 이명박 대통령은 평화공동체, 경제공동체, 민족공동체의 건설이라고 하는 '3대 공동체' 통일구상을 밝혔다. 평화공동체는 비핵화와 군사적 긴장완화를 말하는 것이고, 경제공동체는 북한의 경제발전과 상생의 남북 경협, 그리고 민족 공동체는 궁극적인 통일의 상태를 말하는 것이었다. 그런 점에서 볼 때, '평화, 경제, 민족공동체' 건설을 통한 통일은 노태우 정부 이후 추진해 온 '민족공동체통일방안'의 연속선상에 있다고 할 수 있다.

비핵개방3000은 북한의 어려운 경제 사정을 감안하여 남한의 경제력 우위를 바탕으로 북한이 핵을 포기하도록 압박하여 굴복시키고 남한의 경제개발 경험을 북한에 전수하여 북한경제를 재편하겠다는 것이다. 이는 북한의 미래경제구조를 남한이 결정하겠다는 것으로 1972년 남북공동성명 이래 유지되었던 상호존중 정신을 위배한 것이라는 비판을 받았다. 또한 북한에게 핵은 체제와 국가안보 같은 것인데 북한을 개방시켜 국민소득 3천 달러를 만들어주겠다는 것은 북한으로서는 받아들일 수 없는 비현실적인 요구라는 비판도 제기되었다(김주환, 2010: 332). 이명박 정부 시기에 대북 관계는 사실상 단절되었다.

박근혜 정부 대북 정책의 핵심은 '한반도 신뢰 프로세스'였다. 이는 남북한이 신뢰를 형성하여 남북관계를 발전시키고 한반도 평화 정착과 통일 기반을 구축하자는 것이다. 한편, 2014년 3월 박근혜 대통령은 독일 드레스덴에서 '한반도 평화 통일구상'을 밝혔는데, 평화통일의 기반 구축을 위한 3대 제안으로 남북한 주민 간의 인도적 문제 해결, 남북한 공동번영을 위한 민생인프라 공동구축, 남북 주민 간 동질성 회복을 위한 노력을 제안했다. 이와 함께 신의주 등을 중심으로 하는 '남－북－중 협력사업' 추진 등 남북의 공동번영과 평화통일 기반조성을 위한 대북 3대 제안을 발표했다. 한편, 2014년 1월 신년기자 회견에서 '통일은 대박'이라며 '한반도 통일은 경제가 크게 도약할 기회'라고 말했다. 그 후 '통일 대박'은 유행어가 되었지만, 박근혜 정부 기간 중 남북관계는 오히려 매우 경직된 상태로 유지되었다.

박근혜 정부가 강조한 '한반도 신뢰프로세스'는 '신뢰'를 강조하고 있지만,

실제로는 북한에 대한 불신을 전제로 하고 있다. 남북관계는 불신의 관계인데 이렇게 된 것은 남북 간의 합의가 지켜지지 않았기 때문이며, 그 책임은 북한에 있다는 인식이 기저에 깔려 있다. 또한 '통일 대박'은 결과로서의 통일과 그로 인한 경제적 혜택이라는 막연한 기대만을 강조할 뿐, 과정으로서의 통일에 대한 논의는 배제되어 있다. 더욱이 통일 분위기는커녕 남북한 간 물적 교류조차 제대로 이뤄지고 있지 않은 상황에서의 제안이라는 점에서 그 진정성에 의문이 제기되었다(안문석, 2015: 193). 오히려 박근혜 정부의 대북 정책은 남북 간의 긴장을 높이는 방향으로 진행되었다.

문재인 대통령은 취임사와 2017년 7월의 베를린 선언에서 북한의 붕괴, 흡수통일, 인위적 통일을 추구하지 않겠다는 점을 분명히 했고, 평화적, 민주적 방식에 의한 통일을 강조했다. 문재인 정부 역시 별도의 통일 정책을 제시하지 않았으며, 통일은 남북한이 공존공영하면서 민족공동체를 회복해 나가는 과정으로 보았다. 그리고 통일은 평화가 정착되면 언젠가 남북 간의 합의에 의해 자연스럽게 이루어질 것으로 보았다. 따라서 문재인 정부는 평화와 번영을 강조했다. 북핵 문제의 평화적 해결, 정전체제를 평화체제로 전환하고, 7.4 남북공동성명, 남북기본합의서, 6.15 공동선언, 10.4 공동선언 등 기존의 남북 간 합의를 계승하고, 한반도 신경제공동체 구현을 추구하겠다고 선언했다. 문재인 정부 역시 김대중, 노무현 정부처럼 남북 간 화해 협력을 강조하는 대북정책을 펼쳤다. 문재인 대통령은 한국이 한반도 문제 해결의 당사자라는 점을 강조했지만, 북한은 남한보다 미국과 직접 상대하기를 원하면서 문재인 정부의 대북정책은 별다른 성과를 내지 못했다.

한편, 윤석열 대통령은 2024년 광복절 기념사에서 '통일 독트린'을 제시했다.

> 자유가 박탈된 동토의 왕국, 빈곤과 기아로 고통받는 북녘땅으로 우리가 누리는 자유가 확장되어야 합니다. … 자유의 가치를 북녘으로 확장하고 북한의 실질적인 변화를 끌어내는 데 우리가 더욱 적극적으로 나서야 합니다. … 자유 통일이 그들의 삶을 개선할 유일한 길임을 더 많은 북한 주민들이 깨닫고, 통일 대한민국이 자신들을 포용할 것이라는 믿음을 갖게 하면, 이들이 자유 통일의 강력한 우군이 될 것입니다.[5]

위의 내용에서 보듯이 윤석열 대통령의 연설 내용은 남북 간 화해, 협력을 전제로 하고 있기보다, 북한의 붕괴를 염두에 둔 것으로 보인다. 이른바 '통일 독트린'은 민주화 이후 제시된 대북 정책 이나 통일론 가운데 가장 노골적인 흡수 통합론이라고 할 수 있다.

하지만, 민주화 이후 노태우 정부에서 마련된 한민족공동체 통일 방안과 그것을 보다 구체화한 김영삼 정부의 민족공동체 통일 방안이 제시된 이후, 보수와 진보 정파 간 정권 교체와 남북관계의 변화에도 불구하고, 화해, 협력 → 남북 연합 → 통일이라는 3단계 통일 정책의 기조는 큰 틀에서 볼 때 유지되어 오고 있다.

3. 한국정치에서의 북한

(1) 반공주의

분단 이후 북한은 언제나 한국정치에 영향을 미친 중요한 행위자였다. 대외 관계나 군사 문제로 영향을 미쳤을 뿐만 아니라. 북한은 국내 정치에 영향을 미치는 중요한 요인이었다. 해방 이후 현재까지 남한과 체제와 이념을 달리하는 북한의 압력, 영향을 의미하는 북한 요인은 그 정도의 차이는 있으나 한국의 국내 정치에 영향을 미치고 있다. 말하자면 한국정치의 형성과 변모, 그리고 특수성을 결정짓는 가장 중요한 요인을 북한과의 대면으로 규정할 수 있다. 요컨대 한국정치와 북한의 존재는 긴밀한 연관을 지니고 상호 맞물려 있다(신종대, 2005: 102).

민주화 이전인 권위주의 시대에 북한은 반공이라는 이름으로 독재를 정당화하는 수단으로 활용되어 왔다. 물론 북한 역시 미국과 남한에 대한 적대감으로 억압적 통치를 정당화했다. 즉, '뿔 달린 괴물 이미지'와 '미제의 괴뢰 이미지'가 상호 교차하면서 남과 북의 사람들은 상대방을 민족이라기보다 타도해야 할 적으로 간주하는 데 익숙했다. 남북한 당국은 상대방과의 적대관계를 내부의 정권유지와 정적 탄압에 유용한 전가의 보도로 활용했다. 정권에 반대하는 세력과 체제 불만 세력들은 곧바로 적대하고 있는 상대방과 내통한 세력으로 매도되었고 이는 반체

5 https://www.dt.co.kr/contents.html?article_no=2024081502109958038010

제 세력으로 낙인 찍혀 정치적 탄압을 받기 일쑤였다(김근식, 2013: 280).

남한에서 북한은 반공주의의 강조를 통한 통치의 정당성 확보의 수단으로 활용되었다. 1948년 정부 수립 이후 자유민주주의는 분단 한국에 존재 이유, 곧 국가 정체성을 부여하는 핵심적 이념이었다. 이때의 자유주의는 개인의 자유와 권리를 부정하는 공산체제의 전체주의와 대비되는 이념적 대립물이었다. 말하자면 한국의 자유주의는 반공의 파생어였다. 이로 인해 자유민주주의를 지키기 위해 반공을 해야 한다는 것이 지나치게 강조됨으로써 급기야는 반공을 위해 자유민주주의를 제한할 수 있다는 전도된 논리가 제시되었다(신종대, 2005: 107).

이승만 대통령은 반공을 자신의 통치 기반을 강화하는 데 활용했다. 1948년 여순사건 발발 이후 이승만 정권은 국가보안법을 제정했다. 국가보안법은 1948년 12월 1일 일본 총독부의 치안유지법을 기초로 하여 제정되었다. 그러나 국가보안법은 권력에 대한 비판을 막는 억압적인 통제 수단으로 악용되었다. 국가보안법을 통해 임의적인 사법 권력을 행사할 수 있게 되었고, 국가 이념이 무엇인지를 국가가 사실상 독점적으로 해석하는 권한까지 갖게 되었다. 그리고 이를 통해 정치적 반대자나 적대 세력을 공산주의로 몰아 탄압, 제거하는 수단으로 사용되었다(전재호, 2016: 59-60). 국가보안법은 북한이나 외부의 적에 의한 국가의 위협이 아닌, '국헌을 위배한' 내부의 '적'을 통제하기 위한 목적으로 제정되고 활용되었다(김동춘, 2011: 345).

1949년 6월에는 진보적 소장파 의원들을 '평화통일'을 주장했다는 이유로 국가보안법 위반으로 구속했다. 이들 소장파 의원들의 몰락과 함께 반민특위는 곧 해체되고 말았다. 또한 1952년 이승만의 집권 연장을 위한 부산정치파동 때는 공비 잔당 소탕이라는 명분으로 5월 25일 계엄령을 선포했고, 그 다음날에는 직선제 개헌에 반대하는 국회의원 10여 명을 국제공산당 관련 혐의로 체포했다. 이와 같은 공포 분위기 속에 대통령 직선제 개헌안은 통과되었다. 1956년 대통령 선거에서 200만 표 이상 득표하면서 이승만의 경쟁자로 떠오른 조봉암과 그가 속한 진보당의 주요 인사들은 북한과 내통해 국가변란을 기도했다는 국가보안법 혐의로 1958년 구속되었고, 조봉암은 여기에 간첩죄까지 더해져 이듬해 사형에 처해졌다. 1960년 3.15 부정선거에 대한 마산 시민과 학생들의 3.15 마산 의거 이후 4월 11일 고등학생 김주열이 눈에 최루탄이 박힌 채 마산 앞바다에서 떠오르면서 2차 마산의거가 발생했는데, 이승만은 이에 대해 내무부, 법무부, 국방부로 '대공 3부 합동수사위원회'를 구성하여 '적색 분자들의 준동 혐의를 과학적으로 수사할 방침'이라고 발표했고 이승만은 4월 15일 직접 담화를 발표하며 마산 시위가 '공산주의자들에 의해 고무되고 조정된 것'이라고 비판했다(강원택, 2015: 62). 이처럼 이승만 정권하에서 정권에 대한 반대자들은 모두 '빨갱이'로 매도되었고 국가보안법은 이들을 억압하는 법적 장치가 되었다.

박정희는 민주적으로 수립된 정부를 군사력을 무너뜨린 1961년 군사 쿠데타의 명분을 반공에서 찾았다. 이와 함께 '용공 분자를 색출'하는 작업에 들어갔다. 5월 19일 5.16 이후 첫 기자회견에서 '용공 및 혁신을 빙자하는 친용공분자' 930명을 구속했다고 발표했고, 22일에는 용공분자 2014명을 검거했다고 발표했다. 제2공화국 당시 평화통일운동을 전개했거나 데모규제법, 반공특별법 등 이른바 '2대 악법' 반대 운동을 했으면 무조건 용공으로 검거되었다(강준만, 2004: 323-324). 박정희는 제2공화국 당시 '북한괴뢰와의 협상론,' '남북 경제, 문화교류 또는 남북 연합국가론'을 모두 '공산주의자의 농간'으로 간주하며 통일운동을 전개했던 혁신계를 제거했던 것이다(전재호, 2016: 67). 이때 혁신계를 대표하는 민족일보 사장이었던 조용수도 '북한 괴뢰 집단이 주장하는 평화통일을 선전'했다는 이유로 구속되어 사형되었다.[6] 이와 함께 1961년 7월 3일에는 반공법을 제정했다. 국가보안법의 존재에도 불구하고 반공법을 제정한 것은 '국시로서의 반공'을 부각하려는 의도가 있었다. 이처럼 박정희는 군사 쿠데타의 정당성을 반공에서 찾았다.

한편, 박정희는 1972년 10월 유신을 선포할 때도 북한을 이용했다. 1972년 7.4 공동성명의 발표와 함께 통일에 대한 기대가 높아진 상황에서 박정희는 유신체제를 선포했다. 박정희는 '열강의 세력 균형 변화와 남북한 간의 사태 진전에 따른 평화 통일과 남북 대화를 추진할 주체가 필요한데, 현행법령과 체제는 냉전 시대의 산물로서 오늘날의 상황에 적응할 수 없으며, 대의기구는 파쟁과 정략의 희생이 되어 통일과 남북대화를 뒷받침할 수 없으므로 부득이 비상조치로써 체제 개혁을 단행한다'[7]고 주장하며, 분단에 기인한 안보 위협과 남북대화

6 "박정희의 첫 희생양: 민족일보 사장 조용수의 흔적을 찾다." 민주화운동기념사업회(2016. 12. 11). http://www.kdemo.or.kr/blog/location/post/1283

를 유신 선포를 정당화하는 논리로 제시했다. 자유민주주의 체제를 부정한 유신 체제에 대해 종교계, 재야, 대학, 언론 등 사회 각 부문에서 이에 대한 저항이 터져 나오기 시작했는데, 박정희는 국민총화, 총화단결, 총력안보태세 강화 등 반공 안보 담론을 내세우고 긴급조치를 통해 이를 억압했다. 1974년 민청학련 사건에 대해 '공산주의 사상을 가진 학생들을 주축으로 한 정부를 전복하려는 불순 반정부 세력'으로 규정하고 인혁당 재건위가 그 배후에서 조정했다고 발표했다. 이 사건에 대해 박정희 정권은 국가보안법과 긴급조치 위반 등을 적용하여 인혁당 재건위 관련자 8명에 대해 사형을 집행했다. 박정희 권위주의를 정당화하는 수단 역시 분단과 반공이었다.

박정희 사후 전두환을 중심으로 한 신군부가 1979년 12.12 군사반란을 통해 군부 내 실력자로 떠올랐고 1980년 5월 17일 계엄을 전국으로 확대하면서 실질적인 정치권력을 장악했다. 이후 광주에서의 민주화 운동을 군을 투입하여 강제로 억눌렀는데 당시 전두환 세력은 광주의 시민들의 항쟁을 북한의 사주에 의한 폭도로 몰고 또한 북한의 특수군이 개입한 것으로 몰아가려고 했다. 전두환은 1961년 박정희에 의해 만들어진 반공법을 흡수 통합하여 국가보안법으로 단일화했다. 전두환 정권에 대한 저항이 거셌고 또한 1980년대는 사회변혁에 대한 사상, 노선을 둘러싼 운동권 내의 논쟁도 적지 않았다. 이러한 저항 운동의 조직화에 대해 전두환 정권은 국가보안법을 적용해 반대를 억눌렀다. 1981년부터 1987년 사이에 1,512명이 국가보안법 위반으로 재판에 기소되었으며 그 가운데 13명이 사형, 28명이 무기징역을 받았다.[8]

이처럼 국가보안법의 탄생 배경은 물론이고 그것이 지속되어 온 이유도 북한의 위협보다 실제로는 내부의 정치적 반대세력을 제압하는 데 더 활용되었고, 전쟁논리에 기반한 법과 안보위기라는 명분 위에서 군, 수사 정보기관, 검찰이 막강한 권력을 행사해 온 것이다(김동춘, 2011: 348-349). 1948년부터 마지막 사형 집행이 이뤄진 1997년까지 국가보안법 위반으로 사형 당한 사람은 230명에 달하고, 여기에 반공법 위반 11명, 대통령 긴급조치위반 8명까지 더하면 이 시기 사형 집행된 919명 중 27%가 사상과 양심의 문제로 사형에 처해졌다.[9]

---

7 http://blog.ohmynews.com/kimsamwoong/tag/%ED%9E%88%ED%8B%80%EB%9F%AC

8 http://www.yangsimsu.or.kr/xe/?mid=gukbo_history

민주화 이후에는 적법한 선거 경쟁을 통해 권력을 잡은 대통령이 반공을 통치의 정당성으로 삼을 필요가 없게 되었다. 그러나 분단 상황과 북한과의 적대적 관계, 그리고 대북 접촉의 국가 독점 상황에서는 민주화 이후에도 여전히 북한은 한국정치의 중요한 행위자로 남아있다. 더욱이 반공주의는 국가보안법을 통하여 법적으로 제도화되어 있고 대북 관련이나 이념적 사안에 대해서 반공주의적 관점이 이데올로기적 헤게모니를 지니면서(권혁범, 1998: 8), 사상적, 이념적인 통제기제로 작용해 왔다. 노태우 정부 시기에 정부 허가 없이 방북한 문익환, 황석영, 임수경 등의 경우부터 2014년 박근혜 정부 시기에 헌법재판소가 통합진보당을 해산한 것 모두 국가보안법의 적용 사례이다.

국가보안법이 아니더라도 북한은 한국정치에서 중요한 영향을 미친다. 과거 선거 무렵에 발생한 이른바 '북풍(北風)'이 그 예가 될 수 있다. 선거를 앞두고 북한과 관련된 안보적 위협이나 군사적 불안감 등 유권자의 투표 결정에 영향을 미칠 수 있는 북한 관련 이슈를 북풍이라고 부른다. 1987년 대통령 선거 당시 대한항공 폭파사건과 선거 전날 폭파범 김현희의 서울 압송, 1992년 대선을 앞둔 10월 '남로당 이후 최대 간첩단 사건'이라는 조선노동당 중부지역당 사건 발표와 김대중 후보 비서의 연루설, 1996년 국회의원 선거 직전 북한군의 비무장지대에서의 군사적 도발행위, 1997년 대선을 앞두고 북측에 총격이나 무력시위를 요청한 이른바 '총풍 사건', 2000년 국회의원 선거를 사흘 앞두고 나온 남북 정상회담 발표, 2002년 대선 무렵 제2연평해전과 2차 북핵 위기 등이 그 예가 될 수 있다. 2010년 지방선거를 앞두고 천안함 침몰 사건이 발생했고, 이명박 대통령은 전쟁기념관에서 대국민담화를 했다. 이 역시 북한 변수를 선거에 활용하기 위한 것이었다. 2012년 대통령 선거에서 박근혜 후보 측이 노무현 전 대통령이 북방한계선(NLL)을 포기한다는 발언을 했다는 의혹을 제기한 것 역시 북풍을 활용하려는 전략이었다. 정치적 쟁점이나 갈등이 생길 때 이를 '종북(從北)'으로 몰고 가는 것 역시 북한을 국내 정치적으로 활용하는 것이다.

사실 분단 이후 초대 이승만 정부를 비롯한 역대 정부는 통일 및 대북 정책을 통일이나 남북관계의 개선을 위한 정책보다는 정권의 정당성 강화나 반대 세력을 억압 내지 무력화시키는 상징기제로 활용해 왔다. 재야 세력도 권위주의

---

9 한겨레신문(2009. 10. 11) http://www.hani.co.kr/arti/politics/politics_general/381327.html

정권의 반공, 안보 논리를 약화시키기 위해서 현실과 유리된 '통일 만능주의'라는 상징 기제를 이용했다. 즉 통일이나 대북 정책과 관련된 논의의 핵심이 체제 논쟁 또는 이념 논쟁과 같은 일종의 정치 게임의 성격을 띠고 있었다는 것이다. 따라서 정도의 차이는 있지만 집권 세력이든 재야 세력이든 간에 통일 및 대북 정책에 관한 한 일정한 국내 정치적 제약으로부터 자유로울 수가 없었다(최완규, 2003: 120). 그러나 민주화 이후에도, 굳이 국가보안법이 아니더라도, 북한을 정치적으로 활용해 온 것은 반대 정치세력을 반공의 논리 속에 묶어두면서 자기의 지지세력을 결집시키기 위한 정파적 이해관계를 위한 것이었다. 그리고 그것은 안보와 북한 이슈를 둘러싼 한국 사회의 이념적 갈등과도 긴밀하게 연계되어 있다.

(2) 이념 갈등

민주화 이전의 북한 변수가 국가 권력과 관련된 반공주의와 그에 기반한 법적 장치인 국가보안법에 집중되어 있었다면, 민주화 이후에 북한 변수는 시민 차원에서 보다 두드러지게 나타났다. 반공주의와 관련된 정책적인 측면, 곧 대북 정책, 대미 관계, 국가보안법의 개폐 여부, 북한 지원 문제 등이 개별 시민의 이념적 입장에 따라 커다란 시각의 차이를 보였고, 더욱이 이러한 이념적 요인이 정파적 지지나 선거에서의 투표 결정에 큰 영향을 미치게 되면서 정치적으로 주목 받게 되었다. 더욱이 정파 간 정권교체가 일반화되면서 대북 정책 등 실제 정책 추진을 둘러싸고 시민사회 내에서 심각한 이념 갈등이 발생하기도 했다. 이를 두고 남한 사회 내부의 갈등, 남과 남의 갈등 곧 '남남갈등'(손호철, 2004)이라고 부르기도 했다.

사실 정치적, 사회적 갈등은 어느 사회에나 존재하는 것이다(이하 강원택, 2004d). 다만 립셋과 로칸(Lipset and Rokkan, 1967)이 지적한 대로 그러한 갈등의 패턴은 각 사회가 겪어온 역사적 경험과 불가분의 관계를 가질 수밖에 없다. 그러한 정치적 갈등은 사회적인 균열(cleavage)을 반영하는 것이며 또한 균열은 정당 체계 형성에 영향을 미친다. 일반적으로 이념은 종종 보수－진보라는 이분법적인 형태로 해석되고 있지만 보수와 진보가 담고 있는 속성은 다양하다. 이념적 속성 가운데 가장 많이 논의되는 것은 역시 좌우(left–right) 개념이다. 좌우의 개념은 종종 폭넓은 의미로 정의되고 있지만 이 구분은 경제적 가치의 배분과 보다 관련된 것으로 보아야 할 것이다. 흔히 평등과 효율, 국가와 시장, 분배와 성장, 노동과 자본 등으로 양분되는 개념으로 유럽의 주요 민주주의 국가의 정당 체계의 기본 토대가 되고 있다. 영국의 보수당과 노동당, 독일의 기민/기사연립과 사민당 등이 이러한 좌우 대립의 예가 될 수 있다. 자본주의와 사회주의적 가치의 대립이며 근대 산업 사회의 산물로 계급정치적 속성을 지니는 것으로 좌우 이념을 정의할 수 있다.

두 번째로 들 수 있는 이념의 속성은 권위주의(authority) 대 자유지상주의(libertarian)의 대립이다. 여기서 보수적 입장은 인간 이성에 대한 불신, 전통적 가치와 관행의 중시를 특징으로 하는데, 이에 따라 법과 질서를 강조하고 권위와 전통을 강조하는 시각이다. 종교적 가치나 전통적 가치를 강조하고 위계 질서를 중시하고 사회적 질서, 범죄예방을 위한 엄벌을 선호한다. 자유지상주의(libertarian)로 불리는 다른 쪽에서는 사회적 질서보다 개인의 자유와 인권을 강조한다. 사회적 약자에 대한 정치적, 사회적 평등을 강조하며 정치 참여를 중시하는 입장이다. 또한 표현의 자유를 중시하여 영화나 창작물에 대한 검열이나 규제에 반대하며 동성애 등에 대해서도 관대한 입장을 취하며, 정치적 의사를 표현하고 정부에 압력을 행사하기 위한 집회 등 정치 참여에도 적극적이다.

이념 차원의 세 번째 구분은 잘 알려진 탈근대적(post–modern) 가치와 관련된 것이다. 잉글하트(Inglehart, 1977)는 경제적 풍요와 평화의 시기를 보낸 새로운 세대의 출현으로 서구에서 물질적 가치의 배분을 둘러싼 계급갈등, 계급균열로 설명할 수 없는 새로운 가치를 추구하는 집단이 생겨나게 되었고 그것이 녹색당과 같은 새로운 정당이 출현할 수 있는 배경이 되었다고 보았다. 이러한 탈물질적, 탈근대적 가치는 환경, 인종, 동물보호, 반핵 등 여러 가지 새로운 정치적 쟁점을 둘러싸고 새로운 균열 축을 형성하게 되었다.

이상의 세 가지는 정도의 차이는 있을 수 있으나 어느 나라에도 적용이 가능한 일반적이고 보편적인 특성을 갖는 이념의 차원이다. 그런데 우리나라에서는 이 외에 반공이데올로기를 둘러싼 이념 갈등이 나타나고 있다. 이는 한국 사회의 특수한 역사적 경험과 관계가 있다. 현실 정치와 관련해서 이와 같은 이념 갈등은 대북 정책을 둘러싸고 자주 나타났지만, 사실 그것 이상의 보다 포괄적인 가치관의 문제 또한 개입되어 있다. 즉, 대북 정책과 대미 관계, 국가보안법 개폐 등의 이슈에 대한 태도의 차이는 단순히 정책적 대안을 둘러싼 선호의 차이로 인해 생겨난 문제가 아니라 근본적인 가치관의 차이를 반영하고 있다는 것이다. 보수는 반공이데올로기의 유지와 존속이 필요하다는 입장인 반면 진보는 그것이 폐기되거나 근본적으로 바뀌어야 한다는 입장이라고 요약할 수 있다. 사실 반공주의는 해방 이후 한국사회를 지배해 온 핵심적 갈등 구조로 갈등의 전선과 구조에 있어 가장 폭넓고 뿌리 깊게 우리 사회 속에 자리 잡아 왔다(윤성이, 2006: 168).

최근까지 한국정치에서 이념 갈등은 그렇게 부각되지 않았다. 그 중요한 원인은 해방 이후 정치를 주도해 온 주요 정당들이 모두 보수 정당들이었기 때문이다. 따라서 정치적 갈등은 주로 절차적 민주주의의 확립에 관한 것이었다. 민주화 직후 지역주의 균열이 터져 나왔지만 그 역시 보수 정당들 간의 갈등이었다. 한국정치에서 이념 갈등이 생겨나게 된 일차적 요인은 역시 '북한'이다. 즉 남남갈등의 출발점은 대북 정책의 급격한 변화가 생겨났던 시점과 맞물려 있다. 한국 사회에서 대북 정책을 둘러싸고 이념 갈등이 본격적으로 부각되기 시작한 것은 김대중 정부 시기부터라고 할 수 있다. 김대중 정부하에서 대북 유화정책인 햇볕정책을 펴면서 대결과 적대감을 전제로 한 그 이전의 대북 정책으로부터 근본적으로 변화된 정책을 전개해 나갔기 때문이다.[10]

그러나 한국 사회에서 이념 갈등의 문제가 본격적으로 부각되기 시작한 것은 2002년 대통령 선거를 거치고 난 이후의 일이다. 2002년 대선과정에서 강한 보수 이미지를 갖는 이회창 후보와 대미 관계의 변화를 공언하고 스스로 진보적이라고 밝힐 정도로 진보의 이념적 정체성을 분명히 한 노무현 후보의 등장

---

10 그 이전인 김영삼 정부 시기에도 대북 정책을 둘러싼 갈등이 있었다.

> 김영삼 정부의 출범과 더불어 야기된 첨예한 보혁 갈등은 대북 정책과 통일정책을 둘러싸고 나타났다. 대북 정책과 관련하여 대립하게 된 보수세력과 진보세력의 입장은… 친미성향과 민족주의 성향, 혹은 흡수통일 찬성론과 흡수통일 반대론, 혹은 대북 채찍론과 당근론, 강경론과 온건론 혹은 '강풍론'과 '햇볕론' 등으로 나누어질 수 있다(박효종, 1999:128).

그러나 이 시기에 대북 정책을 둘러싼 갈등은 통치 엘리트 수준에서 일어난 일이며 일반 국민들에게까지 폭넓게 이념 갈등으로 번졌다고 보기는 어렵다.

과 함께 이념 갈등이 본격화되기 시작했다. 여기에 대선 과정 중 터져 나온 미군 장갑차 사건과 이에 대한 대규모 촛불집회 등이 우리 사회의 이념 공방이 가열되도록 한 주요한 원인이었다(강원택, 2003b: 326−331). 노무현 후보가 '반미가 뭐가 나쁘냐' 식의 '도발적' 표현을 통해 지역 균열을 대신할 이념 균열을 정치적으로 동원했고, 이에 대해 젊은 시절 진보 이념에 익숙했던 이른바 '386세대'와 20대가 여기에 호응하면서 '북한'을 매개로 하는 이념 갈등이 2002년 선거에서 매우 중요한 영향을 미쳤다. 실제로 2002년 대선 과정 이후 생겨난 우리 사회의 이념 변화의 특성은 <표 10−1>에서 확인할 수 있다.

표 10-1 유권자의 이념 성향 비율변화 추이

	2002. 1.	2002. 8	2002. 10	2003. 1	2004. 6.
진보	21.4	28.6	31.5	34.0	32.2
중도	49.5	33.0	32.8	34.8	24.9
보수	28.5	38.4	35.7	31.3	43

응답자의 자기이념평가(self−placement)에 기초한 결과임[11]

대선이 본격화되기 이전인 2002년 1월 조사에는 전체 응답자의 거의 절반 정도가 스스로를 중도라고 평가하고 있다. 그러나 대선을 두 달 앞둔 2002년 10월이 되면 보수, 중도, 진보가 거의 1/3씩으로 변화하고, 17대 국회의원 선거 이후인 2004년 6월 조사에서는 중도는 크게 줄어들고 보수와 진보로 이념적 극화(polarization)가 일어났음을 알 수 있다.

2002년 대통령 선거 이후의 각종 선거에서 이념은 유권자들이 지지정당, 지지후보를 선택하는 중요한 요인이 되었다. 한국 선거에서 보수와 진보의 이념적 갈등은 특히 대북 지원, 국가보안법 폐지 등과 같은 반공주의의 영향이 지속적으로 확인되었다(강원택, 2003b, 2004d, 2005b; 김주찬·윤성이, 2003; 김무경·이갑윤, 2005; 이현출, 2005b; 박원호, 2012; 조성대, 2015). 이러한 이념적 갈등의 한 가지 원인은 해방 이후 국가 건설 과정에서 나타난 역사적 갈등과 균열에서 기인한다(강원택, 2011c). 즉 대북 정책은 이중적 속성을 동시에 지니고 있다. '민족 중심적 시각'으로 보면 북한은 우리 민족의 일원으로서 포용과 공존의 대상이지

11 2002. 1 (한국정당학회·중앙일보), 2002. 8/2002.10/2003.1 (중앙일보), 2004. 6 (한국정치학회·중앙일보) 조사자료.

만, '국가 중심적 시각'을 중시하면 북한은 대한민국이라는 국가에게 최대의 위협을 가하는 극복 내지 타도의 대상이기 때문이다. 이런 시각에서 보면 안보와 화해 협력을 병행시키는 것은 어렵다(최완규, 2003: 133). 이러한 상황 인식의 이중성 때문에 대북 관계는 국내 정치적으로 큰 갈등을 일으키게 되는 것이다.

또 한편으로는 정치권의 '편향성의 동원(mobilization of bias)'에 의한 영향도 있다. 편향성의 동원이란 사회의 중심 갈등을 억압 또는 대체하기 위해 특정 갈등을 부각하고 그에 따라 정치 참여를 동원하는 것을 말한다(Schattschneider, 1977). 이러한 갈등에 대한 편향성의 동원을 통해 정치적 지지를 이끌어내려는 것이다 (윤성이, 2006: 178). 이에 따라 대북 정책에 대한 지지는 특정 정파에 대한 호오에 따라서 결정되는 모습을 보여 왔다. 즉, 국내정치 문제가 대북 정책 및 대미 정책에까지 여과 없이 그대로 투영되어, 국내정치 – 남북관계 – 한미관계가 동일선상에 배열되고 상호 연관 속에서 인식하게 되는 것이다. 이런 상황에서 대북 정책에 대한 찬반, 그리고 그로 인한 남남갈등은 정책 그 자체의 문제보다 정파적 동원의 구실로 이용되어 왔다(신종대, 2013: 13).

대북 정책을 둘러싼 시각의 차이가 과도한 이념적 갈등이나 정파적 양극화로 이어지는 것은 바람직한 일이라고 보기 어렵다. 북한 이슈를 둘러싼 이념적 갈등은 그동안 우리 사회의 통합을 저해했고 불필요한 감정적 대립으로 합리적이고 이성적인 대북 정책의 추진을 어렵게 했다. 그러나 최근 들어서는 대북 문제나 통일에 대한 인식에 변화가 생겨나고 있다. 북한의 핵실험이나 미사일 발사 등이 북한을 바라보는 인식의 변화에 영향을 미치고 있지만, 보다 중요한 점은 젊은 세대의 북한에 대한 인식의 변화이다. 그동안 대북문제는 단순한 정책 사안이 아니라 이념과 세대 간 갈등 요인이 되어 왔다(Kang, 2008).

그러나 북한과 통일에 대한 인식이 크게 달라지면서 예전에 비해 이념 갈등은 약화했다. 서울대학교 통일평화연구원의 2024년 통일 의식 조사를 보면, '통일이 필요하다'는 응답은 36.9%, '필요하지 않다' 35.0%, '반반/보통이다' 28.1%였다. 19–29세의 경우 통일이 필요하다는 응답이 22.4%, 필요 없다는 응답이 47.4%, 그리고 반반/보통이라는 응답이 30.2%였다. 30대도 비슷한 패턴을 보이는데 '필요하다' 23.9%, '필요없다' 45.0%, 그리고 '반반/보통이다'가 31.1%였다(김범수 외 2024: 30–34). '반반/보통이다' 역시 유보적이거나 부정적인 태도를 의미한다고 보면, 전체 응답자의 63.1%가 통일에 대해 유보적이거나 부정적인 태도를 보였다. 19–29세 집단에서 이 비율은 77.6%, 30대는 76.1%에 달한다. 이로 인해 선거에서 대북정책이나 북한 이슈가 갖는 영향력도 감소했다. 2020년 대통령 선거 전 북한이 잇단 미사일 발사를 했지만 북한 이슈가 투표 결정에 미치는 영향은 미미한 것으로 나타났다(강원택, 2022b). 따라서 격렬한 이념적 갈등을 보였던 대북 정책 등 반공주의적 요소가 향후에도 이념적, 정파적 갈등에 지대한 영향을 미칠 것인지 지켜볼 필요가 있다.

이념과 관련된 또 다른 변화의 요인은 안보, 반공주의뿐만 아니라, 최근 들어 복지 정책, 증세 문제 등 구체적인 경제 사안에 대한 이념적 차이가 보다 분명해지고 있다는 점이다. 특히 젊은 유권자들 사이에서 경제적 측면에서의 이념적 차이가 증대하고 있다(강원택·성예진, 2018). 이와 함께 이전까지 이념적 차이가 주로 세대, 지역의 차이에 기반을 두었다면, 최근 들어서는 재산 등과 같은 계층적 측면에서의 차별성이 확인된다는 점에서 이념 갈등의 새로운 변화도 나타나고 있다(강원택, 2017b; 김수인·강원택, 2022).

4. 소결

이상에서 논의한 대로 분단 이후 북한은 한국정치에 영향을 미치는 매우 중요한 요소였다. 과거 권위주의 체제 하에서는 반공주의와 국가보안법을 통한 억압적 요인으로, 그리고 민주화 이후에 북한 요인은 선거 정치나 정당 정치를 통해 유권자들 간 이념적 갈등을 불러일으키면서 한국의 국내정치에 지속적으로 큰 영향을 미쳐 왔다. 세대적 변화와 북한의 핵 개발이 향후 대북정책이나 반공주의를 중심으로 한 이념 갈등에 어떤 변화를 가져올지 지켜볼 필요가 있다.

또 한 가지 지적할 점은 정권 교체에 따라 대북 정책의 기조가 크게 달라졌고 명칭이나 관심의 정도에서도 차이가 있었지만, 실제로 통일 정책은 노태우 정부 이후 화해, 협력 → 국가 연합 → 통일국가라고 하는 3단계 방식에 대한 일관된 입장을 취하고 있다는 점이다. 북핵 등 현안에 대한 대처 방식의 차이에 따라 현상적인 대북 정책의 변화가 나타나더라도, 통일 정책에서 이처럼 합의를 이뤘다는 점은 긍정적으로 평가할 수 있다.

마지막으로 지적할 점은 통일의 필요성에 대한 국민적 합의에 대한 것이다. 분단 이후 통일은 마땅히 성취해야 할 국가적 목표로 폭넓게 받아들여졌지만, 최근 들어서는 통일의 필요성에 대해 회의를 갖는 이들도 적지 않게 존재하다. 특히 젊은 세대에서 통일에 대한 회의론이 강하게 존재한다. 기존의 남남갈등은 통일이라는 합의된 목표를 두고, 한 쪽에서는 남북 간 교류협력을 통한 통일 방안을, 다른 한 쪽에서는 압박과 고립에 의한 체제의 붕괴 방식의 통일을 선호하는 방법론의 차이를 반영한 것이라고 할 수 있다. 최근 나타나고 있는 통일의 필요성에 대한 세대 간 인식의 차이는 기존에 경험하지 못한 새로운 변화이다. 그런 점에서 이념적, 선언적 형태의 대북정책보다 통일에 대한 우리 사회의 새로운 합의를 만들어 나가려는 노력이 중요하다.

특히 북한 김정은 국무위원장이 2023년 12월 두 개의 적대적 국가 간의 관계로 남북한을 규정한 만큼 통일에 대한 의지나 노력은 우리에게 더욱 중요한 과제가 되었다. 규범적이거나 당위적인 차원보다 현실적 관점에서 통일은 우리에게 어떤 의미인지, 그리고 통일은 어떻게 이뤄내야 할지에 대한 사회적 합의를 이뤄내려는 폭넓은 논의가 필요해 보인다.

참고문헌

가상준. 2010. "국회 원 구성." 의회정치연구회. 『한국 국회와 정치 과정』. 오름, 131-154.

감사원. 2012. 「감사원이 바라본 지방자치」. 감사원.

강명구. 2009. "한국의 분권과 자치: 발전론적 해석." 『지방행정연구』 23(3), 3-23.

강 민. 1988a. "관료적 권위주의의 한국적 생성." 『한국정치학회보』 17, 341-362.

강 민. 1988b. "한국의 국가역할과 국가기구: 국가구조의 재생산과정을 중심으로." 『한국정치학회보』 22(2), 7-31.

강병익. 2010. "한국의 민주화와 정당 정치: 87년 '6월 항쟁'에서 '국민의 정부'까지." 한국정치연구회 편. 『다시 보는 한국 민주화 운동: 기원, 과정, 그리고 제도』. 선인, 171-207.

강병익. 2009. "정당체계와 복지정치: 보수-자유주의 정당체계에서 열린우리당과 민주노동당의 복지정치를 중심으로." 『기억과 전망』 20, 109-146.

강예은·황아란. 2018. "광역의회의 여성 정치대표성과 여성후보의 당선경쟁력." 『여성학연구』 28(1), 185-214.

강원택. 2025. "2024~25년 비상계엄-탄핵 사태와 한국 대통령제." 강원택·서정건·장영수·성낙인·염재호·최장집. 『적대정치 청산과 개헌을 말하다: 한국 민주주의 구출하기』. 나남, 20-57.

강원택. 2024. 「제5공화국」. 역사공간.

강원택. 2022a. "민주화 이후의 '제왕적' 대통령." 송호근 외. 『시민정치의 시대: 한국 민주화 35년, '대권'에서 '시민권'으로』. 나남, 65-100.

강원택. 2022b. "2022년 대통령 선거에서의 이슈: 문재인 정부 부동산 정책 평가를 중심으로." 강원택 편. 『2022 대통령 선거와 한국 정치: 정권심판론, 세대 갈등, 정치 양극화』. EAI, 3-33.

강원택. 2022c. 『국가는 어떻게 통치되는가: 대통령제, 내각제, 이원정부제』. 인간사랑.

강원택. 2018. “[강원택의 퍼스펙티브] 비서실 중심 국정운영, 제왕적 대통령 우려된다.”『중앙일보』(2018. 6. 28). https://news.joins.com/article/22754042.

강원택. 2018a. “한국 정당 정치 70년: 한국 민주주의 발전과 정당 정치의 전개.”『한국정당학회보』 17(2), 5-32.

강원택. 2018b. “한국 민주주의와 지방 분권: 성공을 위한 제도적 고려사항.”『한국과 국제정치』 34(1), 25-49.

강원택. 2018c. “한국정치의 개혁 과제와 정당.” 윤영관 편.『21세기 한국정치외교의 도전과 과제』. 늘품, 111-142.

강원택. 2017a. “87년 헌법의 개헌과정과 시대적 함의.”『역사비평』 119 (여름), 12-37.

강원택. 2017b. “2017년 대통령 선거에서의 보수 정치 : 몰락 혹은 분화?”『한국정당학회보』 16(2), 5-32.

강원택. 2017c. “군의 탈정치화와 한국의 민주화.” 강원택 편.『대한민국 민주화 30년의 평가』. 대한민국역사박물관, 75-111.

강원택. 2017d. “한국의 민주화와 노태우 정부.” 강원택 편.『6.29 선언과 한국 민주주의』. 푸른길, 9-27.

강원택. 2016a.『어떻게 바꿀 것인가: 비정상 정치의 정상화를 위한 첫 질문』. 이와우.

강원택. 2016b. “쟁점 부재의 선거에서의 투표 선택: 2016년 국회의원 선거를 중심으로.”『한국정치연구』 25(3), 109-133.

강원택. 2015a.『대한민국 민주화 이야기: 민주화를 향한 현대한국정치사』. 대한민국역사박물관.

강원택. 2015b. “'87년 체제와 민주화추진협의회.” 강원택·조성대·서복경·이용마.『한국의 민주화와 민주화추진협의회』. 오름, 13-48.

강원택. 2015c. “통일국민당: 아산의 창당과 한국 정당사에서의 의미.” 김석근 외.『아산, 그 새로운 울림: 미래를 위한 성찰: 나라와 훗날』. 푸른숲, 187-236.

강원택. 2015d. “2014년 지방선거에서 이슈의 영향: 세월호 사건을 중심으로.” 강원택 편.『2014년 지방선거 분석』. 나남, 15-36.

강원택. 2015e. “제한적 정당 경쟁과 정당 활동의 규제.”『한국정당학회보』 14(2), 5-32.

강원택. 2015f.「87년 체제를 넘어서: 새로운 정치 질서의 모색」. 미래한국재단 연구보고서 14-03.

강원택. 2014. "총론: 지방자치를 보는 시각." 강원택 편. 『한국 지방자치의 현실과 개혁과제: 지방 없는 지방자치를 넘어서』. 사회평론, 13-39.

강원택. 2012a. "왜 회고적 평가가 이뤄지지 않았을까." 『한국정치학회보』 46(4), 129-147.

강원택. 2012b. "제19대 국회의원의 이념 성향과 정책 태도." 『의정연구』 36, 5-38.

강원택. 2012c. "3당 합당과 한국 정당 정치." 『한국정당학회보』, 11(1), 171-192.

강원택. 2012d. "노태우 리더십의 재평가." 강원택 편. 『노태우 시대의 재인식』. 나남, 15-38.

강원택. 2011a. "제 3 공화국의 선거." 한국선거학회편. 『한국 선거 60년: 이론과 실제』. 오름, 93-116.

강원택. 2011b. 『통일 이후의 한국 민주주의』. 나남.

강원택. 2011c. "참여민주주의와 정당 정치: 제도화의 실패와 정당 재편의 좌절." 강원택, 장덕진 엮음. 『노무현 정부의 실험: 미완의 개혁』. 한울, 15-39.

강원택. 2011d. "한국에서 정치균열 구조의 역사적 기원: 립셋-록칸 모델의 적용." 『한국과 국제정치』 27(3), 99-129.

강원택. 2010a. 『한국 선거정치의 변화와 지속: 이념, 이슈, 캠페인과 투표 참여』. 나남.

강원택. 2010b. "폐쇄적 지역 정당 구조와 정치개혁: 지방정치를 중심으로". 『한국정치연구』 19(1), 1-19.

강원택. 2009a. "제 2 공화국 내각제의 불안정에 대한 정치제도적 평가." 『한국정치외교사논총』, 30(2), 45-70.

강원택. 2009b. "한국 선거 정치의 변화 과정과 개혁 과제." 이정복 편. 『21세기 한국정치의 발전 방향 . 서울대학교 출판부, 445-466.

강원택. 2009c. "당내 공직후보 선출과정에서 여론조사 활용의 문제점." 『동북아연구』 14, 35-64.

강원택. 2008a. "지역주의는 변화했을까: 2007년 대통령 선거와 지역주의." 이현우, 권혁용 편. 『변화하는 한국 유권자 2: 패널조사를 통해 본 2007년 대선』. EAI, 67-93.

강원택. 2008b. 『한국정치 웹 2.0에 접속하다』. 책세상.

강원택. 2007a. "민주화 20년의 정당정치: 평가와 과제." 『경제와 사회』 74, 66-83.

강원택. 2007b. 『인터넷과 한국정치: 정당 정치에 대한 도전과 변화』. 집문당.

강원택. 2006. 『대통령제, 내각제와 이원정부제: 통치형태의 특성과 운영의 원리』. 인간사랑.

강원택. 2005a. 『한국의 정치개혁과 민주주의』. 인간사랑.

강원택. 2005b. "한국의 이념 갈등과 진보ㆍ보수의 경계." 『한국정당학회보』 4(2), 193−217.

강원택. 2004a. "제17대 총선에서 민주노동당 지지에 대한 분석." 『한국정치연구』 13(2), 143−165.

강원택. 2004b. "인터넷 정치 집단의 형성과 참여: 노사모를 중심으로." 『한국과 국제정치』 20(3), 161−184.

강원택. 2004c. "국회의 변형능력 제고와 의원 자율성의 확대." 박찬욱·김병국·장훈 공편. 『국회의 성공 조건: 윤리와 정책』. 동아시아연구원, 149−172.

강원택 2004d. "남남 갈등의 이념적 특성에 대한 경험적 분석." 『남남갈등 진단 및 해소방안』. 경남대 극동문제연구소, 55−100.

강원택. 2003a. "정당의 공직 후보 선출과 당내 민주화." 심지연 편저. 『현대정당정치의 이해』. 백산서당, 239−266.

강원택. 2003b. 『한국의 선거정치: 이념, 지역, 세대와 미디어』. 푸른길.

강원택. 2001. "행정개혁과 관료저항." 『현대사회와 행정연구』 12(3), 3−17.

강원택. 1999. "의회정치와 정당." 백영철 외. 『한국의회정치론』. 건국대학교 출판부, 257−282.

강원택 편. 2014. 『한국 지방자치의 현실과 개혁과제: 지방 없는 지방자치를 넘어서』. 사회평론.

강원택·성예진. 2018. 2017년 대통령 선거에서 이념과 세대: 보수 성향 유권자를 중심으로." 『한국정치연구』 27(1), 205−240.

康元澤. 淺羽祐樹. 2015. "分割政府の日韓比較." 康元澤. 淺羽祐樹. 高選圭 編著. 『日韓政治制度比較』 東京: 慶應義塾大学出版会 43−80.

강원택·박명호·조진만·최준영. 2014. 「대통령의 지지도와 국정운영」. 여의도연구원 보고서.

강원택·조성대·서복경·이용마. 2015. 『한국의 민주화와 민주화추진협의회』. 오름.

강정인. 2011. "박정희 대통령의 민주주의 담론 분석: '행정적', '민족적', '한국적' 민주주의를 중심으로." 『철학논집』 27, 287−321.

강혜경. 1998. "국가 형성기 (1948−1950) 이승만 정권의 행정 기구 구성과 관료 충원 연구." 『국사관논총』 79, 219−256.

고경민·송효진. 2010. "인터넷 항의와 정치참여, 그리고 민주적 함의: 2008년 촛불시위 사례." 『민주주의와 인권』 10(3), 233-269.

고세훈. 2013. "복지국가, 정치, 관료." 『황해문화』 여름호, 66-83.

곽진영. 2007. "대통령 선거와 정당체계의 변화: 정당의 이합집산과 정당체계의 불안정성." 한국정치학회 '2007년 대통령 선거와 한국정치' 학술회의 발표논문.

구현우. 2020. "박정희 정권기 정치와 행정의 관계: 산업화 정치와 관료제의 자율성을 중심으로." 『행정논총』 58(2), 73-103.

국회사무처. 1948. 『대한민국 국회 제1회 속기록』. 국회사무처.

권오영·황은진. 2021. "자치분권과 중앙-지방 균형발전의 거시적 분석: 지방자치법 전부개정을 중심으로." 『국가정책연구』 35(3), 209-231.

권혁범. 1998. "반공주의 회로판 읽기: 한국 반공주의의 의미체계와 정치사회적 기능." 『통일연구』 2(2), 7-42.

권혁용. 2008. "2007년 대통령 선거에 나타난 경제투표." 이현우, 권혁용 편. 『변화하는 한국 유권자 2: 패널조사를 통해 본 2007 대선』. 동아시아연구원, 151-177.

길승흠. 1993. '정당 정치의 태동과 그 전개." 서울대학교 한국정치연구소 편. 『한국의 현대정치: 1945-1948』. 서울대학교 출판부, 183-232.

길승흠·김광웅·안병만. 1987. 『한국선거론』. 다산출판사.

김경순. 1990. "관료기구의 형성과 정치적 역할." 한배호 편. 『한국현대정치론I: 제1공화국의 국가형성, 정치과정, 정책』. 나남, 233-268.

김광웅. 1991. 『한국의 관료제 연구: 이해를 위한 국가론적 접근』. 대영문화사.

김규환·박동은·정형수·이임규. 1965. "1963년 대통령 선거전 분석: 공화당과 민정당이 신문지상을 통해 전개한 선전전을 중심으로." 『언론정보연구』 2권, 47-76.

김근세. 2012. "박정희 발전관료제의 성격과 역사적 기원." 한국행정학회 2012년 하계학술대회 발표논문.

김선택. 2021. "민주적 개헌논의의 헌법적 조건." 2021. 한국헌법학회/국회입법조사처 「국민통합과 헌법 개정」 공동학술대회 논문집, 15-50.

김선혁. 2022. "시민사회의 변화와 전망." 송호근 외. 『시민정치의 시대: 한국 민주화 35년, '대권'에서 '시민권'으로』. 나남, 229-268.

김수인·강원택. 2022. "자신과 투표선택: 수도권지역 유권자를 중심으로." 『한국정치학회보』 56(1), 187-215.

김근식. 2013. "남북관계와 통일." 장달중 편. 『현대북한학강의』. 사회평론, 280-329.

김근식. 2011. 『대북포용정책의 진화를 위하여』. 한울.

김금수. 2013. "87년 노동자대투쟁 20년과 노동운동 과제." 한국노동사회연구소. http://klsi.org/content/87%EB%85%84-%EB%85%B8%EB%8F%99%EC%9E%90%EB%8C%80%ED%88%AC%EC%9F%81-20%EB%85%84%EA%B3%BC-%EB%85%B8%EB%8F%99%EC%9A%B4%EB%8F%99-%EA%B3%BC%EC%A0%9C

김덕진. 2017. "한국 지방자치 분권 제도의 발전과 과제." 「정책엑스포: 2017국가균형발전과 지방자치분권」. 내선세종연구원, 99-124.

김도연. 1967. 『나의 인생백서: 상산회고록』. 강우출판사.

김동춘. 2011. "냉전, 반공주의 질서와 한국의 전쟁정치." 『경제와 사회』 89, 333-366.

김만흠. 1999. "지방정치론과 한국 지방정치의 과제." 『한국정치학회보』 32(4), 167-186.

김만흠. 1991. 「한국의 정치균열에 관한 연구: 지역 균열의 정치 과정에 대한 구조적 접근」. 서울대학교 대학원 정치학과 박사 학위 논문.

김미나. 2004. "공무원 특별채용제도의 경로 의존적 변화: 박정희 정권의 군인 특별채용 사례를 중심으로." 『한국행정논집』 16(1), 81-106.

김범수·김병로·장용석·최은영·황수환·이성우·김택빈·김민지. 2024. 『2024 통일의식조사』. 서울대학교 통일평화연구원.

김병국. 1996. "개발 국가: 제도와 정책." 한배호 편. 『한국현대정치론 II: 제 3공화국의 형성, 정치과정, 정책』. 오름, 297-341.

김석준. 1996. 『미 군정 시대의 국가와 행정: 분단국가의 형성과 행정 체제의 정비』. 이화여자대학교 출판부.

김선화. 2013. "대통령 법률안 거부권의 의의와 사례." 「이슈와 논점」 593. 국회입법조사처(2013.1.23.).

김성환. 1983. "4.19 혁명의 구조와 종합적 평가." 김성환 외. 『1960년대』. 거름, 11-59.

김수진. 1996. "제 2 공화국의 정당과 정당정치." 백영철 편. 『제2공화국과 한국 민주주의』. 나남, 157-183.

김순양. 1997. "한국 관료 권력의 확대 원인과 정치적 통제 방안." 『새마을 지역개발연구』 20, 81-103.

김연철. 2010. "김대중·노무현 정부10년의 남북관계." 『기억과 전망』 여름호, 109-140.

김영래. 2003. “한국 시민사회운동의 현황과 발전과제.”『NGO연구』 9(1), 5−33.
김영명. 2013.『대한민국 정치사: 민주주의의 도입, 좌절, 부활』. 일조각.
김영명 1983.『제3세계의 군부통치와 정치경제』. 한울.
김영민. 2013. “한국 현대 관료제의 형성과 특징.”『황해문화』 여름호, 10−32.
김영삼. 2001.『김영삼 회고록: 민주주의를 위한 나의 투쟁 (상)』. 조선일보사.
김영태. 2005. 대통령지지와 정당지지.『한국정당학회보』 4(2), 149−172.
김용욱. 1996. “민주공화당의 위상과 당정 관계.” 한배호 편.『한국현대정치론III: 제3 공화국의 형성, 정치과정, 정책』. 오름, 109−159.
김용호. 2013. “1963년 대한민국의 정치지형: 민정이양을 둘러싼 민간정치인과 군부의 경쟁” 해위학술연구원, 한국정치외교사학회, 대한민국 역사박물관 공동 주최 세미나 발표논문(10월 25일).
김용호. 2008. “최근 한국 정당의 개혁조치에 대한 평가,”『한국정당학회보』 7(1), 195−209.
김용호. 2003. ‘한국 정당의 국회의원 공천제도: 지속과 변화’.『의정연구』 15, 6−29.
김용호. 2001.『한국 정당정치의 이해』. 나남.
김용호. 1996. “한국의 여당.” 윤정석, 신명순, 심지연 편.『한국정당정치론』. 나남, 423−464.
김용호. 1991. “민주공화당의 패권정당운동.”『한국정치연구』, 3, 217−237.
김용호. 1990. “공화당과 3선 개헌.”『현대사를 어떻게 볼 것인가 4』. 동아일보사. 65−114.
김원홍·김민정. 2002.「정당의 후보 공천과 여성 대표성 확보 방안」. 국회 여성위원회.
김은경. 2024. “제22대 총선과 20%의 여성 국회의원, 60인에게 거는 성평등 정치에 대한 기대”.『젠더리뷰』 73 (여름호), 30−40.
김의영. 2004. “국회와 시민사회.” 박찬욱, 김병국, 장훈 공편.『국회의 성공조건: 윤리와 정책』. 동아시아연구원, 173−216.
김일영. 1993. “부산 정치 파동의 정치사적 의미”.『한국과 국제정치』, 9(1), 31−66.
김일영. 2000. “1960년대 한국 발전국가의 형성 과정.”『한국정치학회보』, 33(4), 121−143.
김일영. 2011.『한국 현대정치사론』. 김도종 엮음. 논형.
김일영. 2004.『건국과 부국: 현대한국정치사 강의』. 생각의 나무.
김일영. 2001. “한국에서 발전국가의 기원, 형성과 발전 그리고 전망.”『한국정치외교사논총』, 23(1), 87−126.

김재홍. 1987. 「한국의 좌우익 이념과 해방 후 정당 활동에 관한 연구」. 서울대학교 정치학과 박사학위 논문.

김정원. 1983a. "제2공화국의 수립과 몰락." 김성환 외. 『1960년대』. 거름, 60－94.

김정원. 1983b. "군정과 제3공화국: 1961－1971." 김성화·김정원·허버트 빅스 외. 『1960년대』. 거름, 150－207.

김정해. 2003. "대통령 비서실의 제도화 성격 분석: John Burke 모형에 따른 한국 사례의 비교분석." 『한국행정학보』 37(1), 225－247.

김종림. 1991. "한국선거제도가 내포하고 있는 왜곡효과는 어느 정도인가: 경쟁을 기초로 한 민주정치 시각에서의 평가." 『계간 사상』 11, 41－60.

김종림·박찬욱. 1985. "불문행위율과 의회과정: 11대 국회연구." 박동서 편. 『의회와 입법과정』. 법문사, 162－222.

김종우. 2025. "한국적 극우 포퓰리즘 담론의 구조와 전파 양상: 12.3 비상계엄 사태 직후 극우 유튜브 채널－이용자 연결망과 댓글 분석." 『현상과 인식』 49(1), 135－162.

김종철. 2012a. "정부 형태." 조기숙·정태호 외. 『한국 민주주의 어디까지 왔나: 성과와 과제』. 인간사랑, 217－255.

김종철. 2012b. "헌법재판관과 대법관 인선 제도의 문제점과 개혁 과제." 『계간 민주』 5, 84－105.

김종철. 2005. "'정치의 사법화'의 의의와 한계" 『공법연구』 33(3), 229－251.

김종필. 2016. 『김종필 증언록 1』. 와이즈베리.

김주찬·윤성이. 2003. "2002년 대통령선거에서 이념성향이 투표에 미친 영향." 『21세기 정치학회보』 13(2), 87－103.

김주환. 2010. "이명박 정부의 대북 정책: 민족주의의 거세와 공세적 국가주의로의 전환." 『동향과 전망』 79, 315－352.

김준석. 2006. "17대 국회의 국정감사와 예산결산심의 과정 평가." 『한국정당학회보』 5(2), 5－36.

김진하. 2010. "한국 지역주의의 변화." 『현대정치연구』 3(2), 89－114.

김철수. 1988. 『한국헌법사』. 대학출판사.

김태일. 1990. "민주당의 성격과 역할." 한배호 편. 『한국현대정치론』. 나남, 311－342,

김하열. 2012. "헌법재판의 역할과 과제." 조기숙·정태호 외. 『한국 민주주의 어디까

지 왔나: 성과와 과제』. 인간사랑, 337－372.
김 혁. 2010. “거버넌스와 인터넷 시민참여의 제도화.” 『한국정당학회보』 9(1), 121－147.
김현우. 2001. 『한국국회론』. 을유문화사.
김형철. 2016. “비교론적 관점에서 민주주의 공고화 검토: 개념, 측정, 그리고 우호조건.” 강원택 편. 『대한민국 민주화 30년의 평가』. 대한민국역사박물관, 331－370.
김호기 2008. “촛불집회 거리의 정치 제도의 정치: 서울 광장에서 그람시와 하버마스를 다시 읽는다.” 「긴급 시국 대토론회 ‘촛불 집회와 한국 민주주의’」 자료집 (2008. 6. 16), 25－33.
김호기. 2002. “의회와 시민사회의 관계: 부패방지법과 상가임대차보호법 제정을 중심으로.” 『의정연구』 8(1), 105－123.
김호기. 1997. “민주화, 시민사회, 시민운동.” 「한국정치학회 학술대회 자료집」, 145－162.
김호정. 1995. “한국 관료 행태의 결정요인: 복지부동의 원인.” 『한국행정학보』, 28(4), 1255－1277.
남궁곤·조용주. 2009. “남북관계 60년, 남북대화 60년.” 이화여자대학교 통일학연구원 편. 『남북관계사: 갈등과 화해의 60년』. 이화여자대학교 출판부, 12－39.
노태우. 2011. 『노태우 회고록 상: 국가, 민주화, 나의 운명』. 조선뉴스프레스.
노환희·송정민. 2013. “세대 균열에 대한 고찰: 세대효과인가, 연령효과인가.” 박찬욱·강원택 편. 『2012년 대통령 선거 분석』. 나남, 139－184.
대통령 비서실. 1973. 『박정희 대통령 연설문집 3 (제6대 편)』.
대통령 비서실. 1965. 『박정희장군 담화문집』.
대한민국국회사무처. 1971. 『국회사: 제헌국회, 제2대 국회, 제3대 국회』.
류석진. 2012. “세계경제위기와 한국형 자본주의 모델: 발전국가, 자본주의 모델 그리고 경로의존성을 중심으로.” 『한국과 국제정치』, 28(1), 155－183.
모슬러, 하네스. 2013. 『사라진 지구당, 공전하는 정당 개혁』. 인간사랑.
민족문제연구소. 2009. 『친일인명사전』. 민족문제연구소.
민주화운동기념사업회 연구소 편. 2008. 『한국민주화운동사 1: 제1공화국부터 제3공화국까지』. 돌베개.
민준기·신명순·이정복, 윤성이. 2011. 한국의 정치: 제도, 과정, 발전. 전정판. 나남.
박광기·박정란. 2008. “한국의 통일, 대북 정책 60년: 회고와 전망.” 『정치정보연구』

11(1), 161- 190.

박광주. 2016. "4.19 혁명과 5.16 쿠데타." 신명순 편. 『한국의 민주화와 민주화 운동: 성공과 좌절』. 한울, 72-122.

박광주. 2006. 『한국정치: 전개와 전망』. 한울.

박광주. 1996. "관료와 정치 권력." 『정신문화연구』, 19(1), 55-72.

박광주. 1992. 『한국 권위주의 국가론』. 인간사랑.

박경미. 2006a. "민주화 이후 한국 정당정치의 경쟁구조: 의제설정자의 등장과 의회정치의 지배구조." 『사회연구』, 7(1), 113-141

박경미. 2006b. 『한국 정당조직의 지속성과 변화: 민주정의당과 평화민주당 조직 변화비교』. 이화여자대학교 대학원 박사학위 논문.

박경미·손병권·임성학·전진영. 2012. 『한국의 민주주의: 공고화를 넘어 심화로』. 오름.

박경미·한정택·이지호. 2012. "한국 사회 이념 갈등의 구성적 특성." 『한국정당학회보』 11(3), 127-153.

박동서. 1971. "발전 행정 하 행정 관료권." 『한국정치학회보』 4집.

박상훈. 2018. 『청와대 정부: '민주 정부란 무엇인가'를 생각하다』. 후마니타스.

박수경. 2007. "노무현 정부 행정개혁의 특징." 『정부학연구』 13(2), 213-249.

박영호. 2005. "탈냉전시대 한국의 대북 정책과 남북관계의 변화." 『세계지역연구논총』 23(1), 203-229.

박원호. 2013. "정당 일체감의 재구성." 박찬욱, 강원택 편. 『2013년 대통령 선거 분석』. 나남, 41-64.

박원호. 2012. "유권자의 정치이념과 정책선호, 그리고 후보자 선택." 박찬욱, 강원택 편. 『2012년 국회의원선거 분석』. 나남, 35-62.

박원호·송정민. 2012. "정당은 유권자에게 얼마나 유의미한가?: 한국의 무당파층과 국회의원 총선거. 『한국정치연구』 21(2), 115-143.

박은정. 2010. "'정치의 사법화'와 민주주의." 『서울대학교 법학』 51(1), 1-26.

박재욱. 2007. "2006년 이후 지방자치제도 변화의 정치적 효과." 『21세기정치학회보』, 17(3), 281-309.

박재창. 2003. 『한국의회정치론』. 오름.

박정희. 1962. 『우리 민족의 나갈 길』 (개정 5판), 동아출판사.

박찬욱. 2013a. "2012년 대통령 선거의 특징." 박찬욱·강원택 편. 『2012년 대통령 선거 분석』. 나남, 17-50.

박찬욱. 2013b. “1963년 제5대 대통령 선거: 박정희 대 윤보선.” 서울대학교 한국정치연구소 세미나 발표 논문 (11월 13일).

박찬욱. 2012. “2012년 총선의 의미와 특성.” 박찬욱·강원택 편. 『2012년 국회의원 선거 분석』. 나남, 15－33.

박찬욱. 2004a. “국회 조직과 구성: 정책 역량이 있는 ‘균형 의회’의 모색.” 박찬욱·김병국·장훈 공편. 『국회의 성공 조건: 윤리와 정책』. 동아시아연구원, 219－268.

박찬욱. 2004b. “국회의 성공조건: 자율성, 정책능력, 통합주도력.” 박찬욱·김병국·장훈 편. 『국회의 성공조건: 윤리와 정책』. 동아시아연구원. 13－48.

박찬욱. 2004c. “대통령제의 정상적 작동을 위한 개헌론.” 진영재 편저. 『한국 권력구조의 이해』. 나남, 171－224.

박찬욱. 1999. “한국 의회 정치의 특성”. 한국정치학회 편. 『한국의회정치론』. 건국대학교출판부, 61－87.

박찬표. 2010. 『한국의 48년 체제: 정치적 대안이 봉쇄된 보수적 패권 체제의 기원과 구조』. 후마니타스.

박찬표. 2007. 『한국의 국가형성과 민주주의: 냉전 자유주의와 보수적 민주주의의 기원』. 후마니타스.

박찬표. 2002. 『한국의회정치와 민주주의: 비교의회론의 시각』. 오름.

박찬표. 1995. “제헌국회 선거법과 한국의 국가 형성.” 『한국정치학회보』 29(3), 69－90.

박천오·주재현. 2007. “정부 관료제와 민주주의: 정부 관료제의 책임과 통제 확보를 통한 조화의 모색.” 『행정논총』 45(1), 221－253.

박태균. 2014. “남남갈등으로 표류한 김영삼 정부의 대북 정책.” 『통일과 평화』 6(1), 3－47.

박효종. 1999. “민주정치와 한국 보수주의의 위상: 김영삼 정부의 대북 정책을 중심으로”. 김병국 외. 『한국의 보수주의』. 인간사랑, 111－198.

박현지. 2018. 「거부권의 정치: 대통령 거부권의 기능적 유형화와 제도적 합치성에 대한 평가」. 서울대학교 대학원 정치학 전공 석사논문.

백운선. 1981. “민주당과 자유당의 이념 논쟁.” 진덕규 외. 『1950년대의 인식』. 한길사, 90－124.

백학순. 2014. 『박정희 정부와 전두환 정부의 통일, 대북 정책 비교』. 세종연구소.

백학순. 2013. 『이승만 정부와 장면 정부의 통일정책 비교』. 세종연구소.

백학순. 2012.『노태우 정부와 김영삼 정부의 대북 정책 비교』. 세종연구소.
백학순. 2009. “역대 남한 정부의 대북, 통일 정책.” 이정복 편.『21세기 한국정치의 발전 방향』. 서울대학교 출판부, 667－692.
서복경. 2016. “지방의회.” 강원택 편.『지방정치의 이해 2』, 박영사, 99－153.
서복경. 2014. “한국정치결사 제한체제의 역사적 기원.”『동향과 전망』봄호, 120－152.
서복경. 2013. “제한적 경쟁의 제도화: 1958년 선거법 체제.” 최장집 외 편.『논쟁으로서의 민주주의: 민주주의를 이해하는 문세에 관하여』. 후마니타스, 287－317.
서복경. 2011. “제 1 공화국의 선거.” 한국선거학회편.『한국 선거 60년: 이론과 실제』. 오름, 29－61.
서복경. 2007. “6월 항쟁과 정당 정치.”『내일을 여는 역사』28, 53－61.
서울대학교 한국정치연구소 편, 1993.『한국의 현대정치, 1945－1948년』. 서울대학교 출판부.
서중석. 2007.「한국 현대사 60년」. 역사비평사.
서진영. 2016.「한국정치에서 시민의 기원: 4.19 혁명을 중심으로」. 서울대학교 대학원 정치학 전공 석사 논문.
서희경. 2012.『대한민국 헌법의 탄생: 한국 헌정사, 만민공동회에서 제헌까지』. 창비.
성경륭, “김대중－노무현 정부와 이명박 정부의 대북 정책 추진전략 비교: 한반도 평화와 공동 번영정책의 전략, 성과, 미래과제.”『한국동북아논총』13(3), 285－309.
성병욱. 2012. “한국 제1공화국 정치문화의 특성.”『국제정치연구』15(2), 101－123.
성예진. 2025. “한국 대통령의 일방적 권력행사의 정치적 기초: 행정입법 권한의 제도적 전환.”『한국정치연구』34(1), 33－64.
성장환. 2011. “역대 정부의 통일정책 검토와 이명박 정부의 통일정책 변화 방향.”『국제정치연구』14(2), 247－265.
소순창. 2012. 미완의 분권형 선진국가 건설, 조기숙, 정태호 외.『한국 민주주의 어디까지 왔나』. 인간사랑, 375－403.
손봉숙. 1985a. “한국 자유당의 정당 정치 연구.”『한국정치학회보』19, 163－183.
손봉숙. 1985b.『한국지방자치연구』. 삼영사.
손호철. 2011.『현대 한국정치: 이론, 역사, 현실 1945~2011』. 이매진.
손호철. 2004. “”남남 갈등의 기원과 전개 과정.” 경남대 극동문제연구소 편.『남남갈등, 진단 및 해소방안』. 경남대 극동문제연구소, 11－53.
손희두. 2001. “미 군정기의 입법제도와 법령의 성격.” 한국정치외교사학회 편.『한국

정치와 헌정사』. 한울, 120-186.

송경재. 2009. “네트워크 시대의 시민운동 연구.”『현대정치연구』, 2(1) 55-83.

송석윤. 2005. “선거운동 규제 입법의 연원: 1925년 일본 보통 선거법의 성립과 한국 분단체제에의 유입.”『서울대학교 법학』 46(2), 28-53.

송진미. 2022. “무투표 당선제도의 쟁점과 대안: 유권자 참정권 보장에 관하여.” 국회 입법조사처.『이슈와 논점』 1993호(2022. 9.22).

송진미·박원호. 2016. “이슈경쟁과 합의이슈모델: 2014년 서울시장선거를 중심으로.”『한국정당학회보』 15(1), 29-61.

송호근. 2016. “한국의 시민과 시민사회의 형성: 시민성 결핍과 과잉 ‘국민’.”『지식의 지평』 20, 1-18.

신광영. 2008. “촛불집회와 새로운 민주주의.”『코리아연구원 현안진단』 124, 1-4.

신두철. 2011. “제4공화국의 선거.” 한국선거학회편.『한국 선거 60년: 이론과 실제』. 오름, 117-139.

신명순. 2011. “제10장 정당과 정당 정치.” 민준기·신명순·이정복·윤성이.『한국의 정치: 제도, 과정, 발전』. 나남, 195-252.

신명순. 1993.『한국정치론』. 법문사.

신병식. 1992.「한국의 토지개혁에 관한 정치경제적 연구」. 서울대학교 대학원 정치학과 박사학위논문.

신윤창. 2011. “김영삼, 김대중, 노무현 정부의 행정개혁에 관한 탐색적 비교연구.”『한국비교정부학보』 15(1), 233-254.

신종대. 2013. “김대중, 노무현 정부의 대북 정책과 국내정치: 문제는 ‘밖’이 아니라 ‘안’이다.”『한국과 국제정치』 29(2), 1-35.

신종대. 2005, “분단체제와 ‘친북청산’: 국가정체성, 민족정체성, ‘친북청산’의 연관 구조와 동학,” 양승함 편.『한국사회의 주요쟁점과 국가관리』. 연세대학교 국가관리연구원, 97-180.

심지연. 2017.『한국정당정치사: 위기와 통합의 정치』. 제3차 증보판. 백산서당.

심지연. 2005. “국회의원 선거구획정의 변화.”『한국정당학회보』 4(2), 45-72.

심지연. 2001.『남북한 통일 방안의 전개와 수렴』. 돌베개.

심지연. 1982.『한국민주당 연구 1: 정치적 성장과정과 정치이념 및 관계 자료』. 풀빛

심지연, 김민전. 2006.『한국정치제도의 진화경로: 선거, 정당, 정치자금제도』. 백산서당.

안문석. 2015. “박근혜 정부 대북 정책에 대한 비판적 평가.”『동향과 전망』 95,

190－222.

안병만. 1993.『한국정부론』. 제3판. 다산출판사.

안 진. 1990.「미 군정기 국가 기구 형성에 관한 연구」. 서울대 사회학과 박사학위 논문.

안철현. 2003. "한국 선거와 정당의 역사적 특성과 과제."『한국정치연구』 12(1), 89－117.

안청시, 손봉숙. 1986. "한국의 지방선거제도."『한국정치학회보』, 20(1), 37－61.

양재진. 2005. "한국의 발전모델과 국가 관료제." 한국행정학회 추계학술대회 발표 논문.

양재진. 2003. "정권교체와 관료제의 정치적 통제에 관한 연구: 국민의 정부를 중심으로."『한국행정학보』 37(2), 263－287.

오승용. 2009. "민주화 이후 정치의 사법화에 관한 연구."『기억과 전망』 20, 282－315.

오현주·길정아. 2013. "유권자의 이념과 투표 선택." 박찬욱·강원택 편.『2012년 대통령 선거 분석』. 나남, 185－217.

유병선. 2016. "지방정부의 자치권과 기능 사무." 강원택 편.『지방정치의 이해 1』. 박영사 143－165.

유진산. 1972.『해뜨는 지평선』. 한얼문고.

유진오. 1963.『민주정치에의 길』. 서울: 일조각.

유현종. 2010. "대통령의 입법 의제로서 정부 법안의 국회 제출과 통과의 영향 요인: 민주화 이후 역대 정부를 중심으로 (1988－2007)".『행정논총』 48(4), 263－293.

윤성이. 2016. "제5공화국 시기의 민주화 운동." 신명순 편.『한국의 민주화와 민주화 운동: 성공과 좌절』. 한울.

윤성이. 2011. "제12장 선거와 인터넷." 민준기·신명순·이정복·윤성이.『한국의 정치: 제도, 과정, 발전』, 나남, 313－381.

윤성이. 2008. "18대 총선과 인터넷."『21세기정치학회보』, 18(2), 49－67.

윤성이. 2006. "한국 사회 이념 갈등의 실체와 변화."『국가전략』 12(4), 163－182.

윤성이·류석진·조희정. 2008.「인터넷 정치참여와 대의민주주의: 2008년 촛불집회를 중심으로」. 국회 입법조사처 연구보고서.

윤용희. 1990. "자유당의 기구와 역할." 한배호 편.『한국현대정치론』. 나남, 277－310.

윤종빈. 2003. "제 16대 국회 하반기 평가: 운영제도."『의정연구』 9(2), 6－26.

윤천주. 1981.『우리나라의 선거 실태: 도시화와 투표 행태』. 서울대학교 출판부.

윤천주. 1979.『한국정치체계: 정치 상황과 정치 참여. 증보판』. 서울대학교 출판부.

엄태석. 2016. "우리나라 지방정치 발전사." 강원택 편.『지방정치의 이해 1』. 박영사, 59-85.

염재호. 2000. "제도형성의 동인과 변화: 한국 근대화와 관료제의 제도론적 분석." 한국정치학회 한국정치사 기획학술회의 발표논문. 1-14.

이갑윤. 2011.『한국인의 투표 행태』. 후마니타스,

이갑윤. 1998.『한국의 선거와 지역주의』. 오름.

이갑윤. 1996. "제 2 공화국의 선거." 백영철 편.『제2공화국과 한국 민주주의』. 나남, 85-203.

이갑윤. 1985. "제5공화국 국회의원 선거의 분석과 전망."『한국정치학회보』 19, 47-58.

이갑윤·문용직. 1995. "한국의 민주화: 전개과정과 성격."『한국정치학회보』 29(2), 217-232.

이내영. 2016. "유신체제 후반기의 민주화 운동과 유신 붕괴의 동학." 신명순 편.『한국의 민주화와 민주화 운동: 성공과 좌절』. 한울, 221-273.

이내영·정한울. 2008. "진보는 왜 한나라당을 지지했나? 이념, 정당, 지역, 이슈의 역할을 중심으로." 이현우, 권혁용 편.『변화하는 한국 유권자 2: 패널조사를 통해 본 2007년 대선』. EAI, 229-255.

이동윤. 2010. "지방선거와 정당공천제 논쟁."『현대정치연구』 3(1), 71-108.

이동윤. 2008. "정당의 후보 선출 제도와 정당 정치의 문제점: 제17대 대통령 선거를 중심으로."『한국정당학회보』 7(1), 5-37.

이동윤. 2007. "국회의 입법과정과 시민단체의 역할."『한국정당학회보』 6(1), 165-192.

이상신. 2015. "국회선진화법과 입법교착."『미래정치연구』 5(1), 69-86.

이선우. 2022. "한국 대통령의 제도적 인사권과 제왕적 대통령제, 그리고 법률 개정을 통한 분권형 권력구조로의 전환 가능성"『한국정당학회보』 21(3), 81-114.

이승주·이민정. 2012. "관료의 전략적 행동과 제도의 연속성: 한국 금융 감독 제도 개편의 정치과정, 1997-2008년."『국제정치논총』 52(4), 145-169.

이영록. 2006.『우리 헌법의 탄생: 헌법으로 본 대한민국 건국사』. 서해문집.

이영재. 2012. "'정치의 사법화', 민주주의의 위기인가?."『평화연구』, 20(1), 71-103.

이완범. 2000. "박정희 군사정부 '5차 헌법 개정' 과정의 권력구조 논의와 그 성격: 집권을 위한 '강력한 대통령제' 도입."『한국정치학회보』 34(2), 171-192.

이용마. 2014a. “거버넌스의 다양화를 통한 지방자치의 활성화.” 강원택 편. 『한국 지방자치의 현실과 개혁 과제: 지방 없는 지방자치를 넘어서』. 사회평론, 153－168.

이용마. 2014b. “주민 대표성을 제고하기 위한 지방의회 구성의 다양화.” 강원택 편. 『한국 지방자치의 현실과 개혁 과제: 지방 없는 지방자치를 넘어서』. 사회평론, 117－132.

이원태. 2006. “인터넷 포퓰리즘과 한국 민주주의.” 『시민사회와 NGO』 4(1), 81－110.

이정복. 2008. “제1부 한국의 정치제도.” 민준기, 신명순, 이정복, 윤성이. 『전정판 한국의 정치: 제도, 과정, 발전』. 나남, 15－114.

이정복. 2006. 『한국정치의 분석과 이해』. 개정증보판. 서울대학교 출판부.

이정복. 2003. “한국의 정치 문화: 전통성, 현대성 및 탈현대성.” 『한국정치연구』 12(1), 1－55.

이정복. 2001. “한국정치의 발전방향.” 민준기 편. 『21세기 한국의 정치』. 법문사, 187－204.

이정복. 1996. “제1공화국 연구.” 『한국정치연구』 5, 1－40.

이정복. 1993. “미 군정의 점령 정책과 국가 기구의 형성.” 서울대학교 한국정치연구소 편. 『한국의 현대정치: 1945－1948』. 서울대 출판부, 15－56.

이정진. 2008. “지구당 폐지 과정에서의 담론구조와 법 개정,” 한국정치학회·한국국제정치학회 2008 건국 60주년 기념 공동학술회의 자료집.

이정희. 2016. “유신체제 전반기의 민주화 운동의 전개.” 신명순 편. 『한국의 민주화와 민주화 운동: 성공과 좌절』. 한울, 178－220.

이종우. 2015. “한국의 공명선거 발자취.” 『선거연구』 6, 5－36.

이창헌. 2008. “노무현 정부 대북 정책의 성과와 평가.” 『정치정보연구』 11(1), 73－97.

이창헌. 2004. “김대중 정부 시기 남북대화의 전개와 평가.” 『통일문제연구』 42, 241－274.

이한빈. 1968. 『사회변동과 행정』. 박영사.

이한빈. 1967. “해방 후 한국의 정치변동과 관료제의 발전.” 『행정논총』 5(1), 1－23.

이한수. 2014. “제19대 국회 평가: 국회선진화법과 입법 활동.” 『의정연구』 20(2), 6－38.

이헌환, 2008. “대법원장의 지위와 사법행정권.” 서강법학 11(1), 87－118.

이현우. 2010. “국회와 지도부.” 의회정치연구회. 『한국 국회와 정치 과정』. 오름, 155－180.

이현출. 2014. “국회선진화법 도입 이후의 국회운영 평가.” 『현대정치연구』, 7(2), 5－34.

이현출. 2010. “국회와 행정부.” 의회정치연구회. 『한국 국회와 정치 과정』. 오름, 289－314.

이현출. 2005a. “정당개혁과 지구당 폐지,” 『한국정당학회보』 4(1), 91－120.

이현출. 2005b. “한국 국민의 이념성향.” 『한국정치학회보』 39(2), 321－343.

이현출. 2003. ‘대통령 선거와 총선의 후보선출과정’. 『의정연구』 15, 29－57.

이현출. 2002. “21대 총선과 여성.” 『젠더리뷰』 57, 4－16.

인촌기념회. 1976. 『인촌김성수전』. 인촌기념회.

임경훈. 2011. “2008년 촛불집회와 한국 대의민주주의의 개혁 방향” 『한국사회과학』 33, 3－24.

임도빈, 2008. “역대 대통령 국정철학의 변화: 한국 행정 60년의 회고와 과제.” 『행정논총』 46(1), 211－250

임성호. 2011. “김대중 정부 시기의 선거.” 한국선거학회편. 『한국 선거 60년: 이론과 실제』. 오름, 253－291.

임혁백. 2006. “시민사회, 정치사회, 민주적 책임성.” 『한일공동연구총서』, 고려대 아시아문제연구소, 45－92.

임혁백. 1997. “지연되고 있는 민주주의의 공고화, 정치 민주화의 과정과 문제점.” 한국정치학회 「6. 10 민주화 운동 학술회의 자료집」.

임혁백. 1994a. 「시장, 국가, 민주주의: 한국 민주화와 정치경제이론」. 나남.

임혁백. 1994b. “5공의 민주화 투쟁과 직선제 개헌.” 『5공 평가 대토론회; 현대사를 어떻게 볼 것인가 5』. 동아일보사. 454－483.

임현진. 2015. “한국의 국가와 시민사회 관계: 협동조합 활성화를 위한 NGO의 과제.” 『학술원논문집(인문, 사회과학 편)』 54(2), 117－152.

장달중. 1986. “제3공화국과 권위주의적 근대화”. 한국정치학회 편. 『現代韓國政治論』. 법문사, 225－250.

장성훈. 2011. “제2공화국의 선거.” 한국선거학회편. 『한국 선거 60년: 이론과 실제』. 오름, 61－89.

장승진. 2015. “한국 유권자의 정당일체감과 투표행태: 정당 편향 유권자 (partisan

leaners)의 특성과 투표선택을 중심으로.”『한국정치연구』 24(2), 25－52.

장승진. 2012. “한국 유권자들의 정당에 대한 태도: 정당 지지와 정당 투표의 이념적 정서적 기초.” 박찬욱, 강원택 편.『2012년 국회의원 선거 분석』. 나남, 175－203.

장우영. 2016. “주민참여제도와 민주주의.” 강원택 편.『지방정치의 이해 2』, 박영사, 211－238.

장 훈. 2017. “촛불의 정치와 민주주의 이론: 현실과 이론, 사실과 가치의 긴장과 균형.”『의정연구』 23(2), 37－65.

장 훈. 2010.『20년의 실험: 한국정치개혁의 이론과 역사』 서울: 나남.

장 훈, 2002. “보이는 목표와 보이지 않는 결과: 미국과 한국의 대선후보 선출과정의 개혁과 정당 구조의 변화.”『의정연구』 14, 192－3.

장 훈. 2000. “민주공화당의 실패한 실험: 전통 앞에서 좌절한 민주공화당의 대중정당의 실험.” 한국정치학회 한국정치사 기획학술회의「박정희 시대의 한국: 국가, 시민사회, 동맹체제」 발표논문.

전두환. 2017.『전두환 회고록 2: 청와대 시절 1980－1988』. 자작나무숲.

전재호. 2016. “남북 분단이 한국정치에 미친 영향.” 신종대 외.『분단 70년과 대한민국』. 대한민국역사박물관, 39－100.

전재호. 2012. “민주화 이후 한국 민족주의의 변화.” 조기숙·정태호 외.『한국 민주주의 어디까지 왔나: 성과와 과제』. 인간사랑, 439－482.

전재호. 2007. “정보화 시대 한국의 정치적 정체성 변화: 반공 의식을 중심으로.” 전재호 편.『세계화, 정보화, 남북한: 남북한의 국가－시민사회와 정체성』. 이매진, 243－270.

전정현. 2012. “노무현 정부 시기 헌법재판소와 반다수제(countermajoritarian difficulty) 문제: 주요 정책 이슈에 대한 위헌결정사례 분석.”『한국정치연구』 21(3), 155－178.

전진영, 김현아. 2024.『제21대 국회 입법활동 분석』. NARS 입법정책 156호. 국회입법조사처.

전진영. 2017. “법제사법위원회 체계, 자구 심사를 둘러싼 쟁점과 개선방안.” 국회 입법조사처「이슈와 논점」 1225호 (2017. 2. 9).

전진영. 2015. “국회선진화법은 국회를 선진화시켰는가?.”『현대정치연구』 8(1), 99－125.

전진영. 2011. “국회 입법교착의 양상과 원인에 대한 분석.”『의정연구』 17(2),

171－196.

전진영. 2010. “국회입법과정.” 의회정치연구회. 『한국 국회와 정치과정』. 오름, 181－208.

전진영. 2009. “지구당폐지의 문제점과 부활을 둘러싼 쟁점 검토.” 『현대정치연구』 2(2), 173－196.

전진영·김선화·이현출. 2009. “국회 인사청문제도의 현황과 개선방안.” 국회 입법조사처 「현안보고서」 45호 (2009.11.12.).

전진영·최정인. 2014. “국정조사제도의 운영현황과 개선방안.” 「이슈와 논점」 898호.

전형철·함성득, 2005. “한국 대통령의 법률안 거부권에 관한 연구: 영향요인을 중심으로”. 『행정논총』 43(4), 63－93.

전혜원. 2010. “국회의 예산 및 결산과정.” 의회정치연구회. 『한국 국회와 정치 과정』. 오름, 209－234.

정다빈·이재묵. 2018. “지방선거에서 청년 세대의 대표성 제고 방안연구.” 『사회과학연구』 25(1), 7－ 26.

정동준. 2022. “코로나 백신으로 본 소셜미디어의 정치 양극화: 트위터 메세지의 단어 네트워크 분석과 토픽 모델링을 중심으로.” 『사회과학연구』 33(2), 85－123.

정병기. 2008. “한국 역대 정권과 노동의 관계.” 『진보평론』 38, 201－226.

정병기. 2005. “참여정부 이후 정치적 파워 엘리트의 교체와 전망.” 『문학과 경계』 5(2), 73－88.

정병기. 2004. “서유럽 코포라티즘의 성격과 전환.” 『한국정치학회보』 38(5), 323－343.

정상호. 2013. 『시민의 탄생과 진화』. 한림대학교 출판부.

정상호. 2008. “민주적 관료통제의 정치적 요인에 대한 분석: 김대중 정부의 대북 정책과 노무현 정부의 사회경제정책을 중심으로.” 『사회연구』 16(2), 9－42.

정상호. 2002. “세대 정치: 4.19, 68, 그리고 386.” 『노혜경 외. 유쾌한 정치 반란, 노사모』. 개마고원, 85－110.

정승건. 2004. 『한국관료제론』. 부산대학교 출판부.

정승건. 1994. “한국의 행정개혁과 변동: 정치권력과 관료정치.” 『한국행정학보』 28(1), 55－79.

정연정. 2009. “정당의 지방조직 활성화방안연구: 지구당 재정립의 필요성을 중심으로” 『21세기 정치학회보』. 19(3), 171－196.

정영국. 2000. “한국정당의 지구당 조직과 기능: 문제점과 대안.” 『한국과 국제정치』

16(1), 225－249.

정영철. 2009. “남북한 통일 정책 역사와 비교: 체제 통일에서 공존의 통일로.” 이화여자대학교 통일학연구원 편. 『남북관계사: 갈등과 화해의 60년』. 이화여자대학교 출판부, 43－85.

정정길. 1991. “대통령의 정책결정: 경제정책을 중심으로.” 『행정논총』 29(2), 52－77.

정정길. 1989. “대통령의 정책결정과 전문 관료의 역할: 경제정책의 경우를 중심으로.” 『한국행정학보』 23(1), 73－90

정진민. 2013. “국회선진화법과 19대 국회의 과제: 국회 운영방식과 대통령－국회 관계의 변화를 중심으로.” 『현대정치연구』 6(1), 5－29.

정진민. 2003. “정당개혁의 방향: 정당구조의 변화를 중심으로.” 『한국정당학회보』 2(2), 23－39.

정진욱. 2023. “1967년 제6대 대통령 선거의 정치사적 의미.” 『한국정치연구』. 32(1), 69－99.

정진욱. 2022. “1967년 대통령 선거와 1969년 3선개헌 국민투표의 정치적 의미.” 한국정치학회 연례학술대회 발표논문.

정진욱. 2017. 「지역 균열의 ‘균열’: 영남 지역주의의 약화를 중심으로」. 서울대학교 대학원 정치학 전공 석사 논문.

정태석. 2005. “민주화 이후의 시민사회.” 『황해문화』, 49, 132－148.

정해구. 2010. “한국 민주주의의 전개와 그 특징.” 한국정치연구회 편. 『다시 보는 한국 민주화 운동: 기원, 과정, 그리고 제도』. 선인, 19－52.

조기숙. 2000. 『지역주의 선거와 합리적 유권자』. 나남.

조대엽. 2008. “2008년 촛불집회와 제 4의 결사.” 「긴급 시국 대토론회 ‘촛불 집회와 한국 민주주의’」 자료집 (2008. 6. 16), 34－38.

조석준 1968. “군사 혁명 정부와 조직 개편.” 『행정논총』 6(1), 215－235.

조선은행 조사부. 1948. 『조선경제연보』.

조성대. 2015. 『이념의 정치와 한국의 선거: 공간이론으로 본 한국의 대통령선거』. 오름.

조성대. 2011. “노태우 정부 시기의 선거.” 한국선거학회편. 『한국 선거 60년: 이론과 실제』. 오름, 177－217.

조정찬. 2011. “위임입법의 범위 · 기준.” 법제처 지식창고.
http://www.moleg.go.kr/knowledge/publication/monthlyPublicationSrch.jsp?mpbLegPstSeq=132583

조진만. 2012. “한국의 국회.” 조기숙, 정태호 등. 『한국 민주주의 어디까지 왔나』. 인간사랑, 69－92.

조진만. 2011. “제 5 공화국의 선거.” 한국선거학회편. 『한국 선거 60년: 이론과 실제』. 오름, 141－173.

조진만. 2010. “국회의 구조.” 의회정치연구회. 『한국 국회와 정치 과정』. 오름, 101－129.

조현연. 2007. “한국 민주주의와 군부독점의 해체 과정 연구.” 『동향과 전망』 69, 51－81.

조희연. 2013. “근대 민주주의의 제도 정치와 운동 정치.” 『시민과 세계』, 22, 172－195.

조희정·강장묵. 2008. “네트워크 정치와 온라인 사회운동.” 『한국정치학회보』 42(3), 311－332.

주성수. 2006. “한국 시민사회의 ‘권익주창적’ 특성: CIVICUS 시민사회지표분석을 중심으로.” 『한국정치학회보』 40(5), 233－250.

중앙선거관리위원회. 1973. 『대한민국선거사 제1집 (1948.5.10.－1972.10.16.)』.

지병근. 2014. “한국 진보정당의 조직, 이념 그리고 지지 기반.” 『현대정치연구』 7(1), 7－53.

지병근 2011. “노무현 정부 시기의 선거.” 한국선거학회편. 『한국 선거 60년: 이론과 실제』. 오름, 293－323.

지병문·김용철·천성권·지충남·유경화. 2014. 『현대 한국의 정치: 전개 과정과 동인』. 제2판. 피엔씨미디어.

진덕규. 1992. “이승만 지배 체제에 눌린 반민특위활동.” 『한국논단』 35, 191－202.

차동욱. 2009. “한국 사법부 60년사와 향후 개혁 방향.” 이정복 편. 『21세기 한국정치의 발전 방향』. 서울대학교 출판부, 317－343.

채진원. 2016. “한국 시민단체의 기원과 전개 그리고 과제.” 『인문사회』 7(6), 1089－1111.

채진원. 2011. “정치의 사법화 현상의 이론적 쟁점.” 『평화연구』 19(2), 257－295.

채진원. 2009. “민주노동당의 변화: 원내 정당화 현상을 중심으로.” 『의정연구』 27, 261－291.

채진원, 조기숙. 2012. “민주화 이후 한국의 정당 발전.” 조기숙·정태호 외. 『한국 민주주의 어디까지 왔나: 성과와 과제』. 인간사랑, 137－173.

최명, 백창재. 2000.『현대 미국정치의 이해』. 서울대학교 출판부.

최연식. 2012. "1970년대 박정희 정권의 산업합리화와 중화학공업화 정책의 역기능."『동서연구』 24(2), 39－62.

최장집. 2013. "한국 민주주의 어디서 와서 어디로 가고 있나?" 최장집·박찬표·박상훈·서복경·박수형.『논쟁으로서의 민주주의』. 후마니타스, 17－64.

최장집. 2010.『민주화 이후의 민주주의: 한국 민주주의의 보수적 기원과 위기』. 후마니타스.

최장집. 2008. "촛불집회가 제기하는 한국 민주주의의 과제."「긴급 시국 대토론회 '촛불집회와 한국 민주주의'」 자료집 (2008. 6. 16), 3－7.

최장집. 2000. "운동의 전통과 민주주의의 모델."『아세아연구』 43(1), 1－26.

최장집. 1996. "제2공화국 하에서의 민주주의의 등장과 실패." 백영철 편.『제2공화국과 한국 민주주의』. 나남, 31－70.

최장집. 1989.『한국현대정치의 구조와 변화』. 까치.

최장집. 1988.『한국의 노동 운동과 국가』. 열음사.

최장집. 1985. "과대성장국가의 형성과 정치균열의 구조."『한국 사회 연구』 3. 한길사, 183－216.

최장집. 1983. "한국 노동조합 연구의 정치학적 접근."『국제정치논총』 23, 363－383.

최준영. 2014. "지방의회와 주민 참여: 현황과 개선 방안." 강원택 편.『한국 지방자치의 현실과 개혁 과제: 지방 없는 지방자치를 넘어서』. 사회평론, 101－116.

최준영. 2010. "국회와 대통령." 의회정치연구회.『한국 국회와 정치 과정』. 오름, 263－288.

최정인·김지. 2010. "국정감사 및 조사 제도의 현황과 개선 방안." 국회 입법조사처「현안보고서」 108호 (2010.12.24.).

최하영. 1968. "정무총감, 한인과장 호출하다."『월간중앙』 1권 5호 (8월호).

하혜영. 2019. "주민투표제도 운영 현황 및 향후 과제."『이슈와 논점』 1628호. (2019.11.19)

한배호. 2008.『자유를 향한 20세기 한국정치사: 독재와 반민주의 세월을 넘어』. 일조각.

한배호. 1994. "5공의 민주화 이행과정의 특징과 문제점."『5공 평가 대토론회; 현대사를 어떻게 볼 것인가 5』. 동아일보사. 484－523.

한배호. 1990. "제1공화국의 정치체제: 체제의 형성과 변질." 한배호 편.『한국현대정치론 I』. 나남, 15－42.

한상진. 1988.『한국 사회와 관료적 권위주의』. 문학과지성사.

한승주. 2025. “정권교체 이후 정책 급변에 관한 공무원의 인식 탐색: 정치 양극화의 맥락에서.”『한국행정연구』 34(2), 1－38.

한승주. 2016. “관료제의 정치적 중립 훼손: 2012년 국가정보원 정치 개입 사건 분석.”『행정논총』 54(1), 103－137.

한승주. 1983.『제2공화국과 한국의 민주주의』. 종로서적.

한정훈. 2012. “한국 유권자의 정당일체감: 정강, 정당 지도자 및 정당 활동가의 영향.” 박찬욱, 강원택 편.『2012년 국회의원 선거 분석』. 나남, 137－174.

한홍구. 2016.『사법부: 법을 지배한 자들의 역사』. 돌베개.

황병주. 2014. “한국정치의 제도화와 보수 양당체제의 성립.”『황해문화』. 85, 10－32.

황수익. 1996. “제1공화국의 선거제도와 선거.”『한국정치연구』 5, 80－117.

황아란. 2016. “지방선거,” 강원택 편.『지방정치의 이해 2』, 박영사, 183－209.

황아란. 2010. “지방선거와 정당공천 : 비교론적 시각에서 – 기초의원 선거의 정당공천과 정보제공 효과.”『지방행정연구』 24(1), 37－65.

황아란. 2007. “기초 지방의원 선거의 중선거구제 개편과 정치적 효과.”『지방정부연구』 11(1), 209－225.

황태희. 2020. “북한과 통일에 대한 한국인의 인식.”.이숙종 외.『2020 한국인의 정체성: 지난 15년간 변화의 궤적』. EAI, 97－124.

허일태. 2007. “인혁당재건위 사건과 사법살인.”『동아법학』 40, 105－125.

허　정. 1979.『내일을 위한 증언: 허정 회고록』. 샘터사.

허태회·윤황. 2010. “민주화 이후 한국 정부의 대북 정책 성향 및 전략 비교.”『국제정치연구』 13(2), 1－ 37.

허태회·장우영. 2008. “촛불시위와 한국정치: 그 의미와 과제.” 한국국제정치학회 학술대회 발표논문집, 141－157.

형은화. 2013. “열린우리당의 생성과 소멸에 관한 연구.”『현대사회과학연구』 17, 147－173.

Alavi, Hamza. 1972. “The State in Post－Colonial Societies: Pakistan and Bangladesh.” *New Left Review* 74, 59－81.

Birch, Anthony. 1998. *The British System of Government*. 10th edition. London: Routledge.

Campbell, A. P. Converse, W. Miller, and D. Stokes. 1960. *The American Voter*.

New York: Wiley.

Duverger, Maurice. 1964. *Political Parties: Their Organization and Activity in The Modem State*. translated by Barbara and Robert North. London: Methuen & Co. Ltd.

Etzioni-Halevy, Eva. 1990. *Bureaucracy and democracy : A Political dilemma*. 윤재풍 역. 『관료제와 민주주의 :하나의 정치 딜레마』. 대영문화사.

Ferejohn, John, and Pasquale Pasquino, 2003, "Rule of Democracy and Rule of Law," in Josė Maria Maravall and Adam Przeworski, eds, *Democracy and Rule of Law*, Cambridge: Cambridge University Press, 242-260.

Ginsberg, Benjamin and Martin Shefter. 2002. *Politics by Other Means: Politicians, Prosecutors, and the Press from Watergate to Whitewater*. 3rd edition. New York: W. W. Norton & Company.

Harrop, Martin and Lockley Miller. 1987. *Elections and Voters: A Comparative Introduction*. New York: Meredith Press.

Heywood, Andrew. 2013. *Politics*. 4th edition. New York: Palgrave Macmillan.

Henderson, Gregory. 1968. *Korea: the Politics of the Vortex*. Cambridge, Mass.: Harvard University Press.

Huntington, Samuel. 1991. *The Third Wave: Democratization in the Late Twentieth Century*. Norman: University of Oklahoma Press.

Inglehart, Ronald. 1977. *Silent Revolution: Changing Values and Political Styles among Western Politics*. Princeton: Princeton University Press.

Johnson, Chalmers. 1982. *MITI and the Japanese Miracle: The Growth of Industrial Policy*, 1925-1975. Stanford: Stanford University Press.

Kang, Won-Taek. 2012. "A Fortuitous Democratic Consolidation? Roles of Political Actors and Their unintended Consequences in South Korea." JPSA & KPSA (eds.) *Governmental Changes and Party Political Dynamics in Korea and Japan*. Tokyo: Bokutakusha publisher, 193-212.

Kang, Won-Taek. 2008. "How Ideology Divides Generations: The 2002 and 2004 South Korean Elections." *Canadian Journal of Political Science* 41(2), 461-480.

Key, V. O., Jr. 1958. *Politics, Parties, and Pressure Groups*. 4th ed. New York: Thomas Y. Crowell Co.

Key, Jr. V. O. 1955. "A Theory of Critical Elections." *The Journal of Politics* 17(1), 3−18.

Kim, Jaechun. 2004. "Comparing the Power of Korean and American Presidents: An Institutional Perspective." *Pacific Focus* 19(1), 107−136.

King, Anthony. 1976. "Modes of Executive−Legislative Relations". *Legislative Studies Quarterly*. 1 (1), 11−36.

Laakso, M. and R Taagepera. 1979, "Effective Number of Parties: A measure with Application to West Europe," *Comparative Political Studies*. 12(1), 3−27.

Langenbacher, Eric and David Conradt. 2017. *The German Polity*. 11th edition. London: Rowman & Littlefield.

LaPalombara, J. and M. Weiner. 1966 "The Origin and Development of Political Parties", in LaPalombara and Weiner (eds.), *Political Parties and Political Development*. Princeton: Princeton University Press, 3-42.

Layman, G. C. T. M. Carsey, and J. Horowitz. 2006. "Party polarization in American politics: characteristics, causes and consequences." *Annual Review of Political Science*, 9, 83−110

Lee, Chang Soo. 1981. "Civil−Military Relations and the Emergence of Civilitary Bureaucrats in Korea." in Chang Soo Lee and Il SaKong(ed.). *Modernization of Korea and the Impact of the West*. L.A.: East Asian Studies Center. University of Southern California, 63−100.

Lijphart, Arend. 1999. *Patterns of Democracy: Government Forms and Performance in Thirty−Six Countries*. New Haven: Yale University Press

Linz, Juan. 1990. 'Transition to Democracy.' *Journal of Democracy* 1(1), 51−69.

Linz, Juan and Arturo Valenzuela eds. 1994. *The Failure of Presidential Democracy: Comparative Perspectives*. Baltimore: The Johns Hopkins University Press.

Lipset, Samuel and Stein Rokkan. 1967. "Cleavage Structures, Party Systems and Voter Alignments: An Introduction," in Lipset and Rokkan (eds) *Party Systems and Voter Alignments*. New York: Macmillan, 1−64.

Marra, Robin F., Charles W. Ostrom, Jr., and Dennis M. Simon. 1990. "Foreign Policy and Presidential Popularity: Creating Windows of Opportunity in the

Perpetual Election." *The Journal of Conflict Resolution*. 34(4), 588–623.

Mayhew, David. 1991. *Divided We Govern: Party Control, Lawmaking, and Investigation*. New Haven: Yale University.

Mezey, Michael. 1979. *Comparative Legislatures*. Durham: Duke University Press.

Neustadt, Richard. 1990. *Presidential Power and the Modern Presidents: The Politics of Leadership from Roosevelt to Reagan*. New York: The Free Press.

O'Donnell, Guillermo. 1973. *Modernization and Bureaucratic–Authoritarianism: Studies in South American Politics*. Berkeley: Institute of International Studies, University of California.

Riker, William. 1962. *The Theory of Political Coalitions*. New Haven: Yale University Press.

Sartori, Giovanni. 1976. *Parties and Party Systems: A framework for Analysis*. Cambridge: Cambridge University Press.

Shattschneider, Elmer E. 1960. *Semisovereign People: A Realist's View of Democracy in America*. New York: Holt, Rinehart and Winston.

Schattchneider, E. E. 1942. *Party Government*. New Brunswick: Transaction Publisher.

Schmitter, P. 1979. "Still the century of corporatism?" In P. Schmitter and G. Lehmbruch (eds). *Trends towards Corporatism Intermediation*. London: Sage, 7–49.

Tate, C. Neal, 1995, "Why the Expansion of Judicial Power?," in C. Neal. Tate and Torbjorn Vallinder (eds.). *The Global Expansion of Judicial Power*. New York: New York University Press, 27–38.

Valenzuela, Samuel. 1992. "Democratic consolidation in Post–transitional setting: Notion, Process, and Facilitating Conditions," in Mainwaring, O'Donnell and Valenzuela (eds.). *Issues in Democratic Consolidation: The New South American Democracies in Comparative Perspective*. Notre Dame: Notre Dame University Press, 57–104.

Ware, Alan. 1996. *Political Parties and Party Systems*. Oxford: Oxford University Press,

Weber, Max. 2007. *Politik as Beruf*. 전성우 옮김. 『직업으로서의 정치』. 나남.

인명색인

사항색인

ㅇ

ㅈ

강원택(康元澤)

서울대학교 정치외교학부 교수

영국 런던정경대(LSE) 정치학 박사
한국정치학회장, 한국정당학회장 역임

주요 저서: 정당론, 한국 정치의 결정적 순간들, 의외로 사람들이 잘 모르는 정치,
국가는 어떻게 통치되는가 등 다수

제4판
한국정치론

초판발행 2018년 9월 20일
제2판발행 2019년 11월 5일
제3판발행 2023년 2월 20일
제4판발행 2025년 8월 25일

지은이 강원택
펴낸이 안종만 · 안상준

편 집 우석진
기획/마케팅 최동인
표지디자인 BEN STORY
제 작 고철민 · 김원표

펴낸곳 (주) 박영사
서울특별시 금천구 가산디지털2로 53, 210호(가산동, 한라시그마밸리)
등록 1959. 3. 11. 제300-1959-1호(倫)
전 화 02)733-6771
f a x 02)736-4818
e-mail pys@pybook.co.kr
homepage www.pybook.co.kr
ISBN 979-11-303-2397-8 93340

정 가 28,000원